中国
法治文化
读本系列

中国法治文化读本系列

中华法治史话

ZHONGHUA FAZHISHIHUA

陈鸿彝◎著

群众出版社

图书在版编目（CIP）数据

中华法治史话／陈鸿彝著.—北京：群众出版社，2013.11
ISBN 978-7-5014-5181-4

Ⅰ.①中…　Ⅱ.①陈…　Ⅲ.①法制史—研究—中国　Ⅳ.①D929

中国版本图书馆 CIP 数据核字（2013）第 247539 号

中华法治史话

陈鸿彝　著

出版发行：群众出版社
地　　址：北京市西城区木樨地南里
邮政编码：100038
经　　销：新华书店
印　　刷：北京通天印刷有限责任公司
版　　次：2013 年 11 月第 1 版
印　　次：2013 年 11 月第 1 次
印　　张：20
开　　本：880 毫米×1230 毫米　1/32
字　　数：560 千字
书　　号：ISBN 978-7-5014-5181-4
定　　价：78.00 元
网　　址：www.qzcbs.com
电子邮箱：qzcbs@sohu.com
营销中心电话：010-83903254
读者服务部电话（门市）：010-83903257
警官读者俱乐部电话（网购、邮购）：010-83903253
文艺分社电话：010-83903973

谨以此书

献给我的先师启功先生、郭预衡先生

目 录

上 篇

下　篇

总　序

夯实依法治国的文化基础

陈冀平

建设中国特色社会主义法治国家，是我党执政理念和治国方略的重大抉择，也是一场文化领域内的深刻变革。夯实依法治国的文化基础，既是全面落实依法治国方略，加快建设社会主义法治国家的现实需求，也是促进社会主义文化大发展大繁荣，增加国家文化软实力的重要内容。为此，中国法学会法制文学研究会组织专家、学者进行了"中国法治文化支撑体系平台建设"课题研究，并在该课题研究成果的基础上，组织编撰了《中国法治文化读本系列》。

中国特色社会主义法治文化，是我党建设中国特色社会主义法治国家的理论追求和升华，是国家法治理念、法治原则、法治精神、法治价值、法治思想、法治理论等精神文明成果与宪法、法律、规范等制度文明成果以及全社会法治信仰、法治行为等法治实践的总和。中国特色社会主义法治文化，具有鲜明的人民性、传承性、包容性、开放性和与时俱进性，是引领我们建设中国特色社会主义法治国家的旗帜和灵魂。

中国特色社会主义法律体系的形成，夯实了立国安邦、长治久安的治国基础。站在新的历史起点上的当代中国，既处于改革、开放、发展的大有可为的战略机遇期，又身处社会主体多元、思想理念多样、社会矛盾凸显的社会转型期，依法治国、建设中国特色社会主义法治国家任重道远。有效解决当前法治文化现状与人民法治文化需求之间的矛盾，夯实依法治国的文化基础，增强法治文化软实力，充分发挥法治文化超越时空的稳定性和持久性，对立法、执法、司法、法制宣传和提高全体公民的法律意识、法治观念，在全社会形成有法必依、执法必严、违法必究的依法治国文化氛围，保障宪法和法律的有效实施，都有着十分重要的作用。

夯实依法治国的文化基础，必须坚持社会主义法治理念。坚持党的领导、人民当家做主和依法治国的有机统一，是中国特色社会主义法治理念的核心。党的领导，是人民当家做主和依法治国的根本保证；人民当家做主，是社会主义政治的本质要求；依法治国，是党领导人民治理国家的基本方略。社会主义法治理念是建设中国特色社会主义法治文化的核心，它贯穿于整个法治实践之中，是推动国家法治进步的巨大动力。由于历史文化和现实条件的制约，我国实现民主、自由、平等、公平、正义等方面，还存在许多不尽如人意的地方，还有很长的路要走。只要我们牢固树立社会主义法治理念，就能够保证中国特色社会主义法治文化建设沿着正确的方向前进。

夯实依法治国的文化基础，必须坚持公平正义的社会主义法治价值观。公平正义是社会主义法治的灵魂，也是社会主义制度的首要价值，更是国家价值观。维护和实现社会公平正义，涉及最广大人民的根本利益，是我们党坚持立党为公，执政为民，权为民所用，利为民所谋的必然要求，也是我国社会主义制度的本质要求。建设中国特色社会主义法治国家，其终极目标就是让公平正义的阳光普照社会的每一个角落，促进人的自由平等和社会发展，增强人民群众当家做主、参政议政、依法维护权益和依法履行义务的能力和水平，让每一个公民生活得有尊严、有乐趣、有安全感、有希望。

夯实依法治国的文化基础，必须坚持法治和德治的统一。法具有强制性，属于政治文明；德是内心的法，属于精神文明。二者虽然范畴不同，但其地位和功能都十分重要。厚德、仁爱、中庸、孝道、赏贤、诚信、忠诚等道德品质，是中华民族优秀的文化传统，也是人类社会普遍性的需求和期盼。对一个国家的治理来说，法治和德治从来都是相辅相成的，二者缺一不可，各有自己的调整领域、方式和功能，不能随意混淆和代替。在法治文化建设中，我们应将"法"与"德"协调发展，提升两者之间动态平衡的层次和水平，发挥两者的优越性。就当前而言，我们尤其应该善于运用"德"的力量，更多地关注人们精神的富有和心灵的纯洁，引导人们不舍本逐末，让欲壑难填的欲望毁掉了本该属于自己的平安和幸福。

夯实依法治国的文化基础，必须坚持传承、开放和创新。历史的本质在于继往开来，承古启今。中国有着深厚的法治文化传统，中华法系源远流长，如法家对规则的重视，儒家对自由裁量权的贡献，道家"天人合一""厚得载物"的道德教化等。此外，民间也有着浓厚、广泛的最普遍的原生态的法治道义基础。所有这些，我们应该古为今用，取其精华，激活我们的记忆，让中华法治文化优秀传统发扬光大。

中国特色社会主义法治文化不是一个封闭的、孤立的文化体系，它具有世界优秀法治文化成果的开放性特征。正如《共产党宣言》所说："各民族的精神产品成了公共的财产"。中国特色社会主义法治文化，是当今世界先进法治文化的重要组成部分。随着我国国际地位的提升，我们应该具有全球化的眼光和自信，大胆吸收世界不同制度国家的法治文化中符合人民根本利益的成果，包容扬弃，洋为中用，促进我国法治文化建设走在世界前列。

法治是对中国几千年来人治的彻底摒弃，法治文化也是对人治文化的彻底革命。人治误国，法治强国。法治文化具有显著的否定人治，倡导民主、公平、正义，保障人权，制约权力，维护自由平等的文化导向，具有无限的创新空间。因此，我们要锐意改革，大胆创新，以科学发展观为指导，把法治文化创新纳入科学发展、和谐发展、率先发展的轨道，大胆进行法治文化制度创新、理论创新、载体创新、宣传教育创新，让法治文化更贴近时代、贴近群众、贴近生活，彰显法治文化在推进依法治国中的巨大作用。法治文化的创新，一定要源于人民大众，又归于人民大众。从人民大众的法治文化实践、创造、需求中，吸取创新的根基、营养和动力。

夯实依法治国的文化基础，必须重视法治文化的阵地和载体建设，丰富法治文化的内容和表现形式。法治文化的阵地和载体，是法治文化存在的表现方式和形式。它多种多样，在发展中不断创新。它使宪法、法律的制度文明成果与法治理念、法治价值、法治精神等精神文明成果，以及法与德相统一的文明成果等具象化、显性化，变成看得见、摸得着的，人民喜闻乐见的现实存在。我们应该本着贴近实际、贴近群众、融入主流文化、融入社会生活的思路，创新法治文化阵地和载体。

要大力繁荣法治文学、艺术、影视等文学艺术品种，创作出更多更好的反映社会主义法治实践活动和人民群众法治生活的优秀作品，充分发挥语言艺术、表演艺术、造型艺术、视听艺术、综合艺术在法治文化建设中的作用，以百姓喜闻乐见的形式，生动丰富的内容，吸引人、感染人、教育人，并以此加强法治理念、法治精神、法治价值以及宪法和法律条文的宣传，提升广大人民的法治文化素质，形成全社会、全民族自觉投身到依法建设中国特色社会主义国家的伟大实践中去。

夯实依法治国的文化基础，全面提高全社会法治文化素质，是一项紧迫而长期的任务。我们应该从基础做起，有"滴水穿石""愚公移山"的精神，勤于学，潜于心，敏于行，用法治文化凝聚全社会依法治国的共识，让践行法律成为全体社会成员的行为底线。人人敬畏法律，人人依法办事，我们的国家社稷就一定能够安定繁荣；我国的社会主义经济建设、政治建设、文化建设、社会建设及生态文明建设就一定能够和谐、可持续地发展；我们每一个人就能够活得幸福而有尊严；我们的人权、安全就有保障，我们的社会就能够实现公平和正义；我们对未来就充满信心和希望！

2012 年 11 月 29 日

（本总序作者为中国法学会党组书记、常务副会长）

序

读史，是智慧的事

冯乃华

陈鸿彝先生的《中华法治史话》，是中国法治文化支撑平台体系课题研究的重要成果，是一本让人读了增长智慧的好书。

在我国浩如烟海的史籍书林之中，蕴含着十分丰富的治国理政的法治文化。我们党提出依法治国方略，从一定程度上吸收了古人依法治国和以德治国相结合的治国思想与经验。科学地梳理和研究中华法治文化史，从中吸取营养和智慧，对构建中国特色社会主义法治话语体系和建设法治文化支撑平台体系十分重要。

陈鸿彝先生长期从事我国古典文学的教学与研究，尤其在古代治安史的研究与教学方面，博学而笃志，切问而近思，学术成果卓著。本书以历史唯

1

物史观，探索中华法治与朝代兴亡的内在联系，篇目编排和评述独具匠心，对历代法治思想、法治理论、法治体制、法治方略、法律制度和法治实践等，给予了客观的论述和实事求是的剖析。

《中华法治史话》从远古中华法治文化因子，到商周中华法治的肇端；从春秋战国中华法治体制的草创，到先秦的百家论治法理论争；从秦代建定法度，培育国民的守法理念，到汉代法典编纂的儒术化；从六朝（吴、东晋、宋、齐、梁、陈）的法制、法典、法理的新创获，到隋唐中华法治的提升阶段；从宋代中华法治的全面更新，到辽金元中华法治更新的民族推手；从明代中华法治中暴力因素的凸显，到清代中华传统法治的集大成及其终结，娓娓道来，深刻而通俗易懂，让人耳目一新。正如作者在后记中所说："诸法合体的中华法系，综合为治的中华法治，适应了大一统多元向心之庞大中国的治理需要，保证了世界最强大经济实体的数千年持续发展；第一流的中华文明包含着第一流的法治文明，第一流的法治文明捍卫了第一流的中华文明。"

《中华法治史话》以史实为依据，充分证明中国自远古以来，就逐步形成了我们中国特色的法治系统和法治文化，尤其是"儒法并用"、"德刑相辅"，给人以许多启迪。

读点法治文化史，取其精华，去其糟粕，知古鉴今，古为今用，对于我们全面实施依法治国方略，建设中国特色社会主义法治国家，实现"两个百年"的奋斗目标和中华民族伟大复兴的"中国梦"都大有益处。

我们应该永远记住毛泽东同志的话："读史，是智慧的事"。

2013 年 10 月 9 日

（本序作者为中国法学会法制文学研究会驻会副秘书长）

绪 论
探寻中华法治文明的历时性轨迹

——基于中国古代法理、法制、法典的历史扫描

    法治文明①是国家依相应的法典对全社会实施的良性国家治理和合法社会管理，是国家的法理、法制、法典及其司法执法体制的

---

① 法治文明是一个历史文化概念，它和产业文明、精神文明一起，综合成为相应的社会文明。按：人们通常把社会文明分为"物质文明"与"精神文明"两个子系统，但这种二分法过于简单而含混，不能贴切地表达社会文明的内容及其发展的阶段性，也不足以揭示其内部各子系统间的相互关系。因为所谓"物质"，有自然物与生产物两大类，自然物是绝对的客观存在，不带有人类文明与否的品性；一般的生产物也不足以反映社会文明程度；只有社会产业中呈现出的生产力与生产关系才足以标示文明的性质与程度：古代农业文明、近代工业文明、当代电子文明，便是从产业文明的角度立论的。又，任何产业文明与精神文明，如果离开相应的法律制度及其有效实施，就不可能持续稳定地存在。故我们主张从产业文明、精神文明、法治文明等三个子系统去认识社会文明。其中，产业文明是肌体，精神文明是灵魂，而法治文明是经脉。这里，精神文明可从社会的学术、艺术、宗教信仰（价值观）、道德风情、思维方法论等方面去考察；产业文明可从生产力与生产关系方面去考察；而法治文明可从国家法律制度、国家治理模式与社会管理路径等方面去考察。另，古籍中的"法治"一词本来是一个中性词，它本身不含贬褒之义，其核心是"法制"，是国家的法律制度及其实施。

1

总和，是实现社会凝聚和社会发展的正能量。它本身是个历史文化概念，其具体内涵可以随时代和地域的不同而不同，但总以依法施政为归依。

古代中国拥有高度的法治文明。它以礼仪文化与德治传统为底色，表现出高度早熟的法理自觉；它以诸法合体而又层次分明、布局合理的中华法系①为主干，形成了独树一帜的法治文化与法典系列，透过覆盖全国的行政网络及其监察系统和司法管道，实现了对整个社会生活的全覆盖、全制导；形成了持续数千年大一统的国家治理模式和社会管理路径。历代志士仁人舍身求法、平允立法、公道司法、铁面执法、适时变法、勇毅护法，与各种旧政、庸政、苛政、暴政相较量，与坏法、败法、玩法、乱法的贪腐凶顽的黑恶势力作斗争，为中华法治史谱写了可歌可泣的华彩篇章，弹奏出我们民族精神的阳刚旋律。可以说，若没有中华法治文明，五千年祖国的一切都会解体，世界就不可能有我们的立足之地。

---

① 法系，法律谱系。是法学界对世界各国各种法典所作的分类考察。因为各国法理思想不一，所面对的法治任务不同，立法技术各异，故各国法典的实际内容与编纂体例也就有别。而今世界公认有五大法系：一、东亚的中华法系，二、南亚的印度法系，三、中亚—西亚的伊斯兰法系，四、欧洲的大陆法系（民法法系），五、英美的海洋法系（普通法系）。不同的法系，对社会生活中的各种犯罪、犯禁、违纪事况，对罪与非罪、此罪彼罪、应惩应罚，各自均有独立的划分准则；各有界线分明的罪名分类，绝不含混。总之，世界法治文化是多元的，法典结构是多样的。我们对各法系内部的子系统不能按单一模式去论其高下优劣。比如中华法系的一个结构性特征是诸法合体，符合了中华帝国综合治理的需要；而结构样式上的"合体"，并不意味着定罪量刑上的混同，更不意味着内容上的同一，故更准确地概括应是"诸法合体而分股"。

从国家机器诞生之日起，我国就一直实行政教分离的体制①，王权高于一切，宗教系统始终处于服务性、服从性的位置上。国家在王权主导下，组建了覆盖全国的行政网络。而处于这个网络结点上的各级行政负责人，担当着一方疆土的治理总责，他有权调动政、经、兵、刑、法、禁、礼仪、宗教、风俗、道德等一切法治资源实施综合治理，合力构建良性社会秩序。有人说那是"人治社会"，我说，它本质上是由"人"主导的、发展中的"法治社会"，它比根本蔑视人格、人权的西欧"神治社会"要来得科学而健康，它确保了我们民族的持续发展。其间，不仅有历代汉族政权对中华礼法政刑的坚持与推进，也有进入中原的诸多异族政权（如符秦、元魏、辽、金、蒙元、满清等）的特殊贡献：它们早在立国之前就认同华夏文明，着力吸纳中原传统的法治文化，尝试着建制立政；建国之初又都无一例外地着手制定国法，稳定政权，然后又一再修法、变法，逐步提升其文明素质，推动民族大融合，从而确保了"中华大一统国家治理模式"的继承性、稳定性、一贯性②，而中华法治也就持续地发挥出强大的凝聚功能、组织功能、管理功能，

---

① 众所周知，古代全球大多数地方是"神治社会"。在那里，宗教势力凌驾于王权之上，普遍通过"神喻""神断""圣约"来判决是与非、罪与非罪。这方面尤以中世纪（约5—16世纪）的西欧为典型。在那里，无论好人坏人、贵族贫民、男女老幼，终生都背负着无法清偿的"原罪"、"本罪"，毫无人格、人权、人的主动性可言。直到16世纪以后，发展到顶峰的"神权"终于召致"人权"的激烈反抗，西欧这才走出教会统治的牢笼，走上了"政教分离"的治国之路。

② 对中华文明史的一贯性，应从"中华大一统国家治理模式"的法统继承性上着眼去解说，而不应从当政集团的种族血缘关系去论述。这是"二十五史"的共识。国内外均有人从是否"汉族人"为帝去界定"中国史"，把元、清等排除在外，视为"异族侵占史"，那是错误历史观的产物。

保障了中华民族这个世界上体量最庞大的群体的持续发展①，其绩效举世无双。它在世界文明史上的地位是不容撼动的。

今天，对中华法治文明作一番历时性观照，全面而真切地认识其整体发展的脉络及其规律，了解其法理建设、法制建设与法典编纂的曲折过程，把握历代司法、执法力量的组织形态、业务模式、行事风格等，进而与世界其他法系治理下的国度作共时性比照，从而认识中华法系的多彩内容与特有功能，理应是当代法史界义不容辞的天职。

然而，很可惜，晚近以来，人们在吸纳西方法文化来改革中华法治的同时（这当然有它的历史合理性），却又在"西方文化优越论"的挟制下，片面推崇以"民法"为核心的《罗马法》与《拿破仑法典》所制导的西式法治，把数千年以"刑法"为基干的，包括民法、行政法、诉讼法……在内的、自成完整体系的"中华法系"给活生生地肢解了，硬行置入近现代的西方之"法文化"模式中，于是"发现"了它的种种"局限"与"弊端"，把中国法治史定性为"人治史"、批之为"封建专制史"②，于是出现无数误解、曲解以至妖魔化中华法典与国家治理模式的攻讦之词，丢失中

---

① 中华民族体量庞大，国土面积略等于全欧，历代人口数占同期世界人口总数的三分之一左右，据《汉书·地理志》载：西汉平帝二年（公元2年），汉中央政府掌管的纳税人口已达五千九百五十九万七千九百八十三之数，举世无双。中国人创造了全球三分之一以上的社会财富，直至20世纪初的"一战"期间，中国人顶着旧军阀内战之祸和列强的欺凌之辱，仅凭传统农业、手工业，仍然创造了世界百分之三十二的产值，为世界提供了巨量的农副业产品，也让战火纷飞中的欧洲人仍然有吃有喝，而他们自己则在连续的经济危机中煎熬，无法向世界提供安宁秩序。

② 中国法制史上被定性攻击的主要目标是"封建君主独裁制"，有人归纳为"政由君出，法由君立，狱由君断"。依其逻辑推断下去，整个中华法系、法典、法制、法理，岂不都成了君主个人的一系列"任意而为"（且不说"恣意妄为"）的产物了？真是那样，偌大的中国还能数千年持续存在吗？难道历朝之"君"就如此了得，他们的任意裁决竟能让大中华活上数千年？这与其说是批判，不如说是对中华法治的无知。

华法学的话语权，背离中国人自己的叙述方式，充塞着舶来的话语、观念、视角，而无视中华法治的内在特质与历史功能，以超历史的抽象否定来顶替具体的法学剖析，以法典的全面西化来拒绝民族风格的弘扬，让中华法典沦为"西方优越论"的某种变形的"旁证"。这么做，事实上也就消解了中国的法治文明，拆散了"中华法系"的体系性存在，也就无法解释中国法统何以能持续存在数千年之久的史实，无法解释中华民族何以能体量庞大到世界唯一，并长期走在文明世界前列的史实；因而也就消解了中国人的民族自尊，模糊了民族振兴的历史方向感与可行的路径选择，与中华传统文化及当今社会基层的法纪生活严重脱节。这种人学腔学调，自诩高明，却在那里埋怨"中国法盲遍地"。

有鉴于此，我们本着实事求是的精神，依中华法治自身的历史发展脉络，对它作一番历时性的纵向追叙，展示历代法理（国家定制立法的指导思想及其理论基础）、法制（国家基本制度、国家大法）、法典（历代政府制定并颁布实施的成文法之集结及其编纂体系）的实际面貌，展示历代各族立法、司法、执法的丰富实践及其法律效应，同时把它放到世界法治史的大环境中去，适当地与其他法系进行共时性的对照探究，借以澄清对中华法治的太多误读，借以加深对数千年中华法治的基本经验、基本概念、基本理论构架、基本实践形态的理解，以利于提升中国人自身固有的法律自觉。

为此，我们重点关注下述专题的探讨：

一、中华法治理念与法学基础理论的阶段性创获。我国历代思想家、政治家、法学家、社会活动家对国家治理作了接力式的理性引导和法制规范，为我们留下了丰厚的法治精神遗产，呈现出阶段性进展，自应从历史视角予以介绍，必要时与境外著名论述对照。其中，儒学与法学的关系、礼治与法治的关系、狱审活动中刑和情、理的关系、君主裁决制与全套狱审程序的关系、行政首长的司法裁决权与监察系统的监察权以及专责司法系统的执法权之间的关系，还有肉刑问题、复仇问题的论争等等，都需要进行深入的史料搜集、经验总结和理论探讨。我们拒绝以"封建"一词对历代法典

5

作笼统的"定性批判",那样不能解答任何实际问题。

二、中华法治主体(政府机构及其成员)的正负两类职务表现。法治主体作为国家的行政权、立法权、监察权的人格载体,其素质构成,直接关系到当局执政能力、执法成效的良否。应从国家行政体制、监察系统、司法执法力量的不同层面上,讲述其系统特征、组织形态、行事模式;同时介绍政法名流在舍身求法、平允立法、公道司法、铁面执法、勇毅护法方面的重要创获,也要揭示其弊害与阴暗面,揭示历代某些立法司法执法人员蔑视人权、蔑视法纪的暴虐行为,如昏君暴君的滥施刑惩,恶吏讼棍的祸世扰民,贪官奸吏的乱政误国之类。它们都是法治秩序的寄生品、副产物、败坏者,应予鞭挞,无须回避。

三、历代法典的特色内容及国家制定法与民间习惯法、民族法之间的共生共存、联动互转关系。我们将从一代社会政治生态、经济文化制度、国家大法、政府条令中,提取本期法治的特色内容,揭示一代法律对治国安邦的特定指导、规范作用;顺及其立法技术与法典的内部结构;与此同时,注意研讨国家制定法与民间习惯法、民族法之间的联动互转关系:看看民间习惯法如何上升为国家制定法;看看国家强制之法令是怎样转化为民间自觉信守的行为准则;看看民间的教条、戒律、家规、村约、行业守则之类在打造良风美俗、国治民安的局面上所发挥的潜在功能①;再说,民间习惯法与国家制定法的共同实施,会形成社会法治之惯性"势能",在国家管控力薄弱或消减的环节上继续运转,达到稳定基层秩序的作用,出现国家动荡而基层平稳的局面,为"大乱而后大治"、为"衰而复振、仆而又起"准备基础。这有无数史实可以做证,而以

---

① 这方面印度文明史表现得更为典型。印度史上,绝大部分时间处在强大异族的统治下,近代甚至连语言文字也以外语(英)为国家法定语言,但印度民族文化、民族特性并未泯灭,印度基层社会秩序、社会结构并未被颠覆。其中,传统宗教教旨、教条、诫律所起的规范作用不可小视。由此可见,民间法同样能起到维护社会秩序的作用。

往的研究对此似乎并未予以相应的关注。

四、历代法治业务的展开形态。我们把历代的法律、制度及其实施，尤其是安全禁卫、治安管理、刑事侦缉与狱审狱政，以及司法行政机构之组织法等，都列入一代法治的考察范围。诸如历代人户管理、产业管理、城市公共秩序管理、交通运输管理、危险品与违禁物资管理、涉外管理、消防管理、监狱管理、边防管理等方面的专门法规、条例；又如各种司法执法活动中运用的人文手法、科技手段、法纪规范，如查察、侦缉、巡捕、审讯、用特、用间，分类登录、盯梢、钩稽、蹲守、现场勘验、证据搜集、法医检验、囚徒境遇、录囚、甄别、司法监督、刑审程序、工作守则、误判追责等等，都是中华法治史的应有内容。但篇幅有限，在介绍各别的历史阶段时，将择其最有特色者略述一二。

五、揭示中华民族之所以历经磨难却能起而复兴的法治密码。回顾五千年中华法治史可知，立法修法历来是盛世崛起的先导，而改制变法更是中华社会前进的推进器。中华法治秩序保障了世界史上体量最庞大的民族群体的持续发展。不同时期、不同地区、不同社群有不同的法纪形态，其对罪与非罪的评价，对犯法违纪对象的处置，型塑着民族的生存方式和社会形态，直接关系到中华民族共同体的存在与发展壮大，这方面的历史经验值得总结。需分析评价各期法治的实际运行，关注中华法系在动荡分裂时代的功能发挥，揭示中华各族统治集团如何促进华夏大融合（或者相反），从而揭示中华民族之所以历经磨难，却能败而不破、衰而又振、仆而复兴的文化基因、法治密码。

本"史话"基于国家法治之理念和体制、机制、典制与程序的历时性叙述，希望依循中华法治史自身的发展轨迹去揭示其所蕴含的规律、原则、启示，并努力再现历代志士仁人求法护法的节操与贡献，因而行文力求有人有事，有文有史，有理有据，有法有情，以期走出眼下一些法学著作的偏枯牢笼。在花费了这些功夫之后，我们相信，一份有我们自己的思维路径与表达方式的"中华法治史"的框架也就搭建起来了，我们奢望它能在当今中国法史界发出自己的声音，激起一波涟漪。

苍茫文史，蕴含伟力；志士仁人，自当奋勉。今天，我们正以豪迈开放的心态投身于和谐世界的文明共建，值此盛世，多了解一点文史，温习中华法治，回眸前人创下的业绩，换个角度看盛衰，或许会有点助益。然而，我也明白，"暨乎篇成，半折心始"（刘勰语），这几乎已是一般操笔者的宿命了，我自无法脱逃。故所写的这些文字，所表达的某些意思，与本人的预期尚有十倍的距离（此之谓眼高手低，心雄智短），更何况方家里手的审度与评核呢？敬候读者的批评，敬祈方家的教正。

最后，向本书的出版方及所有关注它的亲人、朋友、知交谨致谢忱。

（癸巳年春月谷旦书于京师西山之松筠斋）

（上篇）

概述 周秦两汉与六朝：
中华法治从远古走来

本篇叙述中华法治从远古直至六朝的历史，其发展脉络是：

一、远古神话与历史传说时期。本期，以炎黄为旗帜，通过城邑聚居与原始宗教生活，华夏先民走出野蛮，开始进入文明生活。到尧舜禹的时期，东方社会的有组织管理便起步了，当时的"习惯法"作用于社会生活的方方面面。先民们学会了区别是与非、正与邪，做到伦理有序，言行守礼。于是先进的中原文化对周边各族产生了强大的辐射与吸附作用，形成了"炎黄共祖"、"天下一家"的理念，萌生了多元向心的华夏民族意识。就这样，中华各族各部透过"血缘认同"实现了政治认同、文化认同，这是中华大一统的文化基因与精神纽带。

二、夏—商—西周三代（前21—前8世纪）。本期的主题是创建国家机器、确立王权、构建刑赏体制。首先，夏人承续并推进了尧舜以来社会管理的习惯法，创建了国家机器，提出了王权至上和

11

"罪""刑"概念，开始组建专门的司执法力量（兵、刑、士、狱），有"禹刑三千"之说。其后，商人在王权建设、政风培植、刑法适用、治安秩序等法治领域里，积淀了正反两个方面的丰富经验。西周则依"礼治—德政"方针，把"天下一统"作为国家的施政目标，开辟出以宗法等级制为阶梯，以国家制定法与社会习惯法为双翼，以国土开发与民智开发为基础，以城市管理为中心，以人口地著为原则，以户籍登录为杠杆、全面实施法治（礼治）管理的、覆盖全社会的治国路径，为中华传统的国家观、礼治观、刑赏观提供了系统的思想资料和政策示范，超越古代普世通行的"神断"、"同态复仇"与"司法决斗"之类，构建了完整的法制体制。经过长时期的实践，贯穿于这一切之中的礼法精神，转化为社会行为准则，又内化为国民的心理素质，成为中国社会超稳定的精神文明基因。

三、春秋战国至秦始皇建国的时期（前8—前3世纪初）。本期先有郑、晋之公布成文法，中有魏、齐、楚等国颁布的各式制定法，而后以《秦律》的问世为高峰，呈现出完整的上古刑名体系——法律体系，这是中华法典制作的起步期。本期的诸子争鸣，为大一统国家治理作了多角度、多方位、多层次的法理论证，制导了中华法治文明的发展方向与路径。在政治实践领域，各国以郡县制与官僚薪俸制等行政新制逐步取代西周的分封制与世卿世禄制，顺致秦帝国中央集权体制的确立。中华法治理论的早熟与成文法典的问世，加上司执法实践在国家行政治理、社会法制管理等各层面的展开，是本期的主要法治成果。

四、两汉六朝时期（前3—7世纪）。这是中华大一统国家治理模式的改善期、考验期，也是中华法理与法典体制的"儒术整合期"。在法理上，汉代拨正了强秦的"为治惟法"论，主张"德主刑辅"、"援礼入法"，这标示出中华法理的提升已进入新阶段；而废除肉刑，标志着刑名体制的历史性进步；"刺史监察制"的确立，则刷新了大一统的帝国行政结构、司法结构。在"独尊儒术"下兴起的"经义决狱"的时风，又带动了中华法系之话语体系的成型；汉的《九章律》—曹魏的《新律》—西晋的《泰始律》—北朝的《北齐律》，是中华刑名体系走向成熟的阶段性成果。

值得一提的是，历届各族政权对汉家伦理秩序的高度重视与承袭，制导了全社会生活方式的改变与提升，促使汉民的"胡化"①与胡人的"汉化"② 相向而行；民间"习惯法"的广泛存在与各族"民族法"的融入，又确保了六朝基层社会"自治体"（庄园、坞堡）的基本生产生活秩序，也促进了各族政权立法司法技术的提升与法典编纂方式的改进。这样，历经数百年的大动荡与大融合，终

---

① 六朝时汉人的"胡化"表现相当突出，其成果是今人难以想象的。境外的多种农作物，果木、菜蔬、花卉、草药之大批量引进、繁殖，遍地的胡豆、番瓜、胡萝卜、番石榴、胡荽、胡椒，使中华大地的生态景观完全不同于周秦。人们的生活方式也都"胡化"了：头戴帽子而不着冠、不裹巾了，脚穿靴子而不着屦了；坐凳子、胡床（马扎），不再席地跪坐了；用桌子共餐，不用小几子分食了；乐器用羌笛、胡琴、腰鼓；跳胡舞，奏胡曲；扩大乳饮、面食、菜谱、葬式等各方面……何往而非"胡化"？雕塑、壁画的广泛引入，改变了中国人的审美观。政府门前蹲的大石狮，皇家宫殿用的琉璃瓦，节日期间民间唱的凤凰、舞的麒麟、耍的狮子，都来自境外。它们与"龙"一起，共祝着世界的和平与吉祥。连汉语的"四声"也是引入梵文之后才被归纳出来的，而如果不分四声，没有对平仄格律的讲究，也就不会有唐诗宋词元曲的民族形式了，也就没有骈文、骈赋与对联了。一句话，我们今天向世界传输的"中华民族传统文化"恰恰是东方各古老民族共建的。

② 胡人的"汉化"集中表现在生活层面、礼仪层面、制度层面上。中原地区凡宗教性祭祀礼仪，朝廷政务性集会礼仪，皇家生活中的车马服饰礼仪、民间集会结社礼仪、家庭日常生活礼仪等，对社会生活方式起着示范、制导作用，更易引起"胡人"的注意，也更易为其所习得。中原礼仪一旦为周边各族所接受，其践行起来，往往比汉民更虔诚、更固守。此情与欧洲中世纪"北蛮"南下后对基督教条的信守超过了罗马人之现象很相似。相关史实，历代正史之《礼乐志》都有详细记述。这一点在当前学术界似乎尚未引起足够的重视与研究。习惯法与礼仪最易转化为民族生活的内心持守，这一点可能超过了国家制定法，值得深入研究。

于型塑出中华民族共同体的新的生存方式和社会形态，验证了周秦两汉以来中华治国理念与治国模式的强大生命力，为隋唐的再度大一统准备了先期条件。

第一章
远古：中华法治文化因子

　　讲中华法治史，要从五千年前的神话与历史传说时期说起。中国远古神话与历史传说，是对我们民族的起源与文明演进的一种形象化、人格化的解释体系，它叙述着先民创世创业的艰难付出。在神话时代，以盘古、伏羲、女娲、燧人氏为代表，中国先民靠自己的力量开天辟地，征服猛兽、抚育子孙，学会了用火，在世界的东方完成了创世伟业。其后进入传说时代，以炎黄为旗帜，中国先民通过城邑聚居与原始宗教生活，完成了遵礼守纪的自发演练，形成了敬天崇圣的理念，走出野蛮，确立秩序，创建家园，发展生产，以先进的中原文化向周边各族辐射，形成了"炎黄共祖"、"天下一家"的理念。其后的尧舜禹通过禅让而先后主政，其间的播百谷、和万民、平水土、分九州、格三苗、惩四凶等关键性举措，是东方社会权威管理的豪迈起步，它演述了先民对"应为与不应为"的行为择别，以及对罪与非罪的法纪评价，是中华法治意识的肇端。此后，中华各族先民透过血缘认同，不断地扩大政治认同、文

15

化认同，心理认同，形成了多元向心的华夏文明，为中华大一统准备了法治文化基因。

第一节 原始社群：对公众利益的认知

生物学、人类学的知识告诉人们：生物体都有安全防范机能和康复机能；而近现代的社会学调查和田野考古又无不证明：先民的秩序生活与安全管理，就出发于生命本能，起步于图腾崇拜、神灵崇拜，而邑落聚居则透现出秩序管理的原初形态。

一、生物群体皆有安全防范机能与康复机能

我们知道，乌贼会喷墨自卫，蛇虫能射毒保身；猩猩与狒狒都有自己的领地，不容他人进入。而所有社群性动物又都有相应的自卫分工：蚁有蚁兵，蜂有蜂奴，雁有雁奴，专门负责"御敌于国门之外"。狼会为避患而大喊大叫，呼朋引类，实施集体的积极防卫；犬最富"警备意识"，它会吠影吠声，协同出战。它活着，简直就是为了人的安宁。先民的自卫防范，大概就是在这类社会化的机能中养成、仿拟、升华而来的。

同样，世界所有有机体也都有抵御伤害和受到伤害之后的康复机能。在大自然里，任何一个生命体都处在"天然食物链"中，没有谁能逃脱被伤害、被吞噬的天然安排；而保护自己使自己不受或少受伤害、受到伤害后能迅速康复、重建躯体系统的能力，则决定着该物种、该个体的生存概率。处于最高端的高级生物的"人"以及由人组成的"社会"，其受侵害的概率更大，而伤害力又主要来自人类自身，故其康复则是极端复杂的系统工程，故防害御灾与康复重建，便是原始社会就具有的社会机制。

二、图腾崇拜：初步厘清社群的利益边界

远古时期，原始群体有自己的"族徽"或曰"图腾"，那是原始群体内部相互认同与识别的物化标志。有了它，就有相对稳定的原始群体，也就会有原始群体的相对稳定的利益边界。在中国，先民还有稳定的族姓，广义地说，这也是一种图腾崇拜，那是氏族认同、成员归属的社会纽带，这比自己的个体生命更重要。族群关系的明晰化，厘清了族群之间的利益边界，同时也厘清了族群内部各分子的权利和义务。从此，群体或个体活动中的应为与不应为，是与非，攻与守，便以群体利益为限；进而便有了防范侵害的举措与设施。中国远古时期的"姜寨""黄寺""半坡村""平粮台"，周边就有篱笆、寨墙、沟堑之类，那便是对群体之"核心利益"的一种安全保障设施；而内部居所的有序配置，便是对内部成员的秩序管理与利益分配的有序安排。

三、原始群体对原始宗教的投入

在部落社会中，原始人会各自结合成"自治的社群"，集体狩猎或采集。在正常生态下，原始人不难狩猎到足够的动物活体，也不难采集到足够的植物果实。与人们通常设想的不同，他们过的并不是因"生产力低下"而受饥挨饿的痛苦生活。正如《韩非子·五蠹》篇所言：上古之时，"丈夫不耕，草木之实足食也；妇人不织，禽兽之皮足衣也。不事力而养足，人民少而财有余，故民不争。"就当时人的生存要求而言，他们有充足的食物，他们有足够的"幸福感"。他们感谢上苍赐给了一切。他们感念一切，敬畏一切，也戒惧一切。为着护住他们已经意识到了的公众利益，他们既敬奉天神、人鬼（先祖），又敬畏万物之灵。他们依从威权，祈求超现实力量的护卫与救助。为此，他们会集体行动，在群体的祭拜活动中，献出自己的一切。他们投入原始宗教生活的物质资料，远远超出了他们自身消费所占的比例，这是现代"文明人"所无法想象也无力做到的。

四、在神灵崇拜中学会判断是非，择别善恶

中国先民是敬神的。要问"神"是什么？世人都说，神是权威，是至高无上的全知全能全断全治的神异力量，它超越于人类之外、凌驾于人类之上。在甲骨文字中，"神"字是由"示"与"申"组成的，"示"指敬神献祭的礼仪设施（它象征着一个放有祭品的祭台）；而"申"就是"电"。在甲骨文中，雷电二字都写成回环状，模拟天空中的电闪雷鸣之状——电，来自上天，倏忽闪现，又归于无形；它有震慑灵魂之威，谁触上它，立刻焦尸毁体，人与草木虫蛇谁都逃脱不了。这是原始人所无法理解、无法驾驭、万分惊奇、万分敬畏的力量！这就是"神威""神力"的由来。它种下了先民驯顺于自然力、慑服于身外之力的精神种子，积淀为"顺天则兴，逆天则亡"的理念。后世统治者为了秩序，搞"神道设教"，"没有神也要造出一个神来"，其根由在此。世界各民族的神，都是民族性格、心态、审美意识的根①，对于中国先民来说，

①　不妨看看希腊神话，它是那样鲜活、那样色彩斑斓，它典型地反映了东南欧之先民那种敢于担当、敢作敢为的民族特质。它把人间的一切关系、秩序、伦理，都推向极端，进行痛快淋漓的刻画。奥林匹斯山上的群神，寄托着古希腊人崇高的审美理想与对先民纷繁多姿的生态的肯定与赞颂，围绕宙斯（天神、主神，他无所不统，无所不能）、阿波罗（太阳神，他给世界以光明与能量）、波赛冬（海神，他有晃动大地之力）、哈得斯（冥王，他主持阴司恶审）、缪斯（乐神）、阿瑞斯（战神）、雅典娜（城邦守护神、智慧之神）、维纳斯（爱神）、维斯坦（灶神）们展开的创世神话、英雄神话、悲剧神话、爱情神话、冒险神话、农业神话……编织出希腊古典文化的斑斓奇幻的图像，其间秩序与反秩序力量的惊天决斗，正反映着先民为更合理的生存秩序所作的不懈追求。特殊的是：希腊人并不企图预设伦理是非，而是透过不断增多的诸神间的奋斗故事，最终自然地形成普世价值取向：她只承认能者智者强者成功者！而现世的能者智者强者成功者，又终会暴露其弱的一面，于是又为新一代的更能者智者强者成功者来予以取代。这说明：唯善于不断进取者方能获得荣耀与尊重。就这样，古希腊人在敬神活动中找到了自己的生活坐标与进取路径。

东方之神是正与邪、有害与有益的伦理知识的信息载体①。敬天信神，是中国先民精神生活的主题。

中国先民把太古时代描述为天地、风雷、水火、山泽（八卦卦象）之间相激荡、相依存、相对应、相转化的鸿蒙世界，又把宇宙秩序归结为阴阳五行的依存生克关系，而这种关系才是宇宙生成与发展的根本动力之所在②——这正是中国人的智慧之本！它导出了"天人相与""天人合一"的哲理，从而把"神的世界"与"人的世界"沟通对接起来。

由此，中国先民衍生出诸多神话与历史传说来，如盘古开天地、女娲造人、共工怒触不周山、夸父逐日、羿射九日和驱逐封豕虺蛇的神话；如有巢氏的安居，燧人氏的取火，神农氏的尝百草，黄帝的发明百工、嫘祖的养蚕缫丝、仓颉的创制文字，直至尧舜禅让，后稷播百谷，鲧禹父子治水等等系列故事，其中的"神人"或"圣人"，都是"人"的升格，他们一个个都是社群中最亲切而又

---

① 如果说西方之"神"是超伦理的，它凌驾于全人类之上，主宰一切，世间所有的真善美与所有的假恶丑都是上帝所为、所定；而东方之"神"则是"好人"的升华，通过艰苦修持而成，集真善美于一身，代表着人的意志与向往，它与"人"的唯一区别仅仅是突破了自然生死的束缚而已。西方史学家把太古—远古—上古史划分为旧石器—新石器—青铜器—铁器时代；他们把人类历史"物化"了；中国先民则把历史"人格化"了，其神话序列、传说序列中的"人"，各自代表着远古的一段历史：1. 神话人物：盘古氏—伏羲（曦、牺）氏—女娲氏；葛天氏—有巢氏—燧人氏……他们是人类社会文明的开发者，他们备尝创世者的艰辛。2. 历史传说（上）：轩辕氏（黄帝）、神农氏（炎帝）、尧、舜、禹、嫘祖……他们是华夏家园的第一批创业者，是华夏群体的组织者、缔造者。"炎黄"是华夏文明的人格化的代表。3. 历史传说（下）：百工百业的首创者：后稷、伯益、仓颉、仓琴、后羿、工垂、夔……各有发明，各有创制。

② 印度人认为宇宙由水土火风四大要素组成的，中国先民说的"八卦"，恰恰是这"四大"的一分为二：水分为水与泽，火分为火与雷，土分为地与山，风分为天与风（天是"积气"，风是"气之动也"），各自有阴阳，阴阳相代换，世界这才能做辩证运动。

最具神威的"终身劳动者"，是享有自发权威的"圣贤"①。他们不依靠谲怪荒诞的魔术，不借用身外无根无据的古怪力量，不凌压于人类社会之上，就凭人自身的艰苦奋斗，世代接力地去开天辟地，手辟衣食之源，自创百工百业，又致力于免灾防患、惩恶除非，他们身上闪射着华夏先民的勤苦首创精神和自律自为的法纪传统。比起其他民族的神话来，这些圣贤事迹更贴近人类历史进程，更贴近人的现实生活，体现着"人"自身的智慧与尊严——要问世间谁最早懂得了人格、人权、人的主动性与创造力？答曰：中国先民。

透过这些神话外衣，可见先民意识中"是非""邪正""善恶"等伦理概念的形成，正是先民冲出"野蛮"而进入"文明社会"的先行条件。当人们知道了什么是"非礼"、什么是"罪孽"之时，当人们懂得要排除一切假、恶、丑，要处置一切危害性因素之时，当人们懂得顺从神威、力行神戒、尊崇圣贤，自觉地作行为评价、行为择别之时，原本"野蛮"的先民便走向了有序与安宁，"法治"也就出现了。

第二节　城居与祭仪：秩序生活的自发培训

考古学证明：城邑聚居是原始人群从野蛮走向文明的第一标志；而祭祀礼仪则是中华礼法文化的源头初澜。

---

①　这可用《韩非子·五蠹》篇之所说为证："上古之世，人民少而禽兽众，人民不胜禽兽虫蛇，有圣人作，构木为巢，以避群害，而民悦之，使王天下，号曰有巢氏；民食果蓏蚌蛤，腥臊恶臭而伤害腹胃，有圣人作，钻燧取火，以化腥臊，而民悦之，使王天下，号曰燧人氏。"所谓圣人，原是为人民谋大利的劳动者。《易经·十翼》在解释卦名时也说过类似的话，列数往古圣贤才智之士为人类做出的贡献。

一、原始城邑聚居：社会文明与社会管理的启动

距今六千年前，我国先民在湖南澧县城头山①建有一座古城。它筑有一个大型祭坛，专用于祭祀风神、雨神、天神、地神，还祭祀与稻作农业相关的大神。也是在六千年前，燕山北麓的塞外群峰中，有一片著名的红山文化区，那是我国原始文明的又一个亮点。那儿有个叫牛河梁的地方，建有一座女神庙。女神庙前有广场，四周有围墙，方方正正的，这正是后世中国公共建筑的典型布局。庙里供奉着一群泥塑女神像，其中有一尊彩塑的女神像，与真人同高，鹅蛋脸，黑眼睛，安详而善良。她那双炯炯有神的黑眼珠，透出了东方女性的神韵美，是我国古老的宗教文化和先民审美能力的美妙结合。可以想象，当原始人群集聚在女神庙前的广场或进庙举行祭祀活动时，是有相应的跪拜祝祷礼仪的，它突出地标志着先民已经走出了蒙昧与野蛮，已经生活在肃穆的礼仪秩序之中了。而所祭拜的对象，没有任何超现实怪异体态，纯粹是"人"自身的美的典型写照。中国先民崇拜的"神"，本来就是现实生活中集真善美于一身的"人"。牛河梁女神反映了"人"对自身价值的发现与更高层级的肯定与追寻。②

---

① 该遗址为我国迄今发现的年代最久远、文物最丰富、保护最完整的远古城建遗址。占地十五万多平方米，有完整的城防设施。现测得城墙厚十五米，护城河宽三十五米，并有贯城大道。城内有制陶作坊，有台基式民居屋址，有氏族墓群。该城还有保存完好的六千五百年前的水稻田，是我国迄今发现最早的水稻田之一，证明长江中游是世界稻作的重要起源区之一。

② 在东方，人神是相通的，"神"是对"人"的价值的高层次肯定。比如：印度宗教中的神就与中国神一样，大多来自于人（或生物），由"人"修炼而上成；且不论你昨日是谁，哪怕是虎豹、是凶徒，只要今日"放下屠刀"，开始修持，并坚持下去，就可望得"道"而成"佛"。于是人人都有希望，只要向善就行。但由于印度神佛的"前身"太复杂，故佛像的造型便十分怪异，难以称"美"。至于西方之"神"，则是超伦理的存在；它高高在上、凌压于全社会。而人，不论其好坏善恶贵贱，全是"原罪"的化生，永世处于"赎罪"的精神重压下，且终生赎不了自己的"本罪"。

　　距今四五千年以前，我国大地上已普遍筑起了一座座城池。考古发现：今河南、河北、山西、江西、湖南等地，都发现了保存得很好的原始城池的遗址。这类城池一般呈方形结构，墙体用夯土筑成，外陡内斜，便于防守；筑墙的土就取自墙体外围，正好形成环墙的护城河（城池或城濠）。护城河上还架设了吊桥（此物到12世纪才出现于英国）。城内有贯城通道，城门口有门卫房，这就构成了一套完整的"安全防御设施"。城内的民居与公用建筑，有秩序地分片安排着，形成坊巷式布局。由此，我们甚至可以看到后世都城的原始面影；所不同的只是其中轴线是贯城通道而非主体建筑。

　　这一切，都证明着我国大地上早就有大规模有秩序的群体协作劳动与群体祭祀活动的存在。这些建筑到底是在怎样的"神力"下完成的，有点让只相信物质力量的今人无从索解，但有一点是明确的，只有依靠神威、神戒、神惩，才能做到如此规模的人力调动与持久组合，才能把一群"无秩序、无文化、低智力"的"野蛮人"配置到确定的工作岗位上去，通力合作，创造出文化奇迹来。人们可不要小看了原始宗教情结的动员力与组合力，它能让生产力极端低下的人群发挥出远远超越于人的生理能量的创造力，超大规模地完成一个个奇迹工程，而自身的衣食住行又宁可简陋得难以想象。

　　二、原始祭仪：先民对秩序的虔诚奉行

　　原始人是挚信天人相与、人神相通的。从原始社会起，就普遍存在着各式各样的祭拜礼仪，用以沟通人神。其祭拜礼仪包括献礼、膜拜、祈祷、舞蹈、奏乐等约定俗成的规范性程序，有严格的程式与纪律，在极其端庄肃穆的氛围中完成。这是先民神灵崇拜的庄重表达，也是先民走出野蛮无序生活的必经路径，又是先民驯化心灵的实地演习。它是"野蛮人"对"秩序"的自觉追求与自我训练，是其走向遵礼、守纪、循法的文明生活的艰难蜕变。

　　我们今天已很难想象：在十几万年、几十万年甚至上百万年前的原始生活中，是什么力量把躁动无序的野蛮人组织起来，使之安静而虔诚地膜拜于无声无息的"神灵"之前而完成一系列惊世创举呢？想想看，要把一群"野蛮人"组织到庄严肃穆的文化活动中来，需要怎样的"神威"力量！对原始宗教仪轨的虔诚，是社会文明进步过程中不可或缺的精神推手，是实践社会行为的规范化、文明化，实现社会契约的权威化、神圣化的必备力量。

（一）感谢大自然的无限恩典　中国古人很重视祭拜山川大地，那是在答谢大自然对自己的无限恩典。所谓"国之大事，唯祀与戎"，祀要礼仪，戎需战伐，礼和战一样是关系到种族生死存亡的大事。其祭祀礼仪，自然非常隆重：沉全牲于河川，埋玉璧于山麓，酺酒于大地，燎烟以达天，典型地反映了当时人对大自然的感恩心态。

中国古代的祭祀又分"祈"与"报"两种，即所谓"春祈秋报"：春天祈求上苍保证风调雨顺，五谷丰登；秋天报答上苍的辛劳，给了先民好收成。请注意：中国先民的祈报对象，并不全是善的"神"，并不全是"好的事物"，也包括能祸害人的魔怪，包括"恶的事物"，这就有了"祈禳祝祷"一说：开春时祷告各色毒虫、猛兽、旱魃、火神、水怪，祈求它们远离人间，不要祸乱民人；秋冬之季，则"报答"它们一年来没有制造新的大灾大难，让先民享有安宁[1]。先民祭祀中的这类祝祷活动，集中表达着人们的生存意愿与生命期求。看来，对于大自然中的祭祀对象，中国先民并不区分"善恶"，只相信万物有灵。说到底，大自然中的万事万物，本无所谓好坏善恶；而所谓善恶，那不过是人类根据当时已经认识到的利益而作的人为判别。能超越这种判别去面对大自然，是中国先民的智慧。

（二）祭品：敬神意识下的血诚奉献　公元前两千年的雅利安人，认为用人祭可以表达对天上神灵的最大虔诚，他们以极其庄重

---

[1] 《王祯农书》记有一则上古祷辞。其文为：伊耆氏之始为蜡也，岁十二月，合聚万物而索飨之也。主先啬而祭司啬，飨农及邮、表、畷、禽、兽。迎猫、迎虎而祭之。祭坊与水庸。其辞曰："土反其宅，水归其壑。昆虫无作，草木归其泽。"（原文参见《礼记·郊特牲》）

的态度拿活人去祭拜众神。献祭之后，全体人员举行轻松的欢宴，毫无"杀人"的歉疚，倒有祭神之后的轻快。杀俘，本是对生命价值的蔑视；而杀俘敬神，杀者与被杀者竟都安然视为喜庆之举，伴之以歌舞饮宴，死者得"往生之幸"，生者享"现世之乐"，这又表现出先民对优质文明生活的追求。这是一种典型的生存悖论：以生命为代价去换取快乐！然而它却是原始社会的通行规则，全球先民，处处如此。怪，也不怪，它就是先民敬神意识下的血诚奉献。

农业社会有更高的文明，用牲畜肉体或农作物果实代替人体来敬献于神灵，则是农业社会的通行风俗。中国古代有过"人殉"，更有敬献猪牛羊"三牲"之说，全猪全牛全羊称为"太牢"，是国王用于祭天（天神、天帝、天上诸神）、祀地（地祇、山神、河渎之神）的，那是最为隆重的典礼，太牢外还要配以璧玉酒醴。一般居民的祭祀，则量力而行，"心诚则灵"：只鸡斗酒可以，撮米片肉也行，连山坡溪泽中的野菜萍藻都可以，且不加佐料；因为先祖本来就是"茹毛饮血"的，只要祭者心诚就行。这种做法，与西方用"替罪羊"代换"初生子"去献祭是同一出发点。后世祭品越来越简约化了，象征化了，甚至符号化了，而先民自身的生命意识则升华了，对神赐幸福的期待值也空前膨胀了。

从远古敬神祭鬼的种种礼仪中，人们不难看出先民从野蛮走向文明的历史阵痛。"野蛮"是先民进化的起步阶段，它同时也是先民文明的累进阶段。尽管此时的祭祀礼仪中夹有浓重的血腥味。人类毕竟是要进化的，要发展的，文明时代的礼仪终究要完全取代野蛮时代的礼仪；但这是一个漫长的演化进程。血食、血腥、牺牲、人殉，都是野蛮的，但它又是远古先民文明进步所无法不付出的代价①。

---

① 原始宗教信奉者不知道尊重人的生命，这是历史进程决定的；而现代社会滋生的邪教，晚近闹出的"鬼神"之说，明知人的生命至高无上，却千方百计摧残生命，这已成为"社会欠文明"、"社会不文明"的一项可检验的指标了。我们对原始宗教礼仪的历史肯定，不能作为现行任何邪教行径的辩护词。

后世文明人所享受的文明生活，正是"野蛮"的原始人通过这些未必"合理"的祭祀礼仪、禁忌与习俗，用上百万年的时间自发地训练出来的，而随着先民文明的进步，人们不再有无端的禁忌了，也不再用"人祭"了，这标志着"人"的生命意识的觉醒，人的生命价值的提升，人的尊严的被普遍认可。文明世界是不允许用人献祭的，连用像人的木偶去陪葬，也遭到孔子的反对。佛教祭礼是不许用动物肢体的；这也是文明发展程度的标志。从先秦"西门豹治邺"的故事，到六朝"李寄斩蛇"的故事，都揭示了"人祭"的荒唐，这证明中华文明确实达到了高度发展的程度。

秩序社会来自血肉的奉献，文明生活要靠长期的自觉演练——这便是结论。

顺便指出：古人祭礼的发展，慢慢地走样、变质了。人们祭祀神鬼（先祖）时，不再是纯净的感恩或纪念了，很少有文明守礼的正面意义了。祭礼上，人们献上斗酒片肉，跪拜有礼；而口中则念念有词，祈求神鬼"保我心想事成，全家安康，保我仓满囤满，猪肥羊壮，保我添人进口，生意兴旺"，等等，期盼神鬼的无限度的"高额回报"！滑稽的是，祭完后，往往又把酒肉拿来自己享用了。这简直是人神间的"极不等价交换"。如果真有"神"的话，此"神"岂不当了为他人劳碌奔波的奴仆了？实在不能把今人的迷信贪婪和先民的感恩之仪、纪念之举混为一谈。

（三）主祭：通向权力，通向等级 祭祀是全民参与的，然而，必须说明的是：祭祀的主持者，却是要有相应身份的。"主祭（祭师）"不是人人都可以担当的，那是首领的特权。中国历史上有

"绝地天通"的记载①，不许一般人与天神地祇直接对话，尧舜时代就已经把"主祭权"收归部落酋长一人独占了。由酋长主祭，同时任命祭司来完成相应的祝祷程序。中国人的祭天神、地祇，祭社神、稷神，祭蚕神，民间还祭祀马祖、井神、厕神，等等，都由相应群体中的最有权威者主祭，从天子到各级政府首长。群体祭礼活动的关键就在于"主祭权"的归属。从族长到各种社团头领，别人是无权插手的，多数场合还排斥女性的参与。

古代国君，无一例外地都要独享"主祭权"。我国商代国王就懂得集祭祀、征伐、人事大权于一身。古罗马皇帝不仅明确地要求垄断国家主祭权，甚至还要求全民把自己作为"国神"来祭拜。神权与王权的统一，正是古代社会的通行规则。另外，在"神治国家"中，主祭权则掌握在各级宗教首领手中，一般"教民"是不得染指的；谁想取得主祭权，谁就要付出代价。这又埋下了后世无休止的争权斗争的祸根，这里且按下不表。

（四）祝祷、歌舞与音乐：活力四射的安全宣泄　这是先民礼乐文化的源头活水，也是活力四射的一种安全宣泄。中外古今不同的祭祀活动中，总要配以不同主题、不同节律的音乐与颂歌、唱词。一般说来，宗教音乐，往往有"安魂静魄"的功能。"乐（yuè）"是诉之于人的心灵的、能激发人的心理共鸣的、能调动人的美感享受的乐音组合，凭着音律透入心灵去熏染人，而不靠字句打进理智去说服人。因此，宗教音乐总以优美亲切、舒缓平和、庄重肃穆的韵律为基调，以趋"静"为特征，这正是宗教用以熏陶人、塑造人的不二法门，是中华上古启动"礼乐文化"的肇

---

① 《尚书·吕刑》篇载："（尧）乃命重黎，绝地天通，罔有降格。"古人解释说："尧命羲和世掌天地四时之官，使人神不扰，各得其序。是谓绝地天通，言天神无有降地，地祇不至于天，明不相干。"又说："天人有相通之道，若显然而通之，以交于天地鬼神之间，则家为巫史矣。故尧命重黎绝地天通。"又说："民渎于诅盟祭祀，家为巫史，尧乃命重黎授时劝农，而禁淫祀，人神不复相乱，故曰绝地天通。"

端。今人讲"法治自律"，不妨从"乐教"入手。

同时，动静相生，作为"静"的调剂与衍生，当群体性宗教活动向另一个方向发展时，又往往演变为民俗性狂欢，肃穆之极转而趋于狂肆。此时歌、舞、乐则是综合进行的，以"动"为特征。世界各民族、各部落，都有歌舞狂欢相伴随的"娱神活动"。中国《诗经》中的"颂"，屈原"楚辞"中的《九歌》，以及各地形形色色的"傩戏"，也都一一兴发于歌舞娱神活动之中。当初，先民精神生活的丰富性与艺术化，正是通过娱神歌舞来实现的。

从"法治"的特定视角来说，民俗狂欢，是社会群体生命力的纵情挥发，也是"社会潜压力"的一种"安全释放"。你若不让"挥发"，不让"释放"，片面强调"纪律"与"秩序"、"管制"与"戒备"，在社会大众的"兴奋点"上横加禁锢，妄施高压，其社会效果往往适得其反——这又是"法治文化"研究者所必须清醒认知、确当应对的另一个特殊课题。要知道，"法治"的诀窍在于"警"和"备"，保持清醒、有备无患是关键；而不在于"禁"与"刑"。刑乃不得已而用之。古人懂得这一条，今人不能不明白。

第三节 从原始巫卜文化说开去

这里，有必要着重说明一下先民的巫卜活动，因为它曾是远古文明史的一段先行部分，占据了很长一段历史文化进程。

巫卜，是先民社会生活中的一个有普泛意义的告诫方式，对社群和个体行为择别有严肃的制导作用；而对卜辞的记述，又是上古社会史、生活史、政治史、法治史的鲜活记录，是后人无法更改的第一手原版记述。今天，你不必采信巫术，却不可轻忽远古的巫卜文化。

一、占卜显示出先民的价值取向

中华先民曾醉心于龟卜、蓍卜。此类巫术，无非是采用生活中可知的天象、事象、物象、意象，加上祈祷、舞蹈、符文记录等文化手段，来示现古人对自然、对社会、对人生的观察与思考，指示先民行为的价值取向，决定其应为不应为、可为不可为。它是当时某些生活哲理与主观意愿的艺术结合，尽管采取了粗糙的迷信形式，但先民迈出的这一步却十分可贵：他们虔诚地把自己行为的价值取向交给"神意—神谕—神断"，由神来抉择——而"神意"的解释权却掌握在"巫"的手中，故其实质只是交给人类已知的经验去预卜未来。准此，古人在普遍信赖占卜的同时，也有"不疑何卜"的理智思索①，还有"三人占，则从二人之言"的规定。不疑不卜，顺从多数，并非一味地迷信巫所传达的神谕。

中外远古的占卜活动，都是先民努力避灾远祸行为的生动再现，反映了人们对神灵权威的崇敬，对天灾人祸的戒备，对文明秩序生活的向往与憧憬。远古巫者，是神的代言人，是人与神的中介，是人类开启文明时代的第一批文化使者。上古时期，在巫师面前，高贵的君王也要服从巫的判断与抉择。埃及法老身边的巫师，中国商周国王身边的巫师，就都起着"帝王师"、"智囊团"、"咨询委"的作用，而且享有后者所无法企及的威望。而在社会生活中，则医巫是一家②，且巫早于医（甲骨文的"医"字本从"巫"）。它为百姓提供一种扶正祛邪、驱魔除害的精神动力与社会

---

① "不疑何卜"，语出《左传·桓十一年》。另，《尚书·洪范》篇又有"三人占，则从二人之言"之类的规定，又说："汝则有大疑，谋及乃心，谋及卿士，谋及庶人，谋及卜筮。"国君有大疑，在己心悒量可否而仍感不安的情况下，要"谋及卿士，谋及庶人"；当万难决策时，才应"谋及卜筮"，请"咨询委"决策。这证明古人之"卜"，只是一道筹划决策的终了程序，实际决定的还是人的意见倾向，尤其是要听从多数人的意见。

② 《逸周书·大武解》："武王既胜殷，乡立巫医，具百药以备疾。"便是医巫一体的明证。

服务。这是古人的共知共识。①

中国现存的远古卜辞（可参见《易经》），大都出于居民的日常生活，比如出外旅行、经商、狩猎是否安全、有无收获之类；比如天气变化、作物生长、人身祸福之类，并无超现实的背离生活的浪漫幻想。而关于军国大事的占卜，则取决于当事人的意志，不在于卜辞的表述。《左传》中记有大量的战前预卜，主战者往往作超常解释，行动上背道而驰，并未招祸。

二、习惯法划出了合法与非法的最初分野

人类群体在长期的共同生活中，会体验到一些生活哲理，逐步形成公认有效的"习惯法"，人人自动遵守其约束，于是人的行为便有了"合法"与"非法"的分野。习惯法是约定俗成的，其效力仅及于认可它的"圈子"；而"巫"是掌控这种"法"的权威，他可以借生活哲理来宣判人之行为的合法与否。

然而，人类对合法与非法，并没有统一的标准，只取决于当时的习惯、传统。比如婚前生育，在有些地方是受到社会奖励的，它证明男女双方有"生育力"，可以组织家庭。在他们那里，普遍认为：未经证实的生育能力无法预期家庭的美满，故宁愿奉子成婚；但在多数地方却是被排斥的，因为它难以保证血统的纯洁性，故先是遭遇社会的抵拒，然后"上升"为法律的否定。又如族内婚。为避免氏族财产的流失与分割，古代世界大多数地区是要求"族内婚"的，《旧约》与希腊神话都有兄妹婚、血亲婚，而且上升为"习惯法"，人人必须遵守。唯有中国先民，懂得血亲为婚"其生

---

① 顺便作个交代：中国古人讲的"巫术"，以治病之术、卫身之术为要（那是少林拳、太极拳之类的祖源），那是全民热衷的一种"国术"，含有科学合理的成分。而在科学昌明时代，仍然存在的军事巫术（如呼风唤雨、刀枪不入之类）、经济巫术（如点铁成金）、模仿巫术（召魂显灵之类）等，无益有损，自当清除；而拿致害之术、求爱之术、迷乱之术来谋利伤人，自古都在摒弃之列，不待今人去啰唆。

不繁"的弊害，国家明令"同姓（同宗族）不婚"，人们很自然地服从它。再如饮酒，古今中外都是受人欢迎的事，可在绝大多数宗教的教条里却是犯忌的，受到的制裁等同于甚至强于国法制裁的力度、烈度、深度、广度：这又证明"合法"与否和人情愿望并不是一回事。另外，许多在中国认为是"伤天害理"的事，在西方恰恰是"上帝的作为"。例如：西方有"天空动物园"之说，星座以动物形态命名：狮子、巨蟹、天蝎、大熊、长蛇、天鹰等，一个个生龙活虎；同时也有以人物命名的，比如仙后、室女、猎户、武仙之类，一个个各有风姿。特殊的是在西方的天空，各色人物都有，什么"丑事"也都干得出来。比如宙斯就占有七个老婆，两个是他的姑妈，两个是他的堂姊妹，两个是他的亲姊妹，而他与其妻生的女儿又被其兄冥王抓去当了冥后……西方"星象"所表达的正是人间的万象，有好的，有坏的，甚至可以是"伤天害理"的。再如《旧约·出埃及记》所载：为了使自己的选民能逃出埃及法老的掌控，耶和华竟然一面让法老变得心更硬、手更辣；一面又在埃及全境制造一次又一次空前血腥的灾难去"教训"法老，不仅祸及埃及全民，而且祸及所有禽畜，为的只是让一批以色列人愿意离开收养他们五百年之久的埃及而回归！看来，西方之神是超伦理、超是非、超善恶、超法纪的，据说这一切都是为凡人准备的。

三、占有欲才是万恶之源

有人说"私有观念为万恶之源"，其实这是个似是而非的伪命题。检视人类远古史，引起我们注意的是：在物质财富、首先是生活资料面前，人类的"占有欲"是先于"私有制"而自发滋生起来的。通过抢夺而占有食物，是动物界早已一致通行的法则；人类的"占有欲"无须以"私有制与私有观念"的生成为前提，正如蜂蚁豺虎一般；人类早在野蛮蒙昧时代，在学会生产以前，早已开始了规模性的抢夺与占有了，先抢占自然物，再抢夺生产物，为此就要伤害直至杀死对方；而后才是有限的"实物交换"，才留下战俘为我所用。这是一种原始的"普世生存法则"，当时人们头脑中根本没有罪与非罪的概念。我国远古史上的"炎黄之战"、"炎黄与蚩尤之战"，都发生在"原始公有制"条件下，都是为了夺占作为自然物的土地、资源、人力，夺占他人的生产物，而且谁有能力带领群体去掠夺，谁就有权优先享用优质资源（西方人士把它叫作"丛林法则"，完全认可"弱肉强食"的合乎天理）。久而久之，社会明确承认了这种有差别的占有与消费，这就产生了"私有制"。私有制是社会对资源分配的一种公众约定，人人必须遵从。

可见，"占有欲"比私有观念出现得早，比实物交换产生得早，当然也就比财物的"私有制"产生得更早。说到底，占有欲才是"万恶之源"，才是人类欺诈与暴力行为的"原罪"。所有正当宗教都不反对合法私有，但绝对反对非法的暴力占有；偷盗奸淫都错在"占有"上，所以《圣经》将其列入"十诫"；有了十诫，才有了具有道德的文明生活。

四、私有制界定了罪与非罪

本来，私有制是文明社会形成之初的首创制度，是人类走向制度文明的第一步，是人类进入文明社会后才出现的游戏规则。它关涉到每一个个体或群体的"合法权益"——当然，它首先符合于习惯法。历史上，占有并不等于私有，占有是无"法"可言的，它总是以暴力手段达成目的——通过战争进行掠夺，自古有之，于今为烈——然而，一旦"占有"与"私有"融为一体了，就会排演出人类历史上无穷无尽的惨痛悲剧来了：在"文明社会"中，它表现为超大规模的"军事占有"和"殖民占有"：占有者一旦得手，立刻宣布战利品归其"私有"，并通过"立法"来确保其私有——故既往的世间所有的"法"，当初都是胜利者为维护其私利而以暴力为后盾定下的；也因此，世间的法会有"良法""恶法"之分，因为它维护着不同人群的不同利益。

人们反对一切形式的非法占有与建立在非法占有基础上的奢靡挥霍。于是就产生了罪与非罪的问题。罪与非罪是由社会经济利益特别是当政集团的政治取向判定的；而善与恶是由社会伦理、民族文化积淀来界定的。依《尚书》的说法，中国在尧舜时首次宣布苗民有"罪"；夏禹时提出了"昏墨贼，杀"的罪名和严厉惩罚的手段，而皋陶把惩办对象扩大到"盗、贼、奸、宄"，那是从反对非法占有的方式、手段上入手，去整合人类的生活秩序的。

第四节　炎黄共治：多元向心的华夏文明

中国的神话与历史传说有一个共通的特质：所有的领导者管理者都是终生劳动者，全靠自己的双手与智慧与公众一起去排难克险，开天辟地，创世创业，建立秩序，推进文明，从而赢得普遍的拥戴。在他们身上，充分体现了"人"自身的智慧、能力与尊严，从不接受任何超人的异己力量的役使。

距今五千年以前，黄帝轩辕氏和炎帝神农氏两个强大的部落联盟兴起于黄河流域，黄帝在北线，炎帝在南线，经营着华夏家园。后来，黄帝轩辕氏以燕山与古黄河入海口之间（古黄河西来，在今郑州以北北折，奔天津附近入海）为基地，向南扩展；炎帝神农氏以泰山南麓为基地，向西向北拓展，双方势力迅速壮大，在古黄河下游一线发生了交汇与碰撞，经过争战，互相认识了对方的优势，两家达成"共治天下"的协议。这是华夏历史上的一次决定性的强强联合，联合后的第一宗重大成果就是共同战胜了环渤海的东夷蚩尤势力，蚩尤便率领其部族南迁到长江流域谋发展去了。我国大河大江流域的国土开发、民智开发由此铺开。

这时的炎黄两家，各有自己的突出优势。

炎帝部落大号"神农"，其主要优势就在于开启了农耕文明；而由其兆始的"日出而作、日入而息，日中为市，交易而退"的生活秩序，则在中华大地上一直延续着；以"神农尝百草"为标志的中草药的运用，对华夏民族的健康繁衍意义深远。考古证实：六千年前，中华先民就已成功地驯化和养殖了世界三分之一以上的动植物品种（这是任何非农业群体所无法实现的），这是多么伟大的生态优化工程！它打下了中国以农立国的根基。

黄帝部落则是个发明家的群体，众多生产用具和生活器皿、连乐器兵器都出自他们的手下。此时出现的养蚕业、丝织业，使华夏人一进入文明时期就穿上了丝绸，实现了"垂衣裳而天下治"（欧洲直到中世纪结束，他们都还不懂得包装自己，还普遍地以裸体示人，展现造物主的神工）。传说中，黄帝时期还造出了"指南车"。车是当时最重要最核心最有代表性的机械发明与机械制作，技术含量最高。另一项重大贡献是创制了文字，其时的仓颉是文字搜集整理的行家。史载：文字一出现就改变了物质生产与精神生产的基本面貌，产生了"天雨粟，鬼夜哭"的震动性效应。

炎黄时期的农耕作业、文字创制和城邑聚居，使华夏社会文明拥有了高起点。如此先进的炎黄文明，对周边产生了重大的辐射、吸附作用，吸引得东夷北狄西戎南蛮①等不同种族都一致认同炎黄共祖——这正是中华民族以血缘认同为形式而推进的文化认同、心理认同、政治认同、法制认同，是庞大的"中华民族"之所以能形成的文化基因，是多元向心的中华文明的豪迈起步。炎黄成了中华民族内部维系与调节相互关系的重要精神纽带，发挥着持久而又强大的历史凝聚作用。

---

① "东夷北狄西戎南蛮"之类称呼，原本无任何鄙视意味，只是就中原人眼中所见的周边各族人之特点而言的：夷字从大从弓，指弯弓射击、体魄高大之人；狄字从犬从火，指举火率犬去围猎之人；戎指手执干戈以逐野兽护家园之人；蛮字从"虫"，指能与水陆大虫共处之人。虫，大虫，虎豹蟒蛇之类，对人类生存有强大威胁力。

第五节　尧舜禅让：东方式民主的第一版本

历史发展到尧舜禹时代，社会结构中的管理者与被管理者有了稳定分工，"酋邦会议"正在向"国家机器"演进，传说中的尧舜禅让反映了这一历史进程的启动，而华夏法治文化元素也即孕育于其间。

一、大舜：伦理人格的榜样

《尚书·尧典》记载着：尧的时候曾多次召集酋长开会，民主协商、分头处理各邦的公共事宜，其中以帝尧物色接班人的会议最为典型。传说帝尧七十岁的时候，觉得自己岁数老大了，得找个接班的，于是召集部落酋长们开会议事，征集意见，物色人选。与会的人各举所知，后来大家的意见渐渐集中到陶唐氏部落的一个人身上：此人是位劳动能手，住于虞渊，名舜（媯也，美丽的花朵）。他善于捕鱼、精于制作陶器。他出现在哪里，哪里就有一帮人追随他，向他学艺，形成邑聚。可是他的爸爸不明事理，后母蛮横，弟弟骄纵，处心积虑要谋害他，家庭环境很恶劣，但舜坚持用一颗诚心、爱心来对待亲人，胸无芥蒂，总能化解纷争，转危为安。这样德能兼备的人，虽说身份"卑贱"，但是能担当大任，酋长们一致推举了他，尧说"可以试试"。就交给舜许多具体任务，来测试他的能力、人品与胆略。比如教他到四方去巡行视察，舜"入于山林，烈风雷雨弗迷"，表现出罕见的毅力和才干；尧又教他处置百官中的难事，他从不推辞；又让他"宾于四门"，到都城四门去送往迎来，接待宾客，维持公共秩序，结果各处管得有条有理，"四门穆穆"，"宾至如归"。这一切，证明了舜确实有很强的管理能力，于是帝尧放心了，很满意地把"帝位"禅让给了大舜，舜在尧的"三年之丧毕"后正式宣布登基。

尧让位于舜的过程，实际上是一个从基层着手、通过民主推举、再实地考察的选才过程。《尚书》说这叫作"明明扬仄陋"（即公开而透明地推举出底层侧陋之人中的优秀人才）。后来舜又如法把帝位让给了大禹。禹也是劳动者中的一位贤能者，是群众公认的领袖，同样享有"天然的权威"。尧舜的做法，是中国式的民主之源，它表达了我们民族对于民主精神和有序管理的呼唤与憧憬。

对于舜禹的能够登位接班，而尧之子丹朱及舜之子商均又为何不能继位呢？《孟子》从儒家的视角作了这样的解释：尧舜死后，天下人民遇事"不赴诉"于丹朱或商均，而赴诉于舜、禹，待到尧或舜的"三年之丧毕"，舜、禹这才公开宣布自己的正式登基。由此，我们知道，尧舜本人的积威积德并未能保证其"出身高贵"的儿子们能自动继位；尧舜本人对接班人的选拔、培养也并没有确保后者的自然登基，而是经过了"三年"的"民间用脚投票"、证明其确实是民心所向才定下的。

二、部落联盟：由部落自主走向联盟分工

大舜一上台，就着手改制：他废除了尧时"部落联盟议事会议"下的部落自主体制，变为部落联盟内的分工合作制度，以便于统一意志，集中管理。依《尚书·舜典》所说：尧时，部落联盟内有事时，便召集各路酋长开"议事会议"，议决后由酋长回到各部落去落实。至于各部落的内部事宜，自然由酋长们自行处置了。舜上台之初，首先就把各部落的酋长们统统召集起来，经过集体协商，给予明确分工：在全联盟内依工作性质实行"条条负责"制。会议议决：让禹当了"司空"，主持平治全联盟的水土；让弃为"后稷"，主管全部农事；任命伯益为"虞"，负责全部山林川泽的开发、管理与狩猎；任命垂为"共工"，负责统管百工制作与工程建设。同时，又任命契为"司徒"，负责教化"百姓"，改变"百姓不亲、五品不逊"的状态，使公共生活伦常有序。又任命伯夷为"秩宗"，掌管尊卑等级之礼；任命皋陶为"士"，士即狱官，负责用"五刑"去惩治"蛮夷猾夏"，"杀越人于货"的犯罪行为……

这说明：原始社会后期，社会管理工作复杂化了，"部落议事会议"正在向"国家机器"转化，"部落联盟"正在向"领土国家"前进①；而惩治犯罪也已经提上了日程。

据传说，大舜本人就曾亲手办了四个大案（殛四凶）："流共工于幽州，放欢兜于崇山，窜三苗于三危，殛鲧于羽山（在今山东东南的郯城）。"连未能根治洪水的"鲧"（大禹的父亲）也因"失职"而被流放到东海之滨去了，就死在那儿。就这样，大舜对酋邦领导集团中的犯罪分子实行"撤职查办"，绝不手软。他为我国的"法治"作了一声有力的预告。

另外，据孟子说：舜是东夷之人也，禹是西羌之人也，他们都是华夏大家庭中公认的好领袖。可见中华民族从一开始就是个"多民族的联合体"，都生活在同一个文明体系的覆盖之下，先民本无"贬夷"意识。

第六节　夏禹传子：王权意识的明晰化

夏代，国家机器从草创到确立，王权意识趋于明晰，统治者对社会成员的言行作出罪与非罪的判断并施行奖惩，着手组建了专门的司执法力量（兵、刑、士、狱）。

---

①　在古希腊半岛上，群山峙立，沟壑纵横，各部落只能各自为政，遂积淀成"群邦自治""土邦林立"之势；虽有文明程度较高明"雅典"与"斯巴达"等大邦的存在，却不能对周边产生辐射、吸附作用，终至成为后世"单一民族国家"的原始雏形。而大舜推行的"条条分工"制，则打破了部落的利益边界，把联盟打造成命运共同体，久而久之，积淀成"多民族领土国家"的理念。东西方的政治体制有别，由来久矣！

一、夏启称王，独居天下人之上

公元前 21 世纪，夏禹之子启登上了王位，宣告建立了夏政权（约公元前 2033 至公元前 1562 年间）。原来，夏禹在巡视会稽（在今浙江绍兴）时去世了。他的儿子"启"利用禹在世时所积淀下来的权威，轻易地从临时继承人"伯益"的手上夺得了帝位①，自号为"王"，高居于天下人之上②。他任命了掌管占卜的神职人员"官占"，掌管武装的六卿，掌管畜牧车马的牧正与车正，还有掌管君王膳食的庖正，并设置了掌管天象（星象）观测之官曰"羲氏"、"和氏"，负责根据星球运转的方位确定一年四时（四季）、十二个月、二十四个节气与七十二候、三百六十天的认定，从而制定历法；并负责布告于天下，指导全国农事安排。这便是"夏历"又称"农历"的缘故。

夏启的王权统治，一开始就遭到同族有扈氏的反对。有扈氏坚持传统的"禅让"制，他拒绝参加启的登基贺礼。夏启大怒，给有扈氏扣了个"怠弃三正"的大帽子，宣布要去远征有扈氏以"恭行天之罚"。他便组建了"三军"，下令全军都必须听从他一个人的指挥，否则"余则孥戮汝"！他由河南的禹城出发，兵车辘辘，千里西征，直打到今西安东南方的扈亭，一举击败了有扈氏。夏启动用武装与刑惩的手段保障了自己的统治秩序。他为政治生活中的"罪"与"非罪"树立了一个人为的界标；他为消灭反对派请出了一个至高无上的权威"天"，用来证明自己"王天下"的神圣性和排斥异己的合法性。这是破天荒的政治行为。

从此，正如《礼记·礼运》篇所说："大道既隐，天下为家，各亲其亲，各子其子，货力为己"了。这样的社会秩序决定了相应

---

① 《竹书纪年》称："益干启位，启杀之。"

② 王，于字为三横一竖，寓义为"天地人一以贯之"。又，"王者，往也"，孟子说"天下人皆欲赴诉于王"，是万众归心的人。他当然享有至高无上的权威。

的政治秩序："大人世及以为礼，城郭沟池以为固，礼义以为纪"，于是"谋用是作而兵由此起"，政治上层建筑逐步发展起来，中国法治史的序幕也就被正式拉开了。

从夏启起，就开启了"家天下"的君权世袭制，所谓"大人世及以为礼"（《礼记·大同》），实行"父死子承、兄终弟及"之制，君主即为"天下"之主，集祭祀、行政、经济、军事、人事大权于一身。

二、九州视野下的"家天下"

那么，在当时人的心目中，"天下"有多大呢？依《尚书·禹贡》篇的说法，天下分为"九州"①，分别称为冀、兖、青、徐、扬、荆、豫、雍、梁，涵盖中华本部各地，后来又从青冀之北划出并、幽、营三州（共十二州），覆盖着燕山南北、辽水东西；又从梁州分出益州，覆盖川渝滇黔的西南各族，但人们依然习惯于称华夏大地为"九州"。九州的核心地区较明晰，而外沿则无明确疆界，大致"入于华则华之，出于夷则夷之"，凡接受到华夏文明之辐射的地区，都在"天下"观念之内，名义上都应由君王一家主管之，这就叫"家天下"。

《尚书·禹贡》篇又说道：九州的划分，依遁了山川形势、水陆通道的走向，又综合考虑了各地土壤、植被、物产状况以及居民分布情况、经济开发程度等自然与社会因素，在此基础上提出了各

---

① 冀州大致含今山西河北两省之中、南部，兖州大致含今山东省西南部与河南省东北部之交接处，青州大致含今山东大部与辽宁半岛，徐州跨今山东、江苏、安徽等省交接处，扬州跨今江浙皖赣闽粤桂等地，荆州大致含今湘鄂两省，豫州以今之河南省中部为主，雍州大致含今关陇一带，梁州大致含今汉中及其以南（后来分出益州）。根据各州人口、土质、物产的差别，规定各地上缴赋税的品种与额度，叫作"任土作贡"。远古–上古时期，冀州开发最充分，是尧、舜、禹活动的中心区，赋税负担也最重；兖、青、徐、豫次之，荆、扬、益、幽、并则是后起的开发区，当时则以蛮荒视之，向中央贡献些土特产品就行了。

地不同的税率、税种。可以说：夏代一下手就抓到了政权生存的命根子。从夏人起，中国先民为自己作了一个体量庞大的时空界定，其意念中的国家、人民、土地、物产等，无疑是一个庞大的整体，又是可以分而治之的、各有独特发展前途的单位，这与局限于希腊半岛上林立的群邦相比，从一开始就有着不同的"国家"意念：中国人的视野是非常开阔的。

三、夏代有了罪名系列及惩治设施

夏朝的监狱称为夏台或钧台，用以收管禁制各种反政府的或触犯刑律的分子。夏朝的刑法律令被统称为"禹刑"①。这里所谓的"禹刑"，当然不是确指某一部成文法典，而是后人对夏代所有刑令追加的统称，泛指夏朝的刑罚条目的总和，包括判案成例的累积，还包括夏王发布的各种"王命"，那也是重要的法律渊源。《尚书》中说：夏代的刑惩原则是"昏、墨、贼：杀！"对于玩忽职守（昏：昏官，昏庸）、贪权误政（墨：墨吏，贪墨）、侵害他人人身利益者（贼：残贼，戕害），一律杀掉。注意：中华法治从一开头就超越了简单的"同态复仇"，跳出其为害方式的对等性，而着眼于社会受损的质的对应性，由此决定剥夺其危害手段、终止其犯罪行为所相应的惩治方式。这是夏代法治闪亮的一面。

不过，总体说来，夏代的政治秩序并不美妙。"家天下"制度的确立，经过了几代人的血腥争斗。夏政权作为我国历史上的第一个由少数人统治多数人的政权，从创立之日起，就遇到了来自王家内外两个方向的破坏与反抗。《离骚》中说：夏启这个人天天追求享乐，"日康以自纵"；他的五个儿子便搞起了内讧，被后羿趁乱篡了权。后羿同样淫逸自纵，结果被寒浞杀了，连妻子也被寒浞霸占了。寒浞却又断送于他的骄横的儿子浇手里；不久浇又被杀。大禹的玄孙少康夺回了政权，重建了夏朝，叫作"中兴"。这样延续到

①　夏刑：大辟二百，膑辟三百，宫辟五百，剕、墨各千。见于《周礼·秋官·司刑》的郑玄注。

夏桀，其暴虐统治遭到广大人民的一致谴责，人们发出了"时日曷丧，予及汝偕亡"的诅咒，夏朝便灭亡了。可见，夏代也经历了篡弑频仍的混乱与厮杀，新制度的建立是要为之付出代价的。

第七节　对孕育期的中华法治的文化评析

从炎黄到夏启，是中华法治的孕育期，已具备其若干因子：一、多元向心，共尊炎黄；这是华夏大地走向政治统一的精神元素，是组建民族大家庭的精神推手；二、尊贤敬能，推崇神圣；而东方神圣原本都出自人类社会的底层，都是终生劳动者、创造者、奉献者；这决定了中华民族的民族精神、民族气派；三、自力更生，创世创业，不依赖任何异己的怪力乱神，故中国古代法治强调人力、强调人格尊严，强调人生价值，而不醉心于神力、神意，没有全民尊奉的神约、神谕。

第二章 商周：中华法治的肇端

商人继夏之后，进一步强化国家机器，在王权建设、政风培植、刑法手段的运用、社会治安秩序的维护等法治领域，积淀了正反两个方面的丰富经验。这在甲骨文献中都有清晰的记载。

周初统治者从华夏先民的原始宗教礼仪与社会伦理生活中提取出一种"天人相与"的理论①，用来解释自己的所以能够获得政权，也用来指导自己的政权建设，解释自己所采取的各种礼法手段。后人把这时形成的统治思想与政治实践概括为"礼治"、"德政"。其推动者便是周公（姬旦）。周公完成了中华法治文明的奠基工程。

---

① 周王一面宣传自己"受命于天"，国王是上天之子（天子），有权"惟辟作威，惟辟作福"，要求"礼乐征伐自天子出"；一面承认"天命无常，惟德是馨"的道理，天子必须"恭承天命"，不得逆天而行，懂得自我克制、自我除恶的必要。

第一节　商代：对国家治理的探索

　　继夏而起的是商。商人本是东夷的一支，处于"奄"（山东曲阜一带），从远距离经商起家，能贩卖牛群跨过大河，去与有易氏（在今河北中部）作交换。商人用贝壳作货币，变物物交换为商品货币交换，这是很先进的，也就呼唤更为发达的法治管理。这在甲骨文中都有清晰的记载。

　　商汤灭亡夏桀之后，占有了黄河中下游的广阔地带，势力已西达河套、渭水流域，东抵大海，是当时中原最强大的政权，统治中国六百年上下。商王进一步强化了政治上层建筑，强化了王权意识，确立起全国上下都服从王权的政治秩序，从而在国家法治管理方面作出了新的尝试。

一、商代的国家机器

　　适应社会的发展，商代朝廷机构的设置比夏代大大强化，可分为两部分：一为王朝的外廷政务官，二为王室的内廷事务官。

　　政务官之首领称为"尹"或"相"，是国王的主要辅佐官，负责处理军国大事，统率百僚；其中著名贤相有伊尹、傅说、仲虺、巫贤等人；下设专责保卫的武官，称马、多马（司马），负责讨伐叛乱、征伐外邦。武丁时有位叫作"妇好"的王妃，很会打仗，成为中国历史上第一位留下名字的女将军；另外还有"史官"负责巫卜与记录国家大事；还有监督管理百工与农业的"工官"与"农官"，称为"多工"、"耤臣"、"小耤臣"之类。地方政务首领称为"侯""伯"，商纣王时有"九侯""鄂侯""西伯"（姬昌）等名人。他们的事迹，《史记·殷本纪》中有记载。

　　内廷事务官称为"臣"，有小臣、多臣、臣正等名目，负责管理王家各种内廷事务与王宫安全。他们严格监视着成千上万的宫廷奴隶的生活、生产、值守活动，维护着内部法纪。后来，"臣"泛化了，变成了官员的身份标志。

二、王权政治的良性起步

商王有极强的王权意识。商代政风比夏代好，商汤的归罪自身、网开一面；伊尹的流放太甲、自主摄政；盘庚的事权集中、迁都兴国；武丁的启用傅说、共定国是；傅说的忠勤为相，尽职尽言……他们给历史留下了一个又一个法治佳话，培植了良好的政风，对后世的治国颇有启发意义。

（一）商汤的归罪于自身：敢于担当 商汤灭亡夏桀之后，发布了一分《汤诰》（告国民书）。通告中说：上天降灾于夏王，彰显了他的一系列罪行，于是我就奉行天命，推翻了他。而今凡我新创建的万邦，千万不能盲从于陈规陋习，不要做任何违礼背法的丑事。应"各守尔典，以承天休"，各自严守国法大典，接受上天赐予的幸福。你有善行美德，我绝不敢掩蔽埋没；（如果）罪过在我自己身上，我也绝不会宽纵自己。倘若你们有什么罪过，出了什么差错，这责任也在我身上（由我来承担）。（至于）我本人有什么罪责，绝不拿你们来嫁祸。我希望我的这番真诚的告白能够有始有终地贯彻到底。[1]

按：这篇文告中说的"君罪"是指"公罪"：政府不能正确履行其应负的职责而导致国家败亡，民生痛苦，其罪应归之于在位的君主，而不论这位君主的个人品能如何，这叫"归罪"；至若君主个人的好色、好货、昏暴之"私罪"，自然该由他本人承担了。在先秦百家经典中，本文首次明确论及"归罪"问题，并把它提到国家存亡的高度来认识，难能可贵。

---

[1] 《汤诰》的相关文字是："兹朕未知获戾于上下，栗栗危惧，若将陨于深渊。凡我造邦，无从匪彝，无即慆淫。各守尔典，以承天休。尔有善，朕弗敢蔽；罪当朕躬，弗敢自赦。惟简在上帝之心。其尔万方有罪，在于一人；予一人有罪，无以尔万方。呜呼，尚克时忱，乃亦有终。"

（二）伊尹作《官刑》：政权的自我救赎　商代制定了朝廷官员的职责条例和行为守则，叫作《官刑》①（见《尚书·商书·伊训》），用以惩戒王廷中时已泛滥的"三风十愆"：

"曰：敢有恒舞于宫，酣歌于室，时谓巫风；敢有殉于货、色，恒于游畋，时谓淫风；敢有侮圣言，逆忠直，远耆德，比顽童，时谓乱风；惟兹三风、十愆，卿士有一于身，家必丧；邦君有一于身，国必亡。臣下不匡，其刑墨。具训于蒙士。"

这就是说，在商政府中，已经有巫风、淫风、乱风的存在，已经泛滥起追逐歌舞酒色、财货游猎、轻慢王法、拒绝批评、朋比为奸等丑行恶德了，统治阶级内部的生活秩序已经相当混乱，到了必须用刑罚来加以规范加以约束的地步，要用规约条令来整饬风纪、维护秩序了。商政权能够勇敢地揭出自身上层机构的"阴暗面"并予以法纪整顿，实施自我救赎。这个问题的提出本身，标志着风纪管理已进入刑法管制的范畴，是法治文明的又一次自觉表现。不过，我们也看到：犯三风十愆之过的人分明是"卿士"、是"邦君"，而墨刑惩办的对象却是"臣下"，罪名是"臣下不匡"，未能谏止，无力扶正！看来，不打主子打走卒，倒也是官场一个老掉牙的传统。

（三）伊尹放太甲：绝世义举　商汤王去世后，到了太甲登基，政治不明，疏远伊尹。伊尹有辅相之责，只好写信进谏，他不听；当面劝告，又不听。伊尹就对他采取了"流放思过"的特殊措施。经过流放，太甲有了好的转变，伊尹便迎他返京，还政于他。太甲拜手稽首悔过说："予小子不明于德，自抵于不类。欲败度，纵败体，以召罪于自身。天作孽，犹可违，自作孽，不可逃。往昔背师

———————

① 《尚书》中的《伊训》《太甲》等若干篇目，被清代学者考证为"伪书"，认为不足引据。我们则认为：清人之所谓"伪"，是指表述的文字之"伪"，非指所反映的历史事实为"伪"；从世界文明史角度看，反映的也是中华上古史实，其内容为《孟子》《史记》等诸家所征信，不能否定其经典价值。

保之训，弗克于初；尚赖匡救之德，图惟其终。"（见《尚书·太甲》中篇）伊尹之流放太甲，办得堂堂正正，空前绝后。此举为先秦儒家以"相权"制约"君权"的思想提供了先期典范，公认为义举，也得到了孟子的首肯。这样的事，这样的文章，只能出自先秦思想家、政治家之手，秦汉以后没有人能做得出来，甚至不敢那么想，除非是"奸相、权臣"。

（四）盘庚迁殷：王者气度　《尚书·盘庚》三篇明确记载着：盘庚公开地强硬要求全体臣民，都必须服从他个人的意志："若网在纲，有条而不紊"，大家都要"勉出其力，听予一人之作猷（谋划、安排）"。绝不许谁违背吾意煽风点火，那样，将"搬起石头砸自己的脚"，"星星之火，可以燎原，不可向迩，其犹可扑灭？"谁不听话，"罚及尔身，不可悔！"疾言厉色，至今还如闻其声。在商王身上，向来集中着国家祭祀、征伐、生产、刑赏、用人的一切权力，不许别人干犯。从这里我们看到了典型的一幕。盘庚之前，商人已有八次迁都之举；这一次勇渡大河，迁都于安阳，此后再未迁移，可见盘庚确实有眼力，有魄力，有决断力。

（五）武丁求贤和傅说为相：君相共和的范例　《尚书·说命》三篇，详细地记述了高宗武丁夙夜求贤和任命傅说为相的事迹。文中记录了傅说对君王的种种进言，又记下了君臣间推心置腹共谋振兴德业的经过，完全是平等对话，而且更多地表现出君谦臣直的师友情态，没有丝毫君臣距离在其间。所展现的武丁好学深思、傅说认真施教的美德，一种君臣共期国治民安的祥和氛围洋溢于字里行间，后世朝廷很难见到这种场面。它生动地展现出国人对理想政治风范的渴求与期待，是先秦儒者一心想当"天子师"的理想模式。高宗武丁是我国历史上首定"太子继承"制的君主，恰恰是他破天荒地提拔重用了奴隶身份的傅说。处于社会地位之两极的国王与刑徒一起共理国是，实在是破天荒之举。应该说这标志着奴隶的人格尊严的历史性大解放、大提升，也是孔子"爱人"、"尊贤"思想的典型体现。从商汤到太甲到盘庚到武丁，从伊尹到傅说，君臣们力行"德政"，狠抓政风建设，为创建一个清平政局做出了他们能够做出的最大贡献。《尚书》这类文章所记，正是中华法治文明初期的指标性事例，不是谁可以杜撰出来的，却被清儒力证其为"伪作"而予以排斥，但文字证伪终究代替不了史实证伪，疑古派可以休矣。

三、严酷的刑惩执法

刑，在夏商时期，国家的法定刑是"五刑"（墨、劓、剕、宫、大辟），而"割劓用刀，断截用锯"（《国语·鲁语》韦昭注），那是十分残忍的。

（一）名目繁多的商代肉刑

商朝刑法以严酷著称，尤其是在商代末年，实际施刑则名目繁多，有许多身体刑、生命刑、附加人格刑、劳役刑、财产刑。其中，唪（吐唾沫）、谇（责骂）、宪（用文字公布过恶）、徇（游街）、黥（墨刑，刺额）、髡（去头发）、耐（去胡须）、明刑（挂胸牌）之类刑罚，均属对人格尊严的有限剥夺，可归纳为"名誉刑"；笞（鞭打）、斩趾、刖足、劓鼻、剜眼、膑膝、断肢、宫刑，皆为身体刑，也均兼有终身剥夺人格尊严的含义，受刑者统谓"刑余之人"，辱莫大焉。至若生命刑（大辟），除常见的是斩（砍头或腰斩）、戮（枭首示众）、绞杀（吊、绞、缢）、毒杀（鸩毒、砒霜）等死刑方法外，还出现了醢（剁成肉酱）、脯（晒成肉干）、炮烙（在铜柱上涂油，下加炭火烤红，令受刑人步行其上，最终堕入炭火中烧死）、剖心、剖腹、车裂、磔（凌迟）、挫骨扬灰等等酷刑。不论何种刑罚，一旦受了刑，人即使还能活着，其社会地位、法律地位、政治地位就完了。所以孔夫子说："齐之以刑，民免而无耻。"一旦受刑，就再无人格尊严了，也就丧失了羞耻之心。受刑的人多了，社会上甚至王宫大门里都"刑徒满目"，让人触目惊心。社会由此积淀的戾气，是要寻找它的出气口的。到时，将很危险。

（二）见于甲骨龟板的刑狱文字

中国刑名产生得很早，有甲骨文为证（按：因为甲骨字体难以排印，本文只取其音义而用现今通行的汉字构形）。

在甲骨文中，有：

1. "辛"字，义为施以黥刑，在人面额上刻刺符文并涂墨，以示惩罚。

2. "刵"（劓）字，割鼻之刑。"自"是"鼻"的初文。《易·睽·六三》曰："其人天且刵（劓）"。

3. "刖"字，上古"中刑用刀锯"，锯断小腿骨谓之"刖刑"。

4. "椓"（音浊）字，宫刑，破坏男女生殖机能，以惩罚"男女不以义交者"。

5. 另外，还有相当于大辟刑的"伐"字，相当于凌迟刑的"矺"（磔）字。

甲骨文中关于刑具的字有"桎、梏"二字，表示监狱囚牢的字有"圉"、"圜土"等字。这类文字的频频出现，表明生活中"犯罪"及"刑惩"现象的普遍性。

一般说来，上古社会中的身体刑、生命刑之野蛮与残酷，反映的是法治文明史进程中的苦痛，为期很长，带有普世性；经过中外一代代圣贤的强烈反对，才逐步有所规范，有所约束的。在中国，肉刑是西汉文帝宣布废除的，但一直有反复。

四、关于王位继承权的立法

夏商时期，男女关系极不稳定，原没有法定的配偶。到商王中丁、武丁时，才出现走向稳定的"一夫一妻"制，一个男性只许有一个"法定之妻"（嫡妻），她有权主持"家政"，其余女姓配偶（庶妻）为妾、为滕、为婢，与其夫的性关系是正当的，但不享有嫡妻的家政权，也无贵族主妇的接受封赠之权。武丁有妻一人，而妾有六十四人之多（参见陈梦家《殷墟卜辞综述》）。

王位继承问题。自从妻分尊卑嫡庶之后，子也就有了嫡出庶出之别；同为嫡出，又有长幼的不同。嫡庶长幼享有的法权极不平等。商代的王位继承，初有"父死子承、兄终弟及"的习惯性做法，这可确保当政者为成年人，有独立行为能力。但执行起来很难，常造成伯叔兄弟子侄间的人选困难，酿成争位祸端，后来渐渐演变为"嫡长子继承"制。这样做，法定继承人唯一化，可以免去很多王族内部的纷争，保证了一统政权的相对平稳的交接①。可是，这并不能保证继位者的贤能，它实际上又影响着王朝的兴替。看来，私有制下的政权交接，是一个永恒的难题。

第二节　周公的治国之道：为国以礼

西周是中国全境内的国土开发、民智开发的规划期和启动期，更是"融王权、神权、族权、父权为一体"的有效行政管理体制的成形期。从西周初年起，以"周公制礼"为标志，推行了宗法等级制、分封制、国野制、井田制、户籍制等一整套礼法制度，形成了覆盖全社会的以宗法等级为阶梯，以制定法与习惯法为双翼，以国土开发为基础，以城市管理为中心，以人口地著为原则，以户籍登录为杠杆的法治路径。经过长时期的实践，这一切礼法制度之精神，又转化为社会行为准则，内化为国民心理素质，成为大一统国家实现超稳定的文化基因。

一、周人的国家观：王土王臣与王法的综合体

五千年以前，活跃在中原大地上华夏民族，在黄河流域营建了自己的家园，他们先是把有城池设施的聚居区称之为"国中"，把城池四周的土地开垦出来，称之为"鄙野"，进行耕作农业。在城内建有供奉历代先祖的宗庙，以示本宗本系对本地的合法占有权和

---

① 在西欧古代，曾实行过"王死诸子分承制"，大王一死，诸子分承，于是国家分裂，兄弟、叔侄间纷争不已，再强大的政权也经不起一分再分。强盛一时的法兰克王国就是由此而分裂为法、德、意三国的，再也没有统一过。

世代继承权。于是聚居在同一片土地上的群体相认同，结成稳定的邦国，在自己的首领带领下共谋生存与发展，于是国家理念便在形成之中①。此时，建国就是建城，而迁都就是迁国，灭国就是毁坏其城防与宗庙而占有其土地、人口、资产、资源。

随着历史的发展，先民的国家观越来越清晰，周人将其确认为"率土之滨，莫非王土；普天之下，莫非王臣。"（出自《诗·小雅·北山》）这至少有两层基本含义：

1. 它是一种世界视野下的"国家观"，凡在（含已在、将在、可能在）华夏文明覆盖下的土地、臣民连同其一切资源、财富，均为构成国家的基本元素；君臣关系是国家的主要政治关系，臣民要全力服从国家利益与国家管理，这是"王法"；

2. "王"是国家的象征，是臣民的"大家长"，一切土地臣民皆听命于他。王对国家负全责，他有保证国土安宁、人民安乐的权力与责任。没有"王权"，不成其为"国家"；而王权若不能发挥正面作用，臣民就会提出"质疑"（就像《北山》诗的主人那样）；严重的还得诅咒它"时日曷丧，予及汝偕亡"！

正常的"国家"就应该是这样：土地、人口、王权（法权）的有机综合体。

（一）国家的重心在城市，基础在郊野　周人立国后，将"王"确立为国家的最高代表，称之为"天子"，宣布"普天之下，莫非王土；率土之滨，莫非王臣"，全国的土地与人口，都天然地是王的财富，他高居于诸侯之上，有权支配境内一切。诸侯之国被称为"邦"、"土邦"或"邦国"、"方国"。天子所在的京师，是天

---

① 在古汉字中，邦与都、邑，皆有一个义符"邑"。"邑"上面的"口"，表示四方合围的城垣，它是最初的公共安全防卫设施；引申为边际、边界的象征，以示力所能及的范围；其下的"巴"（弖），是个长跪的人形。城和人，共同组成一个聚居区。在汉字中，构成国字（繁体）与域字的，有完全一致的义符，即都有城垣、人口、执干戈以护卫的象征符号。这说明了"国""域"之间的固有内在关系。

下的中心，无论在建筑规模上，还是在经济、军事实力上，均优于诸侯国的都城；诸侯国的都城，又优于他们的卿大夫的采邑。这样，各国的卿大夫采邑拱卫着诸侯的都城，诸侯的都城又拱卫着周天子的京师，层次分明，秩序井然。于是有疆土、有人口，有农林畜牧业，有政府管理，有军警护卫，用刑赏制导。这样，一个有共同的经济文化政治生活的"国家"实体就在东方大地上屹立起来了。

国家的核心在京城。在中国，城池从一开始就发挥着政治领导、经济文化中心的功能①，形成了以城市为中心的行政管理体制。周代把居民区、居民点划分为"城"、"鄙"、"野"三大类。住在城邑中的人称为"国人"，住在郊廓边鄙的人称为"鄙人"，住在山野的人称为"野人"。国人与鄙人、野人分别登录，有不同的政治权力、经济权力，有不同的社会地位、法律地位。国人即城里人，其核心是贵族，最活跃的是有文化、能射御的"士"，可以"执干戈以卫社稷"，有权知政、议政、参政；而鄙人、野人大都是各地土著居民，不少是由亡国遗民而来。他们承担着浩繁的生产任务，为国家提供不绝的财富。另有大量的奴隶人口，他们"不是人"，没有"人格"更无"人权"，被编管起来，在皮鞭下活着，平时生产，战时上阵；或被当作牛马一样，作为交易品、牺牲品、殉葬品来使用。

（二）"八政"说：对国家职能的健全界定　为着建设和管理国家，周人提出了"农用八政"的思想（见《尚书·洪范》篇），对国家机器的行政职能作了健康而全面的界定。其内容是：

1. 食：管好食品生产。食，首指粮食但不仅是粮食，周人对种

---

① 西方与此大不相同。西方城市或为军事要塞（城堡），或为自由民聚居点；全城没有统一的建设规划，是自然形成的。罗马帝国的"城"，只是政区名，豪门权贵并不住在城里，政府机构也不设在城里。故在那里，倒是"乡村领导城市"。也正因此，西方城市一开始就享有更多的"自治权"。

田、牧羊都很重视。中国以农立国，国家历来注重粮食生产，并关注六畜繁衍。"民以食为天"，没有这个"天"，也就没有"国家"与"人民"这个命运共同体了。

2. 货：管理好国家财货与工商业，促进商品流通、财富流通。注意，"轻商"不是周公的思想，也不是先秦儒家的思想，而是后世法家的要求。

3. 祀：祭祀宗族祖先与天神地祇及万物之灵。心理认同是国家凝聚力、组织力、号召力的精神基础，利用宗教神权来强化统治，强化民族共同体的心灵修持，是中外各国的共同经验。

4. 司空：主管土木工程。主要是农田水利建设与全国城邑、道路、关寨的建筑。中国土木工程量之大、调集劳动力之众，对全民生产生活影响力之强、之深，举世无双。

5. 司徒：主管土地管理与伦理教化。西周有土地图册（版籍），每开垦一片土地，或每获得一块新的势力范围，就要绘制土地图，标明山川走向或田块的"四至"（空间范围），以及人口与物业的分布，进行有序管理。同时，司徒要"敬敷五教在宽"，营造宽松和谐的社会秩序。

6. 司寇：主管国家刑法的制定与刑惩的实施；凡立法司法执法护法，都必须依靠有组织的法治力量的参与、推进、落实，司寇是要负全责的。

7. 宾：主管对"宾"的礼仪接待事宜。宾，指境内境外各方面前来归附、朝见的代表人物。当时王室对诸侯、诸侯对诸侯都讲究相互的"聘问"的礼仪规范，设有专人负责。国家对"宾"有一套礼遇接待、安置遣送办法。

8. 师：掌握全国武装力量。这最后一条，既强调了武装力量的重要性、必要性；同时，它也为军、警、法院、监狱等"强力单位"作了准确的定位：只能放在食货政教之后。

这八条，概括了国家机器应承担的全部职能，它突出食货，不废兵刑，且兼顾了工商礼乐，这实在是国家实现长治久安的根本大计。它比起把国家仅仅说成是"暴力机器"的思想来，是一种更为周到而健全的"国家观"①，它不认可把军警刑法等强力部门强调到不适当的地步的做法，预防造成通向"军阀统治"、"警察国家"的局面。它也为中华法治的准确定位提供了可能。法治史固然要突出地讲法治力量的功能，但也不应把它抬到超越国家经济文化建设的高位上去。

（三）"五服"说：大一统理念下对全境的辐射式行政管控

西周在"国家疆土"的理念下，以京师为中心，把全部国土大致按距离远近分为"五服"，遵循"内重外轻"的原则，实行辐射式行政管控，搞"一国多制"。照《尚书·禹贡》的说法，其格局是：

1. 五百里甸服　京师地区称京畿，是天子直辖地，京畿五百里以内的地面称之为"甸服"，要向国家交纳实物地租和力役地租：一百里内交纳粮草，二百里内交纳谷穗，四百里内只交原粮，五百里内只交成品粮（谷粒、米），以减轻运输负担。

2. 五百里侯服　距京畿五百里至一千里之间的地带称为"侯服"。这儿的人只服劳役。劳役包括在贵族家做勤务，或在本地区服劳役，或被征发而参加国家级大型水利工程、国家级大道、内地城邑、边境城堡要塞等的土木工程建设。

3. 五百里绥服　侯服之外的五百里内称为绥服。绥：安宁有序的意思。绥服又名宾服。绥服的内三百里按当方实际情况推行文化

---

①　健全的"国家观"应含有疆土、人口、资源、政府、安全力量诸要素，舍一不可。但放眼全球，人们并不都是这么看待"国家"的。比如，一、欧洲人的"国家机器"论，就丢开了社会管理的本质职能，只剩下凌驾于社会之上"暴力"因素。所谓"国家就是暴力机器"、"政权就是镇压之权"的偏激之论即由此衍生出来。二、古代印度人只承认自我意识的"真实"性，认为一切身外之物都是虚无的、空的、不存在的，故也不承认国家机器的"真实性"；而印度土地上的历届政权，除征税、征役、征伐外，不负责社会管理、不负责组织生产、不负责基层治安，无人户管理，无刑事审判，一切交由宗教去处理，它与民生不关痛痒，故古印度居民头脑中的"国家"也只能是个空洞的"存在"，世俗政权怎么也难以与永恒的神权相抗衡，因而印度民众不会有中国先民这般健全的"国家观"。

宣教，外二百里之民则尽力武装保卫边疆；不要求其承担国家赋税与劳役。

4. 五百里要服 绥服之外的五百里为"要服"。其内三百里实行平易宽缓的政策，只要大致依朝廷礼仪办事就行了。外二百里行简易的羁縻政策，定期不定期地向中央汇报述职，多少献上些土产贡品就行了。

5. 五百里荒服 最边远最外围的五百里地带叫作"荒服"，大致指当年长江以南、江河上源以远、大漠以北的广阔浩渺辽远无边的地带，当时都还是"未开发地区"。荒服内三百里推行当方蛮人之政，使其依习惯自治；外二百里听随其流动游牧，不要求作定居管理，不推行华夏政教，只要求其承认"上有天子"，名义上服从中央，偶尔送些土特产品给朝廷，能接受国家颁布的年历（所谓"奉正朔"）就行了。

今天看来，这样的"五服制"只是一种理想化、模块化的设想，实践上不可能对广袤国土做那么整齐划一的剪裁与划分。① 它的原则精神在于：国家里重外轻，实施一国多制，推行不同的经济文化政策。这就赋予各地方行政管理部门以很大的张力与弹性，增强了中央政权的可操作性，也更易于为周边"土邦""藩属""羁縻区""附庸国"所接受。这种行政设计，适应了多民族领土国家不同地区的政治诉求，照顾了各地经济文化发展不平衡的实际。

---

① 事实上，还有另外多种"五服"划分法，如：《周礼·秋官·大行人》："邦畿千里，其外，方五百里谓之侯服，岁一见，其贡祀物。又其外方五百里，谓之甸服……又其外方五百里，谓之男服……又其外方五百里，谓之采服……又其外方五百里，谓之卫服……又其外方五百里，谓之要服……"，而《国语·周语（上）》则称："先王之制，邦内甸服，邦外侯服，侯卫宾服，蛮夷要服，戎狄荒服。甸服者祭（日祭），侯服者祀（月祀），宾服者享（季享），要服者贡（岁贡），荒服者王（尊王）……刑不祭，伐不祀，征不享，让不贡，告不王。"说法各别，但征赋与责罚均重内而轻外，这个精神则是一致的，后世历代行政力量也是依这一精神部署的。

（四）视国家为天子独享的私产　我国上古的"政论总集"《尚书》中，收录了一篇名文，题为《无逸》，是周公告诫周王室后人的一篇"家训"，它叮咛后人"不得放纵自己，贪图逸乐"。文中说道（有删节）——

周公曰："呜呼，君子所其无逸。先知稼穑之艰难，乃逸，则知小人之依。相小人，厥父母勤劳稼穑，厥子乃逸……"周公曰："呜呼，我闻曰：昔在殷王中宗，治民祗惧，不敢荒宁，肆中宗之享国七十有五年。其在高宗，时旧劳于外……不敢荒宁，肆高宗之享国五十有九年。其在祖甲……爰知小人之依，能保惠庶民，不敢侮鳏寡，肆祖甲之享国三十有三年。厥后立王，生则逸。生则逸，不知稼穑之艰难，不闻小人之劳，惟耽乐是从，（享国）或十年，或七八年，或五六年，或四三年。"周公曰："我周太王、王季、文王……怀保小民，惠顾鳏寡，不遑暇食，用咸和万民……（文王）享国五十年。"周公曰："呜呼，嗣王其鉴于兹！"

国家权力的归宿，是"国家观"内在的本质问题。《无逸》一文说明：在周公心目中，国家权力是上天赐予"有道天子"文王、武王的，"天下"归根结底是姬姓一家（周王室）的私有财产，有权世世代代永传下去。但有个条件：其后世继承人必须是开明有德的君主，君主应该懂得"知小人之依"，应该防止"不知稼穑之艰难，乃逸"，应该子爱万民，所其无逸，这才可以长久地"享有天下"，守住高位。否则，放逸奢靡，狂暴妄为，必将失去天命民心而被无情推翻，重蹈桀纣的覆辙。本文是周公对其子孙"拒腐防变"的谆谆告诫，要求"君子所其无逸"，语重心长，用意未尝不善，故历来被评为立意高远的"第一家训"。

然而，我们应当指出：在政权归宿、政权本质的认识上，这是一篇"分水岭"性质的作品：《尚书》中列在本文以前的所有典诰誓命之文，都强调执政者应该清明、应该为庶民谋福祉。在论述国家职能时，都强调政府职在推行德政、慎用刑法。都是从政权本身的职能上说其理当如此，强调的都是国家安全、社会进步、民众利益之类，无一篇是从君主个人利益或王族利益出发来论说的，即没有"君主享国"的私心私欲夹杂于其间。人们即使在声讨夏桀、商纣时，也不是批判他们成了祖宗的"不肖子孙"、丢了祖宗"家业"，而是揭露其政治的残暴性、非法性、反人民性。然而，从本文之发表起，凡议论国政是非者，其立论的根基皆已悄悄地、根本性地转移了：转换成天子能否长期"享国"、能否维护"家天下"的私产了。这就把国家法治的一个重大而严肃的主题，不经意间导入了如何有效地维护"家天下"的问题上去了。尽管文章反复强调要依礼治国，善待小民，以"德"为本位去"发政施仁"，但其出发点与归宿都是统治者自身的能否"享国"，关注的是如何合法地把国家视为"天子私产"来消费它，而国家安全、社会进步、民众利益不再处于讨论的核心位置了。《无逸》中反复论说"××享国××年"之语，这就明确宣告了"国家是君主私有私享之财物"，仅此就足以让历代"天子"有理由"享用其资产"、消费自己的国家了！这就抵消了千百篇"君子所其无逸"的道德说教。于是"国家"再也不是管理社会、服务全民的工具了，"君位"再也不是"为民众谋福祉"的最高岗位了，而"享有政权"倒成了一切政治家为之奋斗的终极目标。如果说，当年禹传子，搞家天下，还没有来得及制造"享用"它的理论；那么，从本文起，就再无一个"天子"不理直气壮地视国家为私产而享用它了。刘邦所谓"某业所就，孰与仲多"即由此衍生而来。从此，一切政治学说，都习惯于把"夺取政权、巩固政权、永远垄断政权"当成当政者的核心追求，并视之为天经地义的核心利益。问题的严重性就在这里！这恐怕倒是周公本人所始料不及的，尽管他为"无逸"说破了嘴皮、操尽了心机，可是历史上又有几个皇上是"无逸"的呢！殊不知在"视国家为私产"的意识形态下，任何当政一想到要"享国"，必致奢靡，必难拒腐，待以时日，也就必定垮台。想到这里，我们只能说："周公制礼，用心良苦"！

二、周人的礼法观：型塑伦理社会的必经路径

周公姬旦，周文王之子，周武王之弟，是周初的一位重要谋略

家，政治家。西周政治制度、国家治理模式，基本上是由他设计并营造成功的。由他奠定的礼治德政的思想理论、规章制度，是先秦儒家"仁政"思想的理论源头，也是历届政府实施社会治理的实践示范。他使礼义、礼制、礼法、礼仪、礼乐成为中华治国方略的构成要件，成为最具民族风格民族气派的法治文化要素。周公多才多艺，精通音乐，擅长礼乐教化，其个人德性与才艺修养之好、政治首创力之强与历史地位之高，均可与同期的古希腊政治家梭伦①相媲美，而在当时及后世的影响面则远超于后者。

周人所讲的"礼"即"礼治"，是一个"礼乐"并举的、以"德"为灵魂的实践性极强的国家制度体系、社会文化体系，它内含着礼义、礼制、礼法、礼乐、礼仪、礼貌、礼教、礼品等丰富意蕴，贯彻于国家的政治、经济、法律的不同层面，渗透于社会成员的生产、生活的各个角落，直至个人的德行修持；它制导着社会成员的"修身—齐家—治国—平天下"的全部社会实践，把每一个社会成员都纳入国家的伦理政治轨道。只要依礼而行，就能形成一种治国安民的正能量，促进全社会的安宁、和谐、有序。因此，对"礼"应该有一个全面的理解。正如《左传·昭公五年》所说：

---

① 公元前594年，雅典城邦的首席执政官梭伦（Solon，略早于老子、孔子）为雅典立法，为希腊的"古典时代"揭开了大幕。梭伦将"公民大会"定为国家最高权力机关，实行"直接民主制"，由公民全体直选各级"公务员"，每人都有选举权和被选举权。当选者有任期而无报酬（这就在事实上要求当选者必须有相当的财力去支撑），其工作则须对全体公民负责，要定期向"公民会议"报告，接受公民的审查、监督，有明确的监督机制。公民每个月都要参加几次"公民大会"，议决并处置城邦重大问题（然而这种"议决"的依据却是"神谕"，后来又演变为"诡辩家"的舌辩，即竞选演说；而有资格参加公民大会的"公民"，也仅指雅典原住民中的成年男子。奴隶、外邦人、女性、未成年者，都无"公民权"）。国家又设立"陪审法庭"，年满二十岁的公民都可出席陪审法庭，审查终审法庭的判决。法庭负责监督国家官员的活动，保护公民利益，这是雅典的城邦民主政治的要害之处。此后二百年间，希腊人民不断完善民主制度，发展公正理念，进而在政治、经济、科学、哲学、艺术各方面创造了全面繁荣。

"礼，所以守其国，行其政令，无失其民者也；而周旋揖让，是仪也，非礼也"。把周代"礼治"等同于"周旋揖让"的"礼貌"、"礼仪"，是十分肤浅的。周初以道德为本位的顶层政治设计模式，对中华政治模式的确立，产生了极为久远的影响。

在古代中国，"礼"是"法"的上位概念。《礼记》曰："夫礼之初，始诸饮食，其燔黍捭豚，污尊而抔饮，蒉桴而土鼓，犹若可以致其敬于鬼神"。（见《礼记·礼运》）又曰："道德仁义，非礼不成。教训正俗，非礼不备。纷争辩讼，非礼不决。君臣上下父子兄弟，非礼不定"。（礼记·曲礼上）可见，早期的"礼"包含了宗教、习俗、仪节、法律制度等在内，是一种全能的原生态生活秩序。今天，我们不妨将周人的"礼"析为"治国之礼"与"社交之礼"两个层面来考察（当然，这两层是交叉互叠且互渗的，不能截然分开）：

（一）治国之礼

1. 礼义　属于"法哲学"的范畴，是订定国家法制仪轨的指导思想与理论基础。《礼记》中说："先王之立礼也，有本有文。"礼义就是"本"，是根据，是原理，是统帅，而制度、法律、仪则、礼貌都是"文"，都是礼义在不同领域的实际表现形态。在国家制度文化建设中，礼义起着灵魂作用，统帅作用，是国家良法的理论根基，它拒绝一切苛政、一切恶法。它要求国家一切举措，保证惠及最大多数的国民；要求"慎狱恤刑，念及鳏寡"；要求治心先于治行，诱导先于约束，奖掖先于惩治；要求摆正礼与刑二者的关系，互相不对立，不割裂，而是以礼为主导，与刑互补互渗，互相支撑。

2. 礼制　指礼义制导下的国家根本制度，关涉到国体、政体的最高规范，也指维系"家庭—社群"持续有序地存在的基本制度，是法律与奖惩得以成立的法源依据和先行条件。其主体内容是宗法等级制、分封制（后世代之以郡县制与官僚制）、国野制（城乡关系准则，城乡一体化治理方略）、井田制（是商周的土地垦辟制、土地耕作制，又是城邦设计方案的综合蓝图）、版籍制（土地与人口登录管理制）、家长制（父权与夫权）等等（下详）。

3. 礼乐　"乐"是创造宽松、和谐、艺术化的社会氛围的基本手段，是培护民族的共同心理状态、共同民俗风情的必要途径。在周初，礼乐对于提升华夏人的人文品德修持、精神文化水准具有直接的作用（相关内容可参见《礼记·少仪》、《礼记·玉藻》、《礼记·乐记》等文）。因为它是心灵调节的一种艺术手段，更是营造社会协和谐调、安宁和乐之氛围的艺术策略，"可以和，可以怨"，故又称之为"乐教"。今人由《诗经》的风雅颂所呈现的场面，不难推知西周的乐教之盛况。

4. 礼法　此词出于《荀子》，指礼义制导下的法典律条，包括国家制定的具体的法律、诏令、条例、章程（即所谓誓命典诰或律令格式之类），是国家实施行政管理与刑事执法的依据。同时，民间广泛存在的习惯法，含乡约、行（háng）规、校训、家法之类也被纳入礼法轨道，自动地具有"法"的约束力、规范力。

5. 礼仪　群体活动的程序性规范与仪容态度，也是群体成员相互认同的必要手段，是古人生活有序化、文明化的基本保障。礼仪有宗教礼仪、国家礼仪、社交礼仪几大类：或由教团规定，或由国家制定，或由约定俗成，都享有权威。它的贯彻执行不以暴力为后盾，而以觉悟为先导。周代归纳有吉礼、凶礼、军礼、宾礼、嘉礼①等一系列政治性、宗教性、世俗性的标准仪式与程序，贯穿着宗法等级原则。历代朝廷颁布的各种《仪制令》，连车马服饰都作了严格规范，同样具有法律权威。

（二）社交之礼

1. 礼貌　人际交往的文明方式与良好态度，是实现和谐的人际

___

① 吉礼：祭祀天地鬼神、敬事先祖的礼仪程式；凶礼：关于丧亡殡葬守孝的礼仪规范；军礼：关于军事动员、授命嘉奖的仪式与典则；宾礼：关于朝觐、征聘、会盟、集会时的相关礼仪制度，嘉礼：婚冠饮宴等喜庆聚会时的礼仪程序与行为守则。五礼中都贯穿着严格的宗法等级思想，违反者要受责罚，情节严重者交付有司论罪，叫作"失礼入刑"。

关系的必要形式，也是衡定个体精神素质之高下的重要指标。它的基础是"名分"，表达方式在于肢体（跪拜作揖躬身之类）与言辞（敬称、敬语之类）的讲求。注意：古人的打躬、作揖与跪拜之礼，十分讲究施礼方之态度的诚挚，讲究礼节的到位而有分寸，而无须双方的肢体接触，也不要求受礼方做同样的回应，故双方倒也两便。它不像握手、亲吻、拥抱那样，要求受礼方做出相向的肢体动作，这很好；但尊卑森严，人格不平等，是中华古礼的致命伤。

2. 礼教　人的文明素质的养成教育，包括道德操守教育、法制教育、礼仪教育、文化知识教育、技术技能的传承在内。人的教养如何，会透过个人在家庭、职场、祠庙、官府……各种公私场合的不同行为方式中表现出来。礼教的发达，是社会文明程度的重要指标；也是个体脱离野蛮、走向文明、获得社会认可的必经之路。

3. 礼器与礼品　是礼仪礼貌活动中用以表达诚意、敬意、爱意的实物，是宗法等级的物化标志。礼器有形式化了的仪仗、冥器、乐器、食器，又指贵族人士的服色、车马、配饰之类。

至于礼品，则指馈赠的物品、上交的贡品等。恰如其分的礼品不可少，而铺张奢华与非法转让则不在其列。

中华乃"礼仪之邦"，讲"礼"，为的是治身、治家、治民、治国，是型塑伦理社会、秩序社会的必需，绝非仅仅讲究送往迎来的周旋进退、规矩礼节而已。切不可把"礼"等同于跪拜揖躬之类的肢体表演。

（三）赏善罚恶，尊卑有序　在一个礼仪之邦，一定要有严明的伦理秩序，必须赏善罚恶，做到尊卑有序。西周礼法是讲究奖惩并举的，讲究有惩有奖，赏罚分明，赏加则知荣，罚加则知戒，故能收到良性的社会效益：并且强调教而后诛，先礼后兵，这更符合法制对社会的制导功能，更利于诱导社会进步。西欧启蒙时期有人说过：上帝的"十诫"只讲惩，没有赏；不区分好人坏人，不考虑善报恶报，谁都背负着永世不能清偿的"原罪""本罪"，这是片面的，错误的，比不上中国人的赏罚分明。

孔子说：社会应该是有序的，"君君臣臣父父子子"，各在其位，各守其职，各尽其能，各取其分，不妄取，不僭越，不搞怪力乱神，不搞诡谲诬害。物非吾有，视之如浮云。能达致这个境界，社会自然是美好的。

从这个层面上看，周人的礼法观与刑赏观是一致的。

第三节　礼义规范下的国家基本制度

前已交代，西周礼制如宗法等级制、分封制，国野制、井田制、版籍制、家长制等，都是由周公倡导的礼义所规范、所制约的，礼义是一切制度法令的灵魂，它可确保法为良法，制为优制。这里择其最要紧者，稍作展开。

一、宗法等级制：使血缘关系政治化，社会管理有序化

为着对社会实行有序管理，周人以血缘亲疏为基准，贯彻亲亲贵贵原则，制定了等级爵位制度，按等级进行权力和利益的分配与再分配，或曰实施财产与权力的分割与继承。它为中华法系的伦理底色提供了原则依据。

宗法等级制以男权、父权、族权为核心，其基本精神是：同祖分宗，子分嫡庶，各有其位，五服为限。大宗享有家庙的主祭权，继承的优先权，家族事务的最后决策权；而小宗不能。嫡庶的法律名位与权利义务是不相等的。血亲关系以"五服"① 为限，出了五服，即使同族同宗，也不再享有血亲权力了，这叫作"君子之泽，五世而斩"。由此可见，中国古代的贵族爵位虽然是世袭的，但也有其终止期，不像西方古代那般，爵位一旦拥有，永世传承。

这样的宗法等级制，贯穿在一切政治生活、法纪生活、家庭生

---

① 五服：五等孝服，孝服通用白色（也有用黑色的），因其质地与形制的不同而分为五等。人死后，其亲人按血缘亲疏等第穿相应的孝服。

活和社会交际中，落实在社会成员的一切言行中，不许轻忽、不容逾越。它把血缘关系高度政治化了，它使社会管理有序化了，使整个社会机体摆脱了原始混沌无序状态。

二、分封制：领土国家的初基，国土开发的部署

周代国王称"天子"，是天下大宗中的大宗，为国家元首。他将全国土地人口划分为大小优劣不等的若干份，用以"封土建国"，依亲亲贵贵的原则，赐给公、侯、伯、子、男等不同层次上的统治阶级成员，使之各得其利，各安其分，各辟其疆，各治其民，各征其税，各守其位，保持稳定的伦理统治秩序。

商周之际，江河大地、山川地理形势复杂，分隔辽远；风俗民情差异巨大，不易沟通；经济文化发展很不平衡，难以组合；水陆交通艰难，人员、物资、信息流通很有限。何况，周初，在这片辽阔的土地上，人口总共不超过一千万，却是"诸侯三千"，邦国林立，自然是"小国寡民"，"民至老死不相往来"了，"鸡犬之声"未必能"相闻"，人们出行维艰，在这种情况下，国家的有效行政管理何以推行呢？

周武王建立周政权时，将政治中心定在渭水边上的"蒿邑"，定名为"镐（hào）京"。从此，镐京成了全国政治经济交通文化的中心。但天下太广袤了，尤其是周人并不熟悉的黄淮江汉济泗流域，一直是商人的统治区，东部又是"九夷""东夷"的活跃区，其势力不容小视。如何才能实现对全国的政治控制呢？周人设计了一个"封建制"：在五等爵制下，向全国各地"封土建国"，受封的大小诸侯们，分头到各地去布点、扎根、开国。其时，受封者中有的人才几岁，十来岁，便要离乡背井，从京师出发，远赴千里万里之外，到陌生的土地上去拓荒建国，自行修城池，辟土地，招揽人口……而做到这一切，谈何容易？何况还会受到本地原住民的抵抗！故随行的辅政的大僚、产业精英及武装自卫队自然是不可或缺的。

周初受封的对象有亲贵功贤能几种情况。亲，指周王直系亲族

中的男子，比如周公姬旦就被封于鲁（今山东的西南部，都曲阜），公爵。同时，叔虞被封于吴，唐叔被封于晋。因为周公要留在镐京辅政，就让他的嫡长子姬禽去鲁国创业。姬禽到了曲阜，以此为都，在这儿贯彻"周礼"，终于把这片土地培植成周代东方的一个政治文化中心，后世的孔孟都出生于此。贵，周政权原有的贵族和周天子的亲朋老友。功，凡追随在周武王麾下，为推翻商纣王、统一各地土邦建立了大功勋的异姓异族之人。比如姜尚（姜子牙），他被封到山东半岛上的东夷地区去当"齐侯"，创建了齐国，都营丘（今临淄境内）。据说，姜尚受封时已是高龄，却让他离开老家渭滨远去山东创业。他到齐地一看，满目荒草，无边盐碱，他只能勘出一片台地，"辟草莱而居焉"，可以想见其荒芜简陋。他立刻着手"大修道术（道：街道；术：坊巷），尊贤知，赏有功"，大张旗鼓地经营起这一片台地来，取其名为"营丘"。姜太公变斥卤之地为鱼盐之乡，同时进行国土开发与民智开发，使齐国发展成东方强国，真可谓"老有所为"了。

贤，是前代帝王或圣贤的后代，还指社会上知名的贤达之士。他们在社会上有一定的号召力，周天子不以一般臣民视之，而以宾礼待之，如封黄帝之后于祝，帝舜之后于陈。又如商纣王的叔父箕子，他曾竭力反对纣王的暴政，是位有名的贤士，被分封于"燕"，伯爵。此举使华夏文化持续地辐射于燕山南北、辽水东西，是很有意义的政治举措。商汤王的直系后代封在今商丘一带，建国号为"宋"。这里是商代的中心区域，经济文化向称发达。后来的诸子百家大多出于鲁、宋、卫、陈一带，不是偶然的。

能，是当地"有能量"的才干之士，特别是各地原有的土邦首领，周天子不能单靠武力去平定人家，就实行召抚羁縻政策，承认这种人的既有势力，既得利益。如楚武王，他控制着长江及其以南的辽阔而富饶的地带，还不断地向汝颍淮汉流域拓展势力，周王室不便与其对抗，就封其为"楚子"（子爵），只要求楚子政治上尊

奉周王室，定期向朝廷进贡一些"苞茅"就行了①。还允许楚子在
自己境内称"王"，自行决定内政外交政策。同时，周王室却要定
期地赐给楚子大批礼器重器，以示关怀。又如秦人的祖先名"非"，
因帮周王室养马养得好（马是战略物资，养马是重要产业），也是
个"能人"，周王便封他于关陇、西戎一带，在那儿建立了秦国
（子爵），控制了渭、黄上游。后来秦人沿渭东下，终于取代了周。

另外，还有大批分散在各地的小邦国，周天子让他们作为邻近
大国诸侯的"附庸"，间接尊奉周天子；于是大国诸侯也就有可能
发展为统领一群弱小的一方霸主。

当时，周武王共分封建立七十多个国，其中五十多个为同姓
国。这样，周天子的"王国"与众多的公国、侯国、伯国、子国及
其附庸国之间，便形成了一种松散的统属关系，周王国成了"宗主
国"。从此，周王室雄踞关陇，君临天下，以镐京为中心，鲁、卫、
宋、晋、郑、许、燕、齐、秦、楚、吴、越各国作扇面展开，"屏
藩周室"，有效地实现了中原文化区与北方草原文化区、南方吴楚
文化区的接触交融与互渗，为后世的大一统做了先期准备②。

在政治管理上，各个诸侯国具有高度的自治权，发展权，生存
权。他们有自己的全套行政机构，享有军队、外交、税收、文教
权。周王室除了每年向各国收取贡赋外，对各国"内政"基本上不

---

① 荆楚大地上遍地生长着茅草，有青茅和白茅两种。白茅又称
"荼"，秋来开花，穗状花序，远望一片雪白，所谓如火如荼。古人酿酒，
以茅草滤之，可使清亮。楚子向周王室贡献苞茅，供其滤酒祭祖，以示对
周王室的尊重，而周王室必须回赐青铜礼器之类，严重"不等价"。这种
"贡赐关系"，政治上的不平等与经济上的不平等正好是逆向的。后世朝廷
还都沿袭了这种做法。而就连这点土贡，楚子后来也懒得送了，这就遭至
霸主齐桓公的责备，要兴师问罪：楚子便认了错，避免了一场战争。

② 古希腊的土地上，林立的邦国之中，从未形成独大的核心政权；
即便是从同一个"母国"分裂出去的"子国"，各自建政，相互间也不存
在"宗主"关系或"兄弟"关系。换句话说，它们没有把"血缘关系高
度政治化"。

做干预。时王室所做的事是：1. 征伐。如哪国有内乱，或侵犯他国，或有其他违背礼法之行为，天子即亲自或委派当方大国去征伐；2. 立德。由司徒负专责，制定统一的道德行为准则，推行于天下；3. 颁发历书，授民以时。历书在古代是非常重要的政府文献，由专人每年考订一次，颁行全国。各国依此而安排一年四季的政治活动与农业生产，叫作"奉正朔"；4. 制定王法。王室司寇，专门负责国法的制定（修订）和执行。所定的王法要"悬于象巍"，定期公布；5. 统一度量衡，统一车轨（以六周尺为一轨），统一文字（改甲骨文为金文，为篆字）。此外，天子本人每隔几年到各地巡视一次（夏商两代是五年巡视一次，周朝改为每十二年一次，以免劳民伤财），以采集民风，察看国情，考礼正乐。有德有功者嘉奖，发现有违礼背法者，即降爵、削地甚至讨伐，这就是所谓"礼乐征伐自天子出"①。可见周的统一是制度统一、文化统一、意识形态的统一，是行为方式、生存形态、价值理念的统一。这也为后世的大一统作了先期示范。

西周受封的人中，凡"同姓同族之人"，相互之间有天然的"血亲关系"；还有大量的"异姓诸侯"如何联结呢？当时有"同姓不婚"的规定，禁止宗族内部的通婚。于是一辈辈"异姓"诸侯通过和周王室的儿女婚嫁及相互间的儿女婚嫁建立起一种"姻亲关系"。如此推而广之，全国的人就都这样那样地组合连接起来了，

---

① 对此，《礼记·王制》有较详细的说明：诸侯"同律礼乐衣服正之。山川神祇有不举者为不敬，不敬者君削以地。宗庙有不顺者为不孝，不孝者君黜以爵；变礼易乐者为不从，不从者君流；革制度衣服者为叛，叛者君讨；有功德于民者，加地进律。"《孟子·告子》章也说：天子巡狩，"入其疆，土地辟，田野治，养老尊贤，俊杰在位，则有庆，庆以地。入其疆，土地荒芜，遗老失贤，掊克在位，则有让（责让）。"

这就形成了"四海之内皆兄弟"的意识，树立起"四海一家"① 的政治观和"血脉相连"的伦理观。这是中华政治伦理的根基，是中华民族精神大融合、政治大一统的内在动力。它反映了中国文化的巨大的包容性、涵盖性和人情味。它为中华文明提供了最初的范式，夯实了中华民族发展壮大的根基，勾画了东方文化传统特色的最初蓝图。多元向心的中华文明有了强大的政治依托，以至春秋战国数百年动荡也没能动摇中国人"认同共祖"的理念，这是境外任何一个文明古国都没有做到的事。

现在看来，没有周初目光远大的分封举措，没有这个制度下对各地各族文化的兼容并包气量和有力有效的国土开发与民智开发的行政部署，被高山巨川分隔着的、经济文化发展极不平衡的、种族血统极其复杂的广袤东方，是难以走向政治统一、经济统一、文化认同、心理认同的；而这种统治，原不是靠"集权"、更不是靠"暴力"实现的，而是靠精神生产、靠制度文明。它奠定了中华大邦的万年根基而永不中断。

---

① 远古中国人认为自己居住在"四海"的中央，称四周为"四海"，即北海、东海、南海、西海。这里的"海"，其本意是泛指辽远无边的未知地域（含水域），并不专指储水的"海"。"东海"指东部滨海地带及现在的黄海与东海的北半部，连同其外的广阔海域。"南海"指今东海的南半部与整个南中国海及其周边地域。"北海"即"北溟之海"，初指渤海及其周边地区，到汉代山东半岛上还有个"北海国"；后指以贝加尔湖为象征的大北方，那是先秦人心目中极北的窈溟之地。"西海"是指戈壁昆仑迤西的茫茫大地，最初以"青海湖"、"星宿海"为标志；后来又用于指称咸海；东汉班超再通西域，又用它来指称阿拉伯半岛西侧的红海了。可见"四海"的地域概念是不断地推移拓展的。故而"四海之内皆兄弟"的"兄弟"之队伍，也就越来越庞大了。中国人的胸襟是敞亮的，视界是辽远的，"手足情"是不分东西南北的！

三、国野制（也称城邦制）：城郭与郊野一体化的政经设计

先秦各国，特别是众多诸侯小国，动辄"迁徙"；而都城一迁，全国皆移。周初，受封诸侯到目的地开疆建国，而最初的"建国"也就是筑上土围子，把居住区四面围合起来，再对凿城门以供出入就行了。城内住户起初也就是诸侯及其随迁人户了，叫作"国人"，有参政议政之权，有守城卫国之责。城内筑有一座土台，把受封时天子赐予的那包土置于坛心，四周栽上当地的主要标志性树种，成为该国的"社坛"。城内有亭，亭很高敞，可安放先祖牌位，以供祭祀（后来发展为宗庙建筑），也可君临全城。这就完成了一个"封国"的草创大业了。① 城外有邑有亭、有郊有野。邑是城的"卫星"，通常用于安排追随诸侯而来的士大夫与武士们。郊廊则多安置着本地原居民；郊亭是驻军或通邮通信的据点；郊野是田野、旷野、山野，提供可耕地、草场与林木、水源和狩猎物，土地则让农人去耕种。势力所及，就是其"领土"范围，但没有明确的"国界"②。耕地实行井田耕作制，开垦出的"井田"倒是有此疆彼界的，而疆界是以田间方格化的大小道路与沟渠形成的，于是有了水利网与交通网，这对于华夏的发展具有深远意义。

在分封制下，诸侯建都、卿大夫建邑，其动力都出于国土开发与政治控制，因而以长久的生存繁衍为第一考虑。在哪里选址、建

---

① 孔子说的"兴灭国"，就是帮助失败逃散的亡国之人，重建一个都城，城中设立起宗庙与社稷坛，招徕居民，设置官长，拥立一个君主，一个"国"这就恢复了。至若宫殿、坊市与民居，一时建不全，待机再充实。

② 其时诸侯国都不大，国土面积以"方十里"、"方百里"计，即截长补短，大致纵横各三里地上下就算是一个"方十里之邦"了；如果纵横各十里地的话，便是"方百里之邦"了（后世一个小小县镇那么大）。一个邦国到底能有多大，就看该集团的"开疆"能力了。当然，事实上国界必须按山川地势的走向为定，故邻国之间又可能犬牙交错，于是跨界争斗便不可避免。

多大规模，皆取决于水源能源和林草地的生态，要考虑百年后该城的水源、能源、耕地与人口的正态配比。故春秋各国都城，几乎没有建在山头上的（与古希腊的城堡建在山头上不同，一断水就完了）。咸阳（长安）、洛阳、晋阳（太原）、临淄、大梁（开封）、襄阳、郢都、寿春、淮阳等诸侯国都城的出现，都与山水有关，都建在大河之滨的开阔平川上，又大多有山丘为依托，原因在此。

这种城建体制，既能使士农工商成为一体化有组织的群体，又有利于各自发挥潜力去开发、去开拓。说到底，它有利于带动一方的经济文化发展，比单纯考虑攻防需要的"城堡"对社会发展要有利百倍。故到战国时，十万人口以上的大都会在华夏土地上已经纷纷涌现，而"攻城""灭国"者也未必要以"毁城""屠城"为手段了，攻入城池者只要"收其图籍、毁其宗庙"就行了①。政权易手，而社会生产力、社会体系不致有根本性的破坏。这是春秋战国空前战乱下经济文化仍能大幅快速发展的根据。反观欧洲，迟至十六世纪，名城汉堡、伦敦、威尼斯，也仅有一二万人口，巴黎也只有六万人户。这就凸显了中国古代城建体制中统一考虑城邑郊野协调配置、一体化安排政经农商管理的优越性，因此也就不存在欧洲那种"城乡对立"了。

四、井田制：从井田垦辟制到井田式开发蓝图

必须明确，商周时的"井田制"，首先是一种"田制"，即土地的垦辟制或土地的耕作制（原本不是土地所有制），由此而发展为诸侯们筑城开疆、建都安民的设计方案；又发展为诸侯们在其广阔领地内将城邑、田亩、水利、道路、林地、牧场作统一规划的计

---

① 尽管"屠城"的事例《左传》《史记》中均有，不绝于史，历次战火，都会造成惨烈的破坏，但绝大多数战争，还是以"攻城掠地"为主，拿下一座城池，就"收其图籍"，占有其土地人口，资源财富，这就不至于使整个社会生产力与社会文明水准发生全局性的中断或倒退。这与罗马城被北蛮摧毁、伽太基被罗马吞灭、耶路撒冷被十字军踏平的后果很不一样。

量基准，作为国家土木工程之蓝图的勾画基础，故不应把"井田制"仅仅解释为"奴隶主土地所有制"。

这是因为，当初商周先民每开垦一片生荒地，都要驱蛇虫，焚林木，开沟洫，挖渠道，通大川，筑道途，达城邑，使川路成网，南北其亩，皆呈"井"字格布局。这就是所谓"一夫百亩，九夫共井"的"井田"之来历。周的先祖在开发渭水流域时就是这么垦殖其田的。① 这个经验后来推广到了全国，成为被分封之诸侯到领地去"开疆建国"的一项基本法则，一种通用的开发建设蓝图，这就是"井田制"：以"一夫百亩，九夫共井"为设计底样，规划全城宫殿区、宗庙区、坊巷区、公用区、商贸区，并规划全城水道、陆路、街衢及衣食能源之供应地如薪炭林、建材林、果木林、放牧草场等等，要综合配置，通盘核计，而井田就是其依托。

西周城池的建制，就是以"井田制"为基准的。《考工记·匠人建国》中说："匠人营国，方九里，旁三门。国中九经九纬，经涂九轨；左祖右社，面朝后市，市朝'一夫'（一夫之地百亩，合今三十市亩）。"就是说，周代工程人员在兴建城池时，长宽各三里，每边开三座城门；城内通道横九条、纵九条；经线路面有九轨宽（一轨六周尺，九轨路面之宽约合今十六米有余，足供三辆大车并行对开）。这将把全城分割成八十一个"坊"，由四民分居，有坊墙，进行封闭管理。其中轴线上，左配祖庙，右建社稷坛，前为朝廷百官之府第，后为商贸之市坊，所占地以"一夫（百亩）"为

---

① 《考工记》所云的"井田"制度是：用"耜"掘出的一块土垡，其宽深广各一周尺。以此为起算单位，六周尺（六耜）为一步，宽一步、长百步为一亩，百亩为一夫（约当现在的三十市亩）。然后累进下去，"夫三为屋，屋三为井，井四为邑，邑四为丘，丘四为甸，甸四为县，县四为都，都四为同"，逐层核计，逐层组合，逐层上升，全国也就"大同"了。又，照《周礼·遂人》的说法："凡治野，夫间有遂，遂上有径。十夫有沟，沟上有畛。百夫有洫，洫上有涂（途）。千夫有浍，浍上有道。万夫有川，川上有路，以达于畿。"这是说：凡规划农田建设时，要将农田水利网"沟、洫、浍、川"与田野交通网"径、途、道、路"的建设做统筹安排，路面和渠面等宽，开渠所掘土方即用于筑路，一举两得。

计量单位。凡城池面积、街道面积、祖庙社坛面积、市场与朝廷面积，皆以"一夫"为基准去安排。而城邑郊野的布局，水渠道路的修筑，其工程规划也均以"井"、"夫"为基本计量单位。诸侯们只要照着这一既定模式办理，则其创业之初的如何"治野"、如何"为城邑"、如何"作丘赋"，如何开沟渠、筑道路等等问题，就都可以有先成的方案可供依循了，而且所建的城、邑、都、鄙、郊、廓、野、沟、洫、道、途、林、牧、水全是配套的，能做到自然生态与社会生态的总体平衡。而且单位土建工程所需的人力、物力、财力投资，也是一个相对稳定的常量，故心中有"数"，易于匡算，易于筹办，易于核计。可见这是一种计长远、可持续的建国开疆方案。这种布局，一直影响到汉唐时京城的整体设计与历代"军垦"与"屯田"的管理。这种布局，有利于规模经营，有利于大田作业，故《诗经》中的农事诗，所讴歌的便是"十千维耦"（上万人的集体耦耕）的大场面，是"千斯厢、万斯厢"、仓庾连片的大收成。而到商鞅变法推行"一丁一户"的小家庭制时，再也无法组织这种规模作业了，于是便"废井田，开阡陌"。

当然，"井田"只是一种理想的人居模式，一种土地与居民的生态统筹。《考工记·匠人为沟洫》中说得分明："凡天下之地势，两山之间，必有川焉；大川之上，必有途焉。凡沟逆地防，谓之不行；水属不理顺，谓之不行……凡沟必因水势，防必因地势。"要因地制宜地开垦经营，并不一律机械地追求方整化。①

---

① 古人的"井田"只是提供一种关于基建面积的规范性的思路，提供一个工程计量的"标准模块"，要求保证水渠·道路·城池的基础面积成正态配置，至于是否"方整化"，则要由地貌地势来决定，但方整化的总原则、通水通路的总要求则是肯定的。汉代的长安与洛阳城，元、明、清的北京城也仍然是方整化的。旷野的田土川渠，凡人工开挖者，也大多方正有序。另外，我们从《墨子》《管子》《齐法十三章》《吕氏春秋》等文献中还看到：凡勘查城建的地址时，要一并考虑该地区的城区面积与耕地面积、森林面积、水源状态等是否相称，互相间要保证一定的比例；如果失调，城池将因缺乏水源、能源、衣食之源而不可持续。

但自从《孟子·滕文公》说"方里而井，井九百亩。其中为公田，八家皆私百亩，同养公田。公事毕然后敢治私事，所以别野人也。"这就把"井田"说成是一种"土地所有制"了。是他把概念搞混乱了。既然"八家皆私百亩"，而"公家"也只占"百亩"，谁都是"百亩"，则"公"、"私"在所有制上的差别又何在呢？对此，后世经学家、注释家言人人殊，"井田"到底是何物，如何去推行，他们竟无人得知，其实都是被孟轲误导了。今人据此把"井田制"解释为"奴隶主的土地所有制"，更是错上加错。它不符合《周礼》《左传》等先秦文献对"井田"的反复申述与一再介绍。

一句话，井田制绝不仅仅是为了"田"，也不是追求什么井字格。它是一种标准化模块化的单位计量手段，同等适用于农田建设和城邑建设。后世的大面积军垦、屯田，也都是遵循其思路去垦殖的。井田原则适用于国家的一切大面积农田水土工程的布局与测量及工程预算。

既然"井田"是一种模块化的基本计量单位，当然也可以用于核计某国某户拥有的田地数，也有可能转化为一种"土地所有制"，但不是孟轲所说的那样公田只占九分之一的"所有制"！

五、版籍制：土地与人口的登录管理

土地管理与人口管理是以农立国的基层基础工作内容，对土地（自然资源）、人口（劳力资源）心中有数，是国家决定一切行政设施、行政举措的终结依据。其具体措施，在西周时期，表现为土地与户口的版籍登录制、定期逐级汇报制、迁徙制、奖惩制、守望相助的联防制等，目的是让人口（劳动力）紧紧地附着在土地上，为国家创造尽可能多的财富，提供最可能多的力役。土地登录，要载明田地面积、地块的四至与土质、水源等情。政府设有司民一职，专门负责"登万民之数，自生齿以上皆书于版①"，包括姓名、性别、年龄、家长身份、与家长关系、居住地、人头税等赋役状况等项。这样，政府行政管理就能直达每一个人户了。而每个人一出生、一登录，他的"人生坐标"也就基本确认了："农之子世为农，工之子世为工，商之子世为商"（《管子·大匡》），要想实现阶层流动、身份变更是十分困难的，连迁徙也不许随意进行，甚至临时出外旅行也要接受地方政府的查验。长此执行下去，中国老百姓便"安土重迁"了，进而树立起"守土有责"的观念。这也是国家"制定法"向民间"习惯法"转化的一个实例。历史上，中国人对"本土居住权"远比"自由迁徙权"更重视，原因在此。这跟游牧文化、海洋文化的民族是不同的。

第四节　法治三大块：
国家治理、社会管理与王室安全禁卫

国家的法治业务，可以大致划分为 1. 国家治理，2. 社会管理，3. 王室安全禁卫三大块；而法治业务的推进，又必须以法理的完善、法制的确立、法典的制作为先行条件。对此，西周政权做出了有益的探索。

---

① 版，版牍，指方块木板，用来刻录土地图册和人户谱系表格，这比用一个个细长条的竹简要明晰方便。按：我国从先秦到东晋千余年间，文字载体都用竹木简片。简为条状，长短不等，写成后编成"长书""短书"。长书写国法与经典文字，短书写日常应用文字。与竹简并用的是木牍（方块木版），便于绘制图表。简牍是当时世界上唯一简便而廉宜的"人造文字载体"，而取代它的纸，是中国汉代发明的。隋唐时普及了手抄的纸本书，唐宋之际又开始有了印刷的纸本书，这些都走在世界前列。

一、惟察惟法：国家治理，法治领先

一切依法纪而行，"惟察惟法"。为了国家治理，法治必须领先；用法治为基准去观察事理人情、去衡定一切是非功过，是治国的秘诀；而召开立法大会，便是周人治国安邦的首创之举；"惟察惟法"便是本次立法大会要求全国奉行的宗旨。

（一）我国历史上第一次立法大会的召开　西周后期，周穆王晚年，召开了一次朝政大会，提出了制定"成文法"的任务，颁布了《吕刑》。《吕刑》是周王室关于刑法思想、刑罚理论、刑罚原则的理性总结（史书上有对此次会议的文本记录，但未见《吕刑》本身的法律条文）。"惟察惟法"（认真查察，一切视法纪而行）是这次大会的中心口号。

《尚书·吕刑》篇记载了我国上古史上的第一次"国家立法大会"的情景。文中，周穆王周详地讲明了建立法度与实施法律的基本原则，要求臣下奉纪守法。讲话中有规劝，有告诫，有指示，有说明，而又贯穿着严格的司执法精神。人物语言软中透硬，符合周穆王的身份与个性。从中我们可以想见当年周家朝廷上君臣们立法讨论时的一派严肃认真的气氛。

在大会上，周穆王对与会者说："吁，来（咳，过来）！有邦有土，告尔祥刑（有邦国有土地的诸侯们，我来教给你们如何正确用刑）。在今安尔百姓（在当今要想安定你的百姓），何择非人？何敬非刑？何度非及（要考虑哪些人事安排是不确当的？哪些事严肃办理了却并不合于刑律？哪些设想和策划还达不到国法的要求）？两造具备，师听五辞（诉讼双方都到场后，审理的狱官要听取双方的五类陈述：指控、辩白、申诉、供述、证词等五类）。五辞简孚，正于五刑（所有陈述经过验证若符合事实，就按国家颁发的五等刑罚去判处）。五刑不简，正于五罚。五罚不服，正于五过（五等刑罚不适用于本案的话，就按五等经济惩罚的法规去处置。倘若五罚适用不当，就要追究审判者的五种职务犯过）。五过之疵，惟官、惟反、惟内、惟货、惟来（造成五过的错误原因不外是：只看官势、私仇报复、内亲插手、财货贿赂、人情托请等五个方面）。其罪惟均，其审克之（五过的罪责与其所出入的罪名均等，将实施反坐。你们可要严肃对待它）！"这段话强调了区别定罪、区别量刑的必要性。没有区别就没有政策。"五刑、五罚、五过"的存在，正是周代政刑扬弃神断与同态复仇而走上理性轨道的标志。总之，他要求严格依现行法律论狱："上下比罪，无僭用辞，勿用不行。惟察惟法，其审克之！"此番讲话中初次出现"法"的概念，值得注意。

这番话，对我们认识上古法律思想之健全，办案程序之明晰很有帮助。它向世人明确宣告：周代政刑已经从法理上告别了简单的同态复仇、神断、司法决斗之类的"普世做法"，而提出了"惟察惟法"的狱审原则，提出了听审、辩护、对证、定罪、量刑、执行等狱审程序及调剂措施。这应当引起法学界的高度重视。

这次讲话中所说治狱用刑之事，贯彻了亲民设教、应时制宜的法治精神。其德教领先、刑典助成、罪疑从轻、惟察惟法、哀敬折狱的司法精神，其提醒司法人员"非佞折狱，惟良折狱"、认清避开"五过之疵，惟官、惟反、惟内、惟货、惟来"之类的法纪修养，都是商周以来千年实践的丰富经验的高度凝结，充满了"法理辩证法"。尽管历史条件限定了上古奴隶制刑罚的严酷性、残忍性，这是穆王时代的人所难以改变的；而穆王所阐述的系统主张，颇有历史的超前指导作用。它出现于二千七百年前，尤为可贵。

（二）《吕刑》：为中华法系预制基础构件　我们注意到：在先秦文献中，首先系统阐释犯罪、诉讼、狱审、刑惩、罚锾、赦免等概念的，就是《尚书》，就是本文。先秦百家中，老庄没有提过"罪"、"刑"等相应概念，墨子也没有正面论述过司法执法问题，只有后起的法家，才在其"法、术、势"的理论体系中阐述了自家对刑法的主张；而我国古代刑律中的"恤刑""慎狱""八议""五刑""五罚""五听"等基本概念，都系统地出现在《吕刑》一文中，并得到详细的阐释，操作性很强。这样的文献资料，在世界法治史上也是弥足珍视的。

总之，《吕刑》的出现，为后世法治活动提供了范型，为中华法系的建构预制了基础构件，为形成中国风格的法学话语体系打下了根基，也为后人的"引经决狱"提供了可供遵用的经典文本。对它，怎么评价也不算高。

二、刑与禁与罚：刑事立法与治安立法双管齐下，各尽其用

古人分明懂得：刑事立法与治安立法不同，刑以惩非，刑可导禁，而禁是用来"左右刑罚"的，共同作用于社会而各尽其用。

（一）以"五刑"为核心的刑事立法　从语源学上讲，"刑"有三项基本义：1. 刑者型也，使之接受规范而成形，即塑造秩序社会的范型。例：《礼记·王制》："刑者型也，型者成也，一成而不可变。"《礼记·礼运》："刑仁讲让"。2. 刑者法也，指法典条例，即国家对暴力手段所做的理性规范。例：《易·丰卦》："君子以折狱致刑"。《尚书》：夏刑三千；夏有《禹刑》，商有《汤刑》，周穆王有《吕刑》。这里说的"刑"均指"法"，指律条；3. 刑者杀也，政府惩处犯人的暴力手段。例：古有五刑：黥刑、劓刑、刖刑、宫刑、大辟。又，《论语·为政》："道之以政，齐之以刑，民免而无耻。"这最后一个义项，与民生民命的关系最为密切，故特别受到重视。

夏商时代有五种法定刑：墨、劓、剕、宫、大辟，从而构成了一个以"肉刑"为特征的刑罚体系。它是从原始状态下的习惯性刑惩报复手段中脱胎而来的，自然带着野蛮而血腥的胎记。西周立国后，政府以"五刑"、"五禁"、"五罚"为主干，开展了刑禁狱审活动。

首先，周人在"五刑"基础上增入"流、赎、鞭、扑"为法定刑，合为"九刑"，这就相应地大大压缩了原有"肉刑"的判处空间，降低了惩罚的烈度，这当然是一种进步。再说，"流、赎、鞭、扑"的广泛适用，对保存社会劳动力也有益，尤以"流刑"的适用为妙：为蛮荒地带的开发提供劳力资源，可以变消极因素为

正能量。

（二）以"五禁"为规范的治安立法 九刑之外，周人明确了"左右刑罚"的"五禁"之法，指宫禁、官禁、国禁、野禁、军禁等。这是维护社会秩序的五类禁止性规范，由系列性的条例、规章组成。"宫禁"，是宫廷禁卫条例。"官禁"是官府机关、要害部门的禁卫护卫守卫与警巡条例，这二禁都要防火防盗防谍，责任重大。"国禁"是城邑内公共生活的警巡管制条例，是维护城市公共秩序的治安守则，如禁止非法通过或开闭城门、坊里门，禁止出入不时，衣服不正，所携不物；禁止宵行，禁止非时用火，禁止径逾邪行，禁止喧呼鸣叹于市，禁止扰乱市场秩序、禁止奸淫、酗酒等等。"野禁"是关于郊野农田管理的禁令与规约，如禁止非时焚荒，禁止非时砍伐、渔猎，禁止踩踏毁损禾苗，禁止追逐围观喧闹国宾等。"军禁"是关于军队之兵员、兵器的禁止性条例，以及兵器的制作、配置、储存、使用方面的禁令，以及不得私自调用军用物资之类。

总之，周人把"刑"与"禁"、即国家大法与各方面的管理条例清楚地区分开来又联系起来了，是法治意识明晰化、法理思想周延化的表现。今人或许有刑禁一体之感，但这怪不得三千年前的立法者。

（三）以"五罚"为准则的行政处罚 与"五刑""五禁"相配套的还有"五罚"，是行政当局对犯纪违禁者的罚款或使其赎罪的五个等级，而"罚""赎"又可以用"限期监督劳动"去代替。这样做，体现了政府主观上希望被罚者能"不伤体、不亏财"，这是一种宽仁。五罚进一步压缩了肉刑的判处空间，更多地保全了生命体和社会财富，也降低了法治成本，相对于此前的普施肉刑、刑徒满目的情景而言，它对培育社会宽松氛围也十分有益。

"五刑"、"五禁"与"五罚"的推行，反映了周人定罪量刑的宽仁化，适当化，这就远远突破了"以眼还眼，以牙还牙"的同态复仇的原始习惯法，① 也初步走出了唯"肉刑"是用的历史困扰。刚从夏商千百年"肉刑"中走出来的周代庶民（不包括奴隶）的心中，当然会充满了"解放感"而誉其为"德政"了。

三、国家安全与王室禁卫

（一）安全是社会存在的首要保障　社会安全机制，是社会机体与生俱来的并历史地发展着的一种生存机制，是社会机体调节内部关系、保持平衡稳定、清除自身的危害性因素、抵御外来侵扰破坏的一种机能。这种机能，建立在社会机体的构成要素（社会成员、各经济利益不同的集团、阶层、阶级……）之间相互关系的平衡稳定、有序生存的基础上。历代国家权威管理的得以实施，国家法制业务的得以推展，说到底，取决于人类安全生存的本能需要，取决于社会安全机制之作用的正常发挥。韩非子说："民之政计，皆就安利如避危穷"。美国学者也认为，食、色、安全是人的三大基本需要。凡有人群的地方，都需要有安全和安全管理。中国人历来渴望长治久安，在漫长的历史中已经积淀为"集体潜意识"，当社会发生动荡时，它就会转化为强大的物质力量，起而恢复和重建秩序。而各社会层面、社会群体、社会成员在长期的历史共生关系中所形成的相互制约、相互关联、相互矛盾、相互斗争的关系，又无时无刻不在自发地维系着整个社会的动态平衡，维持着宏观生活秩序，这就构成社会安全机制。这种机制是国家实施权威管理的基本依据和力量源泉。

----

① 古罗马有"十二铜表法"，法律肯定了"同态复仇"的合法性。按：共和时代（公元前510—前27年）于公元前451年制定出了"法律十表"，第二年又补充了二表，后经森图里亚会议批准，公布于罗马广场。这是古罗马第一部成文法典，简单，明确，扼要，适用。可惜公元前390年，高卢人入侵罗马，在战火中十二铜表被全部销毁，原文散佚。现在只能从其他古代著作中略见梗概了。其第八表"私犯"规定："毁伤他人肢体而不能和解的，他人亦得依同态复仇而毁伤其形体。"

数千年来，中华民族遇到过无数次内忧外患的严重袭扰，无数次全国范围、全体规模上的大分裂大动乱大破坏，有的还为期数十年甚而数百年之久。但是，中华文明史从未中断，古老中国在血与火的艰难竭蹶之中奋进着，总能挺立于世界民族之林，而且处于领先地位（只是近代史的百十年间才落伍了）。试想：要在极其复杂的历史背景下，在如此广袤的土地上，保证拥有如此众多人口的庞大社会机体的安全存在与发展，假如没有强大的社会安全机制在起作用，假如没有国家强有力的行政管理，没有严密周到的安全防范警治守卫措施，没有皇室禁卫、关寨守卫、边境防卫，一句话，没有对于良性政治秩序与正常社会生产生活秩序的有效控制与管理，怎么可能实现我中华民族几千年来的安全存在与文明发展呢？我们理应重视对我国历代警治禁卫安全工作的研究，并作出科学的评价。

今天，凡国家安全、金融安全、能源安全、食品安全、交通安全、信息安全、生产安全、建筑安全、环境安全、生态安全、公共卫生安全、公共场所安全、避难行为安全、常态与非常态条件下的人身安全（恐怖与反恐条件下的人身安全）等等，都在我们关注的视线内，而其中许多课题，周人已在着手处理了。

（二）王室禁卫是国家强力部门的首要任务　历史上，商王就很重视王室禁卫。河南安阳小屯村商代遗址发掘显示：每座宗庙遗址的大门口，都有成组的被活埋的奴隶遗骸。单门口，每组四具尸体；三联门的，每组七具尸体；他们的首领执一戈一盾，其余均各执一戈。在安阳武官村、侯家庄商王墓遗址中，除发现有执戈殉葬的奴隶外，还有狗。这是我国用奴隶与狗一起负责警卫的最早的实物显示（在西方，古希腊时期，王宫警卫起初也是由奴隶承担的）。春秋后期，人们不赞成用"刑余之人"当警卫，才逐步改由贵族子弟充任王室禁卫军，不再使用奴隶、罪犯或战俘了。

王室禁卫是国家强力部门的首要任务，国家总是组织最精锐最忠诚的力量来担此重任。然而，在这个环节上不出事则已，一出就必是大事。

（三）周代的国家安全与王室禁卫 宫廷王室禁卫，是统治集团最敏感、最关心的问题。掌控国家安全要素，是周王室最关心的政务：首先，组建强力部门，从军队到牢狱，一个都不许削弱；且必须保证周王室拥有最高质量、最大规模的强力队伍，独为"万乘之邦"。《周礼》规定：其他任何邦国都不得逾越，只能是"千乘之国"。尽管史书上关于西周军队、警察、法院、监狱等强力部门的建制的记载不够详明，但其存在是不容置疑的。由王室卿大夫掌控要害部门，垄断战略物资，监控社会动态特别是京师动态，确保交通邮驿畅达，更是西周王室的重要举措。最后，管理公共安全，确保社会稳定，人心稳定，是国家安全的基础。周人以为：周天子是天之长子，天命所归，天意所在，故能独享天下，安全有靠，不必怀疑。但是，"天定可以胜人，人定也可以胜天"（伍子胥语），人心不定，人心惶惶，而国危矣！殷鉴在前，前车可鉴，这分明不是加强"禁卫"所能解决的，但又不能有丝毫的松懈。

至于周代的王室禁卫，前述"五禁"之"宫禁"已有交代，《周官》中也讲了王室禁卫力量的配置方案，可以参看，这里就从略了。

周公为结束我国自夏商以来、特别是商纣王以来实施的酷刑、乱刑、滥刑的历史，作出了不懈的努力，有横截乱流之功。他把刑法置于礼义的制导之下，确立了五刑五禁五罚的惩治体制，结束了夏商时代刑由神断（占卜）的历史，也结束了单纯以肉刑为惩治手段的历史，取得了中华法治史上的一个划时代的进步。

第五节 周代的立法司法执法机制

周代国家立法司法机关是组合在行政机关总体内的，受行政首长的节制；有专责的立法司法责任人与专责机构，而相邻机构也承担着一定的立法司法任务。至于执法力量的配置，周代已设有专责人员，但未必是专职、专业人员。因为实现法纪人员的专职化、专业化，还需要一个相当长的历史进程。

一、国家立法司法的权力构成

（一）天子制（关于国王与王族的特别制度） 天子是受命于天的天之元子，国家最高权力的体现者。《礼记·曲礼》："君天下曰天子，朝诸侯、分职、授政、任功。"他要求天下臣民"尔其孜孜，奉予一人，恭行天罚。"（《尚书·泰誓》），他宣称："溥天之下，莫非王土；率土之滨，莫非王臣。"在天子制下，天子享有国家立法权、司法权、终审裁决权；作为国家元首，天子代表国家决定内外政策；天子及其家族（尤其是太子与皇后，或曰王子与王后）的安全是国家安全的要件，受到特殊的禁卫与守护。在天子制下，其位由其所立之"太子"（通常为嫡长子）世袭，永不转移。

中国古代自天子制确立以后，这一切规定从未改变过。确认天子特权，是国家法制第一要素。唯其如此，"忠君"与否，也就成了罪与非罪的第一道分界线，不知多少人自动地或被迫地为它而丧命。

（二）三公制（太师、太傅、太保的责权） 三公是在天子身边"坐而议政，无不总统"（《汉书·百官公卿表》）的朝廷最高官僚，名位高于宰相。三公协理天下，为文明社会提供意识形态导引与国家制度设计，也可以实际执行宰相的职权。周成王时，周公为太师，毕公为太傅，召公为太保。时"分陕而治"①，由周公治陕以东，召公治陕以西，毕公在朝直接辅佐成王。时周公坐镇洛阳，他有见于洛阳居天下之中，"四方贡献道里均"，就把这里建成了周的"东都"；他以此为基地，平定了"管蔡之乱"，巩固了周的统治。

---

① 陕，在今河南陕县。后世在此设函谷关，故陕东陕西又有关东关西或关外关内之称。周初的"陕西"是老区，"陕东"（中原地区）是新区，新区原是殷商的核心地带，这里的治理任务更为沉重，由周公全权负责。

后世三公不常设，无其人则空其位，官名也有变迁。

（三）六卿制（中央的六大执行机关及其职责）

1. 天官冢宰：六卿之首，多由三公兼任。他"坐而论道，起而行之"，有"统百官、均四海"之责，要"佐王治邦国"。治邦国是其出发点，百官是其工作的重心，是其着力点，而万民则是其治政效益的观测点。

2. 地官司徒：分掌全国民政、财政、人伦教育方面的政策、规划、部署及其落实。"掌建邦之土地之图与其人民之数"。这是行政工作的基层基础，有了它，才可"以起军旅，以作田役，以比追胥，以令贡赋"。

3. 春官宗伯：《尚书·周官》说："宗伯掌邦礼，治神人，和上下。"宗伯的职掌最具宗教性质：他主掌着国家祀礼，负有沟通人神、和谐上下的责任。后世也由他执掌皇族事务。

4. 夏官司马：大司马职在军事，是天子最依恃的暴力后盾。

5. 秋官司寇：职在"掌邦禁，诘奸慝，刑暴乱"。（《尚书·周官》）司寇要率领本系统之职官隶役去司法、执法，完成守土安民、禁暴止乱的任务。

6. 冬官司空：主管全国土木营造工程与工场手工业管理。《通典·职官（二）》说："凡营城起邑、复沟洫、修坟防之事，则议其利，建其功。四方水土功课，岁终则奏其殿最而行赏罚。"

二、地方行政系统（乡与遂）中司法执法力量的配置

周天子直辖的京畿地区分为六乡六遂，共十二大行政区，诸侯都邑按规定分为三乡三遂，共六个行政区。城内坊间分乡而治，城外郊野分遂而治。乡下设五州，州下为五党，党下有五族，族下为四闾（里），闾下为五比，每比有五户；遂下设五县，县下为五鄙，鄙下为五鄼、鄼下有五里、每里有五邻、一邻有五户。统称"乡里"、"州县"、"比伍"之类，各有称首，乡有乡大夫、乡三老，州县有令长，党有党正，里有里正，各负其政区内的"政教禁令"，是一个严整的行政网络，其中有专职司法官员，其下有专供驱使的

基层执法隶役。

（一）专职司法吏员　他们是同级行政首长的专责佐官，分管刑法狱审事宜。

1. 司寇：大司寇是朝廷最高立法司法的行政长官，负责制定、公布法律、审断大案；小司寇检核中央机关各部门的法纪状况。

2. 士、士师：大法官，受理国家级八大类重案、要案。

3. 都士、朝士、乡士、遂士、县士、方士、讶士等：各级各类审判官，地方法纪的维护人，负责受理本区本地狱案，"纠其戒令，听其狱讼，辨其狱词"。

（二）基层执法隶役　他们几乎分布在每一个社会层面上，其触角简直无孔不入。以《周礼》为据，可举出这样一批隶役：

司门、司关、掌节等：负责城门、关卡、要塞的把守、稽查、伺察、巡逻任务。

司市（市长）：负责维持坊市秩序，平抑物价，制止斗殴，查验商品与度量衡器。

修闾氏、司寤氏、司烜氏、司暴氏等：负责坊里街巷的治安管理，实行巡逻、宵禁，防盗，防贼，防火，防暴，缉逃，查匿，稽核异言异服之人。

野庐氏：道路交通的安全管理，"舟车击互，叙而行之"，为在途人员提供后勤与安全服务。

虞人、川人、矿人等：保护山林川泽的自然生态，制止非时非法的狩猎、砍伐、烧荒、开采。

司谏、司救、调人等：批评错误，纠正违纪，救助弱势，调解纠纷。将犯法者送交士师审理。

司刑、司刺、司圜、掌囚、掌戮等：在大堂、现场、牢狱、刑场奔走供职的各色隶役，比如审判、侦探、法医、监狱长、刽子手之类。

司盟、司约等：负责监督民间各种盟誓契约的合法签署、兑现及由此引发的争讼；也负责监督国际盟约的执行。

蛮隶、闽隶、夷隶等：负责少数民族地区的治安防范与纠察、惩处。

三、周代的刑惩设施

（一）以圜土聚教罢民　《周礼·秋官·大司寇》言："以圜土聚教罢民，凡害人者，置之圜土而施职事焉。以明刑耻之。其能改者，返于中国（回到城里家中），不齿三年。其不能改而出圜土者，杀。"罢民（瘆子）是散漫不受管教、不事生产的流浪汉，游手好闲，偷鸡摸狗，为人所厌恶，但尚未发展到触犯刑律（未丽于刑）的地步，故地方政府将其"桎梏而坐诸嘉石，役诸司空"，实行拘役，视情节如何分别服劳役三、五、七、九、十二个月。或者予以强制收管三年，"以明刑耻之"。明刑，挂胸牌，写上姓名和所犯过恶，借以羞辱和监管。不齿三年：三年内不能与平民并列，即剥夺其参与乡里集会、庆典等活动的权力（剥夺公民权）。这样做，显然是对前朝动辄施以"肉刑"的拨正，是周代惩处手段的宽仁化。

（二）以图圄处治刑徒　图圄也就是监牢，主要是用于管束有罪的刑徒，取义于"令其有所醒悟"，即"接受改造"的意思。刑徒是有罪的犯人，"犯人"就是已触犯刑律者，不论其是否已审结定罪，古代都叫"罪犯"，包括已决犯、待决犯、待质犯在内。而刑徒所服之徒刑，可分别为"有期"与"无期"两种。根据所服之苦役，当时又分为白粲（舂米）、城旦（筑城垣）、鬼薪（上山砍柴）、城旦舂等不同名目，总之是在严密监管下从事沉重污杂劳作之徒。又，刑徒也不是都要集中看管，在可控条件下，也可分散执行，如"墨者使守门，劓者使守关，宫者使守内，刖者使守囿，髡者使守积"之类，则是"监外执行"了。

（三）以牢狱囚系人犯　牢狱古代又称"犴狴"，主要用于囚系争讼双方，以待审理、取证、质对，故狱字从"言"又从双"犬"，取义于"双犬相向吠咺而争胜"。"牢狱"一词经普泛化后，才具有了后世所说的"监狱"含义：看管惩罚罪犯。

应该提请注意的是：被关押囚禁在牢狱中的人，有囚、有犯，有无罪之人，各自身份是不一样的。"囚"字从"口"从"人"。《周官·司寇》郑玄注："凡囚者，谓非盗贼，自以他罪拘者。"如夏桀囚商汤于夏台，商纣囚文王于羑（牖）里，均无明确的罪名，只是当局对特殊人物采取的一种"临时措施"。一般说来，被"囚"之人是正在等待审理、取证、质对的案件当事人，有时还包括干证、中介、地方负责人之类。他们被囚系（jì）着，却未必犯有罪责。而且，一个案子的办结，往往费时旷日，淹滞良久，一旦被囚，不论结果如何，都会倾家荡产，甚至丧身丢命，故被"囚"后之冤死枉死而永无申雪之望者比比皆是。在当时条件下，无论是"囚"是"犯"，一旦入狱，都要遭难，在世人心目中，其命运相等，总称"缧绁之灾"，而"囚"也就含混地被称为"人犯"（未必是犯人）了。

（四）周代的囚具、刑具 周代为求"慎狱"，狱审中已有"证据意识"。而为了寻求证据，却要动用血肤刑求手段（当时还没有规定侦查取证一环），所用刑具五花八门，当然也有"法定刑具"，理论上反对法外用刑。有：绳索、囚衣、嘉石、囚房、桻（木板拷双手）、枷（项枷）、梏（杻，加于手）、桎（械，加于足）之类，这些都是用于拘禁人，限制人身自由的"囚具"。《周礼·秋官·掌囚》："凡囚者，上罪梏桻而桎，中罪桎梏，下罪梏。王之同族桻，有爵者桎，以待蔽罪（以待论决）。"又有竹片（笞）、竹鞭、皮鞭（革鞭）、荆棍（杖）之类，既用于刑审，也用于轻罪之刑惩。更有用于肉刑、生命刑的刑具如刀、凿、钻、铡、绞索以至斧钺、甲兵之类，其数量质量名义上皆有法定规格。

第六节 周人的狱案审决

周公摄政时，辅佐幼君周成王，为从酷刑的黑暗中走出来，营造较为宽松的政刑环境，明确提出了"慎狱恤刑"的要求。这就抓住了施政的要害。为此，他还配套规范了"三刺""五听"的狱审程序与"诛心"、"八议"的量刑原则，又以"八成"明确了国家的重点打击对象。这一系列新政的推出，使周代法治文明迈上了一个新的台阶。后世所有立法者、决狱者，只要认真"慎狱恤刑"，必能摆脱严刑峻法的羁绊而营造平允公正的法治秩序。

一、指导思想：慎狱恤刑

"恤刑"要求是《尚书·舜典》中首次提出来的："眚灾肆赦，怙终贼刑。钦哉钦哉，惟刑之恤哉！"此论得到反复申述。在《尚书·周书》的《立政》、《周官》等篇中，周公反复叮咛继位当政的周成王要"慎狱恤刑"，一说"继自今，文子文孙，其勿误于庶狱庶慎。"又说："式敬尔由狱，以长我王国；式有慎，以列用中罚。"可谓耳提面命，谆谆告诫。《尚书·康王之诰》篇中又有记载：周公对将即位的康王说："文王克明德慎罚，不敢侮鳏寡。"要求康王继承姬周恤刑传统，尤其是不欺侮弱势群体，这是地道的德政。

归纳"慎狱恤刑"的要件，是：1. "明德"是慎罚的前提条件。审理者若不"明德"，不知体恤民情，一心想行刑立威，就不可能"慎狱"，就谈不上"恤刑"；2. "慎狱"即应讲究诉讼程序，要兼顾情、理、法，认真对待审理的每一个环节，不误伤好人，不漏惩丑恶；3. "恤刑"就要讲究案情证据，依罪情论刑，法疑从轻，"宁失不经，勿伤无辜"，不杀无心犯过者，① 重惩故意犯罪、不知悔改者。4. "勿误庶狱，不侮鳏寡"：这对于执掌着司法执法大权的人来说，是难以做到又必须做到的一条。及时认真办理庶狱，不延滞，不耽搁，是恤狱惜命之举；对弱势群体的司法救助，最能体现良性执法者的仁心与德政。5. 误听错断，"其罪惟均"：严肃追究办错案件的责任人，是确保恤刑的有力措施。

这里提出了"慎狱恤刑"的要件，很可贵；至于具体实施，还

① 《尚书·康诰》原文说："王曰：呜呼，封！敬明乃罚：人有小罪，非眚，乃惟终；自作不典式尔，厥罪小，乃不可不杀；乃有大罪，非终，乃惟眚灾适尔；既道极厥辜，时乃不可杀。"

有待深化细化。恤刑是对"人"的生命价值的肯定，是礼治德政的出发点，是周公制礼的重心所在。

二、狱审规程：三刺与五听

《周礼》说："以三刺（三讯）断庶民狱讼"，要求"讯群臣，讯群吏，讯万民"，即根据众意民心而论狱施刑。说明：这里说的"三刺"要并用，而以民意为决断的最后依据，因为"万民"最清楚案情的虚实。如果民意以为可宥者，减刑可也；其不可宥者，则"衡其情罪之轻重，而施以上服下服之刑。"很显然，这"三刺"是对偏听偏信、独裁专断的一种预防措施，是必须依循的审理规程，应依次办理。

"五听"是对侦缉、预审的技术性指导。《周礼》讲的五听包括"辞听、色听、气听、耳听、目听"五种。汉代学者郑玄以为："辞听观其出言，不直则烦；色听观其颜色，不直则赧然；气听观其气息，不直则喘；耳听观其听聆，不直则惑；目听观其眸子视，不直则眊然。"所谓"五听"是要求全面考察、掌握原告、被告各方的言语及体态表现，以及心理变化的表征，据以判断真伪。当然，这还仅仅局限在庭审上，离"调查""取证"还有较大距离，但这在当时已算是很严密的审理要求了。

三、判决原则：八议与诛心

周人在狱审判决过程中，注意遵循八议（八辟）原则和诛心原则，以达到"慎狱恤刑"的目的。必须交代的是：依"八辟"施刑，贯彻"诛心"原则，都不算"法外施恩"，也不是天子随心所欲的个人行为，而是一道法制程序，一道应予依循的审理判决规定，这比高呼"有罪必办"、"以眼还眼"之类口号更贴近法治的理性要求和生活的实际需要。

（一）罪刑相孚，罪疑从轻

对于一般刑事案件的审理，其通行原则则是：罪刑相孚，罪疑从轻。定罪量刑与所犯案情的性质、情节、社会影响相符合，与法律明文相符合，不得出入人罪，否则反坐。如果判别困难，则宁可从轻，无枉无滥，宁失不经，不可草菅人命；但到底怎么判，必须上报，"明启刑书"，以请上决；不得借故推诿。

在我国第一次立法大会上，周穆王曾对与会者反复叮咛：罪疑从轻，可以用罚代刑，但一定要查实案情："墨辟疑赦，其罚百锾，阅实其罪；劓辟疑赦，其罚惟倍，阅实其罪……"他又具体交代了《吕刑》的纲目："墨罚之属千，劓罚之属千，剕罚之属五百，宫罚之属三百，大辟之罚其属二百：五刑之属三千。"（实指三千个案例，其中墨劓类的成案上千，而大辟则较少，仅见二百）应该有成案可循。论狱的原则是："轻重诸罚有权，刑罚世轻世重。"要求"非佞折狱，惟良折狱"；"哀敬折狱，明启刑书。"他又进一步提出："狱成而孚，输而孚。其刑上备，有并两刑。"这是说：审决定案之后，必须上报案情，并提出从轻或从重判处的两种建议，以备上司决断。

（二）八议原则：优先保护统治阶层的利益 "八议"又称"八辟"①，指"亲、故、宾、贤、功、贵、能、勤"的八种人，如果犯了罪，案情往往纠结而复杂，其人又都有一定的社会影响，判决当然更应加倍慎重。故先交给朝廷刑事部门公拟其罪，由朝官共议其刑，提出可供选择的不同处治方案，然后请示天子，由天子终审判决，然后予以执行。这么做之后，这"八种人"往往能在一定条件下享有免刑、减刑、缓刑的法定优遇。这是对当政阶层的成员所做的必要"让步"。至少，对这些有特殊社会地位与影响的人物作"冷处理"，也有利于准确决案，有利于稳定舆情，其处治效果

---

① 八辟：《周礼·士师之责》说："以八辟丽邦法，附刑罚"。一曰议亲之辟（皇家宗室血亲）；二曰议故之辟（君主之旧相知，老交情）；三曰议贤之辟（社会贤达，有德行者）；四曰议能之辟（有特殊道艺才能之人）。五曰议功之辟（有重大功勋者）；六曰议贵之辟（品官，县令以上的显贵之人）；七曰议勤之辟（平日憔悴国事，奉公守职之人）。八曰议宾之辟（国家所不以"臣子"相待者，前代圣贤之后或他邦之军政头领）。

比简单的杀头要好得多。不必当作"统治阶级维护其特权私利"来一律反对。一个政府，要优先保护其执政阶层的利益，也算理所当然；但必须将其"关进笼子里"，要有个"度"，超越限度是危险的。

（三）诛心原则：走出同态复仇的普世惯例　周公说：对于破坏等级秩序的言行要"敬明乃罚"。这"明罚"的原则是：人有罪，若不是过失造成，有心犯法而又坚持不改，那就"不可不杀"；相反，人虽有大罪，但不属故意犯罪，又知道认罪、悔改，那么"时乃不可杀！"一个人，事前无犯罪的主观动机，事后又真心认罪，愿意服法，痛知悔改，则"观过知仁"，虽然有过错，但本质上还是好人，为什么不能从轻发落、给这种人一条悔过之路呢？不过，"诛心"是有前提的，即他一要无心犯罪，二要知"罪"知"悔"。这就要求在审定其案的过程中，首先要审清案情，明确判定其"罪"，并得到其"认罪"、"悔罪"的实际表现；这才讨论此"罪"该如何"量刑"。而"量刑"分明是在法定刑惩范围内的轻重调节，而不是无原则地宽纵；这才合乎"诛心"原则的本义。周公说的是"既道极厥辜，时乃不可杀"。这里的关键是"道极厥辜（认定罪责）"。离开这个"道极厥辜"，岂不成了"出入人罪"的口实了吗？前人将"诛心"解释为"原心定罪"，说这是"断狱之本"，其实并不贴切。原义只适用于"量刑"，不应扩大到"定罪"环节。

正确践行诛心原则，可以跳出"同态复仇"的旧套。记得在罗马《十二铜表法》中，明文规定了同态复仇的合法性。[1] 医生如果

①　《古兰经》中也有对同态复仇的规定。其第一章一百七十八节曰："信道的人们啊！今以杀人者抵罪为你们的定制，公民抵偿公民，奴隶抵偿奴隶，妇女抵偿妇女。如果尸亲有所宽赦，那么，一方应依例提出要求，一方应依礼给予赔偿，这是你们的主所示的减轻和慈恩。事后，过分的人，将受痛苦的刑罚。"一百七十九节曰："有理智的人们啊！你们在'抵罪律'中获得生命，（以此为制），以便你们敬畏。"

治死了人，就让其长子抵命；建筑匠如果失手砸断了别人的腿，那就把他儿子的腿也砸断。这样做，在那时叫作"对等"、叫作"公平"，故为社会所接受。中国人不这样，要"诛心"，要追究犯案动机、要了解案情背景，而后才作出不同的处治，这叫"事实平等"。

对诛心原则，应作如是观。对历史上的一切，都可以从相应的历史环境、历史文化生态中去求得解释，超历史的定性排斥与批判，无济于事。

（四）"八成"要案，必须重办 成，成案，指依法判处的特定典型案例，它有法律效力，一成不变，即可供类推引用。八成是周代颁布的"八大成案品式"，它明示了国法的打击重点，审断程式，首见于《周礼·秋官·士师·士之八成》：

一曰邦酌，即窃取国家行政机密者；

二曰邦贼，即阴谋推翻政府者；

三曰邦谍，即为敌国（敌方）刺探军政情报者；

四曰犯邦令，即干犯国家政令者；

五曰矫邦令，即假传政令、冒用威权、印信者；

六曰为邦盗，即窃取国家宝藏者；

七曰为邦朋，即朋党阿比、败坏法制者；

八曰为邦诬，即曲解诬报，掩盖危害性事故真相、诬害他人者。

以上八类罪案必须依国家已颁布的成事品式去从重从快地审理处决。这样的规定，明确了国家法制应打击的重点对象与审理方式。《左传》中记有这方面的大量实例。谁说"刑不上大夫"？凡犯有这八大要案之一者，"刑"是一定要"上"这些"大夫"的。前述"八议"必须与此"八成"结合起来看，它们是一个互补的关系，不容割裂了再拿单方面来说事。

"八议"、"八成"与"诛心"，都是针对特定人物或特定案件的审理程式而言的，它们都有一整套程序，不是狱审者个人的随心操作。

第七节　周代的办案程序：告别神断

夏商时期遇有争讼，即付之"神断"，一般通过巫卜的占筮来决狱。周代有了重大进步，有了专职审理机关，有了专责审理人员，还讲究审理程序、审理技巧及误审问责。这说明，周人已经告别了"神断"、"同态复仇"或"司法决斗"之类的决狱史。

依据《周礼·秋官》的记载，周代诉讼有一套完整的程序，覆盖从告诉、受理、听狱、定罪、上详、判罚到执行的全过程。

（一）告诉（报案）　周人把基层报案称为"告"，当事人上告称为"诉"，刑事争斗为"狱"，财产互争为"讼"。将案件分类，是科学办案的第一步。

凡有狱讼，必须先交纳"诉讼费"，讼交百矢（一束箭矢），狱纳钧金（三十斤黄铜），政府才予受理。不交费者视为自动认输。收费以防好事之徒的生事枉控；审决后则需退回胜方的诉讼费。

（二）受理　受理时，先收押控辩者，称为"囚"；同时收禁相关的中介中证人员，即邻右或其他见证人。必要时，还须收禁基层行政责任人如比伍之长。收禁是防止扩大事态的举措，也是为了方便取证、对质、查察。

（三）审理　政府受理之后，先让双方"盟诅"，保证如实供述案情。法官（"师"或"士"）要求"两造具备，师听五辞"；审理要用"五听"之法，判决要在"三讯"之后。通过认真地听受指控、辩白、旁证、申诉、认罪之词，判断是非曲直。

周人狱审，已经懂得综合运用人证、物证、书证、供证。《周礼》规定："凡民讼，以地比证之；地讼，以图证之。""凡以财狱讼者，证之以傅别、约剂。"地比：地方比伍（见证人）；图：政府保藏的土地版图，具有权威性；傅别、约剂：民间经济往来的契约、合同、账册之类。这是人证、书证的运用。"司厉掌盗贼之任器货贿"。任器：作案用凶器；货贿：赃款赃物。这是物证的运用。又，《礼记·月令》载："孟秋之月，命理瞻伤、察创、视折、审断。决狱讼，必端平。"所言"伤创折断"，皆指肌体损伤程度，这就要求对伤体、死体法医鉴定。这在先秦，是惊人的科学要求。最后，纵使万证齐备，若没有当事人的"供证"，仍然不能结案——如此重口供，也就免不了血肤刑求逼供了。

《吕刑》曰："两造具备，师听五辞。"两造，指囚证两方，囚是原告与被告，证是中证人。五辞是指关于狱案的控词、辩词、证词、悔词、供词。这里，要求认真听取狱词以判断案情性质，看犯方是该受"五刑"之惩还是"五罚"处置中的哪一种，要求准确量刑，有疑则从轻，但需上报请示。

（四）判决　判决要有法律文书作依据（"明启刑书"），可比照成案作类推，定案论罪要有证据。证据有人证、物证、书证、供证多种，综合而用之，而供证（经犯方确认了的罪行）绝不可缺。判决书批复后，要向犯人宣读明示。被判人在一定期限内有权上诉，甚至可以向朝廷鸣冤直诉。

（五）上详　将判决全程形成的全套宗卷，提交上级复查—审核—批复；必要时还要将受审人员押送朝廷司法机关，并提供补充查证。

（六）执行　行刑场所、行刑方式，各有不同：一要据所定之罪与所量之刑，二要考虑被惩办者的原有身份。比如凶杀犯在大街上公开"弃尸"、当众"枭首"，而贵族大僚则在家中悄悄地"赐死"、由其"自裁"。

（七）追责　要求负责审理的法官"非佞折狱，惟良折狱"，如果错判枉断，出入人罪，就要从是否"惟官（长官示意，官官相护）、惟反（私行报复，反用控辩）、惟货（贿赂收买）、惟内（内线请托、内亲干预）、惟来（外界干预、故交插手）"等五个方面去追究责任，"其罪惟均"，实行反坐，即以其所出入之罪罪之。注意：这是我国关于刑审追责制的最初表述，在世界法治史上也是弥足珍贵的史料。它要求在办案过程中，把审理责任人同样置于国法的检验之下，要求严格守法，依法论狱，这正是法治意识很强的一种生动体现。

第八节　周代的社会法治管理

西周在"德政""礼制"指导下，更注重社会心理调适，注重社会层面控制，推出了种种有效的法制约束和刑律惩治举措，大力压缩刑法特别是"肉刑"的惩处面。此时的人户管理、交通管理、城邑公共秩序管理、市场管理、危险违禁品管理、消防管理、边防管理等各方面的依法管治之举都已启动，有了相应的制度，从而创造了西周社会的良性法治局面。

一、版籍登录

土地与人口管理的具体措施，在西周时期，表现为土地与人口的版籍登录制、定期逐级汇报制、迁徙制、奖惩制、守望相助的联防制等，目的是让人口（劳动力）紧紧地附着在土地上，为国家创造尽可能多的财富，提供最可能多的力役。按周制，土地登录，要载明田地面积、地块的四至与土质。人口登录，① 要求"登万民之数，自生齿以上皆书于版"。司民每年都要负责按城区人口、郊区人口、鄙野人口分别登录。每三年进行一次查核评比，并将民数逐级汇总上报朝廷，由司寇负责将全国人口数向国王汇报。全国人口版籍的汇总资料，则由"天府"统一收管，副本送交内史、司会与太宰，作为国家制定各项政策措施的依据。

人口登录，在当时人心目中，是件很神圣的事。武王伐纣时，

---

① 请注意：此时的"人口登录"还不宜径称为"户籍登记"，因为此时国家尚未明确"户"的法定含义；自商鞅变法确立"小家庭制"之后，"户"才成为法定计量单位："一丁一户"。

对俘虏也悉数登记。《逸周书·世俘解》记载：武王得胜归来祭祀宗庙先祖，报告战绩，说是杀敌"亿有七万七千七百七十有九"，生俘"三亿万有二百三十"（古人十万为一亿，到清代末叶改以"万万"为一亿），这四十八万人头的登录，在当时可是一项艰巨的统计工程①。周武王时，西周控制的总人口不会超过五百万，一举就吞掉商王四十八万大军，可见是个多么吓人的数字！而《国语·周语》（上）有关于"宣王料民于太原"的记载，确证了周代进行过人口普查。史称：公元前 8 世纪初，西周晚期，周宣王被羌戎战败，丧师失众，恼羞成怒，决定复仇。为了补充兵员，便"料民于太原"。太原指今甘肃镇原与宁夏固原一带，这里是周部族的早期活动区域。西周政权对这里保持着很强的政治控制力。这是我国历史上第一次明文确载的有组织、有领导、有特定目的的"地区一次性人口普查"。

又，周人地著、着籍之后，是不许随意迁徙的，甚至临时出外旅行也要接受沿途政府的查验。居民户则五户为一伍，守望相助，"有罪奇邪则相及"，有联防连保的责任与义务（类似规定在 12 世纪的英国也可见到，叫作"太兴制"，但不及其周详）。宫殿门、城郭门、关卡、津渡，甚至居住地的坊闾门，都有人负责把守稽查，随意出入者要受惩罚。迁徙户如在"国中"（同城）或郊内迁徙，要有迁徙证明；如迁徙到附近地区，得由闾伍的负责人亲自送到迁徙目的地，向新赴之区的负责人具体介绍迁徙户的纳税、服役、守法情况。如迁徙到更远处，还得发给沿途通行证"符节"，否则要被送入"圜土"即狱城中去，视情节轻重，强制劳动一至三

① 关于人头统计，在西欧，直到 13 世纪才有第一个人头统计数据出现于英国。因为他们相信：人口登录是"末日审判"才办的事，故竭力反对人头统计。英国这一人头统计册，也被命名为"末日登记簿"，除人头数之外，不能提供任何人户数据，根本不是"户口登录册"。

年（参见《周礼·地官》）①。这一来，老百姓能不"安土重迁"吗？

实施土地人户登录制之后，真正结束了炎黄以来百姓"迁徙无常处"的流荡游走生涯。社会稳定是由每一个社会成员的居处稳定、职业稳定积淀而成的。地著，是古代条件下实现社会稳定的优选方案。农耕民族能够接受它，而游牧民族、商贸群体则更希望无"户籍里伍"的管制而要求"迁徙自由"了。

二、交通管理

西周的水陆交通已经形成全国性的网络，并有相应的管理制度与管理措施。公元前 11 世纪中叶，周武王姬发在姜子牙等人的协同下，发动了大规模的讨伐商纣王的战争。他调集了本国戎车三百乘，虎贲三千，甲士四万五千人，大举伐商；还联合了羌（今甘青川交界处）、蜀（今成都平原）、濮（今湖北西北、四川东北一带）、庸（湖北西北）、彭（湖北房山）、卢（湖北襄樊一带）、髳（河南三门峡一带）、微（陕西眉县一带）等部族的力量，从周都丰镐出发，沿渭水东下，过三门峡，抵孟津，直捣朝歌。周武王雄师大集结和渡渭水、过黄河，是有史以来第一次明确记载的大规模水陆联运，标志着我们的祖先征服黄河的巨大力量和当时水陆交通"联网"的存在，也就有交通安全管理。

（一）政府规划道路建设　周灭商以后，为了加强对中原和东方广大地区的政治统治，采取了经营洛邑等战略措施。《史记·周

---

①　关于人户管理。《周礼·小司寇》："司民掌登万民之数，自生齿以上皆书于版；辨其国中，与其都鄙，及其郊野，异其男女，岁登下其死生。""生者著，死者削".《周礼·小司徒·比长》："五家相受相和亲，有罪奇邪则相及。徙于国中及郊，则从而授之；若徙于它，则为之旌节而行之；若无授无节，则唯圜土纳之。"《孟子·滕文公》也要求"死徙无出乡"。他说是"乡里同井，出入相友，守望相助，疾病相扶持，则百姓亲睦。"国家把土地和人口统一管理起来，使国家行政管理一竿子插到底，这是中国社会长期隐定不变以至于保守僵化的一个基本因素。

本纪》载有周公姬旦的话：洛水、伊水与黄河的交汇处，是天下的中心，"四方入贡道里均"，决定在此兴建东都洛邑（洛阳）。同时，在京城丰镐与洛邑之间，修筑了宽阔平直的大道，当时号为"周道"。这条大道的建成，为周王朝提供了一条大动脉，把关中与中原最紧密地连接起来了。其后，又从丰镐向西部的甘陇延展，从洛阳向东部的齐（临淄）、鲁（曲阜）、燕（蓟城）延展，向南方的荆楚与东南的吴越延展，形成了通达全国的交通干线。

《礼记·王制》和《国语·周语》等文，对道、途、路、径、畛的修筑规格、质量，对道桥、涵洞及行道树的日常管理与维护，都有《条例》可供依循。据《礼记·王制》篇说，周代的"途制"（筑路规格）是："国中九经九纬：经途九轨，环途七轨，野途五轨。"一轨是八周尺，一周尺约合零点二三米。这样看来，周代京城的主要街道，就有十六点五米的幅宽，环城大道有十三米左右的幅宽；野外的干线幅宽达九米以上。路面如此宽阔，难怪人们有"王道荡荡"的讴歌了。西周政府还发布有"雨毕而道除""列树以表道"等条令。① 要求每次大雨之后，必须清理和修整路面；道路两侧要栽上行道树，以便美化大道，并给行旅者指示道路的走向。每隔十里，要修一座庐舍，准备好饮水与干草，以便过往人员休整喂马。

（二）政府管理水陆交通　京郊五百里范围内的交通管理，交通安全，由野庐氏负责。在舟车繁忙堵塞的地方，要负责指挥调度，"叙而行之"；国家官员和外宾所到之处，要负责清道，不许尾随围观；夜间要巡逻，防止事故；要负责稽查过往商旅或官员的通行凭证，严禁携带危险品、违禁品出入境内。周人还规定："道路：男由右，妇人由左，车行中央。父之齿随行，兄之齿雁行，朋友不

---

① 《周礼·小司寇》："凡道路之舟车击互者，叙而行之"；"禁野之横行迳逾者。""稽禁行作不时者、不物者"，"掌宿息井树"，"掌修除道路"。《周礼·小司马》："周知山林川泽之阻，而达其道路……国有故，则藩塞阻路而止行者。以其属守之，唯有节者达之。"并由"司寤"专门负责实施"御晨行者，禁宵行者、夜游者"的戒严式管制。

相逾。轻任并，重任分，斑白不提携。"（见《礼记·王制》）这就是说，走路要男女有别，车行中央，做到道分三途，人车分流。

同时，街道、城门与关卡实行宵禁，晚上击柝巡逻，防火防盗，报告"平安"。为了实现"礼乐征伐自天子出"，周王室规定各路诸侯应定期或不定期地向天子朝贡，进行会盟，因而在全国又建立了一套邮驿交通设施，以保证通行与运输的方便。官府人员出行，规定"师行一舍，吉行五十"，即部队每天走三十里，常人每天走五十里。当时地广人稀，全国人口也就在一千几百万左右，道路修筑护养非常困难。这样的速度，在当时已经是很不容易的了。西周一代，在保障在途人员的安全通行、合法通行方面，草创了一些法令与措施，是有其历史意义的。

三、制止扰乱市场秩序

随着城市商业活动的日趋频繁，对市场的管理也成为法治管理的一项重要内容。周代的市场管理遵循着"拒绝伪劣，不许投机"的原则。

在《礼记·王制》篇中，有一段关于市场管理的禁令：

"圭璧、金璋，不鬻于市；命服、命车，不鬻于市；宗庙之器，不鬻于市；牺牲，不鬻于市；布帛精粗不中度，幅广狭不中量，不鬻于市；奸色乱正色，不鬻于市；锦文、珠玉、成器，不鬻于市；衣服、饮食，不鬻于市；五谷不时，果实未熟，不鬻于市；木不中伐，不鬻于市；禽兽、鱼鳖不中杀，不鬻于市。"

在这种严密管理下，市场秩序能得到有效控制：王室官府的专用品列入违禁品范围不得上市，不合格产品不得上市，不应季节的产品不得上市，贵重商品、贵重消费品不得上市，生活必需品如衣食之类也不得上市。这在产品短缺的时代是行得通的。它服务于等级严明的"消费控制"，当然也使市场能有序经营。这是控制高消费、控制生态、控制消费品生产的措施。

再看《周礼》的另一则规定：

司市：掌市之治教政刑、量度禁令：以次叙分地而经市，以陈市辨物而平市，以政令禁物靡而均市，以商贾阜货而行市，以量度成价而征㕓，以质剂结信而止讼，以贾民禁伪而除诈，以刑罚禁暴而去盗，以泉府同货而敛赊……市刑：小刑宪罚，中刑徇罚，大刑扑罚。其附于刑者归于士。

[译文] 市场主管的职责：负责掌管整个市场的行政管理、刑罚惩处和度量禁令。具体职责有：将商品经营单位依序逐个地配置于市坊内，以便经营；把陈设于市场的不同商品进行分类管制和平衡市价；按国家法律政策禁止高级奢侈品上市，以均衡市场供求；招引行商坐贾投入丰富的商品，以确保市场有足够的商品流通；按照质量标准检测商品，取缔不合格者，并明码标价以吸引顾客；凭契约合同保证信用，以防止交易的争讼；聘请产品内行鉴别伪劣商品，以消除欺诈；用刑法条款禁止市场暴力、打击偷盗贪占吞并活动；运用国家资金平购平销，调剂市场余缺……国家维护市场秩序的惩罚办法有三种：小的惩罚是在市场内通报批评，中等惩罚则是游街示众，大的惩罚则要当众鞭打。如果触犯了国家刑律，则应送交政府狱官去审判。

——这里讲了市场主管的职责，同时也是对商贸活动的法纪规范。

上述要求不是孤立的，绝不是哪个作者想象出来的。《墨子》、《管子·揆度》、《齐法十三章·市法》等文献中，也都收有城区市场建制和市场管理的法规性条令。说明先秦商贸活动已经发展到如此水平，必须有严明的秩序管理才能正常运转。

四、制止侵犯官私财物，赋予契约法律效率

《尚书·康诰》："凡民自得罪，寇攘奸宄，杀越人于货。"这里说的"寇"，指"群行攻劫"；"攘"是窃取他人财物，"奸"是对外的不法行为，"宄"是对内的不法行为。《尚书·费誓》中，也有"无敢寇攘，逾垣墙，窃马牛，诱臣妾，汝则有常刑"的规定。另据《尚书·大传》："决关梁、逾城郭而略盗者，其刑膑；……奸宄盗攘伤人者，其刑劓；降畔贼寇，劫略夺攘挢虔者，其刑死。"可见，对于侵犯官私财物的行为，一向是予以严厉惩罚的。这是普世通行的禁止项目。

在民众社会生活中，各种质剂契约会随时产生，国家保护合法契约的履行与兑现，取缔不法契约。一般说来，社会上关系重大的契约，要算是婚姻契约、土地房产契约、经济往来契约、集会结社规约了。周初，婚姻关系正在走向稳定，国家关于同姓不婚、区别嫡庶的法定规则，得到了认真的执行；至于土地房产，西周时期是由国家定期调配的，不是私有的，因而尚未引发私人间的争议狱讼；但在贵族家庭，对"主祭权"、"爵位承袭权"的斗争则非常激烈。民间经济往来契约的种类很多，《周礼·天官·小宰》说"听买卖以质剂，听称责以傅别"。意为：受理买卖纠纷要凭质剂；受理债务纠纷要凭傅别。"质剂"是买卖契约，买卖生口（牛、马、奴隶……）用"质"（长卷），注明约定时间内无旧病复发，交易这才生效；买卖珍玩器皿用"剂"（短简），保质保量，无伪无缺。另，借贷用的债券从中缝一剖为二，债权人执右券，债务人执左券。合则称"傅"，分则称"别"，两相契合，方为有效。质剂傅别都得经政府市管人员的验核加印，方有法律效率，才可引作"证据"使用："凡以财狱讼者，证之以傅别约剂。"（《周礼·秋官·士师》）显然，这是把民事争讼与刑事狱讼相区分的又一表现。

五、制止淫乱、酗酒

淫乱是一种妨害风化、扰乱治安的行为，为中外历代法律所共禁。《尚书·大传》："男女不以义交者，其刑宫。"从保障婚姻制度的确立、维护社会风化的目的出发，对淫乱行为判以重刑，直接破坏男女生殖器，是人类早期发展阶段的共通现象。《圣经》甚至要求把淫乱者用乱石砸死，[①] 剥夺其生命权。远古社会男女配偶关系并不稳定，常有"知母不知父"的情况，待到走向"一夫一妻"的稳定匹配，必然要经过漫长的"强制规范期"。不过在父系社会里，为这种强制规范付出沉重代价的，往往只是女性一方。

周初，统治者认为商纣王灭亡的原因之一就是荒于酒德。酗酒，特别是聚众酗酒，会扰乱社会治安，危及民生；司法执法人员酗酒，必然败德误事，危害统治秩序。因此严禁聚众酗酒、严禁官员酗酒，严禁山野卖酒，违者要处以死刑。《尚书·酒诰》："群饮，汝勿佚，尽执拘以归于周，予其杀。"这是讲"礼"的周公说的，可见惩处得十分严厉。戒酒，几乎也是世界上所有宗教戒律之所同，具有普世性。

另外，周代关于城市居民生活还有很多法制条例，如：住在公家馆舍里，因失火烧去的公物，不令赔偿；因失火烧毁了借用来的公家车马，也不需赔偿，但需办理报销手续。因自家失火而延烧里闾门、邦邑门以至城门的，要受罚一盾或一甲以上。私自翻越闾门与闾里之间的界墙、坊巷院墙者都是犯禁；甚至穿锦绣的鞋、用"安车"（老年官员的安车）乘坐妇女，都是不允许的。至于盗铸钱、行贿、偷盗、劫掠、凶杀、格斗，更是明文禁止的。由此可见西周社会生活之一般。

周人还发展了夏商以来的声光通信。从京城到四境，遍设烽火台，一方有警，举烽火相告，八方赴救，很是灵通。

---

① 《旧约·利未记》中记载的刑惩原则是"以命偿命，以伤还伤，以眼还眼，以牙还牙"，这几乎是所有古老民族都实行过的"同态复仇"律法。其中"禁淫"的条例是：女子在野外遭强暴，女子无罪；在城里遭强暴而不大声呼救，男女都押到城门口用石头砸死。又规定：通奸的奸夫淫妇必治死，淫继母的二人治死，奸儿媳的双双治死，同性鸡奸的二人治死；同娶母女二人的，三人皆焚死；男或女与畜类交配的，人与畜皆治死。显然，它反映了人类从野蛮社会的乱交杂交到文明社会的有序婚配，是经过严酷的法纪整顿阶段的。相比之下，中国古代的"宫刑"倒显得宽大些。

我国西周就有关卡稽查制、抱关击柝制、守夜巡逻制（宵禁制）、市场管理制、道路筑护制、什伍联防制、山林禁火限猎制等等；为群体安全有序的生存规制了全套伦理法纪；这是中华文明早熟的突出表现。由此形成一个传统：政府负责、举国体制、应对社会危害因素。成为对照的是：古代史上，南亚次大陆长期处在外来统治政权的统治下，这些掌权者只知派当地"委托人"去征税征兵，从来不对当地社会安全负责，无户籍、无警巡、无救灾、无社会生产生活的秩序管理。直到19世纪英国东印度公司占领后，对这里的社会仍无行政管理，只有殖民掠夺——后期有了行政管理，据说英国人还因此而埋怨"加重了白人的治理负担"。相较之下，中国的社会管理模式的确体现了一种法治精神，却又被作为"人治"的典型妄遭否定。然而，"徒法不足以自行"，不由"人治"，难道可以靠"神治"吗？在神治国度，传达"神意"者不还是那些自称"通神"的"人"吗？那里又有什么治国佳绩可言呢？

第九节 中华社会文明素质的提升：礼仪演练

国家公民的文明素质，必须经过长期的养成教育，而社会文明素质的提升，一个有效途径是强化其精英层的礼仪培育、优化其素质的养成。中华是历史公认的"礼仪之邦"，它以礼义—礼制—礼法—礼乐—礼仪—礼貌构成的礼治体制，是中华社会特色之所在。这里，我们从西周以来的《乡射礼》《乡饮酒礼》《士冠礼》说起，可从上古公务人员的养成教育和推选程序看到：正是由于持久不懈的礼仪培育，才促成了礼仪之邦的建设；而其精英培育的成功，对社会能发生强大的正能量，又因其是建立在"基层民主"的基地上的，故为社会所乐于接受。可惜近代以来，它一直未能得到正面阐释与健全发展，而今差不多已被遗忘了。

原来，西周的所谓"乡射礼"、"乡饮酒礼"与"士冠礼"是一种育人选才的机制，远不是世俗的周旋揖让的肢体表演。

一、尊道重艺的原则与选贤任能的乡规

古人将诸侯之国分为六乡（近似于后世的"行省"一级），六乡之民从其成年之日起（通常为年满二十岁），均需接受公众考选：考其德行与道艺。有德行者为"贤"，则兴其贤；有道艺者称为"能"，则举其能。被兴贤举能者总称为"士"或"秀士"，可以作为成人而行加冠礼，正式进入社会；经过三年一次的考选（在乡一级进行），成绩优秀者被推选出来，成为一名"候补官员"。

贤能不是天下掉下来的，不是自然生长的，而是靠公众的培养。一乡之"士"从何修何育而得呢？靠本乡设在基层的"塾"和"庠"（学校）去做养成教育。乡大夫（省长）于正月颁法以教民，党正（里长）以正岁属民而读法；而所考察者有两项，即德行与道艺；而所登录记载者，无非是按国家对候选人的德行与道艺要求用指标——核查的鉴定意见。

考核的组织与分工：以二十五家为一闾，百家为一族。平时，居民凡有一行一艺皆登录之，并不责其德行与道艺的全备，而是各载其优势表现，以供国家遴选。其中，族师之所论录，重点是该士子之为人的"孝友、睦姻、有学"三项指标；什伍闾长之所书，则侧重于该士子之处事的"敬敏"和"任恤"。无非围绕着德行与道艺展开。

本乡既有贤能之人可兴可举，那就由乡三老以三公之尊、乡大夫以六卿之贵，与各乡之吏一起，以"乡射"之仪竞赛而选拔之，以"士冠"之礼公布而认可之，以"乡饮酒"之礼优遇而宾礼之。出自六乡底层的贤能之士，一旦能在乡饮酒礼上与乡大夫（省长）、乡三老相酬酢，又被尊之为"宾"，那是何等荣耀！这就等于宣布其人之有德有艺，其才之秀杰出众，其贤能的可敬可佩，当即为社会所共认，由此完成进入上层社会的准备。

二、文武结合的乡射礼与人才选优原则

人才选拔登录的程序：乡饮酒礼以宾礼待士的次日，由一乡的公卿群吏公议，为贤能秀杰之士作出评品鉴定，形成特定的"书"（推荐信）而献之于君王。君王便拜而受之，并将其"书"登藏于天府，以储备治国之才。"书"由内史掌管，以便随时向君王推荐选用的对象。以六乡之士而受君王的礼遇，其德艺数据亦已进入祖庙之藏，那么，他的得志（入仕参政）也就有望了。即此可见，先秦的秀士选拔是扎根于社会底层而由上司考核认可的。

周代的"乡射礼"，是上古一切礼仪的基础。乡射礼是由本乡（省级）行政首长与绅士组织的盛典，它以刚成年的青年为主体，通过严格的射击比赛来选拔地方优秀人才。参与乡射礼，是上古青年人进入社会、参与社交、培养绅士风度的必修课。随着这一批批合格青年、优秀青年的融入社会，社会的总体素质当然会不断提升。

乡射礼有一整套规范程式，比如射前不同身份的与会者相互如何行见面礼、如何登场、如何就位，都有一整套规矩礼仪必须遵守。又比如宣布典礼开始时要演奏乐曲，先行祭祀，献什么祭品，谁先谁后，如何跪拜唱导，如何敬酒酬酢，都有严格的礼数。特别是射前，有关弓箭的选用、检验，箭靶的布置，射箭者的立姿、射姿、执弓、安矢、射出、验射、唱报、检拾箭矢……这一切的一切，都有严格的程式。各应试者在所有这些程序中的姿仪与才艺表现，便是评比的现场依据。最后的射箭成绩评比，手续更是规范严格，以确保公平公正；或奖或惩，也有一套程序。一位青年完整地参加完一场"射礼"，也就等于进了一次"礼仪训练班"，让青年人培养出一种绅士风度，进而达到"射惟观德"、"观德选士"的目的。

射礼是竞争与习礼的奇妙组合，是练武与习礼的文武兼修。在射礼中，把竞争与习礼组合在一起，是我国先民的一个巧妙设计：射是用"武"的形式培养竞争精神，即培养青年的进取精神的；但人人进取而优胜劣汰，又势必引起纷争，于是以"礼""乐"加以节制，从而寻求进取与礼让之间的平衡；这便是传统礼仪文化的特

色所在。可惜后世越来越强调"礼让"而淡化竞争，民族精髓中的阳刚要素就被削弱以至被阉割掉了；这很不应该；而今又从境外引入竞争，而不讲礼让了，于是水土不服，事故迭出就不可避免。

英法两国人于"中世纪"过后的 17 世纪开始讲究"绅士风度"、讲究"交际文明"了。礼仪使英法成了欧洲文明的示范国度，至今引为骄傲；其交际礼仪现在已经推广于全球了。他们的礼仪是经过长期的严格培训的，现已积淀为文明社会的自觉规范。近百年来，中国人把自家的三千年的礼仪丢得光光，只知道埋怨古礼"过时"了，却很少想到要积极地改善它，利用它，形成一套适用于当代社会的家庭礼仪、社交礼仪、职场礼仪、公共活动礼仪。有心人应该有所作为。

第十节　对西周法治的文化评议

历史向我们提出了一个严肃的问题：我国古代社会的安全机制是什么？为什么它能顶住一次次持久而又巨大的毁灭性灾难而生存下来，并且在运转中还产生了如此丰厚的精神与物质财富？中华民族能够持久凝聚、能够再生复兴的奥妙在哪里？中华文明何以一直没有中断？① 从西周的政权建设与礼法实践中，我们可以获得部分

---

① 我们不能笼统地认为其他古老文明都"中断"了，要具体分析。例如：古埃及的"法老国家体制"连同古埃及土著民族早就消亡了，而埃及古文化成果则依然存在；两河流域的远古文明被后起的伊斯兰文明取代了，但那里的古老农牧业产业和古老哲学"黑白二元对立论"则影响至今；只是本族本土的政权消亡了而已。又如，在南亚大陆，作为"印度河文明"（主要遗迹在今巴基斯坦境内）之要素的梵文、梵语和《摩罗法典》与宗教文化以及种姓制度，一直存在着，并未"中断"。梵文经典问世迄今已三千多年了，却一字未改，简直是世界奇闻。在这个意义上说来，中华文明绝不是"唯一没有中断的古老文明"。

答案：强有力的法治（礼治）管理，塑造了一个伦理有序的社会，使其文明得到比周边各族更高的发展，产生了强大的吸纳同化作用而使自己立于不败之地。

一、周代法治为中华大一统提供了思想根基

西周法治的有效展开，使国家行政力量下伸到国土范围内的每一个人户，塑造了华夏礼法社会，整合了多民族大家庭，形成了"天无二日，民无二王"、"四海之滨，莫非王土"的政治理念，使华夏人树立了"大一统"的国家观，这就为未来列国相争数百年却终于走向统一扎下了坚实而深厚的思想文化根基，使"家庭—民族—国家—社会—天下"成为不可分离的一组概念，这是世界其他古老文明都未能达到的境界①。

二、礼治的运作机制

西周时形成了"礼治—德政"体制，国家为群体安全有序的生存规定了全套宗法伦理制度，把家庭的、个人的社会行为与思想言论都纳入礼法管理的范围。它又十分注重基层行政管理，有系列性的政策措施。

比如人户登录制、什伍联防制、关卡稽查制、抱关击柝制、守夜巡逻制（宵禁制）、市场管理制、道路交通疏导制、山林禁火限

①　就拿南亚来说吧：那里有五千年以上的"印度河文明"，但这片大陆上从无本地民族创建的统一政权，几个一度统一了北印的王朝如孔雀王朝、岌多王朝，并没有建成覆盖全印的行政网络；而统一过南亚大部疆土的强势政权，全是外来的，如贵霜帝国、德里苏丹国、莫卧儿帝国等，它们只知道军事占领，通过"委托人"向居民征税，从来不对社会安全负责，无户籍、无警巡、无救灾、不负责刑审，不负责社会生产生活的秩序管理，而听任宗教组织、社会力量去自治、自理。一直到近代，英国"东印度公司"控制了整个南亚后，一开始也只知殖民掠夺；后来为了强化殖民占领，这才在全印确立了白人的行政治理体制，而殖民者却因此说"加重了白人的治理负担"。

猎制等等。经过长期积累，终于形成了一种行之有效的法治管理模式：它以国家制定法与民间习惯法为双翼，以血缘关系为纽带，以人口地著为原则，以人户登录为杠杆，以城市社区的"自治式"管理为基础，着力于培植社区良风美俗。这一切，看起来很烦琐，很细碎，却切实有效地对中国人的生存方式、生活水平、管理模式产生了深远而具体的制导规范作用。其特色是：政府主导、举国体制、行政权直透社会基层，由此实现了对国民生活的全制导。这是中华社会数千年超稳定结构以至趋于僵化的历史根因，是中华法治文明代代相承的基因密码。

三、超越神断：周人办案的理性自觉

西周制度建设与法治管理的有效展开，得力于礼法文化的早熟和法理的高度自觉，尤以"慎狱恤刑"之狱审原则的确立与"九刑"之刑惩体系的确立为关键，加上三讯、五听、八议、诛心等系列狱审经验的总结，使中华法治很早就走上了以周延的法理为指导的依法论罪的轨道，从而告别了神断、神治的历史，走出了以"肉刑"为主的"同态复仇"的古初阶段，取缔了民间的"司法决斗"，形成了奖惩并举，刑—禁—罚相区分、礼—法—情相综合的司执法机制，形成了"发案—报案—受理—听审—取证—判决—复核—执行—囚禁—问责"的严整的办案流程，体现出法制运作的东方特色。

与境外法治相比较，可反观周人的法理自觉与早熟："同态复仇"是上古的普世法则，而奉教国家均推崇"神约""神谕""神断"，加之普世流行"决斗"风，相形之下，周人的"诛心"、"八议"、"五刑五禁"等等，则是对同态复仇与司法决斗的法理否定，也是对"神约""神谕""神断"的判决法的自觉扬弃。这是远远走在世界前列的。在境外，无论是《十二铜表法》《罗马法》还是《宗教法》，无论是《旧约》《新约》《古兰经》还是《罗摩法典》，都大倡"同态复仇"，都普施"神断"，或者委之"司法决斗"，由之酿成的冤假错案也就永无甄别平反之望了，哪里还有什么"人权"可言！从这层意义上说，被批为"人治"的礼治—德政，其实是对"神治"的一种否定，是向法治迈出的一大步；加之周人还用"九刑"、"五禁""五罚"等法定措施，大大压缩了夏商"肉刑"的惩处空间，这不能不说是历史的巨大进步。

四、礼治—德政的内在风险

西周之礼治—德政是有成效的，据《史记·周本纪》说：成王继位后，"兴正礼乐，度制于是改而民和睦，颂声兴"。成王去世之后，康王即位，作《康诰》。故"成康之际，天下安宁，刑错四十余年不用"，为周朝的发展与稳定赢得了一个可贵的时机。可见周初以道德为本位的顶层政治设计，确实有积极意义。

然而，这一设计的核心是维护以周天子为中心的等级秩序，它忽略或无视了诸侯国国民个人的利益。再加上后继"天子"的个人素质无从确保，也就无法解决由此形成的政治矛盾与社会危机。孔子是遵行周礼的，对周公的制礼作乐崇拜有加，但孔子"尊君"的思想本质，是倾向于抹杀个性、遏制人性的，这很容易引向政治独裁。孔子弟子子夏在讲《春秋》时提及："善持势者早绝奸之萌"（韩非《外储说右上》）。显而易见，子夏"善持势"之说，开启了法家"法、术、势"之论的先河，而法术势都是君主操弄在手"秘不示人"的利器，这就为君主独裁倾向张目了，于是开出了由儒入法、由德政走向专制的内在通道。

第三章

春秋战国：中华法治体制的草创

　　公元前770年周平王东迁，历史进入东周时期，直至"三家分晋"为止。东周历史与鲁史《春秋》记事的起讫年代相当，故此际又称为"春秋时期"。从"三家分晋"之后，列国开展争霸之战，到秦统一中国创建中央集权制政府为止，是为"战国时期"。这里说说春秋战国时期的立法概况。

　　春秋时礼崩乐坏，西周以宗法等级制为基础的国家基本制度崩解了，分封制、国野制、世卿世禄制正在逐步为郡县制、土地私有制、官僚薪俸制所替代。适应政治经济状况的变化，立法司法自然要随之变化。从春秋中叶起，各国便纷纷立法，公布成文法，揭开了"以法治国"的序幕，代替了既往的"以刑治国"、"以礼治国"。这是中华法治史上划时代的举措。

　　春秋战国时期，法治管理工作有秩序地陆续展开，各国都重视法治建设，开展了广泛的立法活动，许多法制管理业务甚至生产技术操作，都有了相应的单行法规。同时，各国都积累了相应的司执法经验，这些经验又得到了诸如《墨子》《荀子》《商君书》《韩非子》《吕氏春秋》《礼记》等著作的书面总结；尽管还没有体系化，在各国的表现方式也不尽一致，但对于草创时期来说，这一切已经相当进步了。

第一节　改制立法：打造春秋新秩序

早在西周初年，姜太公治齐，变斥卤之地为渔盐之区，使齐国富强起来，成为华夏与东夷联手创建的东方大邦。到春秋初年，齐人又一次站到了历史的前沿阵地。

一、管仲治齐，成民之事

我们考察春秋（公元前770—前476年）法治，可以从齐国入手。春秋时期首先强盛起来成为霸主的诸侯是齐桓公，他任用管仲为相（宰相），进行改革。管仲是春秋初期著名的政治改革家，他的法治方略是：狠抓社会整合。他从改革齐国的地方行政结构，改变官制入手，调整了齐国的社会基层组织，实行"四民分居"，搞兵农合一；又推行闾伍制，对居民实施封闭式管理；发展农业、工商业，把社会的稳定建立在发展生产的基础上。管仲把这一切概括为"定民之居，成民之事"。

（一）改革行政体制，成民之事　商周以来，地方行政采取"分土封侯"制，天子只直接统治王畿（京城近郊五百里以内）地区，王畿以外便分封给诸侯，各建邦国。邦国君主直接统治本国的都城。其余国土分配给卿大夫，作为采邑。卿大夫在采邑属地里，依靠"士"来直接统治劳动人民。这样形成了天子—诸侯—卿大夫—士的统治结构。在这种分封制下，诸侯享有邦国内的行政、军事、外交、经济、文化等全部权力，其实是一种"独立王国"。卿大夫对于邦君也是一种松散的从属关系，也容易形成"独立王国"。

管仲执政后，对地方行政体制进行了改革。《国语·齐语》与《管子·大匡》都记载着：管仲将齐国国都临淄分为三部分：即三个工乡，三个商乡，十五个士乡，计二十一个乡。城市居民按身份职业分片居住，手工业工人世世代代居于工乡，商人则世居商乡，士农则永远居于士乡。十五个士乡又划分为三个片，每片含五个乡。这三个片内，以户为单位，五户组成一轨，设轨长一人；十轨为里，设里有司一人；四里为连，设连长一人；十连为乡，设乡良人一人，由卿大夫担任。每家出丁一人为甲士；一里有甲士五十人，组成一小戎，由里有司率领，配备战车一辆。一连有甲士二百人，称为一卒，由连长率领，备四辆战车。一乡有甲士两千人，四十辆战车，称为一旅，由乡大夫率领。五旅组成一军。临淄有十五个乡，共组建三个军，分别称中军、上军、下军。中军由齐桓公直接统帅，上军和下军分别由齐的上卿国氏与高氏率领。京都以外称作"鄙"的广大国土，则划分为五个"属"（五大政区）。三十户为邑，十邑为卒，十卒为乡，三乡为县，十县为属，全国分为五属。属有属正主管一切行政。因此，由下而上，就形成了邑有司—卒帅—乡帅—县帅—属大夫（属正）的五级地方统治网络，覆盖整个齐国。这样，齐国四十五万家农户就各有定居点，各有统属，不得随意迁徙了。这是后世郡县制的最初形态，是管仲对地方行政管理的创造。在"领土国家"的意识形成之初，他这样做，很有意义。他自己说这样做的目的是"成民之事"，促进社会的有序发展。管仲将这个制度称之为"叁其国而伍其鄙"，把寓兵于民的制度称为"作内政而寄军令"。对于都城各乡和五鄙即五属官员的配置，他不搞单纯的氏族血统继承制，而是结合实行举荐的方法。具体做法是：每年"正月之朝"，由齐桓公亲自召集各乡乡大夫、各属属帅（属正），让他们汇报辖区内"居处好学，慈孝父母、聪慧质仁"者，"有拳勇肱股之力，秀出于众"者，都一一推荐上来，"遂使役官"，到官府服务，"历试其能"，并随时记录考核其事功效能，考核优秀者再逐级提升，给予俸禄酬劳，称为"三选制"。与此同时，齐桓公又让乡大夫与属正定期汇报辖区内"不慈孝"、"不长悌"及"骄躁淫暴不用上令者"，进行惩处。这样推行的结果，便形成了一种良性社会生活秩序："匹夫有善可得而举，匹夫有不善可得而诛"，"罢（pí）士无伍，罢（pí）女无家"，社会风气走上了轨道。它是对社会基层法治的有序管理。

（二）推行闾伍制，强化居民管理　为了更切实地把老百姓固定在土地上，使人人地著，世世地著，管仲还在齐国推行了一套"闾伍制"。其办法是：城邑居民户，不允许自择地建宅，必须统一住进国家建的"闾"中，一闾有二十五家至上百家的住户。闾设闾门，以供出入，由闾有司负责按时开闭，凡不从闾门出入，或不按时出入闾门，或非法携带与身份不符的物件出入，或"衣服不正，圈属群徒"结伙吵闹的人，闾有司都有权稽查并随时举报，即使是各级官长（贵族）的家庭成员及其属役宾客，连犯三次，也要查处。实行这种闾伍制之后，国家对人户的管理就一直落实到每家每户了。这在春秋战国那个大动荡时期，显得更为重要。管仲认为"州里不隔，闾门不设，出入无时，早暗不禁"，就会发生攘夺、盗窃、攻击、残贼等扰乱法治的事件。所以要严加管束。在社会基层政治管理方面，管仲是颇有开创性的。

（三）注重社情调查　管仲还十分注意对社情动向的及时掌握与具体了解。为了随时掌握社情动向，管仲还主张经常派员下到州间，做社会调查。在《管子》的《问篇》与《枢言》《八观》等篇中，都反复强调了这种社会调查的重要性与必要性。其《问篇》就提出了七十多个问题供调查用，而且每个问题一般都要求作量化说明，如：

问邑之贫人债而食者几何家？士之有田而不耕者几何人？身何事？外人之来从、而未有田宅者几何家？乡子弟力田为率者几何人？国子弟之无上事（没有公职公务），衣食不节，率子弟不田，弋猎者几何人？男女不整齐，乱乡子弟者有乎？

若夫城郭之厚薄、沟壑之浅深、门间之尊卑，宜修而不修者，上必稽之。

问执都官者："其位事几何年矣？所辟草莱有益于家邑者几何

矣？所筑城郭，修墙垣，绝通道，扼门关，深沟防，以益人之地守者何所也？所捕盗贼除人害者，几何矣？"

这类问题，都直接关系到一个地区的法治管理状况。能作这样的普遍调查，即使在今天，也是有意义的。

二、子产兴郑，治乱安大

春秋中后期的法治，可以郑国为例。郑国地处中原腹心地带，东有强齐，南临劲楚，西接猛秦，北邻大晋。各国交争，都在郑的舞台上培植自己的代理人。时值春秋中晚期，列强争霸达到白热化的程度。郑子产在这么一个弱小而内乱不止的国度里执政达二十多年（公元前543—前522年）。他一生为国家图存图强，他作丘赋、铸刑鼎、行猛政，无不具有破旧立新的历史首创色彩，他所取得的突出成就，反映出春秋中后期的法治特色。

（一）"必先安大"的治国方略 郑国，地处中原腹心地带，齐秦楚晋四强争霸，兵祸必结于郑；四强为了争霸，又都在郑扶植自己的代理人。子产执政之前，郑国始终处于周期性公族内讧之中，每隔八九年就发生一次动乱。政治秩序混乱不堪。公元前578年，发生公子班之乱，结果"七穆当政"；前566年，郑僖公被权臣杀死；前563年郑简公被劫持，发生"群公子之乱"；前554年，公族子孔勾引楚兵攻入郑都，造成"纯门之难"；前543年，又发生"伯有之乱"。此乱平定之时，子产登台执政。他所面对的是"国小而逼，族大宠多"的严峻形势。据《左传·襄公三十年》载：为了缓解国内矛盾，子产采取了"安定国家，必大焉先"的法治方略。首先采取措施，稳住了势力最大的公族伯石，然后便着手进行政治经济的改革，"使都鄙有章，上下有服，田有封洫，庐井有伍，大人之忠俭者从而与之，泰侈者因而毙之。"这里的"都鄙有章"与"庐井有伍"，显然是整顿基层社会秩序的有力措施。他"作丘赋"，承认土地私有，进行经济改革，不到三年便大见成效，国家政治走上了轨道。他还大胆地开放舆论，"不毁乡校"，让士人"朝夕退而游焉，以议执政之善否"。在四强凌逼、内讧不已的国度，敢于开放舆论，充分证明了子产对于自己的内政外交的足够信心，他终于使郑国振兴起来。郑国再也没有发生周期性内讧。他的治国方略是成功的。

（二）周到细致的法治对策　在发生重大自然灾害的情况下，尤见郑子产救灾防乱的法治措施的得力与严密有序。《左传·昭公十八年》载：当年五月，宋卫陈郑四国同时发生严重火灾。在出现火灾征兆的时候，有人曾要求子产祭天求神来"禳灾"，子产拒绝了；在第一次火灾高峰过去之后，又有许多人请求子产禳灾，他又拒绝了。他说："天道远，人道迩，非所及也。"他不相信所谓天意神意能左右人间祸福。但在救灾过程中，他对"人事"的部署却是极端认真、极端周到的。比如：火灾一发生，他就委派司寇实行"戒严"；不让新的外宾入境，警戒府库，严防火险；命令司马司寇率队控制火场，全力扑救；命令城下居民五人一伍，登城防守，日夜警戒，以备不测；命令郊县征集人丁，准备调用；派专人日夜巡行于宫城内外，派专人负责疏散、转移宫内人口与国家宝物；又派遣特使向各国通报灾情，预防有人趁火打劫；宽免受灾地区的赋役，发放救灾建材……子产的得力措施，不仅保证了郑国内部的安宁，也有效地预防了他国可能发动的袭击——当时晋国确实曾别有用心地派"边吏"至郑"观察"城防等情，并把子产的周密部署向国内汇报了。晋本来试图有所动作，终于罢手。次年，郑国发大水，都城门外发生"龙斗"，水势汹汹，又有人请求祭"龙"，子产又一次拒绝了。子产在突发性巨大灾难面前的法治对策，最大限度地控制了灾情，又预防了可能发生的外患。他在古代法治史上留下了可贵的记录。

（三）铸刑鼎，施猛政　首先，他"铸刑鼎"，把国家刑律铸在大鼎上。大鼎，在当时是国家法权的象征。此事比后来魏国李悝变法著《法经》早了一个世纪。它对于稳定政局，维护社会秩序，起了重大作用。子产刑律的指导思想是"猛"，即体现轻罪重罚的原则。他的理论是："夫火烈，民望而畏之，故鲜死焉；水懦弱，民狎而玩之，则多死焉：故宽难。"后来孔子加以发挥，提出了

"宽以济猛，猛以济宽。宽猛相济，政是以和"的思想（参见《左传·昭二十年》）。对我国古代法治法理研究产生了深远影响。子产实行猛政，有一例可以说明：子产当政后，公族中又有人制造动乱，子产破例地将贵族主谋者的尸体"弃于市"，并加"明刑"：即在木板上写明罪人的姓名及其罪恶，让众人都来唾弃他。这在当时是有震撼力的，曾遭到旧势力的多方攻击，他不为所动。

原来，《周礼》规定：贵族死罪不公开行刑，不允许公开"弃市"，更不得处以"明刑"。那是为了维护贵族总体的"威望"。子产这样做，用他自己的话说："见不善而诛之，如鹰鹯之逐鸟雀也"，是毫不留情的。子产治郑，是春秋改制立法的成功实践。

第二节　春秋各国，随事立法

春秋时期，各国普遍开始了立法活动，形成时代风潮，西周"礼崩乐坏"之秋，正是列国"创制立法"之季。其间，齐晋楚等称霸国家最先取得成果，其后战国魏秦的立法建制最有条理，魏的《法经》甚至直接影响了秦的商鞅变法直至《秦律》的修订。

《左传·昭公二十六年》载：王子朝向诸侯通告说："今王室乱。单旗、刘狄剥乱天下，一行不若，谓'先王何常之有？惟余心所命，其谁敢讨之？'帅群不吊之人以行乱于王室。侵欲无厌，规求无度，贯渎鬼神，慢弃刑法，背奸齐盟，傲狠威仪，矫诬先王。"这里，分明已把"慢弃刑法"与"乱于王室"、"贯渎鬼神"、"矫诬先王"一样，被视为权奸之恶行了。这显然是法纪理念明晰化、自觉化的表现。可见要求法治秩序，已成社会共识，这就提出了春秋立法司法的时代课题。

一、赵宣子以法治晋

据《左传·文公六年》载：晋国在赵宣子当政时，曾就国家的立法司法做了一次全面的整饬：

1. 制事典：制定足以"富邦国、任百官、生万民"的国家事业之典则条例，确立国家大法；

2. 正法罪：制定刑法罪名，依法办案，以法论罪，不再任心办案；

3. 辟狱刑：处理刑狱事宜，清理陈案积案；依法决狱；

4. 董逋逃：督察各地各级逃亡流窜罪犯，使之归案；

5. 由质要（平声，要约）：通过质剂（合同、契约、单据等）与要约来处置民间经贸往来中的矛盾与摩擦；

6. 治旧污：治理一切"法有不便于民，事有不利于国"的旧规恶习，统统取缔；

7. 本秩礼：严格维护宗法秩序，遵行等级礼制；

8. 续常职：充实政府办事员吏，提高政务效率。常职：官府中承办日常实际政务事务的职员。按：当时卿大夫是世袭的"官"，而一切政务则交由"吏""员""役"去承办；而吏员是给以薪酬的"官员僚佐"（此即我国官僚薪俸制的发端）。

9. 出淹滞：即《尚书》所谓"明明扬仄陋"，发现、拔擢沉滞于社会底层的才智贤慧之人而尊用之。

综上，赵宣子其实是把国家组织人事制度置于法制管理之下进而把组织人事大权垄断到手了。他为政治家的以法治国作出了示范。

二、立法兴邦：楚国单行法规陆续出台

先秦时，各国立法意识觉醒，所立之法，名目繁多。正如张斐在《进律注表》中所说："那时，郑铸《刑书》，晋作《执秩》，楚造《仆区（ōu）》，并述法律之名。申韩之徒，各自立制。"

这里所说的晋作《执秩》，是指晋文公登台后，急于争霸，让子犯为之谋划，子犯曰："民未知礼。"于是乎"大蒐（搜，狩），以示之礼；作《执秩》以正其官，民听不惑，而后用之"。国力强大了，于是侵曹、伐卫、胜楚、围许……一年之内，四处出击，成为霸主。

这里所说的"楚造《仆区》"，是指楚文王时所定的《仆区之法》，内容有"盗所隐器，与盗同罪"等条目①。其后庄王用令尹芬敖，"择楚国之令典，又从而损益之，有《茅门之法》。"至战国时，楚怀王又使屈原"造为宪令"，可见楚国是一向重视"以法治国"的。

楚人随事立法，随时立法，因为他们有对"守法"重要性的政治自觉。此事有史为证：

据《韩非子》载故事称：楚庄王有《茅门之法》曰："群臣、大夫、诸公子入朝，马蹄践溜（屋檐水下滴处）者，廷尉斩其辀，戮其御。"有一次，太子入朝，马蹄正巧践溜，廷尉当即斩其辀，戮其御。太子怒，入朝庄王泣诉曰："请为我诛戮廷尉！"王曰："法者，所以敬宗庙、尊社稷。故能立法从令，尊敬社稷者，社稷之臣也，焉可诛也？夫犯法废令，不尊敬社稷者，是臣乘君而下尚校也。臣乘君则主失威，下尚校则上位危。威失而位危，社稷将不守，吾又拿什么来遗传给子孙呢？"于是太子受教，急忙还走，退避王舍，在外露宿三日以思过，北面再拜而请死罪。

又有一说：一日，楚王急召太子。楚国之法："车不得至于茅门。"当时天雨，殿廷中积水有潦，太子遂驱车至于茅门。廷理

---

① 据《左传》所载，有这么一个故事：楚庄王即位，大造章华之宫，招纳亡人以充实于其中。老臣无宇家的守门奴隶也逃入其中。无宇就去抓捕他。有司不答应，说："到王宫抓人，其罪大矣！"押他去见楚王。王将饮酒，无宇辞曰："天子经略，诸侯正封，古之制也。封略之内，何非君土？食土之毛，谁非君臣？今有司曰'汝胡执人于王宫'，我该到何处去执之？当年周文王之法曰'有亡荒阅'（若有逃亡者，可以大范围地拉网阅实而搜捕之），所以得天下也。我楚文王作《仆区之法》，曰'盗所隐器，与盗同罪'，所以他能大拓疆土，直达汝水。今若听从有司，是无所执逃臣也。昔武王数纣之罪曰：'纣为天下逋逃主，萃渊薮'，激起诸侯义愤，故能战胜纣王。您大王求霸诸侯而以纣为榜样，无乃不可乎？若以二文王之法取之，盗有所在矣！"楚王曰："取而臣以往。"·

（大法官）曰："'车不得至茅门'，你犯法了！"太子曰："王召急，不得等待无潦时。"遂驱之。廷理举殳而击其马，败其驾。太子入，对王泣诉曰："廷中多潦，驱车至茅门，廷理曰'非法也'，举殳击臣马、败臣驾。王必诛之！"王曰："前有老主而不逾（不趋奉、讨好），后有储主而不属（不阿附，逢迎），是真吾守法之臣也！"乃益爵二级，而开后门出太子，使勿复过茅门。

《说苑》亦载：楚庄王之时，太子车立于茅门之外，少师庆逐之。太子怒，入谒王，曰"少师庆逐臣之车！"王曰："舍之！老君在前而不逾，少君在后而不豫。是国之宝臣也！"

立法自觉，是先秦立法潮涌的思想推动力；立法兴邦，是晋郑楚齐的共同经验。

第三节　战国立法，走向体系化

战国时，韩有《刑符》，赵有《国律》，魏有《法经》，楚有《宪令》，齐有《齐法》（今存十三章），秦有《秦律》。立法，已成各国建制立政之要。立法之后，即要求公之于众，"事断于法"，轻罪重刑，刑无等级。"君臣上下贵贱皆从法，此谓为'大治'。"（《管子·任法》）；"刑过不避大臣，赏善不遗匹夫"（《韩非子·有度》）的要求，已融入社会法治理念，成为公众律条。

当年，吴国由伍子胥定策，举兵攻楚，三战而入郢都，伍子胥掘墓鞭尸，报了家仇；楚昭王则率领群卿逃亡出城，百姓离散。当此国家存亡之秋，身在外地的蒙谷却急返郢都，冲入王宫，抢出了《鸡次之典》，浮江而去。事平之后，昭王返郢，而"五官失法，百姓混乱"，国不成国。于是蒙谷挺身而出，向国王献出了《鸡次之典》，于是"五官得法而百姓大治"。（参见《战国策·楚策（一）》）这条史料证明：法律对于治国是何等重要！世人有了这类认识，自然会带来战国立法的热潮。

有了法，还得严格执法，勇敢护法才行。当年，魏公子无忌率十万大军攻逼小小安陵城，强要安陵君（该城城主）献出魏的逃亡大臣缩高。安陵君说："吾先君成侯，受诏襄王而守此地也，手授《大府之宪》。其上篇曰：'子弑父，臣弑君，有常（刑），不赦。国虽大赦，降城亡子不得与焉。'现在大军所逼，要求我交出缩高，这是让我负襄王之诏而废《大府之宪》也。虽死，终不敢行。"（参见《战国策·魏策（四）》）他用誓死护法之德行，守住了小国的尊严。文中，大府，中央资料馆，它负责收存国家法制诏令。《大府之宪》：魏国大府所藏的向全国公布施行的法令。

一、齐法十三章：各种单行法规的汇聚

公元前 5 世纪初，齐国颁布了《齐法》（现存十三章，见于《银雀山汉墓竹简》）[1]。其中最有名的律目是《守法》《市法》《库法》《委积》《王兵》《李法》《王法》《兵令》等等，在当时是一部很有特色的成文法典。它涉及面宽，条目清晰，但相互独立，内容也有交叉，欠逻辑联系，分明是一系列专门法规的汇聚、合抄。

如果说，夏商西周时期国家法典名称均为"某刑"，有《禹

---

[1] 《银雀山汉墓竹简》，1972 年发掘出土于山东临沂银雀山两座汉墓中。简文书体为早期隶书，写于公元前 140～前 118 年（西汉文景时期至武帝初期）。银雀山汉墓竹简共计有完整简、残简四千九百四十二简，此外还有数千残片。其内容包括《孙子兵法》、《孙膑兵法》、《六韬》、《尉缭子》、《晏子》、《守法守令十三篇》等先秦古籍及古佚书《元光元年历谱》等。《守法守令十三篇》共十篇，是以篇题木牍为线索整理出来的。《守法》篇的内容与《墨子》论守城之法的《备城门》及《号令》等篇相似。《要言》篇文字多韵语，为格言之汇集。《库法》、《市法》、《田法》、《委积》等篇记述土地、市廛、库藏、赋税的法制。《王兵》篇内容散见于《管子》的《参患》、《七法》、《兵法》、《地图》等篇。《李法》记处罚官吏之事。《王法》记王者之道。《兵令》篇简式与《守法》篇同，与《尉缭子》各篇简式不合，其内容与传本《尉缭子》之《兵令》篇合。按：《齐法》可能不止"十三章"之数，这里仅就已整理并公开发布者而言。

刑》《汤刑》《官刑》《竹刑》之称，那么，到了战国时，国家制定法就一律改称为"某法"了。这表现出"肉刑"意识已在淡化而"依法办事"之理念正在强化。

《齐法十三章》告诉我们，齐国对于城防与交通管理，有明细的法律规范。齐用法律形式规定了墙城的建筑规格，防卫设施，作战时的戒严办法，以及城内商业市场的配置、方位、规模等，连市场内的秩序管理也有专条管着。

如《市法》规定："为市之广狭小大之度，必令称邑"，市场的规模要与城邑的规模相称，并且"必居邑中"，以便利于百货财物的流通。每个市场都要有市墙，与普通居民区分隔开来。"外营方四百步，内宫称之。"商贾在市内必须划地分区、按指定列肆（摊位）交易，所占列肆的大小，要根据商品的精粗贵贱由市管人员统一安排。市管人员即市长、市啬夫，要管理场地、划分列肆、平抑物价、核查货物伪劣、核查度量衡具的准确与否，要管理市场债务、合同等，维护市场治安如禁止哄抬物价、垄断交易与结伙哄抢行凶斗殴之类，还要负责征收摊位税、商品税。

如《守法》规定，城郭规格是"万乘之国：郭方十七里，城方九里，城高九仞，池方百步。千乘之国：郭方十五里，城方五里；城高七仞，池方八十步"。这就按等级规定了城邑的面积、城墙高度与护城河的面宽。按规定城上还要修筑城防工事："五十步而一楼……二百步而一出楼，三百步而一进行楼。"出楼下有"隔"，用以射击攻城之敌的后继部队。进行楼则用来远视城下及城外。当敌人攻城时，城内连老弱妇孺也动员起来，女子负婴而备勤，实行军民总体战。城内所有官私财产、房屋家具，均得征用，不听令者斩。敌人发起进攻时，城内"杀鸡狗无令有声"，实行严格的戒严，城中行者皆止。

先秦典籍《墨子·号令》篇，也有战时"城上道路，里中街巷，皆无得行，行者斩"的规定。《齐法·守法》中还明确规定：战争中，军官、伍人及随从兵卒不得任意通行。出入要有法定旗章标志，而且应原班人马出入，否则处斩。这里的战时规定，适用于所有百姓，它也就是战时的法治条例，体现出从严管理的精神。

值得注意的是，《齐法》中还有对官吏实施法律管理的《李法》（即理法，相当于汤时之"官刑"，后世的行政法）；还有专门记述土地制度的《田法》，有《委积》等篇专讲粮草堆积、监守的纪律、条规。

先秦各国的城市管理，还体现在街道管理即居民日常生活秩序的依法管理上。齐国临淄城"车毂击、人肩摩"，魏国国道上"夜行不休已，无异于三军之众"，在如此繁华的都会里和如此繁忙的大道上，没有交通管理，没有公共秩序管理，是不可想象的，而《齐法》《楚令》《魏律》等都承担了这类任务。

二、李悝的《法经》：初具逻辑体系的法典

当时，随着"民"阶层的崛起，其法律认可与法律保护的问题也就提上了国家的议事日程。顺应这个要求，魏国的司寇李悝，第一个承担了使国家成文法规范化、法典化的历史任务。他"集诸国刑典"制作了《法经》六篇。《法经》是我国历史上第一部初具法律体系的大法典。它是在吸收郑的《刑书》、楚的《宪令》、韩的《刑符》、齐的《齐法》基础上形成的。它以"王者之政莫急于盗贼"（见《晋书·刑法志》）为指导思想，形成了以盗法、贼法、囚法、捕法、杂法、具法为体系的法典结构，把侵犯私有制、侵犯王权、危害社会秩序，危害人身安全的行为定为犯罪，将惩治犯罪定为国家法典的具体内容。在《法经》中，有"窥宫者膑，拾遗者刖"的规定，有"博戏，罚金三币"的规定……可惜，我们已经见不到《法经》全文了。但它奠定的法治基础，在魏国产生了深远的积极影响，使魏国发展成战国前期最强大的国家。而且，后来商鞅又拿着这部《法经》去了秦国，帮秦孝公实行了成功的变法。《法经》的精神在现今可见的《魏户律》和《秦律》中都有体现。由下例可以窥其一斑：《魏户律》中有这样一条："至今以来，贾门、逆旅、赘婿、后父，勿令为户，勿予田宇。三世之后，欲仕仕之。"分析这一条可知：当时魏国法律是歧视商人、旅店主人、入赘女婿及后父等四种人的，不允许他们登录进正式的户籍，不分配给他们相应的土地和房屋。按：春秋战国之际，各国都普遍实行一种"换土易居法"，称作"辕田法"：把国有土地房屋分成三等配发给居民。每隔三年，国家将各户耕地、住房收回，调整更换一遍，借以求得上、中、下三等土地与房舍的公平使用。按魏国法律，上述四种人无权获得国家分给的土地与住房；要经三代人之后，才可以与其他庶民一样"欲仕仕之"、才享有"公民权"。这反证了一般老百姓在法律规定上是享有"欲仕仕之"的权利的。这条限制商贾赘婿的法律，后来在《秦律》中被沿袭下来了。而商人法律地位的低下，由此可知是由《法经》首先规定的。

自从有了《法经》，国家法治管理就有了自己的自成体系的法律依据，其基本精神就是维护私有制，保卫王权（皇权）；其基本原则就是"不别亲疏，不殊贵贱"和轻罪重罚、重农轻商。而"不别亲疏，不殊贵贱"的原则，明白地废除了"亲亲贵贵"的旧秩序，这就从法律规定上认可并固化了"礼崩乐坏"的社会现实。

李悝的《法经》，是春秋以来各国法典的集大成，又是此后两千年间我国一百六十余种法典的最初样本。魏国在战国前期是举足轻重的大国、强国，跟李悝的努力是分不开的。

三、商鞅变法：从国制到家法的立体革新

秦的法治是战国法治的代表，商鞅活动于战国前期（约公元前390—前338年）。他在秦孝公的支持下，两度主持变法，使国家从僻处西戎的一个小国一跃而成为渭水流域的大国，为秦国后来的发展打下了坚实的基础。商鞅是秦国崛起的推手。他的一切活动，都包含着培植社会法治秩序的重要内容。商鞅在秦国推行的社会法治管理，对于全国统一后的秩序确立，起了先驱示范作用。他所草创的法治体制，他所提出的法治措施，他所概括的法治法理，后来在全国范围内都得到了推广与应用。

（一）以刑去刑和弱民愚民的司法理念　商鞅在法治法理的研究上，有特殊见解。首先，他认为社会需要治理，人群需要法治。

他说："民丛生而群处，乱，故求有上也。然则天下之乐有上也，将以为治也。"（见《商君书·开塞》篇）人类从一开始就乐于以"上"来进行治理，否则就会"乱"。"上"凭什么来治理呢？凭法。"法令者，民之命也，为治之本也。"（同上书《定令》，本节下引此，只出篇名）为此，他主张"法与时移""以刑去刑"，所谓"圣人不法古，不修（循）今"，所谓"胜法之务莫急于去奸，去奸之本莫深于严刑。故王者以赏禁、以刑劝。求过不求善，藉刑以去刑"（《开塞》）。为使其刑禁能畅通无阻，商鞅又公开提出了"以吏为师""弱民""愚民"等一整套只讲严刑、不许百姓议政的极端措施。他说："有道之国，务在弱民。"（《弱民》）认为老百姓"朴则弱""弱则轨""轨则有用"。又怎样做才能使民"朴"而"轨"呢？商鞅认为只要用严刑峻法来推进其崇本抑末的国策，让老百姓都去务农，就可以使百姓永远愚昧质朴而守法了。他在《垦草令》中提出：国家征收以粮食税，就可以迫使农民世守其业而不变更，农民世世务农而不贵学则愚，"愚则无外交，无外交则国安而不殆"。这是"愚民政策"。他又要求"废逆旅"，取消各地的旅舍。他认为没有旅舍了，人们就不出游了，"奸伪、躁心、私交、疑农（蛊惑农人）之民不行"，国家就安定了。他还要求"重刑而连其罪"，这样，"褊急之民不斗，狠刚之民不讼，怠惰之民不游，费资之民（坐食不事产业之人）不作，巧谀恶心（奸巧险恶居心）之民无变"，国家就发展了。他又规定"使无得擅徙"（私自迁移户口），"重关市之征"……商鞅提出的这些主张，在他执政期间，大都付诸实行了。据《史记·秦本纪》与《商君列传》载：商君之法"行之十年，秦民大悦，道不拾遗，山无盗贼，家给人足。民勇于公战，怯于私斗，乡邑大治"。他为秦国制定的各项政策措施，他所提出的法制主张，在秦国得到了贯彻、继承和发展，终于促成秦的统一大业。商鞅是封建法治的构建者、实践家。

（二）强化基层法治管理　商鞅变法，是从推行什伍制入手的，就是说，是从改革社会基层结构入手的，这是社会法治管理的基础。什伍制：居民五户为一伍，什户为一什，由伍长、什长管理；

又因"寓兵于农"，故服役时，每户出一丁，五丁为一伍，十丁为一什。什伍编队，彼此相熟，战时便于互相照料，也好互相监督。

1. 户籍登录　规定孩子生下来之后就要登录，成年之后要"傅籍"，承担赋税与徭役与兵役；逃亡死亡要"削籍"，迁徙要"更籍"，登录不实的本人受罚，四邻受罚，里典也要受罚。为此，他明确了立户标准，实行"小家庭制"：户口登录是以户为单位进行的，所谓"四境之内，丈夫、女子皆有名于上。生者着，死者削。"（见《商君书·境内》篇）然而，如果保留商周以来血族聚居的大家庭制，那么户口登录将不胜其难。所以商鞅一令"民有二男以上不分异者，倍其赋。"又令"民父子兄弟同室内息者为禁"；这样，一家有两个成年男子（身高秦尺六尺五寸以上），无论是父子还是兄弟，均应分居立户。对于户口管理来说，明确立户标准，无疑是一种根本性的措施。

事情还有它的另一方面：与"小家庭制"相配套的，他还推行了"废井田、开阡陌"的政策。西周井田要求"规模作业"，即所谓"十千维耦"；对此，小家庭是无法适应的，于是废井田，改成以小农为单位的"家庭作业"。这一来，自耕农除自给自足之外，难以对社会财富总值的增益做多大贡献，但这个群体很庞大，它可以提供最宝贵的、源源不绝的、低成本的劳动力资源，故秦王可以很轻率地调集几十万劳力离开土地去"办大事"，如修长城、筑驰道、开灵渠、造骊山墓、扩咸阳城……耗尽了劳动力和社会财富。秦因此而勃兴，也快速地由此而灭亡。

2. 什伍制下的联保联防连坐　在（什伍）"相牧司连坐"的要求下，一家失火、失盗，四邻伍保里典均有责任前往救助，否则受罚。如：贼入甲室，贼伤甲，甲号（呼叫）"寇"！其四邻、典老（即里长与伍长）皆不存（不在家），不闻号寇。问当论不当论？四邻审不存，不当论。典、老虽不存，当论，因是其职责所在。（见《秦墓竹简》）这样严厉推行联保联防连坐制，对于确立社会法制秩序是有利的，却被司马迁批评为"商君寡仁恩"，贾谊则说他"资性刻薄"。

3. 改革地方行政体制 在整顿了社会基层的秩序之后，商鞅着手改革地方行政体制。秦孝公十二年（公元前 340 年）迁都咸阳，"并诸小乡聚，集为大县"。县设一令，另有一丞。时全国共有县三十一个，后来发展到四十一个县。县以上设郡，形成两级地方行政管理体制。这样，商鞅构成了全国法治管理的行政网络。根据有关资料，秦国自下而上的地方与基层的法治负责人是：伍有伍老，里有里典，乡有乡啬夫，县有县令，郡有郡守。郡县制是对分封制的否定。郡县下的社会管理，是对诸侯邦国及其采邑制下的法治管理模式的否定与扬弃。从此以后，全国范围内的法治，就可畅通无阻地由中央统一部署、统一管理了。

至于商鞅本人，则是个悲剧。支持他变法的老国王死了之后，他便被新上台的旧势力排挤了，竟遭车裂而亡。反观历史，历代因人成事的改革家总是命运不佳，往往"作法自毙"，死于亲手制定的某种"新法"，而新法实际上又往往为政治对手所袭用，只是重新粉刷，换换招牌而已。这么排演出的历史荒诞剧，令人叹息。

第四节 先秦的社会法治管理

一、水陆交通管理：以《鄂君启节》为例

国家历史博物馆中珍藏着一套《鄂君启节》，铜质，竹节形。上有文字，标明是楚怀王二年（公元前 327 年）颁发给鄂君的一份"水陆联运符节（商贸凭证）"。鄂君，楚国后期封于鄂（今湖北鄂州一带）的一位宗室，名启。此"节"于 1957 年发现于安徽寿春，计五件；它证明了楚国水陆交通与商贸业的高度发达：一个属于私人的覆盖江湘淮汉的水陆商贸网构成了。他组建的简直就是一家"大型商贸公司"。

《鄂君启节》分为水节、陆节两种，分别用于水运和陆运。一

式两份，一由运主持有，一交关津负责人收管。查验时，两相"符合"方可放行。节上载明通行路线、货物启卸口岸，运载数量、品种、应交税款或税物；规定禁运品种、限量，不许逃税漏税；关津不得漏查瞒报。

这位名启的鄂君，拥有一支庞大的水陆联运大队：船五十舿，一百五十艘；车五十乘，每乘配马四匹，载货二十担，一次运货一千担。他有权在楚国办水陆联运，运营范围遍及楚境各水陆干线及国际通道。大致说来，从楚国国都郢（在今荆州北，有水道通长江）出发，北上，去襄阳、邓、南阳（宛）、方城；出境可北去洛阳、西北沿丹水出武关、去咸阳，或沿汉水去汉中，与秦通商。东北走陆路出黾塞去许昌、新郑，沟通汝颍淮泗，达淮阳（陈）、商丘（宋）等地，北与燕、赵、齐、鲁通商。从国都郢出发东去，或从南阳东去，都可以到达寿春（这里是楚国晚期的国都），再沿淮入海，由滨海线北上琅琊、临淄，通齐通燕；陆路也可去徐州（彭城）、曲阜等地，通鲁通卫。

在大江以南，途经国都郢或鄂城间的水道，还有四条南下的水路：一是过洞庭湖沿沅水西去辰阳、溆浦，直指夜郎，通黔、通滇；一是过洞庭湖南下，沿湘水到青阳（长沙）以远，直指岭南；一是过彭蠡泽（鄱阳湖）沿赣余水南下，直指闽粤；一是经江汉东下"三江"去笠泽（太湖，吴）后，再去会稽（越）。

不难想象，鄂君启的运营规模有多大，楚国江汉水陆交通有多么发达。它可以反映战国时期我国水陆交通与贸易的发达，也能证明广大国土上秩序管理的超前有效。如此规模、如此体量、如此严密组织的跨地区巨额贸易，假若放到欧洲17世纪的"国际贸易"中去，也无人做到；更是17世纪欧洲莱茵河畔那千百个土邦政权所无法企及的。

二、公办馆驿与私营旅舍业的管理

我国很早（不迟于西周早期）就有了宾馆、旅舍、驿站的设置，而且是公私并举的。

西周以来，政府用于接待国宾、安置在途使节的处所称之为"馆"、"侯馆"。其规格很高，能提供优裕的食宿条件和安全保障，还提供出行用的车马。为了给在途公务人员提供食宿交通条件，在水陆干线上每隔一定距离，还设有驿站或"传舍"，起"接待站"的作用。用于接力传送政府公文、公物、军备、贡品的"传舍"，备有足量的马匹、刍草、干粮、车船、人夫。各地情况不同，承担任务有别，也就有不同名称，通常把徒步递送称"徒传"，骑马递送称"遽传"，或叫"邮传"（有递夫等全套服务）、"邮驿"（有递夫、车马）。也有叫"置"（有客房）、"遽"（提供轻车急递）、"驲"（有马匹）、"委"（有粮草）、"亭"（每隔五里一座，可以歇脚饮马）的。交通条件的优化，正是国家行政效能的保障，而离开水陆交通的畅达，很难设想国家政令的有效宣传。

史载：姜太公决定杀死两名不愿合作的齐国"高士"，消息被周公知道了，认为不妥，连忙派人"乘传赴齐"去制止。姜太公还是把这二人杀了，周公对此很惋惜。这事从侧面证明了齐鲁间信息的畅通。春秋时，秦国派兵偷袭郑国，路上被郑国牛贩子弦高知道了。弦高一面"乘遽"急报于郑，一面向秦军献上牛群，说是"奉命前来犒劳秦师"，一下子拆穿了秦军企图偷袭郑国的阴谋，阻挡了秦的进兵。结果秦军白忙了一气，赶忙回师，却遭遇晋军的伏击，被全歼了。这也证实了秦、晋、周、郑之间交通的顺畅。

国办"驿"、"馆"是非营利性的无偿服务。

先秦还有一种非营利性的"私人招待所"，由有权势有威望又有财力的贵族开办。战国时著名的"公子"齐之孟尝君、赵之平原君、魏之信陵君、楚之春申君、秦之吕不韦、燕之太子丹，都曾大量"养士"甚至"养死士"（肯为之卖命的人）。这些"士"总有点特殊能耐，会装"鸡鸣"也行、会搞"狗盗"也行；什么也不会，嗓门儿特大也算有"特长"。他们被召养在专设的"客馆"、"客舍"中，其人也就叫"舍人"、"食客"了。孟尝君有"食客三千"。蔺相如本人就当过"舍人"。孟尝君办的"客舍"最有规模，分为下舍、上舍、代舍、幸舍、谨舍几等，就如而今的宾馆分级一般。谨舍的食客待遇最好，食有鱼，出有车，居有侍女，但一定要有特殊"贡献"，往往要"以命相报"。燕太子丹养大侠荆轲去刺杀秦王，就是以命相报。

至于营利性的私人旅馆，据现在所知资料，第一家恐怕要算是周初姜太公赴任投宿的那家"逆旅"了。"逆"是"迎而止之"的意思，"逆旅"就是"迎客处"，就是"旅馆"。姜太公是陕西渭水边的一个老渔夫，有智略，帮周文王、周武王推翻了商纣王的统治。武王封他为"齐侯"，让他离开陕西老家，到山东半岛的"斥卤之地"去建国。他当然不高兴，没精打采，早睡晚起。这一天，他投宿于一家"逆旅"。这逆旅主人见了，就对他说："人要懂得抓机会。你这么慢吞吞的，哪像个去当一国之主的人！"他赶忙上了路。

另一家私营旅馆，是春秋时由一户姓嬴的夫妇二人办在宁邑（今河南获嘉）的，这里是从中原到晋国的交通要道。一次，晋国的太傅阳处父（是个大官儿），投宿于此。嬴氏店老板与他谈得投机，把旅店交给老婆，随阳处父去了晋国。不两天又回店了，老婆问他是怎么回事。他说：阳处父这人尽要嘴皮子说大话，成不了事，会倒霉的，我不跟他了。不久，阳处父果然垮台了。

另有一家私营旅馆，办在秦国边境上。当年，商鞅变法，得罪了太子。太子登基为王之后，就以"商鞅要谋反"的借口派兵来逮捕他。他连夜逃跑，逃到边境上，有一家小小客店，他想进去歇口气。客店女主人拦着门对他说："我国商君有令：旅店不准接待无传的人。你想投宿，拿出传来。否则没门儿。"传，就相当于"通行证"、"身份证"。商鞅没法，只好离开，却被追兵逮回了咸阳，车裂而死。秦国连边境小旅馆都知道严格执行"商君之法"，可见行政效率之高，不知商君此时心头是啥滋味？《史记》嘲笑他是"作法自毙"，话说得有点刻薄了。

三、列国的城关禁卫

春秋战国时期的法治管理内容丰富，《左传》《国语》《战国

125

策》《吴越春秋》及《晏子》等书中有大量实例。这里，我们只就其时的城关禁卫略作交代，勾画一个概貌：

战国时，各国的都城都发展成本国的政治经济文化与交通的中心，各国又都有一批工商业都市，蔚成一派经济发展的景象，也就成了敌对势力进攻的重点。战国初年，齐之临淄，赵之邯郸，魏之大梁（开封），韩之洛阳，秦之咸阳，楚之郢城、宛（南阳）与寿春，都是当时的繁华城池，也就为各国的法治管理带来了从未见过的繁难。《战国策·齐策》载：临淄七万户，"车毂击，人肩摩，连衽成帷，举袂成幕，挥汗成雨"。《魏策》载：大梁、新郑之间，"人民之众，车马之多，日夜行不休已，无以异于三军之众。""人驰马驱，不待倦而至"。可见当时交通繁荣的一般情况。在这种历史条件下，城防设施与国内交通管理，就成了国家禁卫安全的又一项重大事业。

关卡，是国家安全的第一道防线。《易经》上早有"抱关击柝，以待暴客"的记载，说明春秋以前关卡就有宵禁巡逻的制度。春秋战国时期，各国互相征伐，战事不断；为了保卫本国的安全、为了便于向敌国进攻，各自展开了修城防、筑关隘的大规模土木工程，并屯驻重兵予以把守。各国都任命职官，配备隶役，进行稽查戒备。《左传·昭公二十年》载晏子说服齐王"毁关去禁，薄敛已债"，可见齐国腹地也已经有了关卡，不仅是边防线上有。这是用于征收过境商品税，进行交通管理，维护一方安宁的重要措施。所以周游各国的孟子有"入国先问禁"的经验和"关市稽而不征"的要求。

先秦时期，综合《左传》《国语》《战国策》及《吕氏春秋》《淮南子》等书的记载，约有这样一些主要关塞：

秦国：郑所塞（在今陕西华县东）、龙门关（在今陕西龙门山）、函谷关（在今河南灵宝）、殽关（在今河南洛宁）、蓝田塞（又名峣关，在今陕西蓝田）、武关（在今陕西商洛）、陇关（在今甘肃陇县）、萧关（在今宁夏同仁）、焉支塞（在今宁夏固原）。

燕国：令疵塞（在今河北迁安）、句庸关（今河北昌平居庸关）。

赵国：井陉关（在今河北井陉）、句注关（在今山西代县）、挺关（在今陕西榆林），高阙塞（在今内蒙古五原）。

韩国：虎牢关（在今河南成皋）、轩辕关（在今河南登封）。

齐国：阳关（在今山东泰安南）。

楚国：鲁关（在今河南鲁山）、冥塞、大隧、直远塞（均在今河南信阳）、符离寨（在今安徽宿县符离集境内）、昭关（在今安徽含山）、扦关（在今湖北枝城）、九疑塞（在今南岭山头）。

人们要通过这些关口，十分不易。当年，伍子胥逃离楚国，投奔吴国，在过昭关时，一夜愁白了头发。齐人孟尝君不愿意继续留在秦国，借鸡鸣狗盗之徒之力离开秦国，赚得函谷关关吏深夜开关放行，保全了性命。综合起来看，当时关塞的功能大致有三：1. 设关尹、司关等专职官吏，配备驻屯兵，常年守卫国土，防御敌军进攻。2. 商旅行人通过，检验其符传（身份证明）后才能合法放行。3. 征收过境商品税。在所有这类作用中，稽查商旅是其经常性的功能。

四、山林管理与消防管理

消防管理的重点对象：政府机构、城市居民区、粮仓、军械库等要害部门、山林是防火灭火的重点。消防含"防"与"消"两面。实例：

《老子》说："天下之大宝曰生"。对生命、生态的重视是民族的传统认识。史书记载：四千多年前的帝舜时期，虞官伯益有丰富的生物学知识，把山林川泽管理得很有条理，使草木生长得很茂盛，他是世界上最早的一位"环境部长"。夏人有"早春三月，山林不登斧斤，以成草木之长；川泽不入网罟，以成鱼鳖之长"的明训，这是"圣王之制"，"王者之法"，人人必须遵守。荒山野地、林薮积草，现代人很不重视，但在古代，它是地利之所在，是财富的来源地，因而它是保护的对象。《周礼》中说：西周建立了虞衡制度。虞、虞部、虞衡，是管理山林川泽的政府机构，由虞师总管山林川泽之政令，虞侯管理湖草，贮备薪柴等，这是世界上最早的环境保护的国家机构。后来发展成虞部下大夫、虞部郎中、虞部员外郎、虞部承务郎、虞部主事等整套班子，由山虞、水虞、兽虞、野虞等专管着山林、湖泽、狩猎。2003 年陕西宝鸡农民发掘出一批青铜器，其中有一个很大的"逨盘"，其主人就是名逨的虞氏贵族。该盘的铭文，历述文王以降，这家贵族历代协助十一代周王管理全国山林川泽的功勋。此为考古史上迄今发现之最长铭文，有三百七十余字，铸于周宣王时期，证明了虞衡官存在的历史真实。

春秋著名政治家管仲认为山泽林木有重要的价值："山林沮泽草莱者，薪蒸之所出，畜生之所起也。故使民求之，因以给之。"他提出"毋征数泽，以时禁发之"的要求，他甚至主张"为人君而不能谨守山林沮泽草莱，不可以立为天下王"。他还很重视法律的强制性的力量，因而"修火宪"以保护山林草木："苟山之见荣者，谨封以为禁。有动封山者，罪死而不赦。有犯令者，左足人，左足断；右足人，右足断。"对山泽林木的严厉管理，至今仍然是有积极意义的。《管子·省官》要求："修火宪。敬（儆也，警也）山泽林薮积草。夫财之所出，以时禁发焉，使民于宫室之用，薪蒸之所积，虞师之事也。"这是对生物资源的良性保护；而把扑灭林火提上政府工作日程，则是法制文明的又一表现。我们看到，《荀子·王制篇》有同样的要求："修火宪，养山林数泽草木鱼鳖百索，以时禁发，使国家足用而财物不屈，虞师之事也。"《月令》也规定"二月无焚山林"。可见这已成为先民的共识。

另外，还有边防管理与疆界管理以及宗教祭祀的秩序管理等，这里从略。

五、列国的战争法

《左传·成公二年》云："春秋善解纷，贵远怨，而恶以兵戎相见。"战争从来是"不得已而为之"的事，应尽量减低战争的残酷性，故中国古代列国多倡行仁义来推进国家政策，因而对"战争权"加以严格限制，只有具备正义理由的战争才是合法的战争，才能宣战："檄喻人民，旁告邦国。"《司马法》也说："古者以仁为本；以义治之，一之为正。正不获意则权，权出于战。"战争只是一种不得已的权谋手段而已。《司马法》还说："上贵不伐之士。不伐之士，上之器也。苟不伐，则无求。无求则不争。"

古代中国国际法有五条基本原则：国家主权平等原则、国家领土神圣不可侵犯原则、不干涉别国内政原则、和平解决国际争端原则、条约必守原则。因而"战争法"对战争发生时国家所应履行的若干义务加以原则性的规定：

（一）开战宣言　开战必须做到：1. 以钟鼓为开战的信号，这是声讨对方之罪而表明自己是正义之师，光明正大地讨伐。2. 丧乱不伐。古代中国战争的最基本原则是不乘人之危发动战争，否则被认为是不义之举；3. 处险不攻，穷寇勿迫；4. 禁用叛逆。两国交兵，禁用敌国叛徒，否则被视为违反国际法。

（二）对于敌军　要做到：1. 礼遇敌君；2. 礼待敌使；3. 禁杀俘虏；4. 埋葬死亡。

（三）关于敌国人民　军事行动应限于针对武装部队，不得攻击和杀害人民，不得破坏和烧毁房屋，不准毁坏乐器、手工艺人的工具、树木、粮食、庄稼。这是当代战争的又一规则，中国先民早已做到了。

《司马法》关于战争原理的论述完全可以和公元 1899 年 7 月海牙的《陆战法规和习惯公约》及 1919 年《国际联盟盟约》相媲美。《司马法》中的战争规则与 1907 年海牙《战争开始公约》相比，也是毫不逊色的，有些地方还要超出它。

关于开战的规则。《司马法》规定："战道：不违时，不加丧，不因凶……不伤民。"海牙《陆战法规和习惯公约》附件第二十三条规定："除各专约规定禁止者外，特别禁止：杀、伤已经放下武器或丧失自卫能力并已无条件投降的敌人。"而《司马法》也有类似规定："古者，不穷不能，而怜伤病……敌若伤，医药归之。"主张惠遇敌军伤病员。

海牙公约对个人生命个人财产、个人宗教权、公共财产、公益建筑等项提出了保护性措施，而《司马法》达到了同样目的："入罪人之地，无暴神祇；无行田猎；无毁土功；无燔墙屋；无伐森林；无取六畜，禾黍，器械。见其老幼，奉归无伤。虽遇壮者，不校勿敌。"这里"入罪人之地，见其老幼，奉归无伤。虽遇壮者，不校勿敌"，即是对个人生命的保护。而"无燔墙屋；无取六畜，禾黍，器械"即是对个人财产的保护；"无暴神祇"即是对个人信仰的尊从，对宗教建筑的保护；无行田猎；无毁土功、森林、桑竹，则是对公共财产及其他公共设施的保护。

六、国际盟约与合纵连横

春秋时期，虽然名义上还有"共主"（东周王室）的存在，但各国的外交结盟本来就是列国主权范围内的事，于是结盟活动概由霸主国安排操作，并不等"共主"表态；战国时期，"共主"连名义也不存在了，签约结盟完全成了当事国的事，故此时的国际行为或合纵或连横，完全具有后世订盟各国的自主行为特征。中国人开了国际行为的先例，形成了若干国际通用的义理与原则。

（一）霸主设盟，明确盟国的基本义务　先秦各国间常常会盟结约，订有许多"盟约"，具有后世"国际法"的品位与法律效力，与会签约国是要认真执行的。其中最出名的要算由霸主齐桓公主持的"葵丘之盟"。其盟约内容是：

初命曰："诛不孝。无易树子。无以妾为妻。"意为：我订盟各国要自行严惩不孝之子；不得任意更换第一继承人（太子）；一夫一妻，不得将嫔妃群妾立为正妻（王后）；

再命曰："尊贤育材，以彰有德。"意为：我订盟各国要自行尊重贤士，培育英才，表彰那些德行才艺有成的人物。

三命曰："敬老慈幼，无忘宾旅。"意为：我订盟各国要敬重老人，慈养幼弱；不要轻视国际交往的使节与宾客，务使其得到足够的礼遇接待。

四命曰："士无世官，官事无摄。取士必得。无专杀大夫。"意为：我订盟各国，凡入仕之人不得世袭，职官不许自行代换（这是西周世卿世禄制向官僚薪俸制过渡期对公务职员的特殊要求）；选举征用的对象必须有真才实学。不得任意杀害有爵级的贵族人士。

五命曰："无曲防，无遏籴，无有封而不告。"意为：我订盟各国要做到：不做危害他国利益的事，如垄断跨国水资源。不搞贸易封锁，使粮食出口或入口受阻。如有重要封赏举措应通告签约各国，尤其是霸主国与周王室。

曰："凡我同盟之人，既盟之后，言归于好。"意为：我订盟各国发誓：从签约之日起，建立友好合作关系，互相尊重，互相支援。

不难发现，这里不但有古代法治重伦理关系的老成分，竟然还有近代国际平等交往的新精神因素。通过结盟，各国共同确认了内政外交方面的若干重要义务，具有一定的约束力。

（二）合纵连横，应对变幻的国际局势 历史进入战国时期，春秋白热化的争霸战争转入国家统一战争的新阶段。当年，为了争霸，国际间往往形成以某个霸主为首的"盟国集团"，去对付联盟外的国度；其间的国际盟约很多，但都要在名义上取得周王室的首肯，且集团成员变动大而快，总体上呈混战局面。而今，最有实力的数个强国，在统一天下的斗争中，分成了两个阵营：一曰"合纵"，为关东六国赵魏韩燕齐楚的共同主张，此方案为苏秦所提出，一时间也曾在国际舞台上排演过著名的活剧，例如魏公子率六国盟军"叩关而攻秦"，迫使秦军开关而迎战；一曰"连横"，是秦统一天下的基本外交方针，它由张仪提出以破"合纵"之局的，他连连得手。这时，国际间总体上攻防阵线很分明。其时，"合纵"成员国之间的交往，秦与合纵成员国各自分别的交往，都要通过某种形式的盟约来确定。其中，合纵方面的"赵楚定约"与"齐楚结盟"，是两次最有影响的活动。赵楚定约的成功，功在毛遂，留下了"毛遂自荐"的佳话；齐楚结盟的破裂，由于张仪，导致屈原的绝望而自沉；而连横方面最诡谲也最成功的是"秦齐友好"，互尊对方为"东帝""西帝"，使齐国飘飘然自废武功，自绝盟邦，自投罗网而自取灭亡。

第五节　《周礼》：走在世界前列的行政法典

春秋战国时期，是我国社会制度发生剧烈变动的历史时期。各国的政权结构都处于不停顿的变动之中，彼此不同，前后互异，因此，很难说春秋战国时期有一种各国一致的政权体制。但是，不论怎样的变动和互异，各国毕竟都处于相同或相近的历史发展阶段上，都处于华夏文明的覆盖区域内，因而相通或一致的地方总是主要的，区别和变异则是第二位的。在此文化生态下形成的《周官》一书，成书于战国中后期，以记述周王室职官制度为名，反映春秋以来诸侯各国的政权机构、职官设置，职官职责等方面的一般情况，从而勾画出朝廷（中央政府）构成的大致面貌，勾画出秦统一中国前夕的一种理想化的政权模式。到了汉代，它被更名为《周礼》。为着叙说的方便，我们以《周礼》为样本，对我国大一统前夕的行政体制与国家职能机构的设置，作一番理性说明。

据《周礼》的介绍，一个大一统朝廷的组建，应该是这样的：最高统治者为天子，是国家元首，他统帅一切；下设六大职能机构，分头管理国务，但都听命于"余一人"。

一、天官冢宰府

由天官冢宰统率朝廷官员听命于天子，所谓"百官总己以听"。"天官掌邦治，以佐王均邦国"，由他主管全国政务，直接对天子负责，燮理阴阳，平衡各方利益，保证邦国平稳发展。天官是六卿之首，多由三公兼任。他"坐而论道，起而行之"，有"统百官、均四海"之责，要以六典"佐王治邦国"。六典：①治典，用来"经邦国，治官府，纪万民"；②教典，用来"安邦国，教官府，扰（理）万民"；③礼典，用来"和邦国，统百官，谐万民"；④政典，用来"平邦国，正百官，均万民"；⑤刑典，用来"诘邦国，刑百官，纠万民"；⑥事典，用来"富邦国，任百官，生万民"。这里的每一项工作，当然都要严格讲究法治，都得在法治轨道上运行，才能达成目标。注意这里的用词，语气的分寸轻重有着精微的差别，这都是要从政策措施上体现出来的。显然，邦国是其出发点，百官是其工作的重心，是其着力点，而万民则是其治政效益的观测点。

天官府属官职责：（1）小宰（冢宰的佐官）：由中大夫担任，负责朝廷各部各府内部的政治管理与纠察查禁事宜，即："治王宫之政令，凡宫之纠禁。"是宫廷内部检察兼禁卫职官。（2）宫正、宫伯：由上士或中士担任，"掌王宫之戒令纠禁"，比如宿卫人员的名籍，宫殿出入的门禁条令、对淫怠邪恶犯禁人员的查处等。（3）大府、司会、司书等：分别由中大夫、上士担任。负责全国土地图籍、人口户籍、及贡赋财货数字的搜集、登录、钩考、核计及资料保管工作。其档案资料，是中央据以考核官员、决定奖惩升迁的凭据。中国自古以来关于土地人口的统计资料的保管从未中断，跟这个制度是密切相关的。

二、地官司徒府

由大司徒主管，负责全国人伦教化与土地人口赋税等方面的政策、规划、部署及其落实。"地官掌邦教，以佐王安邦国"。下有小司徒为佐官，地方上的乡大夫、乡师、州长、党正、里正，以及馈人、稿人等法定事务专员受其节制。总的职能是"安邦国"，后世户部的主要职掌来自于此。"掌建邦之土地之图与其人民之数"。土地一项，是要掌握山林、川泽、丘陵、坟衍、原隰的地形地貌地质与动植物产、人口分布；人口一项，是要掌握其贵贱男女、老幼、废疾之情，登录其夫家、畜产、车辇（战略资源），以便战时征敛。这是行政工作的基层基础，有了它，才可"以起军旅，以作田役，以比追胥，以令贡赋"。

地官府属官职责：（1）本府掌管全国土地图籍与户口登记、赋税征收等方面的政策法令，以宣传、教化为职责，所谓"以礼教让，以仪辨等（宗法等级），以乐教和，以刑教中（适中），以俗教安，以世事教能（专业技能）"等等。每年正月，还要派人去全国各地宣布国家政令与刑律。是社会管理的直接负责机构。（2）小司徒：由中大夫担任，主管六乡（即全国六大政区，乡直属中央，约当后世之省级地区）的人口、六畜、车马之数，所谓"稽其夫家，辨其老幼贵贱废疾、马牛之数；辨其可任者、与其施舍者；掌其戒令，纠察，听其狱讼"等。（3）乡大夫：由卿担任，一乡（省区）的最高行政长官，"各掌其乡之政教禁令"。要负责向本乡官员传达国家政令，负责本乡城区与郊野居民的户口登录，审定免役、免赋的名籍。国家有大事故时，负责本乡治安秩序，"各守其闾，以待政令"，不许任何人乱说乱动。（4）比长：由下士担任。在城区五家为一比，设比长。比上为闾，闾上有族，族上有党，党上为州，州上为乡。各级均有长，分级负责本辖区的行政工作。在郊野，则划分为乡、遂、县、里、邻五级政权，各级均有长。其邻长即相当于城区的比长。比长的职责是：组织本比各家，使"相受相和亲，有罪奇邪则相及"，就是说，实行联防连坐，颇具后世居委会或村委员的职能。（5）司谏（中士）、司救（中士）、调人（下士）之类专员：分管民间道德操行的教育训导、技艺技能的传授承继，并进行相应的检查考核。对邪恶害民或过失之人进行防闲救治，对民间的斗殴争闹等情进行调解处置。至于专门滋事扰民之徒，则由司暴惩处，触犯刑禁者交由士师审罪。（6）司门（下大夫）、司关（上士）、掌节（上士）之类：分别掌管宫城、京城、都邑之门的门禁门卫、掌管关卡津渡的稽查征税，掌管道路交通的通行证件等各项事宜。（7）司市（下大夫）：专管市场秩序，"掌市之治教政刑，量度禁令。"在他的主持下，有质人、贾师、泉府、肆长及司稽、司暴等协同工作，分头实施商贸市场各项政教禁令如划分摊位，查验物价与度量衡具，主持商品契约、金钱往来；巡查违禁品、贵重品的上市情况；巡查扰乱市场秩序、市场治安者，如斗殴吵闹、出入凌犯、强买强卖，结伙掠食等情，按《市刑》给予惩处，"小刑宪罚，中刑徇罚、大刑扑罚，其附于刑者归于士。"就是说，按市场治安管理条例，小的错误用文字形式公布一下，"通报批评"；中等过失要当众检查交代所犯错误，严厉批评，大的恶行要受到鞭打，进行体罚教育。情节严重而触犯刑律的，则送交政府狱官审判。(8) 另有遗人、廪人、仓人、舍人、委人、积人、士训、山虞、林衡、川衡、矿人等，分头掌管国家衣、粮、刍草的保管与供应，掌管山林川泽土地矿产等自然资源的保护与开发，保障生态平衡。

三、春官宗伯府

由大宗伯主管。"春官掌邦礼，以佐王和邦国"。后世礼部职权由此而来。《尚书·周官》说："宗伯掌邦礼，治神人，和上下。"宗伯的职掌最具宗教性质：他主掌着国家祭典礼仪，负有沟通人神、和谐上下的责任。后世也由他执掌王族与宫廷的内部事宜。

春官府属官职责：其天府（上士）、典命（中士）、大史（下大夫）、内史（中大夫）、外史（上士）、御史（中士）等职，都是"国家档案库"的工作人员或负责官员，保管着国家机要册籍，包括土地、人口及官员任免资料，国家制度史料、各种文书文告资料等归档文献。

四、夏官司马府

由大司马主管，负责全国的军政事宜，"夏官掌邦政（军政），以佐王平邦国"；下有小司马、军司马、舆司马、行司马、都司马等属官，分头处理各式军务。其主要职务有九项，可谓责任重大：

"制畿封国，以正邦国"：立国建制，划定疆域，使邦国走上正常发展轨道。

"设仪辨位，以等邦国"：整饬政纪位列，使诸侯尊卑有序。

"进贤兴功，以作邦国"：为振兴邦国而举贤进能、建功兴业。

"建牧立监，以维邦国"：完善州县建制，健全监察体系，维护国家利益。

"制军诘禁，以纠邦国"：掌控军警力量，纠察全国全社会的安全秩序。

"施贡分职，以任邦国"：分职尽力，承担贡赋，担当起国家赋予的责任。

"简稽乡民，以用邦国"：查验核实乡里民力，为国家政务提供物源力源。

"均守平则，以安邦国"：公平公允公正地平衡各方利益，以稳定国家。

"比小事大，以和邦国"：团结弱小以应对强霸，维护国际和谐。

夏官府属官职责：其大司马、小司马、行司马、军司马等职，掌管着国家军政禁令。其掌固（上士）、司险（中士）、司士（下大夫）、职方士等，有全国城郭沟渠的修治加固任务；有周知全国山川形势，修通道路、管理交通、控扼险要的责任；有考核官员、上报朝廷的职责；还有沟通四方邦国的职责等。先秦"寓军于民"，"寓军于农"，军警一体，政刑不分。因此军中的相关禁令，地方同样要执行。"平邦国"之"平"，是平定之"平"，军事力量是国家依恃的主要暴力手段。

五、秋官司寇府

由大司寇主管。大司寇由卿担任，他"掌邦禁，以佐王刑邦国"。"刑邦国"就是要以强力来型塑国家的政治秩序、法纪秩序。他掌管全国刑法狱讼，有立法、司法、执法之大权，职在"掌邦禁，诘奸慝，刑暴乱"。（《尚书·周官》）负责推行"三典、五刑"：刑新国用轻典，刑平国用中典，刑乱国用重典，此谓"三典"。以野刑（农田经营规则）尚功纠力，以军刑（军事法纪）尚命纠守，以乡刑（社会公德、地方公约）尚德纠孝，以官刑（行政法，公务员法）尚能纠职，以国刑（国家大法、城市公共秩序法）尚能纠暴。在这里，尚，上也，崇尚、提倡、表扬、推动的意思；纠，纠察、考核，查验、批评、惩处的意思。这一切的"尚"与"纠"，都要通过相应的立法来解决；而"法不可以徒行"，司寇就要率领本系统之职官隶役去司法、执法，完成守土安民、禁暴止乱的任务。

秋官府属官职责：（1）本府对于农桑、军旅、政务各方的矛盾，都要区别情况，慎用刑法。要负责管教罢民、助理穷民；负责颁发解释国家政令刑律，并监督国家盟誓条约的执行，负责国家大型政治军事活动中的警戒安全。（2）小司寇：由中大夫任之，具体负责朝廷及地方重要狱案的审理；负责"八辟之议"，即亲贵贤能功故勤宾八种有身份的人的议罪量刑。负责全国人户的登录汇总与汇报，具体负责政府军政活动中的警戒安全。（3）士师：下大夫，受理八种要案（八成）：盗窃情报、为敌反间、谋图逆乱、冒犯王威、矫命擅兴、结党误国、窃取国库资财，政情报告失实等案件。同时负责灾情的查实与赈恤；（4）乡士（上士）、遂士（中士）、县士（中士）、都士（中士）、朝士（中士）之类：分级主持各乡各遂各县各卿大夫之家及外朝的狱讼事宜，管理当方社会秩序。（5）司民（中士）：具体掌管天下民数的登录汇总工作，"自生齿以上，皆书于版"，而且要按男女和国中、都鄙、郊野区别登录归类，每年核计一次全国人口生死数，三年汇总向司寇汇报一次。这证明国家何等重视人口工作。（6）司刑（中士）、司刺（中士）、司隶（中士）、司厉（下士）、司圜（中士）、掌囚（下士）、掌戮（下士）之类：具体从事刑律执行中的各项业务。其中司圜管理罢民的劳作与管教，掌囚管理监狱罪犯。他们兼有后世治安警、狱警等多种职能。（7）司约、司盟（均为下士）：掌管各一种盟约契书的兑现及由此而产生的狱讼事宜。（8）布宪（中士）：具体负责张挂宣读政府法令公告等。（9）野庐氏（下士）、司寤氏（下士）、司烜氏、修闾氏（下士）之类：负责郊野、中夜、居民点、交通要道的防盗、防贼、防火等类安全事宜，杜绝事故的发生。很显然，这是后世治安警、消防警、交通警的职能。如野庐氏要负责全国道路的"宿息井树"，要加强修除稽禁工作，要禁止野行径逾；当交通堵塞时，要负责将舟车行人"叙而行之"。（10）此外，还有大行人（中大夫）、小行人（下大夫）、司仪（上士）、环人（中士）、掌客（上士）、掌交（中士）、掌讶（中士）、掌察（中士）之类，负责出使他国，出使地方；负责送往迎来，保证客人安全舒畅，使"宾至如归"。(11) 另有穴氏、剃氏、翼氏、庶士之类，掌管驱除猛兽凶禽及砍伐荒草杂木之类。衔枚氏则在国家举行祭祀等活动时，负责禁止斗嚣；有军旅田役时，负责禁止"嚣呼叹鸣于国中者，行歌哭于国中之道者"。(12) 还有专管少数民族地区治安的职官，如蛮隶、闽隶、夷隶、貉隶之类，分别主管相应民族区域的治安行政。

六、冬官司空府

由大司空主管，负责国家土木工程与手工业生产之管理。但书中"冬官"部分的原有内容已丢失了，后人用《考工记》填补上。"冬官掌邦事，以佐王（富）邦国"。《通典·职官（二）》说："凡营城起邑、复沟洫、修坟防之事，则议其利，建其功。四方水土功课，岁终则奏其殿最而行赏罚。"工场产品，要求"物勒工名，以考其成""功有不当，必行其罪，以穷其情"。(《礼记·月令》)产品上刻录制作工匠之名，以示负责，这是很先进的管理措施。

冬官府属官职责：《周礼·冬官》部分已散佚很久。现《冬官·考工记》部分，是后人辑补的，体例不尽相同。本章所述，基本精神是国家土木工程与手工工场管理。要求按法定规格，为国家定质定量定期完成各种防卫或进攻器械的监造。要求全国同一产品都用同一尺寸，实行"标准化生产"；而手工业工人，也实行"标准化消费"，如衣粮刍草的发放，均定时定量定人，由指定人员主持。本章又规定"匠人营国"，即建筑新的城邑时，要注意规格等级，不得僭越。包括城体、城门、宫门、御道、大道等各方面的等级尺寸，均有明确规定。

七、《周礼》是先秦管理文化的概括

《周礼》的上述设官分职，并不是某一国家、某一时期具体实行的官制，而是作者对大一统政权的组织方式的设想，但它有很强

的实在性，有相应的社会生活依据。如司寇一职，春秋时鲁国就有，孔子曾当过鲁司寇，杀了少正卯；战国也有此职，魏国的司寇李悝造了我国第一部成文法典《法经》。而《国语》中"司徒协旅，司寇协奸""司空视途，司寇诘奸""敌国宾至，关尹除门"之类的记述，也比比皆是。可见《周礼》不纯粹是设想之图，而是春秋战国国家政权机构的综合与概括，因而能大致说明当时的治安体制。它标示出当时国家机器分工的详明，表明了人们对国家治理社会管理职能的清晰认识。这是后世行政管理得以发展所参照的一个模式。后世历代政权在制定其国家行政法时，都是从此书获得启发的，都以《周礼》为样本，依仿其体例格式甚而语气，这不是偶然的。它是我国先秦时代管理文化的一种概括与提炼，是世界行政法典的最早示范。

第六节 《考工记》：先秦手工工场的行政与技术管理

《考工记》是先秦的一部重要的科技管理专著，是我国目前所见年代最早的手工业技术管理文献，但原书未注明作者及成书年代，现在一般认为《考工记》是春秋战国时代齐人完成的。

春秋战国是我国古代社会大变革的重要阶段，农业、手工业、商业、科学技术都有很大的发展。在手工业中，一方面是原有的操作工艺更为纯熟；另一方面又产生了许多新的工艺，分工亦更为精细。由于礼崩乐坏，学术思想上呈现出一派百家争鸣的局面。许多士人都比较重视实践，关心社会的进步和生产技术的发展，墨翟、鲁班、李冰这样一些杰出的学者、技术发明家便是这一时期的优秀代表。为了进一步组织和指导生产，需要对已获得的生产经验和技术思想进行总结，《考工记》便是在这一社会大背景下产生出来的。

该书详细地记载了众多手工业的技术规范、生产管理和运营制度，对今天我们了解和研究中国科技史、工艺美术史和产业发展史的进程都具有重要的文献价值。

今见《考工记》一书是作为《周礼》的一个部分出现的。大约在唐代，《周礼》传到了日本；19 世纪 50 年代，《周礼》又被译成了法文。现在它更受到各国学者的广泛注意和重视。

《考工记》一书从多方面反映了先秦科学技术的发展状况和先进水平以及人们对生产过程规范化的具体要求和周王朝的一些典章制度。它是我国古代比较全面地反映先秦整个官营手工业技术的唯一专著。

一、先秦科技成就与技术指标

本书表现的主要科技成就有以下几点，相应的技术指标就包含在其中：

（一）金属冶铸方面　"攻金之工·六齐"条规定不同功能的器物应使用不同成分的合金。它说："六分其金而锡居一，谓之钟鼎之齐；五分其金而锡居一，谓之斧斤之齐……"这是世界上最早的合金规律。"栗氏为量"条要求在合金熔炼过程中，应依据火焰和烟气颜色辨别熔炼进程。它是世界上关于观察熔炼火候的最早记载。

（二）丝绸漂涑印染技术方面　"涑丝"条谈到了"以楝为灰，渥淳其帛"，"昼暴诸日，夜宿诸井"等丝绸漂涑操作，这是我国古代关于灰水脱胶，日光脱胶漂白的最早记载。"钟氏染羽"条谈到了"三入为纁，五入为緅，七入为缁"的染色工艺，这是我国古代关于媒染剂染色的最早记载。这类记载在世界上也是较早的。

（三）生产标准化管理方面　"栗氏为量"条说金属熔炼时，需"不耗然后权之，权之然后准之，准之然后量之"这是对熔炼工艺的一种规范。又如"车有六等之数"条说："兵车之轮六尺有六寸，田车之轮六尺有三寸，乘车之轮六尺有六寸。"这是对车轮尺寸的一种标准化管理。若依齐尺（每尺约合十九点七厘米）推算，此兵车、乘车之轮径应为一点三米；而经测量，河南辉县琉璃阁战国墓出土的 16 号车轮径正好为一点三米。说明这类"规章"来自实践又确实指导了实践。

（四）力学应用　这方面的论述更多。"轮人"、"舆人"、"弓人"、"矢人"、"匠人"等条都有涉及，有的论述甚至相当精辟。如"车有六等之数"条说："轮已崇，则人不能登也，轮已庳，则于马终古登阤也。"这是我国古代关于滚动摩擦与轮径关系的最早记载。又如"矢人为矢"条说："水之以辨其阴阳，夹其阴阳以设其比，夹其比以设其羽，参分其羽以设其刃，则虽有疾风，亦弗之能悍矣。"这是我国古代以沉浮法来确定物体的质量分布，把箭羽作为负反馈控制装置的最早记载。

（五）声学应用　"凫氏为钟"条、"磬人为磬"条等都从定性方面对发声理论作出了精辟的论述。如"凫氏为钟"条说："薄厚之所震动，清浊之所由出……钟已厚则石，已薄则播"，"钟大而短，则其声疾而短闻；钟小而长，则其声舒而远闻"，"为皋陶"条也有类似的说法。"磬氏为磬"条说，磬声"已上则摩其旁，已下则摩其耑"。这说的便是一种调音方法。这是我国古代对打击乐器发声理论的较早说明。

（六）实用数学应用　"车人之事"条、"筑氏为削"条、"辀人为辀"条、"轮人为轮"条、"矢人为矢"条、"栗氏为量"条等，都包含有丰富的实用数学知识，并分别涉及了分数、角度、容器计算方法等问题，对后世产生过不同程度的影响。如"车人之事"条谈到了通用角度"矩、宣、欘、柯、磬、折"等，这是我国最早的一套角度概念。

（七）天文学应用　"辀人为辀"条谈到了二十八宿和四象，且明确地提到了其中一些星的名称，一般认为，这是我国古代关于二十八宿最早的明确记载。《周礼·春官·冯相氏》、《周礼·秋官·哲簇氏》虽也提到过二十八宿，但都不曾明确地提到星名和四象。

当然，这并不等于说《考工记》涵盖了一切科技领域，反映了当时科技生产力的最高水平。像所有著作都有缺陷一样，本书也有不到之处。比如本文明明说到"钟鼎之齐"，知道"鼎"的制造，也详述了"钟"，奇怪的是却没有介绍商周人特别重视的、由国家工场铸造的青铜大鼎！古往今来，众所周知，鼎是能最典型地反映先秦的金工水平的；青铜大鼎的"失蜡浇铸"法早在商代就已高度成熟，世界闻名，本书却言不及此，真是遗憾。

二、工种分工与作业管理

本书内容包括两个部分：第一部分相当于"总目"、"总论"，主要说"国有六职"，即王公、士大夫、百工、商旅、农夫、妇功；而"百工"系六职之一，述说了"百工"的含义、它在古代社会生活中的地位、获得优良产品的自然和技术条件。第二部分是本书的主体，先逐项阐述各主要工种的职能、意义，再逐条介绍各道规范化了的工艺规程、操作要领、检测手段。其论列六大类三十个工种的文字，依次为：

（一）攻木之工七　包括轮人（主要负责制作马车的车轮和车盖等）、舆人（主要负责制作马车车厢等）、庐人（负责制作殳、矛、戈、戟等长兵器之柄）、梓人（负责制作编钟的悬架，还有饮器及箭靶），以及弓人（负责制弓等）、匠人（负责都邑的测量、营建等土木工程以及农田水利设施）、车人（主要负责大车轮轴毂辕的制作）等七个工种；此外还有一个未列入总目的、专门制作马车车辕的"辀人"。其中对车人、匠人、弓人的相关介绍则留待本书最后去讲。按：中国木工技术突出表现在车与轮的设计与制造上，其卯榫技术为世界所独有（西方则以拼合捆绑为主）。

（二）攻金之工六　包括筑氏（制作刀具削）、冶氏（制作箭矢与戈、戟等的金属部件）、凫氏（制作乐器之钟）、栗氏（制作量器鬴）、段氏（制作农具镈，原文已佚）、桃氏（制剑）等六个工种。按：中国商周青铜器文化举世闻名。可惜本书未论及巨型钟鼎的制作。

（三）攻皮之工五　包括函人（制护身的皮甲）、鲍人（鞣制皮革）、韗人（制作军用皮鼓），另有韦人、裘人等，内容已佚。按：皮作受到如此重视，说明先秦畜牧业及其精加工高度发达。

（四）设色之工五　包括画缋（从事五色调制）、钟氏（主要从事染羽）、幌氏（负责涑丝涑帛）与筐人（已佚）等五个工种。按：从天然的植物矿物中取材，进行五色调制，是中国人的天才发明。

（五）刮摩之工五　包括玉人（专做各种仪礼所用之玉器）、榔人、雕人、磬氏（制作石磬）、矢人（制作箭杆、箭羽等部件）等五个工种。其中榔人、雕人之纪，正文付之阙如。也有人认为“雕人”系摩漆之工，“榔人”系治木之工。按：玉器文化在中国远古就已起步，不亚于木器文化与陶器文化，比青铜器文化成熟得还早。

（六）抟埴之工二　包括陶人（做甗、盆、甑、鬲等陶器）、旊人（做簋、豆等瓦器）两个工种。按：中国以瓦器为先锋的陶瓷工业起步极早，这是一条明证。

最后对匠人、车人、弓人的介绍，是对“攻木之工”的追记与补充。

《考工记》本身篇幅并不长，内容却极为丰富，包含了大量的科技信息，涉及制作战车、兵器、礼器、乐器（钟磬）、炼染、城建、农田水利等诸多领域，均为上古有关国计民生的重要生产部门，并包含了不少天文、生物、数学、物理、化学等自然科学知识。所以自《考工记》问世以来，特别是并入《周礼》以后，使其法典化了，故一直受到世人的关注，在国内外都产生过许多积极的影响。

第七节　先秦的刑名体系

战国时期，随着有关法治管理的法律和措施的逐步完善，对违反法治管理行为的处罚手段，也有了一定的变化。中国古代法治处罚的一个突出特点，就是行政处罚与刑事处罚融为一体，没有严格的区分。其渊源，自应上溯到战国以前。从《礼记》、《史记》及《七国考》等书的有关记载看来，战国时期的处罚方式主要有以下几类：

一、宪罚（名誉刑。羞辱戒饬：啐、谇、宪、耐、髡）：用文字公布的方式做警告，用"坐诸嘉石"或"拘于圜土"的方式进行强制劳动与戒饬惩处。据说这些办法"不亏财，不亏体"，被惩对象不必亏损家财、也不至于伤害肢体，而可以受到一定的教育惩戒，也为社会提供了劳动力。其中，啐，向脸上吐口水；谇，责骂；宪，贴布告公布丑行；耐，去胡须；髡，剃光头。

二、赀刑（财产刑。罚锾、罚金） 罚金和赎刑都属于财产刑，即对轻微犯法、违反法治管理的行为，处以一定金额的罚款，或勒令其缴纳一定数额的金钱以抵消其过错。《法经》有条规定："博戏，罚金三币"。搞赌博要受罚款的惩处。《韩非子·外储说右下》：一次，秦昭王生了病，百姓每个坊里出八头牛为王祈祷免灾。昭王得知此事后说：这样做，属于私自活动，"非法也，人罚二甲"，每人都罚款两领衣甲。这项处罚也够重的了，而且有点不讲情理。

三、赎刑（财产刑） 赎刑与罚金（赀刑）的区别，就在于"赀刑"是依法判处缴纳相应财物的处罚，而"赎"则是允许缴纳一定的财物，用以抵充依法判处的某个刑罚。身份不同，赎罪的范围也不同。一般的百姓，只有黥罪以下才允许"赎"。比如有人撬窃未遂，比照既遂量刑，再减轻处罚，所以允许赎罪；而如果有人以盗窃为目的，却损坏了别人的东西，而盗窃未遂，便处以赀刑。

四、迁刑（劳役刑） 迁是一种相当于流放的刑罚，不过在当时它算是一种比较轻的处罚手段。《史记·商君列传》：秦民初言令不便者，有来言令便者。卫鞅曰"此皆乱化之民也"，尽迁之于边城。商鞅把当初议论他的新法后来改而赞同他的新法的人，统统送到边远地方去了，不让人民"议政"。

五、徒刑（劳役刑） 徒刑是一种罚作苦役的刑罚。有定期的，也有无期的。从《国策》及《史记》的有关记载看，其种类大致有"城旦"和"城旦舂"、"鬼薪"和"白粲"、"隶臣"和"隶臣妾"、"司寇"和"舂司寇"，以及"候"、"下吏"等名目，比较复杂，大致以所服的劳役相区别。战国时被处以徒刑的罪犯，称为"刑徒"。

六、肉刑（身体刑。黥、劓、刖、剕、刵、椓）　肉刑是对严重危害国家安全管理、触犯刑律的犯罪行为而予以惩治的"身体刑"，主要适用于盗、贼等犯罪。在《法经》中，有"窥宫者膑，拾遗者刖"的规定，在其他一些史料中，也可见"刖"、"劓"等肉刑的广泛适用，体现了当时刑罚惩处的严酷性。

七、死刑（生命刑。鸩、绞、斩、枭、裂、磔）　死刑是对触犯刑律者的最为严厉的"生命刑"。战国时期，执行死刑的方式多种多样，最为常用的有鸩、绞、腰斩、戮、磔、弃市、枭首、烹、车裂等。商鞅就是被车裂而死的。对于特别严重的罪行，不仅本人要处以死刑，而且还要"夷三族"。

总之，战国时期的法治处罚，在手段、方式上，体现了复杂多样和残酷无情的特点。兵法家孙膑在魏国被剜去了膝盖骨；向楚王献璧的和氏被砍去了双足，是典型的酷刑案例。

第八节　先秦的社会调查与国情统计

对社会基本情况与动态动向的调查研究，是先秦人士十分重视的法治基础工作，时人均认为是"强国安民"的必要措施。

一、先秦对社情调研的高度重视

《周礼·秋官·小行人》明文规定：代表王室到各地去的"使者"，要认真做社会调查，其基本内容有五大方面：

"其万民之利害为一书；其礼俗、政事、教治、刑禁之顺逆为一书；其悖逆、暴乱、作慝、犯令者为一书；其札丧（严重伤亡事故）、凶荒（严重灾荒）、厄贫（极其贫困）为一书；其康乐、和亲、安平为一书。凡此五物者，每国辨异之，以返命于王，以周知天下之故。"

意为：1. 考察调研并登录各地生活与生产资料状况，研究万民的社会生活环境、生存条件的利与害，形成一份"调查报告"；2. 考察调研各地礼俗、政教、刑禁的贯彻执行状况，有无阻力，并予以登录；3. 研究社会犯罪现状、治安现状，有无触犯刑律条令者，要登录各种犯法犯罪而构成"为一书"，形成"专题报告"；4. 研究社会状况的恶化表现及其因素与发展趋势，分天灾、人祸、荒芜、困穷等项，一一予以登录；5. 考察良性秩序下的社会福利与社会保障；考察营造和乐安宁社会的具体要求。总的说来，要求各地把上述五大主题调查清楚，各为一"书"（即各为一份"调查报告"，并形成"汇报大纲"），定期向周天子汇报，以使天子能够详知天下大势，以便制定对应政策。

上述周代"小行人职责"的几条规定，是我们的祖先在两千五百年前提出来的，全都事关国家安全与社会治安。周王室要求能"周知天下之故"，而且每一项都要求有文字记录，包括数量说明。看来，我国古人对社会治安状况有非常集中的关切。可对照一下：近现代欧洲发展起来的"社会统计学"之基本内容也是：1. 社会生活条件统计（含环境统计、人口统计等项），2. 物质生活统计（含社会福利和社会保障统计之类），3. 社会秩序和安全统计（如违法犯罪统计、灾害事故统计之类），4. 政治活动和社会活动参与统计（如党派社团组织情况，社团活动开展情况之类）。

二、先秦列强的国情统计（以齐、楚、秦为例）

我国在两千五百年前的春秋时期，争霸中的各国无不重视"社会生活条件统计"，无不重视对人口、土地、赋税、车马、粮食、刍草的记籍与核查。在春秋首霸的齐国，国相管仲就把社会调研规定为各级官员就任时的首务。他明确提出的从政纲领"国轨"，就是以"计农事"、"计六畜之产"为中心展开的。在他的"治国七法"中，"正、象、法、化、决塞、心算、计数"都很重要，他说："尺寸也，绳墨也，规矩也，衡石也，斗斛也，角量也，谓之'法'；刚柔也，轻重也，大小也，虚实也，远近也，多少也，谓之'计数'。"他说：一个政府，"和民一众，不知法不可；举事必成，不知计数不可"。管仲把统计与行政如此有机地结合起来，说明他有高度的统计自觉，难怪他会要求所有的行政长官，其到任的第一件事就是"问"，就是向辖区做社会调查。

齐国如此，另一大国楚国也抓住了"统计"这一兴国的"牛鼻子"。《左传·襄公二十五年》载：楚国司马蒍掩，按照执政令尹子木的要求，在这一年里，完成了全面登录全国山林、泽薮、川原、皋隰之数的任务，他还弄清了各地兵甲器械的总数。他日夜奔波，"度山林，鸠薮泽，辨京陵，表淳卤，数疆潦，规偃潴，町原防，牧皋隰，井衍沃，量入修赋"，"赋车籍马"，"赋车兵、徒兵、甲楯之数"，真是不辞劳苦，用上了一切统计调查手段，亲自去度（核什）、鸠（召聚）、辨（分类）、表（标示区别）、数（测算数据）、规（规划）、町（丈量地亩）、牧（清查畜牧）、井（登录人户）、量（计量收获）、赋（征缴税役）。楚国就是在这样的艰辛创业中振兴起来的。

秦国是战国七雄之首，它完成了统一全国的大业。秦之强盛是从"商鞅变法"开始的。商鞅要求调查的社会状况很实际，仅关于人户登录的就有"十三数"，即十三项指标。这就是：一、境内仓口数，二、人口总数，三、其中的壮男数，四、壮女数，五、病弱数，六、老人数，七、官员数，八、士子数，九、"以言说取食者"数，十、商贾数，十一、马数，十二、牛数，十三、刍草数。这十三数所反映的，正是国家在平时能够组织利用的生产力，战时能够统一调遣的战斗力，反映着国家实力及其发展潜力、发展趋势。可以说，在商鞅的头脑中，有一套"社会调研的指标体系"。他不满足于一般地知道人口数量，而要求通晓反映人口质量、人口构成、人口关系的一组有机数据。他是有科学头脑的。

当时各国都在试行"上计"制度，国家统计数据各有不同的指标。秦国上计有四大指标：各郡县边邑要定期不定期地向中央汇报：一、土地垦辟情况；二、人口登耗（增减）情况，三、粮食丰歉情况；四、狱囚多寡（治安良否）情况。这四大指标，也就是政府政绩指标，都要以当期具体统计数据来做量化说明，作为国家财政与军事的依据，"报不实"会受到严厉惩处。对于以农立国的国度来说，算是抓住了要点。

我们说：先秦时期，国家统计与社会调研已全面启动，这可一点也不夸张。那是一个激烈竞争的时代，每个统治集团都深明掌握国情国势的极端重要性，都力求把治国的基层基础调研工作做扎实。古人在纪元前就为我们做出了榜样，作出了示范，我们还能要求他们什么呢？

第九节　先秦的间谍与反间谍活动

间谍与反间谍活动，侠客、刺客、特务活动，从来都是并存的，侦破、拘捕以至利用间谍、特务，理应列入古代法治活动的业务范围。

中国最早的间谍活动出现在夏商时期。夏朝末年，伊尹就是作为商汤派出的政治间谍去商朝活动的；到商朝末年（公元前1066年），周武王姬发出兵伐纣，也是先派间谍到商都朝歌，察看国情。探子回来说：坏人执政当权，昏乱极了。武王认为时机未到。不久，又有人来报：好人全被斥逐了。武王认为时机还未到。最后报称：百姓闭口不敢说话了。武王这才根据间谍三次刺探的情报，适时发兵，灭了商朝。

一、子贡为间：存鲁、乱齐、强晋、霸越

孙子认为："知彼知己，百战不殆"。"明君贤将，所以动而胜

人，成功出于众者"，就需要善于使用间谍去离间敌方的同盟势力。孙子《用间》篇说："三军之事，莫密于反间。殷之兴也，伊挚在夏；周之兴也，吕牙在殷。唯贤圣将能用间以成，此兵之要者也。"

春秋后期，齐国大夫田常要专权，可又怕其他大夫反对，故以伐鲁转移国内矛盾。孔子识破田常的阴谋，为了使鲁国免遭攻击，急忙召集众弟子说："夫鲁，坟墓所在，父母之国，不可不救。今吾欲屈节于田常救鲁，二三子谁为使？"孔子弟子子贡自请出使，以保孔夫子祖坟的安宁，去充当"生间"的角色。

子贡作为使节在各国间进行了一系列的离间活动，终于保住了鲁国。第一站，子贡首先到了齐国，见了田常大夫说：鲁国城低池浅，狭窄贫瘠，君主愚蠢，大臣无用；而吴国墙高城厚，粮草充足，兵精器重，应当首先攻打吴国。田常听后，问是什么意思，子贡又说：内部有难办之事应先攻外部强敌。外有强敌先攻软弱的对象，攻鲁胜了，不能成为骄傲的本钱，也不可能显示出你带兵的功劳，这对你很不利；而攻吴，则没人指责你的过错，带兵的大臣一出马，也没有人和你争权，你就成为齐国的唯一主宰。子贡又说：我去让吴国救鲁，你就迎战吴国。田常听后，十分高兴。然后，子贡到了吴国，告诉吴王说：作为霸主，是不允许有强敌与其对抗的。现在齐要伐鲁，正是你树立威信的大好机会，拯救鲁国而陷齐国于困境，可以安抚众诸侯，伐无道君主，威服强盛的晋国。他又向吴王表示：自愿去说服越王共同伐齐，以免吴王后顾之忧。

子贡又跑到越国，见了越王说：吴王残暴，国内动荡，正是你报仇的机会。于是越王就派大臣文种去见吴王，表示愿意出兵联合伐齐；其实是要捣其空虚，取而代之。最后，子贡又到了晋国，让晋人乘吴伐齐之机，同吴国大战，打败了吴国。越亦乘机袭击吴国，杀了吴王夫差和吴太宰伯嚭，称霸于东南。

子贡一出使，"存鲁"、"乱齐"、"强晋"和"霸越"，保住了鲁国，搞乱了齐国，灭掉了吴国，增强了晋国，又使越国称霸，真是位外交能手，"其策特妙，其辩尤精"。所以清代朱逢甲所著中国古代间谍史《间书》中，留下了"圣门高弟如子贡，尝用间以成功矣"的赞誉。

二、魏公子用间：搜集情报，临阵不乱

《史记·魏公子列传》中记载：魏公子信陵君和魏王正在下围棋，北方边境上传来报警的烽火，说是赵国出兵侵犯魏国，而且已经越过了边界。魏王听到这个消息，马上停止局戏，打算召集大臣商量对策，魏公子阻止说："赵王现在是打猎，并不是侵犯魏国。"仍继续局戏。魏王感到恐惧，心已不在局戏上。过了一会儿，又从北方传来消息说："刚才是赵王打猎，并不是侵犯"。魏王听了很吃惊，问道："公子怎么知道的呢？"公子答道："我的门客有能探得赵王秘密的，赵王有任何举动，门客都来向我报告，我因此知道情况。"

另，燕军攻齐，连下齐城七十二座，只剩下即墨等小城了。这时，田单用间，迫使燕军临战易帅，结果，击溃了燕军，拯救了齐国。

三、秦王用间，成就帝业

先秦间谍十分活跃，有生间、死间、反间、乡间、色间之类，秦王为统一全国，征服六国，把用间手段发展到了炉火纯青的地步，所有用间手段在他手下都得到了预期的丰厚回报。

秦王嬴政的用间活动，服务于他的外交总方针：远交近攻。对近在身边的邻国，主要是军事进攻，能拿下多少土地就拿下多少，以不断扩边为主，也不放弃用间，以配合军事行动，于是先行吞并了近邻韩、魏。对远方的国家，无论大小强弱，外交上都实行"连横政策"，缔结邦交，以争取稳住对方，让自己放手大干；但同时则不计成本地加紧间谍活动，无论是"友邦"还是"对手"，都千方百计地钻进对方腹中，有计划地做到：1. 谋算赵国，2. 孤立楚国，3. 搁置燕国，4. 麻醉齐国。他的外交手腕实在太老辣了。

秦王特别成功的用间实例是：先后以"智间"法离间了赵国大将廉颇、李牧与赵王的关系，使赵国自毁长城，从战略上削弱了赵

国的抗秦力量，动摇了赵人的抗秦意志，最后轻易地击垮了赵国。秦国还成功地离间了齐楚联盟，骗楚怀王亲身入秦，使"大楚"只能乖乖听命，日削月缩，自取败亡。秦国巧用软实力，只拿出三十万金作"间谍费"，有计划地收买齐王身边的亲信，诱使其不停地派人到秦国"访问"、"观光"、"留学"、"做官"，这些人返齐后尽说"秦齐结盟"的好处，两国还互尊对方为"西帝""东帝"，让齐王"高枕无忧"。而恰恰就在齐王"高枕"期间，秦人已从灭赵亡燕的前线，调大兵直逼齐都临淄城下，齐王还没反应过来，秦王便已兵不血刃地占领了"强齐"疆土与民户，顺利完成了他的"一统宏业"。

用间，可不是一项可以轻率对付的玩意儿。

四、先秦的侠客、刺客、特务

春秋战国时期，还出现了类似今天的特务、暗探和刺客等角色，也曾在历史舞台上排演过一幕幕惊险的活剧。如：吴公子光用刺客专诸，将匕首藏在鱼腹内杀了吴王僚，取得王位；严遂与韩国的宰相有仇，用聂政将其刺杀；燕太子丹为防止秦的侵燕，派荆轲刺秦王，事不成，死于秦，等等。这里就不一一赘述了。

第十节　对列国法治的文化评议

公元前 770—前 221 年间，我国历史进入春秋战国时期。这个时期，各国为求得自身的生存与发展，都在寻求治国的最佳方略，都在寻求安定民生、稳定政权、增强实力、兼并他国的可能路径。此时，"礼崩乐坏"，西周政治秩序过时了，代之以"霸主政治"；霸主政治的一个突出表现就是制定、颁布和实施成文法，把一切政务都纳入"法"的轨道，而民本思想与法制建设，成为治国方略的两大支柱。从李悝《法经》的问世到《秦律》的颁布，体现了我国的法典体制在走向成型化。管仲实施的"四民分居制"、子产制定的"大治安"方略，商鞅推行的"一丁一户"小家庭制，都对中国人的生存方式、管理模式起了深远的影响，加上各国对郡县制与官僚薪俸制等行政新制的探索，都为秦帝国集权体制的确立进行了先期准备。

春秋战国时期，是中华法治在实践领域、制度领域、理论领域全面启动且都有丰厚创获的时期，各类部门法周全而早熟，比如：（1）户籍法、（2）市易法、（3）交管法、（4）城管（公共秩序管理）法、（5）婚姻法、（6）诉讼法、（7）狱政法、（8）环保法、（9）战争法、（10）国际法（春秋盟约、合纵连横）……这些"单行法规"无论从立法思想、立法内容，还是从立法技术上看，都是走在世界前列的！很多话题，西欧人要到18、19世纪后才提上日程，当然还谈不上为之立法。不过，也有些文明古国的共同话题，共有戒律。比如：戒盗窃、戒女色、戒酗酒、戒妄语（思想言论治罪）之类。这些，在先秦法典中都可以找到"依法治理"的实例与成案，而境外的惩处则往往付之宗教裁决，甚或听凭民间去作"同态复仇"或"司法决斗"，这从法治层面来看，当然是处于较低层次上的。

先秦各国法治管理尽管各有特色，但共同点更多，且都以"王天下"为施政目标，故可以互相对接，这就为华夏的统一准备了先期条件。

第四章

百家论治：先秦的法理论争

先秦儒家创建了德政学说，希望建成"路不拾遗、夜不闭户"的安宁社会，这"两不"至今仍然是人民衡量"社会安全感"的通用尺度、有效指标。儒者为行政系统设计的临民模式与亲民风格，一直影响着中国人以官为本位的政治建设。道家在抨击现存社会秩序的基础上，阐释了"爱民治国，能无为乎"的治理方略，憧憬着小国寡民、甘食美衣、安居乐俗、幸福感强的古朴社会；墨家提出了尚贤尚同的"贤人政治"方案，力图消除普遍存在的"大欺小，强凌弱，众暴寡，诈欺愚，以刀剑水火毒药相攻击"的混乱与丑恶，向往人人相爱、人人勤俭的、进而从"农与工肆之人"中层层推举各级政府首脑的平等社会；荀子首倡"隆礼重法"，寻求"兼儒墨、通名法"的治国之道，启发了后起的法家；而法家则打出了"以法治国"的旗帜，要求"法与时移、禁与能变"，致力于健全法纪、确立纲常、向往法治严明的等级社会，其理论最富现实感，最具操作性……各家的理论核心都是在维护王权、维护私有制、维护社会秩序的安定；他们为创建强大稳定而统一的中央政权做了思想理论准备，也为法治活动指明了着力方向，规划了东方法治的理想风范。

先秦诸子对法理的阐述，提升了中华法治的理论自觉，夯实了中华大一统治国模式的理论基础。同时，本期史家对各国立法与司法状况作了详尽记述，表明我国有无限丰富的、无可比拟的法治文化资源，为我们研究先秦法治提供了重要文本依据。这就让我们有可能从理论与实际的结合上，去探寻先秦法治的总态势。

第一节　孔孟：安宁社会与临民模式

孔孟之道是我国古代统治阶级的统治思想的理论源头和确立秩序的精神支柱，是古人"修身齐家治国平天下"的思想规范。而《周易》《尚书》《春秋》《礼记》和《论语》等经典著作，提供了先秦儒学的文本依据，构成了先秦儒学的完整体系，呈现着儒家学术思想的原创形态。其中关于礼制、德教、政刑的系统论述，是后人构建"中华法系"所依据的原型思想资料，有理由引起我们的特别关注。

一、儒家的刑禁学说，为中华法系提供了理论原件

孔子首先投入巨大心力，按"尧舜禹汤周文武"的历史脉络，精心地编选结撰了《尚书》，灌注进自己的深沉思考。他其实是承担了一轮规模宏大的"再创作"巨任，把跨越两千多年的国家政治文献浓缩成一册《尚书》，使之成为古代"思想政治文化"、"制度文化"与"社会文化"的结晶，为儒家理想的国家施政模式提供了一个生动清晰的"镜像"。

《尚书》是一本"上古史书"，是《虞书》《夏书》《商书》《周书》的"汇编本"。它追忆了远古唐尧、虞舜、夏禹时期的某

些重要传闻与特殊史迹，重点记述商汤以降、特别是西周文王、武王、成王、康王直到穆王时期（约公元前 30 世纪至前 8 世纪之间）国家政权建设的一系列重大举措，记录着禹汤文武周公在其首创性政治军事文化活动中形成的国策方略，勾勒出虞廷议政、舜禹行政、汤武革命、伊尹执政、傅说议政、周公摄政、成康理政的政权模式、执政风范、法治效果，很能表达先秦儒家的政治理想和他们景仰的大一统国家蓝图。

《尚书》中所有"典、谟、训、诰、誓、命"之文，几乎无一篇不在讲制度性、法律性、刑狱性的问题。人们从中可以看到孔子对"刑法"的十分系统的表述，从法哲学到国体政体的制度性研究，从立法司法执法的基本原则到具体律条、具体案例的刑惩适用，无不有明晰的论述。就拿五十八篇本《尚书》来说吧，全书用到"道"字的就有一百五十处以上，"德"字有一百处以上，"罪"字有五十处以上，"刑"字有五十处以上，"典"字有三十六处，"礼"字有十七处，狱字也有十六处，另外，"义"字有十五处，"制"字有十一处，"法"字也有七处；此类概念出现频率之高，足见作者对相关问题的重视。然而，在本书中"仁"字只用了五次；而在二十八篇本的《真古文》中，"仁"字仅仅出现过一次。就这区区一个字，还只是周公自我表彰的一个词头"予仁若考，多才多艺"，并不构成论理性的概念，更不是政治理念的概括，根本不能与"礼"、"刑"、"典"、"法"、"罪"等概念相比。仅此看来，把"孔孟之道"概括为"仁义"的说法，认为孔子讲"礼"不重"刑"的认识，至少是不合乎《尚书》的实际的；由此而把"礼制"与"法制"割裂开来、把"德治"与"法治"对立起来的做法与说法，也是缺乏文献依据的。

《尚书·尧典》："象以典刑，流宥五刑。鞭作官刑，扑作教刑，金作赎刑。眚灾肆赦，怙终贼刑。钦哉，钦哉，唯刑之恤哉！"这里，初步而系统地勾出了"中华法系"的萌芽形态：有官刑、教刑、赎刑、贼刑之别，有五刑之等，还有恤刑之说、象刑之方及赦赎之术。它展示着上古统治集团对运用刑律维护统治的极端重视。

而刑律，正是法治管理的权力支柱。《尚书·舜典》："百姓不亲，五品不逊。汝（契）作司徒，敬敷五教，在宽。"又说："蛮夷猾夏，寇贼奸宄，汝（皋陶）作士，五刑有服。"《尚书·大禹谟》："汝（皋陶）作士，明于五刑，以弼五教，期于予治。刑期于无刑。"这里提出了用教育和刑惩两手来维护社会安宁的方案，要求以五刑来辅助五教。把猾（侵扰作乱）、寇（群行劫掠）、贼（杀人伤众）、奸（作奸犯科）、宄（违反教令）定为刑惩的对象；并提出"刑期于无刑"的执法目标。这一切，正是后世刑罚思想与刑罚条例的肇端。

孔子力倡"大同"，明确社会管理目标，追求社会的安宁有序；孟子倡民贵君轻论，为君权定位，凸显社会管理的着力点；保障经济，使黎民不饥不寒，关注社会治理的物质基础——孔孟奠定了中华法治的理论基石。

古代中国人所崇尚的"大同世界"最早见于《礼记·礼运》篇。这是一种"世界性理论"，它倡导的是世界各个国家间的和平共处，无战争、无暴力、无掠夺，无欺凌，自决自立，互爱互助，共臻大同。"大道之行也，天下为公。"它表达了世人关于社会管理与国家治理的共同理想。这个"天下为公"的大同社会，安宁而富足，男女老幼各有所养、各得其乐，"谋闭而不兴，盗窃乱贼而不作"，"外户而不闭"。"大同"目标吸引了世世代代的志士仁人为之奋斗，凝聚了历代法治管理者的奋斗与贡献。这是人们为之奋斗的长远目标。儒家的近期目标是"小康"社会，其标志是"天下为家"，"大人世及以为礼，城郭沟池以为固，礼义以为纪"，"刑仁讲让"，但"谋用是作而兵由此起"，社会安宁没有保障，"众以为殃"。小康社会后来成了盛世的标准模式。孔子对西周整套的典章文物制度尤为倾心尤为关注尤为赞叹。在他向往的社会里，礼法周全、文化发达、安宁有序。孔子的赞叹吸引了后人，但其"面向往古"的思维方向，也对后世起了误导作用。

二、忠君是相对的，君要对国家治理负全责

《论语·颜渊》：齐景公问"为政"，孔子说："君君，臣臣，父父，子子。"国家政治秩序是社会秩序的核心。政治动荡，社会就无安宁可言。在古代社会，维护君权是维护法治的第一要务。因此要讲君君臣臣，强调君王的权威；要讲秩序，强调君臣父子各安其位，各尽其责。任何社会都不可能是平面结构，不可能绝对的"人人平等"，它需要"权威"，而秩序就是对权威的服从。作为社会成员，君臣父子的各守其分，各安其位，各尽其责，是必需的。但这并不意味着君权是绝对的。《乡党》篇说："君使臣以礼，臣事君以忠。"这里，孔子为君权作了正确的界定，提出了处理君臣关系的基本准则，即："君使臣以礼"是前提，然后才能要求"臣事君以忠"；而所谓"忠"，是忠于职守，忠于理想，并不是绝对地忠于君主个人的意志或私利，倒是君主们应该"尊贤礼士"。孟子在《尽心》章中更进一步说："民为贵，社稷次之，君为轻。"《离娄》章写道：孟子告齐宣王曰："君之视臣如手足，则臣视君如腹心；君之视臣如犬马，则臣视君如国人；君之视臣如土芥，则臣视君如寇仇。"在这里，"君权"的相对性被界定得更为明白。孟子甚至说：如果为君者"不道"就应该"易位"，就应该推翻他。他宣称"汤放桀，武王伐纣"是合理的，因为"贼人者谓之贼，贼义者谓之残，残贼之人谓之一夫。闻诛一夫纣矣，未闻弑君也。"孔孟二人都周游列国，处处为"天子师"，何曾对某个君主个人讲过"忠"？可见对君权的绝对化、神圣化，并不符合"孔孟之道"的本意。如果说孔子的"君君臣臣"说还带有稳定不变的色彩，那么孟子的"民贵君轻"说则具有动态变革的色彩。这是孔孟之道中的民主性精华。而君权的膨胀，正是历代国不治、民不安的症结所在，"众以为殃"，孔孟对此早有告诫。

"为殃"就应追责。《论语·尧曰》：商汤对上天说："朕躬有罪，无以万方；万方有罪，罪在朕躬；有罪不敢赦"。本文明确提出了"罪"的概念，又进一步提出了"归罪"问题：君王有罪，

不得推卸于万方；反之，如果万方普遍地存在犯罪现象，那么责在君王；而且不能赦免。孟子在《告子》篇中也提出了"罪"的概念，"长君之恶其罪小，逢君之恶其罪大。"助长君上的恶行其罪责小，主动诱导君上作恶使之陷于不义，其罪责大。这是儒家在"罪行""罪责""归罪"问题上的重要论述，但人们往往重视不够。有人以为孔孟讲的"礼制"，只讲拥戴君主，忠于君主，这是个误会。正是孔孟提出了"罪"与"罪责"的问题。早于孔子的老子，竭力抨击社会不公，斥责仁、礼，但五千言中却没有"罪"的概念。"罪"、"刑"在儒家著作中的频频出现，为"中华法系"准备了最初的思想资料和法理原件。

三、孔孟为施政设定的临民模式与亲民风格

在礼治条件下，形成了以官府为主体，以国民为对象，融政权与族权为一体的国家管理模式。孔子在《论语·泰伯》篇中说："民可使由之，不可使知之。"在另一个场合，他又强调"唯器与名，不可以假人"。（参见《左传·成公二年》）这是孔子给"官"与"民"的政治定位：官垄断着治民的权力，民永远是被管理、供支配的对象。这样建立起来的管理模式，自然是、也只能是以官府为主体、以国民为对象的"临民模式"了，所谓"君临天下"、"以道临民"、"为民父母"云云，说的都是这种以官"临"民的模式。

当然，孔子也意识到了这种模式的消极面，因此，当他谈到这些问题时，也反复强调君主与官员的自律与修养，以为"为政以德，譬如北辰，居其所而众星拱之"；"导千乘之国，敬事而信，节用而爱人，使民以时"；"政者，正也。子帅而正，孰敢不正？""苟正其身矣，于从政乎何有？不能正其身，如正人何？""子为政，焉用杀？子欲善而民善矣。君子之德风，小人德草也，草上之风，必偃。"如此说来，孔子心目中的理想社会形态，虽有尊君独裁以及扼杀个性的内在倾向，但其毕竟已经意识到这些问题的存在，注意到了这个模式的消极面：掌权的官员很容易滑向民众的对

立面，于是便强调民心民利，试图倡导一种良性施政风格来作为它的制衡因素，调剂因素，借以缓和其弊害，从而形成了他的"亲民"学说。

《论语·宪问》说：君子"修己以安百姓"，"其身正，不令而行"。希望司法执法者率先作出榜样，为社会作出优良示范。《论语·雍也》："居敬而行简，以临其民，不亦可乎？""务民之义，敬鬼神而远之。"《孟子·离娄》章说："君仁莫不仁，君义莫不义，君正莫不正。一正君而国定矣。"这便是孔孟倡导的行政风格，要求君王与官员都作出亲民的姿态来，培植一种良性政风。

孔子自己当过鲁国的司寇，杀过人，有法治实践。《论语·为政》："攻乎异端，斯害也已。"孔子严厉要求清除异端言论，免得危害人心，开我国"以言论定罪"的先河。《论语·颜渊》："听讼，吾犹人也；必也使无讼乎？"孔子说：我的目的不在于审理了多少案件，而在于通过自己的努力，去消除这种纷争斗讼的社会根源，从而实现社会的公正与和谐。"必也使无讼乎"应是法治管理的工作目标。对于司执法官员来说，考核其绩效的主要指标，不该是破了多少大案，而应是其辖境内社会发案率是否走低。

在儒家心目中，"兴礼作乐"，是维护君王权威、维护国家形象的法宝；"刑罚得中"，是实现社会公正、稳定社会秩序的关键。一个安宁祥和的社会，是应该有礼有乐而刑罚得中的。他还具体要求在职当官者做到"尊五美，屏四恶"，（见《尧曰》篇）对百姓要"惠而不费"，役使百姓要"劳而不怨"，自己则"欲而不贪"，处事则"泰而不骄"，对人则"威而不猛"。除了做到这"五美"，同时还应根除"四恶"：对人不予教育即妄加惩罚叫"不教而诛"，事先不告诫事后又指斥苛求叫"不戒视成"，指令不明却要求限期完成是"慢令至期"，一面克扣一面搜刮是"出入之吝"——只有屏除这"四恶"，做到"五美"，才能培植一个好的政风，正常发挥政府的管理职能。

四、孔孟对社会管理的具体要求

先秦儒家很关心经常性的法治业务。现择其要者提示如下：

（一）关于警戒护卫　《易·系辞》："重门击柝，以待暴客，盖取诸《豫》。"《孟子·公孙丑》篇要求"关讥而不征。"《礼记·王制》篇要求"关执禁以讥，禁异服，识异言。"讥：稽查，是对"异服""异言"之人，对一切身份不明、形迹可疑者作的检查处置。

（二）关于人户管理　《周礼·小司徒·比长》："五家相受相和亲，有罪奇邪则相及。"把人户一五一十地组织起来，让百姓"安土重迁"，紧紧依附在小块土地上，像《孟子·滕文公》所要求的那样，"死徙无出乡……乡田同井，出入相友，守望相助，疾病相扶持，则百姓亲睦。"国家把基层居民统一调动起来，承担基层安保任务。

（三）关于交通管理　周人明确了通行要求："道路，男子由右，女子由左，车行中央。父之齿随行，兄之齿雁行，朋友不相逾。轻任并，重任分，斑白不提携。"这里，要求男女分途，今人当然认为不对；但古人提出人车分流、提倡礼让，则无疑是对的。《周礼·小司寇》："凡道路之舟车击互者，叙而行之"；"禁野之横行径逾者"，"稽禁行作不时者，不物者"，"掌宿息井树"，"掌修除道路"。《周礼·小司马》要求："御晨行者，禁宵行者、夜游者。"这些，大概是世界上最早的"交通安全管理条令"了，其对社会秩序干预之深且细，举世无双。这也是对社会群体的生活方式的整合。

（四）关于非分取财的禁约　孔孟都倡导"道不拾遗"，希望从道德修持上解决"拾遗"问题，但见效甚难。《荀子·大略》篇论及"国法禁'拾遗'，恶（厌恶）民之惯以无分（非分）得也"。他找到了"法治"的路径。据查，当时，魏之《法经》、秦之《秦律》、齐之《齐法十三章》中，都有关于禁止捡拾公私遗失物、私占遗留物的相关规定，要求捡到东西后，须在规定期限内向官府报告、上交，政府会有所奖誉；否则，"准盗论"，按盗窃罪科刑。荀子说这是为了让百姓"守分"，防止养成"非分取物"的坏习惯。只要非分之物不取，非分之想不生，民风就自然归厚了。原来，良风美俗，也是在国家"制定法"的诱导和规范下养成的。

（五）关注社会的动态动向　这也是先秦各国十分重视的事。《周礼·秋官·小行人》规定：代表王室到各地去的"使者"，要认真做社会调查，"其万民之利害为一书，其礼俗、政事、教治、刑禁之逆顺为一书，其悖逆、暴乱、作慝、犯令者为一书，其札丧、凶荒、厄贫为一书，其康乐、和亲、安平为一书。凡此五物者，每国辨异之，以反命于王，以周知天下之故。"

周知各地的政刑现状与社会动向，是进行法治管理的基础。先秦儒家显然很精通这一点。这"五书"的侧重点显然放在刑事犯罪的动向上，这算是抓到了法治的根本。

第二节　老庄：爱民治国，能无为乎

先秦道家向往的是古朴社会，为此提出了一系列理论主张。

一、天大地大人大王亦大

老子说："域中有四大，天大地大人大王亦大"，人是世界的主体，最为宝贵；同时，草木虫鱼土石沙粒，也都和人一样，各有其"生存"的理由，有存在的价值，不容蔑视，不容否定。老庄认为：在"道"面前，不仅人人平等，而且万物平等；在"道"面前，不论人有多么严重的形体缺陷，其生命都是宝贵的，其作为"人"的自由意志更是美的。这种理论，对于中国人的人格定位和人格塑造，起了深远的影响；对于执法者如何执法为民，也有深刻的启迪作用。考虑到当时社会正从奴隶制中走出来，社会意识中并不把奴隶当"人"看待，那么，老子对人的价值的高度重视，就具有

"历史启蒙"价值了。

二、老庄对古朴社会的向往

《老子·八十章》："小国寡民，使有十百之器而不用，使民重死而不远徙。虽有舟舆，无所乘之；虽有甲兵，无所陈之；使人复结绳而用之。甘其食，美其服，安其居，乐其俗，邻国相望，鸡犬之声相闻，民至老死不相往来。"后来，庄子对此又有发挥。《庄子·天地》篇说："至德之世，不尚贤，不使能，上如标枝，民如野鹿（在上者如树枝树杈自然地伸展着，在下的老百姓如野鹿般自然地奔走着）。端正而不知以为义，相爱而不知以为仁，实而不知以为忠，当而不知以为信，蠢动而相使不以为赐，是故行而无迹，事而无传。"在古朴社会里，人们行为端正却并不意识到它合乎"义"，互相关爱却并不意识到这就叫作"仁"，为人诚实憨厚不知道这是"忠"，言行适当不知道它合乎"信"，一切的互爱互动都那么原始、那么自然，谁也不意识到这是在帮助谁、赐予谁。因此，也就不可能留下什么印迹，用不着有什么记录，一切都是那么古朴、自然，合乎"大道"。

《老子·三章》："圣人之治，虚其心，实其腹；弱其志，强其骨。常使民无知无欲。"老子这么说，其本意是要回复到原始古朴社会去，让老百姓能吃得饱，体魄健壮地活着，用不着为生活而焦虑；但它却被统治者解释成"愚民政策"而遵奉着，还要不时地花样翻新。老子主张"愚民"？这是怎么一回事呢？原来，如其《十二章》所说："五色令人目盲，五音令人耳聋，五味令人口爽，驰骋田猎令人心发狂，难得之货令人行妨；是以圣人为腹不为目，故去此取彼。"过多的物欲以及为满足物欲而发展起来的机巧智术，使"人"越来越丧失其作为"人"的本真，一天天走向了自己的反面，"异化"成自己的对立面了，所以应该"返璞归真"，所以要"愚民"，"使民常无知无欲"。这是其一。其二，如其《三章》所说："不尚贤，使民不争；不贵难得之货，使民不为盗；不见可欲，使民心不乱。"老子认为，只要泯灭差别、泯灭智慧，社会就安宁了。可是社会发展的客观进程是不会停止的，老子的这一方案自然无效，但我们不能怀疑其善良动机。《老子·六十五章》明确主张："古之善为道者，非以明民，将以愚之。民之难治，以其智多。故以智治国，国之贼；不以智治国，国之福。"这又表明：其"愚民"主张的政治指向，依然是当权者。他是在要求当权者自身放弃"以智治国"，放弃用权谋机巧来对付老百姓，因为你欺诈百姓，百姓将百倍地还击你，其后果十分严重。因此，他说"以智治国，国之贼"。而后代统治者恰恰相反，接过"愚民"二字，挖空心思去当"国之贼"去愚弄百姓，这与老子所说的"愚民"，从动机到手段到目的都不是一回事。

三、老庄的爱民治国论

《老子·十章》："爱民治国，能无为乎？"这是老子"无为而治"主张的最初表述。注意：老子讲的"无为"，是与"爱民""治国"联系在一起的。为"爱民"而"无为"，那么他所指的"有为"，不就是前文所说之"国贼"们的"以智治国"吗？不就是所谓"德礼仁义圣智"吗？老子的"无为"论，正是否定这一套的。"爱民治国"口号的明确提出，在我国思想史上，在先秦法治文明史上都是第一次。《三十七章》说："道常无为而无不为。"这是老庄治国思想的总纲。"无为"，就是一切顺应自然，任何政治举措，都应该在条件成熟的情况下去做，绝不能强制推行个人的主张，人为地谋求某种利益。同时，一旦条件成熟，就应该"无不为"，顺应自然，做好一切，必然获得"天下之本利"，这就叫"无为而无不为"。"无为"正是为了"无不为"，"无为"才能实现"无不为"，有所"不为"才能"有所为"，"有所为"又是为了实现最后的"无为"，这便是老子的"无为论"。有人把"无为"单纯地理解为拱手垂裳、无所事事，显然是一种曲解。

《老子·五十七章》："天下多忌讳，而民弥贫。民多利器，国家滋昏；人多技巧，奇物滋起；法令滋章，盗贼多有。"这是对繁政苛法严刑的否定。《六十章》："治大国若烹小鲜。"烹小鱼不能翻搅，搞管理不在于折腾。三天一个主意，两天一个办法，尽折腾人，是搞不出名堂来的。这是治国的诀窍。后来王弼发展了这个思想，认为上面不清廉，法令越多越密，下面投机取巧者就会越来越精明，国家也就越乱，社会就越不安。在上者"无欲无事"，在下者自然能"归于清静"。这似乎也是一条至理名言。

四、天网恢恢，人网太密

从文字表述上看，老庄是反对"以智治国"的，智，表现为礼治德治法治刑治种种样态，无不是挖空心思以求把人管得服服帖帖，以供榨取。

《老子·七十三章》："天网恢恢，疏而不失。"老子的本意是："天网恢恢"，人世的一切都在无边的天网笼罩之下，而天网是"疏而不失"的，谁也别想侥幸。照他的说法，天老爷能不争而胜，不言而应，不召而来，不谋而成。既然天网解决了一切，"人网"就不必张扬了。——这是他大倡"无为"的又一个方面。他是针对当时的严刑峻法而发的。这话现在还在用，但其意思却转移了。变成"一切为非作歹的人，到头来总会受到惩罚"。这样理解，对于弱者来说，只是一副宗教性的精神安慰剂；而对于害人损人者，虽是一种精神恫吓，但起不了多大戒惧作用。

《老子·七十四章》："民不畏死，奈何以死惧之？"老子当年说这句话，是针对政繁刑苛而言的，他警告当局，不要轻率用刑；否则将自食其果。这又一次表明了老庄对"刑"的否定态度。

在老庄心目中，忠孝仁义说教，同样是陷人误人的"人网"。《盗跖》："人上寿百岁，中寿八十，下寿六十。除病瘐死丧忧患，其中开口而笑者，一月之中不过四五日而已。天与地无穷，人死者有时，操有时之具而托于无穷之间者，忽然无异于骐骥之过隙也。不能悦其志意、养其寿命者，皆非通于道者也。"庄子借"盗跖"之口，宣扬了人的自然生命具有至高无上的价值。"人命关天"，与人命相比，一切忠孝节义，一切功名事业，在老庄看来，都是无足轻重的。古往今来，多少人被这种身外的"事业"和"道德"吞噬了自己！一部人类史，其实就是以"忠孝"杀人和被杀的历史！就是以"功业"杀人和被杀的历史！文章指斥那些为忠为孝为信为义而赴死的人，都是"丽名轻死，不念本养寿命者也。"把人的自然性命看得如此重要，在先秦唯有道家。不过，这个观点在中国思想界没有得到充分的展开，倒是儒家的伦理道德贞节孝义观念在不断地膨胀，它吞噬了多少善良人的生命！在"光明正大"的旗号下去死或被杀，冤都没人喊一声。在中国历史上，西汉平帝时，国家掌握的人口数超过五千九百五十九万人；到晋武帝时却只有一千六百一十六万人！唐玄宗时约四千八百万人，而安史之乱后，德宗时国家登录人口又只剩下一千六百万人；甚至康熙十六年统计全国成丁人口，也只是一千六百一十六万口之数！普通人"命如蝼蚁"，恐怕是不错的，他们都被统治者送上了祭坛！负责社会治理的人应该明白，人的"生存权"是至高无上的。

五、重视生命，净化心灵，提高人的精神素质

诸子百家中，唯有老庄把"法治"明确地和"塑造人"相联系。如何看待"人"，如何对待每一个生命体，包括那些肉体上、精神上有残缺、有问题的个体，这是一个古老而又现实的话题。在老庄那个时代，人们必须考虑："人"是什么？奴隶、平民有没有人的资格、人的生存权利？"人"要不要有自己的自由意志？"人"在物质享受、功名利禄面前应该怎么办？……对这些问题的回答，构成了老庄学说的重要内容，也是"法治社会"的基本问题。

儒家把人类看作是由"治人者"和"治于人者"两类组成的，这是用政治眼光看人；墨家把人看成是生产者和消费者两种角色，这是用经济眼光看人；法家把人看成是奖惩的对象、刑法管制的材料，那是用刑罚眼光看人。唯有道家，特别是庄子，对人、人格、人生价值、人的自由意志作了"人"的观察，从而作了独特的理论阐述。老子说："域中有四大，天大地大人大王亦大"，人是世界的主体，最为宝贵；同时，草木虫鱼土石沙粒，也都和人一样，各有其"生存"的理由，有存在的价值，不容蔑视，不容否定。老庄认

为：在"道"面前，不仅人人平等，而且万物平等；在"道"面前，不论人有多么严重的形体缺陷，其生命都是宝贵的，其作为"人"的自由意志更是美的。这种理论，对于中国人的人格定位和人格塑造，起了深远的影响。

庄子在《养生主》一文中说了一通很"世俗"的话："为善毋近名，为恶毋近刑。缘督以为经，可以保身，可以全生，可以养亲，可以尽年。"他教人们做好事不要做到能留下好名声的地步，做坏事也不要做到将触犯刑律的程度。人要顺从人生的'主脉'自然地生存着，不好不坏，也好也坏，这样，就可以养生全命了。不懂得珍视生命的人，不会养生全命的人，在老庄眼中，便是"失道"之人了。这和孟轲的"舍生取义"说是相背离的。

庄子根据人的生活态度，把人分为五种。在《刻意》篇中，他说：其一是有心于愤世嫉俗、宁赴清流也要洁身自好的人，即"刻意尚行，离世异俗，高论怨悱，为亢而已矣，此山谷之士，非世之人，枯槁赴渊者之所好也。"屈原属这一类；其二是发愿平治天下、教化大众的人，即"语仁义忠信，恭俭推让，为修而已矣，此平世之士、教诲之人，游居学者之所好也。"孔墨属这一类；其三是一心建功立业、治国安天下的人，即"语大功，立大名，礼君臣，正上下，为治而已矣，此朝廷之士、尊主强国之人，致功并兼者之所好也。"廉颇蔺相如等军政要员属于这一类；其四是江湖避世之人，即"就薮泽，处闲旷，钓鱼闲处，无为而已矣，此江湖之士、避世之人，闲暇者之所好也。"许由务光等"高士"属于这一类；其五是养生保命之人："吹呴呼吸，吐故纳新，熊经鸟伸，为寿而已矣，此导引之士，养形之人，彭祖寿考者之所好也。"他对这五种人似乎都不恭维，尤其是前三类。他自己的理想人生是："不刻意而高，无仁义而修，无功名而治，无江海而闲，不导引而寿。无不忘也，无不有也，淡然无极，而众美从之，此天地之道，圣人之德也。"他想过一种无须付出任何努力，便能获得精神的最大满足的生活。这种人生价值取向，为中国世世代代旧式知识分子所崇奉，此谓之"独善其身"。

庄子讲过"至人、神人、圣人"的人生理想，但他也明白那是无法实现的。于是，他为现实生活中的普通"人"如何活着，又另外开了一套处方，另外树立一种活的榜样：

《逍遥游》："鹪鹩巢于深林，不过一枝；偃鼠饮河，不过满腹。"他的意思是说，人对于物质世界的要求越少越好，这样物质世界对你的牵累也就很小很小了。淡于物欲者精神充实。所谓"巧者劳而智者忧，无能者无所求，饱食而傲游，泛若不系之舟。"（《列御寇》）这就叫"自由"。这是普通人可以做到的：人生在世，无须多求，能饱食暖衣、不受物累就好。

《列御寇》：秦王赐给宋人曹商大车百乘，曹商在庄子面前得意地显摆，嘲笑庄子活得清苦，瘦得可怜，庄子冷冷地说："秦王有病召医，破痈溃痤者得车一乘，舐痔者得车五乘。所治愈下，得车愈多。子岂治其痔邪，何得车之多也？子行矣！"蔑视身外的一切功名利禄，保持我精神的完全独立，是庄子"生命观"中最为可贵的成分。后世无数孤高傲物者从这里找到了提升精神境界的途径。

老庄学说中对生命的重视和阐释，是传统文化中应予重视的部分。它既为批判现实、争取生存权者打造了一种有用的武器，也为消极退让、明哲保身者提供了自我辩护的理由。在法治文化中，其观点也应得到研究。今天，扶助弱势群体、关心犯罪人员的工作，面广量大，需要有这种关爱生命的意识作为行动的先导。

就社会理想、国家理想而言，孔孟承认了君权存在的合理性，但否定现实社会的霸主之权，要求回复到夏商周特别是西周文武周公时期去；老庄则从根本上否定君权，认为远古社会无君无臣无礼无法甚至无知无识的自然古朴状态最合乎人性。他们认为：一切权力都是外加的、人为的、不必要的，甚至是罪恶的。在既往的历史上，这种"无君"论，能够帮助人们拨开统治阶级散布的种种迷雾，看到它深藏的罪恶，激起人们改造那个不良社会的愿望；这是老庄学说的"左"的发展；但是，它在否定君权的同时，也否定了人类的文明发展，否定了芸芸众生对物质生活的追求，倡导回到"茹毛饮血"的远古社会去。历代响应这种说教的知识分子并不多，但疏远政治、疏远社会、疏远文明，退回到深山老林中去，"与麋鹿为友"者也不少，其中个别人固然找到了某种"高尚的人生"，不与剥削者同流合污；但多数人终于坚持不下去，成了"假隐士"。这便是老庄学说的向右发展的结果。

第三节　墨子：平等社会与战时治安

春秋战国之际，儒墨并称"显学"，很有影响。到了汉初，主张"无为而治"的黄老之学受到重视，地位急速提升，而墨学开始式微；汉武帝之后，搞"独尊儒术"，习儒可以入仕，而力主苦学苦干的墨学就不再受读书人的重视了。六朝搞门阀政治，大煽玄风，墨学大受冷落。隋唐以降，墨学归于沉寂。宋明理学家只知咒骂，并无研究。直到晚清，才又有学者重新整理墨学，人们这才惊奇地发现：《墨子》一书，开拓了儒道法家们所根本没有涉足的自然科学与技术领域，他对逻辑学、数学、力学、光学、机械制造学、战争攻防学都有非常独到的探讨，有珍贵的发现，墨子的学术地位这才重新获得公认。新中国成立后，墨学被当作"小生产者的思想"受到评议。这里，我们从"经邦治国"的高度，对墨学进行再分析，再评价。

一、天赋平等：向往平等社会

墨子《法仪》篇说："今天下无大小国，皆天之邑也；人无幼长贵贱，皆天之臣也。"在"天"面前，国无分大小，人无分贵贱，一律平等，有相同的权利与义务。人的一切行为，都应该符合"天"意。墨子这个"天赋平等"的思想其实是很可贵的。墨子抬出这个有意志的"天"来，为的是宣传他的平等社会的政治理想。在《天志》篇中，他说："天之意，不欲大国之攻小国也，大家之乱小家也，强之暴寡，智之谋愚，贵之傲贱，此天之所不欲也。不止此而已。欲人之有力相营，有道相教，有财相分也；又欲上之强听治也，下之强从事也。上强听治，则国家治矣；下强从事，则财用足矣。若国家治，财用足……则诸侯之怨不兴矣，边境兵甲不作矣，内有以食饥息劳，持养其万民，则君臣上下惠忠，父子弟兄慈孝。盖唯明乎天意，奉而光施之天下，则刑政治，万民和，国家富，财用足，百姓皆得暖衣饱食，便宁无忧。"在他的理想社会里，人人平等，人人相爱，人人尽责，人人饱暖，没有任何攻击欺诈怨怒产生。这当然是符合"天下万民之利"的。值得注意的是，在墨子的"平等社会"中，天子、诸侯都得听命于"天"，无权任意作为。在《天志》篇中，他还反复申说："今天下之士君子皆明于天子之正天下也，而不明于天之正天子也。"天子言行合乎"天意"，就叫作圣智仁义慈惠，"聚天下之善名而加之"；不合"天意"，便是寇乱盗贼不仁不义不慈不孝，"聚天下之恶名而加之。""是故子墨子置立'天'以为仪法。"原来，这个"天"是他"置立"的，他所说的天意，实际上是民意。讲天意，是为了说服"天子"，要天子以"中乎天下万民之利"作为治国的"仪法"。应该说，这种理论与孟子的"独夫残贼"说，在精神上是一致的。但孟子讲"亲亲之道"，严"君子""小人"之辨，根本不赞成"人无贵贱"之说，所以他力斥"杨墨"；而墨子这套学说一直得不到阐释，也是"历史的必然"：哪个统治者会欣赏其说呢？

二、尚贤尚同：民选天子民选官

墨子提出了"贤人政治"的方案。贤人政治首在"尚贤"，那么贤从何来？他明确提出：从天子到诸侯、乡长直到里正，各级政府一律由"选贤"产生，不能搞亲亲贵贵那一套。他主张从天子起，就"选择天下贤良辩慧之人"任之；天子的助手、朝廷的三公和卿大夫们，都应该选贤良以任之；至于各地诸侯与其卿士、乡长以至里正们，一律选贤任能。他在《尚贤》（上）篇里说道："国有贤良之士众，则国家之治厚；贤良之士寡，则国家之治寡。故大人之务，将在于众贤（使贤能者众多）而已。"只有贤良者才能治国，贤良者愈多，国家愈能治好。

那么，怎么才能有足够多的贤者呢？他有一番美妙设想，《尚贤》（中）："然则众贤（使贤才众）之术，将奈何哉？……必且富之贵之，敬之誉之，然后国之良士亦将可得而众也。"他认为只要国家高度尊重并支持贤士，贤才就会辈出，"虽在农与工肆之人，有能则举之。高予之爵，重予之禄，任之以事，断予之令。"就不愁没有人才可用。他又提出：选用人才有一条原则，那就是"以德就列，以官服事，以劳殿赏，量功而分禄。故官无常贵，而民无终贱。有能则举之，无能则下之。举公义，避私怨，此若言之谓也。"绝不能"亲戚则使之，无故富贵；面目佼好则使之"。他说："面目佼好，岂必智若慧哉？若使之治国家，则此使不智慧者治国家也。国家之乱，既可得而知矣。"显然，墨子的"贤人政治"方案是对世卿世禄制下的贵族政治的彻底否定。在夏商周三代的贵族政治下，国家政权把持在贵族世家手中，从天子到乡长里正，用人以亲疏远近为原则，只要是"骨肉之亲、面目佼好"者，不论贤否，世代掌权，无法保证贤者在位。国家怎么能不乱呢？他认为贤才来自社会，来自农与工肆之人，不在贵族之家。这比起那种认为圣贤只能出自贵族（"君子"）的观点来说，就有天壤之别了。墨子主张从根本上改造它。他竟然在两千五百年前就提出了"民选天子民选官"的要求！

那么，由谁来选天子，以及如何才能选到"贤良圣智辩慧之人"来当天子？又怎么去选择诸侯与乡长、里正？如何才能避免亲戚近臣、面目佼好而无能者在职在位？如何做到"不党父兄、不偏富贵、不嬖颜色"地在"农与工肆之人"中"举贤与能"？如何保证"官无常贵，民无常贱"，让"农与工肆之贤者"也能掌管国家大权？又由谁去行使这种"选任""罢免"的权力？为此，他在《尚同》篇中构想了一套层层"上同"，层层推选的方案。

他认为：每一个"农与工肆"之坊里基层中，都有为本地群众所敬服的"贤可者"，人们可以直接把他推选出来，使之任坊长、里长。坊里的事务，就交由这种贤可者去处理，而全坊全里的人则必须与此贤可者"尚同"，听其指挥，取同一是非，同一步调。然后，由贤可的里长们集会公议，推选出其中最有威望者任州长、乡长（按：先秦的"乡"是高级行政区），而全州全乡的人必须与州长、乡长们"尚同"，听从其指挥，取同一是非，同一步调。然后，再由州长、乡长中选出诸侯、由诸侯选出天子；并由诸侯、天子在"贤可者"中物色助手，形成领导班底……这样，国家的贤人政治就可以达成而实现长治久安了。

墨子提出的"尚同"，要求全体国民把自己的美丑是非善恶及一切言行都由下而上地逐级"上同"：个人上同于正长、里长，里长上同于乡（州）长，乡长上同于诸侯，诸侯上同于天子，天子上同于"天"（有意志的天）；天下人都听命于天子的"发政施教"。只要天下都这样逐级上同了，举国都保持一致了，社会就好治理了。否则，"一人则一义，二人则二义，十人则十义，其人兹众，其所谓'义'者亦兹众；是以人是其义，而非人之义，故交相非也。"思想的混乱，必然会导致社会秩序的全面混乱。墨子充分论证了"尚同"的必要性，但这个"一致"来自基层，是自下而上的"上同"，且每一级都是民选的，这就保证了"上同"的人民性。今天看来，墨子有不少天真的地方，但他这种要求一步步脚踏实地去行动的思想方法，仍然是可贵的。

墨子的理想不是梦，他之前的炎黄尧舜禹便都是从"农与工肆"之中走出来的圣人贤者，可见其构想是有现实性的，庄子也说"舜举于瞳土之地"；连孟子也承认"舜举于渔陶之间"，而他却咒骂墨子"无父无君"！

三、强本节用：为万民谋福利保生存

墨子认为，天下最大的祸乱灾害就是战争，其次是列国诸侯的奢侈挥霍。这两项是对社会生产力的最大破坏，是对社会财富的最大损耗，是对天下万民饱暖生息权利的最大剥夺，所以他力倡非攻非乐、节用节葬。如此，则天下人的生产完全能满足天下人的安宁饱暖之需。

拿攻战来说吧，《非攻》篇讲：军旅一起，必废民之耕稼树艺收获敛藏，百姓饥寒冻馁而死者，不可胜数；军用甲盾戈矛竹箭、帷帐车乘牛马之碎折靡弊而不返者，不可胜数；其道途遥远，饥寒疾疹、丧师失地而死伤倒毙者不可胜数。战争一开，千里之地，数百万人，血肉纷飞。入人之境，必刈其禾稼，斩其林木，隳其城郭，湮其沟渠，毁其房屋，夺其牲畜，焚其祖庙，又杀其万民，迁其重器……墨子问道：这种不仁不义、伤己害人的事，为什么还要做下去呢？再拿统治者的骄奢挥霍来说吧：不仅活着的靡费无度，就是死了，还要厚葬：棺椁必重，葬埋必厚，衣衾必多，文绣必繁，丘垄必巨。如此，必虚其府库，然后金玉珠宝比乎身，车马戈剑鼎鼓埋于地，还要数百数十地杀殉！这是对社会财富的最无耻的浪费。民生艰难，祸根就在这里。《非乐》篇云："仁者之事，必务求兴天下之利，除天下之害，将以为法乎天下。利人乎即为，不利人乎即止。且夫仁者之为天下度也，非为其目之所美，耳之所乐，口之所甘，身体之所安。以此亏夺民衣食之财，仁者非为也。"墨子考虑问题的出发点与其归宿，都是"万民之利"。

在先秦诸子中，墨家学者最关注社会财富的生产与积累，最痛恨统治阶级对社会生产力的破坏，所以主张"非乐""非攻"。儒道两家，更多的是从伦理道德着眼去批判的；墨家的批判，则更具社会实践价值、经济价值。把"万民之利"看得如此之重，诸子中唯此一家。

四、反对侵夺，也反对不义的防守

墨子对"战争法"作了系统的思考，提出许多著名论点。其"兼爱、非攻"思想更是现代国际法的理论先导。英国历史学家汤因比博士与日本学者池田大作，在以展望21世纪为题的对话录中，高度评价了墨子的思想。汤因比认为：把普遍的爱作为普遍义务的墨子学说，对现代世界来说，更是恰当的主张。池田大作说："我完全同意墨子的主张即普遍的爱，这种精神最切合时宜。墨子关于舍去利己树立爱他的兼爱学说，是反对侵略战争的理论先导。这是说，正如谴责侵害他人牟取私利的行为一样，应该谴责大国侵害小国，大量屠杀以及破坏经济的战争。这种思想是极为近代化的。只是墨子主张的兼爱，过去是指中国，而现在应作为世界性的理论去理解。"

墨子曰："视人之国，若视其国。"墨子从"天下无大小国，皆天之邑也"的认识出发，提出应以相爱、互利、平等的原则处理国家之间关系。墨子还主张"爱尚（上）世与爱后世，一若今世之人"，这是十分深刻而有远见的，也是当今国际环境保护法的重要指导思想。

墨子认为武装侵略是最不符合兼爱互利精神的"天下之巨害"。他主张"非攻"，但并非反对所有的战争，而只是反对非正义的掠夺性战争，认为侵略"无罪之国，是"攻"，而讨伐有罪的暴君则是"诛伐"。墨子这种严格区分正义性战争的观点，比全面废除战争的《巴黎非战公约》还要科学，与国际和平共处原则中的互不侵犯原则比较接近。墨子又说：（天下诸侯）"大国之不义也，则同忧之；大国之攻小国也，则同救之；小国城郭之不全也，必使修之；布粟之绝则委之；布帛不足则共之。"墨子这段话包括了集体安全制度的基本内容。世界上最早提出集体安全制度构想的就是墨子。

《墨子·备梯》中，墨子对他最得力的弟子禽滑厘说："有一种懂得防守之术、却不知爱民之道的人，凭着一点算计，就轻率地应敌，却终于身死国亡。这教训不可不记取。"墨子认为爱民之道比防守之术更重要，不爱民的君主是没有资格谈论防守的。墨子又说：所谓"非攻"，是反对以强凌弱；所谓"助守"，是助正义者防止侵害：这都是有原则的。君主如果轻率地玩弄攻防伎俩，必定祸国殃民，带来严重灾难。在春秋时期兼并战争白热化的条件下，墨子这一理论是有针对性的。

墨家坚决反对不义的侵略扩张战争，而十分用心于帮助小国弱国的正义防守。《墨子》书中，运用几何学、声学、光学、重力学、机械学的原理与技巧，设置了种种有针对性的防御设施，一一化解了敌人的进攻手段，如各种高车、云梯、铁钩、冲车、高垒、飞楼等水陆攻守器械，以及水淹、穴城、掘地道等手段，都取得了显著效果。

墨子关于"战时治安管理"的论述更为周详。

五、墨子对"战时治安管理"的规划

春秋战国之际，战乱不休，墨家坚决反对不义的侵略扩张兼并战争，而十分用心于防守，特别是帮助小国弱国的防守。这里仅举其关于战时法治管理的一些条规、办法，以见其思虑之周、法规之严。其精神与内容，直可与《齐法》十三章相比美。

措施之一：葆民，即保民，现在叫作"坚壁清野"。《杂守》篇："先举（首先查明）城中官府、民宅、室署，大小调处（将大小宽窄事先调查配置好）。葆者（入城求保之人），或欲从兄弟、知识（旧相识，老朋友）者，许之。外宅粟米畜产财物诸可以佐城守者，送入城中。事即急，则便积门内。民献粟米布帛金钱牛马畜产，皆为置平价，与立券（给予凭证），书之（登记在册）。""寇近，亟收诸杂乡金器若铜铁，及它可以佐守事者；先举县官室，居官府（临时存放在公家屋子里）。不急者（闲置的、储藏的），材之大小长短及凡数（各类物资的总数），即急先发（立刻首先征发调用）；寇迫（敌人迫近了），发屋伐木（征发民房、砍伐树木）。虽有请谒（请托求情），勿听（不能允许）。"《号令》篇也要求："去郭百步，墙垣树木小大，尽伐除之；外（郊外）空井尽室（填塞）之，毋令可得汲也。外宅室尽发之，木尽伐之；诸可以攻城者，尽纳城中。令其人各有以记之。事已，各以其记取之。事为之券，书其枚数。不能尽入，即烧之。毋令客（敌人）得而用之（按：这是最彻底的坚壁清野）。"

措施之二：防乱、防叛、防内奸。《号令》："火蔓延燔人（烧死人），断（砍头）；诸以强凌弱小，及强奸人妇女，以喧哗者，皆断（一律砍头）。""吏卒民无符节（官吏、士兵、百姓，没有通行证件），而擅入里巷官府，吏、三老、守闾者失苛止（失职不加禁止），皆断。诸盗守器械财物，及相盗者，值一钱以上，皆断。"
"诈为自贼伤（自残）以避事者，族之（株连灭族）。""若欲以城
为外谋（通敌）者，父母妻子同产（兄弟姐妹）皆断。左右知不
捕告，皆与同罪。""誉（宣扬）敌少以为众，乱以为治，敌攻拙
以为巧者，断。客主人（敌我之人）毋得相与言，及相藉（相依
仗、相借势）；客射以书（敌人用箭射来书信），毋得誉（不得宣
扬）；外示内以善（敌人向我方表现其优势或伪善），毋得应；不
从令者，皆断。禁毋得与矢书（不得向敌方射送书信），若以书射
寇犯令者，父母妻子皆断，身枭城上（本人悬首城墙示众）。有能
捕告之者，赏之黄金二十斤。"《迎敌祠》篇："巫卜……其出入为
流言，惊骇恐吏民，谨微察之（认真地侦伺查察他），断，罪不
赦。"《号令》篇："严令吏民：毋敢喧嚣，三聚（三人必须列队）
并行（二人必须并行）相视一人（互相照看），坐泣流涕若视，举
手相探相指，相呼相挥、相踵相投、相击相摩以身及衣，乃非命
（都是无视军纪之举）也——而视敌移动者，斩。伍人（同伍之
人）不得（不能及时掌控上述动态），斩；得之，除（破获了通敌
之情，则免于追究）。"《号令》篇："伍人逾墙归敌，伍人（同伍
之人）不得（不能破获），斩；与伯（百夫之长为伯）归敌，队吏
斩；与吏归敌，队将斩。归敌者，父母妻子同产皆车裂；先觉之，
除（预先掌握情况的，免予追究）。"规定是十分严明苛刻的。

措施之三，严控通行出入。《杂守》篇："守节出入：使主节
（让负责符节的人）必疏书（一定要一一登记），署其情；令着其
事，而须（等待）其还，报，以参验之。节出，使所出门者（守
门人）辄言（当即说明）节出时操者名（掌管符节的人的名字）。"
《号令》篇："（城中）分里（里巷）以为四部，部一长；以苛（仔
细稽查）往来不以时行、行而有它异者，以得其奸。吏从卒四人以
上有分守者，大将必予信符。大将使人行，守操信符。信（符）不
合，及号（口令）不相应者，伯长以上辄止之（扣留他），以闻
（汇报于）大将。当止不止，及从吏卒纵之，皆斩。诸有罪，自死
罪以上，皆及父母妻子同产。……猝有警事，中军急击鼓者三，城

175

上道路，里中巷街，皆无得行；行者斩。"又："门者及有守禁者，皆"毋令无事者得稽留止其旁。不从令者戮"。"擅离署，戮（擅自脱离岗位，杀）。"

措施之四：人口登录。《号令》篇："县，各上（登录汇总）其县中豪杰若谋士，居大夫重厚（有财有势）口数多少。"

措施之五：防火灭火。《号令》篇："诸灶必为屏，火突（烟囱）高出屋四尺，慎毋敢失火。失火者斩；其端（故意）失火以为事者，车裂。伍人（同伍之人）不得，斩；得之，除。救火者无敢喧哗。即离守（离岗）绝巷（横奔于街巷）救火者，斩。"

措施之六：巡逻。《号令》篇："长夜五巡行，短夜三巡行。""号（口令）：夕有号（夜间通行有口令）。失号（对不准口令），断（杀头）。"

墨子的战时法治，内容极丰富，以上仅是举例说明而已。我们在这里看到的墨子，完全是一个严厉得有点冷酷的军事家面目。

墨家学说来自现实，又服务于现实。然而，墨家不懂得：统治秩序是统治阶级的秩序，数千年间的秩序，都只能是剥削阶级统治集团所认可、所推行、所维护的秩序。他的"兼爱""尚贤""非攻""非乐"主张，并不能满足统治者不断膨胀的更大更多的利益需求，因而也就永远不可能成为剥削阶级法治思想的理论基础。这就决定了墨学在整个古代社会的长期沉寂。

第四节　荀子：对新的大一统秩序的呼唤

荀子师承孔子学术，但剔除其过于理想化的说教成分，隆礼而重法，着眼于新秩序、新王权的构建，对子思、孟轲一系的学术思想作过严厉的清算，终于以其成熟而独特的理论体系与儒家的思孟学派分道扬镳。他对早期名家、法家的思想方法与理论观点，也多有吸收，在融会贯通中加以提纯，发展，并且自觉地以齐秦等国政治变革的实践相参验，所以他的思想理论，在先秦学术中带有汇总性的特征。荀子主张"法后王"，为新的大一统帝国政权的创建做理论先导，为中华法系的构建提供了较为完整的学理基础。同时，他也为推进大一统国家的法治事业制订了切实可行的方案。

一、荀子的学术生涯

荀子名况，春秋中后期人，人们又称他为荀卿、孙卿。他生于赵，游于齐，入于秦，仕于楚。① 他处在先秦学术三大发展阶段后期，最有条件与当代各家相论相切磋，也最有条件集纳前期各家学说的有用成分，在批判"异端"的过程中构建成自己的理论体系。他给自己定的任务就是：为结束列国纷争、实现思想归一，建设大一统政权作理论先导。

理论是行动的先导。先秦各家都呼唤天下大一统，但孔老墨子回到三代以至上古去的幻想固然不行，孟庄对列国政治的诅咒也解决不了严酷的现实问题，荀子清醒地认识到：必须另开新径，拿出自己的方案来。他深知大一统是"天下之所同欲也"，故写出了《王制》《富国》《强国》《正论》等系列论文，以"法后王"为旗帜，以"隆礼重法"为理论核心，以齐秦各国的政治实践为参照，扬弃前人理论的空想成分，为建成新的大一统帝国政权作论证。值得注意的是：荀子在创建自己的理论体系的过程中，曾在齐、赵、楚、秦等当代强国作过长期的实地考察，与它们的当局直接对话，对齐闵王、赵孝成王的治国方略和军政举措作过透辟的分析，对商鞅变法后秦国的严明法纪、高效行政十分赞赏。同时也指出了秦齐内政外交中缺乏理论灵魂、重法忘礼、"力术行、道术止"的严重偏颇。荀子还培养了法家集大成人物韩非等人。人们习惯于视荀子为儒学大师，其实，他在先秦学术史上，是一位十分重要的总结性人物，他是儒学通向法学的桥梁，是"中华法系"的学理奠基人。

---

① 《史记·孟荀列传》，并参见清人汪中《荀卿年表》。

二、为民立君：对国家机制的思考

国家机器应该具有这样的组织机能与力量：组织社会的生产和分配，保障国家安全，保证社会机体的有序发展，保护人民的合法权益；抵御和消除内外破坏因素的侵害，受害后又能迅速"康复"、重建。对此，老墨孔孟的认识都是不清晰的。荀子则从国家的起源和君主的社会职能出发，对国家机制作了深入的探讨。

荀子首先发现：人类的生存竞争必须是有序的、有组织的。在《富国》篇中，他说："人之生不能无群，群而无分则争，争则乱，乱则穷矣。故无分者，人之大害也；有分者，天下之本利也。"这里，他正确地看到了"人"的社会属性与群体生存的特征："人"是社会性的"动物"，"群"是"人"的抵御灾害、谋食保命的第一道安全屏障；但"人"在群体中，不论你愿意不愿意，总是处在一定的"位"上，有特定的"分"，即身份、职分、本分，即人在群体结构中所处的地位和应起的作用以及个人从群体中获得的精神与物质消费的相应"份额"；它是社会群体在长期的共同生活中约定俗成又动态变化着的一种生存法则。谁超越和破坏了这个"分"，就会打破已有的平衡，侵害群体和他人的利益，从而引发祸乱，以至于毁灭自己和他人。"有分者，天下之本利也！"因而，它就有赖于社会群体的组织性，要求社会成员自觉地"守分"，自动地服从群体利益，于是社会便形成一种领导与被领导、指挥与服从的立体有序结构。它是社会正常运转的必需，是国家机器存在的先决条件。

荀子的研究进一步发现：为保证社会群体的有序状态，使社会有"分"，使人人守"分"，就必须有"君"，必须强调"君权"。《王霸》篇说："人君者，所以管'分'之枢要也。国者天下之利用也，人主者天下之利势也。"在国家机体中，负责制约、维护人之"分"的，负责调节人与人之间的利害关系、安排社会成员的"职分""本分"的，只能是代表国家意志的"君"。他是群体生活中"管分之枢要"，这是不能否定的。荀子阐释了"立君"的社会必要性。"穷者患也，争者祸也，救患除祸，则莫若明分使群矣。"这"明分使群"的根本措施就是"立君"。于是，他肯定了现实"君权"的必要性。在《大略》篇中，他指出："天之生民，非为君也；天之立君，以为民也。故古者裂地建国，非以贵诸侯而已，列官职、差爵禄，非以尊大夫而已。主道知人，臣道知事。"君主的本分是管理人，臣下的本分是办实事。国家机器是为"天下之利用"而存在的，君主的职责在于维护天下之"利"；同时，君主既要代表国家来实现"天下之利用"，他就需要拥有"天下之利势"，凭借"利势"来主导"利用"，主导国家财产与权力的分配和再分配。其《君道》《臣道》《强国》《富国》等篇反复申述这个道理。荀子理论的清醒度就表现在这里：当王冠一个个落地、老庄们否定一切君权时；当诸侯们一批批堕落，孔墨等幻想着"先王"的复活时；当霸主们肆无忌惮地掠夺屠杀挥霍而遭到孟庄们的无情咒骂与辛辣讽刺时，他不满足于在头脑中幻想"圣君贤相"带来"清平世界"，不满足于从感情上与现实君主们作决裂，而是致力于分析现实，揭示弊端，指出改革的方向，肯定变革的作为，从而在现实的土地上构建合乎要求的强势政权，让它去负责"平天下"。荀子懂得，天下的安宁，国家的统一，民生的安定，需要一个强力君主和有效运转的行政机器，它不以个人的好恶为转移。"孔子之徒，羞谈五霸"的态度要不得，动辄称引三皇五帝、祈求"先王"更无济于事。

那么，这个"君"的力量源泉又在哪里呢？它的权力是无限的吗？荀子说，君权来自"道"、要合乎"道"，它不是绝对的。《君道》篇说："隆礼重法则国有常，尚贤使能则民知方。纂论公察则民不疑，赏勉罚偷则民不怠，兼听齐明则天下归之。然后明分职（明确职分责任），序事业（有序安排事功大业），才技官能（取才于技，任官以能），莫不治理，则公道达而私门塞矣。"可见，荀子所界定的"君"，不是超越于社会之上的某种怪物，恰恰是生存于社会之中承担重责的"中枢"。他说：国君要依"道"借"势"，运用手中掌握的礼法大权，对全国实施有序管理。

荀子还认识到：社会各阶层的有序生存，是社会安全、君权稳定的基础。《王制》："庶人安政，然后君子安位。传曰：君者，舟也；庶人者，水也。水则载舟，水则覆舟，此之谓也。故君人者欲安，则莫若平政爱民矣。"这就正确地揭示了"君权"与"民生"之间的辩证关系。君有权，权又取决于民，这就是荀子的"君权论"。它是荀子政治理论的纲，其他论述都是围绕这个纲展开的。他说：为了民生，就必须有善政。这善政就是《富国》篇提出的"节用裕民，而善藏其余"。荀子没有笼统地呼吁"仁""爱"，而是具体地告诉你应该怎么做，怎么"节用"、怎么"裕民"、怎么"藏余"。看似琐屑，实为国家大政；《富国》篇批判道："厚刀布之敛以夺之财，重田野之税以夺之食，苛关市之征以难其事，不然而已矣，又挤挈伺诈、权谋倾覆以相颠倒、以靡敝之，百姓晓然皆知其污漫暴乱而将大危亡也，是以臣或弑其君，下或杀其上，鬻其城，背其节，而不死其事者，无它过焉，人主自取之。"话说得够一针见血的了。我们认为，注重"民生"，不谈"民主"，在荀子那个时代，也就可贵了。他哪里会懂得没有"民主"就谈不上"民生"，只讲"君主"就只有"君生"的道理！

三、隆礼重法：中华法系的学理基础

我们说过，孔子讲仁、讲礼，但他并不废法、不废刑。他心中的礼制与刑律本来就是一体，礼、乐、刑、政，被看作是治国的四大基本手段。荀子力倡"隆礼重法"，曾亲自到齐国、秦国去考察法的施行，对礼对法都有系统阐发，从而为中华法系构建了学理基础。在他看来，治国首需"隆礼"：礼统帅着法，礼涵盖了法；以礼行法则通，以法代礼则蹶。《劝学》篇："礼者，法之大分，类之纲纪也。"礼是最根本的。国法的基本原则在"礼"，判案的最后依据也是"礼"。《富国》篇："礼者，贵贱有等，长幼有差，贫富轻重皆有称者也。"讲维护皇权、维护宗法等级制、维护私有制，就是讲"礼"；"法"能够脱离这个"礼"吗？绝对不能。《修身》篇："人无礼则不生，事无礼则不成，国家无礼则不宁。"当然，这

个"礼"，不是什么人能够随心所欲地外加的。《大略》："礼以顺人心为本。故亡于《礼经》而顺人心者，皆礼也。"礼是根植于人心之中的。然而，"礼"是原则，是精神，要让它得到严肃的贯彻，还得靠"法"的保障，以法护礼则行，以礼代法则空。"人无法则伥伥（茫无所据）然，有法而无志其义则渠渠（拘拘）然，依乎法而又深其类（类推、类比），然后温温（得心应手、宽松自如）然。"明确礼法的辩证关系，隆礼重法，以礼行法，以法护礼，则国必治。这便是中华法系的学理基础。至此，由"礼—法"统一所组成的"中华法系"的学理构架便完成了。

四、节威返文：对社会管理路径的最佳选择

《儒效》篇说："诸侯问政不及安存，则不告也。"如果当政者不关心社会安宁、人身安全，荀子就拒绝跟他论政。观察某个地区、某个邦国的治理情况，"安"是一项基本指标。《富国》篇说："其耕者乐田，其战士安难，其百吏好法，其朝廷隆礼，其卿相调议，是治国矣。"荀子不爱架空立论，不搞驰骋想象，他是从列国的现实政治中筛选其治国安邦的样板的。经他的考察、比较，认为秦孝公、秦昭王时期的秦国，社会安宁，国家有序，百姓安生，其治理基本上达标了。《强国》篇记荀子入秦所见："（秦）固塞险，形势便，山林川谷美，天材（天然财富）之利多，是形胜也。入境，观其风俗，其百姓朴，其声乐不流污，其服不挑（轻佻），甚畏有司而顺，古之民也。及都邑官府，其百吏肃然，莫不恭俭敦敬，忠信而不楛（恶滥），古之吏也。入其国，观其士大夫，出于其门，入于公门；出于公门，归于其家，无有私事也。不比周，不朋党，偶然（志存高远）莫不明通而公也，古之士大夫也。观其朝廷，其朝闲（清静不烦扰），听决百事不留（不拖拉滞留、事难办），恬然如无治者（安宁清静得好像无人无事一般），古之朝也。故四世（商鞅变法以来的四代君王）有胜，非幸（徼幸）也，数（必然）也。"于是他得出结论说："逸而治，约而详，不烦而功，治之至也，秦类之矣（秦国差不多像个样子了——基本达标了）。"

对现实政权的这般赞美，尤其是对秦的赞美，在儒道法各派中是从未见到的。——荀子这种由实地考察得出的真实结论，可信度强。而且，荀子并没有到此为止。他又进一步揭示秦政的内在缺陷，指出了秦人时时担心各国联合起来来攻逼，没有安全感的原因所在。他认为：秦的唯一缺陷在于没有"大儒"治国，过于重暴力、重刑法、重威权，治得了一时，管不了长久。治好了标，未治到本。他希望秦人能够"案用夫端诚信全之君子治天下焉，因与之参国政，正是非，治曲直，听咸阳（使之听政于咸阳，即使各国诸侯听命于秦，实现'新王'理想）。顺者错之（顺服的诸侯就安排好他），不顺者关塞之外，这里指东方列国）而后诛之（不服从的随后就严惩他），若是则兵不复出于塞外而令行天下矣，若是则虽筑之明堂而朝诸侯（使诸侯来朝，实现政治统一），殆可矣"。"假今之世，益地（开拓疆土）不如益信（扩大信义）之务也"。他把这一切概括为"节威返文"。

五、化性起伪：培育具有法治意识的国民

首先，我们要知道，荀子是肯定人的价值的。《王制》："水火有气而无生（生命），草木有生而无知，禽兽有知而无义，人有气有生有智亦且有义，故最为天下贵也。"重视生命，因而要管好生命，护好生命，这是出发点。离开这个基点去评价荀子的"性恶论"，就脱离了荀子的思想实际。

荀子说"人性恶"：有私欲，好争利，而且好暴力；要想社会安宁，就得把人管住、把人教化好，这就要进行礼乐灌输与政刑规范。其《性恶》篇讲："人之性恶，其善者伪也（伪，人为也。"善"是人刻意做出来的）。今人之性，生而有好利焉，顺是，故争夺生而辞让亡焉；生而有疾恶（痛恨、厌恶）焉，顺是，故残贼生而忠信亡焉；生而有耳目之欲，有好声色焉，顺是，故淫乱生而礼义文理亡焉！然则从人之性，顺人之情，必出于争夺，合于犯分乱理而归于暴。故必将有师法之化、礼义之导，然后出于辞让，合于文理而归于治。……故圣人化性而起伪，伪起而生礼义，礼义生

而制法度。"这里，荀子基于"人性恶"理论，提出了他的"化性起伪"说。"化性"，转化人的"恶"的本性，使之向善，讲仁守礼安分；"起伪"，推进人为的礼法规范，使社会归于礼法轨道。他又说："古者圣人以人之性恶，以为偏险而不正，悖乱而不治，故为之立君上之势以临之，明礼义以化之，起法正以治之，重刑罚以禁之，使天下皆出于治、合于善也。""隆礼"之外必须"重法"，这是荀子思想有别于孔孟、有别于老庄、又能导向商韩的内在因素。当然，他不像法家那样鼓吹让"法"凌驾于一切，更反对法的滥用。

荀子重法，因而要求严格守法，护法。《富国》篇提出了要求："不教而诛，则刑繁而邪不胜；教而不诛，则奸民不惩；诛而不赏，则勤属之民不劝。诛赏而不类（罪刑不当，赏罚失准），则下疑俗俭（人们不知所从）而百姓不一（失去统一标准）。"《大略》篇要求："有法者，以法行；无法者，以类举。"法律有明文规定的，照规定执行；但社会生活是复杂多变的，任何法律都不可能覆盖一切生活现象，法律无明文规定的，就要"以类举"，运用案例法去类推处置。

春秋战国时期，面对无边的灾难，中国社会没有解体，国家机器依旧运转，中国人民在血火中拼搏着，还创造出了灿烂的先秦文明——不论是物质的还是精神的，其成果至今还在震撼着世界。这种奇迹真让人难以置信。它向我们提出了一个严肃的问题：我国古代社会的安全机制是什么？为什么它能顶住一次次如此持久又如此巨大的毁灭性灾难而生存下来、并且在运转中还产生了如此丰厚的精神和物质财富？中国人民的创造力能够凝聚能够再生的奥妙在哪里？从系统解读的荀子理论中，我们可以获得部分答案：强有力的社会管理，应该是因素之一。

第五节　韩非子：等级社会与为治惟法论

社会生活的有序状态，一是靠法律规范，二是靠伦理调节。一般说来，人们总觉得"三纲五常"是儒家提倡的，殊不知它是法家概括出来的，法家更重视它。在韩非的政治伦理学说中，"三纲"思想下的君权至上论尤为突出。

一、三纲五常与厉行法治

韩非认为：君主权威是绝对的，它凌驾于整个社会之上，全国臣民都必须服从于它，不得有任何侵害与动摇。《韩非子·忠孝》篇说"人主虽不肖，臣不敢侵也"，"尧为人君而君其臣，舜为人臣而臣其君，汤武为人臣而弑其主、刑其尸"，都是"犯上作乱"，应该绝对禁止。他要求"忠臣不危其君，孝子不非其亲"。他试图通过强调君权，来确立国家政治生活的有序状态；同时以君权为样本，推及整个社会生活，建立社会生活的有序状态。《忠孝》篇："臣事君，子事父，妻事夫，三者顺则天下治，三者逆则天下乱：此天下之常道也。"他甚至讥讽"孔子本未知孝悌忠顺之道也"。因为儒家的"忠"是有条件的，先秦儒家没有将忠君推到绝对化的地步，韩非则把"三纲"提到了吓人的高度。韩非主张君主用权术威势去驾驭人、控制人，直至消灭人，包括兄弟、妻妾和子女，更不必说大大小小的文臣、武将、说客、侠士，及那些主张礼乐、诗书、孝弟、仁义、非兵、贞廉的"六虱""五蠹"们了。他把这些防范措施叫作"备内"。（见《韩非子》的《人主》《八奸》《备内》《奸劫弑臣》等篇）只要能备内，天下就可以永久太平了——这当然是韩非的一厢情愿。

那么，君主又如何施展其权威呢？靠刑法。如果说儒家的"忠孝"说教主要靠舆论鼓吹的话，那么，法家则是靠严刑峻法来强制推行的。《心度》断然主张："治民无常，为治惟法"，认为道德仁义之类对于治国都是无益甚而有害的，《制分》篇说只有"法"才"通乎人情、关乎治理"。而他所说的"法"，指的是严刑峻法。维护绝对君权的"三纲"和严惩臣下"犯上"的法禁，是法家治国的"法宝"。后世统治者口头上很少赤裸裸地宣扬这一套，但实践上却是切切实实地施行着、发展着这一切。

二、立法方针：法与时移，禁与能变

《韩非子·心度》篇提出："治民无常，为治唯法。法与时移则治，治与世移则有功。故民朴而禁之以名则治；世智而维之以刑则从。时移而治不易者乱，能众而禁不变者削。故圣人之治民也，法与时移而禁与能变。"法家努力从理论上使法律得到确认，力争统治秩序的确立与稳固，并无情打击一切妨害、干扰、破坏这种努力的反对力量。在法家心目中，在一个治理得很好的国度里，应该是一切皆断于法的，即所谓"垂法而治，国富兵强"。

值得注意的是，在"法与时移"的同时，法家人物还注意到一般的社会管理问题，提出了"禁与能变"的口号。应该说，这是一条很重要的立法方针。法和禁，在先秦典籍中，前者通常是指国家大法，可以涵盖各种禁令，而后者通常是指一些具体的条例、条令、规章，其中包括今天所说的"警察法"在内。随着时势的发展，上有政策，下有对策，国家出台的新政愈多，老百姓的针对性活动也必然增多。于是，"上"就必须用新的手段来对付"下"。新的生活现象层出不穷，那就必须有新的法规禁令来加以规范。在《说疑》篇中，韩非又进一步提出"太上禁其心，其次禁其言，其次禁其事"，要求从思想、言论、行为上对人民实施全面的禁约，这是先秦其他各家所没有说到的。

三、法治管理的基本准则：无功不赏，小过必究

韩非说："夫惜草茅者耗禾穗，惠盗贼者伤良民。今缓刑罚、行宽惠，是利奸邪而害善人也，此非所以为治也。"《难二》："赏

无功则民偷幸而望于上，不诛过则民不惩而易为非，此乱之本也。"因此他要求赏功诛过。他举了一个"诛过"的实例：据《七术》说：商代有一则"刑弃灰于道"的条令，有人觉得这样做太严厉了。韩非借别人的口说："不！弃灰也应该严加惩罚。因为公共场所，风起灰扬，必将污人而引起纠纷，妨害法治。不弃灰是人人可以做到的，受惩罚是人人所不愿意的；用人人可以做到的事去避免人人不愿受到的罚，有什么不好呢？再说，只要这样坚持罚下去，人们就不犯轻罪了，也就不犯重罪了，刑法也就可以备而不用了。"韩非以此说明，"轻罪重罚"的结果是"重罪不至"，他把这叫"以刑去刑"。《外储说·右下》还记有一个"不赏无功"的实例：当年，秦国发生了饥荒，大臣请求开放国有园圃，让老百姓自取菜果充饥。秦王不答应，说：我们秦国的法令，有功才能受赏，无功不得受赐。此园一旦开放的话，就等于让有功无功者都能受赏，都去争抢，这是取乱之道。法家还主张，赏功责过，也要严格按现行法令条规办事，不能按个人是否受益来决定，即所谓"法不容情"。有这么一件事：一次，韩王午休，被主管饮食的侍者发现了。他连忙给盖上一条被单。韩王醒后查问此事，主管衣服的侍者未及发言，前一侍者便争先回话："大王，是我给您盖的被子！"韩王当即下令将二人各打五十大板！理由是：前者越权，后者失职，按职务条例二人均应受到处罚而不必考虑韩王本人是否受益了。

四、法治管理的着力点：社会层面控制

在法家心目中，君主是唯一的法治管理主体，政府不过是其任意取用的司法工具；广大臣民都是法的控制对象。"权制独断于君"，君把臣民视同强敌，要施行一套愚民、制民、胜民政策。在商韩看来，"六虱""五蠹"都是要严加控制的社会层面。他们是危害君权稳固、国家安宁的祸害：一是"儒以文乱法"，他们惑乱舆论，动摇人心，妨害法制的贯彻，要管制这些人；二是"侠以武犯禁"，他们带私剑、聚徒属，犯五官之禁，和政府作对，当然要严控起来；三是"游说之士"，他们纵横驰说，朝秦暮楚，往往借

外力以成其私，应予打击；四是"宦御亲近之人"，他们狐假虎威，招权纳贿，结党营私，淆乱纲纪。因其在君主身边，危害尤烈，更应严控；五是"工商游食之民"，这些人造假售劣，囤积居奇，奸利欺农，游走生事，因而也在严控范围内。法家人物认为，只要使儒（知识分子）、侠（游侠刺客）、宦（宫廷亲信）、士（政府吏员）与工商，都处于皇帝的高压控制之下，社会也就"安宁"了，实际恰好相反。

第六节　对儒道墨法之法治观的文化评议

先秦百家在国家治理、社会管理上各有主张，但"殊途而同归"，追求的都是中华大一统的持久存在与持续发展。儒墨道法、兵名医农，纵横法术，没有一家是鼓吹分裂战乱、无序竞争的。

先秦儒家在礼治体系下阐释了他的法治思想，率先对"罪""刑""狱""讼"概念及"五刑""五禁""五罚""慎狱恤刑"等原则作出了系列性法理阐释，用来规范人际关系，首先在父子、兄弟、姻亲、朋友之间，要讲亲情、讲究仁爱，否则以刑纠之；同时，在社交场合，凡贫富、能否、强弱、彼此之间，要讲究信义，不得造言生事，不得挑动混乱，否则以刑诛之。显然，这是历代"伦理法"的理论源头之所在。

另，《礼记·王制》篇曰："析言破律、乱名改作、执左道以乱政者，杀！作淫声异服、奇技奇器以疑众，杀！行伪而坚、言伪而辩、学非而博、顺非而泽以疑众，杀！假于鬼神时日卜筮以疑众，杀！此四诛者不以听！"显然，这又是历代统治者以言论定罪、排斥异己、压抑创新、大抓"思想犯"的强硬号召。这对后世的消极影响十分深远。

老庄学说中对生命的重视与关爱，既为唤醒社会良知打造了一种有用的理论工具，也为消极退让、明哲保身者提供了自我辩护的理由。今天，在法治活动中，护卫人权，护卫生命，扶助弱势群体（包括关心普通犯罪人员亲属的工作），更需要有这种关爱生命的意识作为执法行为的先导。

墨家有很多超前的社会设计，他以"兼爱"、"非攻"为指导而设计的国际关系，是平等友好互助互爱的关系；他以"尚同""尚贤"为思想基础设计的、从"农与工肆之人中"层层推选"贤可者"任国家公职的构想，有普世价值；他把当时最先进的科技知识用于战争防御的积极实践，为后人垂范立教。再说，他建立在"节用""节葬"前提下的重实体生产积累、反对过度消费的经济主张，也已经内化为中华民族崇尚勤俭崇尚积累的美德，这是孔老都没有做到的。

法家把"为治惟法"推向极端，其成功与失败之处都已得到两千年的实践检验。它拒绝"法制裁决、军事裁决"之外的各种行政裁决、宗教裁决、民意裁决、亲族裁决、道德裁决、风俗裁决。这早已为中华主流社会、主流意识所摒弃。这是应该引以为戒的。我们需要的则是综合为治。而综合为治的理论源头，应该就是荀子的"隆礼重法"思想了。把礼与法统一起来，综合推进，这才是中华大一统治国模式的灵魂所在。

第五章 秦代：建定法度，
培育国民的守法理念

公元前 221 年，秦王嬴政灭掉了东方的最后一个大国——齐，统一了中国，立即着手建设一个中央集权制的帝国政权，布建大一统法治体制。他确立了朝廷（中央）—郡县（地方）—乡里（基层）的三级行政管理体制；在基层普遍建立"亭"，承办基层治安秩序；他规定了全体国民的行为准则与行为模式，明确了国家各级各类法治管理人员的职责与行为规范，明确了法治工作的具体业务：凡要害禁卫，户口登录，交通管理，缉盗防奸，城市宵禁，消防环保，边防查禁，关卡与旅舍管理，工程保卫，社会面控制，案件受理、侦查审讯、监狱管理及刑徒看管押送等，几乎涉及后世法治工作的各个领域。秦代法治为秦代社会变革护航，每项新政都以司法推进为前锋，也为后世的法治体制搭建了脚手架。

秦人具有法治传统，从商鞅变法起，秦国一直贯彻"一断于法"的原则，依靠法、律、令、制来规范人的言行，其收效显著。荀子亲自到秦考察，他入境观其风俗，发现这里"其百姓朴，其百吏肃然，其士大夫不比周，不朋党；其朝廷听决，百事不留，恬然如无治者。"（《荀子·强国》）给了高度评价。秦始皇在极短的三十年当政期间（实际主政仅二十年），在军事胜利的同时，推进了国家法制的统一，实现了车轨、货币与度量衡的统一，实现了全国文字的统一与书体的完全革新；他还北筑长城，南开灵渠，在腹地大修驰道，使全国各地之间通过发达的水陆交通网有机地结合成一体，强有力地疏通了华夏文明的血脉，又将华夏文明的覆盖面有效地拓展到岭南、塞北、陇西与滇黔巴蜀。看来，秦的法治是很有成效的，它完成了同时存在过的其他六强都没有做成过的业绩。今天回顾起来，在中国历史上，在世界范围内，恐怕都没有任何政要能干出秦皇在其实际主政的二十年间所办成的事业。当然，秦民为此付出了沉重的代价，秦民活得太辛苦了。不过，翻检历史，倒没有发现因他的急政苛政而造成人口急剧耗减的记录（唐明皇的名声比他好，但安史一乱，唐人口即从四千八百万急降至一千六百万！十年间三千万人的耗减没有留下任何值得纪念的业绩）。在他身后，因楚汉相争而死的人要比他在世时多得多（秦代人口二千五百万至三千万，刘邦登基时仅剩下八百万）！

应该记住：在商周之后，唯有秦人，探索出了一个全新的治国模式，影响了中国此后两千年的历史！是秦代的制度文明，为中华大一统的实现作出了保障。

第一节　治国首务：建定法度

秦始皇一建国，就把"大圣作治，建定法度"定为治国首务，致力于将国家一切活动都纳入法制轨道，要求"一断于法"。（《史记·秦始皇本纪·秦刻石》）为着迅速确立帝国政治所需要的政治秩序与社会秩序，他明令平毁原东方各国境内的城寨关隘，搜缴各国兵器，迁徙六国贵族于关中，竭力实施对各种反秦力量的强控制，从而开创了一个强大的帝国政权。

秦始皇于三十四年（公元前 213 年）下诏"明法度，定律令"，部署各级政府机关人员负责及时公布国家制定的法律、法令，并向辖区全民正确解释国家法令，明令全国"以吏为师，以法为教"，强制进行法的教育。他认为，这样做可以"矫正民心，去其邪辟，除其恶俗"。（《云梦秦简》）这就把国家管理推上了"为治惟法"论的道路。他将《秦律》颁行全国，亲自巡视各地，每到一处，必宣布国家大法，张扬国威，注意从法律上、文化上、经济上统一全国的生活模式。

秦王朝实行中央集权制，组建了以"尉"职官员为主干的、覆盖全国的法治管理网络，主持着各级各地的法治。秦中央设有太尉、廷尉、中尉、卫尉等职官，地方有郡都尉、关都尉、骑都尉、农都尉及县尉、部尉等尉职之官。"尉"字由"尸示寸"组成。尸：主持之义；示：公示公告之义；寸：分寸、尺度、法度之义。郡尉县尉可与郡守县令分开办公，相对独立。这些尉职机构之间，没有直接的上下统属关系，并不形成独立的司执法系统，而是组合在各级政府之中，由相应行政首长主持其事；这是中国司法权从未膨胀到凌驾于行政权之上的主要约束性因素；而另一方面，法职在业务上享有的相对独立性，又是秦帝国的急政苛政得以推行的组织保证。

秦始皇的活动，从积极的方面看，为国民提供了一套完整的法治规范，使全国上下都做到"举措必当，莫不如划"。（《秦刻石》）统一思想，统一言论，统一行动，建立起与帝国政治相适应的社会政治秩序。这一切，对于中华帝国的历史发展来说，无疑起了巨大的强固作用。

秦代在中国历史上占据很重要的位置，虽然存在的时间不长，从秦始皇灭六国称始皇算起，到秦朝灭亡，连二世三世在内，仅有十五年的光景。但从开创的意义上说，秦是中国历史上少有的重要朝代，秦代建立的制度，绝大部分被其后两千余年的历代王朝所承传，秦皇手上完成的长城、驰道、灵渠等巨型工程，后世也大享其成；连骊山墓一项也让今人慨叹不已。倘若以"开国十年"为单位来衡量的话，汉唐宋元明清开国的头十年，谁都没有秦代的首创之功之巨。

第二节　秦代的行政与司法机构

为贯彻中央集权、皇帝独裁的原则，秦人确立了朝廷三公九卿制、郡县长官负责制的官僚政体。国家法治的职能，也就相应地解剖为朝廷、地方与基层三个层次，交予各级政府去经管。这套官制可以相应地分为三个层次：（1）宫廷与京师的法治责任机构；秦代不仅有廷尉、御史等，还有皇家卫队，开创了禁卫官制，并为后世所继承；（2）郡县狱案审理机构与关塞等要害地区的治安禁察机构；（3）乡里基层的治安机构。

一、秦中央政府的建制

1. 国家元首：皇帝，全国最高行政首脑，享有绝对权威，"天下之事无大小，皆决于上"，"丞相大臣受成事，皆倚办于上。"（《史记·秦始皇本纪》）他有权主宰国家的一切。

2. 中央（朝廷）：由丞相与三公、九卿及列卿组成，为最高行政机关。其中：

（1）丞相：朝廷百僚之长，总揽政务，也是全国立法创制方面的最高责任长官。吕不韦、李斯、赵高曾先后任过此职。

（2）国尉（太尉）：军政首长。秦国白起、尉缭曾任过此职，主管国家军事与法制，郡县之尉职官员受他的节制。

（3）御史大夫：仅次于丞相的朝廷大员。其职责为辅佐丞相，监察百官，兼管要案审理，追讨大奸巨猾。秦始皇时的坑儒事件、东郡陨石刻字"始皇死而天下分"的侦察工作，秦二世杀害大将蒙毅等事，均是通过御史大夫经办的。

　　（4）九卿：1）奉常：掌宗庙礼仪。2）郎中令（光禄勋）：掌宫殿禁卫，是皇帝的亲信官。3）卫尉：掌宫门卫屯兵（禁兵），主管皇城的治安与禁卫。4）太仆：掌管皇室车马。5）少府：掌皇室财务与供养。6）宗正：掌理皇室宗亲的名籍、福利。7）廷尉：司法长官，掌全国刑狱。李斯曾任过此职。8）典客：掌理民族事务与外交礼仪。9）治粟内史：掌管全国财政。

　　（5）列卿：1）中尉（执金吾）：掌管京师治安，巡警奸猾，统领武库禁卫事宜，此职极为重要。2）将作少府：掌宫城内的建筑修缮与工程管理。3）詹事：掌皇后与太子宫中之事，包括安全。4）主爵中尉：掌列侯爵禄事。

　　秦中央政府之"郎中令"一职，全面负责宫廷禁卫；另有卫尉卿掌管皇城禁兵的巡察、分区警戒与门卫等事。至于宫外禁卫则由中尉负责。廷尉卿一职主管全国的法治与刑法，并领导主管京师皇城外部禁卫工作的中尉；至于京师地方的治安管理，则由内史与京县长官共同负责。他们各有自己的责任区段，禁察非违，保证京城的街道、城门、市场、府库、禁苑等一切场所的安全禁卫秩序。秦代是一个惊心动魄事件不断发生的王朝，特别是宫廷政治事件颇多。因为禁军直接担任宫廷的保卫任务，所以这些事件，常有禁卫官卒牵涉其中。比如发生在公元前238年嫪毐（ǎi）发起的宫廷未遂政变案中，统管宫廷禁卫军的卫尉也参与了变乱。秦始皇平息叛乱后，将统管近卫军的卫尉处死。

二、秦代地方郡县政府的构成

　　1. 郡守：一郡之长，负责全郡政事，包括司法。其佐官与属官有：（1）郡监御史：朝廷委派之监察官。（2）郡尉（都尉）：作为行政长官的佐官，专掌武事与禁察搜捕盗贼；凡武装训练及巡逻、缉捕等事宜，均由他主管；并负责指导节制各属县之治安业务。（3）郡丞：郡守在政务上的主要助手，率领其所属郡府功曹，分头承办全郡的文书、政务、刑法、狱讼等各项事务。（4）分部尉：事务繁杂的大郡，分为若干个"部"，由分部尉（如洛阳有北部尉之类）分头负责本部治安业务。

2. 县令（县长）：掌一县政务，包括警务。其佐官与属官是：（1）县尉：掌本县武事，主管军事训练；征集兵员力役；巡捕盗贼，逮捕人犯；业务上受郡尉（都尉）节制，称作"承望都尉"。（2）县丞：掌一县文书刑狱事宜，率县功曹承办县内文书刑法狱讼事项；另配有仵作、牢头等吏役。

秦代郡县地方法制管理业务，由郡守县令负全责，他们是由皇帝直接任命的"命官"。郡县机关各部门的吏役，包括乡三老、乡啬夫、亭长等，都由郡县长官自行聘用，国家也给相应的薪酬，依"积劳日"考勤，决定其升降留用。

三、秦代基层乡里建制及其治安职责

《秦律》规定：国家实行郡县制，县以下的基层是乡。乡下又分成里、什、伍。乡设乡啬夫、乡三老、游徼及若干乡佐（又名部佐），共同管理一乡政事与治安。在秦代，乡官由县令任命。乡三老掌教化，负责一乡行政事宜；五千家以上之乡可添设一名"有秩"（有俸禄的人），以辅佐乡三老。乡啬夫负责征收赋税，受理狱讼；游徼负责巡禁捕盗，维持本乡治安。里设里正（后为避秦始皇嫌名之讳，改称为"里典"或"里啬夫"），什、伍则设什长、伍老等，负责所在区段的治安事宜。另外，族有族长，家有家长，他们也都承担着相应的管理义务。在县相关法治官吏的指导下，乡长、里典等直接主导各项治安业务的开展，承担本地一切治安事故的行政责任。从《秦简》看，凡防火、防盗、巡察、捕亡、勘验、封守、清理户籍、管束社会闲散人员，等等，他们都要出场出面，负责到底。秦代为着强化基层法治，除上述乡里什伍总管外，在驰道、津渡、城门等冲要之处特设"亭"的建制，"大率十里一亭"。各亭均要负责责任区段、责任场所内的巡察警戒和追捕盗贼等事项（"亭"的设置下文还有详述）。

可以看出，秦代法治，从朝廷开始到郡县地方、到乡里基层与关津要塞，都有吏员负责。这就形成了覆盖全国各地各社会层面的

法制网络。人民的一举一动，都在司法与治安职官的监理之下。这是帝国政治的根基。

第三节
《秦律》：国家治理与社会管理的权力依据

秦始皇在统一全国的进程中，前方军队推进到哪里，就把秦的法律推行到哪里，军事统一与法律统一相辅并行，使统一大业顺利进展。他相信，只要"治道运行，诸产得宜，皆有法式"，全国上下"职臣遵分，各知所行，事无嫌疑"，就能达成"欣欣奉教，尽知法式"，"咸知所避"的大好政局。他憧憬着建成一个"大治濯俗，天下承风。蒙被休经，皆遵轨度；和安敦勉，莫不顺令"的新帝国（见《秦刻石》）。全国统一之后，他又总结自商鞅变法以来的法治经验，吸收东方各国积累的治国成果，亲自主持了《秦律》的修订，使之成为帝国法典，并于始皇三十四年（公元前 213 年）向全国颁布。他很懂得法治对于塑造"诚朴黔首"（庶民）的功能。他在帝位的时间仅有十年，五十一岁时就一病不起，却有效地推进了国家的军事统一、行政统一、法律统一、文字统一、车轨统一、度量衡统一，以至社会思想的统一。这是很不一般的成就。

一、秦律的发现

1975 年冬，考古工作者从湖北云梦睡虎地秦墓中发现了一批竹简，经整理，总题为《睡虎地秦墓竹简》，世称《云梦秦简》。这批秦简，便是秦皇统一法制的实证，也是秦人法制传统的结晶。

《睡虎地秦墓竹简》中，有《秦律杂抄》、《秦律十八种》及其附录的《魏户律》（两条）、《封诊式》、《法律答问》、《为吏之道》等，全是珍贵的法律文献。另有《编年记》、《日书》（甲、乙两种）、《语书》等相关资料。这些法律文献直接保存着秦国法制的原生性文本资料，是我们今天研究秦代法治法律的最好依据。其中，《秦律杂抄》、《秦律十八种》是墓主人抄存的《秦律》原文；《法律答问》就律文理解与法律适用作了明细的说明，共有一百九十条之多；《封诊式》对执法的各个环节如"穴盗"、"封守"、"鞫"、"讯狱"等的操作原理与操作规程作了权威规范，并提供了各式法律文书的制作样本；《为吏之道》则以格言形式讲明了国家官员吏役的执法守法之道和区分官吏良否的政治与道德标准，应是墓主人用以自戒自律的文件，也是其向辖区官民宣讲国法的"课本"。

二、秦律内容苛繁

就《云梦秦简》所见之材料看，《秦律》内容极其繁富，大致可分为五大类：

（1）关于职官的推选任命考核及职务管理与职事章程的，有《置吏律》《除吏律》《除弟子律》《效律》《内史杂律》《传食律》《行书律》《游士律》等，有行政组织法的功能；

（2）关于户籍与赋税徭役的，有《田律》（此为我国第一部环境保护法，一直维持到清朝）《傅律》（关于户籍登录的法律）《徭律》《戍律》《关市律》《金布律》《仓律》《藏律》《厩苑律》《牛羊课律》《公车司马猎律》等；

（3）关于兵刑方面的，有《军爵律》《中劳律》《敦表律》《尉杂律》《捕盗律》等；

（4）关于工程监理、技术管理的，有《工律》《工人程》《均工律》《司空律》等；

（5）为保证《秦律》准确实施而配套颁发的、同样具有法律效力的有《法律答问》《封诊式》《为吏之道》等；又有临时颁发的各种条令，如《焚书令》之类。

看来，秦皇是认真实施了"一断于法"的原则，且都有"成文法"作规范，难怪后人要指责《秦律》苛繁，说是多如牛毛。如：《法律答问》中有这样一条规定："士伍甲盗一羊，羊颈有索，索值一钱，问何论（如何定罪量刑）？甲意所盗羊也，而索系羊，甲即牵羊去。议：不为过羊。"这是说：身为士伍的某人偷了人家一只羊，羊颈有索，值一钱。那么科刑时是否要论盗羊索的罪？回答是：此人主观上是为了盗羊，所以牵走了羊，连带就用了系羊的索。议罪时不应以超过盗羊的罪来论处他。

又如驿传待遇的享用，《秦律》中也有明确而苛细的规定。《传食律》规定：……御史府属员出差，每餐供应精米半斗，酱四分之一升，另有葱、韭菜、菜羹之类；五等爵级以上者，另行定量供应肉食，供马料草。其随行人给糙米半斗，赶车仆夫给三分之一斗糙米。凡有爵级者，二至四级的给精米一斗，酱半升，马料草半担。至于卜、史、寺、府等员，则配给糙米一斗，盐十一分之一升，并予菜羹。老百姓则自备路粮，服役者也应自备路粮。凡驿传吏不按规定发给，出差人不按规定领取者，都要受到惩处。在《行书律》中，明确规定公文在途的时间，各驿传要有到发登录，并检验真伪破损丢失情况，随时上报；规定不许用隶臣妾、老弱病残与政治上不可靠分子传递文书物品；为了保密，还规定不同文书用不同字体签发，还有加封泥印信等保密措施。外籍人员入境，要进行防疫检查，要消灭车上附着的骚马虫之类寄生虫。从上述这几个例子，《秦律》的烦琐程度，其认真彻底的精神也就可见一斑了。

《秦律》对国人的行为规范及官府量刑规定之苛严到了如此地步，真可谓琐细之极，认真至极。不过，这也看出，秦皇的"一断于法"是真实的，并非由他个人心血来潮决定一切，这与一般所说的"独裁"，还是有所区别的；反过来看，事事"依法行事"者，也未必就有好的社会政治效果。

第四节　以法律武器推进法纪与道德教育

秦人重视对社会的法纪宣教，重视对执法人员的道德教育。秦皇本人认为执法就是爱民，能执法就是美德。所以，他一统华夏之后，就一再去山东等地，多次招聚齐鲁儒生博士，问礼论道，使之为他的"一断于法"服务。其《泰山刻石》、《琅琊刻石》、《会稽刻石》中，就不乏道德教育的话。在秦代，道德是作为法的从属性工具存在的。离开法，道德也就无从谈起了。《为吏之道》有这样的话：

1. "凡为吏之道，必精洁正直，慎谨坚固。审悉无私，微密纤察，安静毋苛。审当赏罚，严刚毋暴，廉而毋刖（要有棱角有原则但不要轻易伤害别人）。毋复期胜（不要总是期求压倒别人），毋以愤怒决（不要感情用事）。宽裕忠信，和平毋怨，悔过勿重（不要重复过错）。慈下勿凌，敬上勿犯，听闻勿塞。"——这里说的是为官原则、为吏规范。如能做到了，自然合乎国家的需要。至若"忠信""慈下""勿犯上"之类，看来很似儒家的惯用语，其实，法家才真正提倡绝对的"忠君""敬上"，而严厉惩处任何违背纲常的言行。儒家讲究"不迁怒"、"不二过"，纯粹是对道德修养的提倡；而这里讲的"悔过勿重""毋以愤怒决"等，则完全出发于法律责任的考虑。这是很不相同的。至于"审悉无私，微密纤察"之类，在秦人"轻罪重罚"的总体氛围中，只能意味着对社会的严密监控，意味着官吏的严肃职守。

2. "中不方，名不彰；外不圆，祸之门。""审耳目口：十耳当一目。""毋穷（动词，下二句同）穷，毋矜（自傲）矜，毋衰（唱衰）衰。""临财见利，不取苟富：临难见死，不取苟免；欲富太甚，贫不可得；欲贵太甚，贱不可得。毋喜（谄媚）富，毋恶（憎恶）贫。正行修身，过（过失）去福存。"——对自己要讲原则性，说什么是什么，对别人则需讲点灵活性，否则办不成事，这叫"内方外圆"。百闻不如一见，秦皇很强调躬行亲历，不许以耳代目，"十耳当一目"。任何事物都有它的"度"，过分了就会走向反面。不许媚富欺贫，应该正身率下……这些德行，秦人都懂。

3. 对各级官员吏目的"职务守则"也是一再告诫的。秦始皇说："天下已定，法令出一，百姓当家则力农工，士皆学习法令辟禁。"（《史记·秦始皇本纪》）执法者必须明法，必须懂得自己的职责条例与行为规范。"吏有五善，一曰忠信敬上，二曰清廉无谤，三曰举事审当，四曰喜为善行，五曰恭谨多让。五者毕至，必有大赏。吏有五失：一曰见民倨傲，二曰不安其朝，三曰居官善取，四曰受命不偻（履行。接受任务，不立即躬行），五曰安家室，忘官府。（五者居一，必受法纪惩处。）"——这段话明白如话，今天看来，若注入我们时代的理解，也不失其警世作用。

除对官吏外，对一般居民生活也有明确的行为规范。例如：《秦刻石》对家庭生活有这样的规定："夫为寄豭（公猪，喻指淫），杀之无罪。妻为逃嫁，子不得母"；还有"有子而嫁，背夫不贞"之类的条教，与儒家的主张相距不远。在居民的法纪生活中，有更详明的"作为或不作为"的要求：强盗进入甲室，打伤甲，甲呼救，四邻、伍老、里典都有应救之责；若不在家，没有听到呼救，因而未到现场救援捕盗。这时，四邻可以不论处，而伍老与里典，因对所属人户的安全负有责任，即使不在家，一旦出了事，仍应负行政责任。又，有贼人在大街要道上杀伤了人，一百步范围内的在场人若不给救助，就要给予罚交两领盔甲的惩处。又，新生儿如果肢体不全或身有怪异，杀之，不论罪；如是健全小儿被杀，即按"擅杀子"论罪。这便规范了一般百姓的法纪行为模式。有了这些，对于养成良性治安秩序，是有帮助的（而其惩处显然太过苛刻）。秦人真正贯彻了"一断于法"的治国方针。总之，秦的法治规范是全面的，深入的，切入了广大官民的日常生活的方方面面。秦始皇尽力用其苛细严明的制度来塑造一个全新的社会，也已见到了这个社会的雏形，但他没有来得及看到这个社会真正成型，继任者"画虎不成反类犬"，彻底败坏了国家法治，于是给历史留下了无穷无尽的诅秦遗产。

请记住：法治先行，以法律武器去推进法纪教育与道德教育，实现对社会生活形态的深刻改造，才是秦始皇留给后世的启示，一笔真正的遗产。

第五节　秦代地方执法人员的职务活动

秦时案件侦破一般由县级负责进行。从《封诊式》里的《贼死》、《经死》、《穴盗》、《出子》等篇章可以看出，凡有人报案后，都无例外地要由"令史"和"牢隶臣"前往现场，进行勘察和侦查工作。"令史"和"牢隶臣"是秦时县级的专门刑侦人员和固定兼职刑侦工作人员。在乡一级，设"游徼"、"害盗"两种专职刑侦隶役。这说明当时的刑侦工作是有一定组织机构和工作人员开展专门性工作的。

《秦律》中对各级法治执法人员的职责与义务有明晰的规定，对其执法原则、活动内容、活动规程都有相应的法纪约束。

（一）读法　宣讲律令。《秦律·尉杂律》规定：地方负责读法官吏有责任定期向朝廷相关部门（比如御使府）查阅有无新法新令颁布。《内史杂》规定：各县要通知设在本县各地的都官，抄写该官府应遵用的律令。法官法吏自己要精通熟悉法令，遗忘一个罪名，"各以其所忘之法令名罪之"，弄错律条一个字，也"罪死不赦"，十分苛严。法吏们要负责及时向辖区公众读法、讲法，正确解释法令，从而让民众"皆知所守"，依法办事；还应满足民众知法懂法的请求，求而不答者要受"赀刑"；而且每次问答都得"各为尺六寸之符，明书年月日时，所问法令之名，以告吏民。"这"符"一式两份，一份由吏交机关存档备查，一份交百姓保管备用。百姓则应"以吏为师，以法为教"，不得听从法律以外的任何言论。

（二）"诣"和"告"　报案。在《云梦秦简》中，居民向官府报案、请示称为"诣"，法吏报案或汇报工作称为"告"。如《封诊式》载："男子甲自诣，辞曰："士伍，以乃月不识日去亡，毋它坐。今来自出。"意思是：男子甲自己到官府出首，交代的是："本人是士伍身份，在这个月的某一天逃亡出去，没有别的犯法活动。今天前来自首。"又载：某里里典甲来告："里人士伍乙经死其室，不知其故。"即令令史某往诊。另，《法律答问》载有一事："有秩吏捕阑亡者，以界乙，令诣。约分购。问吏及乙各何论？当赀各二甲，勿购。"一名拿着国家薪金的"有秩吏"，在执行职务时截获到一名逃亡犯，却私下交给了乙，让乙去官府报告，以便请功邀赏。约好了均分所得奖金。问这种情况如何对该吏及乙判罪。回答是："依律应判罚金各二领衣甲之价，且不发给奖金。"

（三）诊　指现场勘验、侦查。现场勘查工作包括现场勘验和现场访问。现场勘验包括痕迹勘验、尸体检验和人身检查等内容。以《穴盗》篇为例：现场勘查首先是观察了解现场所处的位置和环境；其次是勘验出入口的位置、形态、大小及痕迹物品的分布和特征，与出入口相关的来去道路的痕迹物品情况，现场中心的物品布置陈设及受破坏情况，痕迹物品的分布情况特征，并考虑提取物证与否。接着向事主和邻居了解与现场及案件有关的情况。现场勘查笔录上须记载参加人、案由、勘查过程及勘查结果。

又如对"经死"的现场勘验。《封诊式·经死》要求：县府接报有人自杀了，县令史当即约同牢隶臣与死者本里里典、伍老和死者的血亲一起出现场。到现场后，令史独立到尸体边亲自验视，首先仔细查看吊索的环扣痕迹，重点察看绳索的终端，如有圈束痕迹，应察看死者舌头出与不出，再查看头足离绳索终端和地面各有多少距离，是否有屎尿流出；然后解开绳索，放平尸体，注意口鼻有无出声"叹气"的样子（上吊自杀必然有郁气逸出；他杀移尸则不会"叹气"），看脖上绳印处是否有瘀血，看瘀痕形状是半圈还是圈满颈，试验死者之头能不能从索套中脱出；若不能脱开，即解开死者衣服，全面检查其身、头及发髻中有无异痕异物。如果舌不伸出、口鼻无叹息声、索痕处无瘀血或有满圈瘀痕、绳扣紧死而头不能脱，那么，这种"自杀"就很难认定了。自杀的人必然先有缘故和表现，要查问其同居家人，来综合判断其死因。这一切诊视勘验完成后，要制作一份《爰书》，供判案用。

秦时的刑事侦查技术水平很高。《穴盗》篇中有关现场鞋印的记载。在勘验现场时，注意在出入口、来去道路等部位寻找鞋印。这显然是为了分析判断罪犯在现场上的活动过程，判断罪犯的离开方向。秦人对鞋印的运用目的有两个：一是用于刻画罪犯的特征，穿鞋人的身高、体态情况，为查找和通缉罪犯提供人身特征；二是用于物证鉴定，有着严实的证据鉴定意义。同时，秦人对于手印也有运用；并且对工具痕迹也有所研究，现场勘察时注意登录其位置、特征、与主人的关系，作为案情分析与物证使用。这类现场的勘验记录，表明秦人的出现场是有严格程序必须遵守的。于此可见，我们今天采用的现场勘查方法与程序，早在两千年前的秦朝就已经初步形成。西方的刑事侦查和刑事检验制度则是在19世纪末20世纪初方才建立起来的，中国是世界上最早进行现场勘验并进行法医检验的国家。

（四）检验 指对伤残人员、对病体死体的法医鉴定。人们都知道我国宋代的《洗冤集录》是世界上第一部法医学专著，都知道我国法医研究是世界最先进的。实际上，秦代法医工作早已具有一定水平了，当时就有活体检查和尸体检查。对于尸体的检验包括了对尸体的位置和姿态的观察、衣着的检验、伤痕形态和大小的检验、血迹的检验、尸体损伤处对应的衣着破损情况的检验，以及尸体身长、肤色、发长、疤痣病理状态等身体特征的检验。不过，当时还没有专职的法医，法医工作由勘查现场的"令史"、"牢隶臣"承担起来。必要时，也邀请医生进行法医鉴定。对于女子的活体检验，则由"隶妾"进行，即由女性检查人员负责。《封诊式·出子》提供了一则检验某女性被殴流产的例子。女甲送来一团用布包裹着的凝血状物体，称是被邻妇丙殴打而流产的六个月胎儿。县府令史当即作了检验，并以《爰书》记录下来："经仔细察看血块状物，有从手指至手肘的长短，但难以判明是胎儿；便投入一盆清水中轻漾之，看出胎儿的头、身、手臂、手指、脚、大腿以下到脚、脚趾，都已像人，但看不清眼睛、耳朵、鼻子和性别。从水中取出，又呈凝血状。于是确认是流产胎儿。又专派"隶妾"检查女甲阴部的流血及伤情，确认该流产胎儿为其人因伤而出。特报告检验结果。"这是负责而又非常人性化的举措。

（五）查封 《封诊式》载有一则"查封书"即《爰书》的式样。其大意是：根据某县之县丞某某所来公函，要求查封负案受审之某甲的家产、妻子、奴、婢、衣物、家具、畜产等。现经查计得甲之室、人情况登录如下（略）。当县级法吏到基层执行查封任务时，相关乡里什伍负责人必须到场，承担任务，承担责任。

（六）鞫 指听口供，取证。《封诊式》载有一则法律文书，内容为："敢告某县主：男子某有鞫。辞曰：'士伍，居某县某里。'可定名事里，所坐论云何，何罪赦？或覆问无有？几籍亡？亡及逋事各几何日？遣识者以律封守。当誊，誊皆为报。敢告主。"意思是："我谨负责通知某县主管：男子某某在案受审。他交代说'本人是士伍身份，家住某县某里。'请查实其姓名、身份、居住地，了解其所犯之罪过，曾有什么前科、有何罪赦，有无避税逃役情况？情节怎样？什么时候发生的？审验过没有？请派熟悉情况者前去依法封守其家。当抄报者，请逐项抄报。谨此告知贵县。"取证是十分重要的断案环节，法治管理者有责任提供所有证据、资料。

（七）讯 指审讯。《讯狱》篇详细而又明确地规定了审讯程序，把审讯分为三个步骤：第一步，不加干涉地让原告、被告、干系人各自陈述全部案情，并加以书面记录；陈述过程中不得随意插话、打断；第二步，在犯人陈述结束以后，对供词中的漏洞和矛盾进行诘问，允许犯人辩解，然后对辩解中的漏洞和矛盾再进行诘问；第三步，如果犯人无理狡辩，拒不服罪，就进行刑讯。但实行刑讯时，必须制作记录，说明刑讯原因、答掠多少，结果如何；此记录同样有法律效率，供量刑时考虑。其关于"尽听书其解词"的规定，实在是法治预审中应予注意的经验之谈。当然，这三个步骤并非是固定不变的。

秦朝的刑侦破案工作无论是侦破的策略方法也好，刑事技术也好，法律程序也好，都包含着科学成分，并且其中一些程序仍为我们今天所沿用。

（八）捕亡 缉捕现行犯、潜逃犯、越狱犯、隐匿犯等，一切已经或正在实施犯罪行为的人犯都在"捕亡"之列，而不论其是否受过审判、有无罪名。据《法律答问》载：凡县丞以上的国家命官、任官都有义务随时参与捕盗；官府得委派专责吏役即"有秩啬夫"去防盗、侦缉和追捕人犯；同时，国家高额奖励民众参与捕亡，捕得一名"刑徒"即可得其随身财物，国家另奖给捕亡者金二两。再就是严惩纵盗、藏盗；责罚不尽义务去救助受害人者、不尽力尽责支持执行公务的捕盗人员者。这一切，都有助于官府法职人员的捕亡、侦缉、防盗等执法活动。《法律答问》有一例："捕亡完城旦，购几何（赏金有多少）？当购二两。"逮捕到一名逃亡而已判完城旦之罪的人，赏金多少？答：依法应赏金二两（黄铜二两）。又载："夫、妻、子五人共盗，皆当刑城旦。今甲尽捕告之。问甲当购几何？当购人二两。"一户的丈夫、妻子、儿子五人共同盗窃，依法都判了刑城旦之罪。由某甲将其全数捕获来告。问应给他多少赏金？答：依法照所捕人头给予每人二两黄铜。

（九）查验　这里专指对在途人员的身份查验。《秦律·游士律》规定："游士无符居县，赀一甲，岁终责之。"流动游说之士没有符传而居留于某县，受罚金处罚，交一领衣甲之价。所居留之县年终核计时，要追究县的行政责任。法律规定：政府官吏、军士因公出行，凭相应证件享用国家驿站、候馆的食宿方便及相关服务，但需交验证件，不得超级享用。一般商旅在途，过关历卡，投宿借住，都必须接受查验，包括查验其身份、出行目的地及其途经、所携物品是否合法等情。不查或查不实，双方均负法律责任。如《史记·商君列传》就有记载：秦孝公死后，新上台的国君以商鞅"欲谋反"的罪名逮捕他。商鞅慌了，连夜逃亡，来到边境某小旅店投宿，店主说："商君之法：无传者不得入宿。"要他交验符传，他当然没有。后来被押回咸阳车裂了。《史记》说商鞅是"作法自毙"，我们则从中看到了秦人法令贯彻的彻底、有力。

（十）备警　秦军事统一全国的进程中，往往发布"备警令"。战时法治在当时备受重视。《大事记》写着南郡的一次备警活动：秦始皇十九年，准备南攻楚国，于是"南郡备警"。这是战时的法治活动，对全体军民实施法治强控制。在备警期间，《法律答问》说："誉敌以恐众心者，戮。"意为：夸说敌人力量以动摇军心者，杀头。这是从严不贷的。备警期间一切言行都是从严监控的。《墨子》中也有相关记录，前文已有述及，不赘。

另外，秦人大倡遇事诉诸法律，不主张民间调解。这方面《云梦秦简》中也就未见调解实例了。这从另一个侧面说明了"为治惟法"的彻底性。

第六节　秦代的户籍登录

人口管理，是国家法治管理的基础。为了对人口实行有效的政治管理，首先必须把人口有序地组织在一个相对稳定的社会机体之中，建立自下而上的管理网络，控制不同的社会层面，使其服从于国家的政治秩序。

秦的改革是从推行什伍制、强化法制开始的。有了这个基础，就清扫了变法的基地，使不断出台的新令能较顺利地贯彻到基层。而为了真正落实"什伍制"，就必须确定"户"这一逻辑概念。秦国以法令形式规定了"户"的法定内涵：一丁一户。秦国又通过法律限制赘婿、后夫的权力，从而控制血统家族的相对稳定。这样，家庭变小了，家庭人口关系就简化了；以成丁为户主的人口登录也就易于掌握了。那么，登录哪些内容？商鞅在其《去强》篇中说过："强国知十三数：境内仓、口之数，壮男壮女之数，老弱之数，官仕之数，以言说取食者（术士）之数，利民（经商者）之数，马、牛、刍草之数。"

秦代不满足于仅仅知道全国人口总数，还要知道能反映人口质量、人口构成的具体数字。因而就将人分成壮男、壮女、老、弱、官、士、利民（商贾）、以言说取食者（术士）等，要求从户籍登录上反映出来，并分类统计上报。显然，这便是秦国户籍的实际内容。《云梦秦简》中有《傅律》一条，规定公民有如实填报户籍的义务，不得隐瞒家内奴隶，不得未老报老，已老不报，不得以壮年报病废，已成丁报幼小等，如有违法，除本户受罚外，基层"典老"（里典与伍老）也连带受罚，同伍四邻连坐受罚，全部强迫迁徙到边地去。以如此严厉的措施禁止"报不实"，可见当时登报户口遇到的阻力之大与国家坚持推行户籍制的决心之大。《傅律》还有一条，规定百姓不得擅自迁徙，如果迁徙，必须办理"更籍"手续。如本户是合法迁徙，而"吏弗为更籍"，吏就要负法律责任。从《秦律十八种》的《工人程》、《效律》等条文分析看来，秦人登录的"年龄"一项最初是以身高来表示的，其划分类别如次：

（1）婴儿（女生七月、男生八月之前，须向当地政府登录注册）；

（2）幼：五尺二寸（秦尺）以下（相当于女七岁八男岁以下）；

（3）小：五尺二寸以上至六尺五寸之间（相当于女七岁男八岁至十六岁之间）；

（4）大：六尺五寸以上（相当于十七岁以上至六十岁之间）；

（5）老（相当于六十岁以上）。

到秦始皇十六年（公元前231年），史书上有"初令男子书年"的记载，不再以身高为依据了。

那么，秦代户籍的用途是什么呢？从《云梦秦简》与《史记》等书分析得出，大致有这样一些用处：

①以户籍为基础，决定全国赋税、劳役、兵役的征发调用，作出国家财政收支的匡算和国家工程进度的匡算；决定国防开支；

②进行人户管理，防奸、防盗、防逃亡、防一切诈伪、防偷惰，控制非农业人口与非生产性活动；

③决定国家公职公务人员的薪俸，决定官奴婢、官府手工工人等的衣服、口粮的定量分配与按期发放。

秦代户籍管理有法可依，程式明确，管理周延，从行政上看，是一种创造。但它"便于国而不便于民"，则是一个突出弊端。

照《封诊式·封守·爰书》的内容，再参照其他材料，可以推知秦代户籍内容大致如下所示：

（一）〔户主〕

_____县、_____乡（里）、_____（爵级）、_____（姓名）、傅籍日期（出生年月）_____、健康状况_____，体征（如肤色之类）_____。（注：比如写成"某县某里士伍某某，身健、面白"之类，写明体征，便于县官作貌阅，起后世肖像的作用）

（二）〔家庭成员〕

妻：（姓名）_____、原住（娘家）乡_____里_____、身高_____、体征_____。

子：大女子（姓名）_____、身高（年龄）_____、体征_____。

子：小女子（姓名）_____、身高（年龄）_____、体征_____。

子：小男子（姓名）_____、身高（年龄）_____、体征_____。

（注：大男子已分户，另录）

（三）〔家内奴隶〕

臣：大男，名：_____、身高_____。小男，名：_____、身高_____。

妾：大女，名：_____、身高_____。小女，名：_____、身高_____。

（四）〔家产状况〕

房产：_____（间数）。（结构）_____。

土地：_____。（有相应的"版图"，注明其四至、等级）

树木：桑：_____（株），麻：_____（亩）。

畜产：犬_____、马_____、猪_____、羊_____。

（注：要求注明大小牝牡与数量）

（五）〔要目登录〕

［租赋完成情况］_____。

［徭役完成情况］_____。

［罪赦情况］（罪名）_____、（日期）_____。

［奖励情况］（原因）_____、（日期）_____。

（六）〔具结〕

户主_____。里典_____。伍老_____。（要求画押，保证所报准确）

第七节 上计：量化的行政管理

先秦两汉六朝时期，国家曾长期推行一种"上计制度"：这是一种"分级统计、定期上报"的总计制度，由郡县政府专职机构的专门人员负责，对本行政区内、相应时段内的社会政治经济动态及时汇集核计，以"计书"的形式，定期、不定期地直接向朝廷汇报，要求以量化数据反映。

当时，上计制度在齐国、魏国、楚国等各国也都推开了。这在《韩非子·外储说》、《晏子春秋》、《新序·杂事》等文中均有明晰的记载。

在秦国，秦孝公十二年（公元前340年）迁都咸阳，"并诸小乡聚，集为大县"，县设一令，另有一丞。时全国共有县三十一个，后来发展到四十一个县。县以上设郡，形成两级地方行政管理体制。根据有关资料，秦国自下而上的地方与基层负责人是：伍有伍老，里有里典，乡有乡啬夫，县有县令，郡有郡守。为了及时准确把握各郡县各乡各里的治安状况，秦国实行了一套"上计制度"。据《商君书》的《禁使》篇讲："吏专制决事于千里之外，十二月而计书已定，事以一岁别计，而主以一听。"《韩非子·难二》也论及这个问题，他说：秦昭王时，王稽任秦的"河东守"，此人竟然"三年不上计"。韩非认为这是非法的，应予惩处。可见"上计"已成国家定制。那时，国家有特命的"上计使"，负责地方上重大事项的调查上报；郡、县有专职的"上计吏"，主持地方调查、赴京上计的事宜；郡府县府还设有"上计掾"，专门负责管理上计的文书、档案和各式报表；另有上计随员若干，视需要配置。有时地方有特殊人物要送京"面圣"，也与上计吏同行，沿途由驿站按规定供应食宿车马条件。

秦始皇时上计的一个重要特征，就是法律化。秦始皇统一中国后，布建了全国性的上计网络。秦中央由御史大夫和柱下史主持全国上计，行使监察之权，对上计报告进行审查、考核，并将其查核结果报告给皇帝，以决定奖惩。对于那些违法、犯令、失职、治狱不直和考核劣等的官吏，处以训斥、赔偿、赀盾甲、偿徭戍、夺爵免职、徒刑及死刑不等的惩罚。内史即京师行政长官，既主政务，又主财计，参与审计。各县府年终应把粮食支出簿籍及其他粮仓的支出簿籍，与同年度的财计报告一起上报；由都官审核财政会计报告。

秦始皇厉行法制，《睡虎地秦墓竹简》中，有不少关于统计的很详细立法条款。如统计各地财政事项，凡计算程序、计算口径、计算标准、计算误差都有统一规定，要求准确计算，账账衔接，账实相符；凡出现差错，依法追究责任。其中，金钱项目的误差在±二百二十钱以内，谇之；±二千二百钱以内，罚盾牌一副；±二千二百钱以上，罚盔甲一领。《秦律·效律》规定：粮食统计，允许有百分之零点八的误差，过限即罚盔甲一领。而人、户、马、牛也各有法定计量单位，错一个单位即罚一领盔甲。这法定计量单位，对统计是至关重要的，否则一切数据就失去可比性。比如"户籍"登录，"户"没有一个明确的计量标准，一人算一户，十人百人千人也算一户，那又怎么能反映全国人户之现状呢？秦国规定"一丁一户"，一家有两个成年男子，必须分门立"户"。这就明确了立户标准，自然就能准确登录户籍了。又，《秦律·仓律》规定要总计每户一年的收成："稻后禾熟，计稻后年。已获，上数。"稻子成熟得晚，在稻子收获后，应及时上报收成。另，上报时，还要区分粳稻、糯稻，报明其出米率，并另列酿酒的专用稻数；要分年度核计，不许把上年库存数计入当年的收成数，等等。

上计报告由各级主管会计的官员负责组织，由经办人员于年前将下一年各项租税收入的预算数字，写在本券上面。本券从中一剖为二，王执右券，主管官吏执左券。年终上计时，各地主管会计的上计吏，将各个项目的实际收入、各项费用开支数目，都写在竹简或木券上，如实地向皇帝报告。皇帝根据右券，对照上计报告进行检查，并根据检查结果考核官吏的功过，决定奖惩和升降。如果皇帝从上计报告中发现了疑难不解的问题，或听到当地的人对主管官员有什么反映，还要派人到实地视察，以了解情况。

上计报告有很多种，主要分经常性报告和专题报告两种。经常性报告包括每年终了的年度报告和三年大计报告两类。年度报告必须报送国君，以作为考核百官的依据，即"岁终奉其成功，以效于君。当则可，不当则废。"它的基础是由下属官吏作的月度报告和旬度报告。这种经常性的上计，是分级进行而逐级上报，一般规定在十二月编制和呈报。直接向朝廷（皇帝）汇报的上计，又有定期和不定期两种：（一）"岁尽，遣吏上计"，是为定期。秦始皇为这种"上计"明确了主要通用指标：（1）人户增耗；（2）土地垦辟；（3）产量丰歉；（4）狱囚多寡。这四大指标涉及政治经济军事和治安，非同小可；另有一些具体配套指标，《史记·范雎列传》（司马彪注）说是包括进贤、劝功、决讼、检奸、问囚、平反及农桑发展、拯乏救绝等若干细目。（二）不定期的。凡遇有严重水旱风虫灾害，地震山崩祸患，或其他严重事件，由特命的"上计使"或地方负责人直接带上"计书"亲自赴京汇报。比如连续阴雨而成灾，要报明阴雨天数、受灾面积、减产幅度、赋税影响、所采应对措施，等等。另一种是"专题上计报告"，如工程有工程上计，战事有战事上计，狱案有狱案上计……凡专题、专业的上计均随宜安排。基本精神是用数字说话，如实上报。一旦发现"上计失期"或"报不实"，即以"怠命"处置。始皇帝每天要批阅各地区、各行业上报的材料，并加批示后以《命书》形式下发。下述资料可以说明当时上计制度执行的彻底程度。

秦代，对人的管理特别是"公务人员"的管理也纳入了"上计"的轨道，当时称作"积劳日"法。从马夫、牛童开始，凡在官府任职、服务的人员，每人每天都有一定的工作量；三个月一评，年终总评。一年劳动达到三百个"积劳日"就算合格，叫作"中劳"（中，音"重"，合格）。如果连续评比合格，政府将奖以"积劳日"一至三旬，叫作"赐劳"。积劳日超过当年指标的，来年将会提升；连续不合格的，将会被黜退。他的这项"积劳日"制度，汉代依然执行着：飞将军李广打仗勇猛，杀敌无数，却不屑于去统计"胜利果实"。但军中奖惩，是需要以"上计数"作依据的；他往往随意估摸着报一个约数，结果经不起验收，常常因为"虚报"而受处罚，不但无功，反而获罪。他的堂兄弟李蔡"为人在下中"，不怎么能干，但精于统计，勤于汇报。此人就是"以积劳为代相"的，凭"积劳日"多而做了一国之相。在著名的《居延汉简》中，"中劳二岁"、"中劳三岁六月五日"之类记载不绝于目，可见汉代始终执行着上计制度。《汉书·地理志》详载各地人口土地数，累计汉平帝元始二年（公元2年）全国人口总数为一千二百二十三万三千零六十二户，五千九百五十九万四千九百七十八人，其时的"定耕地"为八百二十七万零五百三十六顷。数字精确到个位，自然是认真统计的结果。

秦代的审计处理的法规有：（一）对会计核算的审查处理；（二）对财物保管、出纳的审查处理；（三）对新旧官吏调离移交时经济责任的审查处理；（四）对官吏贪污、舞弊和贿赂等违法行为的惩罚。若会计部门或财物保管部门官吏贪污、挪用，视同盗窃犯罪予以制裁。

秦代经常定期或不定期地检查会计凭据、簿书等，若发现违反法令或错记错算、漏记漏算等问题，视问题大小酌情处罚；对仓库各级主管人员、会计都明确其经济责任。对库藏财物及其保管情况采用就地稽查的方式，进行清查、审核。仓库中的财物，按定额既不准许超出过多，也不允许亏空不足，对多出或短少的粮食、草料等实物若隐瞒不报，或者多报少报，或者采取注销的手法弥补亏空，一经查出之后，则同盗窃罪一样处理；发生财物损失损耗事故时，区别责任性事故和非责任性事故，作不同的处置；对离任官吏作经济责任的审查，解除卸任官员的财务责任，同时又认定就任新官员的经济责任。这同当时古希腊雅典城邦所实行的官员去任经济责任审查活动不谋而合。

第八节　秦代的产业管理法令

"秦律多如牛毛"，实现了对全体国民生活的全覆盖，它对实体产业的基础管理尤为重视。现就其重要条目略述一二。

一、资源管理法令

对农业社会而言，"资源"主要是指土地及水流、林木、草、矿藏、动物等，这方面的管理法令，既有从前代继承而来的措施，也有秦人自创的新规。如：

田律：关于耕地、可耕地的保护、垦辟、耕作、利用的律令。《秦墓竹简》中载有这样的条令：

（1）土地上下了及时雨、禾苗抽穗时，应及时上报其顷亩数及未耕面积数，禾苗生长期所下雨之受益面积、雨量大小亦应上报，遇有旱灾、水灾、风灾、虫灾及它物损稼成灾情况，一律及时上报顷亩数。近县派急脚专题报送，远县由邮驿传递：每年八月底前报送。

（2）春二月，禁止采伐林木及壅塞堤水；不在夏季不准烧草为灰；不准采殴、伤害幼兽幼鸟和鸟卵；不准下毒取鱼鳖；到七月弛禁。唯有死丧作棺木不受此时限。凡邻近马场牛场及其他禁苑者，不得纵犬入内：入而未追捕兽者勿杀；追捕者杀之；在禁区所杀犬，需上交充公；在其他地点杀犬，应食其肉而交其皮。

（3）农村居民不准卖酒，田啬夫（村长）、部佐应严加管理纠察，违禁者惩。

另外还有交纳、收存、支用谷物与刍草的条令，此不赘述。

二、生产管理法令

秦代工业、手工业都是官营的，故工场与作坊的管理法令严密而周详，制定有《工律》、《工人程》、《均工律》、《牛羊课》、《金布律》、《仓律》、《厩律》、《邮驿律》、《司马律》、《属邦律》、《关律》等等专门法规。中央由少府主管，地方由令长主管，并设专员（吏、役）分管；具体作业则由"工师"负责。要求保质、保量、保工期、保原材料消耗，保从业者的衣粮之定额发放；要求制定产品质量指标、规格，产量；制定劳动力责任制及生产指标与奖惩事项；确定劳力组合调配及生徒教养的方案及其实施。其中有些法令颇具创意：

（1）产品零部件规格标准化，全国统一，以利于随时随地地更新与验核："为器同物者，其大小短长广亦必等。"这在西方，是近代工业大生产的要求；手工产品则各有"个性"。（见《工律》）

（2）官有武器需有专门标识，编号登录，百姓领用必须造册登记，按期归还原物，私易或损毁者应受惩并赔偿；（见《工律》）在中国，武器管理向来是从严的，是政府行政任务之一。

（3）男女工程量视作业性质分别计算：隶妾及女子用针为锦绣它物，女子一人当男子一人（计工计酬）；冗隶妾（编外杂工）二人当工一人；更隶妾（计时女工）四人当工一人；小隶臣妾可使者（七岁以上女童工）五人当工一人。（见《工人程》）没有区别就没有政策，但必须"同工同酬"。

（4）新工匠初作工事，一年只需完成常工定额的一半；二年应完成全额；工师要负责好好地教育训导。能先期学成者报告上司，将有所奖赏；逾期未学成者记录在案，上报内史备查。（见《均工律》）

（5）适时识拔、优遇能者：隶臣有巧可以为"工"者，勿以为人仆养（勿替贵族家庭作车夫、厨夫之类。）（见《均工律》）

（6）产品验收奖惩："省（xǐng，验收）殿（末位），赀（罚金）工师一甲（一领盔甲之价）；丞及曹长（班组长）一盾；徒，络组二十。"又，"采山（开矿者）重殿（连续考核为末位），赀啬夫一甲，佐一盾。三岁比殿（连续三年皆为末位），赀啬夫二甲而废（停职，开除，淘汰）。（参见《秦律杂抄》）

好了，仅这些例子，已足见《秦律》立法思想的详密苛细了。

三、商贸管理法令

秦人重农轻商，对商贾的管理尤为苛严。《秦律》沿袭《魏户律》条文，曰："自今后夫赘婿、贾门逆旅，勿予田宅……三年，欲仕仕之。"中国古代的轻商国策，就是从此时起定下的，直到唐代才有所改变。

（1）商品质量管理，如"布袤八尺，广二尺五寸。布恶，其广袤不如式者，不行（不许上市买卖）。"

（2）货物买卖，值一钱以上者须明码标价（各婴其价），"小物不能名一钱者，勿婴。"（婴：在商品上系上小木牌，写明单价）

（3）买卖"生口"（包括牛马与奴隶），三个月内无旧病复发方才生效，否则退回，返还原价。

（4）百姓欠官府的债或罚没款，而已移居他县者，发文他县，由所在县负责追偿；官府欠百姓的钱债而已移居他县者，发文他县，由所在县负责清退赔补。

四、钱币证券管理法令

（1）官府受钱者，千钱一畚（běn，蒲编的容器）。以丞、令之印印之。不盈千钱者，亦封印之。（见《金布律》）按：贾谊《过秦论》有"头会箕敛"一语，意为按人头数计各户税额，用畚箕去挨户收敛钱财。

（2）百姓和官府公人，均不得选择钱币之币种或新旧，违者，告发受惩。

五、重大工程管理法令

而今，在京北群山中，有数处燕人筑、秦人修、明人重造、今人闲游的几段长城，以八达岭、慕田峪、司马台为著名，一律盘亘在山脊陡崖上，为峭壁增高，替峻岭加势。远远望去，岭上长城如巨龙卧波。那山顶的烽火台，又似炮楼般雄峙着，阅尽人间沧桑，仍不改其俯视一切的威严。让人纳闷的是：千百年前，在这片环顾四周、了无人迹的荒山野岭上，是谁画出了长城的走向图？是谁主持了这一浩瀚的工程？他们又是如何把这批数不尽数的巨石、条石、碎石运作起来、垒叠成城的呢？不少段落，峭壁下临深渊，上面立足都很困难，秦人又是怎么施工的？

为了确保各项工程的按期完工，秦制定了《徭律》，规定全国劳动力由中央统一调配使用。被征调的刑徒与民工，均得按期到达目的地，误期者惩。秦代全盛时全国人口约三千万，修长城用三十万民夫，戍岭南用五十万民夫，建阿房宫、骊山墓等用七十万民夫，筑驰道用劳力不下于二十万。所有工程，几乎都是在秦始皇四十岁至五十岁期间完成的。如此浩大的劳动大军，离开全国的统一调度与严密管理，是不可想象的。

仅拿驰道一项来说，以咸阳为中心，西去今天水、兰州有"陇上道"，北上今包头以远有"直道"，东北去太原、雁门、碣石山有"邯郸广阳道"，东去洛阳、新郑、曲阜至琅琊或芝罘有"三川东海道"，东南去寿春、过长江，直抵会稽山上有"寿春会稽道"，南下襄阳、荆州、桂林，通往番禺（今广州）有"南郡零陵道"，西南通汉中、成都、巴郡有"汉中巴蜀道"，另有"五尺道"直通昆明、大理、腾冲；东部有"滨海道"连接碣石、蓬莱、琅琊、彭城、高邮、江乘、会稽；北边有与长城平行的"塞上道"，连接右北平与雁门、上郡。这些驰道不但修成了，秦皇多次出巡还使用过它；仅此就足见当时工程管理任务之紧迫与繁重了。

据《云梦秦简》记载：当年，秦皇是让一批"度者"承建工程的。事先，由"度者（工程师）"作出规划：在那条线路上筑墙？穿过哪些郡县？有多少土石方？用多少料？质量指标如何？要用多少运载砌筑工具？用多少劳力？劳力又从何处征集？什么时候完工？如需跨季节施工，换季的衣装该如何筹集？要多少粮食供应？……这都要制成《爰书》，逐级上报，逐级审议，最后由始皇帝签发《命书》，下达任务，要求按期、按质、按量完成，否则追究"度者"与所有工程人员的责任，不合格的要推倒重来，所费工期由全部参加者无偿负担。万里长城，就是在这样的严密管理下修成的。

当年，秦始皇用十年时间，猛力结束了四百年纷争动荡的历史，为我国创立了大一统的政治体制，又用十年时间统一行政，统一法律，统一军事，统一经济，统一货币，统一文字，筑驰道，开灵渠，修万里长城，他北使胡人不能"南下弯弓而牧马"，南开桂林象郡，实现了华夏文明的初步整合。他在政治革新与社会改造两大领域都取得了卓著成效。他一心要构建一个能发挥大一统政治体制的历史优势的实践模式，但毕竟是亘古未有的开创，他的试验，几乎耗尽了社会蓄积的所有经济实力，远远超出了一两代人所能承受的负荷，使其实践模式的先天性弱势迅速暴露；加之他本人五十而终，秦二世又倒行逆施，致使秦政权在农民起义与六国贵族造反的双重夹击下迅速崩亡。但无论如何，秦皇的时代也是一个闪光的时代，是应该用浓墨重彩去记述的一个"以法治国"的时代。

第九节　亭：社会基层管理的治安机构

社会管理是国家法治建设的基础，要靠基层来落实。

一、秦代亭的相关法规

《秦律》规定：为着强化治安，秦人在基层专设了"亭"。街有街亭，乡有乡亭，都门外有都亭，城门口有门亭，政府机关有府亭，市场有市亭，边防线有戍亭，津渡口有津渡亭，交通要道上"大率十里一亭"不同的亭，有不同的具体业务，但各亭都建有亭舍，负责治安。市亭、都亭等还建有亭楼，以便伺察。各亭均要负责责任区段、责任场所内的巡察警戒和追捕盗贼等事项。每亭有亭啬夫负全责，亭校长主管本亭范围内的武事，亭夫多人管开闭扫除等内务，亭卒们执行上级交给的各项任务，如迎送官员、邮递公文、查验过客、押送要件等。在乡游徼率领下，亭卒要执行巡逻警戒等任务，求盗要执行缉捕追逃取赃等任务。

秦时各亭有关人员在执行治安任务时，按规定要着土红色服装，手持刻写着相关法令的"三尺版"（约当今一点八市尺），以示执法工作的严肃性与合法性，再带上绳索等。这样，也就要求亭的职员能粗识文字，懂得使用"五兵"（五种警戒兵器）。仅从这个意义上来说，秦代亭的工作人员，就很有点类似于后世职业化的"警察"了。亭长往往找强横有力者担任。刘邦早年"不事产业"放浪强横，他就当上了"泗水亭长"。为保证巡徼、求盗等履行其治安职责，《捕盗律》规定：如专职治安人员承担了非职务活动，则追究其上司或上级机关之行政责任。这一切，均有史籍为证：

（1）《史记正义》说：秦法"十里一亭，十亭一乡"，由亭长主持一亭之事。亭长主"求捕盗贼，承望都尉"。规定亭长着绛色衣。

（2）《风俗通》曰：汉家因秦，大率十里一亭。亭，留也，盖行旅宿会之所馆。亭吏，旧名负弩，改为长，或谓亭父。又云：五家为伍，伍长主之；二五为什，什长主之（十户）；十什为里，里魁主之（百户）；十里为亭，亭长主之（千户）。十亭为乡（万户），乡有乡佐、三老、有秩、啬夫、游徼各一人（乡户五千，则置有秩。有秩，郡所署，秩百石，掌一乡人。其乡小者，县置啬夫一人，皆主知民善恶，为役先后；知民贫富，为赋多少；平其差品。三老掌教化，凡有孝子顺孙、贞女义妇、让财救患、及学士为民法式者，皆扁表其门，以兴善行。游徼掌徼循，禁司奸盗）。

（3）《汉官仪》曰：亭长课徼巡尉、游徼。亭长皆习役，备五兵。五兵：弓、弩、戟、楯、刀、剑、甲、铠、鼓。吏赤帻、行滕、带剑佩刀、持楯被甲、设矛戟，习射。（十里一亭，五里一邮，邮间相去二里半）司奸盗。亭长持二尺板以劾贼，索绳以收执贼。

（4）《急就篇》说："亭长游徼共杂诊"。亭长，一亭之长，主逐捕盗贼；游徼，乡之游行徼循，即乡啬夫之所统，皆督察奸非、参与伤残命案的侦查验视。亭有高楼，所以候望。《急就篇》又说："啬夫假佐扶致牢"。啬夫要负责挟持罪人而致之于牢狱。

（5）秦汉乡官，到唐代变为里正、坊正、村正，凡官府期会、辇运官物、逐捕盗贼之事，皆得而役使之，谓之"户役"。宋代称为保长、耆长，"仆仆执役于官，唯征催钱粮、勾摄公事尔"。唐宋把乡官排除在"国家职官"序列之外，变成了"吏役"，甩掉了一个"行政开支"的巨大包袱，却无形中加重了社会负担。

二、两位著名亭长的史迹

为保障亭的正常活动，保证巡徼、求盗等履行其治安职责，《捕盗律》规定："求盗勿令送逆为它（不得令其送往迎来做杂事）；令送逆为它者，赀二甲。"如专职治安人员承担了非职务活动，则追究其上司或上级机关之行政责任，严肃查处。刘邦当过泗水亭长，项羽自刎前遇到位乌江亭长，秦王子婴在轵道亭投降，大将白起在都亭边自杀……亭，在历史少上排演过很多悲欢离合的故事。如：

1. 泗水亭长刘邦：秦代的泗水亭，在徐州沛县东一百步，出了个"泗水亭长刘邦"。刘邦为人大度，不从事家人的生产作业；及壮，试为吏，任职于泗水亭。这位刘亭长好酒爱色，常常去王媪、武负家赊酒喝，醉卧。武负、王媪每每留饮，注酒数倍。岁末结账，两家常折券弃债。一次，他曾服役来到首都咸阳纵观，见到秦皇帝的威势，喟然太息："嗟乎！大丈夫当如此也！"那艳羡的神态全挂在脸上了。

单父人吕公，与沛县令相友善，为避仇家，因而来沛邑定居。沛中豪杰吏，闻县令有重客，皆来道贺。时萧何为县吏，主持彩礼进账，下令诸大夫曰："进不满千钱者，让他在堂下坐。"亭长刘邦平素就瞧不起这帮奔走小吏，便大声吆喝："咱家贺钱一万！"其实不持一钱。通报进去，吕公大惊，起，迎至大门外，吕公见刘邦头戴竹皮冠，昂首阔步，状貌非凡，因重敬之，引入坐。萧何说："这个刘老三，只会大言而少成事！"刘亭长不理他，直奔上坐，无所顾忌。

刘邦的同乡夏侯婴，早年是"沛厩司御"，沛县一名马夫，每次送使客还，路过泗上亭，就跟刘邦唠个没完。不久夏侯婴被提拔为县吏，跟刘邦相爱，两人相戏而伤婴。有人便把刘亭长告下了。依法，亭长伤人，加重处罚。他一口咬定"没有伤婴"，夏侯婴也出面作证说"亭长没伤人"。后来真相还是暴露了，夏侯婴因包庇罪被囚系一年多，掠笞数百下，却始终咬定不改口，终于把刘邦解脱了出来。

后来，这位泗水亭长，奉命为沛县押送一批刑徒，去骊山为秦始皇修大墓，刑徒多半道逃亡了。他自行忖度："这么下去，等到到达目的地，恐怕人都逃光了。"至丰县西泽中，他停下来夜饮，把所送刑徒松绑、解纵了，说："各位都走了吧，我也从此远走他乡了！"刑徒中有壮士十余人愿从。行到大泽深处，见有长蛇挡道，刘亭长拔出剑来，一刀两断，旁人都佩服他的勇决。东汉班固说：有《泗水亭长碑文》，记着这些事。

2. 乌江亭长：《史记·项羽本纪》写：项羽垓下突围，策马南奔，来到今安徽和县的乌江边，眼看后面汉王的追兵就要包围过来了，十分危急。时有乌江亭长，也是个血性汉子，连忙撑过来一只船，横着靠了岸，招呼项王赶快连马一起上船，对项王说："江东虽小，地方千里，人众数十万，足以成王业，愿大王急渡！今独臣有船，汉军至，无以渡！"项王笑曰："天之亡我，我何必渡呢！再说，我项籍与江东子弟八千人渡江而西，今无一人生还；纵然江东父兄怜而王我，我又有何面目见之！"乃对亭长说："我知公是位长者。吾骑此马五年了，所当无敌，一日行千里，不忍杀之，以赐公！"以马予之，拔剑自刎了。这位乌江亭长，见证了一代末路英雄的谢幕。

第十节　苛严的刑罚

这里试从秦代的法治状况、法治业务来介绍秦的法治罚法，分析其弊害。当然，这里是就文本分析来讲的，实践形态还有待考辨。

一、《秦律》认定的犯法现象之众

荀子曾说过：秦国，"其生民也狭隘，其使民也酷烈。劫之以势，隐之以厄，狃之以庆赏，蹴之以刑罚；使天下之民，所以邀利于上者，非斗无由也。"（见《荀子·议兵》）在这种情况下，犯规违警直至触犯刑律，就是必然的了。在"轻罪重罚"的原则下，人们一举手一投足都可能犯"罪"而遭惩；被视为"贱民"的人更易于触犯刑律而被严惩重罚。凡社会治安中的"不稳定分子"，《秦律》均视为"贱民"，是法治管理的重点对象。在秦统治者眼中，凡战俘、逃犯、罪犯、罪犯家属、私门臣妾奴婢、国家隶臣妾、刑徒、谪戍之人、迁徙之徒，以及赘婿、后父、事末业而贫者，等等，都属于"贱民"范围；连同贾人、以言说取食之游士、恶吏、废吏，等等，都被视为治安秩序的破坏者，商鞅称之为"乱化之民"，《邮驿律》中称之为"不可诚仁者"，都是要从严戒备从严惩治而绝不能予以信任的人。这里列举秦民的一些违警犯法现象，以窥一斑。

1. **逃役**　秦代男子十六周岁开始服兵役和劳役，服役期间，须自备衣粮和常规兵器，负担很是沉重，而且要限时到达，误期即予严惩，因而就有逃役现象。《徭律》规定："失期三日五日，谇；六日到旬，赀一盾；过旬，赀一甲。"还规定：服役期间如果逃亡，则"黥为隶臣"或"刑为城旦"。陈涉起义时说："秦法：失期者斩！"那就更加其严酷了。

2. 为盗　《秦律·盗律》对侵犯财产罪特别详列，因为这是最普遍的罪行，是私有制下法治管理中最大量的社会负面现象。就犯罪主体来说，《法律答问》一百八十七条中，有求盗盗、公士盗、士伍盗、臣妾盗之类；就被盗对象而言，有子盗父、父盗子、奴盗主之类；就侵害对象物而言，有盗人牛、马、羊、猪、衣、丝、钱币、桑叶，还有诓骗孤寡，盗人祭具、印信，盗移界碑、界石，等等。这些罪行的量刑准则，《秦律问答》都立专条作解答，可见情况是严重的。李斯曾对秦二世说："关东群盗并起，秦发兵诛击，所杀亡者众，然犹不止。盗多，皆以戍（戍守）、漕（漕运）、转（转输）、作（作业，如筑城、建宫殿之类）事苦，赋税大也。"承认了"盗多"的社会现实，也承认了它的政治经济根源。

3. 盗铸钱　《封诊式·盗铸》条记着：某里士伍甲乙二人，缚住男子丙丁及其新铸的一百一十钱和两盒铸模来报案。盗铸钱，是一种严重犯罪，自然要从严惩治。

4. 应予管束的行为　《语书》中说：对私斗、拾遗、私徙、游食、非时砍伐林木，还有投递匿名信、巫蛊、户籍报不实、向大街抛洒秽物、灰烬等各种不良行为，均视为违反治安秩序而予以惩办；官吏"知而不举"，甚而"养匿邪僻之民"，更要严加追究，严加管束。

5. 废令　法律规定的公民义务、职官职责，凡应作为而不作为者均称为"废令"，法律予以惩戒。如路上捡拾到公私财物，必须在规定期限内上交或上报，否则"准盗论"，作为盗窃论罪而减一等量刑。又如，邻居失火失盗，四邻明知而不报、不救，均要受罚；里典、伍老是职责所在，即使不知情，也要受罚。又，遇见官吏追捕逃犯而不协助者，罚；"有贼杀伤人冲术，偝傍人不援，百步中比野，当赀二甲。"遇见大街上有贼杀伤人而不救止，一百步内的人都要受惩，比照野外伤人判罚两领衣甲。这是很重的处罚。

6. 犯令　不应作为而作为称为犯令。比如：（1）酤酒。《田律》规定："百姓居田舍者，毋敢酤酒。田啬夫、部佐谨禁御之。有不从令者，有罪。"（2）去署，即擅离职守。如：《秦律》规定见烟冒火起者，必须前往扑救，或报告当方典老、循徼等，但"守库吏"在任何情况下不得脱岗，一脱岗就犯"去署"之罪。（3）诬告。《法律答问》载："甲告乙盗牛、若贼伤人。今乙不盗牛、不伤人。问甲何论？端为，为诬人；不端为，为告不审。"——故意诬陷人称"端为"，要反坐；非故意的错告则判罚金。区别论处。（4）擅杀子。《法律答问》载："今生子，子身全也，无怪物。直以多子故不欲其生，即弗举而杀之。当何论？为杀子。"不肯养活健全的新生儿而处死他，作"杀子"论处，应该黥为城旦舂；若婴儿肢体残缺、有异物，杀之，则不作杀子论。

二、《秦律》刑罚之苛

秦代治安惩罚的手段与名目繁多，有时一罪同时适用多种罚法，如"黥为城旦舂"，又是"黥"又是"城旦"又是"舂"，严酷有加。这里举其要者略作介绍，至若触犯刑律的严重犯罪，需判枭斩、腰斩、车裂、凌迟等的重刑犯罪的惩处，就不在此论列了。

1. 谇　责骂羞辱，警告。是一种轻微的名誉刑。形式上罚得很轻，但因为要"记录在案"，此人即终身背上"有前科"的包袱了。例一：《秦律十八种》称："御史发征，乏，弗行。赀二甲；失期三日到五日，谇。"朝廷御史下令：国家征发役夫，不肯应征者罚二甲；应征而误期三日至五日者"谇"。例二：《秦律问答》载："甲贼伤人，吏论以为斗伤人。吏当论不当？当，谇。"法吏把"贼伤人"误判成"斗伤人"，该不该给吏惩罚呢？答：应该，这是重罪轻判，依律给予"谇"的责罚。

2. 循　公布过恶，巡游示众，作严重警告。例如在市场上哄抬物价者，就给以循罚。循罚时胸前要挂牌，写明其姓名和罪过。

3. 赀　罚款，通常以甲、盾的价值来计量；或用罚劳作、罚戍边来冲替。《效律》："衡（器）不正，十六两（一市斤）以上，赀（罚钱）官啬夫（领薪俸的法吏）一甲；不盈十六两到八两，赀一盾。"又，偷采人桑叶不值一钱，"赀徭三旬"，是用三十天的强迫劳动来充罚。交不出钱者，还有用"赀戍"的，即以限期守边来充罚。

4. 赎　用出钱的办法来赎已判之刑。这需有一定条件：（1）相应身份，（2）按不同的罪名付给不等的金（黄铜）、钱（钱币）或布（一"布"幅宽八尺，广二点五尺，钱十一当一布）来赎。也可以用服劳役、守边境来折算充抵。

5. 饿　专门用于惩罚不守狱规的囚犯，只供应正常定量的三分之一，使其饥饿。这也是一种身体刑。

6. 耐　又称"完"，剃去胡须、鬓毛以羞辱之，但保存头发。如《秦律杂抄·傅律》载：隐藏已达服役年龄者的户口不报、病残登录不实，或未老报老，已老不报，则"典、老赎耐"，判其里典与伍老耐刑，剃掉他们的胡须，但允许出钱去赎。《法律答问》："或斗，啮断人鼻，若耳、若指、若唇。论何也？议：皆当耐。"斗殴时咬伤对方耳鼻唇指等，皆受"耐"罚，即剃去他的胡须鬓毛。

7. 髡　剃光头发，其辱重于耐刑。古人说："身体发肤，受之父母，不可毁也。"故把剃去胡须、鬓毛、头发，均视为污辱祖宗，"不齿于人"，失去了"公民权"。

8. 黥　墨刑，额上刺墨痕，使其终身受辱。

9. 笞　鞭打责辱。如《秦律十八种》载："城旦舂折毁瓦器、铁器、木器，为大车折纍，辄笞之。值一钱，笞十；值二十钱以上，熟笞之。"

10. 迁　强迫迁居。这比流放刑在性质上要轻。《秦律杂抄》："五人盗……不盈二百二十（钱）以下到一钱，迁之。"五人共偷不满二百二十钱，哪怕只有一钱，也全部外迁。"故大夫斩首者，迁。"大夫本人被执行了死刑，其亲属也要迁居边荒之地。

11. 没、籍没　没收犯人的家产，包括家内奴隶为"籍没"。

223

《法律答问》："夫盗千钱，妻所匿三百。"若妻明知是赃款，则按"盗三百"论罪；若不知是赃款，就依"没"论处，给以"没收"的处罚。

12. 收孥　《史记·商君列传》记载说：秦人"事末利及怠而贫者，举以为收孥。"因经商谋利或懒惰而至于贫穷者，政府处以籍没之罚；严重者没收罪犯之妻妾子女家人以至亲友生徒为奴为婢，取消其"良民"户籍，使入于"贱民"之列，叫作"收孥"。

13. 城旦　在严密监视下罚作筑城、挖沟等苦力称为"城旦"。《法律答问》有"求盗盗，当刑为城旦"的规定。如城旦在服役期间逃亡，捕获后"黥为隶臣"。

14. 舂、白粲与鬼薪　在监视下罚舂粮食；罚做筛白米、择白米的劳作或上山砍薪柴。

15. 隶臣妾　罚为公家当男奴、女奴。这种人往往是罪犯家属或战俘之类。所谓"隶臣"，即终身在官府做奴隶。女性称为"隶妾"。

16. 连坐　因与罪犯有血统关系，或乡里关系、职务关系等牵连坐罪而受罚。所谓"盗及诸它罪，同居所当坐。"同居，指血缘亲属而同居同财者。这是亲属连坐。"尉计与尉吏即有劾，其令、承坐之。"属吏有了案子受弹劾，其主管上司要连坐，这是职务连坐。《傅律》有云：在登录户口时，如不当报"老"（即未满法定的六十岁）时即报"老"，或已老而不报，不论是冒报还是漏报，均作"蒙骗政府"论，判"诈伪"罪，本人罚两领衣甲；所在之里典、伍老不论是否知情，凡不予报告者各罚一领衣甲（的价钱）；其同伍之人每户罚一面盾。以上人犯，全部迁徙到边远地方去。可见牵连受惩者之多、惩罚之重。

17. 削籍　削去名籍、宦籍，注销其公民（士伍）身份或官吏身份，剥夺其相应权利。见《游士律》等。

《秦律》贯彻"轻罪重罚"原则，只要有犯罪故意，不论实施与否，一律判罪；即使小奸、细过、微行，也不放过。《贼律》中规定：拔人胡须、提人发髻，只要对方感知到疼，就构成犯罪，一律按"伤人身体"论罪，与用针刺人、用剑截髻一样，应服"完城旦"之刑。查《秦简》，这类大体相当于"治安罚法"的惩罚手段，非常之多，真的是"秦律多如牛毛"。

总之，秦的罚则是严酷的、苛细的，而且以身体刑为主。任何微罪细过一旦受罚，终身肌体残损受辱，没有人格，没有悔过机会，这不能不激起愈益强烈的社会反感，酿成社会不安与动荡。

治而不安，治又何为？

第十一节　对秦代法治的文化评议

秦代为中华法治体制的建设与业务建设作出了全方位的成功探索，这可以概括地表述为：

一、秦代形成了覆盖全国各地各社会层面的法治网络，也为后世的法治体制搭建了基本框架；是中华机体长期稳定的因素之一。

二、秦代设在基层的亭，任务很重。各亭有关人员在执行法治任务时，按规定要着特定服装，手持刻写着相关法令的"二尺版"，以示执法工作的严肃性与合法性。

三、秦人的刑侦破案工作，无论是侦破的策略方法也好，刑事技术也好，法律程序也好，都包含着科学成分，尤其是现场勘验、法医检验、审讯活动方面，居同期世界的前列。

四、法治先行，以法律武器去推进法纪教育与道德教育，实现对社会生活形态的深刻改造，是一项十分重要的法治经验。

五、各级行政实施量化管理，一切都落实到量化指标，这是一项了不起的创举。

六、秦代有发达的交通大道，又有一套严密的"邮驿法"，能确保信息安全，尤其是军政经济信息的安全、快速、准确传递，保证了当时世界最高的国家行政效率。以后的王朝也都继承了这份遗产。古罗马有相似情况，但其作用面、作用力则无法相比。

秦代法治为秦代政治经济发展护航，每项新政的推出，都靠法治的推进。这是一条重要经验。人们都说法治是维护现存秩序的；殊不知新秩序的塑造与确立，更有赖于法治的适时展开。秦代的急政苛政给历史留下了沉重的记忆，但我们也要看到它那些可贵的创获。

第六章

汉代：法典编纂的儒术化

公元前 26 年，强秦垮台了。陈胜、吴广所领导的大起义，砸碎了秦朝统治的政治构架，表现出大无畏的历史冲击精神；但它却以"张楚"为号召，也就是为早已灭亡的楚国复仇——这标示出它无力设计新的政治蓝图，无力构建新的政治体制，无力将社会推上新的发展轨道。于是，它退出了政治舞台。乘风而起的楚国贵族项梁、项羽的造反军，所至动辄屠城，仅焚毁咸阳城就"火三月不绝"。项羽包歼了秦王朝的军事主力，但他浸沉在春秋战国数百年来"强者为王"的惯性思维中，自满自足于"霸王"的强势地位，把恢复昔日诸侯争霸的旧秩序作为本集团的政治目标，造成了六国旧有势力纷纷复活的态势，同样无法让社会向前跨进一步。他无力推进社会的改造，甚至无力再造一个一统政权，于是"蓦地烧天蓦地空"，成了历史上的匆匆过客，只是为别人留下了一片劫后的瓦砾场。可见，单纯的"造反"无益于社会的进步。

此时，"天下共苦战斗不休"，到汉初，偌大中原只剩下区区八百万人口，社会经济陷于全面崩溃，文化事业更是一片荒漠；社会意识中积淀下来的只有苦难与无奈，争强与斗狠。这样，真正结束旧时代、开辟新时代、创建大一统新王朝、实现社会生活的全面更新的艰巨任务，便历史地落到刘邦集团的身上。

第一节 汉家政治的顶层设计

公元前202年，从泗水亭长（也就相当于现在的一个"派出所所长"而已）起家的汉王刘邦称帝了。这个集团的基干力量来自基层，也不乏上层社会的精英分子，破坏旧秩序是其共同愿望，建设新社会也是其智力之所能及。在亡秦灭项之后，总结强秦兴亡的历史教训，改善和强化中央集权的政治体制，寻求营建大一统封建帝国的新的实践模式，推动整个社会的有序发展，化解危机，缓和冲突，便是当务之急。

一、汉初形势严峻

草创之初的汉家政治，一时还走不出秦末战祸的历史阴影，它面临着极其严峻的局势。

（一）经济凋敝 当时，汉中央政府直接控制的土地，仅仅只有汉中、关中及中原的部分地区而已，而关中与中原恰恰是承受历史灾难最为深重的地带。那个时期，九州之内，人烟稀少，而且很穷，穷得"自天子不能具均驷，将相或乘牛车，齐民无盖藏。"（《史记·货殖列传》）国民经济全面崩溃。要使社会恢复生机，谈何容易！汉政府只能"无为而治"，听任百姓自己去舔楚汉相争撕裂的伤口。当时，关东输运至关中的粮食，照《汉书·食货志》说，"岁不过数十万石"，养活朝廷官兵都很艰难，况论其余？以至于汉文帝上台后多年，贾谊还焦急地说："今汉兴三十年矣，而天下愈屈，食至寡也……自人人相食至于今若干年矣。"

（二）异姓王生事　汉初，太行山东西、济水南北、淮河两岸、江汉左右，实际上都控制在协同刘邦举兵、反秦灭项的各家"异姓王"手中。韩信、张耳、英布等军事强人，一个个自成体系，都跟项羽一样，承袭着春秋战国四百年积淀下来的"强者为王"的惯性思维，向往着各据一方称霸争王的旧秩序；且往往与境外势力相勾结，此伏彼起地闹着新的割据，"大抵强者先反"，成了必然事态。贾谊在《亲疏危乱》中讲：从刘邦称帝起，"其后十年间，反者九起，几危天下者五六"，"高皇帝不能以一岁为安"，真可谓"汲汲乎殆哉"！

（三）外强压境　北方强敌匈奴从秦代以来就不断南侵，形成了"亡秦者胡"的社会共识，惹得秦皇费心费力地去修万里长城。汉初，匈奴乘中原凋敝之机，加上侯王们的招引勾结，其军事势力直逼太原、陇上一线，连刘邦亲征也招架不住。公元前200年，刘邦被困于平城七天七夜。直至文帝时期，匈奴南下的势头仍一直未得到有效地遏止，其兵锋一度直达长安城下，形成凌压汉王朝的严峻态势，文帝曾不得不去长安东门外勒马桥头，面对面与匈奴单于谈判，以屈辱的条件求其退兵……国势如此，不能不引起政治家、思想家们的深切关注。

内忧外患的铰接，使初生的汉王朝岁无宁日，动荡难安。稍有不慎，会全盘倾覆。

二、汉初行政的顶层设计

此时，刘邦集团提出了政治顶层设计方案，毅然选择了"汉承秦制"的路线，实行集权统治，以"三公九卿"为核心组建朝廷，在地方上推行郡国并行制，编织起覆盖全国的行政网络。

（一）汉承秦制，中央集权　汉皇着力于实行中央集权制，推行郡县制，决定郡县两级的行政首长及副职由中央直接任命品官担任，形成领导班子；而其门下亲近吏则由行政首长自行征辟聘用，组织办事机构。郡县大政概由中央控制，无条件服从中央决策。一面又照顾各色反秦灭项势力的利益，实行"郡国并行制"，在郡县之外，又分封了一批"诸侯王国"，有"同姓王"，也有"异姓王"，王国之间与郡县之间作犬牙交错的安排，好互相牵制；王国的内政则由中央委任的"国相"主持，国王"封土不治民"，只享有领地征税权等，按规定并不享有行政权、军事权，也无外交权。

（二）强化行政网络中的法治力量　在汉承秦制的大框架下，刘邦及其继承者完善并强化了具有相对的业务独立性的法治管理体制：由御史大夫主持中央的立法修法等事宜；由朝廷的太尉、卫尉、京师的中尉（执金吾）牵头，以地方郡国的郡尉及关都尉、骑都尉、农都尉、分部尉及县级的县尉为主干，以基层乡里的啬夫、巡徼、亭长为基本队伍，构成覆盖全国的强力管理部门（见《历代职官志》、《汉会要》等书）。这为大一统中华法治的成形提供了司执法方面的组织人事保障。

同时，刘邦向社会宣布"废秦苛政"、"与民休息"，给了动乱社会以恢复生机的可能。刘邦称帝后的几年里，对内政建设、经济恢复、民生改造，等等，一时还无从措手。虽有一幅建国的草图，却难以实施。实力单弱的汉家朝廷，也只能"无为而治"了。就这样，刘邦于称帝后的十年间，搭建了一个新的大一统中央集权的政治框架，初步规划了汉帝国的发展蓝图。吕后随着主政十六年，"衣食滋植，盗贼是稀"（司马迁语），社会开始走上复苏的轨道。经过持续的努力，汉人终于走出了一条在开发民智、开发经济、讲究思想道德建设的基础上的国家发展道路。

（三）巩固政权的若干举措　刘邦的后继者能遵循他定下的"汉承秦制"的基本路线，而又不断地有所改善和提升，举其荦荦大者而言：

1. 吕后当政时，削除了一批"异姓王"，避免了让社会退回战国时代的可能。

2. 文景时期"与民休息"，推行"三十税一"政策，使社会迅速复苏；废除了肉刑，告别先秦刑罚体系。

3. 武帝时，对内"推恩"，和平解决同姓王的分裂割据倾向；

对外三战匈奴，彻底解决强敌压境的险局。

4. 武帝在意识形态上搞"独尊儒术"，统一了社会信仰与价值观，意义深远。

5. 汉武置十三州刺史（后来改称州牧），以六条问事①。州的设置，使监察制与监察区得以落实，这是大一统政权能积极施政的制度保障。

6. 力倡"以孝治天下"，奖励"五世同堂"，团聚社会生产力，从秦的小家庭制悄悄地变轨为大地主庄园制，使一部分务农之人先富起来，让作为社会细胞的"家庭"有能力实施规模耕织、有资产投入农林牧副业综合经营，并自行承担安全守护、子弟教育、社会公益方面的义务，成为一种"基层自治体"。而这正是中国社会迭经战乱而不毁的基因密码：即使政权不在了，社会肌体仍在，这就准备了复兴的潜能。而且与大地主庄园并存的是海洋般存在的自耕农，这个庞大群体又为国家准备了无限的劳动力资源，可以任由中央集中起来"办大事"。这是中国以庄园经济为主干、以小农经济为基础的农业经济的一大特色。

①《通志·州牧·刺史》载：汉制：刺史以六条问事，非条所问即不省。一条，强宗豪右、田宅踰制，以强陵弱，以众暴寡。二条，二千石不奉诏书，遵承典制，背公向私，旁缘牟利，侵渔百姓，聚敛为奸。三条，二千石不恤疑狱，风厉杀人，怒则任刑，喜则任赏，烦扰刻暴，剥截黎元，为百姓所疾。山崩石裂，妖祥讹言。四条，二千石选辟不平，苟阿所爱，蔽贤宠顽。五条，二千石子弟恃怙荣势，请托所监。六条，二千石违公下比，阿附豪强，通行货赂，割损正令。又按：后周六条之制，其略曰：其一先治心，心不清净则思虑妄生，见理不明。是以治民之要在于清心而已；其二敦教化，其三尽地利，其四擢贤良，其五恤狱讼，其六均赋役。

第二节　社会改造比立国建政更为繁难

一、贾谊论证了社会改造的迫切任务

公元前179年，年轻的代王刘恒（汉文帝）登基，他大力推行"与民休息"的治国方针，把精力放在复建中原社会上。他陆续明文废止秦以来的肉刑，除诽谤妖言之令、除收孥相坐之令、除盗铸钱令、废黜关用传令，等等，营造出一种宽松的政治空气。他用心培植农业生产力，滋养了社会健康发展的元气。其中，"三十税一"的农业税制与允许"私铸钱"的金融立法便是他发展农业、活跃经济的两个抓手，短期内即取得显著成效。"三十税一"是历史上最低的税率。在这个税制下，农民手上有了积谷，心内不慌了；而汉初的"军功地主""军功贵族"凭其权钱优势，大力向农业"投资"，迅速变身为"庄园地主"，成为新的政治势力的雄厚的社会基础。由此，汉政权得以巩固。

然而，事情总有它的两面性。在这种宽松氛围中，刘恒的伯叔子侄们、那些"同姓王"们在迅速地蓄积着自己的实力，毫无忌惮地膨胀着政治企求；同时，随着社会经济的发展，也就自然地伴生出一批批地主豪强、奸商巨贾，这些人一面巧取豪夺，一面拼命寻求政治庇护。新的经济实力与地方政治权力的集结，便蕴酿成新的政治冲突和社会矛盾，于是中央跟地方在权力的分配与再分配上又生成了另一场尖锐斗争。

对此，思想家贾谊以超常的政治嗅觉，洞察政局的深层变化，对潜在的政治危机作了深切的剖析。对汉初被一般人评价为"良政"的"无为而治"，贾谊独独揭示出"无为"方略所酿成的社会隐患之严重，揭示出当政集团面对深重灾祸却又束手无策的无奈！他写出了著名的《过秦论》三篇，论述"攻守之势异也"的道理，

要求朝廷上下清理建国以来从历史上承袭下来的"暴力争天下"的思维定式，使之变为"经济安天下"的革新方略，告诫人们"牧民之道，务在安之而已"。他又撰写了《治安策》，上书详论"定制度、兴礼乐"，促成了一系列的制度变革，努力堵塞诸侯王僭越篡权的缺口，改变社会风气。

贾谊的眼光是锐利的。他适时地提出了社会改造的伟大工程。的确，经济发展并不自然地带来社会进步，如不加以强力规范，必致权钱交结，道德沦丧，骄逸淫逸，浊水横流，而大奸巨猾，便会由此滋生。这样下去，还谈什么长治久安！他连续发表了《道德说》、《无蓄》、《忧民》、《藩伤》等文，将社会改造提上了日程，并借上书之机，提出了以礼行法的"治安术"。他力主堵塞同姓王干政之路。文帝刘恒登基时，招来贾谊，任之为博士，认真听取其治国安民之策。贾谊当即献策曰：应尽快让诸侯王"离京就国"，使之远离京师而分散到各自的封地去，以减少他们对朝廷有效行政的牵制与内耗，从而突出中央的权威，稳定朝廷特别是文帝本人在国家政治生活中的核心地位，强化中央集权。

二、币制改革是社会改造的抓手

社会改造，一要抓经济，二要抓道德，不能偏废。当时，包围裹挟着汉家政权的，是一个拥有钱财就拥有权势也就拥有一切的社会，只要有了钱，就可以不要伦理，不讲道德，骄逸淫逸，行若猪狗；只要有了钱，就可以获得权势，为官为吏，出官行政，安富尊荣，甚至"隐几盱视而为天子"。这一切，都是"钱"惹的祸！人们为了钱，可以攀富欺贫，窃盗攘夺，行奸施诈，卖官鬻爵，无所不为，政风民风窳败至此，必然带来严重的社会治安问题。

为此，贾谊急迫地提出了社会改造的严重课题。在《贾谊新书·时变》篇中，他尖锐地指出了当时世风恶化的严重程度："今者何如？……胡以孝悌循顺为？善书而为吏耳；胡以行义礼节为？家富而出官耳；骄耻偏而为祭尊，黥劓者攘臂而为政。行唯狗彘也，苟家富财足，隐几盱视而为天子耳！"事情的颠倒到了这个地步："唯告罪昆弟，欺突伯父，逆于父母乎？然钱财多也，衣服循也，车马严也，走犬良也。矫诬而家美，盗贼而财多，何伤！"于是酿出一种腐败的世风来："欲交，吾择贵宠者而交之；欲势，择吏权者而使之。娶妇嫁子，非有权势，吾不与婚姻。非贵有戚，不与兄弟。今俗侈靡，以出伦逾等相交，以富过其事相竞。今世贵空爵而贱良，俗靡而尊奸富：民不为奸而贫，为里骂；廉吏释官而归，为邑笑。居官敢行奸而富，为贤吏；家处者犯法为利，为材士。故兄劝其弟、父劝其子，则俗之邪至于此矣！"故而他惊呼："故不可不急速救也！"当年的贾谊对社会改造的急切呼唤，凸显了他的清醒与洞见。

汉文帝时，国家经济有了重要发展，政坛一派欢欣气氛，而事实上，现行货币制度却成了汉政权的一个严重祸胎，也就成了贾谊此时特别关注的焦点。原来，文帝五年，"除'盗铸钱'令，使民放铸"。废除了国家垄断"铸钱"、不许民间私造的法令，允许民间放手造钱，使一些人率先富裕起来，以促进物资流通，让整个社会活跃起来。在这个法令下，拥有长江下游富庶之区的吴王刘濞，竟以诸侯身份"即山铸钱，富埒天子"，进而滋长起背叛中央之心。又有个邓通，不过是文帝的一名亲信侍臣，竟也以铸钱而"财过王者"。一时间天下都是"吴邓钱"，搅得国家财政极度荒乱。

另一方面，政府在"使民放铸"的同时，又严防掺假，禁绝在铜钱中掺以铅铁而牟取暴利，下令各地"敢杂以铅铁为它巧者，其罪黥"，用严刑峻法来禁止任何掺假行为。然而，"私铸钱"这个行业本身，原就是以牟取暴利为目的的。国家允许私铸钱而不许掺假取巧以牟利，事实上根本做不到。这一来，"放铸"就成了诱民犯罪的陷阱，其结果是"盗铸钱如云而起"，于是"善人怵而为奸邪，愿民陷而之刑戮"，闹得黥罪繁集，系囚满路，法禁数溃，人情汹汹。贾谊指出：如此继续下去，后果不堪设想。

然而，简单地"禁铸"又怎么样？那是行不通的。中央要把钱控制住，一要管铸造，二要管流通。其办法只有一个：用"法钱"取代私钱、假钱，即由国家垄断钱币的铸造、储藏与流通；由国家调节物价，调剂有无，舒解社会病痛，抑制豪强奸贾。另外，集中全国财力，还可以办几件大事、要事。为此，他上了《谏铸钱疏》，痛陈国家允许私铸钱对社会造成的严重弊害，在我国财政史上首次提出了"法钱"这一科学概念。他严肃地论证了由国家统一操控货币的生产、流通、储备对国计民生的极端重要性。他的"法钱"建策未能立即被采纳，但他的"法钱"思想，则成了历代理财家的不易真经。

第三节 汉初的立法：从"法三章"到"决事比"

一、从"法三章"到《九章律》

（一）与秦民约，"法三章" 这是刘邦初入咸阳时下达的命令，主要精神是"除秦苛法"，使苦于苛法的秦民顿时有了"解放"之感。不过，这只是刘邦在群众集会现场的一种口头的临时约定，还不能视为"国法"（此时的刘邦尚未"立国"，只是一路反秦义军的头头而已）。事实上，秦代的"挟书令"及各种"肉刑"，是到惠帝、文帝时才陆续予以废止的。又，《秦律》缘自《法经》，本为六章，"法三章"便意味着废除了"杂、具、捕"三章而保存了"盗、贼、囚"三章，保存了维护统治秩序与公私财产权、生命权，绝不能仅仅理解为宽大无边的"杀人抵命，不杀人就不追究了"。

（二）《九章律》和《傍章》 《九章律》是萧何在汉政权建立后，为繁重的社会治理任务而定的汉朝第一部国家大法，开后世建国即立法的良好先例。他在李悝《法经》的"盗、贼、囚、捕、杂、具"六章的基础上，加上厩（厩牧）、兴（军兴）、户（户婚）三篇，是为"九章"。这三章的加入，在法史上具有重大意义：厩牧的要害是养马，马是战略物资，在与匈奴战中尤为急需；兴，指组建国家武装，并严禁个人擅兴兵力。这直接关系到国家安危，尤其在汉初异姓王、同姓王蠢蠢而动之时；而户律规范的是婚姻、户籍、赋税等，这正是国家实施行政管理、民事管理的日常基础工作，其重要性自不待言；在汉初经济凋敝、人户凋零的情况下，尤为紧要。特殊的是：它把民事立法与刑事立法组合在一起，成为"诸法合体"的开端。

《晋书·刑法志》上说："汉承秦制，萧何定律，除参夷连坐之罪，增部主见知之条；益事律《兴》、《厩》、《户》三篇，合为九篇。叔孙通益律所不及，《傍章》十八篇；张汤《越宫律》二十七篇，赵禹《朝律》六篇，合六十篇。又，汉时决事，集为《令甲》以下三百余篇。"至此，中华国家法典便形成了系列，适应了大国治理的需要。

二、"决事比"的出台

所谓"决事比"，其实就是"案例法"。最引人注目的是汉人的"律""例"并用，综合发挥了各自的法律功能。如果你认可西方《罗马法》对"大陆法系"的影响，又承认《日耳曼法》对"普通法"的作用，那么，你就不能不折服于汉代人的法律智慧：在充分尊重法典条文的前提下，断案决狱要发挥成案、先例的法定示范作用。这就是"决事比"的法律功能。

对"决事比"产生的政治生态背景与它的先天性结构性弊端，《汉书·刑法志》有这样的交代，也值得注意：

"孝武即位，外事四夷之功，内盛耳目之好，征发烦数，百姓贫耗。穷民犯法，酷吏击断，奸宄不胜。于是招进张汤、赵禹之属，条定法令，作'见知故纵、监临部主'之法，缓'深故'之罪，急'纵出'之诛。其后奸猾巧法，转相比况，禁罔寖密。律令凡三百五十九章，大辟四百九条，千八百八十二事。死罪决事比万三千四百七十二事。文书盈于几阁，典者不能遍睹。是以郡国承用者驳，或罪同而论异。奸吏因缘为市，所欲活则傅生议，所欲陷则予死比。议者咸嗟伤之。"

文中，"作见知故纵、监临部主之法，缓深故之罪，急纵出之诛"数语，意思是：法律规定，有人犯法了，不仅惩办本人，其周围亲属都有揭发检举的义务，否则按"见知故纵"法办；同时，相关人犯的主子或行政负责人（上司）也要负"监临失职"之罪，一律株连受惩。国家放宽刻深断狱、"故入人罪"之反坐条例，而加重"故出人罪"的严厉处罚，以至于政刑越来越严酷。

看来，"决事比"作为一种狱审方式，从产生之日起，就已暴露了它的先天缺陷了。它为"上下其手"提供的实施空间，绝不比"经义决狱"来得小。然而，此法对统治者来说，毕竟有用，故未见被废除。

第四节 经义决狱：一个普世法则

一、仲舒倡儒术，义利应双收

西汉董仲舒首倡"引经决狱"，实现了先秦儒学的当代化、实用化。

首先要说明的是：董仲舒讲的是"儒术"而不是先秦"儒学"。"术"的概念来源于老子和韩非。董仲舒力图把廓大而空的儒学原则与道家法家关于社会管理、政治驾驭的法术结合起来，形成他的"新儒学"，他将其称之为"儒术"。比如，在义利关系问题上，他就作出了一番新解："天之生人也，使人生义与利。利以养其体，义以养其心。心不得义不能乐，体不得利不能安。"（见《春秋繁露·身之养重于利》）这就强调了义利并举的必要性，而与孔孟强调的"口不言利"、"舍生取义"相距甚远。董仲舒在《春秋繁露·仁义法》中说："《春秋》为仁义法：仁之法在爱人，不在爱我；义之法在正我，不在正人。我不自正，虽能正人，弗予为义。人不被其爱，虽厚其爱，不予为仁。"这就说得再明白不过了：如果不能给人民带来切实的利益，那所谓仁就是假的、空的、

237

不义的。董仲舒是脚踏实地的，他并没有放言高论什么"仁义之道"。在《春秋繁露·对胶西王论仁》中说："仁人者正其道不谋其利，修其理不急其功。"此话在《汉书》本传中被改写成"（君子）正其谊不谋其利，明其道不计其功"。原话的"不急其功"成了"不计其功"，一字之差，意思大相径庭；而且，与"不急其功"相映照的"不谋其利"，显然是指不谋求个人私利。

二、君子重刑狱

在刑狱问题上，他一变孔孟羞言决狱的迂执态度，《春秋繁露·精华》公然声明："折狱而是也，理益明，教益行；折狱而非也，暗理迷众，与教相妨。教，政之本也；狱，政之末也。其事异域，其用一也。不可不以相顺，故君子重之也。"他还联系预防犯罪来论述这个问题。《春秋繁露·俞序》中说："绝乱塞害于将然而未形之时，《春秋》之志也"，"爱人之大者，莫大于思患而预防之"。在实践上，他发明了"《春秋》决狱"的模式。并以多条案例说明他是如何本着《春秋》精神来决狱的。他崇奉《春秋》，也正是他把最"神圣"的经义拿来处理最"世俗"的刑务。这就意味着他在寻求一条将"廓大而空"的孔孟之道用之于社会实际的道路，此之谓"儒术"。

三、《春秋》决狱是儒术的实用化

"《春秋》决狱"又称为"引经决狱"，后世又泛称为"经义决狱"。它其实是一种"案例法"的扩大应用。汉朝是有律可依的；但如果遇到法律没有明文规定，同时又无适当判例（《决事比》）可以比照执行时，则可以引用《春秋》经义附会法律，作为断案的依据。这一办法为董仲舒所创，受到朝廷的重视，便上升为一种决狱制度。它有两种情况：一是引用经文中关于决狱的理论、观点、原则、程序去判决当前的狱案；如若律条与经义有抵触，则依经义断之；二是赋予经传所记的具体史事以法律效率，作为"成案"来进行类比、类推，去判决当前的狱案。最初的《春秋》决狱就是这么做起来的。而后通行的"经义决狱"，则《尚书》、《易经》、《春秋（含其"三传"）》、《礼记》及《论》、《孟》文字均可引用了。说到底，此法从古就有。因为经文提供的是法理基础、法理原则，自然高于可随时修订的王朝法律以及具体的诏、令、制、敕等。"圣贤垂教"被赋予法律效率，是普世通行的法则。任何民族都在搞"引经决狱"，只是各自所"引"的"经"不同而已。

有这样一个实例：汉景帝时，廷尉上报狱囚情况，其中有一个案子：防年的继母陈氏，杀害了防年的父亲，防年因而杀了陈氏。法司依律文规定"杀母以大逆论"即判以绞刑。景帝觉得不妥，又碍于律无明文可用于反驳。时武帝年才十二，为太子，在帝身边，景帝遂随口问他该怎么办。小青年勇敢地回答说：曰："夫'继母如母'，明不及母；缘父之故，比之于母。今继母无状，手杀其父，则下手之日，母恩绝矣。（防年杀了她，）宜与'杀人'同，不宜'以大逆论'。帝从之。"（事见《通典·刑法》）

武帝是引经文"继母如母"的话来断案的。通常的理解是：俸奉继母应如生母一样孝顺；作为法律用语，在处理母子的法律关系上，是说继母与生母有同等法律地位。那么，防年杀了继母，按律就得"以大逆论"。但在本案中，这么判的话，人心不服。所以十二岁的刘彻（武帝）对经文作了令人信服的诠解：1. 既说其"如母"，就说明她本来不是"母"，只是因为父亲的关系，才视之"如母"的；2. 继母杀了父亲，她本人在下手之时，等于已自动宣告与父亲脱离关系，她也就失去了"继母"的名分，不能享受作为继母的权利了，所以防年无"杀母罪"，只是一般的"杀人罪"。在本案中，双方都在"引经决狱"，但各自理解不同，所取不同，判决也就不同。可见引经决狱的任意性大。当然，能令人心餍服的只有一条。

西汉中期，董仲舒等人提倡以《春秋》大义作为司法裁判的指导思想，凡是法律中没有规定的，司法官就以儒家经义作为裁判的依据；凡是法律条文与儒家经义相违背的，则儒家经义具有高于现行法律的效力。从此，"《春秋》决狱"成了法定的决狱程序，不仅是一种例行做法了。顺便指出：西方法学界崇奉"法无明文不为罪"的原则，其实，那只是适应"竞争社会"的投机需要而立的游戏规则。谁都知道：立法永远跟不上社会生活的步伐。如果一种新型活动方式，被社会良知认定为侵害行为，影响恶劣，政府仅仅因为"法无明文"而不受理，不判罚，是无法对社会交代的；等待新律或新的司法解释出来并生效后，早已事过三秋，受害方再也无"法"得到补偿了。

认真说来，经义决狱其实是个"普世法则"，只是各国各地所据之"经"有所不同而已。西欧之宗教法、阿拉伯世界的伊斯兰法系，不都是在践行"引经决狱"吗？它是法治完善化过程中、法律体系尚未取得完全独立地位时难以避开的一段进程，法理法义还要接受经义的检验，还要借经而行。在中国，当经义完全融入法典之后（比如当"八议""十恶""子为父隐"的"经义"转化为法律条文之时），经义决狱也就从"狱审程序"上淡出了。

四、《春秋》决狱的实例

董仲舒断狱的案例曾汇编成十卷《春秋决事比》，在两汉司法实践中经常引用。后世遗失了，现存史料中尚有五个典型案例：

（1）甲无子，捡弃婴乙为养子。乙长大后杀了人，甲把乙藏起来。按律，藏匿犯人要受重刑。但《春秋》提倡"父子相隐"，他们是父子关系，故甲不能被判罪。（今按：《唐律》已明确规定"父子相容隐"不属犯罪；此意今已为世界法学界所吸收，直系亲属有"沉默权"）

（2）甲送子乙于人，儿长大，甲说："你是我子。"乙一气之下，打了甲二十棍子。按律，子殴父处死刑。董仲舒认为甲未抚子，父子关系已经断绝，故乙不应处死。（今按：从事实出发去量刑，用"春秋大义"调节现行伦理法条规，有积极意义）

（3）父与人口角斗殴，彼以刀刺父，子以棍相救，误伤其父。官判"子殴父"重罪，按律处死。董仲舒认为子之动机非殴父，应予免罪。（今按：古语"断案必以情"，此"情"指"实情"，非仅

指作案动机。此案考虑"诛心"原则，有其历史合理性）

（4）女之夫坐船淹死海中，无法找到尸体安葬。四个月后，父母将此女改嫁。按律，丈夫未埋葬前，女子不能改嫁，否则处死。董仲舒以女非淫荡，亦非私自做主，应予免罪。（今按：董仲舒很讲人性。不要以为"《春秋》决狱"就一定是顽固保守的"卫道士"）

（5）某大夫随帝打猎，猎获小鹿一头，使之带回。半路碰见母鹿，子母哀鸣。大夫怜之，放归小鹿。帝拟以抗命论。时帝病，意大夫心地良，免其罪，还想提拔他。董仲舒认为：当初帝猎小鹿，大夫未谏止，违背了《春秋》"不擒幼小"之义，有罪；释放有功，可以赦免，但不应提拔。（今按：此条正好说明：不能以决狱者个人的一时喜怒判人之有罪或无罪）

经过董仲舒几代人的努力，终于完成了先秦儒学的当代化、实用化。班固在《循吏传》中称赞董仲舒"通于世务，明习文法，以经术润饰吏事，天子器之"。董仲舒之所以大讲"儒术"，其实是用来"润饰"其刑狱吏事的。由此看来，董仲舒提倡的"《春秋》决狱"并不是唯动机论，他也强调要充分考虑事实。"《春秋》决狱"的核心是"诛心"原则，将儒家宽仁思想带进司法实践之中，区分"故意"与"过失"，对拘守严酷律条有一定的调节作用。但由于各人对经义的理解有差异，实践中如何类推也具有主观模糊性，扩大了断案者的主观判断的影响力。至于后世法官罔顾事实，任意断罪，造成冤假错案，就不能把责任推到董仲舒身上了。

第五节　长安城的街市分离建制与封闭式静态管理

一、周秦京师建筑体制

汉代沿用周秦以来的"街市分离制"来修建京师长安城。秦全国统一前后定都于咸阳，其都城建设的规模体制、配置方式，都对中国历代皇都的建设产生过深刻的影响。按《礼记·曲礼》的说法："君子将营宫室，宗庙为先，厩库次之，居室为后。"这个原则秦人也是遵守了的，而且更为强调宗法等级秩序。作为京师建设，其基本要素是：（一）皇居建筑系统；（二）礼制建筑系统；（三）官府建筑系统；（四）城防设施系统；（五）坊里民居系统（含作坊生产系统）。周有东都和西都，官家建筑集中在王城里；特别强调森严的等级。秦代则将皇居与官府配置在城池的中心区。以下分而述之。

（一）皇居建筑系统　以宫殿为主干，这是皇帝居住、办公之处，也是皇室居住的地方。秦始皇居住与办公的宫殿，前期用"咸阳宫"，后期用渭水南岸新建的"信宫"，还在"阿房"兴建了一座豪华无比的新的朝宫，以期更能体现"重天子之威"的气势。另有太子宫，还有皇家游息的园林。

（二）礼制建筑系统　以庙坛为主干，这是供天子带领朝官举行祭天、祭地、祭先祖、祭山川百神等使用的建筑，如天坛、地坛、社稷坛之类。始皇帝将这类建筑安排在京城的郊外，所以统称为"郊坛"，其建筑很能体现威严与神秘气氛。秦代对五岳四渎、名山大川的祭祀，特别是封禅泰山的典礼，办得非常隆重，也有相应的建筑。至于皇家祖庙（太庙），则供奉着秦国已故历任帝王的牌位，即所谓"七庙"。除举行祭典以外，国家重大决策往往也拍板定案于此，所以分外庄严肃穆。另外，京城之郊还有陵寝建筑，如秦始皇的骊山陵墓。

（三）官府建筑系统　包括政府机关即朝廷官员的府第，以及要害部门如府库、粮库、兵器库、建材库之类建筑设施。历代均为"官建官居"，官员退职后即需搬出，不得私占。

（四）城防设施系统　含城建（宫城、皇城、京城的墙体建筑、护城河的开掘）、交通（驰道、桥涵的修筑）、井渠（水井、灌溉渠、泄水道）、消防等公用设施。西周城区、郊郭、四野的大道有不同规格，不以交通流量决定幅宽，而以通行者的尊卑定规格，秦人沿袭并强化了它。

（五）坊里民居系统　以坊、闾、里为单位的封闭式民居体系，一是高级消费都会所需的宫馆楼台（秦人对此并不重视），二是士农工商的坊巷民居，包括农舍、商铺、手工业作坊在内。《秦律》规定：居民、商铺一律设在"闾"中，围以闾墙，闾门按时启闭，以供出入，居民不得向大街开门，不得非时出入。在指定的坊市，要按时营业，商贾不得走街串巷。这个体制，一直维持到唐代安史之乱后才被打破，直至赵匡胤上台的第三年，才正式下令"拆除坊墙"，这才有了"街市"。秦人为后世的京师布局提供了样板与蓝图。

二、汉长安城的建筑体制

汉代长安城内，皇居建筑系统、礼制建筑系统、官府建筑系统、城防设施系统、坊里民居系统，完全依仿秦代咸阳城的建制，在萧何的统筹指挥下建成，更为壮丽；所不同的是对高级消费都会所需的宫馆楼台与大型坊市较秦代重视了。

汉代，居民区与商业区同样严格分开，居民住在一个个由坊墙包围的"坊"里，居民户不得向大街开门，坊门由专职人员把守，按时开闭。全长安一百六十个坊，"屋室栉比，门巷修直"，堵塞隔断所有坊里间的斜径偏道，不准翻越墙头，坊里不得进行任何商贸活动，入夜实行宵禁，也不允许在未经许可的情况下动用火烛。商贸市场集中在指定的几个坊里。市坊设坊墙，中设当市楼，有市长等管理人员主管市场的行政与治安。

全城坊市配置匀称，街衢巷陌，四通八达。全城八条主要街道，平坦宽阔，两头与城门相连。城外护城河上的大桥桥面与街道等宽、齐平，行人几乎觉察不出它是"桥"。中心大街幅宽五十米，全长五公里，称为驰道。驰道中间七米为皇帝专用御道，任何人不得妄自逾越。一般官人通行，走两边各五米的车马道。驰道两旁，开挖排水沟，遍植榆树、槐树和青松，形成绿色林荫。其外侧又有各宽十三米的人行道，作为公众用路。陆机《洛阳记》写道：东汉洛阳"宫门及城中大道皆分作三，中央御道，两边作土墙，高四尺余，外分之。唯公卿尚书章服从中道。凡人皆行左右，左入右出。

夹道种榆槐树，此三道四通五达也。"（见《太平御览》卷195居处部·道路》）城中，皇宫、宗庙、政府机关与达官府邸均为高墙深院，层层套设，戒备森严。这样的城建体制，有利于社会层面控制，有利于城市治安的静态管理；而城市生活的本质要求是"活"，它显然是不适应的。

三、长安城的秩序管理

汉武帝时改中尉为执金吾，为列卿之一，由他直接领导京辅都尉、左辅都尉、右辅都尉的业务活动。另，皇帝出巡时，其威严盛大的仪仗队，即由中尉所率领之"缇骑"组成。缇骑，穿丹黄色衣，出行时尤为引人注目。其属官有中垒令、寺互令、武库令、都船（狱）令等，分别负责京城门的守卫启闭稽查任务，分头管领在交通要道口、官府门外的约禁任务、国家兵器库的守卫禁察任务及水牢的管理任务。中尉的属官还有京辅都尉、京县县尉之类，分片巡察地方治安，缉捕盗贼，戒备非常，纠察嫌疑，梳理街道、执行宵禁，晚六时至次日晨六时之间，禁止居民无"符传"的通行，禁止未经申报的用火。逢节日或皇帝恩准的特殊日期，开放夜禁，允许百姓上街游乐，称作"金吾不禁"，那是老百姓稍稍开心的日子，平时是被禁锢在坊里内不许任意活动的。执金吾威风，执金吾好弄权，执金吾的工作也难做。自古京师难治，汉代的长安与洛阳尤称难治，因此人选颇费思量。西汉时，郅都、宁成、减宣、王温舒等有名的酷吏差不多即由此起家。

第六节　汉代法治的展开

汉代国家的法治力量，在各级政府的其他部门的通同操作下，对社会实施综合治理。在诸多法治领域中，皇室禁卫强化了，基层管理强化了，城市公共秩序也建立起了相应的管理模式。至此，我国古代社会治理成型了，有了成熟的体制与相对健全的法理。早在公元2年（西汉平帝元始二年），中央政府掌握的在册人口总数已达五千九百五十九万四千九百七十八人，要在极其复杂的历史背景下，在如此广袤的大地上，保证拥有如此众多的人口的庞大社会机体的持续存在与发展，假如没有强大的社会安全机制在起作用，假如没有国家强有力的行政管理，没有严密周到的安全防范的法治措施，没有从未间断的人口管理、交通管理，公共秩序管理、消防管理、特种行业管理，没有皇室禁卫、关寨守卫、边境防卫、边区屯卫；没有对狱案的依法审理与对非法势力的取缔，一句话，没有对于良性政治秩序与正常社会生产生活秩序的有效控制与管理，怎么可能实现我中华民族持续的安全存在与文明发展呢？

西汉张衡《京赋》云："徼道外周，千庐内附；卫尉八屯，警夜巡昼。"说明：这里讲了汉代京师禁卫的严密紧凑，肃穆森严。徼道：巡徼查察的径路，即执勤线路（环绕于四周）。庐：这里指卫屯兵的宿营处、窝棚。城内兵士的窝棚一个连一个。卫尉八屯：由朝官卫尉统领的、驻守于京师各个城门的八支禁卫部队（轮番执勤）。"警夜巡昼"，即"警巡昼夜"，或曰"昼夜巡警"。警：警备，警觉，警戒；巡：巡视、巡察、巡逻。如果说"警察"强调的是静态的"守望"，那么"警巡"强调的则是"巡视"的动态勤务方式，一种运动中的警务模式。西汉警务如此！

一、汉代的户籍登录

秦代户籍登录程序、内容、法律要求，为整个古代社会的户口管理提供了基本模式。汉承秦制，汉代户籍是秦代户籍的继承与完善。

（一）各式记籍　户口登录的内容与秦代相比没有多大变化，但"记籍"的类型繁复了，种类增多了，为各种专业甚至专题服务的记籍出现了。汉代商人有市籍，宗室成员有名籍，官僚有宦籍；地方大员为着法治目的，还可以在辖区搞各式记籍，如东海郡就有登录本地豪猾、黠吏、奸邪罪名的记籍。仓库厩苑有簿籍，连牛马兵器都有登录号，载入账籍。可以说汉代记籍已经体系化了。

（二）人口资料　可惜的是，我们迄今没能见到汉代户籍的原样，但从史书上可以看到汉代人户与土地登录的统计结果。看下表可知。

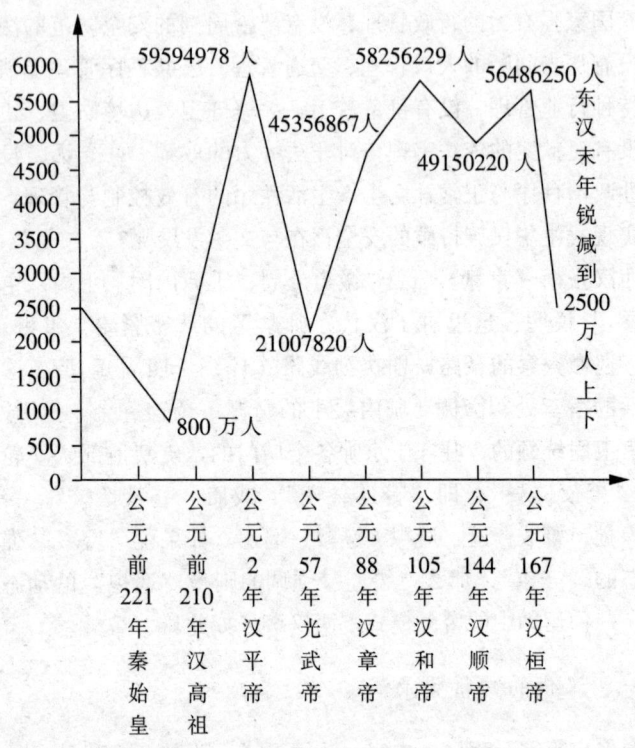

（说明）①资料来源：《汉书·地理志》、《后汉书·郡国志》、《晋书·地理志》。

②秦始皇、汉高祖时的人口数字为推算数。

公元2年全国人户登录数为：五千九百五十九万四千九百七十八人，一千二百二十三万三千零六十二户，符合一般规律：人户相比约为五比一。这个人口水平，连盛唐时代都没有被突破（唐玄宗时，最高四千八百万人）。这是两汉四百年间的人口峰值。时王莽当政。

（三）户籍登录过程　汉政府对户口的登录与管理十分重视，有一套具体制度。首先，在户口管理方面，实行分级管理。在基层，汉代五家为伍，十家为什，百家为里，十里为乡。相应地设有伍长、什长、里长；乡设乡三老、有秩与啬夫。伍长、什长、里长与乡啬夫们要具体管理户口，户口的申报、登录、迁徙，由乡啬夫们办理。凡欲变更迁移户籍，需完成本年度更役、赋税任务，并在迁移证明中写清楚。汉政府规定每年秋后（夏历八月，公历九、十月之间），以县为单位核查人口。全县居民都要按期到县廷接受审查。县令要对每一个登录的人逐一审视、核实。《后汉书·江革传》载：江革因母亲年老受不了路途颠簸，每年县里按比人口时，他就自己在辕中拉车，不用牛马，把母亲平安地送到县廷登录审查阅视之后再拉回家里。老乡们都称他是"江巨孝"。可见当时全国上下对于户口登录工作的重视。各县登录审阅完毕后，要进行总计。《后汉书·百官志》："秋冬岁尽，各计县户口、垦田、钱谷入出、盗贼多少，上其籍簿。"县报至郡（王国），郡（或王国）再委派上计吏至京师汇报，"天下郡国计书，先上太史令，副上丞相。"（《汉书》所引《汉仪注》）因此，汉代人口、土地、钱谷收入、法治状况这四大项，政府均有系统的资料保存着。应该说明，有了这四大项，对一个地区的发展状况也就有了评价的基本依据了。正因为史官参与保管这类资料，所以《汉书》、《后汉书》对汉代不同时期土地人户数字及其地域分布，都能清清楚楚作出记录，甚至精确到个位数。尤其令人惊讶的是公元144年、145年、146年三个年头，东汉顺帝、冲帝、质帝走马灯式相继在位，政局变化很大，而这三年的统计数字仍然很明细，史载：

顺帝建康元年（144）	垦田：6896271 顷 56 亩 194 步	人：4973055 口
冲帝永嘉元年（145）	垦田：6957676 顷 20 亩 108 步	人：4952418 口
质帝本初元年（146）	垦田：6930123 顷 38 亩	人：4756677 口

本表内容见《汉书·地理志》引伏无忌统计数。

可以看出，这期间国家直接控制的人口与耕地数字能具体到户、到人，到亩、到步，说明当时尽管皇帝换了又换，各级行政机构却始终在不断运转、正常工作，维持着很高的行政效率。这是对汉家朝廷执政能力的一个有效检验。

汉代仍然执行"上计制度"，各地户口田土钱谷治安动态汇报到朝廷后，经统一整理汇总，要上报皇帝。皇帝每隔三年接受一次汇报，届时要举行隆重仪式，以示重视。汉武帝就曾在封泰山时亲自"受计"，又曾在明堂、甘泉宫等地"受计"，可见其重视程度。光武帝刘秀曾于建武十六年（公元40年）因"度田不实"处死河南尹张某等十余人，宗室竟陵侯刘隆也一度被捕下狱，免为庶人，因为他派遣的上计吏不肯如实汇报河南与南阳的垦田数。"河南帝城（国都）多近臣，南阳帝乡多近亲"，这些近臣、近亲（皇亲）们争相占有的土地，其所依附的人口，地方政府是无法确切掌握的，上计吏自然也就无法如实汇报了。而光武帝的这次惩处，却是向全国表明了帝国政府希望准确掌握土地人口的基数这一强烈要求。事实上，不仅是帝城帝乡，各地的人口土地数字，都不可能是真正准确的，尤其是在发生战争、天灾与动乱的时期和地区，不可能有很准确的统计数字。后人只是知其大概而已。

汉代的户籍，根据社情掌控的需要，分出了不同的类别：民政户籍、赋役户籍、身份户籍（民籍、宦籍、市籍）、法治户籍（有"受奖"或"前科"记录等）。汉政府规定每年秋后（夏历八月，公历九、十月之间），以县为单位核查人口。全县居民都要按期到县廷接受审查。县令要对每一个登录的人逐一审视、核实，称之为"貌阅"。

二、汉廷的礼仪事务管理

我国在全国没有一种宗教独占"国教"的地位，秦汉也不例外。历代统治者均自居为天子，视王权高于教权，既利用宗教的教化作用，又与宗教保持一定距离，对各宗教采取兼容并蓄的政策；但历代对祭天地、祭先祖又特别重视，有专设职官从事于此，是为

"礼仪官"。

秦统一中国后仍因周制，设太卜官掌占卜，并设奉常，掌宗庙礼仪；设太祝，掌郊祀。汉承秦制，朝廷设奉常，景帝时更名太常，属官有太乐、太祝、太宰、太史、太卜、太医、令丞。

秦代有个"焚书坑儒"事件，其实都是"巫"惹的祸，被坑的也主要是"术士"而非一般读书人；他只焚了私藏的书，却也明令不焚"医、巫、卜、算、种、树之书"，恰恰偏是这类书失传了，只留下一本《日书》，还是从睡虎地秦墓中发现的。自《史记》写下"焚书坑儒"这四个字之后，此案就成了永远解不开的结。

自秦、汉、三国至晋，太常之设，既为职官名，亦为其机构之名。宋、齐、陈时，机构为太常，掌其职的官为太常卿。梁时将太常官署改称为太常寺，掌其职者为太常寺卿。北齐因之。以后历代中央王朝的宗教事务管理机构一般都称为太常或太常寺。历代太常或太常寺的职掌基本相同。如隋代太常，"掌陵庙群祀、礼乐仪制、天文术数衣冠之属"。其属官中的太祝，掌郊庙赞祝，祭祀衣服等事；太卜，掌诸卜筮。

至若汉代的狱审执法事宜，前后文均有论列，这里就不赘述了。

第七节　汉代社会管理的经验积累

汉宣帝曾说：与自己共同治理天下的，"其唯良二千石乎！"一方大吏，能左右一方祸福。如文翁的办学校、育子弟、兴文风以治蜀，龚遂的废苛政、抚流民、让百姓"卖刀买犊"的兴农思想，黄霸"力行教化而后诛罚"的治安方略，召信臣辟土地、兴农业、通水利、富百姓的治理方针，张汤的社会层面控制，赵广汉的社会秩序管理，郅都的勤职奉公……至若温德舒的守法奉法，鲍宣的直陈时弊，朱云的析槛抗争，等等，《汉书》均不惜篇幅详载其方略构想、实践成效，为后人留下了一面面镜子。其形象的艺术性可能比不上《史记》，而历史的可信度、真实感则较强，在历代从政人员心目中的可仿效性、可操作性也更加切实而有效。历代良吏正是以文翁、召信臣、龚遂等人为榜样的。人们说：学《史记》人物，"画虎不成反类犬"，很难；学《汉书》人物，只要一步一个脚印，总能做好。此话很有道理。人们不妨去看看《汉书》对良吏龚遂、文翁、黄霸、召信臣等人的记述。

在法治方略措施方面，汉代一些地方长吏也积累了不少有用的经验。仅《汉书》里就记载了黄霸、赵广汉、韩延寿、张敞和尹赏等一大批"能吏"处治地方法治的许多成功经验。如记籍、钩稽、类推、跟踪、耳目、灰线、奖励告密，分化瓦解，一网打尽，等等。为了京师治安这个大局，汉代能吏是敢于执法的。他们不仅敢于得罪权贵，甚至敢于阻止皇家的"非法行动"。归纳他们的办法：一、依靠基层，掌握社会动向；二、建立法治档案，使"县县有记籍"；三、大刀阔斧，惩治奸恶，绝不容情；四、利用灰线、耳目等侦缉技术手段，及时破案，等等。这样做了之后，长安社会秩序，曾有过一段相对安宁的日子。

一、张敞以盗治盗

张敞为京兆尹时，长安九市偷盗特多，害苦了商贾，连着几任京兆尹都处置不了。张敞上任后，向长安父老作调查，得知偷盗团伙各有首领，他们平时总是以一副温厚长者的面貌出现，其实坏事都出自他们之手。张敞弄清情况后，便召见这些"长者"，一一揭发其罪孽，责令他们戴罪立功。这些人情知无法逃脱罪责，便请求张敞给他们大小一个"职务"，然后分头回家召集偷盗，设酒宴庆贺。小偷们闻讯都来致贺，等他们喝醉后，全数收擒，审明之后罚以重金。长安市中一时偷盗绝迹。巧用"以盗治盗"法，精明而不苛暴，张敞之法可取。（见《汉书》本传）

二、尹赏以虎穴坑盗

尹赏为长安令时，长安出现职业杀手，闹得全城死伤横道，桴鼓不绝。尹赏一上任，便安排户曹掾史，与乡吏、亭长、里正、父老、伍人一起，纷纷举报长安中轻薄少年恶子、无市籍的商贩、做坏事而鲜衣凶服者，全都登录到籍簿上。共得数百人。这一天，他召集长安吏，发车数百辆，在全城分行收捕，全加以"通行饮食群盗"的罪名。尹赏亲自查阅，每十人留置一人，其余全部赶入"虎穴"中。"虎穴"者，穿地，方深各数丈，穴口砌上围墙，以大石覆压其口。尹赏使百人为辈，聚于穴中。数日后打开一看，皆互相枕藉而死。所留下的还有数十百人，都是其中魁首宿贼，也有故吏良家子，失计追随轻黠之徒而愿自改者，就免其罪责，令其立功自赎；肯尽力有成效者，便亲用之为爪牙。这些人追捕甚精，比一般公差厉害多了。各地来京的亡命惊散逃走，各归其处，再不敢窥长安了。(《汉书》本传)

按：尹赏用从重从快法，把全城偷盗一网打尽，手段凶残；又收用其间某些人为爪牙，以盗治盗，用心诡诈，跟张敞的出于善良不同，故被称为"酷吏"；但他能收拾乱局，也不无可取之处。

三、赵广汉离间朋党

赵广汉为颍川太守时，当地吏俗，喜欢抱团，朋党为非。广汉便选取其中可用者一二名，背地接受任务后放出。每当案发，既查知凶手名姓，当即依法惩罚。事后，广汉又故意漏泄其语，说是某人报的案，某人提供了线索，让他们互相怨咎，再也抱不成团了。他又教郡吏做了一批告密箱（缿筒）。等有告发信，他就把告发人的姓名去掉，而假托为某豪杰大姓子弟所言，这以后强宗大族家家结为仇雠；奸党散落，风俗大改。这就出现吏民相告讦的情况，赵广汉得以用为耳目。因此盗贼不发，一发辄得。他从此威名远扬。

又，赵广汉为京兆尹时，治郡中盗贼，注意搜集情报，对闾里轻侠的根株窟穴所在，无不清清楚楚；对吏役受贿取利，哪怕铢两纤微之奸，他也完全明白。一次，有几个长安少年，聚在一处穷里空舍中，谋行劫。话还没说完，广汉已派人来将其尽行捕获了，经审问，人人服罪。（《汉书》本传）

按：赵广汉善用耳目与灰线，这很有用。他以挑拨离间法分化瓦解团伙，偶尔用之，倒也有效；但一直用下去，使"吏民相告讦"，则未必是好事，这不是可以推广的经验。

四、尹翁归善用记籍

尹翁归为东海太守，郡中吏民，谁贤谁是不肖子，他都知道；谁是奸邪，谁有罪过，他尽知之。属县每县各有专用记籍，分类登录基本情况。他亲自处理政务，一旦有事故，他总是沉着应对，一点不张扬，表面上很宽松，很平静。等到吏民稍稍懈怠时，他就按登录情况，到各地收取那些黠吏豪民，审问其罪行，有至于判死刑的。以一警百，吏民皆服，人人恐惧，改行自新。（《汉书》本传）

《汉书》本传又说：尹翁归守右扶风时，奸邪罪名，属县各有记籍。一旦盗贼发其比伍中，尹翁归当即召其县长吏，告知此案是谁主使，彼案是谁策划，教使用类推法，去追踪盗贼所过，行动总能有收获，无有遗脱，人尊为神。（见《汉书》本传）

按：尹翁归善用"记籍"，平时做好基层基础工作。一有案子发生，便能指示手下人到某坊某里去捉拿，"有的放矢"，十拿九稳，难怪会被人尊之为"神"。

五、龚遂守渤海，劝民卖刀买犊

渤海郡年年受灾，官吏却加紧横征暴敛，百姓再也不能忍受了，处处都有人起而造反。换了几任太守，都镇压不下去。皇上听说龚遂有能耐，就召见他。一见面，见他是个瘦小的老头儿，很不称意，就问："要是让你去渤海，你有什么办法？"龚反问："您是要我去镇压呢，还是去抚慰百姓呢？"皇上说："请你老人家去，当然是抚慰了。""那就好。请放手让我去做，定然让您满意。"他匹马上任，郡里派兵到郡界上来迎接新长官，龚立即下令撤回；一面发出告示："本郡全是良民；只因前任不知体恤民苦，弄成现在这个样儿。今皇上让我来此。从即日起，凡放下刀兵、手执犁锄者，一律是良民，各自安居好了！"全郡立刻平静下来。龚遂又巡视各处，劝民种菜蔬、养猪羊，等等；见到配剑的青壮年，就劝其卖刀买牛，当个好农民。不过两年，渤海郡就变得富足安宁起来，天子特予表彰。(见《汉书》本传)

六、文翁以文治蜀

武帝时，文翁就任为蜀郡守，很注意开发民智，养育人才。他遴选出郡县小吏中"开敏有才"之人十余名，派往京师，从太学博士受业，"学习律令"。他宁可减省政府开支，也要拿出钱来购买土特产，让上计吏带进京师馈送给老师博士们。几年后，这些开敏有才之小吏学成归蜀，用为郡县有头面的要职，协助文翁治好了蜀郡。后来汉武帝推广文翁模式，各地均建郡学。这是儒生们所艳称的史例。其实小吏们的所学，"律令"才是其重要内容，并非是儒家的"五经"。(见《汉书》本传)

七、黄霸勤力治颍川

黄霸早年曾在左冯翊当过钱谷计吏，能用儒法两手，"为人明察，又习文法"，颇会干事。汉宣帝用他为廷尉，后特任命为颍川太守。他一上任，立即选派郡吏向全郡官民宣布诏令律条，"令邮亭乡官皆有条教"，普遍设置父老、师帅、伍长，劝以为善防奸、耕桑蚕织之道。他的管理，"米盐靡密，初若烦碎"，但坚持推行，不到两年，收效显著。由于他能"力行教化而后诛罚"，治绩考核为天下第一。他的经验，可以概括为儒术宣传开路，法令执行随之，因而大见成效。(《汉书》本传)

黄霸少学律令，善于办案。在颍川时，有富室，兄弟同居，其妇都怀孕了。长妇胎伤，流产了，她隐瞒了情况；弟妇生了男孩，她即夺为己子，论争三年不决。黄霸就使人抱儿于庭中，对妯娌俩说："谁取到手就是谁的！"长妇夺之甚猛，弟妇恐伤了小孩，情极凄怆。黄霸一见，叱其长妇曰："你贪家财，一心想得儿，就根本不考虑有所伤害，下手很猛。这情况再明白不过了！"长妇乃服罪，即还弟妇儿。（见《风俗通》）

按：黄霸的这个故事，后来演变为传奇剧《灰栏记》。另，犹太人中也有"二妇争儿"的类似传说，用的也是"黄霸之术"。在《旧约》中被认为是犹太远祖的"大智慧"，以色列人的骄傲。可见人类的智慧是相通的。

八、召信臣的均水约束

《汉书》本传称：召信臣治南阳，"为人勤力有方略，好为民兴利"。他在南阳修了不少水利工程，灌田多至三万顷。渠闸修成后，他"为民作《均水约束》，立于田畔，以防纷争"。他下令"禁止嫁娶奢靡……府县富家子弟好遨游、不以田作为事，辄斥罢之，甚者按其不法，以示好恶"。这一切，也是在开启民智，开发国土。他提供了在实行法治的基础上推行教化的一个好例。

九、韩延寿的外儒内法

韩为东郡太守时，治城郭，收租赋，先明布告其日，以期会为大事，吏民敬畏他，都向他靠拢。又置（乡）正、伍长，相率以孝悌，不得舍奸人。闾里阡陌一有非常情况，官吏总能及时闻知，奸人莫敢入界为非。其一开始好像挺烦琐，后来吏无追捕之苦，民无棰楚之忧，人人悦服。（参见《汉书》本传）

按：这是一则"外儒内法"的实例。韩的示范行为，带出了一方良好政风。

十、王球任司隶校尉，雷厉风行

《后汉书·王球传》载：汉灵帝时，宦官王甫、曹节等肆虐弄权，正直官吏王球说："若得为司隶校尉，决不轻饶此辈！"司隶校尉是专职京师街面法治管理的朝官。后来王球果然做了司隶校尉。他一上任，即捕获王甫等宦官，将其击毙于刑杖之下，并陈尸于夏城门，揭榜大书"贼臣王甫"。京师为之震慑，豪右一时屏声，洛阳秩序立刻安稳下来。

第八节 汉代民生、法纪败坏之祸

众所周知，汉代人民富有首创精神，创造了世界的一流的产业文明、法治文明和心灵文明，这是中华民族的光荣；同时，人们也不能忘记：汉代不是"天堂"，人民同样承受了无法想象的深重灾难，这是连官方正史也无法避讳而有所记载的。下面从天灾、兵祸与吏治的腐败、社会黑势力的猖獗等方面，看看汉代社会问题的严重性，看看到底是谁在坏法玩法。

一、深重的天灾

两汉时水灾、旱灾、地震、山崩、海啸、霜灾、虫灾、风灾，几乎无年无之，加之政府组织无力，措施有限，救治不时，老百姓受尽了苦难。下面从皇家正史中摘录一些尤为触目惊心的史料：

1. 汉武帝时

◎建元三年（公元前138年）春，河水溢于平原，大饥，人相食。◎元狩元年（公元前122年）十二月，大雨雪，民冻死。◎元鼎二年（公元前115年）夏，大水，关东饿死者以千数。◎元鼎三年（公元前114年）三月，水冰，四月雨雪，关东十余郡人相食。◎元封四年（公元前107年）夏，大旱，民多饿死。令人切齿的是：武帝时黄河泛滥，为灾严重，竟是因为权臣田蚡有庄田在河滨，他一再阻止分流泄洪而酿成的，闹到决口时，武帝曾率领百官亲自上大堤去堵口子，而数郡居民早已葬身波涛了。天灾，其实也是人祸！

2. 汉元帝时

◎初元元年（公元前48年）五月，渤海水大泛滥。六月，关东大饥，民多饿死。琅琊郡人相食。◎初元二年（公元前 47 年）六月，关东饥，齐地人相食。一年中地震两次，北海水溢，流杀人民。◎初元五年（公元前 43 年）夏，齐地人相食。◎永光五年（公元前 39 年）秋，颍川水出，流杀人民。

3. 新莽时期

◎天凤元年（公元 14 年）七月，缘边大饥，人相食。◎地皇三年（公元 22 年），关东人相食。◎同年夏，蝗从东方来，飞蔽天，至长安，入未央宫……流民入关者数十万人，乃置"养赡官"廪食之。使者临领，与小吏共盗其廪，饿死十之七八。◎更始二年（公元 24 年）民饥饿相食，死者数十万，长安为虚，城中无人行。

史书只写了"人相食"三个字，今人能从这里读到多少灾情信息？在这样的灾情下，怎能避免全国性的农民大起义呢！新市、平林、赤眉、铜马起义，一时而起，正是万民走投无路的结果。

4. 光武帝时

◎建武二年（公元 26 年），三辅大饥，人相食，城郭皆空，白骨蔽野。◎建武三年（公元 27 年），人相食，黄金一斤易豆五升。"山东（崤山以东）饥馑，人庶相食，兵所屠灭，城邑丘墟。

5. 桓帝时

◎建和元年（公元 147 年）：荆扬二州人多饿死。◎元嘉元年（公元 151 年）：春正月，京师疾疫。二月，九江、庐江大疫……◎元嘉元年（公元 151 年）：任城、梁国讥，人相食。◎永寿元年（公元 155 年）：二月，司隶、冀州饥，人相食。六月，洛水溢，南阳大水……流失尸骸，败坏庐舍。◎延熙四年（公元 161 年）：春正月，大疫。◎延熙九年（公元 167 年）：三月，司隶、冀州饥，死者十之四五，至有灭户者。长沙、桂阳、零陵等郡岁不登，民多饥死。

以上材料均摘录自《汉书》、《后汉书》。二书是官修史书，其正统气、书卷气是公认的，尚且有如此频密的"人相食"的记载，而且动辄数郡、十数郡地"人相食"，当时人民的痛苦可想而知了。

何况我们只是摘录了书中记载的同类资料的一小部分呢！很难想象，在这灾祸连年的情况下，还有什么法治可言！

东汉末年，民难更重。汉献帝兴平元年（公元194年）三辅大旱，"人相食啖，白骨委积"。献帝使人拿出太仓谷米煮粥救饥，而死者相继。有新丰县民鲍生者，与老母、两个哥哥、两个弟弟家居，饿极，出外搜集草籽，得数升，便让兄弟们先回家作食喂母，自己与小弟继续采集。不意兄弟回到家中时，"啖人贼数十人已掠其母，以绳贯其手掌而去。"这类惨剧一再出现，表现出当时人民的深重苦难。

二、惨痛的兵祸

西汉初的楚汉相争，中期的与匈奴战，末期的农民大起义；东汉初期的军阀混战，末期的天下大乱，都使全国人口大起大落，民众受尽了苦难。

1. 楚汉相争 《史记·项羽本纪》载：项羽攻襄城，襄城无遗类，皆坑之；攻城阳，屠之；坑秦降卒二十余万人于新安城南。引兵西屠咸阳，杀秦降王子婴。烧秦宫室，火三月不灭。伐齐，烧夷齐城郭，所过者尽屠之。攻彭城，杀汉卒十余万人；追击至灵璧，汉军十余万人皆入睢水，睢水为之不流。

2. 与匈奴战 《汉书·五行志》载：◎元光四年（公元前131年），武帝自此始征伐四夷，"师出三十余年，天下户口减半。"◎元狩四年（公元前119年），卫青霍去病出漠北，围单于。杀虏八九万，汉军死者数万，马十余万匹。◎征和三年（公元前90年），贰师将军李广利七万人没匈奴，不得还。

3. 光武争天下 《续汉书》载：◎新莽地皇四年（公元23年），光武起兵，破南阳，杀其士众数万人。◎同一年，刘玄更始元年（公元23年）。昆阳之战，王莽兵自践死数万人，赴水死者数万人。◎更始三年（公元25年），与赤眉战，死者三万人。◎建武二年（公元26年），杜陵之战，死者十余万。昌平之战，"斩首十万"。◎建武四年（公元25年），张步军覆没于巨马水上，八九十里僵尸相属。◎建武十二年（公元36年），攻灭公孙述，"所杀数万人"。

4. 董卓暴行　《续汉书》载：董卓遣军至阳城。时民会于社下，卓悉令就斩之，驾其车重，载其妇女，以头系车辕，歌呼还洛阳。其婿遣将掠陈留、中牟、颍川诸县，杀掠男女，所过无复遗类。董卓迁都于长安，徙洛阳人数百万西行。步骑驱逐，更相蹈藉；饥饿寇掠，积尸盈路。烧洛阳城外百里，又烧城内南北宫及宗庙、府库、民家，城内扫地已尽，二百里内无复孑遗。于是山东牧守大兴义兵，名豪大侠，富室强族，飘扬云会，万里相赴，大者连郡国，中者婴城邑，小者聚阡陌，以还相吞灭……百姓灭亡，千里无鸡唱。帝西入关时，三辅户口尚数十万，自董卓将催汜相攻后，长安城空四十余日……二三年间，关中无复人迹。

三、腐朽黑恶势力的猖獗

汉代四百年间，社会治安问题从未真正解决过。所谓道高一尺，魔高一丈，用以说明黑势力倒很适当。

1. 黑恶势力，充塞社会　皇族、贵戚、宦官、昏官、奸吏、豪绅、大侠、恶霸、兵痞、盗匪、无赖子弟……构成了汉代社会的一股黑恶势力，无时无刻不在吞噬着小民。他们是比天灾比兵祸更为经常、更为普遍的祸患，是社会治安中更难解决的祸胎。西汉末，大臣鲍宣说过一段话，载于《汉书·鲍宣传》："凡民有七亡（逃亡）：阴阳不和，水旱为灾，一亡也；县官重责，更赋租税，二亡也；贪吏并公，收取不已，三亡也；豪强大姓，蚕食毋厌，四亡也；苛吏徭役，违失农时，五亡也；部落鼓鸣，男女遮道，六亡也；盗贼劫掠，取民财物七亡也。七亡尚可，又有七死：酷吏殴杀，一死也；治狱深刻，二死也；冤陷无辜，三死也；盗贼横发，四死也；怨仇相残，五死也；岁恶饥饿，六死也；时气疾疫，七死也。民有七亡而无一得，欲望国安，诚难！民有七死而无一生，欲望刑措，诚难！此非公卿守相贪残成化之所致邪？郡臣幸得居尊官，食重禄，岂有肯加恻隐于细民，助陛下流教化者欤？志但在营私家、称宾客、为奸利而已！"揭露不可谓不深刻，但无补于大局的倾覆。

2. 大狱冤狱，杀人无限　汉武帝时期，迭兴大狱。《史记·平准书》：元狩元年（公元前 122 年），淮南王刘安、衡山王刘赐"谋反"诛，党羽死者数万人。江充制造"巫蛊"一案，受牵连而死者前后万人。又，武帝令以银锡为金，造成五铢钱，下令"盗铸金钱，罪皆死"，而吏民之盗铸白金者不可胜数。《汉书·食货志》："后五岁，赦吏民之坐盗铸钱，死者数十万人。其未发觉而相杀者，不可胜计。赦自首者百余万人。然自首者无半数，天下大抵皆为盗铸矣。"如此推算下来，仅"私铸钱"一项，犯罪者就不下千万；而当时全国人口不会超过四千万！这便是"雄才大略"的汉武帝所带给他的百姓的"盛世之治"！"秦皇汉武"，原是一类人物！

王莽时，每改铸一次钱，百姓必破业而大陷刑戮。《汉书·王莽传》载：莽法："私铸钱死，诽诅宝货（小钱）者流放四裔。伍人相连坐，没入为官奴婢。因而犯法者多，不可胜治。于是又轻其法，而陷者愈众。郡县传送长安铁官，其男女槛车，儿女子步行，以铁锁银铛其颈。到者以十万数，又易其夫妇，愁苦死者十之六七。时法禁烦苛，百姓无以措手足。耕田力少，不足以征赋税；闭门自守，又因邻伍铸钱而连及。奸吏从而弊民。民不聊生，起而为盗。"

3. 豪强兼并，小民破产　这种兼并，是从汉朝立国之初的开国勋臣开始的，萧何带了这个头。汉初，萧何为相国，他建国的功勋第一，很得关中民心，引起刘邦的猜忌，于是设法"自污"，便大放高利贷，低价强买民田宅数千万，以此来"贬损声名"。这样，贤相萧何成了汉初首先致富的豪门。百姓遮道挡驾，向刘邦控告萧何的大肆侵夺，刘邦将吏民所上书全都交给了萧何，笑着说："你相国也沾老百姓的光！"不但不责备他，反而喜欢他这么做。自此浸染成风，权势者兼并不已，很快形成一个"功勋地主阶层"，成为社会的败坏性因素。东汉仲长统著《昌言》，其《损益篇》、《理乱篇》都揭示说：汉兴以来，同样的编户齐民，而以财力相君长者，成千累万，而"清正廉洁之士，徒自苦于蓬蒿之间，于世风毫无所补。""豪人之室，连栋数百，膏田满野，奴婢千群，徒附万计，车船贾贩，周于四方……妖童美姬，填于窟室；倡讴伎乐，列乎深宫。"可见腐败之风何等猖獗！

四、轻侠横行，民不聊生

武帝时，功臣灌夫好任侠，所与往来，尽为豪强大猾，其宗族宾客横行于颍川，所在吏民畏避。又，酷吏宁成被解职还乡，租佃附郭田千顷，役使贫民数千家，不几年间，产业达数十万。他任侠行权，威重于太守；而且"持吏短长，莫敢谁何。"汉宣帝时，涿郡有东高氏、西高氏，横行于州里，郡吏以下无人敢问。其宾客为盗贼，郡县案收，则藏匿于高氏，吏不敢追。于是更为放肆，闹得"道路张弓拔刃，然后敢行"。百姓传言："宁得罪二千石，不能得罪高氏家。"

国家治理，难度最大的是京城。西汉定都长安，位于渭水南岸，终南山北麓。周秦以来，一直是国家政治、经济、文化、交通最为发达的地区。西汉立国之后，经过改建扩建，它不仅成为全国最大都会，拥有百万人口，而且随着丝绸之路的开通，又成了举世闻名的国际都会。相应地，都市的法治管理的重担，也就压到了汉政府身上。而且，长安城的人口构成极为复杂。首先，皇室宗亲，贵族官僚，以及其门下的大量依附人口，本身就构成了一个突出的法治难题。西汉立国后，为着"强干弱枝"，不断地从全国各地迁来富商大贾，豪强地主，试图由朝廷直接控制起来，以免在地方生事。然而他们一来到京师，必然要忙着重建自己的天堂，编组权力关系网络。他们的集结，形成了一支庞大的消费力量，给长安的社会管理与社会服务带来了巨大的困难。另外，全国各地求官求学求业观光的人员，也不间断地涌入京城，各少数民族、各边远地区人员，也要到京师来谋生求业或观光旅游。国外客商、游人与政府使节，同样往来不止。政府为着有效控制都市法治，又屯驻了大量兵士；为着皇宫等巨大工程的建设，又要召集各地来的民夫或徒役；此外，还有一批浑水摸鱼者混迹其间，浮浪于京师。这些人，各有其特殊的需要，特殊的服务，特殊的困难，正如《汉书·食货志》所言："五方交错，风俗不纯""郡国辐辏，浮食者多""长安炽盛，闾里各有豪侠"。要让成分如此复杂的百万人口安于其位，维护住长安城的治安秩序，谈何容易！

《汉书》对于成帝时（公元前32—前5年）长安社会秩序的记载："南山盗贼阻山横行，剽窃良民，杀奉法吏，道路不通，城门至以警戒，步兵校尉使逐捕，曝师露众，旷日烦费，不能擒制，二卿坐废。群盗浸强，吏气伤弱，流闻四方，为国家忧……长安宿豪大猾如东市贾万某，城西章剪张，禁酒赵放，杜陵杨章等皆通邪结党，挟养奸宄，上干王法，下乱吏治，并兼役使，侵渔小民，为百姓豺狼。""朝廷更数任二千石（京兆尹），二十年莫能讨。"又，"永始元延间，上（汉成帝）怠于政。贵戚骄恣。红阳长、仲兄弟交通轻侠，藏匿亡命，而北地大豪浩商等抱怨，杀义渠长妻子六人，往来长安中。丞相御史遣掾求逐党与。诏书召捕，久之乃得。长安中奸猾浸多；闾里少年群辈杀吏，受赇报仇。相与探丸为弹，得赤丸者杀武吏，得黑丸者杀文吏，得白丸者主治丧。城中薄暮尘起，剽窃行者，死伤横道，枹鼓不绝。"由这两条史料即可看出：上自公侯贵戚，下到地方豪绅大猾，奸商大侠以至闾里少年，窃贼亡命，等等，已经拎结在一起，构成一股凶顽的反社会黑势力，他们甚至有职业杀手，专以向社会报复、向良民逞威为能事。他们是一伙危害社会的公敌，人人得而诛之。

两汉先后四百年，在中国历史上是个很兴盛的王朝，但仅从本节所举事实看，也可以了解到当时老百姓是生活在怎样一种水深火热的境遇中了。我们揭出这一切，意在说明一个问题：古代社会的治安，是由统治集团主管的；而破坏这种秩序的力量，恰恰就是统治集团本身。这是一种阶级的、历史的真实。今天，在大讲汉唐文明与汉唐法治管理时，这一切史实，更不应该被忘记。

第九节　对汉代法治的文化评议

两汉时期是中华大一统国家治理模式的成型期、改善期，也是中华法理与法典体制的"儒术整合期"。在法理上，汉代拨正了强秦的"为治惟法"论，主张"德主刑辅"、"援礼入法"，这标示出中华法理的提升已进入新阶段；在"独尊儒术"下兴起的"经义决狱"的时风，又带动了中华法系之话语体系的成型；从汉初的《法三章》到《九章律》再到《决事比》的汇编，是中华刑名体系走向成熟的第一轮阶段性成果；而废除肉刑，则标志着刑名体制的历史性进步。"刺史监察制"的确立，更刷新了大一统的帝国行政结构、司法结构。汉代法治的成就是卓著的：

1. 汉代以人口管理为主干的基层基础工作、以要害禁卫为核心的政治保卫工作，积累之宝贵经验，影响深远。国家为了对人口实行有效的政治管理，首先把人口有序地组织在一个相对稳定的社会机体之中，建立一个自下而上的管理网络，这是国家行政力的突出体现，举世无双。

2. 汉代一些地方长吏积累的侦破经验，迄今仍然有效：如记籍、钩稽、类推、跟踪、耳目、灰线、奖励告密，分化瓦解，一网打尽，等等。

3. 名吏、能吏们屹立乱流，不惧风险的护法精神尤为可贵，大智大勇地与社会黑势力作斗争的事迹尤为感人。总之，汉代法治有功于国家大一统秩序的确立，有功于中华民族品性的塑造。

4. 汉人进一步走出了一条在开发民智、开发经济、讲究思想道德建设基础上强化法治管理的路子，因而能比秦代创造出更高的社会文明。但任何军政法令，都会"历久弊生"，它也逃不脱这一趋势。这也可从汉成帝河平年间（公元前28—前24年）的一道诏书看得出来："今大辟之刑千有余条，律令繁多，百有余万言。奇请它比，日以益滋。自明习者不知所由，欲以晓喻众庶，不亦难乎？徒以罗元元之民，夭绝无辜，岂不哀哉！"他的这一段话，是典型的儒家"恤刑"语言，然而他这道诏书之后，汉家律令科比条目，有增无减，而且官吏们分条破律，巧诋罗织，舞文弄法，流毒更深。这是传统法制所不可避免的趋向。

5. 汉初政治家思想家们一面张扬仁义，搞礼乐教化，一面施行刑律制裁，搞帝王专政。汉文帝自己"本好刑名之学"，却下令征用儒生。那位出名的汉武帝，一面"罢黜百家，独尊儒术"，一面欣赏"好黄老言"的汲黯，夸他"治官民好清静"，却被汲黯讥刺为"内多欲而外施仁义"，真所谓"儒术尊而不独，百家罢而未黜"。还是宣帝说得好："汉家自有制度，本以霸王道杂之，奈何纯任德教用周政乎？"由此可见，西汉思想家和政治实践家们，从不搞纯粹的儒家或法家那一套，而是如《史记·论六家要旨》所说："采儒墨之善，撮名法之要，与时迁移，应物变化。"

另外，我们从秦汉法治的成败中也分明看到：古代社会的治理，是由统治集团主管的；而破坏这种秩序的力量，恰恰就是统治集团本身，这是一种阶级的、历史的真实。短命的秦王朝自不必说，西汉中期以后，直到东汉灭亡，社会治安始终呈现严重不稳状况：刺客侠士到处活动，地痞流氓为非作恶，职业杀手活动猖獗，偷盗集团此灭彼起，方士神巫胡作非为，帮闲食客造谣惑众……社会渣滓与统治阶级中最黑暗的势力绞集为一种反社会力量，以向社会作恶为快，以向无辜行凶为业；而反社会活动猖獗之时、之处，恰恰就是在国家政权失控、半失控的环节上，是在各级官吏有意无意地纵容包庇下进行的，这就是汉代法治、尤其是京师法治始终未能解决的症结所在。看来，解决政权稳定、社会良性发展问题，眼睛光是向下是不行的，政权内部的消极腐败力量才是祸根，人们不能不予以高度关注。

第七章
六朝：法制、法典、法理的新创获

　　两汉以后的公元3—6世纪，中华民族各部分在大迁移大融合大比拼中，实现了相互亲和与沟通。原先住在周边地区的少数族人，大量内迁，他们通过学习汉文化，迅速改变本民族的生存状态与文化结构，认同炎黄先祖，这就为汉文化拓展了广阔的空间。其时尽管战乱频繁，民生艰难，科技发明的总水平还是超过了两汉四百年。农学、医学、数学、地理学、天文学的成就，都超越前人。舞蹈、雕塑、绘画、书法艺术都取得历史性突破，各领域都出了一批一流的文化人。这个时期，国土开发、产业开发也都达到了新的规模。这一切，展示出中国人的顽强生命力、创造力。于是秦汉时期形成的中华文明，更充分、更有力地展示出它的巨大融合力、凝聚力；它对异质文明的包容吸纳之规模与深度，它改造提升人类精神产品的成效之卓著，都是人类文明史上所仅见的。历来对于六朝文化的评价是远远不够的，消极面被夸大了。

第一节 六朝法治的总体目标是国家的再统一

本期，出现了第一个占有黄河流域的少数民族政权苻秦，第一个统一了大北方的民族政权元魏（北魏）。它们都成功地推行了一套"汉化"的立国方略，从而长期地与南方的东晋宋齐梁陈汉族政权"分立"着。生活于南北对峙政权下的广大汉族人民，则在与境内外少数民族的共处中，实现了生活方式上、文化艺术上、风情心态上的大幅"胡化"。这种双向靠拢的秩序形塑，创造了人类文明史上异族相融共进的奇迹，中华文化在动荡中复壮了，到隋唐时就又再度崛起了。

三国两晋南北朝时期，除了西晋有一段短暂的统一外，我国始终处于分裂动荡之中，为期四百年之久。然而，中华文明经受住了这一严峻考验，仍然保持着自己的发展势头：我国中原以外的周边地区也得到了更多的发展机遇，恰恰是在这四百年间，中华民族体现出举世无双的生命力、融合力与凝聚力、向心力。其间，周秦两汉以来形成的管理文化与共同的民族心理素质，无疑起了强大的纽带与粘固作用。

就管理文化来说，魏晋南北朝时期，无论哪个政权，都十分注重人口的登录记籍与管理，它们每夺得一块地盘，必先"收其图籍"，把土地与人口册籍收管起来；十分注重城市安全秩序的管理，借以确保政权基础的稳固；十分注重交通管理，借以发展不同政权之间的经济文化往来；十分注重秦汉法治基础上的法理建设，使秦汉法理与法典编纂在特殊历史条件下得到了多方面的充实与提高。其中整合刑名的曹魏《新律》，删繁就简的晋《泰始律》，体例明晰的《北齐律》，话语儒术化的北周《大诰》，为隋唐的法治建设奠定了基础。

综观六朝法治，自有其历史特色。宏观地看，尽管政权更迭频繁，许多少数民族先后入主中原，政治差距很大，但都认炎黄为共祖，从文化上、从意识形态上相认同；在政治体制上，各政权都实行州郡县三级管理体制，保持了秦汉以来行政上的传承性，因而各不同政权甚至对立政权之间，在法治领域内，保持了相互沟通、相互对接的历史融通性。这是古代社会秩序破坏了又能重建的社会文化与政治基因，是各族各政权能最后趋于统一的社会历史机制。分析性地看，四百年的纷争动荡，提出的社会治安问题更多、更尖锐、更复杂，也更迫切地需要适时解决，以维护社会的存在，维护政权。这样，各军政集团，必然要致力于政府法治方略的研讨、法理的建树、法制的更新、法典的编纂和司执法的实践经验积累，从而为隋唐新的大一统政权更高层次上的法治事业打下根基。

第二节　六朝的法治行政机构

六朝时期的国家行政，大致承袭秦汉，又各自有所因革，为民族融合提供行政范式，具有特殊的历史意义。我们这里分四个层次来讲其一般情况：一、宫廷、朝廷与京师地面的法治行政机构；二、郡县地方及关津要塞的法治行政机构；三、乡里基层的治安力量；四、庄园坞堡的"自治治安"（这是南北朝法治的一个特点）。

一、宫廷与京师的法治机构

三国两晋与南朝，基本沿袭汉制：宫殿门内的警卫由光禄勋负责，宫殿门外的警卫由卫尉负责，皇城以外的京师法治，三国时仍由执金吾与司隶校尉负责，形成一个相对独立的专责系统；到东晋宋齐梁陈时，则改由京师地方行政首长京尹与京令兼理。

（一）三国时的禁卫体制　《三国志·吴志·孙权》（卷二）二十五年，权自公安都"鄂"，改名"武昌"。下令诸将曰："顷闻诸将出入，各尚谦约，不从人兵，甚非备虑爱身之谓。夫保己遗名，以安君亲，孰与危辱？宜深警戒，务崇其大，副孤意焉。"按：孙权这条"指示"很独特：历来君王对臣下佩刀佩剑，都十分顾忌，他则公开地、理直气壮地反对"诸将出入，各尚谦约，不从人兵"的做法，要求臣下"出入"时必须带随卫、佩兵器，以防不测。看来，他是主张入朝者也应配备武器以防身的，这不同于一般的禁卫纪律。

三国时，朝廷光禄勋属官不少，有五官中郎将、左右中郎将、南北中郎将，虎贲（武贲）中郎将、羽林中郎将等名目。又有奉车都尉、驸马都尉、骑都尉；守宫令、暴室令、掖庭令、华林园令及虎步监、虎骑监、绕帐督、帐下左右都督等名色，各有职司，组成皇帝的警卫队伍与皇宫的禁卫队伍，编制很大。卫尉统领武库令、公车令、卫士令等，掌管宫中巡察纠查及宫城卫屯兵与宫城管钥。特殊的是：晋代卫尉卿下，还设有诸冶令一职，专管全国矿冶。仅江北就有冶令三十九所，管五千三百五十户矿冶之家；江南有二冶，即梅根冶（在铜陵县）与冶塘冶两处，划归扬州刺史管辖。这大概是中国历史上对矿业矿工实行专门管理的早期记录。（参见《宋书·百官（上）》）

三国时的京师法治主管人仍是执金吾与司隶校尉。司隶校尉对京师直辖区内的犯法者与朝廷百官中的违法人员均有察举之责，比执金吾的只管京城巡查又有不同。司隶校尉属官有都官从事、武猛从事、督军从事，分管刑法与军事；有城门校尉、市长等执掌都门与市场的管理。晋宋齐梁时期，废除了执金吾与司隶校尉之职，京师法治直接由京尹（州郡级）京令（县级）兼理，分曹办公；另有"台军"屯驻建康台城，弹压京师地面。

为了强化京县法治，西晋洛阳，南朝建康，均分设"六部尉"，各管京城某一区的法治。这是汉代城市法治分区管理的强化，开启后世"分厢"管理的体制。北朝京师则在城门校尉、分部尉之外，又特设"径途尉"，负责京城主要街道的管理与巡查。

（二）北朝宫廷的禁卫体制 北朝宫廷禁卫职官与三国两晋及南朝有所不同。北魏北齐北周的宫廷禁卫不归光禄勋管，而由尚书省之殿中曹主管，有卫尉寺、城门寺、领军府，掌管禁卫甲兵，其领军府下的左卫府与右卫府，各设将军一人，掌朱华阁以外的左厢与右厢的禁察稽查。中国法治行政史上"厢"的概念从此出现。隋唐宫廷禁卫的"卫府制"也肇源于此。

（三）尚书省与御史台的法责　就中央机关而言，六朝时出现了"尚书省"、"中书省"权力增大的趋势。尚书省的最高首长为"录尚书事"，一切政令必经其手，"军国大事，总而裁决"，为全国法治管理事务的最高负责人。尚书省的常务长官为尚书令及其副职左、右仆射。尚书令主管各项军国政务，同时"参议"，"弹纠见事"，为法治的主管官员。左仆射"领殿中、主客二曹，诸郊庙、园陵、车驾行幸、朝仪、台内非违、文官举补满叙疾假事；其诸吉庆瑞应众贺、灾异贼发众变、临轩崇拜、改号格制、莅官铨选。凡诸除署、功论、封爵、贬黜、八议、疑谳、通关案，则右仆射主"。（《南齐书·百官志》）左仆射分管的事务中，主要是负责皇帝殿内和出行安全，纠举中央政府内部的"非违"；右仆射则掌管全国各地"灾异贼发众变"等事件的预防和平息，主管大案要案重案的审理，可谓责任重大。

法治方面的另一个重要部门是皇帝直接领导的监察机构"御史台"，南北朝时又被称为南台、南司或宪司。其长官为御史中丞，北魏称为御史中尉（明清时为"都察院"）。它专门督察中央和地方各级官吏，"掌督司百僚"，在统治集团内部防止违法犯罪，而不处理一般的狱案。按萧梁制度，御史台对"皇太子以下，其在宫门行马内违法者，皆纠弹之。虽在行马外，而监司不纠，亦得奏之"，权力不小。行马，一种交通管理设施，如木栅木杈之类，布置在禁区周边，形成"警戒线"，官民人等不得走马越界。

二、郡县的行政执法机构

三国两晋南北朝时期，地方分州郡县三级，制度一如东汉。州仍为监察区，设有州刺史，分领兵刺史和单车刺史两种。郡太守、县令（分令、长两种）为行政长官，均设有尉职佐官，同时又分曹办公。

（一）郡县长官的治安责任　郡的长官是郡守，负本郡的守备与治安之责，但在边郡或重要地区，也设都尉，有的还不止一人，以专典兵马与治安。如曹魏与西晋时，在魏郡就设有东部都尉和西部都尉，江夏郡设有南部都尉，襄阳郡也设有南部都尉，徐州则设有淮海津都尉，敦煌郡有宜禾都尉、伊吾都尉等，均根据法治的需要而设。边境的都尉，并兼理驻在区的政务。其时，蜀国和吴国的郡也都设置太守和都尉二职，其属官与曹魏略同。

县的长官为县令或县长，全面负责县内法治。县丞责在"兼主刑狱囚徒"。县丞之外，县级重要职官是县尉，大县不止一尉，与县令分开办公。如南朝建康县置六尉，有的县份置左、右尉。县尉的职责与汉代无异，"主盗贼，案察奸宄"，是专司法治的官员。地方政府中的户曹、法曹、贼曹及狱丞等，则负责相关单位的法禁与治安业务。关津设关令、关丞；有市场的地方设市长、市丞等职役，进行秩序管理。

（二）北朝郡县的治安佐官　北魏、北齐之地方官设置有民族特色：每州有三刺史、每郡有三太守、配三都尉，县有三令长，也配三都尉。其一为鲜卑族皇室成员，其二为汉族成员，其三为异姓异族成员。北魏政府把地方法治的好坏作为官吏升迁的主要依据。把治安规定为地方行政的主要内容，凡能治安一县一郡一州者，即令其兼理二县二郡二州，领双俸；凡能治理两地者，又令其兼理三地。三年迁升。这一制度下，虽然免不了"三官"之间相磨合的麻烦，但从大局上说，对于提供各族相融合的行政机制，调节各族之间的利益关系，稳定三国以来历经五胡十六国之乱的中原经济文化与社会生活，显然具有重大作用。我们说动荡年代的社会法治更易引起当局的注意，这便是一个显例。

三、六朝乡里基层的社会管理

（一）汉代乡里管理的延续　终三国两晋南朝之时，其乡里基层组织，皆如秦汉：五户为伍，伍长主之；二伍为什，什长主之；

十什为里，里魁（正）主之；十里为乡，乡三老、有秩与啬夫、游徼共同管理，由乡三老主之。每县三千户以上置二乡，五千户以上置三乡四乡。乡官是县令的佐官。乡三老、有秩由郡任命；乡啬夫、游徼由县任命。游徼是专职法治工作人员，在乡里缉捕盗贼。这时，仍然有亭的建制。亭是在县尉的直接指挥下专管地面治安的。设有亭长、亭侯及求盗等隶役。亭长多由退伍老兵担任，他们熟悉业务，有军事常识，较便于警务行动。

（二）元魏的"三长制"　北朝不一样。元魏政府在基层推行三长制：社会面上以五户为邻，设邻长一名；五邻为里，设里长一名、五里（或四里）一党，设党长一名。邻里党合为"三长"，负责清理人口，催征赋税与当方治安。在城区则有"三正"：比正（管五户）、闾正（管一个坊、里）、族正（管四个里），由他们管理所属人户。外设"隅老"四名，由闾、里自行推举，义务服务，分头负责坊里四边的法治巡查等事务（见《通典·食货》）。这是一种民间自治的治安力量。当值的隅老不算公务人员，国家并不给补贴或豁免徭役之权。若就其发动民众自理治安秩序来说，应是一种创举。

四、庄园坞堡的治安自理

六朝的国家法治，是由政府负责，通过行政、警治、禁卫力量来实施管理的。这就有一个前提：政府必须是强有力的。在政府未能控制、失去控制或不想控制的地方和环节上，法治秩序就无法依靠政府行政力量来维持了。在魏晋六朝这样的时代，政府本身常常处于动荡之中，朝廷与地方政府都常面临解体的危机，在此情况下，社会秩序就会陷于混乱之中。然而，一个社会要想继续维护自己的存在，就总得依靠自身的安全机制，在政府失控的环节上发挥作用。六朝豪族世家就在一定意义上起了这个作用。

（一）庄园坞堡自理治安　我国东汉时期，庄园经济发展起来，不仅能组织"大农业"的规模生产，且具有相应的教育机能与武装自卫的能力；不过此时的"自卫"，通常仍在地方政府的监控之下。

六朝时，世族地主庄园发展起来，其生产能力之强大，出人意表，仅从《齐民要术》即可窥见一般。《齐民要术》告诉人们：六朝庄园实行的是农林牧副渔规模性综合经营，各种作坊与工场手工业齐备，商贸易同时并举，特色产品能远销千里以外。它为民族的衰而又兴、破而不碎，败而再起提供了强大的物质基础，也为中华民族抵御无比巨大的天灾人祸而发展为世界上最大的民族群体提供了物质保证。它主导了六朝时中华民族的发展方向。

晋代永嘉之后，长期陷于"五胡十六国"的血拼之中，社会极端动荡，军阀杀人如麻，豪强势力乘时而起，纷纷占山立寨，筑土围子，建坞堡，招聚流民，发展经济，搞私人武装，逞雄一方，也为灾难中的人民保存了生的希望。世家大族往往能自守自保，敢与军阀们相周旋，这方面的事例史不绝书。

南方的门阀庄园与寺庙庄园，趁中央、地方权力分散、动荡、削弱之机，也适应战乱时代力求自保的客观需要，在"自卫"的名义下扩张势力，在其势力范围内建立其本身所需要的"秩序"，其"自治治安"也就发展起来。当时，南下避难的世家大族，往往割地"侨居"，聚族而业，烟火连接数十百里，其势力之大，基层政权莫敢谁何。东晋南朝世家大族的庄园之豪富，经营范围之宏大，举世闻名。例如石崇、王恺、祖逖、谢安—谢灵运、王导—王羲之们，都是"富可敌国"之家，当然也就能自理治安了。

（二）庄园对国家治理的冲击 有这样一件事：北魏末，"盗贼蜂起"，行旅极不安全。时冀州世家大户李元忠，[①] 拥有很高威

---

① 《北齐书·李元忠传》：李元忠，赵郡柏人县人。少厉志操，粗览史书及阴阳数术，以母老多患，乃专心医药，研习积年，遂善于方技。性仁恕，见有疾者，不问贵贱，皆为救疗。家素富实。其家人在乡，多有举贷求利，元忠每焚契免债。乡人甚敬重之。魏孝明时，盗贼蜂起，清河有五百人西戍，还经南赵郡。以路梗，共投元忠，奉绢千匹。元忠唯受一匹，杀五羊以食之。遣奴为导，曰："若逢贼，但道李元忠遣送。"奴如其言，贼皆舍避。

望，能保证冀豫一线的行旅安全。有一次，一支五百人的退役戍卒队伍来投奔他，请求庇护，送上千余匹绢作为酬谢。李元忠答应了，他委派向导，打上"李府"旗号，在队前引路。沿途遇有截道的，只要声言一下"是李府的客人"，对方便乖乖地让道，退避唯恐不及。这五百退役军人自然是顺利通行了——人们不妨仔细想想：连五百退役戍卒尚且要向李元忠求助，那么，当时的社会治安形势之险恶就可想而知了。李元忠的这种活动方式，足见世家大族的"自卫"能力。从根本意义上说，豪门是特定时期、特定条件下的一方社会治安秩序的维护者、营造者，但又是国家法治的挑战者，破坏者。

西晋永嘉之后，留在北方的"豪家大族，鸠率乡部，托迹勤王，规自处置。"不仅私立田庄坞堡，且而署置郡县长吏。至于南迁的士族，更到处"占山护泽，保家为利"，处处群集，侨立州郡，其势力之大，可想而知。他们的动向如何，对于地方治理以至国家安危，影响深巨。如：《唐书·韦师康传》载：韦氏"世为关右著姓"，"宗族数千家，多以豪奢相尚。"《隋书·徐孝肃传》载：汲郡徐氏"代居南土，宗族数千家，为远近所服。"宋孝王《关东风俗传》载："瀛冀诸刘，清河张宋，并州王氏，濮阳侯族，诸如此辈，一宗将近万室，烟火连接，比屋而居……若遇间隙，先为乱阶。"对国家政治秩序威胁力很强。

祖逖的事，更能说明这一点。东晋政权建立后，祖逖率家族人口数百人南下避难，在金陵扎下根来。他胸怀大志，有闻鸡起舞、誓灭北虏的佳话流传于世。他拥有一支私人武装，平日无事，常到江面上去劫掠商旅，于是祖氏家族便暴富起来。有一次，祖逖曾亲自过问家丁："昨夜曾南塘一击否？"南塘，南京城外的一个江滨商埠，江面上商船如织，中外商旅在此集聚，很是繁华。石崇、王恺等巨富，多半是靠在荆州江面和建康之南塘一带截江夺货而致富的，祖逖也是。丞相王导明知其祸，却不敢过问，托词说："江水湍急，不免鱼龙混杂，泥沙俱下；金陵都城，八方来集，藏龙卧虎，积污纳垢，中间不免有麻烦；但非此就不成其为首都了！"

结论：在政治秩序动荡时期，社会上各种宗法的、宗教的、地域的、行业的势力就会抬头，发挥其对于社会治安的正面的或负面的作用，这方面的史料很值得钩稽、深考。

第三节　六朝法典编纂技术的提升

一、陈群整合刑名体系

魏文帝时，有鉴于汉代以来，法律"代有增损，轻重乖异，而通条连句，上下相蒙，虽大体异篇，实相采入："盗律"有贼伤之例，"贼律"有盗章之文，"兴律"有上狱之法，"厩律"有逮捕之事。若此之比，错糅无常。后人生意，各为章句。叔孙宣、郭令卿、马融、郑玄诸儒，章句十有余家，数十万言，凡断罪所当由用者，合二万六千二百七十二条，七百七十三万二千二百余言。言数益繁，览者益难。"故下令整饬之。"其后天子又下诏改刑制，命陈群、刘邵等删约旧科，旁采"汉律"，定为魏《新律》十八篇，《州郡令》四十五篇，《尚书官令》、《军中令》合百八十余篇。"

曹魏《新律》解决了《汉律》中的编纂缺陷："集罪例以为刑名，冠于律首。"这是新律编纂上的突出贡献，其后历代法典全部袭用这个体例。

大量的工作是理清罪名的逻辑内容与逻辑关系。以往的法典中，罪名混乱，罪行界划不清，《新律》做了不少调整工作。比如：

1.《盗律》有劫掠、恐喝，和卖买人，科有持质，皆非盗事，故分以为《劫掠律》。

2.《贼律》有欺谩诈伪，踰封矫制；《囚律》有诈伪、生死诈、自复免，事类众多，故分为《诈律》。

3.《贼律》有贼伐树木、杀伤人畜产及诸亡印，《金布律》有毁伤亡失县官财物，故分为《毁亡律》。

4.《囚律》有告劾传覆，《厩律》有告反，逮受科有登闻道辞，故分为《告律》。

5.《囚律》有系囚鞫狱之法，《兴律》有上狱之事，科有考事报谳，宜别为篇，故分为《系讯》，《断狱律》。

6.《盗律》有受所监临、受财枉法，《杂律》有假借不廉，《令乙》有所呵人受钱，科有使者验赂，其事相类，故分为《请赇律》。

7. 秦世旧有厩置、乘传、副车、食厨，汉初承秦不改，后以费广稍省，故后汉但设骑置而无车马，而律犹著其文，则为虚设；故除"厩律"，取其可用合科者，以为《邮驿令》；其告反逮验，别入《告劾律》。

8. 上言变事，以为《变事律》；以惊事告急，与《兴律》烽燧及科令者以为《惊事律》。

……

曹魏进行了这类调整后，使法典条文的编纂逻辑清晰了，更适时适用了，颇显其垂范之功。

二、《泰始律》的编纂规范化

晋武帝时，鉴于汉法的苛繁琐屑，命贾充、杜预、羊祜，郑冲等名儒重臣修成《泰始律》，对秦汉以来的律文进行了一次清理，删繁就简，编为二十章，体系严整，文字简约。《晋律》二十一章的篇目是：刑名、法例、盗律、贼律、诈伪、请赇、告劾、捕律、系讯、断狱、杂律、户律、擅兴律、毁亡、卫官、水火、厩律、关市、违制、诸侯，计六百二十条，再加上"令"二千三百余条，一共近三千条。后来张华、张斐、刘颂等人，又结合实施情况，加上注释疏解，成为六朝时代沿用最久的一部法典，直到齐梁时期也无改易之举。《泰始律》制成后，西晋政府采纳张华等人的建议，"抄新律诸死罪条目，悬之亭传（驿站），以示兆庶"。利用亭传，对社会进行法制宣教，是秦汉以来的惯例，晋代君臣自然是懂得其功用的。

三、张斐论罪名认定及其法律适用

在法治的理论建设方面，西晋的杜预和张斐都做出了可贵贡献，而张裴特别值得一提。张斐，晋武帝时任明法掾，参与注释《泰始律》。在律法原理与律文适用方面，作过较深入的研究。《晋书·刑法志》收入了他的《进律注表》，他论列道：

知而犯之谓之"故"，意以为然谓之"失"。

违忠欺上谓之"谩"，背信藏巧谓之"诈"。

亏礼废节谓之"不敬"。

两讼相趋谓之"斗"，两和相害谓之"戏"。

无变斩击谓之"贼"，不意误犯谓之"过失"。

逆节绝理谓之"不道"，陵上僭贵谓之"恶劣"。

将害未发谓之"戕"。

唱首先言谓之"造意"，二人对议谓之"谋"。

制众建计谓之"率"。

不和谓之"强"，攻恶谓之"略"。

三人谓之"群"。取非其物谓之"盗"，货财之利谓之"赃"。……

明确了这类司法术语，在执法过程中，就能有所依循了。它对于维护法律的统一与权威，显然是十分重要的。然而，社会生活是纷繁复杂的。无论怎样详尽明细的法律，都不可能穷尽一切生活现象。何况作案犯罪人员还要千方百计地钻法律空子，伪装自己的行为呢？因此，在执法过程中，如何准确地理解律文、适用律文，便是一个更为关键的问题。张斐对此也作了辩证的思考。"慎其变，审其理"是他对法律适用提出的指导性意见。他说：

"卑与尊斗，皆为贼；斗之加兵刃水火中，不得为'戏'，戏之重也；向人庐室道径射，不得为'过'，失之《禁》也；都城人众中走马杀人，当为'贼'，贼之似也；过失似'贼'，戏似'斗'；斗而杀伤傍人，又似'误'……如此之比，皆无常之《格》也。"

他特别说明：

"不承用诏书，无故失之刑，当从赎；谋反之同伍，实不知情，当从刑。"

"（律有）'八十非杀伤人，他皆勿论'，即诬告谋反者反坐；'十岁不得告言人'，即奴婢悍主，主得谒杀之。"

"'殴人，教令者与同罪'，即令人殴其父母，不可与行者同得，重也。"

综上，不难看出，张斐在法律适用上，是十分强调维护封建伦理秩序的。凡侵害君上利益者，一定要从重惩处；而侵害一般人的利益，则可以从轻；凡直接违背封建律条的明文规定者，一定要从重惩处；而律无明文时，则要权衡轻重，随事取法，以理断之。守法而不拘法，明法更要明理，便是张斐执法思想的特征。他认为："通天下之志唯忠也，断天下之疑唯文也，切天下之情唯远也，弥天下之务唯大也，变无常之体唯理也。"忠于国家利益是法律的制定与执行的最高原则；而依法律条文断罪，从深远利益考虑，从大处着眼，明理而权变，随事以取法，则是法律适用过程中的行为准则。应该承认，张斐的这般思考，是符合实践要求的。他的"明理而权变"，比起"法无明文不为罪"来，逻辑上更为周延，狱审实践上更能堵塞律文漏洞，更能调剂律文对于生活发展的滞后。总之，张斐的研究，反映了也代表了晋代法学研究的新水平。

四、《北齐律》与"十恶大罪"

魏晋以后，南北朝各政权在法学上有较大成绩的是北齐。《北齐律》是《泰始律》的进一步简约，只有十二章，九百四十条，这就完成了汉魏以来国家法典由繁而简，由杂而清的改革。在罪名规范上，《北齐律》明确强调"十恶大罪"，以打击危害皇权、破坏宗法等级制的罪行。

十恶大罪是：一、谋反：以各种手段反对皇权（皇帝），反对国家统治的犯罪活动；二、谋大逆：损毁皇家陵墓、宫阙、宗庙的叛逆行为；三、谋叛：背叛本国、投奔敌对政权的犯法行为；

四、恶逆：谋杀、殴打长辈亲属的逆伦行为；五、不道：残杀无辜，肢解尸身的凶残行为；六、大不敬：侵犯君王的尊严如名讳之类；七、不孝：不赡养父母、祖父母者；八、不睦：侵害血亲利益者；九、不义：侵犯尊长者；十、内乱：家族内部的奸私行为。隋唐以后的所谓"十恶不赦"便由《北齐律》而来。当然，这"十恶"也就是社会治安管理中必须从严监理、从严缉拿的十大重点"任务"了。它的明确，使法典规定高度简约，易于为底层社会所理解、所接受，操作性也较强，所以具有广泛的群众性，进而内化为中国老百姓的一种品行操持。

综上可见，法治法理的周延化与法治任务的明晰化及法典表述的儒学化，正是六朝法治变革与研究的主要收获。从中可以发现：少数民族政权对于伦理纲常的入法入律更为热衷，对于伦理犯罪的审理惩处更为关切，其立法修法活动也更为频密，且更关心民族习惯法与国家制定法之间的吸纳与转换。可见中国少数民族是中华法治的一支极重要的推进力量。

第四节 六朝社会法治管理的展开

三国两晋南北朝时期，除了西晋有一段短暂的统一外，我国始终处于分裂动荡之中，为期四百年之久，政府掌控的人口，只剩下西汉后期人口数的三分之一不足，晋武帝时，仅剩一千六百万人。然而，中华文明经受住了这一严峻考验，仍然保持着自己的发展势头：恰恰是在这四百年间，我国中原以外的周边地区得到了更多的发展，中华民族体现出举世无双的生命力、融合力、凝聚力与向心力。其间，周秦两汉以来形成的共同民族心理素质与管理文化，无疑起了强大的纽带作用与粘固作用。

一、执法活动的新开展（曹操与诸葛亮）

六朝时期，又有一批政治家与学者，进行着刑名法术之学的理论研究与社会应用，有不少创获。在法治法理的应用与研究上，曹操、诸葛亮、杜预、贾充、张斐、葛洪等人，都各有特定的贡献。如：曹操年轻时，曾任洛阳北部尉，负责汉末京师洛阳北部地区的法治。他一上任，便修缮四门，造五色棒，四门各悬十余根。有犯禁者，不论其势力多大，一律棒杀之，京师豪强敛迹，再也无人敢于犯禁了。曹操一从政，便表现出他的法治才能。曹操"揽申商之法术，该韩白之奇策"，他为政的指导思想是"治定之化，以礼为首；拨乱之政，以刑为先"（《魏志·高柔传》）。因时制宜，迭用刑礼，对于结束汉末大动乱，将黄河流域的社会重新引上秩序轨道，起了重大作用。他令出法随，用信赏必罚来推进教化，用"清识平当，明于宪典"之人来推进法治建设。又，东汉以来，绑架人质的事件频频发生，因人们顾及人质安全，却反而使劫持人质成风。曹操便"着令："自今以后有持质者，皆当并击，勿顾质。"——此令看起来有点"冷酷"，却取得了"由是劫质者遂绝"的效果。这在《三国志·魏书·夏侯淳传》中有记载。此后中国人质问题就不再尖锐了，与曹操下的这道制令有关。

《三国志·蜀书·诸葛亮传》介绍：诸葛亮治蜀，"抚百姓，示仪规，约官职，从权制，开诚心，布公道……善无微而不赏，恶无纤而不贬……政刑虽峻而不怨者，以其用心平而劝诫明也。"他认为"宠之以位，位极则贱；顺之以恩，恩极则慢"，不若"威之以法，法行则知恩；限之以爵，爵加则知荣"，从而形成"恩荣并济，上下有节"的政治秩序。在法治管理方面，诸葛亮之突出表现在处理民族关系方面。蜀汉民族关系一直是国家政治中的一个重要课题。诸葛亮以"心战为上"，七擒七纵西南夷的民族首领孟获，使之心悦诚服。诸葛亮在战胜之后，并未驻军留守。而是选用当地能人，进行自治；并超拔其英杰，参与蜀中大政。孟获本人就很受重用，任蜀汉御史中丞，负责纠弹监察。在民族矛盾空前激化的魏晋南北朝，诸葛亮的思想和实践是很有启发意义的。

二、六朝社会法治管理的新举措

六朝法治领域是一个充满活力的领域，在法治实践上多有创获。大体说来，北方政权突破性首创性的成分较多；而南方政权的保守性传统性的成分则更为突出。

（一）缮固城池，谨守城门　六朝战争频繁，城防尤为重要。《三国志》卷四十七《吴书·吴主传》：三国时东吴孙权下诏"诸郡县治城郭，起谯楼，穿堑发渠，以备盗贼"。城墙是城市的屏障，要修得坚固。十六国时赫连勃勃甚至下令"蒸土筑城，锥入一寸，即杀作者"。（《晋书》卷一百三十《赫连勃勃载记》）城墙之外，还要开挖护城壕沟。《晋书》卷一百零四《石勒载记》：后赵石勒"时城隍未修，乃于襄国筑隔城重栅，设鄣以待之"。城隍就是护城河。城门是城邑咽喉，上有谯楼，又称望楼，平时瞭望城门内外，战时为指挥之地。城门定时启闭，夜晚禁止任何人出入。遇有紧急，必须有相当一级官府发放的通行证件，否则不能放行。《晋书·元帝纪》：西晋末年司马睿要逃离邺城，开始"夜月正明，而禁卫严警，无由得去"，但不久"雷雨暴至，微者皆弛"，才得逃脱，后来他成了东晋皇帝。

（二）巡徼城中，禁断夜行　三国两晋的城邑之中仍实行街巷市里分隔封闭的管理方式，居民宅在里中，周围封以高墙，出入经由里门，里门晨启晚闭。城中设置街亭，大的都邑每街一亭，小的县邑最少有一街亭。晋代县令属官中有亭长一职。亭长的任务就是监视行人，禁备盗贼，处理法治事件，维护街区秩序。当时，全国各地城邑普遍实行宵禁制度，夜晚禁止不预先申报的无故行走，否则以奸人对待。这时由执法官员组织巡行，"有犯夜者，为吏所拘"。

（三）击鼓报警，实施戒严　北朝孝文帝时，李崇创立了悬鼓报警的制度，从此各州县治所所在城市，就都"置楼悬鼓"了。隋唐的街鼓之制，就是由此而来的。以鼓声统一号令城门、坊门、市门的启闭，有水火劫盗又可以集众援救。隋唐严密的城邑法治体系多源于北朝制度。城中用钟鼓报警，便是一例。当没有统一的计时器、没有电话可用之时，这实在是一个好主意。中国城市的"晨钟暮鼓"，源自于此。

在非常时期，为维护京城治安，当时还经常采取一项紧急措施，即实行戒严。

《三国志·魏书·贾逵传》注引《魏略》：曹操"欲征吴而大霖雨，三军多不愿行。太祖知其然，恐外有谏者，教曰：'今孤戒严，未知所之，有谏者死！'"这"戒严"并非法治戒严。《晋书·褚裒传》"（后赵）石季龙死，裒上表请伐之。即日戒严，直指泗口。"这是法治戒严。这时全城严密警戒，增设警卫，加强巡察，限制人员和车辆通行。对奸人组织搜查。中国古代作为法治措施的戒严，是从郑子产救火灾开始的，《墨子》书中有明晰记载，而在魏晋时期被普遍施行。

三、强化思想界的行政管理，重视对宗教的利用与控制

曹魏禁止"诽谤"、"妖言"。《三国志·魏志·高柔传》载：魏文帝规定："有妖言辄杀，而赏告者。"这叫作"妖谤赏告之法"。还禁止民间私自讲习图谶内学，禁止私藏兵书。除官府规定可以祭祀的神灵外，禁止民众受巫祝迷惑，祭祀乱怪神鬼，不然就以"执左道论"。这是防止扰乱人心，危害统治。晋代禁止民众私学天文图谶，有犯者最初判二岁刑，后又严其制，罪至诛死。

秦汉之后，"天人感应、君权神授"的学说成为巩固皇权的精神支柱，在社会矛盾尖锐时，反对力量也会利用天象的变化鼓吹"天命改授"。于是天文学成了一门官方的政治学问，要尽量避免民间染指。《北史》卷三《魏本纪三》：北魏孝文帝太和九年（公元485年）"诏禁图谶秘纬及《孔子闭房记》，留者以大辟论。又诸巫觋假称神鬼，妄说吉凶，及委巷诸非坟典所载者，严加禁断"。控制舆论正是为了控制政权。《北史》卷四《魏本纪四》：北魏宣武帝永平四年（公元511年）"诏禁天文学"，孝明帝熙平二年（公

元517年）"重申天文禁，犯者以大辟论"。处罚得很严厉。禁书禁学，历来是古代法治的惯技。当然，将汉代疯狂一时的谶纬之学加以禁绝，倒也未尝不是一件好事。

南北朝时期，中国本土的宗教道教有了新发展，佛教传入后更迅速风靡全国，产生了严重的社会问题，带来了严重的社会危机。正如范缜《神灭论》所言：在佛教的狂风迷雾之下，人们宁可倾家荡产去求僧拜佛，动辄向和尚捐赠上千石的粮食，却不肯怜惜穷困，照顾孤老。在佛教荒诞言词的引诱下，人们抛弃儒者的服装，披上僧人的袈裟，以致骨肉分离，子嗣绝灭，士兵得不到补充，官府中吏员缺额，粮食被僧众吃光，财富被寺院耗尽。特别是坏人充斥，劫盗横行，所有这些，对国家的行政、风俗、人口、生产、军事、财政等都带来恶果，要制止祸害，就要禁止佛教。但是，不仅南朝，就连北朝皇帝和权贵也大部分笃信佛教。佛教的发展，使寺院集聚了大量财富和土地，也分割了国家人口。于是北魏太武帝拓跋焘和北周武帝宇文邕相继发动了"灭佛"事件。他们坑杀僧侣，烧毁佛经、佛像和佛塔，迫使数百万僧人还俗为"编户"，没收大量寺产"送归官府"。《北史》卷二《魏本纪二》：北魏太武帝于太平真君五年（公元444年）"诏自王公已下至庶人，私养沙门、巫及金银工巧之人在其家者，皆遣诣官曹。限今年二月十五日，过期不出，巫、沙门身死，主人门诛"。两年后，又"诏诸州坑沙门，毁诸佛像。"《北史》卷十《周本纪下》：周武帝"断佛道二教，经像悉毁，罢沙门、道士，并令还俗。并禁诸淫祀，非祀典所载者，尽除之"。这两次全国规模的灭佛活动，连同后来唐武宗的灭佛斗争，佛教史上称之为"三武之难"。

四、强化伦理纲常，把婚姻家庭管理纳入法制条规

地方官员还注意礼义化民，强化等级礼制，从思想上禁锢人们的反抗情绪。如晋代在地方普遍立社，用春秋两次致祭社神的方式，团聚民众，以宗族之情掩盖和消弭阶级对立。这种"立社"的办法，让人联想到明代搞的"十家牌法"，要求民众定期集会，公

开检查自己和身边亲人有无过错，保证恪守忠孝伦理。为了维护封建纲常，在婚姻方面南北朝法律也有严格规定。一是禁止同姓之婚，犯者以"不道"罪惩处。北周还禁娶与母亲同姓的妻子，扩大性禁忌的范围；同父姓与同母姓一例禁止，就不会有姑表亲、姨表亲了，对后代健康是有益的。二是禁止逾越社会等级的婚姻。如《魏书》卷七《高祖纪》：北魏时对"皇族贵戚及士民之家，不惟氏族高下，与非类婚偶"，都"为之科禁"。三是禁止乱伦。如《魏书》卷十七《安定王传》：北魏安定王之弟拓拔愿平"坐裸其妻王氏于其男女之前，又强奸妻妹于妻母之侧"，被当局处以"不道，处死，绞刑"。这是元魏人放弃落后的民族习俗而接受中原伦理秩序的表现。

南北朝法律还禁止毁坏坟墓。《魏书》卷五《高宗纪》：北魏规定"穿毁坟垅，罪斩"。掠卖人口罪也适用于亲属之间。《通典》卷一百六十七、《刑》之五：北魏规定："卖子，一岁刑；五服内亲属、在尊长者死，卖周亲及妾与子妇者流"。卖亲生子女为奴隶的，罪处徒刑一年；假如所卖为五服以内的尊亲，则犯死罪；如果所卖为儿媳、妾及其他同类亲属，则处流刑。同样，如果买人口者明知其为良人，也有罪处刑。如《魏书》卷一百一十一《刑罚志》：北魏冀州阜城民费羊皮因"母亡家贫，无以葬，卖七岁子与同城人张某为婢"，结果费羊皮因"孝诚可嘉"，被皇帝赦免；而张某因将该女孩转卖，处"刑五岁"。

此外，还有禁赌、禁斗殴、禁私盐、禁酒之类的条例，这里就不再列举了。总之，北朝的法制条令，贯彻着革除陋俗、趋向文明的基本精神，对促进民族融合是有积极意义的。看来，法制的开展，对民族融合、除旧布新，也是不可缺少的。

另，由于佛教的流行，北魏除设太常，置太常卿、太祝令等职官外，还"立监福曹，又改为昭玄，备有官属，以断僧务"（《魏书·释老志》）。这是中国古代王朝设官处理佛教事务之始。北魏孝文帝太和十七年（公元493年），还曾诏立《僧制》四十七条。

第五节　六朝户籍管理

动乱年代的户籍，是国家法治方面的严重课题。失去户籍，即失去国家管理的对象，失去国家大政赖以制定的基础。因此，六朝时期各族各统治集团，都高度重视人口管理，把户籍登录看得十分重要。

一、六朝户籍制的新发展

（一）对户籍功能的再确认　汉末魏初思想家徐干对于户籍管理有重要论述。徐干在《中论·民数》篇中说：户籍是法治之本，如果"户口漏于国版，夫家脱于联伍，避役者有之，逋逃者有之，捐弃者有之"，则必然出现不良法治状况："奸心并生，伪端并作"，"小则盗窃，大则攻劫。严刑峻法，不能救也"。他阐述了"民数周，为国之本"的道理，认为："民数者，庶事之所自出也，莫不取正焉：以分田里，以令贡赋；以造器用，以制禄食；以起田役，以作军旅；国以之建典，家以之立度。五礼用修，九刑用措者，其唯审民数乎！"徐干的见解，为六朝正反经验所证明，是传统的中国式户口管理制度的理论说明。此后历朝历代对人口、对户籍的管理便愈加自觉、愈加重视了。

（二）不同功能的户籍与谱牒　六朝簿籍品类繁多，各有专用。有所谓"士籍"，配以世族之家私修的谱牒，用来登录世家门阀，包括其父、祖、曾祖三代的官品爵级，要夹注各人的任职年月，详明记载任职诏令的颁发年月，严禁私家造伪。"民籍"，用于登录一般民户，要求写明户主及家属姓名、性别、年龄、身体状况，夹注其服役、征赋、功罪情形。这是政府直接控制的纳税人户籍，自然十分重要。"吏籍"，是在各级政府任职者的名籍；"兵籍"，世代行伍、谪戍之人和"带甲将士"的名籍；其中"带甲将士"而参与改朝换代、有建国功勋者特颁一种"勋籍"，可以获得较多的特权。"客籍"，世族之家的依附人口的记籍。"僧籍"，僧尼的专门户籍，他们是不纳税、不服役的。另有"杂户籍"，登录各种工匠役户的名籍，以便管理。同时，为了限制门阀特权，政府还特设"谱局"，编制世族谱牒，使"家谱"行政化，成为与户籍相参证的重要依据。

二、"收其图籍"的战略意义

三国时，魏灭蜀，刘禅投降，他便专派尚书郎李虎到魏都送上士民簿"领户二十八万，男女口九十四万，带甲将士一万二千，吏四万人。"交出户籍，是表示彻底投降，接受对方政治管理的必办手续。

晋灭吴，大将王浚"收其图籍，领州四，郡四十二，县三百一十二，户五十二万三千，吏三万二千，兵二十三万，男女口二百三十万"。征服一地，必须"收其图籍"，民族地区没有图籍者，则需造籍上报，其征服之功才能得到认可。单纯的"攻城略地"，不算"王者之师"。

上述数字见《三国志·注》延兴元年条与天玺四年条。

前秦苻坚攻克前燕都城邺时，"坚入内宫，阅其名籍，凡郡：一百五十七，县：一千五百七十九，户：二百四十五万八千九百六十九，口：九百九十八万七千九百三十五。"这样的战利品，使苻坚心花怒放。（见《晋书·苻坚载记》）

他创建了第一个统一黄河中下游的少数民族政权，依"汉法"治国。此人倡导儒学，对发展北方文教有功。

附：三国两晋南北朝人口统计表

年代	政权	户数（万户）	口数（万人）	资料来源
263	曹魏	66.3423	443.2881	《晋书·武帝纪》
263	蜀汉	28.0000	94.0000	《册府元龟》（卷486）
242	孙吴	52.3000	240.0000	《通典·食货》（七）

年代	政权	户数（万户）	口数（万人）	资料来源
280	西晋	245.9840	1616.3836	《晋书·武帝纪》
316	前赵	××	19.0000	《十六国春秋·辑补》
370	前燕	245.8969	998.7935	《晋书·载记》
464	刘宋	90.6870	468.5501	《通典·食货》（七）
589	陈代	50.0000	200.0000	《北史·隋纪》
519	北魏	××	500.0000	《通志·食货略》
550	东魏	200.7966	759.1654	《魏书·地理志》
557	北齐	330.2528	2000.6886	《周书·武帝纪》
580	北周	359.9604	900.9604	《册府元龟》（卷486）
609	隋代	890.7546	4601.9956	《隋书·地理志》

攻灭一个政权，必"收其上图籍"（图，版图，指土地；籍：名籍，指人口），这是从《左传》与《史记》以来都有明文记载的。

三、六朝户籍内容及其巧伪

六朝户籍的具体式样我们今天已见不到了。北朝的户籍，从敦煌发现的西魏户籍残卷中看到，其登记内容为：

（一）户主的姓名、出生时间、年龄、身份和户等。如"户主王皮乱，乙巳生，年伍拾玖，白丁，课户：中"；"户主刘文成，己丑生，年叁拾玖，荡寇将军，课户：上"。

（二）家属姓名、出生时间、年龄、与户主关系，包括出嫁女的婚配状况。如"妻那雷处姬，辛卯生，年叁拾陆，丁妻"；"息男安庆，丁巳生，年拾壹"；"息女女亲，辛丑生，年两拾柒；中女，出嫁某郡民某某"等。

（三）人口总计。包括已死亡和出嫁的人口，还要在现存人口中分出不课（免赋役）和课见输（纳租调）的人各有几口。

（四）该户交租调的粮、草、布、麻的数量。

（五）受田的数量及田亩所在方位。

（六）作为家庭资产的奴婢、耕牛数量。

除这些内容外，家庭成员的犯罪及处罚情况也会载入籍注。北朝普遍规定，"经为盗者，注其籍"；"盗贼及谋反大逆，皆甄一房，配为杂户，悬名注配，一身永配下役。"这里户籍的法治功用是明显的。北魏规定："注籍盗门，同籍合门不仕。"（《隋书·刑法志》）户籍上有一人注籍为盗，则同籍全体家庭成员不能任官。

南朝户籍的具体内容我们知之不多，但从虞玩之、沈约、韩濛等人所指斥的"户籍巧伪"中，可以窥见一二：

南燕韩濛说："百姓因秦晋之弊，或百室合户，或千丁共籍，依托城社，不惧熏烧，公避课役，擅为奸伪。"南齐萧道成说："氓俗巧伪，为日已久，至乃窃注爵位，盗易年月，增损三状（按：指父状，祖状，曾祖状），贸袭万端。或户存而文书已绝，或人在而反托死版，停私而云隶役，身强而称六疾。编户齐民，少不如此。"户籍要登录父祖三代，假冒的却不少。虞玩之说："自孝建（刘宋年号，公元454—456年）以来，入'勋'者众，其中操干戈卫社稷者三分殆无一焉。《勋簿》所领，而诈注辞籍，浮游世界，非官长所拘录，复为不少……天下合役之身，已据其太半矣。又有改注籍状，诈入士流……生不长发，便谓道人；填街溢巷，四处皆然。或抱子并居，竟不编户；迁徙去来，公违土断。属役无满，流亡不归。宁丧终生，疾病长卧。法令必行，自然竞反！又，四镇戍将，有名寡实，随才部曲，无辨勇懦；署位借给，巫媪比肩；弥山满海，皆是私役。行货求应，其途甚易！"户籍登录的每一个项目，几乎都在作假。这正是动乱年代的一个特征。梁代沈约又说："凡粗有衣食者，莫不互相因依，兢行奸货。落除卑注，更书新籍，通官荣爵，随意高下。以新换故，不过用一万许钱。昨日卑微，今日仕伍。凡此奸巧，并出愚下，不辨年号，不识官阶……又诏书甲子，不与长历相符。如此诡谬，万绪千端。校籍诸郎亦所不觉，不才令史更何可言！"如此巧伪百端，法治的基础工作就无从做起了。

北魏李冲说："民多隐冒，五十、三十家方为一户。"

四、东晋南朝的黄白籍问题

除上述之巧伪外，对于东晋南朝政权，还有一个更为严重的黄、白籍问题。原来，魏晋以来，民户户籍均为黄色册籍。即《晋令》所谓"郡国诸户口，黄籍。籍皆用一尺二寸之札"是也。北齐《河清三年令》也称"十家，邻长一人；五十家，里正一人；百家党族、副党一人；掌黄册户口之政"。可见六朝时南北通用黄册户籍，这是国家法律认可的正式户口籍。另有所谓白籍，与黄籍并行于东晋南朝。东晋立国之初，北方世族纷纷"携民渡江"，到江南寻找合适地方"聚族而居，烟火连接"。东晋政权为了获取他们的支持，便承认其世族特权，让他们在所居之地设置地方"流亡政府"，称为侨置州县。如郡望原为兖州者，便在流亡侨居地设置"南兖州"政府，原为通州者，则设"南通州"政府，管辖各自的南迁之户。为了区别于本地土著着籍（黄籍）的居民，便让他们以"白籍"登录之，以示其"临时性"；豁免其租税劳役。这样一来，南迁世族及其依附人口，都成了不税不役的特殊人户，而且侨置政府的行政开支，侨置地面的国税，又必然转嫁于土著人户。这样侨户日增，侨置州郡日增，对于晋政府及后来的南朝政权必然是个沉重负担，又是激起社会矛盾的重要诱因。于是，有政治远见者纷纷要求废除侨置白籍，实行黄籍土断了，统一实行对于人户土地的行政管理。然而，终东晋齐梁之世，一面不断地下令要推行土断，一面又不断地设置侨县，招诱北方人，给予白籍优惠，因而根本无法实行真正统一的户籍制。

五、六朝对户籍文本的超常保惜

各政权对土地户籍的重视，还可从下述资料得到证明：《晋令》中规定："郡国诸户口，黄籍，皆用一尺二寸札。已在官役者，载名。"连名籍的长短规格都以法律形式予以规范。南朝宋元嘉中，光禄大夫傅隆，年过七十，对"犹手自书籍，躬加隐校"，亲手抄录户籍，亲自认真核对审查。南齐萧道成命虞玩之、傅坚意负责审定全国籍簿，严厉打击籍簿上的巧伪者，使其谪赴淮河戍边。一度搅得人心惶惶，直接激起富阳人唐寓之的起义。梁武帝时（公元503—527年），名臣沈约奏请清理户籍，指出：京城尚书下省所属左民曹，保存着东晋初咸和三年（公元328年）以降、二百年间的户籍副本，"此籍精详，实宜保惜"。同时，尚书上省的库籍也保存着南朝宋文帝元嘉（公元425—453年）以来一百年间的户籍正册。元嘉以后的户籍则"奸伪互起"，不可依用了。在那动乱频仍、政权更迭如走马灯的年代，国家档案库竟能完好地保存全国户籍数百年之久，而且可供"依用"，值得"保惜"，真让人莫名惊叹：古人对户籍重视如此，竟比改朝换代看得还重！这也是中华国土上政权更迭改组不断，而政府行政运作依然循轨而行的标志之一。

这一大批历代户籍中，有刘宋明帝、废帝时扬州等九郡所上的"四号黄籍"：

泰始三年丁未年（公元467年），未字号黄籍；

泰始六年庚戌年（公元470年），戌字号黄籍；

元徽元年癸丑年（公元473年），丑字号黄籍；

元徽四年丙辰年（公元476年），辰字号黄籍。

可见三年造一次户籍的制度，即使在动荡激烈的刘宋末期也是坚持了的。《晋书·石勒载记》说：后赵曾委派右常侍霍皓等大员"巡行州郡，核定户籍。"《开元释教录》说：后秦户籍周全，曾用四十纸民籍来测试佛经翻译专家佛陀耶舍的记忆力。南燕建平年间，委任尚书韩𫗋"巡郡县隐实，得荫户五万八千。"为了这次户口清理，南燕政府还派其车骑将军慕容镇统率骑兵三千，"缘边严防"，禁止百姓逃亡出境。由此可知：中国历代各族政权，无论其处于怎样动荡的政局下，又不论其文化背景、种族背景、地域背景如何，统治地域大小、时间长短，无一例外都十分重视土地与户籍管理。难怪，在这样的背景下生活的高僧法显，当他西游进入印度（中天竺时），发现那里"无户籍官法……欲去便去，欲往便

往。"让他感到特别新奇，特予记载。①（见法显《佛国记》）

当时的户籍法，不同政权有不同内容，大致上是：由乡里基层查对人户，进行登录，报送县令（长）。县里不加检核，即汇总封缄后报送州郡，州郡加以查对核实，发现隐漏差错，给予"却籍"，发还重审，并给予当事人相应的惩处，比如削籍、罚金、服役等。州郡将审核过的籍簿报送朝廷。正本存尚书省，副本存左民曹。

据《通典·食货》载：晋太元中，有贾弼者，曾广泛收集十八州一百一十郡士族谱，进行排比校正，"专心治业"，写成七百一十二卷《世族谱》，正本存尚书秘阁，副本存左民曹。"该究精悉，当世莫比"。贾弼的子孙"世守其业"，直至南齐时仍在从事这项繁难至极的工作。

第六节　北朝人办案：国民有同一的是非准则

北朝的北魏北齐北周政权，都是鲜卑族人所建立的政权。一般说来，这时的社会生存状态有别于前朝，案情会有些特殊表现形式；审判者的是非观、对罪与非罪的认识，也应该有所差异；然

---

① 法显，晋义熙中，自长安游天竺，经三十余国。还到京，与天竺禅师参互辨定，以成是书。书称：凡沙河巳西，天竺诸国国王，皆笃信佛法，供养众僧，……从是以南，名为中国。中国寒暑调和，无霜雪，人民殷乐，无户籍官法。唯耕王地者，乃输地利。欲去便去，欲住便住。王治不用刑，周有罪者。但罚其钱，随事轻重。虽复谋为恶逆，不过截右手而已。王之侍卫左右，皆有供禄。举国人民，悉不杀生，不饮酒，不食葱蒜。唯除旃荼罗。旃荼罗名为恶人，与人别居，若入城市，则击木以自异。人则识而避之，不相搪突。国中不养猪鸡，不卖生口；市无屠行及酤酒者。货易则用贝齿。唯旃荼罗猎师卖肉耳。自佛般泥洹后，诸国王长者居士，为众僧起精舍供养，供给田宅园圃，民户牛犊，铁券书录。后王王相传，无敢废者，至今不绝。

而，当我们透过本期的一系列案例去看这个时期的社会法纪生活时，却很难发现其中有多少"民族特点"，无论是民间的案犯案情，还是司法执法界的审理活动，都表现出传统社会价值判断上的一致性，这很能证明中国中古社会民族融合的成果。试列举案例如下：

一、有疑应追踪

北魏司马悦为豫州刺史时，有上蔡董毛奴，赍钱五千，死于道路。或疑张堤行劫，又于堤家得钱五千。堤惧楚掠，自诬言"杀"。悦疑不实，引毛奴兄灵之问曰："杀人取钱，当时狼狈，应有所遗。曾得何物？"答曰："得一刀鞘。"悦取刀鞘视之，曰："此非里巷所为也。"乃召州内刀匠示之。有郭门者，言此刀鞘其手所作，去岁卖与邻人董及祖。悦收及祖诘之，具服。灵之又于及祖身上认得毛奴所服皂襦。遂释张堤。（《北史·司马楚之传》）

按：此案情和"十五贯"差不多，稍有不慎，就会办成冤案，且永无洗雪之时。不轻信口供，有怀疑时，即多方取证，是侦破此案的关键。

二、窃案须见赃

北齐苏琼为刑狱参军。并州曾有强盗作案，负责推饬其事者所疑之贼徒，皆已拷问服罪了；失物家亦识认了盗贼，只是没有获得赃物，不知赃物下落，无法结案。交付苏琼去穷审，乃另外审出是元景融等十余人所为，并获赃验，大案昭雪。（出《北史》）

按：盗案必须见赃才能审结，苏琼的核奸，恰好在弄清赃物去向上下了功夫，其精神可嘉，司法素质也好。

三、失金因大意

后魏柳庆为雍州别驾时，有贾人持金二十斤诣京师交易，寄人居止。每欲出行，常自执管钥。无何，缄闭不异而并失之，谓是主人所窃。诣县，讯问主人，遂自诬服。

庆闻而疑之，乃召问贾人曰："卿钥常置何处？"对曰："常自带之。"庆曰："颇与人同宿乎？"曰："无。"曰"人同饮乎？"曰："向者曾与一沙门再度酣宴，醉而昼寝。"庆曰："主人特以痛自诬，非盗也；彼沙门乃真盗耳。"即遣吏逮捕沙门，乃怀金逃匿。后捕得，尽获所失之金。（《北史·柳虬传》）

按：本案说明，断案，不能靠猜测去推断；要有事证、物证、人证才能论断。

四、牛识其群，其智可用

后周于仲文为安固太守。有任、杜两家各失一牛，后得一头牛，两家俱认，久久不能决。于仲文令两家各驱其牛群至，乃放所认之牛，牛遂走向任氏牛群中；又使人微伤其牛，任氏嗟叹惋惜，而杜氏似乎漠不相关。遂呵责杜氏，杜服罪而去。（见《北史·于栗磾传》）

按：动物的智慧可用，这类案子不少。于仲文的特点在于他用心周密，"使人微伤其牛"，用以观察双方表现，这才落实了案情。在无证据的情况下，设置某种场面，使行奸的一方自行暴露，谓之"摘奸"。此经验可贵，但易被歪用。

五、家有少妻，其案可疑

曹魏时，胡质任职东莞，有士人卢显为人所杀。胡质推测说："卢显无一仇人，而家有少妻，是不是这个原因死的呢？"于是将卢家附近居住的少年都召集来训话，有书吏李若，见问而变色。遂穷诘其情状，李若即招供了占卢妻而杀其夫的经过。（《魏志》本传）

按：杀人的原因，无非是仇恨，不因财，必因色。胡质知卢显无仇人，而家有少妻，依此思路去侦查，一一当面排查，故有机会"察言观色"而识别了凶手。

六、暗备"盗名簿"

后周韩褒为北雍州刺史。北山多盗贼。韩褒密访之，皆豪右所为。他装着不知情，招来这些人，厚加礼遇，对他们说："刺史我不过是个书生，怎么知道如何捕盗安民？就靠各位扶持，为政府分忧了！"于是尽数招来素为乡里祸害的桀黠少年，置为主帅，分其地界，责令缉盗，"有盗发而不获者，以'故纵'论。"于是惶惧首服："前盗发者，都是某人等所为。"所有徒侣，都列出了姓名。有个别亡命隐藏者，也都说出其所在。韩褒便取《盗名簿》藏之，在州府门前贴出公告："行盗者急来自首，即除其罪；尽本月底不投案者，显戮其身，还要籍没其妻子。先首者赏！"不过旬日之间，诸盗咸来投案。韩褒取盗名簿一一查对，一无差异。于是并除其罪，许其自新。由是群盗屏息。（《北史》本传）

按：韩褒如此察盗，与汉代张敞相似，而政策上严中有宽，不致产生负面效应，所以可贵。

七、巧计诱逸犯

后魏杨津为岐州刺史。有武功人赍绢三匹，离城十里，被贼人所劫。当时有使者驰驿而至，被劫人就告诉他。使者到州向杨津报告了情况，扬津当下就出布告说："有一青年，穿某色衣，骑某色马，在城东十里被杀，不知姓名。若有家人，可速前来收视。"有个老母啼哭而至，说是自己的儿子。立刻遣骑前往追赶收捕，并绢俱获。（《北史·杨播传》）

按：此案破得轻巧，以衣与马之色为索引，让老母出来自认逸犯，此所谓"用谲智取"之术。

八、诡信取真犯

后周柳庆领雍州别驾。有胡家被劫，郡县按察，莫知贼处，其邻右被牵连囚禁者甚众。柳庆认劫贼是乌合之众，可以用诈术求得实情。于是作匿名书，张贴在官府大门前，说："我等一伙，共劫胡家，徒旅人员混杂，恐终有泄露之人。今我欲自首服罪，又担心不免于被诛。倘若官府能答应自首免罪，我就来自首，告发案情。"柳庆后又贴出一份"公告"，说自首者免罪，揭发者有功。过了两天，广陵王欣的家奴，就反绑了自己来自首了，因此尽获党羽。

（《北史·柳虬传》）

按：一纸布告，不费一兵一卒解决劫案，是"自首从宽"的政策的力量感召了劫犯。

由上述数例可见：北朝人同样拥有中华社会的传统价值观，同样有审理疑难案件的中华智慧。那么，在北齐那样的政权下，能贡献出一部《北齐律》来，成为中华法系确立过程中的一个"功臣"，还能归纳出"十恶不赦"的生活伦理与审决原则来，也就合乎逻辑了。

第七节 对六朝法治的文化评议

两汉独尊儒术，引经决狱，却因搞师承、搞烦琐注疏，搞谶纬神学，搞形式化，终于葬送了社会对儒学的信仰，六朝儒学低沉，而玄学风行于文坛政坛；加上释教的传入，社会正在走向玄虚化；但玄学无法指导国家的制度建设，故儒学在此领域仍然起着统摄作用而无可取代。那种把儒法对立起来的看法是错误的。

六朝各统治集团，都依仿秦汉国家体制，致力于法治方略的研讨、法理的建树、法制的建立、法典的编制，法制措施的实行。六朝各民族在胡汉双向靠拢的社会秩序形塑中，创造了人类文明史上异族相融共进的奇迹，从而为隋唐新的大一统政权更高层次上的法治管理打下深厚的根基，中华文化在动荡中复壮了，到隋唐时就又再度崛起了。

六朝时期的法治行政，大致承袭秦汉，而又各自有所因革，为民族融合提供行政范式，具有特殊的历史意义。其时宫廷、朝廷与京师地面的法治行政机构，大体沿袭秦汉体制，由朝廷尉职系统专责管理；其郡县地方及关津要塞的法治行政，仍是行政首长负全责，而配以专责警务佐官与吏役；乡里基层的治安力量，在多民族杂处交融的社会生态环境下，有了新的发展；尤其是庄园坞堡的

"自治治安"中，显示出时代特点。它也告诉人们：中国社会有自己的社会安全机制，在国家政治秩序动荡、政府权力失控的时期、地方、环节上，社会上各种宗法的、宗教的、地域的、行业的势力就会自发抬头，自办治安，自行警职，发挥其对于社会治安的正面的或负面的作用。

　　法治法理的周延化与法治任务的明晰化及法学术语的儒学化，是六朝法治的主要收获。社会生活是纷繁复杂的。无论怎样详尽明细的法律，都不可能穷尽一切生活现象。直面社会群体、直面社会动荡的六朝法治，在执法护法过程中，如何准确地理解律文、适用律文，便是一个更为关键的问题。张斐对此作了辩证的思考。《泰始律》《北齐律》为此后《唐律》的成熟，起了可贵的先期示范作用，少数民族在法制变革中的独特作用不可低估。

（下篇）

概述　唐宋元明清：

走在世界前列的中华法治

　　本篇所叙述的中华法治进程，主要含隋唐时期（6—9世纪）、宋元时期（10—14世纪）以及明至清代中期（14—19世纪中叶）这三大时段。其间大部分时段与西欧中世纪（5—16世纪）文艺复兴时期相叠合，与阿拉伯－伊斯兰文化（8—14世纪）以及奥斯曼的先后兴起（14—19世纪中叶）相映照，尽显中华法治的相对优势。

　　隋唐时期，是中华法系与中华大一统国家治理模式的全面提升期。隋代重新统一了中国，政治经济得到跨越式发展。大运河的开通，一举结束了三国两晋以来南北经济文化的对立与疏离，以"长安—洛阳"为轴线的周秦两汉的内陆型经济横向发展模式被一举改变成"以大运河为血脉的、以东南沿海经济为主干的纵向发展模式"。隋唐结束了六朝门阀政治，推行六部制、科举制、监察制、审计制和"新五刑"，革新了政刑体制；隋唐都把发展国际交往视为基本国策，长安成为国际性经济文化交流中心，便是中华文化开放兼容的突出标志。

　　唐人修订的《唐律疏议》以高度简练明晰的表述，总结了周秦以来的刑法、民法、行政法、诉讼法各方面的成果，成为中华法系的典范文献，也是东方法典的高峰之作，它有效地捍卫了世界一流的汉唐文明，其法律效力甚至延伸了千年以上。隋唐法治制导了全球三分之一以上人口的政治生活、法纪生活、社会生活，创造了同期世界其他法系（比如罗马法系与后起的伊斯兰法系）所从未达到过的境界①，影响了整个东方世界。这证明：诸法合体的中华法系适应了大一统国家综合治理、"刑礼道迭相为用"（白居易语）的客观需要，应该给它以崇高的历史评价。

　　其后的宋辽金与元代（9—14 世纪），是多元统一的中华法系之更新强化期，是当时决定和影响世界文明发展进程的主要力量。这时，全世界只有中国有超过百万以上的超大城市。② 中国城市已经有成套的旅馆、食店、公交工具的配置，有供水与消防设施，有公共文化娱乐场所，有自由讲学的书社、书院、画坊、乐坊，还有功德

---

　　① 这里有一个绝好的比照：古老的希腊文明尽管曾达到过高峰，但当初它的作用面并未越出巴尔干半岛南端，影响面也仅限于"东地中海地区"，后来即为罗马文明所取代。罗马文明被西方历史引为骄傲，它也曾威风八面，当时却只是在地中海周边地带内称雄而已，作用面局限于南欧一隅，始终不能将其先进文明辐射到欧洲腹地（多瑙河—阿尔卑斯山一线以北），毫无文化征服力可言，甚而没有一点抵抗力，以致经不起"北蛮"的一次入侵：当时，在西北欧、中欧、北欧、东欧，生活着一群"北蛮"，他们从未触摸到希腊 - 罗马文化，根本不知道立法建国为何物。公元五世纪被西进的匈奴人逼迫而南下时，盲目地闯进了西罗马，便恣意掳掠，却无一人能提出任何建国立制的蓝图。北蛮一举，便使整个西欧和西南欧"倒退到旧石器时代"去了！其后的千余年间，其社会文明、社会财富、社会管理甚至远不及拜占庭（东罗马）。拿希腊 - 罗马文明史上的此等效应与同期的中华文明相比照，差距实在悬远！

　　② 11 世纪，欧洲最大的城市英国的伦敦，法国的巴黎，德国的汉堡，意大利的威尼斯、佛罗伦萨等名城的规模都不过数万人；而中国的首都有一百五十万人。中国人口超过二十万的有六个城市，十万以上的城市有四十六个。

坊、施药局、慈幼局、养济院、漏泽园等文化福利设施，寺院"丛林化"也使宗教场所成为社会公益的策源地……这一切，正是今人认为"城市近代化"的重要特征。宋代，"四大发明"的社会化、产业化更取得长足进步，造纸、印刷、丝绸、瓷器、造船、制盐、矿冶，跨洋航行与火器的使用，全面提升着人类精神与物质生活水准。

本期各族统治集团无不认同《唐律》的法典地位，又无不认同汉唐大一统治国模式与社会管理模式。其行政网络的布建更为周密；其京师禁卫、要害护卫与城市治安、地方治安、工矿商贸管理进一步深化与细化；其金融法、商贸法、涉外管理也与时并进。其间，各少数民族政权成为立法、变法的重要推手，尤为热切地关注传统的礼法思想、伦理仪轨、等级秩序。在王朝的立法修法变法进程中，也都有意地逐步淡化原有的民族特权法，而向统一法制靠拢，成就明显。

第三为明代至清代中期的五百年（14—19世纪中叶）。明清时期是中华大一统治国模式与社会管理模式的全面提升期，也是中西互相认知进而探求实现文化的正态对接的时期。本期知识阶层的集会结社、罢学罢教、群体干政，市民阶层以罢工罢市、游行示威、群体抗议的和平斗争手段来凝聚社会正义、寻求政治经济权益，成为时代景观，其发起时间、组织程度与运动规模都远超欧洲的"启蒙时期"。

明代，全力倡导商业文明、人性发展的"文化畸人"与"科技勇士"批量性涌现，唐寅、徐渭、汤显祖、徐光启、李贽、三袁、八大山人、王艮……先后登台，他们与但丁、莎士比亚、伏尔泰、莱布尼茨等西哲先期或同期登场。这是中西都在寻求突破、探索新路的时期。这期间，中西文明在正态交流、互相激荡，互相感应，成效良好；席卷欧陆二百五十年的"中国潮"与明末以降的"西风东渐"，是这个时期的标志性史迹。若没有"中国潮"作参照、作模本，西方无法依其固有文明来独自解决冲出"中世纪的黑暗"后向何处去的迷茫；没有"西风东渐"，中国古老传统文化不能实现结构性的改组与更新。本期，中国向世界贡献了"四大发明"

与丝茶瓷器，也从世界引进了"四大高产农作物"（玉米、甘薯、棉花、花生）与经济作物烟草，并形成特色产区，为其后成"亿"增长的中国人口预先保证了温饱之需，这实在是意义重大之举。

此时，明清政治体制内外的暴力因素被空前强化，其刑事侦缉、狱审、监管措施空前严密并逐步增强了程序性，进一步规范化、严谨化。明清当政集团千方百计地动用体制内外的各式暴力手段，去应对经济社会思想文化的新发展、新力量、新的斗争方式，既展示了中华法治的历史功能，也充分暴露了古代法治的阴暗面，明代公然恢复肉刑和清大兴文字狱，是其典型劣迹。它们的终结是历史的必然。

这里，附带说一下近代一百年（晚清与民国时期，公元1840—1949年）。这是中华法系的蜕变期，也是中华大一统国家治理模式的赓续期。本期，时代在转轨，国家制度发生根本性变革，"西法"的引入与借用，制导了中华法理、法制、法典在国家层面的蜕变与更新，也催化着社会层面法治生活与法治意识的演变，但传统的中华法治理念则依然是强大的社会存在，而早已融入民族文化、民族性格的古老"民间法"，承续着"制定法"的精神，内化为民族素质，凸显其稳定社会机体的功能。唯其如此，中华民族才在全球自由资本与垄断资本的重重侵凌与欺压下，凭自己深厚的文化积淀，敢于在"向西方寻求真理"的同时始终保持着中华法统，没有"亡国灭种"。它是全球"古老文明"中唯一长存的国度，西非、北非、中亚、南亚、拉美的古国如桑海、埃及、奥斯曼、伊朗、印度、玛雅、印加等都亡国甚至灭种了；而它们全盛时的疆域也曾和欧洲或中国一般大。中国则有能力阻击西方自由贸易旗号下的自由掠夺、自由竞争与弱肉强食，有办法打断其资源垄断、资本垄断、市场垄断、法规垄断、话语垄断的殖民链条，依然特立于欧美体制的控扼之外，不懈地追寻着本民族的自救自立自强的发展路径，并终于在百年艰难之后，又依靠自身的力量重新振兴于世界，比那些早已"全盘西化"的亚非拉国度更为现代化。

回顾中华法治史，检视我们曾有的光荣与艰辛，会激励我们更稳健地前行。

第八章
隋唐：中华法治的提升阶段

公元 589 年，隋政权猛然结束了南北大分裂，重新构建了大一统政权，着力于创制立法，完善了国家行政管理体制，例如六部制、监察制、科举（文官）制、府兵制等，给庞大社会以强力的管束，为中华民族新的统一发展清扫了基地，但也遭遇到在分裂动荡中运行了三四百年之久的惯性力量与民间反抗力量的合力抵抗。与秦一样，它也短命而亡。

代隋而兴的唐帝国（公元 618—907 年）承袭隋代启动的新体制，以空前气魄、空前规模发展国家的经济文化，我国历史又一次出现鼎盛局面。适应于这种发展，也服务于这种发展，唐代法治管理更展开了它丰富多彩的一页：以"刑礼道迭相为用"的理论为标志，我国古代的法治思想发展到了它可能实现的健全程度；以《唐律疏议》为代表，我国古代法典的编制也达到了它可能达到的高峰；而"疏议"与判词的出现，也标志着狱审工作已切实地走上了"依成文法定罪量刑"的既定轨道；至于社会管理之警治禁卫安全

301

任务，更全面开展起来，一句话，中华法治在隋唐时期得到了全面提升。这使国家能够卓立于当时普世的"神治国度"① 之外，人口总数与经济总量都达到世界三分之一以上，这是中世纪整个西欧社会所无法想象更无力实现的境界。

宏观地说来，隋唐文明中包含着隋唐法治的进步，隋唐法治保证了隋唐文明的发展。中华民族表现出巨大的凝聚力、向心力，中华法治也表现出它对于全社会的巨大组合力、约束力，为大一统国家治理模式提供了最佳范型。此后的宋元明清，都延续并巩固了这个模式，沿袭并发展了隋唐的法理、法制、法典。

隋唐历史也告诉我们：对于社会民生之安宁的主要威胁，正是来自人类自身尤其是统治阶级内部的破坏性因素，例如皇室内部的篡弑、宫廷朝廷的争吵，文官武将的绞杀，中央与地方的摩擦，各族军政集团的火并与割据，及由此而带来的灾变迭起、兵荒马乱、盗匪横行等等，这一切，在隋唐时代也都有过充分的表演，其规模与烈度总是令世人吃惊。我们当然应该记住这些"反法治"因素制造的创痛，同时也不应因为这种创痛的存在而否定中华肌体的强健。历史已经反复证明：再大的创痛，中华民族都可以凭自身的力量去战胜它。

第一节　隋唐法治思想：居安思危，迭用刑礼道

在法治指导思想方面，秦始皇嬴政搞的是"为治惟法"论，他

---

① 此时，西欧在罗马天主教廷的严控之下，在向刀耕火种倒退；东欧东南欧与近东在东罗马统治下，成为东正教的天下；而阿拉伯世界与中东、北非则敬奉着伊斯兰教，波斯人信奉着摩尼教；南亚次大陆则处于佛教—印度教的监控下。一句话，当时的"文明世界"大都是"政教合一"的，唯有中国始终实行"政教分离"。

的一生，确实干成了许多大事业，然而"秦法多如牛毛"、"秦人刻薄寡恩"的批评，却几乎成了历史的共识。汉武帝刘彻，推行"多欲政治"，搞外儒内法的一套，他的子孙们也懂得不能纯用"仁政"，要"霸王道杂之"才能成功，这的确是历史的经验之谈。它比起秦始皇来，自然是高明得多了。然而，它也反映出一种历史的困惑：到底怎样确立统治思想的理论基础？到底怎样制定表里一致的法治方略？到底怎样处理儒与法、礼与刑、仁义说教与刑杀措施之间的矛盾对立关系？历史发展到唐代，关于法治指导思想的问题又一次提上了日程。

一、太宗君臣的舟水之喻

贞观年间，李世民一再告谕群臣："为国之道，必须抚之以仁义，示之以威信，因人之心，去其苛刻；不作异端，自然安静。公等宜共行斯事也。"李世民又说："可爱非君，可畏非民。天子者，有道则人推而为主，无道则人弃而不用，诚可畏也。"魏征应答曰："自古失国之主，皆为居安忘危，处治忘乱，所以不能长久；今陛下富有四海，内外清晏，能留心治道，常临深履薄。国家历数，自然灵长。臣又闻古语云'君，舟也；人（民），水也。水能载舟，亦能覆舟'。陛下以为可畏，诚如圣意。"（《贞观政要》卷五）魏征在《理狱听谏疏》中说道："凡立法者，非以司民短而诛过误也，乃以防奸恶而救祸患，检淫邪而纳正道。"唐代开国君臣都是主张实行宽政，反对折腾，要求居安思危、明慎决狱的。

二、白居易的刑礼道迭相为用论

唐朝是古代王朝中搞得比较好的少数几个之一，而贞观、开元年间，又是唐代政治走上正确轨道的时候，其法治思想自然值得认真总结；尤其是安史之乱后，有了正反两方面的经验，总结唐代的法治思想，就具备了更为充分的条件。

白居易（772—846）就生当其时。白居易于贞元年间擢为进士，以"试判三条"（即应试时拟写了三道断案之《判词》）合乎要求而被授为校书郎；元和元年，他又对"才识兼茂，明于体用"之策问，因答题合格而被任命为周至县尉（在陕西），分管一县警治；后来又到朝中任左拾遗（谏官，言官），在杭州等处任地方行政长官，晚年又出任刑部侍郎、太子少傅等职。这样的人，不是坐而论道者，是能够起而行之的一代大吏，故其关于法治的见解，不拘执于一端，而能应时变化，切合实用，符合国家政治的动态需要。最能反映其观点的是《刑礼道迭相为用论》（见于《白氏长庆集·策林》）。

白居易于元和年间，准备应制举，于是退居华阳观中，闭户累月，揣摩当代之事，构成"策目"七十五门。登科后，次而集之，分为四卷。名曰《策林》。今收入《白氏长庆集》中。其第五十四篇为《议刑礼道迭相为用》。文中说：

"臣闻人之性情者，君之土田也。其荒也则剃之以刑，其辟也则莳之以礼，其植也则获之以道。故刑行而后礼立，礼立而后道生，始则失道而后礼，中则失礼而后刑，终则修刑以复礼，修礼以复道，故曰刑者礼之门，礼者道之根。知其门守其根，则王化成矣。然则王化之有三者，犹天之有两曜，岁之有四时，废一不可也，并用亦不可也。在乎举之有次、措之有伦而已。"

"何者？夫刑者可以禁人之恶，不能防人之情；礼者可以防人之情，不能率人之性；道者可以率人之性，又不能禁人之恶。循环表里，迭相为用。故王者观理乱之深浅，顺刑礼之后先，当其惩恶抑淫，致人于劝惧，莫先于刑；划邪窒欲，致人于恥格，莫尚于礼；反和复朴，致人于敦厚，莫大于道。是以衰乱之代，则弛礼而张刑；平定之时，则省刑而崇礼；清净之日，则杀礼而任道。"

作者持论平和，简易适用。在《策林》中，他议守险，主张德与险兼用；议田制，主张息游惰、止兼并；议肉刑，主张可废不可用；议刑礼道，主张迭相为用；论止狱措刑，主张富而教之，并要求升法科，选法吏；论使人畏爱悦服，主张理大罪、赦小过；论去盗贼，主张举德选能、安业厚生，等等，无不贴合人情，无不可供操作，既无过激之论，亦非高头讲章。

唐代作为中华法系最高法典的《唐律疏义》的问世，对法律制定、法律解释、法律适用做出了重大贡献。同时，社会治安监控、治安管束、治安惩治的条规也更为完备。唐代对军人、宗教徒、贼盗、恶少年、游侠、刺客等社会成员的治安管束，规定了相应的限制、惩处措施；对复仇、斗殴、诬告、奸情、左道、警急以及兵器的管理方面，也都有明确的法律和法规；皇帝、皇室、要害部位的禁卫力量配置更为周密；户籍登录与户口管理也更为规范。应该说明，先进的汉唐文明包含着先进的制度文明；先进的管理制度又保障了先进的社会文明。

第二节　国制新变，强化监察与审计

隋唐行政体制有别于秦汉，却承袭了不少源于北朝元魏以降的制度因素。中央政府体制变成了"三省六部"加"二台三院九寺"制，土地实行"均田制"，军事上实行"府兵制"，政府文职官员采用分科考选制，国家法治体制当然也应时改变，空前强化了监察与审计的机制机能。

一、隋代政府体制的革新

隋朝尽管是个仅存在了三十八年的短命王朝，但它很有作为。它改革中央政府建制和地方行政体制，排除世家大族对国家权力的瓜分等，提升了国家行政效能，为大一统国制的改善与强化作了意义重大的探索与改革。

（一）废除秦汉"三公九卿"官制，确立"三省六部"体制
为了防止重蹈权臣篡位的覆辙，隋朝分割了宰相权力，在朝廷设置了内史省、门下省、尚书省三省，作为最高政权机关。其中，内史省（后改称内书省）专门负责起草诏令；门下省为献纳谏议机关，主管审查政令与封驳之事；尚书省作为全国政务之总理机构，设尚

书令，左、右仆射以主管该省省务，其下设吏部、礼部、兵部、都官部（开皇三年四月改为刑部，从此定名）、度支部（开皇三年改为民部，唐人改称户部）、工部六部，各部置尚书、侍郎，分曹办事，具体管理本部事务。

很显然，这六部都是"实权"单位，上三部（吏礼民）的核心任务是"治民"，以行政手段对全社会进行意识形态的灌输与行政控制，进行秩序管理；下三部（兵刑工）的重点在兵、刑，那是国家的"强力后盾"（奇怪的是：周公八政，首列食货；中华立国，以农为本，而历代朝廷却从未专设过"农商部"之类）。

（二）简化地方层次，加强中央集权　鉴于三国以来地方机构层次过多，权力过大的弊端，隋朝"存要去闲，并小为大"，改过去的州、郡、县三级制为州、县两级制，同时削减地方官职，削弱地方官吏在兵、刑、财等方面的权限，把其任免权收归中央。规定凡九品以上地方官一律由吏部任免；刺史、县令三年一选，不得重任，而且刺史、县令不得在本人家乡所在州、县任职，实行"回避"。这些措施，对于确保中央政权的稳固和防止地方官吏专权营私起到了重要作用。另外，为了大幅压缩政府财政开支，把周秦两汉一直列入"官制"的乡里行政首长，改为"不领薪酬"的吏役（他们的需求便自然地直接转嫁到乡民头上去了）。

（三）确立国家监察和审计体制　特殊的是：隋之朝廷除三省六部外，还有二台：御史台和都水台。都水台掌管河堤谒者、都水尉、诸津尉等，与内河警务有密切关联。御史台则负责监察，以御史大夫为长官，御史中丞为次官。下设台院、殿院、察院。察院设监察御史十二人，主要负责监察地方官吏。台院设侍御史若干人，负责纠弹六部百官，并参与大理寺的审判活动和审理皇帝交付的案件；殿院设殿中侍御史十二人，负责朝会纪律，纠弹朝官在宫殿中的违法失礼之事，并巡视纠察京城。殿中侍御史与监察御史共率左、右巡使，分头巡察京师（长安城）之东城与西城各坊的治安秩序（这项制度是元魏的延续，也可视为明清巡城御史的肇端）隋代如此强化御史监察体制，促进了中央执政能力的全面提升，也是对专制独裁体制的修正与救济。此前，秦汉由御史大夫主管全国政治经济监察；此后，宋、元沿袭唐制，明清改称御史台为都察院，其监察及审计职权都是建立在隋朝改制的基础上的。

在尚书省的六部之中，度支部（后来的民部）为国家财计主管机关，下统度支本部、仓部、左户、右户、金部与库部六司。其中，度支本部掌管会计核算与管理事务；仓部主要掌管粮谷的出纳与会计核算；左户掌管户籍、计账，拥有统计与民政方面的职能；右户着重掌管全国公私田宅的租调；金部主要负责全国财物的出纳与会计核算以及度、量、衡具的制定与管理；库部则侧重于军用物资的出纳、管理与会计核算。中央财计组织的健全，为顺利开展系统、全面的审计工作提供了必要的条件。隋朝又将审计机构隶属于刑部，主管全部刑名与财务审计，下设都官、刑部、比部、司门四司，进一步明确了比部审计的司法监督性质。

显然，这些举措，都极大地强化了中央集权。此后一千多年的中国古代史上，除五代十国为期五十来年的短期分裂外，大体是统一的，与此不无关系。但历史告诉我们：意识到了的历史任务并不总能做好，要稳步化解四百年分裂割据所积淀的历史惯性，迫使既得利益集团能够服从于新体制，把整个社会推上新的运行轨道，需要有一个相当长的时期；而要巩固和收获社会变革的积极成果，更需要时日。这方面隋人拓荒，唐人享用，倒也合乎规律。

二、唐承隋制：行政体制的健全与发展

唐朝是我国繁荣昌盛的时代，在社会经济文化方面出现了"开元—天宝"的繁荣时期。这与当时行政体制的健全与发展也是分不开的。

（一）唐中央继续推行"三省六部"体制而又有所调整　唐代在皇帝之下设置三师三公等尊贵官职，作为皇帝的顾问班子；而政务则交由"三省六部"去办。其中，尚书省为最高行政管理机关，下设吏、户、礼、兵、刑、工六部，共二十四司，具体负责执行各方面的行政事务。与六部相对应，又设置太府寺、司农寺、大理

寺、少府监等九寺五监，作为中央政府办理具体事务的机关。① 在地方，自上而下依次设置府、州、县各级地方行政机构，上下对应，分曹办公，形成从中央到地方一整套严密的行政管理体系。

值得注意的是，其时国家对商贸活动在国家经济生活、财政事业中的重要地位有了更明确的认识，其经济制度也得到进一步健全和完善。虽说"周公八政，食货领先"，但周秦两汉却一直以"抑商"为基本国策。到了唐代（尤其是安史之乱之后），"商"的力量日见增强，私营工场手工业迅速发展，大地主、大商人与大官僚结为一体，已是普遍现象，"抑商"国策也就随之终止，而政府经济管理的任务也就同步加重，于是其机构设置与管理措施更趋于严密，中央比部的组织机构与审计制度的健全和完善，以御史为主体的财计监察制度的强化，都证明着社会经济生活的日趋繁复与活跃。

---

① 三省二台之后，就是所谓"九寺"。各寺置卿、少卿、丞及主簿等官。其中：（1）太常寺：其所属郊社、太庙、太医、太卜等署，分管相应单位的法纪与禁卫任务。（2）宗正寺：其所属崇玄署，负责全国宗教事务管理。（3）大理寺：其所属律博士、明法掾、狱掾等官员，自然是执掌国家狱审的相应事宜。（4）光禄寺：掌皇家酒醴膳食、宴会朝享与祭祀等，纠察不安全因素。（5）太仆寺：掌皇家厩牧辇舆及诸监牧；行幸时供应五路属车；皇家禁卫是其职责。（6）卫尉寺：其所属公车署、武库署、守宫署等，皆管领本单位之警务业务。（7）鸿胪寺：主持外宾（外番）的接待，当然有涉外的法制管理。（8）司农寺：其太仓署、平准署、钩盾署、华林园、上林苑等署，均主管本署之法纪业务。（9）太府寺：其下属左藏署等，收管重要图籍；其所属两京诸市署，则掌管着京师的市场秩序与市门启闭。此外，另有国子监、少府监与将作监、军器监（诸监不设卿）等，少府监所属之互市监专管对外贸易，掌冶署则主管全国矿冶。

（二）唐代御史制度[①]也得到了长足的发展　唐代御史台设立台院、殿院、察院，其中察院设监察御史。监察御史"掌分察百僚，巡按邦县，纠视刑狱，肃整朝仪"，职务十分重要。在京都，还要分察尚书省的六司，"纠其过失，及知太府、司农出纳"。唐代御史还要"分巡分察"。所谓"分察"，是指在京稽察尚书省六部、百司；所谓"分巡"，就是将全国划分为十道监察区，委派十道巡察使和十道按察使，轮流稽察各区的政治经济动态等，每两年轮换一次，所察范围有六，号称"六察"：

其一，察官吏恶善；

其二，察户口流散，籍账隐没不均；

其三，察农桑不勤，仓库减耗；

其四，察奸猾盗贼，不事生产，为私蠹者；

其五，察德行孝弟，茂材异数，藏器晦迹，应时用者；

其六，察黠吏豪宗兼并纵暴，贫弱冤苦不能自申者。

唐代御史无所不纠，无所不察，连御史大夫、御史中丞也在被监察之列，因此在具体监察业务中是各自独立的。可以看出，唐代稳定并健全了决策、审议、执行、监督一体的政权组织形式。监察与审计一起，是国家保证各级政府廉能有效的重要机制。

公元907年朱温建立了后梁王朝，从此便开始了五代十国时

---

① 秦有监御史监诸郡。汉兴省之，但遣丞相史分刺诸州，无常官。孝武帝初置刺史十三人，秩六百石。成帝更为牧，秩二千石。建武十八年复为刺史，十二人各主一州；其一州属司隶校尉。诸州常以八月循行所部郡国，录囚徒，考殿最。豫州部郡国六，冀州部九，兖州部八，徐州部五，青州部六，荆州部七，扬州部六，益州部十二，凉州部十二，并州部九，幽州部十一，交州部七，凡九十八。其二十七王国相，其七十一郡太守。灵帝中平五年，改刺史新置牧。汉刺史乘传周行郡国，无适治所。中兴所治有定处。光武十一年初，断州牧自还奏事，不复自诣京师。虽父母之丧不得去职。旧典：刺史班宣，周行郡国，省察治政，黜陟能否，断理冤狱，以六条问事。非条所问即不省。（见《东汉会要·职官（二）·刺史》）

期。它沿用唐末体制，设户部、度支和盐铁三司主管全国财政，脱离尚书省，成为独立的财政机构。

第三节　强化禁卫　注重治安

保卫皇权，警卫皇帝，历来是法制的中心课题，是最要害的业务。隋唐安全禁卫的法治力量的部署，突出了这个中心。

一、皇城的禁卫部署

唐代禁卫力量的配备，由内至外，随着层层套设的皇家城居体制而分为七个相应的层次：

①御在所（门）：皇帝日常办公食宿和游乐的具体处所，如御书房之类；

②殿（门）：如大成殿，皇帝正式办公、主持大政的大殿；

③宫（门）：如长乐宫，皇帝及皇族成员居住生活之处；

④皇城（门）：皇族与朝廷所在地（清代称为"紫禁城"）；

⑤京城（门）：国都所在之城池（即西都长安城、东都洛阳城）；

⑥外廓（门）：京城外廓、指三辅范围以内的政区；

⑦关中（关门）：京畿周边关卡以内的地域即为"关中"：东有潼关、函谷关，西有大散关，北有萧关，南有剑阁、子午谷等，它们紧紧地环卫着京师与皇家，保证其绝对安全。

二、北衙禁军与南衙十六卫

（一）北衙禁军　唐代有南衙与北衙，是两支禁军组织。北衙禁军，皇帝直接指挥，由武臣主管，驻守皇城与禁苑，因在宫城北部，故名"北军"。终唐之世先后有所谓左、右羽林军，左、右龙武军，左、右神武军，左、右神策军，左、右神威军等"北衙十军"。其中羽林军和神策军最受委重、最有威势。北军与南衙禁卫军交叉安排宿卫。

（二）南衙十六卫及其分工　它们属"府兵"系统，由宰相节制，驻守宫城以南，故又名"南军"。南衙十六卫，由隋的十二卫发展而来，是指：

左、右翊卫（左、右卫府）

左、右骁骑卫（左、右骁骑府）

左、右武卫（左、右武卫府）

左、右屯卫（左、右威卫府）

左、右御卫（左、右领军府）

左、右侯卫（左、右金吾卫）（以上为领兵十二卫（府））

左、右千牛卫（左、右备身府）

左、右监门卫（左、右监门府）（以上二府（卫）不领兵）

前十二卫各领一支府兵，称十二军。军下有坊，军有军将，坊有坊主。各军屯驻于所在州县城内的指定的坊中，有专门的军籍。平时轮番上值，到皇城担任宿卫任务；战时出征。所驻扎之坊，在关中"十二道"：万年、长安、富平、醴泉、同州、华州、宁州、岐州、幽州、泾州、西麟、宜州等十二道。有"检察户口，劝课农桑"的任务。这是唐王朝驻扎于腹心地区的警卫部队。

十六卫的分工是：（1）朝会环卫。天子坐正殿，左、右贴身侍卫是"左、右千牛卫"即"左、右备身府"。负责保卫皇帝安全，维持朝会秩序。然后是殿门，分列左、右翊卫。廊下、阶下、两厢，则由左、右骁骑卫，左、右武卫，左、右屯卫，左、右御卫分列夹坐。朝会时各着黄白黑青等服饰与铠甲，并执其旗仗器械肃立。皇帝出行时，由左、右金吾卫前导，①负责清道及殿后；左、右监门卫负责临时门卫。北衙兵则夹殿环卫，是为"内仗"，与南衙卫兵相牵制。（2）皇城宿卫。左、右监门卫负责宫门的禁卫，检验入宫官员的门籍，皆左入右出。门籍注明官员的姓名、年龄、体征、职级，一月一换。左、右金吾卫负责宫中昼夜巡警，并负责帝王外出时的营地警卫，负责烽堠道路水草之宜，大型工程的安全巡察，以及城内各坊的修缮事宜。左、右金吾卫下，特设有左、右翊府中郎将与左、右街使，督察京师街面的治安秩序，巡警京城六街，按时启闭坊市之门。

此外，由左、右卫府，左、右骁骑府分别在皇城四面及宫城内外"助铺"。京师皇城以东，由左、右武卫负责"助铺"；京师皇城以西及京城、苑城诸门的守卫，则由左、右领军府负责"助铺"。而"助铺"云云，其实也是一种相互牵制、相互监督之意。

同时，全国各地的府兵，也有至京轮值宿卫的任务，由前十二卫具体负责安排。另外，太子宫的"六率"同时安排东宫宿卫。

综上可见，隋唐时期，社会治安特别是对京师法治比前代更为条理化了，重兵驻于关中，亲兵、禁军屯卫京畿，禁兵、府兵共同负责京师安全，轮值宿卫交叉配置。这些，都可见其用心良苦。

（三）中央禁卫力量是会蜕变的　唐谏议大夫韦力仁于唐文宗开成四年（公元839年）五月上奏说："禁军是陛下卫士，警夜巡昼，以备不虞；不合搅扰百姓，以干法理。"这段话提醒人们：昼夜警巡是执法行为，它本身不能犯法；它的任务是"以备不虞"，是"防范"，而不是去"生事"，故不得"搅扰"民间正常生活秩序，那样做"有干法理"，是犯法的。看来，自从有了"警巡"，

①　宋·郑伯谦《太平经国书·宫卫》说到："唐兴，置左、右金吾卫将军，掌宫中及京师之巡警、烽堠，凡翊卫及外府伙飞番上者，皆属焉。"按：金吾卫：它从来都是皇家亲兵首领的名号。秦及汉初原称中尉，负责督巡三辅治安。汉武帝时改称为"执金吾"。东汉光武帝称之为"司隶校尉"。后沿用下来。清代以"金吾卫"作为"步军统领"的别称。

就带有两面性，其消极面也早已让人侧目了，这才有这篇"上书"的出现。韦力仁直接把问题摆到皇上面前，可见情节不轻。上书要求执法者不得犯法，警察不得搅扰居民的日常生活，这些理念，而今仍然有效。

然而，历史证明：从根本上破坏皇室安宁，破坏京师治安与政权稳固的黑恶势力，恰恰就深藏在统治集团内部。李唐皇家所依恃的十六卫，到唐玄宗后期便告衰退。

至于北衙亲兵，从高宗、武后时起，便有凌驾十六卫之势，并从当年由皇帝亲自统帅、武臣主持而逐步蜕变为由宦官把持、悍将左右之兵。警卫君主的力量，变成了君位的最大威胁。到北衙十军的最后一军神策军被废除时，唐王朝也就被颠覆了。

历史的辩证法是无情的。

三、州县地方的法治体制

隋唐地方实行州县两级制，州以上有道，是一种监察区性质，不是正式的地方行政单位。与州同级的，另有所谓"府"，如京兆府、河南府、太原府、凤翔府、江陵府、河中府、兴元府、兴德府等，在一定意义上说，它们是"直辖州"。州的长官称刺史，府的长官称府尹。西都（长安）。东都（洛阳）、北都（太原）的长官又特称为都牧。京县、畿县、上县、中县、下县长官均称之为令。"县令掌导风化、察冤滞、听狱讼。凡民田收授，县令给之。每岁季冬，行乡饮酒礼，籍账传驿仓库盗贼堤道虽有专官，皆通知。县丞为之贰，县尉分判众曹，收率课调。"（见《旧唐书·职官志》）州和县的"众曹"是指：司仓（仓曹）、司户（户曹）、司兵（兵曹）、司法（法曹）、司田（田曹）、司功（功曹）、典狱等。其具体分工是：功曹掌考课，考核项目为人口增减、土地垦辟、钱粮收入、治安良否等项；仓曹掌仓库与市肆；户曹掌户籍、计簿，以及道路"过所"，并负责蠲免逋负，以及受理乌苪、田讼、婚姻、旅舍等事；田曹负责均田；兵曹负责门禁、管钥、烽堠、驿传、军防、田猎等；法曹掌盗贼、赃贿、狱审等；典狱掌管狱囚等；工曹掌道桥、舟车、宅舍、工艺品之建造事宜。各曹（司）的法治职掌与分工是十分明确的。

四、基层自治式治安的推行

（一）坊里与关塞的治安管理　除南衙十六卫与北衙十军负责京师街面治安外，御使台还派左、右巡使负责巡查坊里内的治安秩序，执行宵禁与查禁坊户向大街开门或违章侵街建筑等事。门下省所属之城门郎，则专门负责京城门、皇城门、宫殿门的启闭与保管锁钥。不得无诏非时启闭。而京师法治则由行政长官京兆尹与长安县令、万年县令协同尉职官员共同负责。府、县政府中，有户曹、兵曹、法曹之类的职官，分掌各种法治业务如户籍、缉盗、门禁、收赃等事项。京兆地区的周边，有蓝田关、子午关、骆谷关、库国关等，关中地区还有潼关、蒲津关、龙门关、孟门关、散关、大震关、陇山关、渭津关等，直属朝廷尚书省刑部之"司门郎中"主管，有驻军屯守。行旅商贾过关要凭"过所"，不得随意通行。

（二）长安街头：分街立铺　隋唐对城市居民生活秩序的控制很严格。当时都城街道设立了"武侯铺"，大铺三十人，小铺五人。城门与坊角也均设有武侯铺，大城门一百人巡视警卫，小城门则二十人。配有卫士、矿骑、武官，循行传呼，暗探密查。街上建有街鼓，发现情况，击鼓报警。每天日暮时击鼓八百下，从宫门到外廓门依次关闭，禁止人员通行。第二天清晨击鼓三千下，坊门由外而内，依次开启，放人通行。从黄昏到清晨，整夜都有巡街御史带领着骑马的兵卒巡行呼喝，还有武士伏路暗探，侦察非违。各营矿骑之轮值者，在每街每坊每角隔地进行巡察、守候、侦查。有折冲都尉、果毅都尉等，昼则率队远巡，夜则率队远望，发现"有众而器"的情况，要立即上报。遇有违反宵禁之人，先弹响弓弦以警告之；不应，则旁射以严重警告之，再不应，即可射杀之。

（三）乡村自治：以里（村）正为核心　隋唐在县以下的坊里或乡村也设"长"，但已不属于国家职官范围，只是一种职役。这就区别于秦汉的"有秩"官制。

隋唐时期，社会面上设里正（城区设坊正），规定"百户为里，五里为乡。西京及州县廓内分为"坊"，在田野者为"村"。坊有正，掌坊门管钥，督察奸非；村有正，掌同坊正。"四家为邻，五邻为保，递相检察"。其"案比户口，检察非违"之职，便是法治专责了。政府推行"邻保制"，让老百姓自己组织法治保障，保证本邻保内成员不发生非法出入或非法留住外人等情，同时防火防盗。若有人要在保内出入，必须先向保长申报。如有长年外出或迁徙，要由里正负责调查外出者的户籍、奴婢、驴马的去向，及谁人代承其户的纳税与服役义务等情，查实后上报县司。县司据报，才给迁徙人签发通行凭证"过所"，方能成行。

另外，在州城、府城、县城之内，均设有大小不等的"坊市"以贸易有无，所设主管市场秩序的市令（长），同样不在国家职官范围之内。这样，乡里坊市之长的政治地位便有所下降，无薪俸收入了，国家节省了大笔行政经费，势必要让其自行"开辟财源"，积弊可以预知；否则就无人肯干了。

第四节　隋唐的立法与修律

一、隋代的立法活动

隋文帝即位后，便着手更定新律，指派高颎、杨素、裴政等人参用北周、北齐旧律，除其苛惨之法，务在宽平，修成后定名为《开皇律》。《开皇律》废除了自春秋战国以来的车裂、枭首等酷刑，保留了斩、绞两种死刑方式，确定了笞、杖、徒、流、死五种新的刑罚形式，被此后历朝一直沿用下来，而具体执行标准则各有调整。

《开皇律》明确规定五刑分为二十等，使定罪量刑工作较前缜密。其中：

笞刑五条，自"笞十下"至笞五十下，分五等。

杖刑五条，自"杖六十下"至杖一百下，分五等。

徒刑五条，自"徒一年"起，分五等，每等递加半年，至三年止。

流刑三条，自"流两千里"起，分三等，每等一递加五百里，至三千里止。

死刑二条，分绞刑、斩刑两等。

我国夏商时就形成了针对不同性质的犯罪实施不同刑罚的刑惩体系，由轻至重，有墨（黥）、劓（刵）、刖、宫、大辟等五大"肉刑"，都是加诸犯罪人的活体的。西周时，加上了笞、杖、徒、流，发展为"九刑"，大大压缩了"肉刑"的实施空间；西汉文景时期，又大大压缩了施刑烈度，力求政简刑轻。此后，"废肉刑"便成了社会共识，而《开皇律》则从国法上将"废肉刑"固定下来了（明朝又一度恢复了肉刑）。

二、唐高祖首抓立法

唐兴之后，历届政府都注重编修法律，国人也特注重对法典的研修，硕果累累。这在历代王朝中具有代表性，现择其要者作一点介绍。

李渊起兵入长安后，即与民相约，废隋苛法，仅存留十二条；称帝之时，即下诏纳言刘文静与当朝通识之士，因开皇之"律""令"而损益之，务在宽简，取便于时。又制定了五十三条"格"。不久又下令尚书左仆射裴寂、尚书右仆射萧瑀，及大理卿崔善为，给事中王敬业、中书舍人刘林甫、颜师古、王孝远及太常博士徐上机等有法学素养者撰定律令，大略以《开皇律》为蓝本，并将其所编五十三条"格"正式纂入于新律，于武德七年五月奏上，公布实施。此举开唐朝历届政府立法修法、编辑令、格、式的先河。

唐朝的主要立法就以武德时期的《武德律》及《武德格》、《武德令》、《武德式》为开山之作，其后有贞观时期的《贞观律》、《贞观令》、《贞观格》、《贞观式》；永徽时期的《永徽律》、《永徽律疏》；开元时期的《开元律》、《大唐六典》；大中时期的《大中刑律统类》等三十余部。其中最有代表性的就是《武德律》、《贞观律》以及《永徽律》等著名法典了。众多法典的问世，突出地说明：每个王朝都要编制自己的法律，历史上哪朝哪代都会组织专门的精于法学的班底、经过多年反复研究才编制而成在朝律典，从未有过不经审理实践的检验、就轻率收入法典的律文、案例。在中国古代，立法改制，是每一个有为之君的必修课。皇帝掌控着立法权，但立法从来不是皇帝个人的作为，而是专门班子的专项任务。

三、《贞观律》的修订及其他

唐太宗即位后（公元 627 年），即命长孙无忌、房玄龄与学士法官，对律法更加厘改。房玄龄等遂与法司定律五百条，分为十二卷。一名例，二卫禁，三职制，四户婚，五厩库，六擅兴，七贼盗，八斗讼，九诈伪，十杂律，十一捕亡，十二断狱。从编纂体例上看，它承袭了晋《泰始律》、北朝《北齐律》、隋《开皇律》的编纂成果，实行"诸法合体而分肢"，把刑法、民法、刑诉法及各种部门法都组织于一个有机整体内，使各有所归，且更加条理化了。颁布后，世称《贞观律》。

时戴胄、魏征又进言旧的律令"太重"，于是公议绞刑之属五十条得免死罪，用断其右趾来替代，因而原本被判死刑者多蒙全活；但"断趾"本身仍为一种"肉刑"，故又引起争议，不久即改为加役流了。

（一）对犯官的优遇：八议、官当与十恶必办

（1）《贞观律》规定有八种人可以"议请减赎当免之法"：亲，故，贤，能，功，贵，宾，勋。八种人犯死罪者，刑部皆条列其所坐罪及应议之状，奏请皇上交三法司议定批复。

（2）《贞观律》又规定"流罪已下听赎"。其赎法是：笞十下，赎铜一斤，以次递加一斤。至杖一百，则赎铜十斤。自此以上，递加十斤。至徒刑三年，则应赎铜六十斤。流刑两千里者，赎铜八十斤；二千五百里者，赎铜九十斤；三千里者，赎铜一百二十斤。

（3）又许"以官当罪，以官当徒"。以官品之高低来"当"

（折算、抵消）徒流刑量刑之轻重多寡，定有解现任、除名、免官、免所居官等处罚。"官当"是贞观律首列的"发明"，自然会得到上层的普遍欢迎，唐代知识界骂皇帝的声音很微弱，这是原因之一。

（4）《贞观律》还规定：年七十岁以上、十五岁以下，及废疾犯流罪以下，亦听其"赎"。八十以上，十岁以下，及笃疾犯反逆、杀人而应死者，上请，听候批复。盗及伤人，亦收赎，余皆不论。九十以上，七岁以下，虽有死罪，亦不加刑。

（5）有宽免是一方面，对应的则是"从重从严从速"处治了。《唐律》中就有"十恶之条"：一曰谋反，二曰谋大逆，三曰谋叛，四曰谋恶逆，五曰不道，六曰大不敬，七曰不孝，八曰不睦，九曰不义，十曰内乱。其犯十恶者，不得入"议、请"之列。这显然是《北齐律》的翻版，也是对优待犯事官员之政策的"纠偏"。

（二）太宗修法的特点：法式齐备

（1）律令格式齐备　唐太宗时，又定《令》一千五百九十条为三十卷，贞观十一年正月颁下之。又删武德贞观以来勅格三千余件，定留七百条以为《贞观格》十八卷，留本司施行。斟酌今古，除烦去苛，甚为宽简。太宗时，凡"式"三十有三篇，亦以尚书省列曹及秘书、太常、司农、光禄、太仆、太府、少府及监门、宿卫、计账名其篇目，为二十卷。至此，唐代法典体制已经大备，律、令、格、式齐全了。

影响所及，照式翻造成了历朝皇帝的首办大事。仅就专门"编录当时制勅"的"格"而言，唐代先后修订的就有：继房玄龄等删定《贞观格》十八卷后，世代仿效，有《永徽留司格》十八卷，《散颁格》七卷（由长孙无忌等删定）。永徽分《格》为两部：曹司常务为留司格，天下所共者为散颁格。其散颁格下州县，留司格仅留本司行用。《永徽留司格·后本》，刘仁轨等删定。《垂拱留司格》六卷，散颁格三卷，裴居道删定。《太极格》十卷，岑羲等删定。《开元前格》十卷，姚崇等删定。《开元后格》十卷，宋璟等删定。各"格"皆以尚书省二十四司为篇目。史载：另有永徽式十四卷，后续的垂拱式、神龙式、开元式全是二十卷。

（2）律文缜密无疏漏　对于审断，《贞观律》还规定了相应的原则："诸断罪而无正条，其应出罪者，则举重以明轻；其应入罪者，则举轻以明重。称加者，就重次；称减者，就轻次。惟二死三流，同为一减，不得加至于死。断狱而失于出入者，以其罪罪之；失入者，各减三等；失出者，各减五等。"这些法定原则的明确，标志着唐人立法思想的先进、立法思维的缜密，立法技术的完备。即以"其应出罪者，则举重以明轻；其应入罪者，则举轻以明重"为例，即足以说明唐律制定者的思维之缜密而先进。

因为立法语言与立法技术的先天性局限，任何法律都绝不可能对所有社会现象都预先作出具体规定，法律对犯罪的规定不可能是全面、具体而充分对口适用的，因而在司法实践中，就应当考虑如何弥补立法语言与立法技术的不足，对复杂的社会行为作出有罪无罪、此罪彼罪的审断。而唐人所谓"入罪，举轻以明重；出罪，举重以明轻"的说法便是法律适用上的一个可行的办法。就是说，一个行为在现行刑法中没有明文规定是犯罪，但比它轻的行为在刑法中已规定为犯罪，就可以采取"举重明轻"的方法来适用法律；某个行为在现行刑法中没有明文规定不是犯罪，而判决时要不作为犯罪来处理，那就可以采取"举轻明重"的方法来适用法律：因为轻的行为都已受到刑法的调整，那么，重的行为更应受到刑法的调整。这样做，对双方当事人都是一种人权的保护。可见它与流行的"罪刑法定主义"比起来，在立法思想的先进性、立法思维的缜密性、立法技术的完善性上讲，都绝不逊色。

（3）囚具有法定规制　《贞观律》还规定：囚具有枷、杻、钳、锁几种，皆有长短广狭之制，量罪轻重而节级用之。比如刑杖：其杖皆削去节目，长三尺五寸；讯囚杖大头径三分二厘，小头二分二厘；常行杖大头二分七厘，小头一分七厘；笞杖大头二分，小头一分半。执法司刑时，笞以腿分受；决杖以背、腿、臀分受。拷囚不过三度，总数不过二百。杖罪以下，不得过所犯之数。不过，这些都还是书面规定，是可以向社会公开的律条中的一小部分，未必会实行它。

四、唐中宗的永徽修律

永徽元年（公元 650 年），勅太尉长孙无忌、司空李绩、左仆射于志宁，右仆射张行成，侍中高季辅，黄门侍郎宇文节、柳奭，右丞段宝，太常少卿令狐德棻，吏部侍郎高敬言，刑部侍郎刘燕客，给事中赵文恪，中书舍人李友益，府丞张行实，大理丞元绍，太府丞王文端，刑部郎中贾敏行等共撰定律令格式，旧制不便者，皆随删改。

（一）《唐律疏议》的产生　永徽三年，诏曰："律学未有定疏，每年所举明法遂无凭准。宜广召解律人，条义疏奏闻。"仍使中书、门下监定。于是太尉赵国公无忌、司空英国公绩、尚书左仆射兼太子少师监修国史燕国公志宁、银青光禄大夫刑部尚书唐临等参撰律疏，成三十卷。四年十月奏之，颁于天下，自是断狱者皆引疏分析之。这是一部综合性的法典，其律文与疏议有机地结合为一体，反映了唐代律学的统一和发达。它记载了大量有关唐代政治、社会经济的资料，文献价值很高。

（二）《唐律疏议》的基本内容　《永徽律》共十二篇五百条（一作五百零二条）。其主要内容是：

1.《名例》，阐明了本律的基本精神、立法意图与立法原则，其中规定了五刑、十恶、八议、官当、自首、过失、累犯、共犯、时效、并合论罪、责任能力、对外国人犯罪的处理原则等，相当于近代刑事法典的总则。另有本律所用重要法律术语的司法解释等。

2.《卫禁》，是有关皇室宫殿、庙、陵、苑的安全禁卫法规，连及州镇城戍、关津要塞与边防安全的守卫法规。

3.《职制》，是关于国家机构与职官设置的法规，对官员失职、贪赃枉法、违犯礼制、毁损公物和驿传享用等方面的法规，有如近代的刑法与行政法的部分内容。

4.《户婚》，是户籍、赋税、田宅、婚姻、家庭等方面的法律，有如近代的民法分则，以及土地法、婚姻法、户籍法、继承法等单行法规的内容。

5.《厩库》，是公私牲畜特别是马的养护法规（马是战略物资，故特予立法保护），与仓库的管理、官物的保护和出纳之法，有近代行政法规和民事赔偿的内容。

6.《擅兴》，是关于军队的征调、指挥、行军出征方面的法律，以及工程兴建的法规。

7.《贼盗》，"贼"指贼害，包括反逆、谋叛、杀害人命、掘墓残尸、造畜蛊毒等；"盗"谓盗劫财物，包括偷窃、强盗以及略诱、拐卖、赃物等，近代属刑法内容。

8.《斗讼》，分斗与讼两部分，是关于斗殴、杀伤、保辜、诬告、教唆诉讼、投匿名书信、违反诉讼程序等的处刑，具有近代刑法和刑事诉讼法的内容。

9.《诈伪》，规定对诈欺和伪造的惩处，近代归于刑法范围。

10.《杂律》，是拾遗补缺，将不便归于上述某一类的犯罪行为，汇成一篇，包括国忌期间作乐、私铸钱币、奸非、失火、赌博、借贷、雇佣契约、商品价格与质量、市场管理、堤防、水运、医疗事故、城市交通、公共安全等各项内容。

11.《捕亡》，是追捕逃亡的相关事项的法规。已判罪犯和尚未论决而事实上的犯罪者。

12.《断狱》，是关于审讯、判决、囚禁、执行方面的法律规定，含近代刑事诉讼法的内容。

永徽三年，唐高宗又令长孙无忌等对《永徽律》的精神实质和律文逐条逐句进行疏证解释，以阐明律条文义，并通过问答形式，剖析内涵，说明疑义，撰成《律疏》三十卷，永徽四年颁行。《律疏》与《律》合为一体，统称《永徽律疏》，后人称为《唐律疏议》。《律》和《疏》具有同等的法律效力，"自是断狱者皆引疏分析之"。至此，《唐律》已基本定型。此后律文无甚改动，诸帝时的增损、编纂，多为"令"、"格"、"式"。唐朝法典至今只有《永徽律疏》和《唐六典》传世，其余均亡佚了。

（三）《唐律疏议》的伦理特色　《唐律疏议》又称《永徽疏议》，它总结历代王朝积累的丰富的立法与司法经验，继承西汉以来礼律融合的传统，使礼教纲常进一步法典化、制度化。故所有条文都以"三纲"为出发点和落脚点。为体现"君为臣纲"，规定了一系列严惩危害皇帝安全、尊严和专制统治的犯罪，以及议请、减赎、官当等一整套条款，以确认和维护皇权以及相应的官僚贵族特权；为体现"父为子纲"和"夫为妻纲"，规定了对不孝、恶逆、不睦、不义、内乱等行为的严惩以及七出、义绝等一系列原则制度，以确认和维护以父权和夫权为核心的伦理秩序。

（四）立法技术空前完善　唐初统治者制定唐律时，充分借鉴了以往历代统治阶级丰富的立法经验，继承和吸收了历代法律发展过程中的优秀成果，立法技术臻于成熟、完善。在法典体例篇目上，结构严谨，排列有序，篇条之间联系清晰；在律文内容上，所涉广泛，但多而不乱，文字简约，却保证疏而不漏，法律概念和术语的使用准确而规范，律文与律疏有机配合，注释确切，举例恰当。唐律代表了中华立法技术的最高成就，在中国法典编纂史上具有里程碑的地位和意义。

《唐律疏议》的基本特征就是对律文进行周密、系统、完整的解释，其"疏议"部分是中国古代律学之精华的体现，它对律文所做的解释，丰富了律文的内容及其法理的色彩，建立起了一个律学的体系，从而使中国古代的律学达到了最高的水平。

（五）律文与律疏的有机配合　注释解释词义，阐明法理，举例恰当，法律概念和术语的使用准确而规范。其立法思维的缜密，法律条文的充分细化，达到了惊人的程度。例如：

1. 《永徽律疏·一五八》：《疏议》曰：妇人年五十以上不复乳者，许立庶子为嫡。（按：这里，立法者将妇女不能生育、丧失生育能力的年龄定在五十岁，这与现在生理学关于妇女更年期的认识是基本一致的。）在一千多年前的唐代，在医学特别是女性生理学还不发达的时候，立法中能有如此考虑，与立法者照顾妇女权益的态度是分不开的。

2. 《永徽律疏·二十八》：其妇人犯流者，亦留住。《疏》议曰：妇人之法，例不独流，故犯流不配，留住，决杖，居作。〔按：

这是说，妇女犯流放罪，照例不单独流放（以免遭受性侵），因而就地留住。这就规定了男女"同罪异罚"。立法者对妇女给予了照顾，这是现代刑法中所没有的。〕尽管违背了形式意义上的平等，但却朝实质意义上的平等的探索迈出了一大步。妇女与男子生理不同，体质各异，即使是同一种、同等数量的刑罚，其执行效应是不同的。因而在法律上给予照顾，是应该的。

3.《永徽律疏·二六一》："诸以物置人耳、鼻及孔窍内，有所妨者，杖八十。"现代刑法，无论中外，对"强奸罪"中"性交"的外延争议较大，即性交仅是指性器官的结合，还是将口交、肛交等也包含在内。在司法实践中，有关口交、肛交及同性交，往往"于法无断"的现象。看到一千年前的此条文，不得不愈佩服其立法者思维的缜密。

4.《永徽律疏·二零一》："诸乘驾官畜产，而脊破、领穿，疮三寸，笞二十，五寸以上，笞五十（谓环绕为寸者）。《疏》议曰：注云：'谓环绕为寸者'，便是疮围三寸，径一寸；围五寸一分，径一寸七分。虽或方圆。准此为法，但廉隅不定，皆以围绕为寸。"（按：对牲畜疮口的直径和周长进行数值规定，并作为有罪无罪以及罪轻罪重的依据，使法律真正成为判定罪行的准则，限制了司法官的自由裁量。）这也体现了立法者思维的缜密性。

5.《永徽律疏·四二三》："诸在市及人众中，故相惊动，令扰乱者，杖八十。以故杀人者，减故杀伤一等；因失财物者，坐赃论。其误惊杀伤人者，从过失法。"《永徽律疏·四二四》："诸不修堤防及修而失时者，主司杖七十；毁害人家，漂失财物者，坐赃论，减五等；以故杀伤人者，减斗杀伤罪三等。即水雨过常，非人力所防者，勿论。其津济之处，应造桥、航及应置船、筏，而不造置及擅移桥济者，杖七十；停废行人者，杖一百。""诸侵巷街、阡陌者，杖七十。若种植、垦食者笞五十。各令复旧。虽种植，无所妨害者，不坐。其穿垣、出秽、污者，杖六十；出水者，不坐。主司不禁，与同罪。"在维护公共秩序方面，唐律力求简而不失，思考缜密。甚至强迫主司方负法律责任，可为现代刑法参考。

6.《永徽律疏·二六九》："诸夜无故入人家者，笞四十。主人登时杀者，勿论。"唐律的这条规定，体现了保护个体权益、包括男女隐私权在内的思想。

7.《永徽律疏·三九六》："诸丁匠在役及防人在防，若官户、奴婢疾病，主司不为请给医药救疗者，笞四十；以故致死者，徒一年。"（按：唐朝是纲常礼教、等级观念极为浓厚的时期，但是，贱民享有最基本的人权——生命权，应受基本保护，却也是唐律明文规定的。）

8.《永徽律疏·四零二》："赌饮食者，不坐。《疏》议曰：谓即虽赌钱，尽用为饮食者，亦不合罪。"（按：赌博在一定条件下是纯粹个人娱乐。）赌资少，或者实为糊口，对社会的危害性很小，甚至可以忽略不计，因此不予认定为犯罪。这里，刑事惩处与治安处罚有"混同"之嫌，但又明文有别，这可以看作唐律是"诸法合体而分肢"的一证。

9.《永徽律疏·三十一》："诸犯罪时虽未老、疾，而事发时老、疾者，依老、疾论。若在徒年限内老、疾，亦如之。犯罪时幼小，事后时长大，依幼小论。"（按："刑律从轻"是唐律的一大特色，恤刑、悯民始终是一条主线。）尽可能地不予判刑，尽可能地给予改过自新的机会，这样做，不但没有鼓励犯罪，反而使唐朝前期成为中国历史上法治环境最好的阶段之一。

总之，唐律代表了中华立法思想，立法技术方面的最高成就，在中国法典编纂史上具有里程碑的地位和意义。《唐律疏议》的"疏议"部分是中国古代律学之精华的体现，它对律文所作的解释，丰富了律文的内容及其法理色彩，建立起了一个律学的体系，从而使中国古代的律学达到了最高的水平。这部律疏对唐以及其后各代在中国推行统一法制起了巨大的作用。

（六）《唐律疏议》的国际影响　它是由官方编定的，具有极大的权威性。它集唐代以前我国法律之大成，成为宋元明清历代制定和解释国家法典的蓝本，并对古代日本、朝鲜半岛三国、琉球、安南等建立和完善其法制产生过广泛而深刻的影响。日本文武天皇大宝元年（公元761年）所制定的《大宝律令》，有律六卷，分十二篇，其篇名与次序都与《唐律》相同，而且，律文的内容也很多相似。朝鲜的《高丽律》不仅在篇目体系上与《唐律》相同，在内容方面，如刑名种类和对特权阶级的优待条款等，也都极为相似。在越南，历代刑律也多仿照《唐律》。因此，它被视为世界五大法系之一的代表，而比其他法系都更早地发展成熟了。

第五节 《唐律》的社会管理法规

《唐律》的律文与律文的疏释两个部分具有同样的法律效力，是国家一切法治活动的法律依据，其中的社会管理法规，是对国民日常生活中的"应为"与"不应为"的法律规范，其目的在于协同道德伦理规范，遏止或减少犯罪危害，确保刑法的威胁力，以稳定社会生活秩序。人们知道，《唐律》是诸法合体的，其刑法行政法与治安罚法往往交织在一起。这样做，既有利于调动一切法治资源去综合为治，也给了司执法人员过大的上下其手的空间。处治分寸，难以精当。比如下列各项社会管理法规：

一、严禁阑入要害场所

《唐律疏议》第二篇即为《卫禁律》，就是关于宫殿、武库、城垣、关津及其他要害部位的警卫禁察的条例。条例将私自非法进入宫门、殿门、祖庙陵寝门的行为概称为"阑入"。门禁宿卫人员，掌握着允许进入者的名籍，凡无门籍或冒用门籍而私自进入，或门卫私放进入者，都是犯禁，均处以刑罚。值守者有执行法纪、进行惩处的责任与权力，其作出的处置，需绝对服从。

"阑入"又细分为五种情况，都是严防对皇权皇威的侵害与冒犯的：

第一，徒手翻越宫墙或闯入宫城门、宫殿门者；

第二，手持器械闯入宫门、殿门者；

第三，闯入宫内诸门与禁苑者；

第四，闯入大殿各门与御膳处者；

第五，携带器杖闯入皇帝居处者。

有上述情况之一，视情节处以徒、流、斩、绞等刑。另外，凡登高俯望宫中，误入皇帝卫队、仪仗队之间者，都在刑惩之列。至于其他要害单位，如州镇戍守的所在、武库粮库的墙垣、官府、官廨及坊市的垣篱等，凡私越者亦均要受到相应的刑罚惩处。

二、户籍登录的法规

唐代户口登录有严密程序。户籍三年一起造，从正月下旬到三月底止造讫。一式三份，一送尚书省，一存州，一存县，三年一"比"进行查验。州县籍簿保存"五比"，即十五年，尚书省保存九比（二十七年），依次清除出库。《唐律》严禁"浮浪它所"，严禁脱漏户口。严禁相冒合户或私行析户，严禁私入道籍为僧为尼等。

造籍时，先由户主依式填写《手实》，申报户口、田产，户等。乡里搜集报县，以县为单位汇拢各乡手实计账之后，赴州统一造册。新析新附之户，造于原户之后，以次编订装潢。户口凡应入"丁"、"老"、"疾"、"废"者，由县令亲自察看本人形貌，予以注册，不得隐漏。必须说明的是：在户主申报户口、田产、户等的《手实》上，还须附上这样的甘结（保证书）："本户新旧口，田段的亩数、四至，具状如前。如后有人纠告隐漏一口，求受违敕之罪。"

又，《唐六典·开元职官令》规定：县令"所管之户，量其资产，类其强弱，定为九等。其户皆三年一定，以入籍帐"。"若五九、三疾及丁中老幼，贫富强弱，虫霜旱涝，年收耗实，过貌形状，及差科簿，皆亲自注定，务均齐焉。"案："五九"指十九岁与四十九岁、五十九岁及七十九岁、八十九岁。唐代规定二十岁成丁，五十岁免役，六十岁免老，八十、九十给予优赐。因此"五九"的登录是重要前提。"三疾"指残疾、废疾、笃疾。凡秃疮无发，一目盲，两耳聋，手足缺二指为"残疾"；凡痴哑、侏儒、脊折、一肢废为"废疾"；凡癫狂、两目盲、两肢废为"笃疾"。这"三疾"享有相应的免役、免税权利，所以要严格查验，由县令亲自逐一审视。又，当时三岁以下称黄，十五岁以下称小，十六至二十岁为中，二十一至五十九岁为丁，六十以上为老。这个关于"五九、三疾、丁中老幼"的规定，在不同时期、地区曾有所调整，这里讲的是通行情况。根据上述登录项目，可以看出唐政府户籍登录的严密程度。

三、宵禁的法规

隋唐时期，我国城市仍然实行周汉以来的"坊市分离"建制；一个都会，无论是商业都会还是一般都会，其中心部分都有高大的城墙包围着，对外起防御作用，对内起拘管作用。城门有重兵把守，按时启闭。城内居民分坊居住，以坊为单位进行管理。坊有坊长（里正），坊门由专人专管，按时启闭，凡出入不时、所携不物、衣冠不整、横行喧呼、径逾邪出等，都在查禁之列。居民不得向大街开门。唐代，特别是中唐以前，城市除寺庙旗亭外，没有市民的公共娱乐场所，入夜即行宵禁。这样，尽管长安为当时世界一大国际都会，一入夜便万籁俱寂了。这时，巡街御史、武侯铺、各营卫士之轮值者，在每街每坊每角隅进行巡察、守候、侦查，发现可疑，立即采取措施。在如此严密而严厉的控制下，城市市民的生活秩序自然是平静的。

街坊管理中最突出的措施便是宵禁，隋唐宵禁比秦汉有过之而无不及。尽管城市经济已经相当繁荣，隋唐城市仍然实行封闭式坊市分离建制，居民住在一个个建有坊墙的坊院内，不得向大街开门；坊内不得进行任何集会活动。按《唐律·宫卫律》要求："五更三筹，顺天门击鼓，听人行；昼漏尽，顺天门击鼓四百，迄，闭门；后更击六百，坊门皆闭，禁人行。"而"闭门鼓后，开门鼓前，有行者皆为犯夜。"因公务或私家有婚丧疾病必须夜行者，应事先申请，获得允许，才得在相关区域沿必经路线走动。夜间用火也严格控制，未经申请而有光烛者，叫作"犯夜"，官民一律查处。这样，即使在长安城内，唐人也保持着自上古以来一直维持着的"日出而作，日入而息"和"日中为市"的古老风习，生活秩序似乎没有太大的变化。周秦以来，人们一直生活在严密的法制管束之下，欧洲那种城市自治与居住自由，是中国先民所梦想不到的。

《唐律疏议》中还有一系列街道管理禁令，如禁止"博戏赌财"，禁止"无故私入人家"，禁止"在市及人众中故相惊动"，禁止"侵巷街阡陌种植垦食"；禁止"穿垣出污秽"；禁止向城内及官宅、私宅、街道、大路投掷瓦石，射击弹丸；禁止斗殴，禁止聚众吵闹，禁止在城里、在街巷中、在人众中"走马"，以故杀伤人者，要论罪。这就赋予基层社会管理人员以普泛的"警察权"，让他们在任何情况下均能"执行法禁"；恰恰没有设定实施此等"警察权"的限定、查核、惩治条例，于是乎政府之查禁行为之凌驾于整个社会之上，也就势所必然了。

四、惩处不作为、不尽公民义务者的法规

《唐律疏议》规定："诸追捕罪人而力不能制，告道路行人；其行人力能相助而不助者，杖八十。""诸邻里被强盗及杀人，告而不救助者，杖一百。闻而不救助者，减一等治罪；力势不能救助者，速告附近官司；若不告者，亦以不救助论。"同时，《唐律疏议》还要求：诸在他人地分内得到"宿藏物"，或捡得公家"阑遗物"，或他人遗失物者，均有义务在相应时日内交还失主或送官。凡隐而不送、过期不交者，均视情节轻重比照偷盗条例论罪惩罚。人们执行这样的法规，久而久之，会养成一种习惯，一种道不拾遗的风俗，这比单纯的道德规劝要见效得多。显然，这样的法规，对于迅速养成民众的法治意识，是有用的；但把义务规定为法律，随之以严惩，执行起来，牵涉面过广，很容易造成社会不安。

五、婚姻与家庭生活秩序的管理法规

在《唐律疏议》中，大量的伦理规范、道德规范被赋予法律形式，使家庭强制、宗族强制、乡党强制即父权、夫权、族权等具有了刑法的强制性，发挥出"刑罚为政教之用"的社会效果。如《唐律疏议》明确规定"一夫一妻"制，禁止以妻为妾，也禁止以婢为妻，以妾为妻，以客女为妻;① 禁止"养杂户男女为子孙"，禁止"通奸"、"悔婚"、"冒婚"；禁止卑下斥骂长上……这对于稳定社会细胞——家庭——当然有意义，但当局考虑的是维护宗法等级制、维护特权基础。统治阶级绝不允许紊乱其等级伦理秩序。

六、消防管理的法规

唐代消防管理法规，含预防失火、处置失火、强制救火等三方面。如规定库藏仓储内不得燃火；在官府廨院及仓库内失火者，"徒二年"；"非时烧田野者，笞五十；延烧人宅舍及财物者，杖八十"；在行道上燃火不灭而致失火者，减纵火罪一等处罚。另外，"诸见火起，应告不告，应救不救，减失火罪二等"惩罚。这样的消防管理条令，于公于私都是有益的。

七、交通管理的法规

在交通管理方面，有关驿站的管理条令尤为苛繁，如"诈乘驿马，加役流"，惩处是相当严格的。律文规定：在驿站乘马牛驴骡

---

① 中国历代都实行"一夫一妻制"。这从《唐律》到《清律》都有明文规定：一"夫"只能有一"妻"，其他的性伴叫作"妾"、"滕"、"婢"、"侍女"、"外室"等等，都不能享有"妻"的名分，即不具有"妻"的法定权力。也不许随意把"妾"变为"妻"，那是犯法的。另外，古书上说："子有八母"：嫡母、庶母、继母、乳母、出母、嫁母、养母……（未必与"父"有性关系）。如此看来，认为"一夫一妻制"是一个成年人终生只允许配一个异性伴侣的理解，是一种历史的误解；而认为是对男子性权利的法律限制，更是学术上的曲解。

驮运私物不得超过十斤；乘车运送私物不得超过三十斤，乘舟船载衣粮不得超过二百斤。凡超载者，均予惩处。关于行船，明确规定开船、行船、停泊、装卸、安标、回避、损伤、事故等情形的处治条规，不执行者予以惩治，如摆渡时事先不讲明价钱而中途勒索，明知水情险急而超载运行，都要受到严肃的治安处治；造成人身伤亡的，要负责刑事责任。

八、对城市商贸秩序的管束

唐代各城的商业活动，被指定在几个"坊市"中进行：长安有东市、西市，仅东市就有二百二十行。东都洛阳有南市、北市两个市，南市有一百二十行，三千多个肆，四百余爿店。"坊市"的四周有封闭式坊墙，开有坊门，实行严格的启闭制度；在市场内部，设有市署，由市令、市丞、录事等专职吏役管理市场交易，维护市场法制。市署要负责规划行、肆、铺、摊位的安排，要负责评定与检查物价，核定度量衡器，检察处理纷争、斗殴、扰乱秩序的行为。唐代居民区不许买卖，而市场又如此严格管理，所以城市居民的经济生活是限制得很死的，而商业活动却又相当繁盛。

总之，《唐律疏议》中的社会管理法规，内容极为丰富，涉及当时社会生活方方面面，它的执行，对于维护社会稳定，发展经济，发展文教，都起了相当的作用。唐代创造了第一流的社会文明，这与唐代第一流的法治是有密切关系的。

第六节　唐人对刑事犯罪的惩处

杜甫有诗《忆昔》曰："忆昔开元全盛日，远行不劳吉日出。"唐人的安全感很强。社会的有序状态正是靠一系列的法律制度来维系的，其中最集中的当然是刑事惩处的有效展开。

一、对奸淫的惩处

《唐律》对不同身份、关系的人之间的奸情作出不同的处分规定。具有良人（平民）身份的男女和奸为"凡奸"，双方各判处一年半徒刑。妇女若有丈夫，不论是妻还是妾，都加一等处分，徒二年。杂户、官户、官私奴婢，统称"贱民"。良人男子以及官私男奴同官私女婢和奸，各杖九十下。部曲、贱民同良人妇女和奸，并加良人凡奸罪一等，徒二年。良人男子同他人的部曲之妻子以及杂户、官户妇女和奸，杖一百下。男子强奸妇女，依受害者的身份各加一等处分，妇女无罪。若女方抗拒强奸被殴击折伤，男子各加斗折伤罪一等处罚。监临主守在自己所监守内奸良人妇女，加凡奸罪一等处分，徒二年；若是有夫之妇，再加一等，徒两年半。在为父母和丈夫服丧期间男女和奸，以及道教、佛教的男女教徒有和奸行为，各加监临奸一等处分，即加凡奸罪二等处分。

二、对谋反之贼和侵财之盗的惩处

"贼"和"盗"是两种身份的人。"贼"指谋反、谋大逆、谋叛的犯罪，唐律规定当事人处斩，株连范围较广。贼人之父及十六岁以上的儿子绞死，未满十五岁的儿子以及母女、妻妾、祖孙、兄弟、姐妹等人，一律没为官奴婢，田宅、财产没收，伯叔父和侄辈都流三千里。"盗"指劫窃财物的犯罪，有"强盗"和"窃盗"两类。"强盗"指以强暴手段公然劫掠他人财产的人。这有多种表现，诸如："先强后盗"或"先盗后强"，即在劫掠财产的事前或事后，对物主口头威胁或动用暴力，以达到目的；或者让物主饮食含毒药的酒食，使其神志狂乱，以取其财物；或者故意纵火烧掉物主的房舍和积聚之物，乘混乱劫掠其财产；或者因其他缘故发生争执，借机殴斗，强夺对方财物，等等。"窃盗"指"潜行隐面"偷窃他人财物的人，均依律惩处。

三、对左道旁门的严厉惩治

左道有多种表现，《唐律》明确作出了处分规定。《唐律疏议》卷十八解释"蛊毒"时说："蛊有多种，罕能究悉……或集合诸蛊，置于一器之内，久而相食，诸虫皆尽，若蛇在，即为蛇蛊之类。"蛊可以用来害人，谋取财物。蛊毒有自造、传畜和教令他人两种情况，发现后一律处以绞刑。自造、传畜者的同居家口，不论是否"分籍"，即使不知情，也要判处三千里流刑。里正、坊正、村正知而不纠，也判处三千里流刑。若遇上大赦，造畜蛊毒者、同居家口和教令者，仍判流三千里，不予赦免。八十岁以上，十岁以下，笃疾，无家口同流者，才予以放免。蛊毒造畜已成，尚未作恶，如向官府自首，也不能完全赦免，依旧判处本人流刑。

与此同时，法律还惩处厌魅、符书、咒诅、妖书、妖言及妄谈休咎、吉凶等。对于自造和妄说者，一律绞死。传播妖言，使用妖书，蛊惑三人以上者，也处以绞死；蛊惑不满三人者，处以三千里流刑。妖书、妖言虽然涉及变异，但若是与政治无关，只是预言自然灾变，有关人员处以杖刑一百。如果保存前人所作妖书，自己即使不曾行用，也要处以两年徒刑。

此外，就是严禁"玄象器物"、"天文"、"图书"等。指"象天为器具，以经星之文及日月所行之道，转之以观时变"的活动；"天文"是指关于日、月、五星（金木水火土）、二十八宿之运行对社会人事的吉凶之书；"七曜历"则指关于"日月五星之历"。"图书"指"河出图，洛出书"之类的神秘预言性书籍；"谶书"指"先代圣贤所记未来征祥之书"；"兵书"指《太公六韬》、《黄石公三略》之类"阴谋之书"；《太一式》、《雷公式》指某些占卜吉凶的迷信书籍。这些器具和书籍，私家均不许保存，违者判处二年徒刑。如有传播、使用，言涉不顺等情节，以"造妖言"法处分。私家虽无此类书籍，但转相学习者，也处以二年徒刑。

对此，朝廷曾不断颁发诏敕。唐玄宗《禁百官交结匪人制》说：百官"皆合守其正道，无宜听彼异端。至如卜祝之流，妄陈休咎；占候之辈，假托征祥；诳惑既生，愆违斯作。因构谗慝，遂行讪毁。致陷网罗，良增叹息。……自今以后，各宜谨慎，并不得与如此等色及无职人交游来往。仍令御史访察，有即弹奏，当加严罚"。《禁左道诏》说："如闻道俗之间，妄有占筮，诳惑士庶，假说灾祥，兼托符咒，遂行左道。……宜令所司申明格敕，严加访察。"其他如《禁百官与僧道往还制》、《禁僧徒敛财诏》、《禁卜筮惑人诏》、《严禁左道诏》等等，都重申了类似的法纪精神。

四、禁私盐、防火患

欧阳修撰《新唐书·食货志·盐》载："亭户①冒法私鬻不绝，巡捕之卒，遍于州县。盐估②益贵，商人乘时射利，远乡贫民困高估，至有淡食者。"这是讲盐业生产中对犯罪的防禁。亭户所产之盐归国家经销，不得私自贩卖。亭户不承担其他徭役，实行特殊管理，其户籍不容自行更换。

五代·刘昫著《旧唐书》，其《职官·左藏署》中说道："凡藏院之内，禁人燃火，及无故入院者。昼则四面常持杖为之防守，夜则击柝而分更以巡警之。"这里说的是禁卫军的禁卫活动。守卫、禁卫、随卫，防盗、防火，是禁军的业务，更是国家警察的日常业务。

五、仁政旗号下的"录囚"

隋唐监狱管理，较六朝规范，这里不作深论。其中"录囚"问题，则值得提出来予以商榷。

关于录囚，唐代相关记录不少。如：1.《旧唐书·虞世南传》：贞观八年，山东及江淮大水，帝忧之，以问世南，对曰："山东淫雨，江淮大水，恐有冤狱枉系，宜省录累囚，庶几或当天意。"帝然之，于是遣使申理狱讼，多所原赦。2.《册府元龟》载：贞观十七年三月，以久旱，诏曰："今州县狱讼常有冤滞，宜令覆囚。使

---

① 亭户：古代特指盐业生产的专业户，也称"灶户"，即煮盐之家。
② 盐估：盐价，盐的市场价格。

至州县科简刑狱，以申枉屈，务从宽宥。"3. 总章二年二月，以旱，亲虑京城囚徒。其天下见禁囚，委当州长官虑之。4.《唐书·高宗本纪》：仪凤三年四月，以旱，避正殿，虑囚。5.《册府元龟》：神龙二年正月，以旱，亲录囚徒，多所原宥。其东都及天下诸州，委所在长官详虑。6.《唐书·玄宗本纪》：开元二年正月，以关内旱，宽系囚。三年五月，以旱，录京师囚；六年八月，以旱录囚滞，或有感伤，宜委左仆射李程及御史大夫郑覃，同就尚书省，疏理诸司囚徒，务从宽降。限五日内毕，闻奏。其外府州为有水旱处，委长史速准此处分。7. 开成二年七月诏曰："秋旱未雨，虑有幽冤，缧禁多时，须议疏决。京师刑狱，宜令右仆射兼门下侍郎平章事郑覃，亲往疏理。"8.《唐书·宣宗本纪》：大中四年四月，以雨霖，诏京师关辅理囚，等等。唐人是把它作为典型的"仁政"来吹嘘的。事实真是这样吗？未必。

在我国古代，监狱并不仅仅是对"已决犯"执行惩治的设施，甚至不是主要惩治设施。相反，古代罪犯，在被判"墨劓剕宫大辟"或"笞杖徒流徙"的"五刑"之后，其执行主要不是在"监狱"内，而是在监狱之外：在有人群处公开执行笞杖刑，在闹市执行死刑（腰斩、枭首、绞杀、车裂分尸、凌迟剐死），或投送到数千里外甚至是荒寒烟瘴无人迹处去执行徒刑、流放、充军之类。而"囚禁"，只是官府扣押相关人员以图破案、以防再犯的一种强制手段，所囚所禁之人，未必有罪，更不必是已决犯。

（一）被囚系的大多数不是罪犯　一般认为，"囚犯"就是"罪犯"，"录囚"就是"赦免释放罪犯"，这似乎没有错，但仔细分析一下，却又不尽然。原来，古人说的"囚"，是指"被拘管关押囚系（jì）的人"，而被囚系者往往是还没有被判定罪名者，还没有被确认其罪行的人；且未必犯有什么"罪"，只是当局采取的一种"临时羁押手段"。史书上说夏桀囚商汤于夏台，商纣囚文王于羑（牖）里，就是这个意思；而"罪犯"一词，向来是指不论是否已经审决，在事实上确已触犯刑律的人，或指已被法庭定罪量刑而等待执行的"已决犯"。周秦至清前期之监狱，主要是用于关押、囚禁原告、被告、邻佑、干证、牵连犯、待质犯（等待同案犯捕获齐全后进行对质的人犯）、待决犯及轻罪犯的，也用于关押折磨政治反对派、却又迟迟不肯宣判其"罪名"的人。

（二）"录囚"是干什么的　所谓"录囚"（即虑囚、理囚），指上级司法官吏视察狱政时，向被囚之人讯问查察其犯事经过、审讯情况，一一予以甄别。对久系而未决、难决，甚至无法判决的大案、陈案中的从犯、牵连犯、待质犯、待决犯，及已被囚多年的轻罪人犯，甚至仅仅是干证、邻佑、行政管理之责任人而被久系囹圄者，进行一次清理，将其释放出狱而已。

在《唐律》中，录囚有两种情况：一是作为大理卿的常职，每五日、十日进行一次，"禁囚有推决未尽、留系者，五日一虑"；一是皇上作为临时措施，类似"特赦"处理的一种政治行为，隋高祖、唐太宗都曾亲自"录囚"，那就属于后者之"录者全免，还从特赦之例"了。这些被赦之"囚"，绝大部分是原本无罪之人，或轻罪久系之人，或沉冤难白之人，一旦被释免，政府不觉愧疚，绝无补偿；而被释者还要向官家叩首感谢"皇恩浩荡"。说穿了，这实在是一种法制的颠倒，是人权意识尚未觉醒的表现。

可是，历来讲"狱政史"者，注意及此的人并不多，往往把唐代"录囚"制度下对被长期关押之原告、被告、邻佑、干证、牵连犯、待质犯、待决犯、轻罪犯的清理、甄别、遣释措施，泛化为对"罪犯"的宽释仁政，这是受了旧时代的虚假宣传而形成的一种严重误解。在大讲法治、大讲人权的今天，实在该清理这类误解了。

附带说明：把监狱作为惩处已决犯之设施或"基地"者，是清代嘉庆狱审改制以后的事。因为当时关外、新疆、云贵、两广烟瘴地，均先后提出申请：负担实在沉重，难以再接受刑部送来执行的流放犯、充军犯了；而内地多个省区（如山东、四川、江苏等），也先后提出难以继续承担上千里上万里地一批批押送罪犯凶徒的沉重负担，要求对已决之罪犯"就地法办"。迫不得已，清廷这才在道光年间正式有步骤地改"千里流放"为"就地惩处"，于是监狱这才发挥出后人所说的"惩治罪犯"的功能，那是后话了。

第七节　隋唐的社会层面控制

隋唐时期政府高度重视社会层面控制，相关条规也更为完备。国家对世家大族、对士子、对农户、对军人，以及宗教徒、恶少、游侠、刺客等社会成员的法治管束尤为重视，规定了相应的限制或制裁措施。

一、控制门阀世家

魏晋以来，门阀世家垄断政治、经济，在六朝政权更迭过程中，他们为保门阀私利，始终"随例变迁"，不论皇帝如何更换，门阀世家却能一贯地维护着自家的私利，从而形成一股根深蒂固的社会惰性力量。这种豪族势力的集结，自然有碍于中央集权的推行，即有碍于皇权的巩固，有碍于国家的政治大一统。隋王朝建立后，即着手控制这一阶层。隋人用科举制取代九品中正制，从门阀手中夺得了组织人事大权。此后各级政府权力，便掌握在代表中小地主利益的寒门之士的手中了。隋代，用"大索貌阅"和"输籍法"、"分户法"、"相纠法"等政策，在全国范围内检括人口，从世家地主手中夺回了大量的劳动力，维护了国家经济赖以持续发展的根基。隋代又推行府兵制，把强大的军事力量集中在皇帝手中，使世家豪门无所依恃而就范。

唐承隋制，更尽力扶持庶族地主，打击直至取缔世族门阀的政治经济特权。唐太宗还有意从社会心态上打击世家大族的优越感。比如，当门阀世家以高门望族相标榜，用编制世族谱牒的办法来维系其家族特权和家族声望。李世民便下令另编《氏族志》，果断地否定汉末以来世家大族的积威，高宗时又重修《姓氏录》，纯以李唐王朝现居五品以上职官姓氏为准。此后，门阀世家作为一种特殊的社会阶层，便在政治舞台上从权力核心中消退了。可以说，通过剥夺其特权利益、减少其依附人口、打击其社会地位等措施，唐代统治者有效地实现了对六朝以来门阀世家这一社会层面的控制，消除了对政权的现实威胁。

二、科举制：笼络庶族地主与知识阶层

所谓科举制，是一种分科考选人才的制度，它是隋政府在组织人事上的一项开创性举措。它以公开的定期考试，向全国所有知识分子打开准入的大门，凭公平的学识竞争，择优录取有用之才，入试者不论贫富（但要查三代有无犯罪前科，本人是否是"贱民"身份），不分民族（甚至不分国籍），也不计年岁（但有性别歧视），也不论以往入试的次数，"一卷定输赢"。在这一制度下，一面使"学而优则仕"有了组织保证，知识人有了"前程"；一面使政府血液得到源源不绝的更新，因而是一个相对优越的政府选才制度。相对于先秦的贵族世家的世袭制、两汉的官僚征辟推举制、魏晋六朝的九品中正制，伴之以军功奖赏制等人事制度来说，它贯彻了人才选优原则、公平公正公开考选原则。这样组成的"文官政府"，保证了它的知识水平与基本执政能力，同时也刺激了全社会的求学之需，打破了历代贵族世家对文化的垄断，故此制能经久不衰。

在唐朝，科举制成了一项一箭双雕的政策：它在发挥控制门阀世家的作用的同时，也对李唐王朝拉拢并控制其政治基础——庶族地主起了极大的作用。唐人赵嘏说："太宗皇帝真长策，赚得英雄尽白头。"李世民自己也得意地说："天下英雄尽入吾彀中矣！"（《唐摭言》卷一）科举制向地方知识分子打开了入仕之门，白衣而为卿相，唐代不绝其例。这些入仕者，便成了政府与各地各阶层地方势力的纽带，对于稳定各种政治势力，稳定政局，显然起了重要作用，对提高政府文化水准与执法水平也有好处。唐代政府与知识阶层的关系处理得比较好，各种文献中骂唐皇的也就比较少，连白居易这样关心民瘼国运的大诗人，还写诗讴歌唐玄宗的"爱情生活"；不像秦始皇那样，他尽管在统一文字、统一车轨、统一度量

衡、统一货币、统一法律等等重要经济文化事业中作出了很多旷古未见的成绩，但因为坑了一批儒生，杀了一批知识分子，烧过民间私藏的禁书，便落个永久的骂名。看来，李唐王朝对知识层面的控制从统治集团的利益来看，也是明智的。

三、控制农业人口

现在说到唐政府对农民——对人口的大多数——的控制。控制农民的办法：一、使之与土地结合起来，不使其流移失业，让劳动力直接转化为巨大生产力；二、将其组织在一个强力的政治网络之中，使之"安分守己"，变社会成员为国家公民，为政府服务；三、由政府直接控制农户，不让地主豪强、官僚世族、富商大贾与寺庙僧道等私自分割国家人口，占有劳动力，占有财富源泉。为此，这里仅从法治角度就隋唐政府控制农民的主要措施略说一二。

隋代曾推行大索貌阅与输籍法。具体一点说：隋文帝开皇初年，命令全国州县"大索貌阅，户口不实者，正、长远配，而又开相纠之科。大功以下，兼令析籍"。（参见《隋书·食货志》）同时，采纳大臣建议制定标准户籍式样，明确户等评定条件，"遍下诸州，每年正月五日，县令巡民，各随便近依样定户上下。"（见《隋书·食货志》）隋政府通过这次全国性户口彻查，"新附一百四十六万一千五百口"，而获得了近一百五十万的人口。其办法是：以闾、里、族、党为单位，一个县一个县地进行人口普查，县长要逐个验视本人相貌，这叫"貌阅"，再作户口登录。如有不实，闾正、族正与里长、党长要负法律责任，被远远地流放。政府鼓励民间相互告发，纠出隐漏户口者，由被纠人代替揭发人供税服役。又命令三代以上亲属分家立户，禁止发生"千丁同籍"，"三十五十家为一户"之类脱漏诈伪等情。为了使赋役负担相对合理平允，国家颁布了户等条例，让百姓自报公议每户的户等，政府按户等征税。而一般说来，政府征收的税额低于富豪之家私收依附人口的租税额，减轻了纳税人的负担。于是老百姓都乐于向政府"输籍"而纷纷脱离豪门大户或寺院。就这样，隋代通过貌阅之法，分户之令，相纠之科，输籍之策，空前地增加了国家直接控制的人口数，即直接的剥削对象。这一措施，后来形成定制，至唐代每遇人户变异而更动册籍时，仍须"貌阅"。由县官当面察貌之后再登录更改户籍。前已说明，唐代户口登录有严密程序。

隋唐推行均田制，是为了让农民牢牢地附着在小块土地上；在社会基层推行邻保制，让老百姓自己组织安全保障力量。规定"百户为里，五里为乡。西京及州县廓内分为坊，在田野者为村。坊有正，掌坊门管钥，督察奸非；村有正，掌同坊正。四家为邻，五邻为保，递相检察"。有人在保内出入，必须向保长申报；如有长年外出或迁徙，里正要负责调查外出者的户等、奴婢驴马的去向及谁人代承其户的交税服役义务等，查实上报县司。县司据报发给迁徙人《过所》（通行凭证）。

从法治角度讲，对农民的控制，最艰难的是对流民的控制。流民问题，始终是困扰历届政府的严重课题。在史家所艳称的开元年间，"今天下户口，亡逃过半"。唐政府用"摊逃"的办法来对付，将逃户"应赋租庸课税，令近亲邻保代输"。这一来，代输者也索性逃亡，"或因人而止，或佣力自资"，投靠地主豪门后，成了佣工客户，就不受政府的节制了；更多的是逃向山林江海，酿成武装反抗的风潮。史载，唐德宗建中年间（公元780—783年）初行两税法，清理人户得土著户一百八十余万，客户一百三十余万。土著户与客户之比竟是三比二！可见逃亡现象之严重程度。

四、对其他社会阶层的法治管束

除了对世族豪门、庶族地主及其知识分子，以及对广大农民的控制外，隋唐政府对官奴婢、兵士、僧尼、商贾、手工业工人及归附的"化外人"，也多方进行管理，尽力将其控制在政府权力范围以内。唐代对官户、杂户、官奴婢设有总管机构，由刑部都官郎中主管。由都官将官户、官奴婢分配给政府各司和掖庭，或依令分赐官僚；每年冬进行检查阅实，点造簿籍，四岁以上的奴生子都要"印臂"，以防逃亡。次年春，各衙将其所有之官户、官奴婢造册上报，一式两份，按口数、性别、年龄分组，领取衣粮。奴婢男女成人后，只能按"本色配偶"。私家部曲、客奴，不得入寺庙为僧为尼；若有奴婢出家者，一犯规即勒令还俗，仍发还原主，各依本色。《大唐六典》中说，奴婢"一免为番户，再免为杂户，三免为良人。"事实上极少有官奴婢能够获得"三免"释放而升为平民的。至于私奴婢与部曲、客女、浮民、没外番而归来者、四夷"归化"者，则皆可"依律附宽乡"，"给复"三年至十年不等。"复"，复除，即免除三至五年的赋役负担，使其安家立业。奴婢放良时，由主家出具"放良书"，以作凭证。律文虽作如此规定，但实行起来，又能有几个地主官僚愿意放奴婢从良呢？律文者，口惠也。

军人之于法治，有正负两方面的作用。《新唐书》卷五十《兵志》讲得很清楚："夫置兵所以止乱，及其弊也，适足为乱；又其甚也，至困天下以养乱，而遂至于亡焉。"因此，唐朝采取一系列的措施，加强对军人的控制。《唐律·擅兴》对其严加管束。全国的兵士都造册登记，称为名籍，实行多重管理。每个季度，名籍都要上报中书省、门下省。左、右卫中的长史负责掌握卒伍、军团的名数。调遣府兵时，中央要下发敕书和鱼符、木契，地方州刺史和折冲府长官同自己保存的一半合符勘契后即行派兵。并将应行的兵士列为名籍，上报尚书省兵部。如果是出征，朝廷派遣大将率军作战，事后将归于朝，兵散于府，互不联系。如果是轮值"番上"，则将名簿上报左、右卫，由左、右卫大将军分配至各卫执行宿卫京师的任务。

唐代势力最大的宗教是佛教和道教。道教是中国固有的宗教。李唐统治者奉道教祖老子李耳为自家的始祖，道教便在名义上占据了统治地位。武则天时期崇佛抑道，道教的地位一度下降；而佛教发展到唐代，其中国化程度愈益加深，宗派林立，教徒众多，实际上在教坛上处于主导地位。统治阶级看到了佛道二教对于维护秩序、巩固统治的微妙作用，同时也注意到它们相反的一面，因而时时加以管束。祠部、鸿胪寺和功德使，是国家设立的管理宗教的机构和人员。国家对僧籍实行管理，《唐会要》卷四十九《僧籍》

说："每三岁州县为籍，一以留州县，一以上祠部。新罗、日本僧人入朝学问，九年不还者，编诸籍"。政府企图把僧尼的活动限制在纯粹的宗教生活范围内，从而把他们的行止固定在寺院中。《全唐文》卷三十载唐玄宗《禁僧徒敛财诏》规定："自今以后，僧尼除讲律之外，一切禁断。六时礼忏，须依律义"。但是，僧徒"因缘讲说，眩惑州闾，溪壑无厌，唯财是敛，……无益于人，有蠹于俗。或出入州县，假托威权；或巡历乡村，恣行募化。一因其聚会，便有宿宵，左道不常，异端斯起"。《禁僧俗往还诏》说：僧人"或寓迹幽间，潜行闾里，陷于非辟，有足伤嗟。如闻远就山林，别为兰若，兼亦聚众，公然往来。或妄托生缘，辄有俗家居止。"如此等等，严重妨碍了法治。因此，政府对僧人实行严格的管束，并不断打击他们的不法行为。

终唐一代，游侠、刺客横行天下。游侠既有除暴安良的一面，又有随意行杀、劫货掠财、赌博宿娼的一面，因而对社会管理构成危害。在唐后期，政府对他们实际上失去控制，社会上长期崇尚侠义之风。

总之，唐代对社会层面控制、对社会生活的法治约束是有效的，但"安史之乱"之后，就每况愈下了。唐朝灭亡后，出现了五代十国的分裂割据局面，长达半个多世纪。这个时期战乱频仍，外族入寇，刑罚酷滥，法治极其败坏。直到五代后期，后周王朝着手整顿，这才制定了一些制度，法治状况得以好转。

第八节 唐代法治人才的养成教育

秦代以吏为师，以法为教，对于法制宣教是十分重视的。汉武帝搞罢黜百家，名义上不用法家，但他在征召人才、授官命职时，却分四科取才：一为德行高洁，志节清白科；二为学通行修，经中博士科；第三就是明习法令，足以决疑科，只要能"按章复问，文中御史"，就"辟而用之"；四为刚毅多略，遭事不惑，明足决断科。这第三科，分明属于法学范畴。只是要"以经术缘饰之"而已。汉朝以律学名世者代不乏人，汉末郑玄等著名大儒，都精通律学，便是很好的证据。

然而，自从魏晋之际玄学清谈成了世族知识分子的时好之后，"摆落世务"以自命清高，将"敲扑喧嚣犯其虑，牒诉倥偬装其怀"（嵇康语）视为尘容中的尘容，世俗中的世俗，加以排斥，律学也就不被一般知识分子所重视了。正如南朝齐人孔稚圭在《上疏请兴律学》一文中所揭示的："今之士子，莫肯为业；纵有习者，世议所轻。"即使有一二人留心于法学，也是"空勤永岁，不闻一朝之赏；积学当年，终为闾伍所嗤"。其时的地方长吏，大多是不明法学的人，"或以军勋余力，或以劳吏暮齿"，这些人"犷情浊气，忍并生灵；昏心狠态，吞剥民物"，本来就不把民命放在心上，于是积冤遍于域中，于是狱政更为混乱而昏暗，于是执法行法也就被世人视为卑污之职——律学宣教的破坏，魏晋时的玄学清谈与门阀政治有其不可推卸的责任。从此，"轻法学，贱法吏"便成了古代学者与政府的通病。

一、唐代注重法科人才的养成教育与选拔

唐代实行科举制，要求州郡每年向中央"贡士"：所贡之士，分为四科：一秀才，二明经，三进士，四明法，另设书法与算术两个专科，各有定额。唐政府命令京师与各郡各县都要兴办学馆，按此四科培养人才。每到年底，由学监负责考核，合格者与上计吏一起遣送到朝廷。有未入学馆而学有所成者，同样推荐。其中"明法"一科，国家考试时，又分为四等，基本做法是："其判问，皆问以时事疑狱，令约律文，断决其有。"以时事疑狱为题进行策问，答案要以国家法律为依据，视答卷情况判断应试者的法学知识与条令的适用能力，分四等录取。头等："既依律文，又约经义，文理弘雅，超然出群。"其答案既能遵依国家律条，依法断案，又能引用儒家经义，阐明大道，文章写得弘雅得体，当然是优等，是首先

应予拔擢的。其次是"断以法理，参以经史，无所亏失，粲然可观"，答卷能依照律文判案，引用经史文句进行说明，没有失误差错，文字通顺，这是第二等。第三等，判断依法，有文采；第四等，"颇约法式，直书可否，言虽不文，其理无失"。就是说，答卷总的来说还能依律断事，简单地将律文与狱案相对照，表明应按某律某格某式某例审理，行文不讲文采，法理上也没有明显失误，这样的人才也还是可用的。他们入仕后，其执政能力是有基本保障的。

把律学作为重要学科之一，注重法学人才的养成教育，是唐代的有用经验。由于唐代科举中有此"明法"一科，知识分子们对此也能稍加留意。我们看到，王维的集子《王石丞集》中，就有不少"甲乙判"，即为应试而练习写作的判词；白居易的《白氏长庆集》中也收录了大量"甲乙判"，说明当时知识分子是把律学看作一门重要的学问的。白居易曾上书请"升法科，选法吏"，以澄清吏治与狱政。唐代由科举而入仕的知识分子都是"明法"的。

二、唐代精英，首任多为法职

唐人科举考试"进士及第"之后，其首任往往为"县尉"（"县公安局长"）等法职。县尉是干什么的？是协助县令处理繁剧的地方政务的。他要负责召兵练武、平乱、征役、侦缉、巡逻、捕盗、治安、关寨查缉、罪犯预审以至对那些抗捐抗税者"采取措施"之类。反正哪儿有碰"硬"的任务，他就必须出现在哪儿。干的活儿与而今的县公安局长加人民武装部长差不离。唐朝"县公安局长"们的学历很高，不少是进士出身后又参加"拔萃"考试的优材生，至少也是因有特殊才华而被"赐进士出身"（与进士同等学历）的人。如此学历，且一般在十八岁至四十岁之间，正是盛年，其执政能力毋庸置疑。例如：

房玄龄：临淄人，出任羽骑尉，初唐政治家。颜师古：万年人，出任安养尉，著名学者，注疏家。杜易简：襄阳人，出任渭南尉，初唐诗人。苏味道：滦城人，出任咸阳尉，初唐诗人。张鹭：

深州人，出任过长安尉、河阳尉、襄乐尉等五任县尉，著名"甲乙判"的作手、奠基人。张旭：吴人，出任常熟尉，著名狂草书法家。张若虚：出任兖州兵曹，诗人，《春江花月夜》作者。王昌龄：江宁人，出任汜水尉，杰出诗人。颜真卿：琅琊人，出任礼泉尉，著名书法家。高适：沧州人，受举荐，授封丘尉，著名边塞诗大家。杜甫：出任京兆府兵曹参军，唐代伟大诗人之一。元结：右金吾兵曹参军，著名散文家。白居易：下邽人，出任周至尉，伟大诗人。李益：陇西姑臧人，出任郑县尉，著名诗人。孟郊：武康人，出任溧阳尉，著名苦吟诗人。王建：颍川人，出任渭南尉，著名诗人。庐纶：蒲州人，出任阌乡尉，著名诗人。张志和：金华人，出任南浦尉，著名诗人。独孤及：洛阳人，出任华阴尉，著名散文家。陆贽：嘉兴人，出任郑县尉，杰出政治家。韩愈：出任推官，古文旗手。柳宗元：河东人，出任蓝田尉，诗人，古文旗手。舒元舆：婺州人，出任鄠县尉，散文家。顶斯：江东人，出任丹阳县尉，藏书家。温庭筠：太原人，出任方城尉，杰出晚唐词人、小说家。聂夷中：河南府人，出任华阴县尉，著名晚唐小品文作手。以上各人，皆各有专成，也都是"好官"。

唐代士子科举考试录取后，先把你甩到"公安局长"的岗位上去摔打摔打，练出一身执政能力来，然后才有望升任别的官儿。白居易就是这么走出来的，后来他成了"杭州刺史"、"刑部侍郎"、"太子少傅"之类的大员。我们还注意到：这些首任"公安局长"们是异地做官的，且通常是南人北任、东人西任者；反之亦然，极少有在本省本地区任职的。这就能得到更多的切实锻炼，也防止了乡情对职务的干扰，还开阔了初入仕途者的心胸与眼界。这么做，真所谓有百利而无一害。

第九节　唐代严重的火灾记录

据《新唐书》五行志以及马端临《文献通考·物异考·火灾》（卷二百九十八）载，唐代火灾频发，却只有怪异现象的记录，而对策无闻，真是怪事一件。现照抄于下，以供讨论：

一、唐太宗贞观四年（公元 630 年）正月癸巳，武德殿北院火；二十三年（公元 649 年）三月甲弩卒火；

二、高宗永徽五年（公元 654 年）十二月乙巳，尚书司勋库火；显庆元年（公元 656 年）九月戊辰，恩州吉州火，焚仓廪、甲杖、民居二百余家；十一月己巳，饶州火；

三、武后证圣元年（公元 695 年）正月丙申夜，明堂火；武后欲避正殿撤乐，宰相姚璹以为"火因人，非天灾也，不宜贬损"。后乃卸端门观酺，引建章故事，复作明堂以厌之。是岁内库灾，燔二百余区；万岁通天元年（公元 697 年）三月壬寅，抚州火；久视元年（公元 700 年）八月壬子，平州火，燔千余家；

四、中宗景龙二年（公元 707 年）二月，东都凌空观灾；

五、玄宗开元五年（公元 717 年）十一月乙卯，定陵寝殿火；是岁洪州潭州灾，延烧州署，州人见有物赤而暾暾飞来，旋即火；开元十五年（公元 727 年）七月甲戌，兴教门楼柱灾；是年衡州灾，延烧三百余家；州人见有物大如瓮，赤如烛笼，所至火即发；十八年（公元 730 年）二月丙寅大雨雪，俄而雷震，左飞龙厩灾，占曰：天火烧厩，兵大起；十月乙丑东都宫佛光寺火；天宝二载（公元 743 年）六月东都应天门观灾，延烧左、右延福门，经日不灭；《京房易传》曰：君不思道，天火燔其宫室。九载（公元 750 年）三月，华岳庙灾，时帝将封西岳，以庙灾乃止。十载（公元751 年）八月丙辰武库灾，燔兵器四十余万，武库甲兵之本也；

六、肃宗宝应元年（公元 762 年）十二月己酉，太府左藏库火；

七、代宗广德元年（公元763年）十二月辛卯夜，鄂州大风，火发江中，焚舟三十艘，延及岸上民居二千余家，死者数千人；大历十年（公元775年）二月，庄严寺浮图灾，初有疾风震电，俄而火从浮图中出；

八、德宗贞元元年（公元785年），江陵度支院火，焚江东租赋百余万；十三年（公元797年）正月，东都尚书省火；十九年（公元803年）四月，家令寺火；

九、宪宗元和二年（公元806年）七月，洪州火，燔民舍万七千家；七年（公元812年）六月，镇州甲仗库灾，主吏坐死者百余人；八年（公元813年）江陵大火；十一年（公元816年）十一月甲戌元陵火，李师道起宫室于郓州，将谋乱，既成而火；

十、文宗太和二年（公元828年）十一月甲辰，禁中昭德寺火，延至宣政东垣及门下省，宫人死者数百人；三年（公元829年）十月癸丑，仗内火；四年（公元830年）三月陆州许州火，烧万余家；十月浙西火；八年（公元834年）三月扬州火，皆燔民舍千区；五月己巳，飞龙驹中厩火；十月扬州市火，燔民舍数千区；十二月禁中昭成寺火；开成二年（公元837年）六月徐州火，延烧居民三百余家；四年（公元839年）十二月乙卯乾陵火；丁丑晦，括州市火燔民舍数千家；

十一、武宗会昌元年（公元841年）五月潞州市火；三年（公元843年）六月西内神龙寺火，万年县东市火焚庐舍甚众；六年（公元846年）八月葬武宗，辛未灵驾次三原县，夜大风，行宫幔城火；

十二、僖宗乾符四年（公元877年）十月东都圣善寺火；

十三、昭宗大顺二年（公元890年）六月乙酉，幽州市楼灾，延及数百步；七月癸丑甲夜，汴州相国寺佛阁灾。是日暮，微有震电，或见有赤块，转门谯藤网中，周而火作；顷之赤块北飞，转佛阁籐网中，亦周而火作。既而大暴雨，至平地水深数尺，火益甚，延及民居，三日不灭。

第十节 唐代名家的狱审范例

一、苏无名破案：关注生活现象，累积办案知识

天后时，赏赐太平公主细器宝物两食盒，所值黄金千镒。公主纳之藏中。岁余取之，尽为盗所将矣。公主言之，天后大怒。召洛州长史谓曰："三日不得盗，罪！"长史惧，谓两县主盗官曰："两日不得贼，死！"尉谓吏卒游徼曰："一日必擒之；擒不得。先死！"吏卒游徼惧，计无所出。衢中遇湖州别驾苏无名，相与请之，至县，游徼白尉："得盗物者来矣！"无名遽进，至阶，尉迎问故。无名曰："吾湖州别驾也，入计在兹。"尉呼吏卒："何诬辱别驾？"无名笑曰："君无怒吏卒，抑有由也。无名历官所在，擒奸摘伏有名。每偷至无名前，无得过者。此辈应先闻，故将来，庶解围耳。"尉喜，请其方。无名曰："与君至府君，可先入白之。"尉白其故。长史大悦，降阶执其手曰："今日遇公，却赐吾命。请遂其由。"无名曰："请与君求见，对玉阶。"乃言之。于是天后召之，谓曰："卿得贼乎？"无名曰："若委臣取贼，无拘日月；且宽府县，令不追求。仍以两县擒盗吏卒，尽以付臣。臣为陛下取之，亦不出数十日耳。"天后许之。无名戒吏卒："缓急则相闻。"月余，值寒食，无名尽召吏卒，约曰："十人五人为侣，于东门北门伺之。见有胡人与党十余，皆衣缞绖，相随出赴北邙者，可蹑之而报。"吏卒伺之，果得，驰白。无名往视之。问伺者："诸胡何若？"伺者曰："胡至一新坟，设奠，哭而不哀。亦撤奠，即巡行坟旁，相视而笑。"无名喜曰："得之矣！"因使吏卒尽执诸胡而发其坟。坟开，割棺视之，棺中尽宝物也。奏之。

天后问无名："卿何才智过人而得此盗？"对曰："臣非有他计，但识盗耳。当臣到都之日，即此胡出葬之时。臣一见即知是

偷。但不知其葬物处。今寒节拜扫，计必出城，寻其所之，足知其墓。贼既设奠而哭不哀，明所葬非人也。奠而哭毕，巡坟相视而笑，喜墓无损伤也。向若陛下迫促府县，此贼计急，必取之而逃。今者更不追求，自然意缓。故未将出。"天后曰"善"。赐金帛，加秩二等。

按：此案很有名，原出《朝野金载》，亦载于《折狱龟鉴》。它是按"推理破案"的思路去破案的，在"侦破史"的意义上，本文具有某种代表性。然而，这故事的民间传说成分太重，如果苏氏当初真的破了这样的案子，定然是借助了"耳目"，做了一番艰苦的或巧妙的侦查工作，可惜记不及此。《朝野金载》出于张鷟之手，对苏无名的"出场"作了浓墨重彩的渲染与铺垫，是才子笔墨。

二、刘崇龟智识屠刀：为书生洗刷冤情

有富商子泊船江岸，见一高门，中有美姬，殊不避人，因戏语之曰："夜当诣宅矣。"亦无难色。入夜，启扉待之。忽有盗入其室，姬即欣然往就。盗谓见擒，以刃刺之，逃去。富商子继至，践其血污而仆，闻胫血，声未已，觉有人卧于地，径走至船，夜解维遁。

其家踪迹，讼于公府。遣人追捕，械系考讯，具吐情实，唯不招杀人。崇龟视所遗刀，乃屠刀也，因下令曰："某日大设，阖境屠者皆集毬场，以俟宰杀。"既而晚，放散，令"各留刀，翌日再至"。乃命以杀人刀换下一口。明日，诸人各认本刀；一人不去，云"非某刀"。问是谁者，云某人刀。亟往捕之，则已窜矣。于是以他囚合死者为商人子，侵夜毙之。窜者闻而还，乃擒，置于法。富商子坐"夜无故入人家"，杖背而已。

按：这个故事始见于《唐书·刘政会传》，崇龟是刘政会的七世孙。该故事情节设计恰当，对女子的招祸，笔墨干净而有分寸，并没有渲染其"淫"。文中详细交代成案环节，又认真叙述了破案的步骤，要紧处决不草草带过，使后人有可能从中直接吸取破案智

慧——面对嫌犯，不轻下判决，而用"拉网"式普查法，调动社会法治资源来破案，一举成功；破案全程没有任何怪异诡谲因素夹杂于其间。这种写法，不同于一般史传的一笔带过，也不同于传奇小说的随意编造，所以可贵。

三、袁滋细称马蹄金：运用生活逻辑巧雪冤案

凤翔有属邑编氓，因耨田得马蹄金一瓮。里民送于县署，邑宰喜获兹宝，欲自以为殊绩，虑主守不严，使置于私室。信宿，与官吏重开视之，则皆为土块矣。瓮金出土之际，乡社悉来观验。遽为变更，无不惊骇。以状闻于府主。议者金云"奸计换之。"遂遣人就鞠其案，获金里社咸共证之。宰邑者为众所挤，拥沮莫能自由。既而诘辱滋甚，遂以"易金"服罪。词款具存，但未知花用去向。令拘絷仆隶，胁以刑辟。以案上闻。李汧公览之亦怒。

俄而因有宴，停杯语及斯事。列坐宾客，咸共谈谑。时袁滋亦在幕中，俯首略无词对。李公目之数四，曰："宰邑者，非判官谊亲乎？"袁曰"无。"李公曰"闻彼之罪，何不乐甚乎？"袁曰："甚疑此事未了。便请相公详之。"汧公曰："换金之状极明；若言'未了'，当别有所见。非判官莫探情伪。"袁曰："诺。"因移狱于府中案问。乃令阅瓮间，得二百五十余块。诘其初获者，即本质存焉。遂于列肆索金，镕写与块形相等。既成，始秤其半，已及三百斤矣。询其负担人力，乃两农夫以竹舁至县境。计其金大数，非驴非马，两人以竹担可举，明其即路之时，金已化为土矣。于是群疑大豁。宰邑者遂获清雪。汧公叹服无已，每言才智不如。其后履历清途，至德宗朝为宰相。（见唐人《剧谈录》）

按：案中人物情态变化，写得逼真，随着整个情节的步步发展而生动展示出来。当初，"宰邑者喜获兹宝，欲自以为殊绩，使置于私室。"这很关键，它是"祸因"；其后，金锭变成了泥块，所有知情的官民"靡不惊骇"，皆出面作证，使该官浑身是嘴也无法自辩了，这是造成狱案生误的"客观原因"；其后，"列坐宾客，咸共谈谑"，县令的灭顶之灾成了官府同僚们的宴会谈资；而此时

袁滋独独"俯首略无词对"，这就使情节出人意料地峰回路转，别开生面；最后，"群疑大豁"，"汧公叹服无已"，事件完满解决。袁滋，《旧唐书》有传，官至宰相。

四、张鷟制作判词：平民情怀，依法作判

盛唐作家张鷟（zhuó），一生历武后、中宗、玄宗数朝，曾历任长安尉、河阳尉、襄乐尉等，活到七十三岁。张鷟精熟史治，断案精明巧智，所作《龙筋凤髓判》（十卷），为唐人"甲乙判"的开山之作，使判词成为一种独特的实用文体，赢得声誉，带动了唐代判词的制作，也催动了唐人在狱审断案中依律文比成案的程序化。

该书判词的论断是非、评议曲直，不沿袭正统观念，极少引用儒学经典为论据，极少张扬忠孝节义的传统伦理观，但也不刻意回避或反对当代主流意见，只是以平民眼光论是非，依当代法律断罪量刑，行文既不沉闷也并不反逆，易于为社会所接受，这在当时是一股清鲜之风。他有一种平民情结，对有缺点的小民、小官、武士、生员，总是关切而呵护之；而对皇帝近侍的谄佞弄权、贪腐祸民，则一律重判，要求从严惩治，绝不阿附。对官家的扰民、残民罪行一律主张严惩，体现出一种无畏而敞亮的情怀。比如《少匠劳民得官》一判就是这样：

原来，武后时，将作少匠柳伾督造"三阳宫"于嵩山脚下，供武后游观。台观壮丽，三月而成；而夫匠疲劳，死者十之五六，令人愤慨！武后以柳伾有"功"，加两阶被选。柳仍不满足，击鼓诉屈，要求立即让他升官。对此，张鷟通过"判词"发出了愤怒的声讨。判词说：你柳伾以夫匠的十死五六为代价，来谋取功名利禄，一不勤苦，二不忧民，三不省费，四不肯作士卒先，"壮丽则论功极大，劳役则死者还多"，责问他"大半毙而功成，若为征赏？"于是判决说："法有正条，理宜科结！"这正是他具有平民情结的突出表现，也是他始终不被重用的原因所在。

作者很有法制意识，每作判词，必强调"法有正条，理须明典"，强调的是依法定罪量刑。他要求确保案情的真实有据："待知赃估，方可论刑；宜更推穷，以实裁断"；强调"审问情状，方可论科"。他提出了"二罪俱发，自合从重而论；一状既轻，不可累成其过"的司法主张；还明确了官员经济犯罪从重量刑的原则："平赃定律，必依高估；供进所须，宜从极价！"这样，惩罚力度大，且下手狠。他从珍惜人命、尊重人权的总目标出发，叮嘱"刑狱之重，人命所悬，宜更裁决，毋失权衡"。他这样反复申述司法执法的基本原则，在当时是开风气的。

五、白居易制作判词：高屋建瓴，发论平允

对于白居易，人们很熟悉，可以说妇孺皆知了，那是作为"文学史"上的一位伟大诗人留在人们心目中的。然而，这并不是他的"全人"。今天，人们对他的一生中到底有哪些实际作为，并不清楚。要知道，白居易考中"进士"之后，正是以"书判拔萃科"的甲等生步入官场的，他是从写得一手好"判词"起家的；他最先当的官就是陕西周至县尉，承担着"县公安局长"的主要业务，后来又当过江州司马（军内法官）、忠州刺史、杭州刺史、苏州刺史以及刑部侍郎，每一个职位都与"法治"息息相关，都需要他付出大量心血去认真经营，所幸他都做得好，很顺手，曾获得"贤刺史"之称。这名声可不是浪得的，他必须面对繁巨的地方政务，征役、收税、断案、平乱、劝农、兴学、水利、赈荒，抚安军民，哪一样不要付出心血？哪一样不要作出有序的安排？难得的是他能以闲旷的心态去应对一切。这构成了他官场生命的主体部分。

仅从"法治建设"这个特定角度来看：白居易也是有重要贡献的。他写出了《策林》等系列文章，总结出唐代"刑礼道迭相为用"的综合治安术，历史上很有影响。以狱案审判来说，白居易是唐代最著名的"甲乙判"作手之一（另一位是张鷟）。唐宋明清为期千年的科举考试中，都有"书判"一科，能写出一手合格的书判，是历代知识分子的基本功，是入仕做官者的基本素养。而白的甲乙判一直是人们入手模拟的教材与样板。宋元明清历代官场名

僚，大多以"书判拔萃"、"明于体用"入仕，走着白居易的路子。可见，判词这种文体对于应试的读书人的实际价值，超过了其传唱的诗歌，且更为直接。白居易《与元九书》中说：国家选人，"多以仆私试赋判传为准的"，可见其书判影响之大。今天，对这位白居易，人们只知道他是位大诗人，而对他到底如何当官办事的，却极少关心。

白居易的判词，是当年社情与政风的产物，因而比起作为"文艺作品"的诗赋来，更贴近、更准确地反映着那个时代人的精神面貌与历史真实。这里，解剖他的一则判词《冒名事发判》，看看白居易"甲乙判"的体式。

原来，丁某人钻空子，冒名顶替，成了县官。他倒也干得不错，后来被揭发了，该给他判刑；而他的上司却为之求情，说：丁某有善政，是个人才，请免了他的罪，索性"真授"，让他转成真官，"以劝能者"。法司认为这就乱了国家法度，不予批准。对此，白居易强调依法办事的原则，提出了严惩欺诈的判决意见：

"得：丁冒名事发。法司准法科罪；节度使奏'丁在官有美政'，请免罪授真，以劝能者。法司以乱法，不许。宥则利淫，诛则伤善。失人犹可，坏法实难。丁借滥为心，俯偞从事，始假名而作伪，咎则自贻；终励节而为官，政将何取？节使以功惟补过，请欲劝能；宪司以仁不惠奸，议难乱纪。制宜经久，理贵从长，见小善而必求，材虽苟得；逾大防而不禁，弊将若何？济时不在于一夫，守法宜遵乎三尺。盍惩行诈，勿许拜真。"

本判词先讲惩治原则，有高屋建瓴之势："宥则利淫，诛则伤善。失人犹可，坏法实难。"此语掷地有声；再讲事件要点，要言不烦；剖析事理，入木三分。最后，作者申论道："济时不在于一夫，守法宜遵乎三尺"，提出审决意见，一锤定音："勿许拜真"！

该判词写于他本人入仕之前，却成了宋元明清历代应试考生必学必拟的模范作品，可见其价值。

第十一节 《通典》：我国古代法典的宝库

《通典》：汇通了历代国家典制的重要文献。

《通典》的作者杜佑（735—812），唐京兆万年（今陕西长安县）人，生于天宝年间，仕于代、德、顺、宪数朝，曾任淮南节度使，官至检校司徒，同平章事，封岐国公，是个很有政治地位的人。他很爱藏书，聚书十年，就达数千轴，在当时算是一位大藏书家了。读的书多了，他就分门别类地整理，从经旨、礼乐、文字、天文、地理、虫鱼、草木、方书等方面作学术研究，而且总能提出自己的独到见解。可见他不仅关心经史政法文章，同样关心自然科学，是一位善于融通古今知识的大学者。他的代表作《通典》作为历代典制的汇编之书，汇聚了古今相关历史资料，分为"九门"，门下各设子目，使丰富的史料各有所归，成了"九通"的开山之作。

原来在他之前，史学家刘知幾的儿子刘秩，在开元末年已经采摘了经史百家关于政治制度方面的言论、法规，按《周礼》"六官"的顺次，撰集了一部《政典》（三十五卷）。此书虽未能流传下来，但其编辑思想却直接启示了杜佑。杜佑又从体制上加以开阔，资料上加以充实，并补进了当代新制。另外，唐玄宗时期，又令大臣张说、张九龄等编成了《唐六典》，记录唐中央和地方各级官府的组织规模、官员编制、职权范围等，多采录先代典籍与政府发布的诏令制策之类，这又为杜佑的编撰提供了基本资料。这样，从唐大历元年（公元766年）到贞元十七年（公元801年），共历时三十五年，他在淮南节度使任上时，终于编成了《通典》，计二百卷，收录从上古唐虞之世直至代宗、肃宗年间的国家典制，偶有及于贞元年间的史实。他着意于社会经济的历史发展，注意于历代典制的"通"：将历代各项制度沟通、联通起来，讲明沿革，说清原委，归纳成败，论议可否，不孤立地看一时一事，而着力于展现社会政经发展的脉络。这从方法论上讲是很科学的。这也是《通典》对后世有深远影响的原因所在。

杜佑认为：国家的基础在于经济，食货自然要领先；政事的推行在于职官，所以要重选举；社会治理要靠礼乐，用来巩固政权基础；国家的和平安定则在兵刑与边防，轻视不得。根据这个认识，全书的次第安排就是：

1. 食货典，十二卷，汇录历代正史的《食货志》及其他典籍史料，记载相关经济政策与方略设施，疏理历代财政的关键所在。杜佑曾亲理财政，深知经济为一切的基础。他纠正了历代史书将礼乐置于前列的惯例，又破例地删除了天文、五行等与食货并无直接关系的烦琐记载，这体现了他的远见卓识。

2. 选举典，六卷，汇集历朝选官制度的演变轨迹，阐发其优劣得失之情，指出考选对于官僚体制的关键意义。可贵的是，他绝不"是古非今"，不似一般儒生的标榜《周官》，称颂"封建"。他批判了三代以"亲亲"为宗旨的世袭制，批判了六朝以门阀为核心的九品中正制，却又不赞成当代科举考试的纯以"文章取士"。他是在肯定"考选"制前提下指出科举考试负面影响的第一人。

3. 职官典，二十二卷，记载历代机构设置、兴废沿革及官员奉职实况。特殊的是，他肯定了李悝立法、商鞅变法在机构设置、政府职能发挥上的积极意义，发人所未发。他十分推崇"秦法，唯农与战，始得入官"，推崇汉代设"孝悌力田、贤良方正之科"，主张从实践中识拔人才、考核人才。他赞赏秦汉之官员可以在中央与地方上随宜调遣，而且考核精审，"责以成效，寄委斯重，酬奖亦崇"。他要求把重心放在全面养育人才、全面考核人才上，真是卓识。

4. 礼典，一百卷，其中记载历代礼制六十五卷，唐代三十五卷。

5. 乐典，七卷。礼乐制度是全面调动社会法治因素以安定民生、稳定政权的法宝。

6. 兵刑典，其中甲兵十五卷，五刑八卷，记载历代兵刑沿革。古代军警一体，政刑不分，兵典与刑典可以合并论述；但杜预实际上又是将其分开的。

7. 州郡典，十四卷，记载历代政区沿革，风土人情之突出情况。杜佑有"重农"、"重民"思想，各地有关国计民生的物产与产业，是他关注的重点。他用大量统计数据、对比数据来说明问题，最富有科学精神。

8. 边防典，十六卷，记载周边民族区域情况，以及周边国家在军事、政治、经济、文化方面的重大举措和重要事件。杜佑从国家的巩固、社会的稳定出发来关注边防，不仅仅是考虑边防戍守之类，而是着眼于民族区域的建设和中外关系的调整，很有卓见。

《通典》是我国史学界有系统、分门类记载历朝历代典章制度的专史，开创了史书的又一体例。后世史学家纷纷起而效仿，遂有南宋郑樵《通志》二百卷之作，那是一种带通史性质的专科史。元初马端临又作《文献通考》三百四十八卷，更加系统而周详。以上三本书合称"三通"。清乾隆年间，将"三通"合刊为武英殿本，政府又下令编成了《续通典》、《续通志》、《续通考》及《大清通典》、《大清通志》、《大清文献通考》等六部书，与前"三通"合并为"九通"；后来又加上民国初年的刘锦藻编的《续大清文献通考》，便成为"十通"了。

第十二节　对唐代法治的文化评析

唐代法治史上最值得高度重视的事项是：1. 对"刑礼道迭相为用"的综合法治思想的理论概括；2. 隋唐的社会层面控制与禁约、整肃的措施；3. 中华法系的高峰之作《唐律疏议》的成功编纂与实施。

唐代法治的通达应时，体现了"迭相为用"思想。这一法治思想很宝贵、很富启发意义。它是秦代以来"为治惟法"论的拨正，是"儒表法里"说的发展，是大一统政治理论的组成要件。此后各代帝王的法治思想，都没有突破这个"刑礼道迭相为用"的理论框架。它带有动态管理的色彩。

唐政府允许儒道佛"三教"并存，不绝对地排斥某一家，便是一种通脱而不拘执的做法；在汉族与少数民族关系上，唐王朝"颇有胡气"，不搞排他性的民族政策，也有一种兼容并包的气魄；在用人问题上，搞"学而优则仕"，谁科举合格就用谁，不讲门第出身，也是一种有魄力的表现。在国家根本大法的修订上，能广泛吸收前代法理研究的成果，在融合儒法道的理论基础上，完成了《唐律疏议》的修订。至今看来，仍然是一部宽严适度的法典。

如果把这一理论与实践摆到7、8、9世纪的世界环境中去认识，那就更有意义了。当时的西欧，正处在"中世纪黑暗"中最荒寒的岁月，《罗马法》尚未主宰西欧。统治着欧亚联结部的东罗马（拜占庭），正处于内外交困之中，提不出有价值的治国方略；至于新崛起的阿拉伯伊斯兰力量，挟持着西到直布罗陀东抵波斯湾以至南亚的强势，正信奉着它的战无不胜。它有一条规则：只要"不害命"，则任何劫掠行为都是正当的，无可指责。在那里，"神断"裁决一切，这与并世而存的"唐律"，相距何啻于天壤？

第九章

宋代：中华法治的全面更新

历史上有"盛唐隆宋"之说，宋代（公元960—1279年）国土面积小于汉唐，人口则超过了汉唐，其社会生产力与科技文化都远超前代，对外经济文化交往的内涵、频率、规模也均超过了汉唐。终两宋之时，没有发生过全国规模的农民大起义与军阀混战，也未发生严重的宦官专政之类；政权结构也鲜见惊世骇俗的特大变故。宋代社会采用开放式管理模式，适应了城市生活体制的变迁，富有活力，社会管理上的许多举措带有世界性开创性意义，比如巡检系统的登台。总之，两宋的时代生态、政治生态是有特点、有光彩的，绝非如某些论客所言的"积贫积弱"。另一方面，终两宋之际，外患从未解除过，与北方的辽金西夏政权，绝大部分时间处于"冷和平"状态下，却也保证了内地经济文化的发展，个中缘故，倒也值得探讨。

第一节　两宋：全新的社会生态

宋朝（北宋：公元 960—1127 年；南宋：公元 1127—1279 年）的经济社会发展达到空前兴旺、空前发达的水平，创造了远远超出汉唐的巨大经济体量和科技文化成果：农业上已出现成片的商品粮（稻、麦）生产基地与集散转运的大型商埠；经济作物（桑、麻、茶、漆……）实现特色生产，农村兴起了农产品初加工行业；矿冶业、制盐业、丝绸业实现成千上万劳工集聚的规模生产（西欧到十五世纪仍以十人左右的作坊生产为主）。南宋高宗绍兴末年（公元 1131—1162 年），仅苏北泰州一家盐场，产盐就达六七百万缗（而唐肃宗时举天下盐利，每年才四十万缗）。作为经济社会之文明发展重要指标的文化产业（如造纸业与出版业）全球一枝独秀，宋版书迄今仍为名牌；航海业（能用罗盘与牵星术在洋面定向）举世无双，宋舶可远到阿拉伯海运营；南宋广州一带的海外贸易税收，就超过国家财政收入的五分之一以上；"四大发明"就是在宋代转化为实实在在的社会实体产业的。就城市规模而言，南宋全国城市化水平已达百分之十八以上（新中国初期为百分之九）。丝织业中高级技工的月收入超过宰相的薪俸；社会交际中的公私邮递（各式牌匣与信函的启用），流通领域中全国规模的货币［金银锭、铜钱、纸钞（交子、关子、会子）］与其他票证的通行（公务人员的各色福利券），更具世界首创意义。诡异的是：南宋政权还以大量财力物力持续地支撑着"亡我之心不死"的金政权，始终与它在"冷和平"中共处着。

其时，城市消费经济（社会服务与社会公益）无论是做世界的横向比较，还是做历史的纵向比较，都达到最高水平；在汴京与杭州和全国各大中城市里，店铺、货栈、旅馆、食店、酒楼、商号、勾栏、瓦舍以至妓院，整街整街地成片涌现，形成空前景观：城中已经有成套的旅舍、茶楼、酒馆、食店；有房屋租赁的配置，有公行专门出租公交工具车、轿、马、驴……也有公行专门出租婚丧节庆时用的成套装备（从出租锅碗瓢盆、桌椅板凳到提供全套礼器、乐器及礼仪服务）；有一流的供水与消防设施，有公共文化娱乐场所（勾栏、瓦舍）与自成风格的画坊、乐坊。闻名遐迩的书社、书院、诗会集聚着天下英才，有一批批知识分子在自由讲学、自由结社、自由出版，文坛的不同学派、政界的不同宗派，彼此对立着、争鸣着、角斗着，政坛得势者也会关押或流放"异见人士"，但没有因而杀人，尤其是没有成批地关押杀戮文人，没有发生足以酿成社会恐慌的内政事件。宋政府还普遍设立功德坊、施药局（大众医疗）、慈幼局（收养孤儿）、养济院（供养老、残人员）、漏泽园（贫民公墓区）等文化福利设施；寺院的"丛林化"也使宗教场所（道观、尼庵与寺庙）成为社会公益、文化交流的策源地；而妓院、柜坊（赌场）、水功德局（各色中介包办传销单位）、典当行、制币局（银行或印刷纸币）的出现，更让中国社会打上了"近代"标志。

两宋时期，全世界只有中国有人口超过百万的超大城市。两宋的首都汴京（开封）与临安（杭州），都发展到一百万至一百五十万人口。北宋境内人口超过二十万户的城市有六个，洛阳、扬州、泉州、广州、鄂州、成都均发展为通商大埠；天城（杭州）、广府（广州）、刺桐（泉州）、苏州成为世界级港口。十万户以上的城市有四十六个，分布于大江沿线与运河流域，而设有外贸机构市舶司、市舶务或舶场的都会与商埠，更像一串明珠，洒落在沿海一带，北起山东半岛的密州、青州，中经古长江口的扬州、江阴、苏州、上海、华亭（松江）、青浦到杭州湾的澉浦（海盐）、杭州、宁波及温州，南到闽广一带的泉州、福州、漳州、潮州、广州等，它们奠定了今沿海沿江城镇的规模，带动了国家经济的整体发展。早在北宋元丰年间，中国华北地区的钢铁年产量就已经达到了十五万吨（工业革命后的英国在 1788 年钢铁产量才达到七万六千吨）。南宋时期最先进的织布机有一千八百多个活动构件，其中有的技术是现代化织布机也无法达到的；当时的高级技师的收入比宰相还多。

历史有这样一些记载，值得我们记取：宋代丝绸、瓷器、造船、制盐、制茶、矿冶业全面兴盛，在各地形成特色产业，苏州、长沙、成都的丝绸锦缎世界驰名。中国体量庞大、产品优异的工场手工业，支持了宋元明清持续千年的对外贸易优势。这一切，标志着我国当时科技与经济的超一流发展水平，当其相继外传于东亚、南亚、中亚、西亚并转进北非与西欧时，则全面提升了各地精神生活与物质生活的水准；而当时的欧洲大陆正在"中世纪"（5—16世纪）的沉沉黑暗中煎熬着。①

中国 10 世纪时城市生活惊人活跃。宋代开国之初，就下令拆除坊墙，打破了周秦汉唐以来城邑中层层套设的封闭式坊里结构，突破"日出而作，日入而歇"的生活方式，允许居民户与商铺向大街开门，实行街市结合；沿街商铺林立，商业活动渗入坊巷的每一个角落，开放早市、日市、晚市、夜市，使京城这样的"政治都会"迅速向生产与消费都市发展，在传统的士农工商之外，开始培植一个开放而活跃的"市民阶层"。

世间事，总是阴阳黑白，相辅而相成的。当财富向少数人超量集中的时候，其时的大多数势必沉沦。社会经济发展与法制生活呈非正态互动状态，便是这段历史呈现的社会特征。城市生活的活跃、繁华，带来了国家管理、社会治理的严肃课题。在经济文化大

---

① 在10—15世纪里，西欧最大的城市有伦敦、罗马、威尼斯、佛罗伦萨等，都在一万～二万人口之间，巴黎一度达到五万～六万人口。直到15世纪末，德国最大的城市科隆，也只有四万居民，那儿却有十一座大教堂，十九座牧区教堂，二十二个男修道院，七十六个女修道院。城市人口中不事生产的教会人数比例极高。那里的作坊即商铺，生产兼营销，没有内部分工，一师带一两个帮工与学徒，完成生产全过程。行业有行会，1469 年汉堡首饰业行会规定全城首饰匠人不得超过十二人。爱尔福特鞋业规定入会需有六百双鞋的产业；规定冬季工作日十二小时，夏季十六小时，严禁夜间作业。产品产量、规格都是核定的，不许突破。

发展的总体态势下，社会消极面也以空前赤裸的势态展示了出来。政、经界都滋生出一批暴发户，搞权力寻租，权钱孵化；经济上一翻身，立刻要求政治庇护，要求权力护航，形成了一股强大的黑恶势力，引发无数畸形案件。商品经济中大量出现的牙人、揽户等"中介"性质的经济角色遍布各商埠，进行着中间盘剥；豪门悍仆、泼皮无赖、哗徒讼棍也乘势而上，成为败坏法制的重要因素。这方面的案例颇有时代的、地方的特点。

第二节　宋人对社会法治管理力量的认识

在古代法治史上，五代宋辽金元时期的社会秩序管理，出现了一个重要的转折期、枢纽期。秦汉隋唐的社会管理体制这时发生了重大跃迁，而对动态化城市社会法制管理的自觉，则是这一时代更新的意识先导。宋代"巡检制"与辽金的"警巡院"制的确立，是这种自觉的重要而显著的标志；它从组织人事上促成了警察职能的凸显与警务事业的展开，是一种世界性的首创。

一、宋人明确了"警察"的政治意涵

在我国古代典籍中，"警察"一词原是"警戒而审察之"或"机警地查察"的意思。这一意涵，对个人适用，对群体适用，对机构也适用，在《尔雅》中还用来描述大雁的警觉。这里，不妨先看看"警"与"警察"、"警巡"一类词头在宋代的文本应用。

晋人陈寿《三国志·吴志》载：赤乌三年（公元240年）正月，吴大帝诏曰："顷者以来，民多征役，岁又水旱，年谷有损而

吏不良，侵夺民时，以致饥困。自今以来，督军郡守其谨察非法。①当农桑时以役事扰民者，举正以闻。"宋初王钦若《册府元龟》卷一百九十八转录本文时，将原文"谨察非法"径改为"警察非法"，这显然是有意为之。这说明时人已明确了"警察"一词的"警戒"、"查察非法"、"预防犯罪"的含义。

到宋人薛居正等撰《旧五代史》时，这认识更明晰了。其《周书·太祖纪（四）·广顺三年（公元953年）七月丁酉诏》记曰："顷因唐末藩镇殊风，久历岁时，未能厘革。政途不一，何以教民？其婚田争（听）讼、赋税丁徭，合是令佐之职；其擒奸捕盗、庇护部民，合是军镇警察之职。今后各守职分，专切提撕；如所职疏遗，各行按责。其州府不得差监征军将下县，庶期宁静，无使烦劳。"文中，令佐：指政府行政首长和他的辅佐官员。县级地方行政首长称县令（县长、知县）。他的辅佐官是县丞（大致为副县长）、主簿（相当于县办公室主任）、县尉（约当县公安局长）等。军镇：有军队驻守、实施军事化管理的地方行政单位。"军"设在军防险要地区，视重要性分为州、县两级；"镇"设在县以下，一般设于交通要道上，驻守的军人则是当地服役的土兵。［按：这

---

① "儆"、"谨察"是"警察"一词的早期形态。例1，《左传·襄公九年》："宋灾，乐喜为司城以为政：使伯氏司里。火所未至，彻小屋，涂大屋；陈畚挶，具绠缶，备水器；量轻重，蓄水潦，积土涂，巡丈城，缮守备……使西鉏吾庀府守，令司宫巷伯儆宫。"在古文中，警、儆通用。"儆宫"即"警备王宫"，是安全禁卫工作。这个"儆（警）"字，有"专业术语"的品位。例2，《史记·儒林列传》有言："二千石谨察可者，当与计偕。"汉武帝要求各郡长官（二千石）谨察人才，发现有合适的人选，即由"计吏"陪同，送到京城，让他们当"国学生员"。这里的"谨察"有"认真负责地查察"义，但无警戒、警惕义。例3，《汉书·武帝纪》："天汉二年（公元前99年）冬十一月，诏关都尉曰："今豪杰多远交，依东方群盗。其谨察出入者。"关都尉：把守关口，负责巡视稽察过境官兵及商旅、货物的官员。这里的"谨察"就是动词"警察"，强调的是谨慎审察、认真戒备之义，有"防范犯罪"的意涵，自然是"警察行为"了。《汉书》中还有"密令谨察，不欲宣露"之类的说法，义同。

条资料说明：国人至迟在"五代"时（9世纪）已经把政府令佐的一般行政职能与"军镇警察"的执法职能作了明晰的区分。]透过当时留下的案例，可以了解到"军镇"是怎样推进其"警察"业务的。可惜这类资料迄今尚未引起中国法制界与警史界的足够重视。

如果说，这还是转述前代的事，那么，下例就是当代事了：《宋史·章谊传》载：南宋高宗时，殿中侍御史章谊应诏上言"弭盗之策"时，曾论及"陛下警察有巡尉之官，惩艾有刀锯之辟，大则陈诸原野，小则肆诸市朝"云云。[按：文中"警察有巡尉之官，惩艾有刀锯之辟"的说法，是把"警察"与"刑罚"并列而论的，突出了巡尉之官有"警察"任务，但不负责"刀锯之辟"（这里指司法活动）。]这"巡尉之官"，在秦汉时就已自成序列了，到北宋初建隆三年（公元962年），宋太祖下令每县置尉一员，位次在主簿之下；凡县府不置主簿者，则由县尉兼之，掌阅习弓手，缉奸禁暴；并兼巡捉私茶、私盐、私矾等责。此文很重要，它明确了巡尉之官的警察职能。本文被收于明·杨士奇等人撰的《历代名臣奏议》（卷四七）中，可见其分量。

二、宋代警察（巡检）的职务活动

宋人苏籀在其《双溪集·应诏议福建路盗贼》（卷九）论及："萌蘖易兴，滋蔓难图。故平居无寇，亦当谨邻保之法，严警察之备。盗若纠集，岂容不知？"这条资料，表述了警察业务的政治治理功能兼社会管理功能，强调了基层基础工作。本文也见于《历代名臣奏议》。

还有，北宋初年的余靖撰《武溪集》，其《韶州新置永通监记》（卷五）特地详述了一个设于广东北部山区的矿冶管理机构"永通监"的建筑设计，文章说到："（永通监内）并列关钥，互有堤防；当其中扃，控以厅事。谁何警察，目无逃形。"该设计突出了其总体布局的合理性，注重各种房舍（车间、工房）的功能性发挥，尤其是居于要害部位的"总部机关"，很符合开展警察业务的需求，做到"谁何警察，目无逃形"。建筑设施能这么顾及警察活动的展开，这是何等专业的认识！一般地说，考查民用建筑是否合乎治安要求，是现当代才有的意识。本文则写于 12 世纪，它讲的是大型"工房"、"工场"的警察业务与治安防范设施，没有高度发达的警务分工，不可能取得如此深刻的认识。

宋人廖行之的《省斋集·为长兄到任谢王帅启》（卷七）中还说到警察人选要精明，不能用书呆子："凡兹警察之吏，宜用精明之人。如某者，猥以书生，滥沾世赏，徒知守纸上之语，曾未若囊中之锥。"这话说到点子上了。他期待"囊中之锥"能脱颖而出；因为警务随时面对社会各阶层中形形色色的犯罪分子及其千变万化诡谲百出的犯罪手段……书生如何能行？当然，若走向另一个极端，用痞子作打手，危害更烈。

以上文本，涉及各种日常警务。从中可见宋人对社会管理的专业性、职务性已经普遍地有了明晰的认识，已经把它与一般行政管理相区别，甚至与一般司法活动相区别了。这是了不起的。它是中国警察史进入自觉阶段的公开宣告，把社会管理中的警务活动突出出来，是西欧人到 16、17 世纪也没有做到的事。

这种文本表现，当然不是空穴来风，而是有生活实践为依据的：两宋时期，城内居民区拆除了坊墙，街与市结合了，政府开放了早市日市夜市，开放公共娱乐场所，居民生活空前活跃；再也不能作封闭式管理了，治安形势凸显危难。宋政府因时变化，汴京与临安等重要都市及沿海商埠的社会秩序，也就采取了新的管理模式，实施"开放式动态管理"，对城区内外实行分厢管理，由"厢公事所"负责一方治安。厢下设"军巡铺"，把警力布上街道，设军巡铺与防隅巡警，流动执勤。大抵二百步设一铺（警亭），每铺有押铺一名，军兵四五名至三十名不等。临安街头总共有二百三十多个军巡铺。据《梦粱录·防隅巡警》说，"遇夜巡警地方盗贼烟火，或有吵闹不律，公事投铺，即与经厢察觉，解州陈讼。"在建筑物转角拐弯易出事处，又设有防隅巡警，负责疏理交通，处置斗殴，夜晚则巡警伏望，负责防盗、缉盗、疏通车马，洒水清污，保护官府商号安全；在交叉道口，还设有"望楼"，警视全区、全城，配置消防器材，还成立了三支专业救火队，当时名为"潜火队"，专责消防。城市的各项功能都有专门人员来承当。其时，居民以街道为单位沿街编制户籍，依号登录。门前设粉牌（户牌）公示居家人口动态，厢公事所按月稽查住户人口变动等情。有这样的法治管理实践，也就促成了"警巡、巡警、巡检、巡察、巡逻"等警用术语的批量性涌现。这是以往时代所没有的景观。

第三节　宋代社会安全管理的双轨制

对法治认识的清晰与自觉，催动了宋代司法体制上的重大更新，促成了国家法治管理双轨制的设置：一是传统的行政管理系统，由各级政府首席长官负责，主管当地治安，并配备文尉、武尉分头管制。一是宋代创建的军事性质的专责（尚非专职）系统，即与各级地方政府相平行的"巡检"系统，由都巡检、巡检组成，覆盖全国；它负责大都会、关津要塞、河道海防边防及广大乡村的社会治安。

一、传统的行政管理系统负责社会安全管理

宋代最高政务机构是政事堂，负责长官为尚书和参知政事（宰相级），掌握国家行政权，总理政务；而全国兵权则归于枢密院，由枢密院使主持，掌握国家军机大政；另有计相掌全国财政。枢密院使兼指挥全国禁军与巡检。当时的中央警卫部队称为"禁军"，驻守京师，警卫京城、皇城和皇宫。禁军由殿前司、侍卫亲军马军司、侍卫亲军步军司等"三衙"统领。另有"皇城司"负责皇城各门的门禁，并承担京师各部门的内部保卫、内部侦缉与伺察任务，成为直属于皇帝的特务机构。宋代地方设路、州（另有同级的军、监、府）、县（含同级军、监）三级政府。政府行政首长外，设佐官"簿"与"尉"。尉掌阅习弓手，戢奸禁盗。凡县不置主簿时，则由是尉兼任。南宋沿边诸县，间以武臣为尉，并兼巡捉私

茶、盐、矾。在基层则设有镇、寨。镇置于辖区人烟繁盛处；设监官主管火禁，或兼酒税之事；寨置于险扼控御去处，设寨官，招收土军，阅习武艺，"以防盗贼"；凡杖罪以上并解本县审理，以下听其决遣。可见宋代乡、镇、寨的头领也被赋予治安管理的权力，此举利弊兼有。

宋代路州县三级政府的机关里，实行上下对口的分曹办公，各曹设参军一人，分职任事。当时设有功曹（掌文官簿书考课等）、漕曹（公粮运输积存）、户曹（掌户籍、考课、赋税）、兵曹（掌武官簿书考课等）、法曹（专掌推按欺隐、决罚刑狱事）、士曹（掌公廨舍宇缮造事）等。司法参军掌议法、断刑；司理参军掌讼狱、勘鞫之事宜；司录参军折户婚之讼，而通书六曹之案牒（分为士户仪兵刑工"六案"）。另设判官、推官（四人），日视推鞫，分事以治。京县专门设有左右军巡使判官（各二人）分掌京城争斗及推鞫之事。左右厢公事干当官（四人），掌检覆推问。"凡斗讼事，轻者听论决。"各部门分工很细，互相配合，也互相牵制。（见《宋会要辑稿·职官》）

二、专责社会秩序管理的巡检系统

就专责社会秩序管理而言，宋代特设与各级政府相平行的巡检官，[1] 每路设一名都巡检（或称都巡检使），负责全路法制管理。

---

① 巡检一词的来历：北齐·魏收撰《魏书·帝纪》载，宣武帝正始二年（公元505年）秋七月诏书中说，"（朕）鉴不烛远人之冤瘼，所在犹滋；而纠察之狱，未畅于下；贤愚靡分，皂白均贯；非所以革民耳目，使善恶励心。今分遣大使，省方巡检，随其愆负，与风响相符者，即加纠黜。"（这里说的"巡检"是动词，是对官员或机关的违法违纪活动进行调查与惩治。省方：省察各方、省察地方。愆负：过失，差错。风响：社会风闻、舆论传闻。纠黜：纠察其罪、贬降其职。）"巡检"一词的宋代启用，指向了一支执法护法的实体，是专责警事职官及其机构。这支队伍在北宋时就已高度体制化了，它和辽代的"警巡"一起，构成当时世界唯一一支能够自成体系的专责（尚非"去职"）警务力量。

每州（府、军、监）设一名巡检（或称巡检使），负责本州（府、军、监）法制业务。在人烟稀少、任务不重的州（府、军、监），则由两三个州合设一员巡检（或巡检使）。在县一级，除重要大县外，一般是数县合设一名巡检，专门负责本地区的安全，协调各个县尉的工作。

京师是重法区，社会管理任务尤其繁重，北宋政府在汴京地区更注意强化巡检制。十八个京县每县设一名巡检；每两三个相邻京县再设一名"驻泊巡检"，负责来往巡逻查察协调；汴京城内，设"京城四面巡检"，分头负责左、右、南、北四大片的社会秩序。开封府又一分为二，成东西两路，各设都巡检使一员，统率开封东西路的所有巡检。京师全城地面又划分为若干厢，分厢管理所辖区段的治安。厢下设军巡铺，街坊设防隅巡警，各自在负责地段巡察非违，防止并纠察烟火盗贼与斗殴闹事等情，有情况则送交厢公事所处置。

例：《宋史·真宗纪》：乾兴元年（公元 1023 年）二月十九日真宗崩，仁宗即位。"命宣庆使韩守英为大内都巡检，内侍分领宫殿门，卫士屯护。阁门使王遵度为皇城四面巡检，新旧城巡检各权添差，益以禁兵器仗，城门亦设器甲，以辨奸诈。"仅此就可以看出：宋代巡检官是自成序列的，有巡检、都巡检之别。10 至 12 世纪，宋代巡检是一支有组织的执法队伍。在世界范围内，没有第二个国度拥有这样一支专门执行警务的"准陆军队伍"。

除路、州、县设置巡检外，宋代还在重要河道如黄河、长江、淮水、汴水上分段设置专责巡检，在沿海、沿边、驿道上，也分段设置专责巡检，凡"控扼要害及地分阔远处"、"往来接连合相应援处"，都特设都巡检或巡检。在少数民族杂居地区，也设有"本族巡检"，主管本地本民族的警察治安事宜。这就组成了全国性的巡检网（见《宋会要辑稿·职官》）。它们具有后世治安警察、刑事警察的职能。

巡检系统的组织关系是：各级巡检（使）均接受上级巡检（使）的领导，同时受同级行政长官的节制，其下设有"军巡铺"，有防隅巡警，在街面巡逻执勤；并组建了专责灭火队，由一定数量的厢兵组成。宋代士兵分为三种，直属中央的称"禁军"，"乃天子之亲兵"；各州所属的部队称"厢军"，是地方部队；另外就是基层的"乡兵"、"土兵"（镇兵、寨卒）了。他们在乡里和县衙服役，听从差使。京师巡检所统的兵士主要是禁军。地方也掺杂部分厢军或乡兵。每位巡检带领的兵士，有数十名至二三百名者。

有这样一支武装队伍，专司各路各州各县法治，专司水上、边防、海防、要塞、关津、驿道、都会的法治，其权威自然是很高的。这支队伍，军事素质强，机动性大，随时可以调遣，去执行巡逻、追捕、缉私、消防、禁盗直至弹压、剿匪任务。宋政府在使用这支队伍时，是颇为得心应手的。巡检制对两宋三百年统治的稳固起到了支柱作用。值得注意的是：巡检有缉捕人犯的权力，但没有审判权。所缉人犯必须交由地方行政长官去审理。这种权力限制，很像后世"民主国家"的警察权限。

《宋史·职官制·巡检司》载："国朝有沿边溪峒都巡检，或蕃汉都巡检，或数州数县管界，或一州一县巡检，掌训治甲兵，巡逻州邑，擒捕盗贼事。又有刀鱼船、战棹巡检，江河淮海置捉贼巡检，及巡马盗铺、巡河、巡捉私茶盐等，各视其名，以修举职业。皆掌巡逻与稽察之事。"（本文亦见于《历代沿革事类·巡检》）宋代巡检之布设如此灵活，其分工如此之细，适应了当时各行业安全管理的需要，也适应了社情复杂地区的整治需要。这对后世"水上警察"、"森林警察"、"矿山警察"之类的设置也是一个启发。

《宋史·职官制·巡检司》又载：（南宋）"分置都巡检使、都巡检、巡检、州县巡检，掌土军、禁军招填、教习之政令，以巡防扞御盗贼。凡沿江、沿海招集水军，控扼要害，及地分阔远处，皆置巡检一员。往来接连合相应援处，则置都巡检以总之。皆以材武大小使臣充，各随所在，听州县守令节制。"可见南宋的都巡检使、都巡检、巡检、州县巡检自成序列，职级层次分明。这正是该组织内部构成完善化、成熟化的标志。

《宋史·职官制·巡检司》说：本寨事，并申取州县指挥。若海南、琼管及归峡、荆门等处，跨连数郡，控制溪峒，又置水陆都巡检使，或三州都巡检使，以增重之。

上述材料典型地展示了宋代巡检制的周密性：汉族州县视任务轻重设都巡检—巡检；少数民族区域、民族杂居区域设都巡检—巡检使；江海河埠视需要设巡检使，盐茶酒务设行业巡检，关隘津渡设捕盗巡检。特别有意思的是：各式"巡检"，无不要"各随所在，听州县守令节制"。这个原则，至今适用。宋辽金元时代从中央到地方，从内地到周边，警巡（或巡检）的组织都是严密的，层级分明的，可称举世无双。

三、巡检系统的组织管理和薪酬待遇

我们还注意到：宋代，巡检系统是纳入同级行政系统来管理的，其薪俸待遇是一致的。《宋史·职官制·俸禄》载：当时宰相、枢密使的俸禄是每月三百贯，金吾卫大将军三十五贯，诸卫大将军二十五贯，洛阳县令三十贯。诸路（州、军）万户以上县，县令二十贯，簿、尉十二贯；五千户以上县，令十五贯，簿、尉八贯；不满三千户县，令十贯，簿、尉六贯。官员除正式俸禄外，还赐给一定量的职田："中上刺史州三十顷、下州及军监十五顷，边远小州：上县十顷，中县八顷，下县七顷。转运使副十顷，兵马都监、押寨主、厘务官、录事参军、判司等，比通判幕职之数而均给之。""国家设警巡之职，用以诛磔寇盗，抚安人民，有能死其官者，朕尝旌异，追进名爵，收录子孙。"此外，日常还有餐钱、衣粮补助；凡州县（职员）出境去"比较钱谷、覆按刑狱，并给券"，作为出差补助，视级别与任务轻重，发给相当的馆券、驿券、仓券、食券等。上任而无法带眷属的，还给予安家赡养费。

宋代巡检系统的创建，使社会治安管理专门化、专责化了，这个制度早在宋太祖赵匡胤的时代就确立了，距今已是上千年的历史了，在中华法治史上是一个很大的体制性的进步。后世的水上警察、边防警察、消防警察之类的分工分类，后世警察的只管查察缉捕，不管审理的职权限制，也都可以从宋代巡检制中看出其发端形

态。当然，这种"专责"的巡检或巡警，是由禁军厢兵轮流承担的，它还不是"专职"的巡检或巡警队伍，因而还不是"近代警察"那般的组织；不过，它距近代警察制度也只是一步之遥了，它正在向"专业化"方向发展。应当指出：宋代重内轻外，其禁军、厢军与乡兵的日常任务，恰恰是"执行法制"，是对社会的安全管理。从这个意义上说，在"军警不分"体制下，宋代的"军"更近于"警"。也正因此而形成了中华法治的军事化管理传统，形成了军事化的警务风格，这对其本身有积极意义，但对社会却也有负面反应，即养成了对付民众的"暴力性"顽症。这让头脑清醒的政治家与正派立法司法官员很头痛。

四、地方与基层的社会管理职能

汉唐时，郡（州）县两级的尉职官员，是在郡县长官的节制下，分管地方治安的主管官员，自己在郡县衙门之外，另设官府，有相当的权力，甚至可以代表州县长官主持地方行政。到五代十国时期，军人镇守地方，尉职官员的职权被并吞，建制被取消。北宋建国后，宋太祖于建隆三年下诏说："贼盗斗讼，其狱实繁。逮捕多在于乡间，听决合行于令佐。"（《宋会要辑稿·职官·县尉》）因此，恢复了县尉的建制。每县一尉，统率十几名到几十名弓手，辅佐县令，处理贼盗斗讼之类的警治事务。在京师等重法区，还增设一员县尉。凡文职官员充任县尉者，号为文尉；武职官员充任县尉者号称武尉。县尉的职权是捕盗与缉私，调解斗讼纠纷，预审刑事案件。它和巡检系统一起，构成覆盖全国的严密的法治网；但又和巡检相区别，它不负责大都会与关津要塞的法治，只负责县城、集镇的法治，负责社会面的控制。

在广大农村，宋代也突破了以往庄园坞堡式的封闭形态，自耕农们自由组合，形成一个个自然村落。北宋初，便实行乡里制，乡设书手，里设里正，户设户长，其职役是督征赋税。乡里法制秩序则由耆长率领本乡弓手、壮丁负责。王安石变法之后，推行保甲制，[①] 将周秦时期的兵农合一体制与什伍联保联防连坐措施结合起来，负责基层治安事宜，强化了对社会基层的政治控制。同一个保里的居民中，有强盗、杀人、放火、强奸、拐卖人口、传布妖教、造作巫蛊等情况的，保中人必须举报，逾期不报，即使不知情，也被定以失察罪。王安石设计的保甲制，其法治职能非常明确，为后世统治者所欣赏、沿袭。

保甲的编制是：十家为一保，设保长一名，由户主中之有力者任之。五保为一大保，选大保长一人；十大保（五百户）为一都保，选都保正、副都保正各一人，其人选必须是材勇有物力者。在保内，不论主户（有田产）、客户（无田产），每户两丁以上者，选一人为保丁，共置一保牌，登录本保人户及保丁姓名。每一大保内，逐夜有保丁 5 名轮番值勤，巡警盗贼。发现情况，击鼓报警，保内居民即应前往捕贼。遇有身份不明之过客，也收捕送官处置。保—大保—都保的法治建制确定之后，原有的耆老、弓兵系统便失去了存在的意义，于是又有"甲"的编组，使相邻的二三十户为一

---

① 宋·李焘撰《续资治通鉴长编》（卷二百十八）载：神宗（乙丑）熙宁三年（公元 1070 年）中书言：司农寺定《畿县保甲条制》要求：保内材勇为众所伏及物产最高者，充逐保保丁，除禁兵器外，其余弓箭等许从便自置，习学武艺。每一大保，逐夜轮差五人，于保分内往来巡警。遇有贼盗，昼时击鼓，报大保长以下，同保人户实时救应追捕；如贼入别保，递相击鼓，应接袭逐，每获贼，除编敕赏格外，如告获窃盗，徒以上每名赏钱三千；杖以上一千。同保内，有犯强、窃盗、杀人、谋杀、放火、强奸、略人、传习妖教、造畜蛊毒，知而不告，论如五保律。其余事不干己，除敕律许人陈告外，皆毋得论告；知情不知情并与免罪。其编敕内邻保合坐者，并依旧条。及居停强盗三人以上，经三日，同保内邻人虽不知情，亦科不觉察之罪。保内如有人户逃移死绝，并令申县。如同保不及五户，听并入别保。其有外来人户入保居止者，亦申县收入保甲。本保内户数足，且令附保，候及十户，即别为一保。若本保内有外来行止不明之人，并须觉察收捕送官。逐保各置牌拘管，人户及保丁姓名，如有申报本县文字，并令保长轮差保丁去赍送。

组，"排比成甲，迭为甲头"，负责催收赋税及出公差，轮番服役。（见宋·李焘撰《续资治通鉴长编》卷二百十八。）

宋·孙承泽撰《春明梦余录·城坊》（卷五）载："京师地方分属五城，每城有坊。每城设御史，巡视所辖，有兵马指挥使司，设都指挥、副都指挥、知事，后改兵马指挥使，设指挥、副指挥。"宋以四厢都指挥巡警京城，神宗置勾当左右厢公事，民间谓之"都厢"。宋金时期的汴京、临安人口都在一百二十万以上。五十万以上人口的都市有四十六座，十万以上人口的城镇上百座。人口总数为世界三分之一至二分之一，创造的财富占世界二分之一。如此规模体量的人口密集、产业密集，其管理任务之繁重可想而知。宋代城市的"分厢管理"体制，是当时世界最先进的。①

另外，在交通要道上遍没"急递铺"，强化了基层管理。"急递铺"转送朝廷、地方及郡邑文书。往往十里，或十五里二十五里，设一急递铺；十铺设一邮长。铺设卒五人，文书至，则纪于历，视早晏，标至时于封。因以绢囊贮而版夹之。又裹以小漆绢。卒腰革带，带悬铃，手枪，挟袯襫，赍文书以行。夜则持火炬焉。道狭，车马者、负荷者，闻铃则遥避诸旁；夜，亦以惊虎狼。又响及所之之铺，则铺人出以俟，其至，囊版以护文书，不破碎不襞积。折小漆绢袯襫以御雨雪，使不濡湿枪，② 以备不虞。所之铺得之又辗转以去。定制：一昼夜走四百里，邮长治其稽滞者，郡邑官复督察加详焉，而勤惰有赏罚。京师则设总急递铺，提领所秩九品铜印官三员，又有号牌、锁匣、印帖、长引、隔眼之法，可谓密

---

① 公元 1539 年秋，法国国王弗朗索瓦一世颁布敕令（法国最早的卫生政策）：迁出巴黎城内牲畜，要求各户修建粪坑，按规定处理垃圾污水与粪便。要求各家清扫门前，把垃圾堆在墙根，各家应有自己的粪坑（史料见《屎的历史》；[法] 多米尼克·拉波特著。商务印书馆 2006.7 版）。相比之下，不难发现，宋的都市管理是何等的先进。

② 仅此一句"使不濡湿枪"一语，足证当时驿卒配备了热兵器，这是当时世界最先进的武器装备，当时，欧洲各国正规军尚未用上热兵器呢。

矣。(《元文类》卷四十一)

我们看到：宋代国家法治活动是富有首创性的，它们已经具有近代城市行政管理与法治管理的若干色彩，比如以街道为单位的人户管理，以城区地域范围为主的警巡责任区部署，就是其突出表现。两宋首创的巡检制、街道户牌制、分厢分铺制、街道（交通）管理制，以及防隔巡警和专责潜火队（消防队）的组建，均可视为宋代法治的时代发展。

第四节　宋代法典的时代内容

《宋刑统》是宋代的刑律统类，从公元 963 年修成颁布之后，终宋之世行而未变，是一代系统的、权威的成文法。它从律令的角度反映出一个时代的阶级关系与社会结构，反映出当时人民的生活状况与斗争状况，反映出整整一个时代的社会法治面貌和政法人员之行为的法理准则。继《唐律疏议》之后，本书是国家对官府官吏进行法制教育的基本教材，也是对社会进行法制宣教、实施治安管理的根本依据。

《宋刑统》全书三十五卷五百零二条，以《名例律》为首，其次便是《卫禁律》，然后才是《职制律》《户婚律》等，而《贼律》《斗讼》《诈伪》《杂律》诸篇，都是与社会法治紧密相关者，分量最多，比重最大，最后以《捕亡律》《判狱律》结束全书。体例上与《唐律疏议》一脉相承。这里仅摘其户婚条款、涉外条款、违禁品条款的数条律例稍加说明。

一、《户婚律》较多地肯定了女性的权利

1. 夫出外三年不归者，其妻可改嫁。这是很"超前"的法律规定。

2. 在室女、归宗女、出嫁女等，均有参与父母遗产分配的权利，只是所占份额视情况有所不同；

3. 夫死无子而妻改嫁，成为"绝户"，其田产充公；但若亲族为夫合法立继之后，其妻子能返回抚养继子，仍可按"夫亡从其妻"之法，继承夫家原有财产，官家必须把此前没收的"绝产"返还。

二、涉外条款：保护外籍人员合法权益

《宋刑统·名例律·化外人相犯》规定："诸化外人同类自相犯者，各依本俗法；异类相犯者，以法律论。"外籍人员在中国犯罪，如罪犯与受害人是同一国家的人，则适用其本国法律或其习惯法；如果是不同国家的，则一律适用宋朝刑法。

《户婚律·死商钱物》条规定："按《主客式》，诸商旅身死，勘问无家人亲属者，所有财物随便纳官，仍具状申省；在后有识认，勘当灼然是其父兄子弟等，依数却酬还。"对于"死波斯及诸蕃人资财货物"，也都依此例，如有父母、嫡妻、亲男、亲女、亲兄弟原相随从者，一律还给；如无这些血亲，所有钱物并皆官收，并量事破钱物为之埋葬，明立碑记，"便谍本贯追访，如有父母、嫡妻、男及在室女，即任收认。"可谓负责到底。

三、有关危险违禁品的条款

《职制律》有"禁玄象器物"条，规定"诸玄象器物，天文图书、兵书、七曜历，太乙雷公式，私家不得有，违者徒二年"。《擅兴律》有"私有禁兵器"条，规定"诸私有禁兵器（除弓箭刀盾短矛之外）徒一年半，弩一张加二等；甲一领及弩三张，流二千里；甲三领及弩五张，绞。私造者各加一等。"附："旌旗、幡帜及仪仗，并私家不得辄有"，"违者从不应为重杖八十"。《杂律》"私铸钱"条规定，"诸私铸钱者，流三千里"。

四、对社会成员的管束条令

宋政府十分重视法律条令格式的颁布实施，对规范居民的生活

方式、生存形态和生活质量，都起了深远影响。宋的律条已渗透到社会生活的方方面面，仅就法治管束而言，无论皇亲贵族达官小吏、士农工商学子生徒，还是医巫卜祝军卒牢隶、僧道游侠恶少流民，无不受到相应的管束与监控。这是从"刑法"的角度讲的；至若"禁令"，则更为具体而严密。如《宋刑统》中就有"宿卫人兵仗不得远身"，"禁官人强市"（仗势强行购物），"不得在人众中走车马"，"不得在市众中故相惊扰"，"不得私人人家"，"仓库内不得燃火"，"不得在中流索要船价（摆渡钱）"及"非时烧田野"之类禁令。这类禁令的随时发布，自然有利于社会秩序的维护。有了"法"的宏观控制加上"禁"的微观管理，社会的安全存在与有序发展就有了保障（当然，国家能否认真切实地施行这些法令条规，要看是否触及统治集团自身的直接利益。好的法禁被束之高阁也是司空见惯的事）。

五、案件审理的新规范

宋律允许小民越级上诉、跨境上诉。但对"奸情"案之类的报案人，则有明确的身份限定，以保障相关家庭和当事人的隐私权。至于一般伦理案、政治案的投诉人，同样有身份限定；对诬告、匿名有相应的规范。在案件受理上，宋代路、州、县政府是受理的主渠道，宪司、巡司、粮司、运司、盐道司等也有权受理各自业务管辖范围内的案件；并可以接受一般社会投诉，体现出"案件受理权"上的开放性。案件一旦受理，原告与被告、干证一律收押，犯案者立即搜捕，同时开展现场勘查。在出现场时，要求按国家颁发的"尸检格目"填报。这类活动强化了案件审理的法纪规范性和审断结果的科学性。

在案件受理上，还有两条特别规定：1. 凡刑事案与婚姻田土争讼，各按性质由不同部门分别受理；2. 规定受理时限：婚姻田土类的争讼，"入务"后不得受理。入务：① 进入农务繁忙期，只有在农闲期即当年十一月初一至来年三月底期间方可受理民事争讼。此规定有其合理性，但日久弊生，成为官府拒绝受理和迟迟不判的挡箭牌。

第五节　宋代社会法治管理的新举措

宋太祖赵匡胤建国后，便一手抓伦理教化，一手抓法制管理，使社会生活秩序保持了相对的稳定。两宋三百一十余年间，农民起义的规模与频率，及其对于社会的震动程度，均不见比前代或后代更大更激烈，这是很能说明问题的。应当承认，宋代法治措施是有特点、有成效的。

一、分厢管理

宋政府采取的措施之一是组建和完善城区管理网络，首先是设置厢的管理机构。北宋汴京有"内十厢、外八厢"之制，分片管理地方治安。各厢"分置厢官，治烟火盗贼公事"。厢的办事衙门称"厢公事所"，设巡检使一员，属员有厢典、书手、都所由、所由及街子、行官等。各厢人数二三十人不等。厢下设军巡铺，大抵二百

---

① 世宗显德四年七月甲辰诏曰：准令，诸田宅婚姻，起十一月一日至三月三十日，州县争论，旧有厘革。每至农月，贵塞讼端。近闻官吏因循，由此成弊。凡有诉竞，故作逗留至时而不与尽词，入务而即便停罢。强猾者因此得志，孤弱者无以自伸。起今后，应有人论诉物业婚姻，取十一月一日后，许陈词状；至三月三十日权停。自三月三十日以前，如已有陈词，至权停日公事未了绝者，仰本处州县，亦与尽理勘，逐项见定夺了绝。其本处官吏如敢违慢，并当重责。其三月一日后至十月三十日前，如有婚田词讼者，州县不得与理；若是交相侵夺，情理妨害，不可停滞者，不拘此限。（见《旧五代史·周世宗（四）》）

步设一铺，每铺有押铺一名，军兵四五名。临安街头总共有二百三十多个军巡铺。据《梦粱录·防隅巡警》说，"遇夜巡警地方盗贼烟火，或有吵闹不律，公事投铺，即与经厢察觉，解州陈讼。"在建筑物转角拐弯易出事处，又设有防隅巡警，负责疏理交通，处置斗殴，夜晚则巡警伏望，防盗防火，保护官府商号安全。为了防火救火，还成立了三支专业救火队，当时名为"潜火队"，专职消防。南宋定都临安之初，就将原钱塘城的东西两厢，改组为行都四厢，后来又陆续增至九厢，即宫城厢，左一南厢，左一北厢，左二厢，左三厢；右一厢，右二厢，右三厢，右四厢，另外，郊区也设了"城南厢""城北厢"，稽查地方治安。后又设城东巡检使，城西巡检使，加强管理。(《武林旧事》)

二、依街立户

对于常住户口的管理，则实行户牌制。户牌制是两宋时期城市户口管理的首创。其办法是：打破原先以坊巷为基础的人口管理，改为以街道为基础做人户登录。街两侧居民住户，依次排列，每户门前墙上置一户牌（粉板、粉壁），上面书写本户户主姓名，主妇、子女、奴仆及暂住亲友姓名，年龄等。成员如有变动，须及时更改。有来客离去，必须及时注销其姓名。厢巡检使每月派员挨户查察记清，随时掌握人口动态。街道建有街楼，街楼上列有本处坊巷名称、住户状况等，一目了然。法律禁止私度僧道以规避赋役，禁止无证无照的住宿勾留和经营，也禁止外地人冒用京师户籍。《夷坚志》甲载：湖南书生沈持要为了参加京城登科考试，由其亲戚设法办成京师户籍，花费银钱二千贯，而当时朝官一个月的伙食费为四十贯，宰相月俸为三百贯。户籍黑市的昂贵，反证了户籍管理的严格。

三、流动巡警

强化城市公共秩序管理。为适应城市经济文化生活需要，宋政府下令，改变宵禁传统，缩短宵禁时间，缩小宵禁范围。"三更断夜，五更依旧许人行走"，由防隅巡警、居民保甲联巡，发现问题，随即处置。在南宋孝宗时，曾一度取消城中的宵禁与保甲联巡制，但不久便恢复了。宋时公共娱乐场所很多，茶楼酒肆，瓦子勾栏，处处皆是。还有街市宽敞处随时摆设的"场子"，都是"士庶放荡不羁之所，子弟流连破坏之门"，且为军卒纵欢荡游之地。于是《宋刑统》明文规定，禁斗殴、禁赌，禁群行不法，禁人群中故相惊扰，禁街道上走马（跑马）驱车伤害人众，禁纵犬伤人，禁行道设机关陷阱。街坊盗贼事发，必须由伍保负责，不告发者惩处。

四、市场管理

宋代不搞封闭式市场，市场没有隔墙，只建敞开的牌坊作标志，因而市场管理较前代为难。政府规定，不准有行（不坚牢耐用）、滥（不合规格）、短、狭商品上市；由司市负责审察度量衡，评议物价；禁止买卖双方不合议而强取强索；禁止"参市"，即故意哄抬或哄压物价，扰乱市场；禁止在市场喧闹，群行不法，结伙为非；买卖活口（奴婢与牲畜）时要立卷，三个月内无旧病复发者方有效；若发现病状，可以悔约。禁止私造买卖危险违禁物品，如禁兵器、妖书巫蛊、官府符节车服及私铸钱等，禁止邸店货栈容留逃犯等。

宋代跨境贸易很发达，管理为难，尤以违禁物资、短缺物资的管理，让政府很是头痛。例：江西虔州（赣州）地连广南，而福建之汀州，亦与虔州相接。虔盐不善，汀故不产盐。二州之民多盗贩广南盐以射利。每岁秋冬，田事才毕，恒数十百辈为群，持甲兵旗鼓，公然往来于虔汀漳潮循梅惠广等八州之地。所至劫人谷帛，掠人妇女，与巡捕吏卒格斗直至杀伤。可见问题严重到什么地步。

五、交通监管

《五代会要》载：后唐明宗长兴二年八月（公元931年）敕准《仪制令》："道路街巷，贱避贵，少避长，轻避重，去避来。宣令三京、诸道州府，各遍下县、镇，准照仪制。于道路今则刻碑，于要会坊门及桥柱晓示行人。委本届所由、官司共加巡察，有违者科违敕之罪。"

宋代在京师及各州城与冲要路口，也都榜刻了这份《仪制令》，提倡道路礼让之风。《宋人轶事类苑·官政治绩》中载有"榜刻仪制令"一事：太平兴国年间（公元976—980年），大理寺丞孔承恭奏明宋太宗：在两京（汴京与洛阳）诸州道路要害去处及街衢列肆皆"榜刻《仪制令》"，即把《仪制令》刻在标语牌上，"以为民告诉行之"，以"兴礼让而厚风俗"。这一交通条规，大致符合当今国家交通监理法规的基本精神。1981年9月在福建松溪县曾发现一块宋代开禧元年（公元1205年）石碑，所刻文字即此十二个字。1965年与1974年，江苏盱眙县先后发现了两块《仪制令》石碑。可见宋代确实是推广于全国各地了。这在我国交通管理史上，应该视为一件重要措施。宋人又要求各地保证驿传桥道的完缉。夜中更鼓分明，[①] 道路肃清。

仪制，国家法定的律令之一种，对各种政治集会、宗教活动及其他社群活动中的规范程序与仪式作权威规定，行为人必须严守。议制历代都有修订，其总量不下于国家刑法条令。本条交通仪制令的入法，体现了"引礼入法"的立法思想。

六、对寺庙投宿的管理

古代，寺庙作为公共建筑，不仅为"游方僧"提供食宿方便，而且是文人士子寄宿兴会之所；尤其是应召学者或应试生员，常借

---

① 宋人笔记《东轩笔录》载：范延贵为殿直，押兵过金陵。张泳公为守，因问曰："天使沿路来，还曾见好官员否？"延贵曰："昨过袁州萍乡县，邑宰张希颜者，虽不识之，知其好官员也。"公曰："何以言之？"延贵曰："自入县境，驿传桥道皆完葺，田莱垦辟，野无惰农。及至县，则肆无赌博，市易不敢喧争。夜宿邸中，闻更鼓分明。以是知其必善政也。"公大笑曰："希颜固善矣，天使亦好官员也。"即日同荐于朝。希颜后为发运使，延贵亦为合门祗阁，皆号能吏也。

寺庙住宿、攻读。其管理也就很繁难。

《宋稗类抄》载有一案：临平明因寺，尼刹也。豪僧往来，多投是寺，每至则呼尼之少艾者供寝。寺主苦之，于是专设一寮，以贮尼之淫滥者，供客僧不时之需，名曰"明因尼站"。情况混乱至此，政府不能不严加整顿了。

七、专责灭火

加强消防工作。为了统一指挥全城消防，宋政府设有帅司专门节制兵马（厢军）。《梦粱录·帅司节制兵马》："遇有救扑，百司官吏，听行调遣，不劳百姓余力"。淳祐年间，成立三支专职灭火队，其中水军队二百六十六人，搭村队一百一十八人，亲兵队二百零二人。各队备有消防设施，分工明确；到开禧年间，又在临安府前增设"帐前四队"计三百五十名专职消防人员，"听号令扑救"。一有火警，他们便奔赴现场，首先封锁火场四周，不许百姓闲杂人等进入，然后有组织地分工扑救。宋代的京城和大小州府的巡检司，都有专管日常烟火的消防队。失火时，巡检要维持火场秩序，防止坏人乘机偷抢财物，如果是故意纵火，还要现场勘查和搜捕纵火犯。宋初救火，都依赖巡检，不劳百姓。《宋会要》刑法二之一七：天圣九年（公元 1031 年）仁宗下令，"京城救火，若巡检军校未至前，听集邻众赴救"。遍布城区的军巡铺，有巡警烟火的职责。各坊巷设立防隅望楼（防隅官屋），实行分隔负责制，日夜巡警本管片的烟火；如发现烟焰之处，白天以旗为号，夜晚以灯为号报警。若朝天门内，以旗（灯）者三，朝天门外，以旗（灯）者二，城外郊区，以旗（灯）者一，立于望楼高处，互相通报。一旦有警，立即行动，迟缓不救者负法律责任。当时城内有十二处官屋（望楼），城外有四处，城内每隅一百多人，城外望楼共有军兵一千二百人。各隅均备有常用灭火器材，以供急需。——由于措施得力，到元军攻克临安前的火灾记录，只有四次，说明宋代消防确实是卓有成效的。当然，历久弊生。专职消防兵们会因灾立功，因而争功取赏，闹出新的矛盾来，但这不是事情的主导方面，就不多说了。

八、养济难民老疾孤幼

加强人口管理，重点是流民问题的解决和难民的户籍管理。宋金对峙的时期，北方人民大量迁徙到江南，大量流民涌入临安。他们衣食无着，露宿街头，少数人便铤而走险。南宋政府采取一系列接待安置措施，缓解了这个矛盾。当时，在江河码头，交通要冲之处，设立了接待处，安置流民，发给他们建屋材料和必要的生活用品，并支给一定粮米，用以度日；鼓励收养流离儿童。据《湖墅小志》载，仅临安府就在城内设立了二千余处"接待站"。另外，作为常设单位，还遍设慈幼局、养济院、安济坊等，收容养育了一些病残孤老与儿童，官府按月支给钱米。这也消除了某些治安隐患。

九、生产生活的秩序管理

宋·李焘撰《续资治通鉴长编》（卷七四）"真宗"条下记载了四川山区井盐生产中的治安监管的重要信息："泸州井监，深在溪洞，官司少人往来，致兹稔恶。诏江安县监军，量分兵巡警之。"

戊寅诏："访闻关右民，每岁夏首，于凤翔府岐山县法门寺为社会（组织群众集会）。游惰之辈，昼夜行乐，至有奸诈伤杀人者。宜令有司，量定聚会日数，禁其夜集，官吏严加监察。"这是讲群体活动中的秩序管理。文中，"为社会"：指集会结社，举行祭鬼神、办庙会之类群体性活动。社：如春社、秋社等；会：民间有庙会、钱会等。有司：有关主管部门。

综合以上几条可以看出，宋代"巡警"的活动内容涉及防火、防盗、禁卫、维持正常生产秩序与群体活动中的公共秩序等；今天的民警仍以这些业务为职责。总之，宋代社会安全管理，是具有一定的典范性的，绝不比欧洲英法意等国十九世纪的"近代警察"逊色。

《宋史·高宗本纪》载：绍兴十年秋七月，"遣明州水军三百，戍昆山黄鱼垛，巡捕槽船之为盗者。"这是国家在近海运输商贸活动中的防禁犯罪措施。①

宋·司马光《论皇城司巡察亲事官札子》中说及一事："皇城司亲事官奏报'百姓杀人，私用财物'事，下开封府推鞫，却皆无事实。欲勾原初巡察人照勘，皇城司庇护，不肯交人。"按：这个"皇城司"，是宋太祖亲自设置的一个"秘密警察机构"，特务就叫"巡察人"。他们平日就爱生事："妄执平民，加之死罪，使人幽系囹圄，横罹楚毒。"故司马光上书说，对这种"巡察人"，应"少加惩戒"，否则"臣恐此属无复畏惮，愈加恣横，使京师吏民无所措其手足"。

担任巡逻、巡察者，其身份为军人、土兵，或民团的团丁，但其工作性质则都是"警务"，可见他们的社会角色其实是"警士"、是"特务"，对他们不加约束，则执法力量同时也就成了破坏法纪、破坏治安的力量，且为害更重、更直接。

总之，在社会公共安全领域，凡国家安全、金融安全、交通安全、生产安全、公共场所安全、人身安全等等，在宋代都已提上了日程，且有了相应的单行法规，这是很了不起的。

第六节　宋代地方的军警部署：以福建路为例

北宋建国后，朝廷在国防上一直采取收缩方针，以防御为主，鲜见主动出击；但它对内的严控制非常有效，重视行政区划（路—

---

① 这里提供一个有意思的参照：14 世纪欧洲封建主们，在根本不需要桥梁的地方建桥，征收"桥典捐"。如果不幸货车翻倒，则全车货物都归当地封建主。最可憎恨的还是流行的"船难法"惯例：遇难船只上的货物，都归当地海岸封建主所有，他们大都通过掠夺商船发财。他们黑夜中在礁石林立的海区设置灯光，诱使商船碰礁，然后扣留货物。如遇抵抗，船上人员会被毫不留情地杀死。

府—州—县—乡—里）内的军警力量的配置，保证了政权的稳定和社会秩序的总体安宁。

一、地方军警力量的配置

宋代军力部署，一是京城—京畿地区；二是边防线与边防要寨；三是州县地方治所与边远镇寨，四是水陆交通控扼紧要地点。这里只说宋政府在州县地方与水陆交通要害处的军警力量的配置。

宋代有禁军、厢军两大系统的国防部队。禁军、厢军按不同兵种，有不同的名号（番号）、编制，享有不同的待遇、驻防区，有不同的功能、责别。禁军系统之威果指挥、雄节指挥、全捷指挥等名目不同，但都是限期驻防、并要定期调防的。

厢军系统有崇节指挥、宁节指挥、壮城指挥（把守城门楼的重兵器部队）、中军鼓角指挥、作院指挥（生产兵器—兵备的部队与驻守国家手工工场的部队）、剩员指挥（老弱伤残无战斗力的在籍军人）等；在特定地区，还驻有水军指挥、马军指挥，横江指挥（负责长江口水运安全），城下开江指挥（专责疏导太湖的入海通道。时平江四县的兵员定额为：苏州城五百人，昆山、常熟、吴江各五百人）之类，防务分工非常清晰。

此外还有"土军（乡兵）"系统，含寨兵、弓手、枪杖手等，由本地壮丁就地轮番服役，后来也有"寨营"的设施。

二、一个范型：宋代福州巡检系统的设置

宋代的"福建路"，辖境相当于今福建全省，置福州、建州、南剑州、泉州、漳州、汀州及兴化军与邵武军等八个州级行政区。其中"福州"辖县有滨海之县九：长溪（今霞浦）、宁德、罗源、连江、闽县、侯官、怀安、长乐、福清等；内陆之县三：古田、闽清、永福（永泰）等。著名重镇有黄琦镇、关埭镇、闽安镇、水口镇、海口镇、谷口镇、刘琦镇等，又有萩芦寨、延祥寨二寨及临水、洋门、洋下、白田等四大渡口。这都是军警部署之区。

《淳熙三山志》①一书提供了宋代福州地区一州十二个县六十八个乡三百零四个坊里的地形地势、历史沿革、城乡行政建置、人口结构、经济产业状况，军警力量配置，以及文化教育与海陆交通、社情民风等诸方面的可贵资料。这里，仅就其警务力量配置情况做点相应的分析，它能给我们不少重要的启示。

（一）巡检系统的警务职能

这里不妨先回顾一下宋代巡检系统的创建与职能。这个制度早在宋太祖赵匡胤的时代就确立了，历时已是上千年的历史了，它使社会治安管理专门化、专责化（当然还不是"专职化"）了。后世的水上警察、边防警察、消防警察之类的分工分类，以及警察的只管查察缉捕，不管审理的职权限制，接受行政长官领导节制、又有相对独立性的原则，也都可以从宋代巡检制中看出其发端形态。还应当指出：宋代重内轻外，其禁军、厢军与乡兵的日常任务，恰恰是"警务"，是对社会的治安管理。从这个意义上说，在"军警不分"大体制下，宋代的"军"与"警"还是有职责上的区分的。也正因此而形成了中华警务的军事化行事传统，形成了军事化的警务风格，这对其本身具有积极意义。

我们还注意到：宋代，巡检系统是纳入同级行政系统来管理的，其薪俸待遇与相应行政官员是一致的。《宋史·职官制·俸禄》载：当时宰相、枢密使的俸禄是每月三百贯，金吾卫大将军为三十五贯，诸卫大将军仅二十五贯，洛阳县令三十贯；诸路（州、军）万户以上县的县令二十贯，簿、尉十二贯；五千户以上的县令十五贯，簿、尉八贯；不满三千户县，令十贯，簿、尉六贯。可见宋代县长与公安局长的薪酬比大致上在十比六上下。

---

① 《淳熙三山志》一书作者为宋人梁克家，他在福州知府任上撰写了《淳熙三山志》一书，计四十二卷，今收入《四库全书·地理类》。他是于南宋孝宗淳熙八年（公元1181年），出知福州的，在州有治绩，撰成了本书，全面记述福州政治经济文教治安情况。后来入朝，拜为右丞相。《宋史》本传称其"为文浑厚明白，自成一家。辞命尤温雅，多行于世"。

官员除正式俸禄外，还赐给一定量的职田："中上刺史州三十顷、下州及军监十五顷，边远小州：上县十顷，中县八顷，下县七顷。转运使副十顷，兵马都监、押寨主、厘务官、录事参军、判司等，比通判幕职之数而均给之。""国家设警巡之职，用以诛磔寇盗，抚安人民，有能死其官者，朕尝旌异，追进名爵，收录子孙。"此外，日常还有餐钱、衣粮补助；凡出州县境去"比较钱谷、覆按刑狱，并给券"，作为警务的出差补助，与地方官一样，视级别与任务轻重，发给相当的馆卷、驿卷、仓卷、食卷等。上任而无法带眷属的，还给予安家赡养费。这当然是一种福利性待遇。

（二）福州地区巡检系统的设置

庆历四年二月，朝廷下令各州设巡检专员，专管本州界内巡警；于要害处，安置廨宇（办公处）。依令，福州路设同巡检五员、都巡检两员。"逐处令招置土兵，以一半招收新人，一半许厢禁军旧人投换，庶几新旧相兼，习熟使唤；巡检下兵级，并易以土兵"。而同巡检仍置招一百人，立都头、副都头、十将、虞侯、承局各一名，押官二人，长行九十三人。当时设有十二个县级"水陆巡捕"。

嘉祐七年泉州知府关咏，奏请"籍（登录管理）福建枪杖手"。枪杖手是当方的一种"土兵"。他说："每有盗贼，（枪杖手）胆勇可用；然无事之时，亦能教诱乡民为盗。"他建议"各簿籍其姓名，若有功，与量免户丁差役；敢结集作过，除死罪外，并加一等"。熙宁九年，本路提刑申明行之。如每年遇提举司考阅弓手之际，暂行勾唤，较试酬奖。十年诏：枪杖手浮浪凶顽无家业，令逐州募充厢禁军，隶提刑司。于农隙，牒运司提举，分往教阅。

诸寨土军。宣和二年十二月，颁下《福建格》：本寨兵额以一百人；宣和五年勅：土兵许依厢禁军例，于本寨架造营房。六年勅：巡检遇小盗，与县尉会合捉杀。乾道七年三月，本路沿海州军诸寨，并巡检下土兵，例行增招，人数本州十一寨一千五百五十四人，增招四百四十六人，为二千人。

各处巡检的具体设置情况是：

1. 水口巡检：在古田县水口镇嵩溪驿，此地处福州与南剑州之中，建有盐仓。设巡检一，巡卒编制为一百三十人。其办事处驻"镇"，与州县政府分开办公，有相对的独立性（下同）。

2. 辜岭巡检：在永泰县，设巡检一，巡卒编制为九十二人。

3. 烽火巡检：在长溪县（今霞浦），设巡检一，巡卒编制为七十七人。

4. 南湾巡检：在罗源县，设巡检一，以土兵七十人为额。

5. 西洋巡检：连江县之"西洋"，在大海中，"四顾惊涛，莫知畔岸。自廉山驾舟，两潮始达；海风或逆，旬月莫至"。故设巡检一，巡卒编制为一百零八人，专责"连江—罗源"海道之安全。

6. 南匿巡检：在福清县，设巡检一，巡卒编制一百零九人，负责地方治安。

7. 松林巡检：在福清县，设巡检一，巡卒编制九十九人，专以巡盐为责。

8. 两县巡检：在宁德县，于长溪、宁德、罗源、连江四县设巡检一，"专切巡捉私煎贩盐公事"。

9. 五县巡检：在怀安县，设巡检一。巡检五处，分任长溪、宁德、罗源、连江、长乐、福清、永七县，巡卒编制为一百一十人。显然，其责任区不以行政区划为限，而以警务业务的开展为准。

10. 刘崎巡检：在闽县闽安镇，设巡检一员，驻扎刘崎。"巡捕长乐、连江、闽县私盐盗贼。闽安镇为客旅兴贩广浙、往来经由之处。商旅滞留，课额亏失，始于刘崎添置巡检一，巡卒编制为一百一十六人。"显然，这是一支以"巡盐"为专责的巡警队伍。

11. 海口巡检，在福清钟门。八十四人为额，后增招十五名。这是海防线上的"巡警"。设巡检一员，掌海上封桩、泊船、出海巡警。治平元年，有人向政府反映，蕃客多由海外径入两浙海陬；四畔皆渔业小民，不宜使诸卒重扰之。于是使其"仍兼本镇烟火公事，兼沿海巡检。"而"蕃客多由海外径入两浙海陬"一语，透出当时国际海上贸易的兴旺，其安全管理已列入政府议程，有专门力量经管。

12. 甘蔗洲巡检，在侯官县。编制五十七名，扩至七十二名。

元丰三年七月间邱提刑孝直上奏，认为"诸巡检下兵级，皆杂攒诸指挥厢禁军，或屯驻客军。其间多西北人，与本地分不相谙熟"，待到当差到事年岁，稍能辨认当地道路、山川、人物之时，又迫于移防退役而被替换（这与当今服役的武警战士之难以精通业务的状况类似）；至于海道，更不惯习，"使之相敌，终无必胜之理"。他要求变革，但未能做到。

由上述警力布局可以见到：当局对盐运安全极度重视，且对海路、陆路交通安全管理也抓得很紧。另外，巡检系统与驻军系统是并列的，虽说人事上、业务上有交叉渗透协同之处，但毕竟有区别。

当时福州地方驻军，属禁军厢军系统，那是要在全国范围内调防的，组织上自成体系。本书《兵防类一·诸禁军》载：国初兵制，尚详西北而略东南。州有本城兵曰"崇节"，曰"水军"，及"牢城"，凡三千人而已。外则自京师或它路更番调遣而至、屯驻地方，名曰"驻泊军兵"。福州为东南钤辖所在，最当冲要。国家差派禁军之虎翼、龙骑两指挥，皆是骑兵，赴本州驻扎。这两支部队至绍圣三年，被抽调归京。

本处镇守驻防之兵有各种名目：威果指挥、全捷指挥、广节指挥、不教阅保节指挥等等，皆"料拣强壮，团结教阅，分驻厢坊，以备盗贼"。后来添设了"有马雄略"指挥，是为马军；另有萩芦寨水军、延祥寨水军，为早期海军，专责洋面巡逻。还有特殊兵种："壮城指挥"，专门守卫城壁楼橹去处，是重兵器部队；"牢城指挥"，"以待有罪配隶之兵"，含狱警在内；"剩员指挥"，专收在籍的优抚军人；"都作院指挥"，专职自制兵器，为后勤保障单位；"养老宁节指挥"，收养退役优抚军人及其伤残战死者的子侄亲属们，设想可谓周到。

宋代部队内部分工如此详密，自然不会与警察之"巡检"、"警巡"相混淆。我们平时所说的"军警不分"，只是个粗率的大略的印象而已，它算不上是学术研究的"结论"。

第七节　基层管理：王安石的保甲制与吕大钧的乡约

一、保甲制度是中国历史上最为悠久的基层治安制度

一般认为，保甲制度是北宋时期王安石所创建。但如果不局限于"保甲"二字而就其实质内容来说，这个制度至少可以追溯到春秋战国时期。一直到 20 世纪前半叶，南京国民政府时期以及日本侵占下的华北、东北、台湾，仍在实施保甲制度。保甲制度，持续时间之长，世所罕见。

（一）保甲溯源　"保"和"甲"二字，在先秦文献中多次出现。"保"字可作"安"字"守"解，有保障、保护、保卫、保守等用法；"甲"字有甲马、甲兵、甲胄、甲士、甲第、甲舍等用法，甲马、甲兵、甲胄都是自卫工具，甲第、甲舍是门户的次第。"保"、"甲"二字合并解释，就是编联甲第、组织兵甲，以保护居民之意，即基层居民自己保护自己的意思。

当年商鞅变法，规定：五家为伍，设伍长，十家为什，设什长；什伍之内，实行连坐。汉魏继承了什伍制度。《后汉书·百官志》记载"里有里魁，民有什伍，善恶以告"。汉代《户律》规定"自五大夫以下，比地为伍，以辨券为信。居处相察，出入相司。有为盗贼及亡者，辄谒吏、典"。政府以法律的形式明确规定同什伍之家严禁窝藏罪犯，承担互相监视并自觉告发的治安责任，知情不报，则会受到严厉制裁。

隋文帝废除了三长制，规定"五家为保，保有长。保五为闾，闾四为族，皆有正。畿外置里正，比闾正，党长比族正，以相检察焉。"这是第一次以"保"来命名基层组织。唐代在隋保闾族的基础上，制定了"伍保制"。规定：四家为邻，五邻为保，保有长，以相禁约；保内成年男丁都有防范盗贼、报告奸宄的责任，否则施

以连坐。

从商鞅的什伍制度到唐代的伍保制，一个总的特点就是：统治者通过编制户籍和实施连坐，将治安责任交于基层民众。这与王安石所创建的保甲制度，实质上没有区别，无保甲之名，而有保甲之实，成为王安石保甲制度的历史渊源。

（二）王安石创建保甲制度　北宋初期，北宋政府内外交困，遇到三大危机。一是财政危机。宋代出于皇权的需要，采用分化事权、恩荫为官、大兴科举等方式，导致冗官；大规模招募流民入伍，导致冗兵；而冗官、冗兵又加剧冗费，从而导致财政入不敷出。二是社会危机。宋代不限土地兼并，导致三分之一的自耕农沦为佃户，富者有田无税、贫者负担沉重。三是边地危机。流民入伍，缺乏训练；为防范武将，实行更戍法，导致兵无常帅、帅无常师；兼之财政危机军费无保障；这些都导致军队战斗力下降，无力应对边患。为改变这种内外交困的情形，王安石在宋神宗的支持下，开始了变法运动。而保甲制度就是王安石变法的重要内容。

宋代继承了唐代的"伍保制"，在法律上仍有伍保连坐的规定。但是由于基层组织的涣散，伍保连坐并没有得到严格执行。王安石在"伍保制"的基础上对基层组织加以改革，并将其命名为"保甲"。而王安石创建保甲的目的，正如其所说："大抵保甲法不特除盗，强身健体，固可渐习兵，且省财费。"王安石创建保甲，始于宋神宗熙宁三年（公元1070年），随后几年又陆续有调整。其主要内容有：

（1）结保。相邻的居民每十家结为一小保，设一保长；每五小保结为一大保，设一大保长；每十大保设一都保，设都保正、都保副各一人（熙宁八年改为每五家为一小保，五小保为一大保，十大保为一都保）；保长、大保长、都保正、都保副都要选有行止、心力、材勇、富裕的主户担任。

（2）抽取保丁。户不分主客，家有二名年满十五岁以上的成年男丁，抽一人编入保甲为保丁，两丁之外若还有余丁，并附在保内，其中有武艺和最富裕者也编充保丁。

（3）自行装备兵器。除朝廷法令禁止收藏的兵器外，保丁可根据自己的需要自己装备，以便习武、制止犯罪。

（4）轮差巡警。每夜由大保长轮流安排五名保丁在本大保巡逻；遇有盗贼，击鼓报警，大保长及大保内居民需协助；抓获盗贼，按标准赏赐。

（5）伍保连坐。同保内有犯强盗、杀人、放火、强奸、略人、传习妖教、造畜蛊毒等罪的，知而不告，按伍保法连坐；邻居留宿三人以上强盗三日的，即使不知情，也要以"失觉罪"查处；若保内有外来行止不明之人，须觉察收捕送官。

（6）保牌管理。每保创制一牌，书写所管居民户数和保丁姓名。

保甲首先在开封试点实施，随后推行北方五路乃至全国。最初，保甲的主要目的在于治安，所谓"以捕盗贼相保任"。但在开封试点的时候，王安石向宋神宗强调："大抵保甲法不特除盗，强身健体，固可渐习兵，且省财费。"此后，保甲逐渐转向兵制，通过保甲制度下保丁的武艺训练，实行征兵制，征招保丁入伍，改变以往招募流民的募兵制，以提高军队战斗力。

王安石对保甲颇为自负，曾说："保甲之法成，则寇乱息而威势强矣。"但是，保甲自实施之日起，就出现了诸多问题。最主要的问题就是超经济强制民众承担义务。如保长、大保长、都保正、都保副不同于汉代的乡长，不是官，而是役，没有薪水。保丁为了训练武艺和轮差巡警，必须自己置办弓箭；而每个小保也需要自筑射垛，自建执勤的铺屋，自置警鼓。这些都需要民众无偿承担费用，致使"中下之民，罄家所有，侵肌销骨，无以供亿，愁苦困弊，靡所投诉，流移四方"。时人司马光就批评保甲是"驱民为盗"、"教民为盗"、"纵民为盗"。宋哲宗元祐元年（公元1086年）司马光上台执政，就废除了保甲法等新法。但是，保甲组织作为乡村的基层组织，取代了原有的乡里组织，在北宋后期和南宋时期仍然保留了下来，其职责仍在维持基层治安。

保甲制度是古人在其时历史条件下的必然选择，具有历史合理性。中国自古以来国土辽阔，乡村人口分散，限于当时的历史条件，官府不可能在所有的基层广设官吏，维护秩序，只能通过居民户籍组织或社会组织来强制民众承担治安义务。

二、北宋吕大钧创立乡约

吕大钧（1029—1080），《宋史》有传，字和叔，陕西蓝田县人，出身世家，"一门礼义"，为时人所赞美。吕大钧与张载为同年进士，得知张载学识渊博，便拜其为师。张载是宋代理学大师，也是关学的创始人，而关学的特点之一就是十分重视"礼"，强调"通经致用"，"躬行礼教"。吕大钧将关学这个特点发扬光大。他虽然仕宦不高，也没有什么政绩，但他为人质厚刚正，重视礼仪，最大的贡献就是改变以往"礼不下庶人"的传统，在关中创建《吕氏乡约》，推行礼仪，建立起中国最早的乡村自治制度。

吕大钧创建《吕氏乡约》，是对王安石推行保甲法的不满而起。宋神宗熙宁三年（公元1070年）王安石在全国推行保甲法。这种以国家权力直接控制乡村为目标的保甲法，遭到了苏轼、司马光等人的反对。但苏轼、司马光也没有提出什么具体的办法替代保甲法。在此情形下，熙宁九年（公元1076年），吕大钧撰写《吕氏乡约》一书，并在家乡蓝田建立乡约组织，以回应王安石的保甲法。

吕大钧创建的《吕氏乡约》，即村规民约，凡自愿加入的，即为乡约成员。乡约大致包括以下内容：

（一）建立乡约组织　乡约成员共同选举刚直不阿者一人或二人为约正，负责监督赏罚是否公正；设执月一人，乡约成员无论贵贱，按照年龄轮流担任，每月一换，负责处理约中的具体事务。乡约成员定期聚会。按照《吕氏乡约》规定，乡约成员每月小聚，每季度大聚，开支由众人分担。聚会目的，一是加深成员之间的感情，二是在聚会时记录、公布成员的善举和恶行，三是众人商议讨论约中事项。

（二）明确乡约成员的互助事项　《吕氏乡约》规定成员互助有四类事项，即：德业相劝，过失相规，礼俗相交，患难相恤；每一类事项下，又有具体的规定。在规定的互助事项中，有大量涉及基层秩序和稳定的内容。如过失相规中规定了三种过失，一是犯义之过，包括酗（酗酒闹事）博（赌博）斗（打架）讼（栽赃诬告）、行止逾违（违反逾越礼制的行为）、行不恭逊（侮慢年长、持人短长、恃强凌众等）、言不忠信、造言诬毁和营私太甚；二是犯约之过，即违反德业相劝、过失相规、礼俗相交、患难相恤的行为；三是不修之过，包括交非其人、游戏怠惰（无所事事、戏笑无度、不务正业）、动作无仪（行为粗鄙、野蛮）和临事不恪（忘记正事、遇事懈怠）。患难相恤规定了七种情况下约中成员相互帮助，即：水火、盗贼、疾病、死亡丧葬、孤弱无助、被诬枉和贫困。

（三）扬善惩恶　对于约中成员的善行，当众公布和记录；对于恶行，也要记录和处罚。《吕氏乡约》规定：犯义之过，罚五百钱；不修之过和犯约之过，罚一百；过失轻微，经规劝能改正的，只记录，不罚钱；屡教不改的，经众人商议，开除出乡约。

吕大钧在家乡蓝田推行乡约大约五年半，随着其病卒，乡约在北宋就没有推行了。吕氏乡约实施后取得了很好的社会效果。《宋史》记载吕大钧推行礼仪，"关中化之"。但吕氏乡约的意义、不在于此。从上述情况看，吕大钧创建的乡约，没有官府的参与，乡民是自愿加入乡约，乡约的事项、首领的选举、处罚的实施也完全由乡约成员议定，因此，吕氏乡约是中国历史上最早建立的乡村自治组织，也是民众自我管理的基层治安组织。近现代的乡村自治运动乃至当代的村民自治，追根溯源，都可以从吕氏乡约看到它的影子。

第八节　宋人注重法律法令与狱案的汇编

宋政府重视法律宣教，除了法学教育、明法考试、法律条文的公布与宣传之外，更开辟多种社会化的宣传渠道，将警治安全禁卫知识向全社会进行多种多样的宣传教育。宋人郑克写出了《折狱龟鉴》，桂万荣写出了《棠阴比事》；同时又出现了法医学专著《洗冤集录》、《内恕录》等；以《名公书判清明集》为代表的判案记录，以及大量笔记散文与笔记小说，如孟元老的《东京梦华录》、江少虞的《宋朝事实类苑》等等，都载有宋代法治的大量史料，也都是当年向最广泛的社会成员进行法治宣教的材料。上述各类著作，加上政府颁布的《宋刑统》、《检验格目》、《正背人形检验格目》等，构成了一个规模不小的社会法治宣教的时代潮流，其广度和深度都是超越汉唐的。

狱案文牍是伟大中华法系的实践凝聚和智慧结晶。它集中记录了相应时代的法纪规范与试图冲决这种规范的各种力量之间的激烈较量，它是一代社会生态环境中民生民意、民志民力的多彩而深刻的活力展示，也是当时政府执政理事的意志与能力的准确而灵敏的集中投射。谁也不能改变当时真实发生了的一切案情及当政者面对案件表现出的政治态度、侦破思路、侦审手段、判决程序、量刑依据、处置方略及其思想感应与社会效应；谁也无法改变"案件"所反映的人民的实际生存方式、所表达的社会正义、社会理想。可以说，公案文献对社会生态、对民众法纪生活的反映之灵敏度、准确度、深刻度都是其他文体式样所难以企及的。

一、《宋刑统》的修订

《宋刑统》是宋代的刑律统类，从公元963年修成颁布之后，终宋之世行而未变，是一代系统的、权威的成文法。它从律令的角度反映出一个时代的阶级关系与社会结构，反映出当时人民的生活状况与斗争状况，反映出整整一个时代的社会治安面貌和当时政法人员行为的法理准则。继《唐律疏议》之后，本书是帝国政府对社会进行法治宣教，对官府吏员进行法治教育的基本教材，是一代决狱论刑的最高法律依据。全书三十五卷五百零二条，以《名例律》为首，其次便是《卫禁律》，然后才是《职制律》《户婚律》等，而《贼律》《斗讼》《诈伪》《杂律》诸篇，分量最多，比重最大。

最后以《捕亡律》《判狱律》结束全书。体例上与《唐律疏议》一脉相承，而又具自身的时代特征。

二、宋人对律令与狱案的汇集整理

北宋朝廷特设有"公案库"，专门收存案例。时国家开科考试，设有"明法科"；学子也就有习读"案例"的需要。加之国家重用文人，政府各级官员吏役皆重文轻武，而文人入仕当官，必得办案，自以草菅人命为大忌。是故，宋代官私积存的案例特多，也很有水平。例：

（一）《疑狱集》　编纂史传案例的发轫之作，有明晰的法例意识。《疑狱集》（四卷本）是五代后晋和凝父子所编撰，为史传体狱案汇编中的发轫之作。和氏作为开山鼻祖，在五代动荡频仍、军阀胡乱杀人的日子里，本书通过具体史实，向人们灌输法例意识，以便判别罪与非罪、轻罪重罪、此罪彼罪，显然有其历史必要性。

（二）《折狱龟鉴》　北宋人郑克据《疑狱集》增益改编而成。它对所收案例，从"办案"的专业角度作了分门别类的处理，所分类别有"释冤"、"议罪"、"惩恶"、"核奸"、"谲盗"、"矜谨"等二十门，覆盖了办案审理的全过程，使该书超出了一般"历史故事集"而成了专门化的"狱案文集"，把读者的眼光引向对狱案的审视，考虑如何机智破案、如何公正断案，如何矜谨量刑；它不仅有"案例"，还通过"按语"表达了编撰者对办案的理性思考，有关于宋以前历代办案思想、办案理念、办案制度、办案规程、办案经验、办案教训等各个方面的思考，并能上升到理论高度予以阐释，而不仅仅是就案说案，这就给后人以丰富的法治精神遗产，强化了该书的专业指导作用。其价值甚至超过了狱案本身，因而其专业贡献不可小视。

（三）《棠阴比事》　桂万荣撰。该书一本《疑狱集》《折狱龟鉴》之遗轨，专门辑录前代史书之"案"，略涉当代，收有一百多条案例；文字简约，而狱情并未展开。《棠阴比事》的原本是按四言句题目的韵脚分组排列的，与案情并无关联。今所见之《棠阴比事》，则是明人吴讷重编删补过的。最能体现吴氏修订本之优势的，是他以审理专业的眼光，依案例性质、侦审手段做编排。仅从编辑体制上说，桂氏不比其前人郑克来得高明，也不及其后人吴讷强，但起了前后人之间的过渡作用。

（四）《通鉴总类》 宋人沈枢所撰，计二十卷。该书对政事类案件最为关注。其"赏罚门、刑狱门、刑法门、贬责门、功赏门"等等，均收有历代正史中的政治性案件，这是其他"案例汇录"所没有的特色。这些狱案，历来受到人们的重视，如：齐威王封即墨大夫，烹阿大夫；汉高祖约法三章；汉张释之请轻犯跸之罪；金日磾杀帝弄儿；汉李固反驳遣兵平交趾九真之盗；蜀相诸葛亮赏不遗远、罚不阿近；苻秦王猛强按豪横；周兴来俊臣索元礼竞为暴刻；段秀实斩郭晞暴卒；唐张柬之等不尽诛诸武，终贻后害……在过去的社会里，国家特设"诏狱"、"制狱"，其所办之大案、要案，其入狱之对象，多半是政治斗争中的悲剧角色，不少是政治角斗场上失利者、失手者，其刑罚手段之阴狠惨毒，尤能凸显历代统治集团内部争斗撕咬之血腥与卑污。而真正罪大恶极者受到狱惩的反而少见，这就更能透现旧时代阴惨血腥的一面。历代舍身求法、护法者的刚正贞烈之气，在这里也有更为突出的表现。

三、《文献通考》所录宋代律例书目

据马端临《文献通考（卷二百三）·经籍考（三十）·史·职官·刑法》载，宋代案例与法令的汇编之书很多，其中存世的有20余部，书目如下。于此可见宋代历朝均重视立法与断案。

（1）《疑狱集》（一卷）。晁氏（公武）曰：晋·和凝撰，纂史传决疑狱事。其上卷凝书也，中、下卷凝子濛所续。

（2）《天圣编敕》（三十卷）。晁氏曰：天圣中，宋庠、庞籍受诏改修"唐令"，参以今制而成。凡二十一门：官品一、户二、祠三、选举四、考课五、军防六、衣服七、仪制八、卤簿九、公式十、田十一、赋十二、仓库十三、厩牧十四、关市十五、捕亡十

六、疾医十七、狱官十八、营缮十九、葬二十、杂二十一。

（3）《断例》（四卷）

（4）《元丰断例》（六卷）。晁氏曰：皇朝王安石执政以后，士大夫颇垂意律令，此熙丰绍圣中法寺决狱比，共六卷，则元丰中法寺所断罪节文也。

（5）《刑名断例》（十卷）。陈（振孙）氏曰：不著名氏。以刑统、敕、令总为一书，惜犹未备也。

（6）《嘉祐驿令》（三卷）。陈氏曰：三司使梁国、张方平、安道等修订，前一卷为条贯勅，后二卷为则例令。官吏、帮支、驿券、衙官、傔从之类，皆据此也。

（7）《元丰广案》（二百卷）。晁氏曰：皇朝元丰初，置新科"明法"，或汇其所试，成此书。

（8）《元丰刑部叙法通用》（一卷）。陈氏曰：末载"申明"，至绍兴淳熙以后。

（9）《诸路将官通用敕》（二十卷）。晁氏曰：皇朝崇宁中修。

（10）《刑统赋》两卷。晁氏曰：皇朝傅霖撰，或人为之注。

（11）《决狱龟鉴》（二十卷）。晁氏曰：皇朝郑克编次，五代和凝有《疑狱集》，近时赵全有《疑狱事类》，皆未详尽，因增广之。依刘向《晏子春秋》，举其纲要，为之目录。分二十门。

陈氏曰：克因和氏之书，分二十门推广之，凡二百七十六条，三百九十五事。起郑子产，迄本朝。

（12）《律心》（四卷）。晁氏曰：未详撰人。纂《刑统》纲要也。

（13）《宣和军马司敕》（十三卷）、令（一卷）。陈氏曰：宣和时所修。《绍兴敕》十三卷，《令》五十卷，《格》三十卷，《式》三十卷。

（14）《政和以后敕》（十五卷）。晁氏曰：皇朝张守等，绍兴中被旨编修。

（15）《绍兴刑统申明》（一卷）。陈氏曰：开宝以来，累朝订正，与《刑统》并行者。

（16）《庆元敕》十二卷，《令》五十卷，《格》三十卷，《式》三十卷。《目录》一百二十二卷。《随敕申明》十二卷，总二百五十六卷。陈氏曰：丞相豫章京镗仲远等，庆元四年表上。国朝自建隆以来，世有编敕，每修定为新书。中兴至此，凡三修矣。其有续降指挥，谓之"后敕"，以待他时修入云。

（17）《绍兴贡举法》（五十卷）。陈氏曰：丞相万俟卨等，绍兴二十六年表上。

（18）《绍兴监学法》（二十六卷），目录（二十五卷），申明（七卷）。《对修厘正条法》（四卷），共六十二卷。陈氏曰：宰相秦桧等，绍兴十三年表上。

（19）《嘉泰条法事类》（八十卷）。陈氏曰：天台谢深甫子肃等，嘉泰二年表上。初，吏部七司有《条法总汇》，淳熙新书既成，孝宗诏仿七司体，分门修纂，别为一书，以事类为名。至是以庆元新书修订颁降。此书便于检阅引用。惜乎不并及刑统也。

（20）《嘉定吏部条法总汇》（五十卷）。陈氏曰：嘉定中，以开禧重修《七司法》，并庆元泛行法、在京通用法、大宗正司法参定，凡改正四百六十余条，视《淳熙总汇》增多十卷。七年二月颁行。

（21）《役法撮要》（一百八十九卷）。陈氏曰：提举编条，宰相京镗等庆元六年上，自绍兴十七年正月以后，至庆元五年七月以前，为五十五门、又八十二小门，门为一卷。外为参详、目录等，卷虽多而文甚少。其书于州县差役极便于引用。

四、宋人笔记与公案话本中的丰富的法治史料

宋人爱作笔记文，文集内容很丰富，贴近社会生活，其中都有当年向最广泛的社会成员作法制宣教的材料，如孟元老的《东京梦华录》、吴自牧的《梦粱录》、周密的《武林旧事》、《癸辛杂识》、陆游的《老学庵笔记》、范成大的《骖鸾录》、洪迈的《夷坚志》、江少虞的《宋朝事实类苑》等。

以江少虞作的《宋朝事实类苑》为例：该书所录，均出自北宋

前期文坛、政坛名手所作之笔记，所写为宋太祖开国到宋神宗变法年间的史事，包括重要掌故、政治制度、边政外交、名人轶事，特别是风俗民情，里巷琐事，多为"正史"所不载，尤有关乎政法法治，有些材料十分可贵。如《典故沿革·街鼓》："京师街衢，置鼓于小楼之上，以警昏晓。"宋太宗时，张洎制"坊名牌"列于街楼上，以便查询。这是宋代城市管理的一条具体措施。《东京梦华录》卷三《防火》条载：北宋都城"每坊巷三百步许，有军巡铺屋一所，铺兵五人，昼夜巡警，收领公事。又于高处砖砌望火楼，楼上有人卓望，下有官屋数间，长驻军兵百余人，备有救火家什，谓如大小（水）桶、洒子、麻搭、斧、锯、梯子、火叉、大索、铁猫儿之类。每遇有遗火去处，则有马军奔报军厢主、马步军殿前三衙、开封府，各领军级扑灭，不劳百姓"。——这是关于北宋军巡铺建制与专业防火队建制的珍贵史料。它确证了也丰富了《宋史·职官志》中关于"厢"的职官建制的材料。

宋代作家专集对此类题材也很关心。《苏东坡文集》就记有这样一则故事：国家科举考试时，由巡铺内臣陈造、石君召等人执行"怀挟传义之禁"。他们便差遣巡铺兵士多至百人，下考场搜查夹带。他们"呵察严细，如防盗贼"，搜索怀袖，众证成罪。一次，捉到三名夹带人员，依《条例》将其逐出考场。铺兵们"三五十人齐声吼叫"，传呼而出，弄得在院官吏公人和参试士子一个个莫不惊骇。这以前，练亨父为考官，曾凌辱士子，以至于喧腾闹事，因而派铺兵维持秩序，成为定例。铺兵们邀赏心切，以至于非理搜捕、罗织人罪。有个士子在大腿内侧刻了个摩罗猴儿，被查看到，说是"图谋不轨"，便科以重刑。苏东坡反对这样侮辱斯文，认为是"伤动士心，损坏国体"之举，就愤而向皇帝上书，要求裁撤掉。可当年欧阳修当主考官，录取了边徼山区来的无名小卒苏东坡，得罪了京城士子；结果欧阳修在大街上被士子们包围，扯下轿来哄打，幸亏巡街铺兵即巡警们即时赶到，解了围，救了驾。苏东坡也清楚巡铺兵的好处。

宋代话本小说很发达，有所谓"讲史、神魔、侠义、脂粉"四大类，大量题材取自堂审公案而加以"戏说"的润色，犹以"侠义"类为集中。总体上说，虽不能指望它能增益多少准确的法治知识，但对民众通过生动曲折的案情认识社会还是有好处的，对凝聚社会正义是有帮助的。

一句话，宋人笔记与话本小说，都是宋代法治史料的重要宝库，有待开发、整理。

第九节　透过案例认识宋代诉讼业务

南宋著名学者与作家真德秀的案例集《名公书判清明集》中，载有大量当时发生在南方的系列案件，除案例本身的社会生活内容外，我们还可以从这些案件的发生、发现到侦查、判决的全过程，具体而完整地看到宋代的诉讼审断程序，从而对宋代的法治业务、机构运行、司法程序等方面做出合理而有据的概括。

一、案件获取

主要通过当事人或发现人的报案，加上警员巡查获案等途径来实现；宋代允许小民越级上诉、跨境上诉；但对"奸情"案之类的报案人，有明确的身份限定。这就在当时条件下，保障了相关家庭和当事人的隐私权。至于伦理案、政治案的投诉人，同样有身份限定；对诬告、匿名也有相应的规范。

二、受理

宋代路、州、县政府是受理的主渠道，宪司、巡司、粮司、运司、盐道司等也在受理各自管辖范围内的案件；并可以接受一般社会投诉，体现出"案件受理权"上的开放性。在当时的条件下，这是社会法制意识强化的表现；本地投告无门，易地受理，可以降低"沉冤莫雪"的概率。另外，宋人有明确的法律时效观念，规定了有效受理时限。不过，事情总有它的另外一面：案件受理上的"政出多门"，消耗了过多的法律资源，也为"缠讼"、"惯讼"的恶性发展提供了过多的存活空间。这又是它的消极面了。

三、侦查勘验与搜捕

案件一旦受理，原告与被告、干证一律收押，犯案者立即搜捕，同时开展现场勘查。比如在宅田产权争夺案件中，主审官出现场是常见的事；还有专门的"体究官"对争议土地进行勘查测量。对于命案则尤为重视，国家颁发有规范的"尸检格目"需要填报。这类活动强化了案件审理结果的科学性。然而，事情的发展，又暴露出它的另一面：因为对"出现场"高度重视，于是一有风吹草动，各种执法力量便纷纷出动，闹得案发地鸡飞狗跳；把"办案"变成发横财的良机，往往"案值"不大，而政府与民间的"付出"却高得惊人。

四、审理

官员并非一味地依赖大堂上的刑讯取供，主观推理，在绝大多数案件中，审理官员更重视利用控辩双方提交的各式书证、利用官府档案文献及保甲邻里的证词，结合治安耳目提供的信息，对案件事实进行逻辑分析，有些案件中官员还要借助专业机构（如书铺）作司法鉴证，对案件事实进行技术性验证，从而得出令人信服的结论。即使当事人诡辩耍赖，也并不必然地导致刑讯。刑讯不是宋代名吏们审理案件的主要手段。用刑主要是用在审断后的惩罚上，而不是用在审讯之初，刑讯并不等于刑惩。

五、判决

《清明集》所录的判决书，具有相当高的专业水平，内容完备，制作规整。判决书一般包括案件事实，法律依据，处罚结论等部分。其逻辑严密，条理清楚，与今天的判决书相比亦毫不逊色；同时，因宋代理学发达，伦理说教因素也大量渗入判决，尤其是在伦理案件、民事案件中。宋人判案，尤重理、法、情的综合平衡，不搞"为治惟法"，其社会效应大于单纯的"法办"后果。

六、结案

宋代有一套上报、复核、平反、甄别，特别是监督执行制度，保证了判决的严肃性、权威性。而在平反、甄别环节上，注意到对冤假错案的"追责"。不过，从全书看，对"官"的处治通常较宽，平级或降级"对移"一下即可，甚至不知下文；而对吏的惩罚，则相当严厉：因为他们总是暴露在第一线，是民愤的直接宣泄口，"不杀不足以平民愤"。有位县吏，作恶多端，"黥配之日，阖城民庶无不以手加额，呼天称快；虽三尺童稚，亦抛掷砖瓦，切齿唾骂。百姓不堪其苦如此"。

七、惩处

经济惩罚、名誉刑、肢体刑被广泛使用，而生命刑则很慎用。宋代已有相关的录囚制度、狱医制度等。狱医有权决定该犯人的身体情况是否能够赶路等。这些说明当时的监狱管理也是有法可依的。当然，在实践中，入监等于下地狱，这也无须多说；狱吏们"以狱为市"，更是公开的秘密。"官司不以狱事为意，每遇重辟名件，一切受成吏手，一味根连株逮，以致岁月淹延，狱户充斥。气候不齐之时，春秋之交，多是疾疫相染，无辜瘐死"。"朝廷张官置狱，今乃荡无纲纪。甚至狱墙反为狱官、推吏受赃纵囚之路，可为寒心"！

第十节　《洗冤集录》：集中国古代法医学之大成

我国早在先秦时期就有了服务于司法刑侦的法医检验工作。《礼记·月令》中记载："孟秋之月，……命理瞻伤、察创、视折、审断，决狱讼，必端平，戮有罪，严断刑。"东汉蔡邕解释此段文字为："皮曰伤，肉曰创，骨曰折，骨肉皆绝曰断。言民斗辨而不死者，当以伤、创、折、断深浅大小正其罪之轻重。"这说明"法医检验"早已列入办案审理的程序了。

一、宋代以前的法医检验

我国对死体与活体的司法检验之工作程式，最早记录见于秦国的司法文书《封诊式》。《封诊式》成于战国晚期，是秦国关于查封和勘验的程式及工作守则，包括现场勘验、验尸等方面的内容。其中有一则案例，是指令医生对被告进行检验，以确定其是否属于应被送往隔离区的麻风病患者；另一则案例，对斗殴者所持血胎做检验，证明其是否流产。

《汉书·薛宣传》中有"遇人不以义而见疻者，与痏人之罪均"一语，东汉应劭注曰："以手杖殴击人，剥（击打）其皮肤，肿起青黑而无创瘢者，律谓'疻痏'。"《汉律》中又有"狂易杀人"、"孕妇缓刑"等规定，都需经法医查证。《汉书·王莽传》和《后汉书·陈忠传》都论及妇女犯法须判刑者，如查证有孕，应待其生产后百日执行。这反映了汉代法律与医学的互渗。

到了唐代，随着法医检验的实践积累和法律的完善，法医检验已经纳入法典加以规范。《唐律疏义》规定：在人命和伤害案件中，检验的对象主要有三类，即尸体、伤者以及诈病者，即相当于现今的尸体检验和活体检验。同时，对伤害案件中"伤"的标准作了明确的界定，即"见血为伤"；将各种伤害分为手足伤、他物伤与刃伤三类，并根据伤害程度的不同，承担不同的刑事责任。而所有的伤势，都必须通过司法鉴定。

宋在唐代的基础上进一步完善了相关检验的法令，明确规定凡杀人案件均须报检，否则按律追究。"杀伤公事"、"非理死者"、"死者前无近亲在旁"、"禁锢"等均应由差官进行检验。除初检外，一部分案件尚应进行复检。宋朝刊刻了《验尸格目》和《检验正背人形图》，均是我国古代规范化尸检的证明。其中规定了尸检应由检验官吏负责，仵作参与，并负责处理尸体；检验女尸外生殖器时，应由女隶承担；检验官吏必须根据尸体检验结果撰写验尸文件，称为"验状"。这些说明在宋代法医检验制度已经基本形成。

唐宋检验制是当时世界上最先进的检验制度，正是在这样的环境中，孕育出了世界法医学史上的巨著——宋慈的《洗冤集录》。

二、宋慈其人其事

宋慈（1186—1249），字惠父，南宋建阳县童游里（今童游南山下）人。生于一个中等的官僚家庭，父宋巩官至广州节度使。宋慈少时拜朱熹的弟子吴稚为老师，受朱熹理学思想影响很深。南宋开禧元年（公元 1205 年），他进京入太学，深受理学大师、太学博士真德秀的赏识，遂拜其为师。在太学期间，喜欢诸葛亮著作，常以"治世以大德，不以小惠"自勉。

嘉定十年（公元 1217 年）宋慈中乙科进士，授浙江鄞县（今浙江宁波市）县尉，遇父病未赴任。宝庆二年（公元 1226 年）宋慈任江西省信丰县主簿，开始走上仕途。此后，在二十多年间里，他先后担任过福建长汀知县、福建邵武军通判，摄郡事；又任南剑州通判、任司农丞、知赣州、广东提点刑狱、江西提点刑狱、知常州军事、广西提点刑狱；除直秘阁、湖南提点刑狱使；进宝谟阁，奉使四路皆司"臬事"（即掌管刑狱）；拔直焕阁、知广州，任广东经略安抚使等职务。

宋慈在他仕宦的二十多年里，曾参与镇压江西南安、福建汀州、邵武、南剑州等地的农民暴动以及汀州的士卒哗变等，深知民隐。他非常关心民间疾苦，廉政爱民。任职福建长汀之时，县境百姓苦于盐价高昂，他便调整运盐路线，大大节省了运费，将盐廉价出售，百姓讴歌载道。任职南剑州时，浙江西部遇到饥荒，当地豪强巨室不但逃避赋税，还趁天灾囤积居奇，弄到"米斗万钱"的地步。他实行"济粜法"，按灾情轻重，"析人户为五等，上者半济半粜，次粜而不济，次济粜俱免，次增受济，下者全济之。米从官给"，使百姓顺利地度过了灾荒。此外，宋慈虽然长年担任高级官吏，但为官清廉，家无余财，"禄万石，位方伯，家无钗泽，厩无驵骏，鱼羹饭，敝缊袍，萧然终身。"由于宋慈廉政爱民，使得他成为官僚楷模。宋慈死后，宋理宗赐赠朝议大夫，誉他为"中外分忧之臣"，并亲自手书墓碑"慈字惠父宋公之墓"。

尤其值得提出的是，由于宋慈关心民苦，在刑狱问题方面素持审慎态度和求实精神。他在掌管刑狱的过程中，实事求是，刚断果毅，以民命为重。他说："狱事莫重于大辟，大辟莫重于初情，初情莫重于检验。盖死生出入之权舆、幽枉曲伸之机栝于是乎决。"意思是说，"大辟刑"即生命刑是最重的刑罚，这种刑罚是由犯罪事实决定的，而犯罪事实必须经过检验才能认定，所以检验的结果往往是生死攸关的。唯其如此，对待检验绝不能敷衍了事。宋慈自称："慈四叩臬寄（四任执法官），他无寸长，独于狱案，不敢萌一毫慢易心。"这确实是他多年为刑狱之官的认真态度的写照。

为使检验能真正做到实事求是，宋慈敢于冲破理学"视听言动，非礼不为"、"内无妄思，外无妄动"的清规，不受"不能检验隐秘部位"的世俗教条的束缚，告诫检验官员：切不可令人遮蔽隐秘处，所有孔窍，都必须细验，看其中是否插入针、刀等致命的异物；并特意指出：检验死妇，不可羞避，应抬到光明平稳处，令众人见，以避嫌疑。学者出身的宋慈，本无医药学及其他相关科学知识，为弥补这一不足，他一方面刻苦研读医药著作，把有关的生理、病理、药理、毒理知识及诊察方法运用于检验死伤的实际；另一方面，认真总结前人的经验，以防止"狱情之失"和"定验之误"。正因如此，时人评价他说："听讼清明，决事刚果，抚善良甚恩，临豪猾甚威。属部官吏以至穷闾委巷，深山幽谷之民，咸若有一宋提刑之临其前。"

为纠正当时检验工作中存在的诸多问题，宋慈对当时传世的尸伤检验著作加以综合、核定和提炼，并结合自己丰富的实践经验，在淳祐七年（公元1247年）冬，即逝世前两年，完成了《洗冤集录》的撰写。《洗冤集录》是中国古代一部比较系统地总结尸体检查经验的法医学名著，集宋以前我国法医学之大成，对世界法医学产生了重大影响，宋慈也被尊为世界法医学鼻祖。

三、《洗冤集录》的内容及成就

《洗冤集录》这个书名就起得好，一看就觉得有人情味。此书有科学性，法纪性，还有纪实性。该书是在收集、整理、甄别前人的《内恕录》等书内容的基础上，结合当时法医实践，依循国家法典和医学原理写成的。它包括了对各种非理非法致死致伤的狱案的情状描述，和对于人体尤其是死体的损伤表征、生理机制、致伤外力、致伤器械的记录、尸体现场的勘验与记录，还有刑侦人员的工作守则、工作纪律与操作原则、操作程序等丰富内容，更有各种疑难尸伤的检验鉴别的技术技巧。对缢死、溺死、暍死（中暑）、冻死、杀死、胎伤等的急救方法与中草药物应用，都写得简明易懂，其疗效显著，基本符合生理病理药理毒理科学。

全书分为五卷，共五十三章（附一章），总体构架可分为总论、分论、余论三部分。一至五章为总论，辑录宋代颁行的《尸检格目》等条令计二十九则，这就使本书具有了法律权威、强调了检验工作的政策性与严肃性，为后文论述提供了法理依据。六至四十九章为分论部分，是全书的主体，专章论述初检、复检、验尸、验女尸、验腐尸、验无名尸及掘墓、洗罨，札口词，填报尸单等项的法定业务程序、注意事项、技术技巧、工作程序有严格的规范；专章论述缢死、溺死、焚死、病死、毒死、跌死、醉饱死、男子作过死等非正常死亡的个体检验要则与政策规定，要求严格查明自杀他杀误杀故杀，仔细取证并作出死因推断；要求严格区分伪伤轻伤重伤致命伤，为判案断狱提供切实可靠的依据。五十至五十三章为余论，是对前述内容的充实与加强，主要讲了"辟秽"与"救死"两大问题。其中关于救死问题，汇集了古代民间急救的种种单方与处置技巧也一一予以甄别、说明、补正；对于中毒中暑杀伤冻死吊死溺死等非正常死亡病状的解除尤为有效。当然，由于本书毕竟写成于七百年前，某些条目写得不够科学，也是可以理解的。宋慈用他那个时代的最先进的科技手段，为万千大众洗去了不白之冤，得到人们的广泛崇敬。《洗冤集录》将当时世界上最先进的中医学运用于检验，取得了诸多的科学成就。主要有以下二十二项：

血脉坠下（血斑）的表现与成因；

尸体腐败的过程、事件与性状，影响腐败的气候、个人年龄与体质条件；

腐败尸体的棺内分娩；

动物毁尸与生前伤鉴别；

缢死的绳套分类，多种体位下均可缢死；

缢死的索沟特征，影响索沟性质的各种条件；

缢死与勒沟的正确区别；

缢死时舌是否伸出齿列与颈部索沟的位置有关；

缢死时有流涎、二便失禁现象、牙齿赤色；

悬垂位缢死尸斑见于下腹和腿部；

溺死者手脚甲缝有沙泥，口鼻内有水沫；

皮下出血的性状、大小与凶器的关系；

以皮下出血为生前损伤的指征；

骨折的生前死后鉴别；

刃伤（锐器损伤）的生前死后鉴别；

依损伤的位置和程度判断致命伤；

被他杀的特点是伤在自己作用不到的部位，手上常有格斗伤；

咬伤的特征及常因破伤风而死；

冻死者两腮红，面如芙蓉；

生前烧死者口内有烟灰；

手足拳缩（拳斗姿态）在死后也能形成；

发现浸软儿、母腹内死胎与母腹外死婴的鉴别；

注意记录尸体特征（文身、炙瘢、伛偻、痣、肿物）进行个人识别。

上述的成就有些虽然属于经验范畴，但却与现代科学相吻合，令人惊叹。如用明油伞检验尸骨伤痕，就是一例："验尸并骨伤损处，痕迹未现，用糟（酒糟）、醋泼罨尸首，于露天以新油绢或明油雨伞覆欲见处，迎日隔伞看，痕即现。若阴雨，以热炭隔照。此良法也。""将红油伞遮尸骨验，若骨上有被打处，即有红色路，微荫；骨断处，其拉续两头各有血晕色；再以有痕骨照日看，红活乃是生前被打分明。骨上若无血荫，纵有损折，乃死后痕。"这是不自觉地运用了现代光学原理，现代法医学用紫外线光照以检验骨伤，依据的是同一原理。再如书中论述的"检滴骨亲法"，是根据民间"滴血认亲"提炼而成，这种方法今天看来并不科学，但它注意到父母子女在血型上的关系，现代有些法医学家也认为，"滴血法"是现代亲子鉴定血清学的先声。

《洗冤集录》还记录了一些刑事检验案例，令人拍案叫绝。总之，《洗冤集录》内容丰富，成就突出，是我国现存最早的系统总结尸体检查经验的法医学名著，集宋以前我国法医学之大成，较之西方最早的法医学专著，意大利人菲特利斯（Fortunatus Fidelis）1602 年撰写的《医师关系论》还要早三百五十年。

四、《洗冤集录》的国际影响

自《洗冤集录》诞生之日起，就对世界法医学产生了重大影响。

在中国，此书一出，后世司法检验官吏无不作为案头必备之书，作为检验尸伤、认定案情、论罪科刑的指南，成为我国司法检验的权威著作，广泛而持久地流传了近七百年。"官司检验奉为金科玉律"，"入官僚佐者无不肆习"，"士君子学古入官，听讼决狱，无不奉洗冤录为圭臬"。宋元明清时期，学者在《洗冤集录》的基础上，加以订正、注释和增补，出版了数十种类似的法医学专著，但大抵不超出《洗冤集录》范围。清康熙三十三年（公元 1694年）国家律例馆曾组织人力修订《洗冤集录》，考证古书达数十种，定本为《律例馆校正洗冤录》，"钦颁"全国。1873 年英国剑桥大学东方文化教授嘉尔斯（H. A. Giles）在宁波时，发现官府升堂和官员现场验尸都随身携带《洗冤集录》以备随时翻阅参考。可见，《洗冤集录》的确成为了历代刑官检验的指南。

在世界范围内，《洗冤集录》也产生了重大影响。最早将《洗冤集录》翻译、流传到国外去的是元代王与，他通过直接增损《洗冤集录》，写成《无冤录》。1438 年，高丽使臣李朝成将洪武十七年（公元 1384 年）的颁行本带回朝鲜，加注刊行，取名《新注无冤录》。三百余年间，此书一直是朝鲜法医检验领域的标准著作。1736 年日本日源尚久将《新注无冤录》翻译成日文，在短短的十年间六次再版，影响极大。

欧洲的一些国家也先后将《洗冤集录》翻译出版。1779 年，法人将此书节译于巴黎的《中国历史艺术科学杂志》。1863 年荷兰人地吉利的翻译本在巴达维亚丽杂志刊出。1908 年德国霍夫曼又将法文本翻译成德文出版。1882 年法国医生马丁（Dr. Ern. Martin）在《远东评论》发表了《洗冤集录》提要论文，1908 年法文本正式出版。1908 年，法人又从荷兰文转译成法文，德人又转译成德文。据统计，在国外，《洗冤集录》各种译本达九国二十一种之多。其中，朝鲜三种、日本八种、越南一种、荷兰一种、德国二种、法国三种、英国一种、美国一种、俄罗斯（评介）一种。可见此书在世界法医史上也赢得了一定的影响与地位。20 世纪 50 年代，苏联发表了评价《洗冤集录》的论文，称其为"世界最古的法医学著作"。苏联契利法珂夫教授著的《法医学史及法医检验》一书将宋慈画像刻印于卷首，尊为"法医学奠基人"。

第十一节　从户籍分类看经济社会的发展

宋代国家建有"户账"，用以统计户口。从乾德元年起"令诸州岁奏户账"。其办法据《庆元条法事类》载：每年年初，由乡村镇市统计本地户口增减实数，上报到县；县做成一式四份户账：一份留县，三份于二月十五日前报州；州汇总核实后作州簿一式三份，一份留州，另二份于三月底之前上报到转运司。转运司核实汇总本路人口后，造簿二本，一本留本路，另一本于六月底前报至户部。户部就能掌握全国各路—州—县的户口动态了。

宋代人口高峰在大观四年（公元 1110 年），达二千零八十八万户，丁口四千六百余万，全国突破一亿人口；北宋人口增长率为千分之十一上下。北宋"乡村户"占全国总人口百分之八十五以上，城镇"坊廓户"占总人口的百分之十至十二，城镇化程度相当高（20 世纪 70、80 年代为百分之九）。坊廓户即"坊市户"，所有州、府、县城及镇（草市）的人户皆是。以有房产、地产为准，分为坊市主户与坊市客户两类，无房屋财产者为坊市客户。坊市主户分为十等，通常以三、四等以上为上户；其余为中下户，每隔三年造一次"坊郭等第簿"；登录房产、评定户等、承担屋税、商税、地税与徭役；工商户要接受政府的科派、和买。

乡村户分为有地纳税的主户和无地而佃种的客户两种。主户按土地财产分为五等，分担人头税、土地税与各种徭役（宋代实行募兵制，一般不服兵役）。一等为上户（其内又分为出等户、高强户、无比高强户），二、三等为中户，四、五等为下户；每隔三年造一次"丁产簿"；其田产登录有《鱼鳞簿》，南宋用《砧基簿》。

宋代户口，特别强调专项管理。依赋税身份的不同，宋代户口有不同的称呼，从行业管理出发，又有另一套不同称呼。试分别举例如下：

一、依税赋关系区分

有形势户（官户、吏户）、平户；主户、客户；税户、两属税户；军户、遥佃户（坊廓户而有田产在乡村者）；佃户、旁户（自立户头却依附大户为生者）、俸户（宋初专为官员变卖薪俸实物而上交现钱的人户）、揽户（专门包揽平户户税从中取利者）；单丁户、女户、杂户、绝户等名称。

其中有几种户头需特加说明：

1. 形势户：即有权势之户，即官户、吏户、乡村上户之总称，约占全部人口的千分之三，这种户头往往逃税避役；其余为"平户"。

2. 吏户：指乡村里正以上直至州府差役之户，为形势户中之无定俸、无法定特权的当差公吏，但在民众面前作威作福。

3. 军户：招募来的行伍军人的户籍。军人有军俸，其亲属可随军驻营；允许改业、转业；受伤者终生得半俸；死丧遗属可自行指地安居、免赋役三年。

4. 女户：有三种情况：（1）家中只有女口而无男丁者；（2）夫死未改嫁，儿子未成丁者；（3）夫死招赘后夫，仍以女方为户主，享有遗产使用权；死后财产作绝户处置，后夫不得占有；

5. 杂户：特指株连犯、被罚在官府家服杂役的户口，多为妇女、未成年男丁。

6. 绝户：男子死而无后，成为绝后之户。由县府负责，会同乡村户长，入户严查登录全部家产，公立继承人，其产业之三分之一交继承人，但总价值不得超过三千贯；其余三分之一交在室女或出嫁女，各女所得之总价值不超过总量的三分之一；无女者可由其姑姨获得，但不得超过三千贯；其余收归县府，作县学或其他公益用。

二、依行业关系区分

有行户（投行专业户）、铺户（店铺、印刷）、坊户（作坊）、机户（丝织）、匠户（手艺）、坑冶户（开矿、冶炼五金）、糖霜户（蔗糖生产）、焙户（制茶）、锆户（炼矾）、槽户（造酒）、酒户（酿、卖酒）、盐户、磨户（面坊，粮食加工）、镬户（煮池盐）、亭户（煮晒海盐）、染户、药户、花户、菜园户、果园户、茶园户、漆户、炭户、窑户（陶瓷生产）、纸户（专业造纸及纸制品）、船户（内河运输商旅）、舶户（外洋商贸）、渔户（打鱼为生）、墓户（守墓）等等，难以尽数。

其中，有些"户"极具时代品性，应作特别说明：

1. 行（háng）户：参加一个行业组织的工商户。行：行业组织，设行头自治管理。上至金银店、交子、会子、质库，下至理发卖花、制衣制鞋、提壶卖水、妓女乞丐一概入行。时开封有一百六十余行，临安有四百一十四行。非行户不得入市经商。投行后的铺户、作坊，要由官府核产登录造簿，交纳商税；所产商品需接受科配的货卖份额，在完成赋税"和买"定额之后，才能自由上市。

2. 机户：即织户，从事蚕丝纺织的专业户，又可细分为锦户、绸户、绫户等。一般织户拥有多台自己的织机，自己缫丝、纺织、印染、刺绣、出售。当时汴、杭、苏、蜀、梓、长沙、荆州等地，均为织户密布区，形成了桑蚕生产的特色产业带，各有特产精品上市。机坊雇工生产，规模很大。北宋仅梓州（今四川三台）就有织户数千家，全国机户（"法人"户）有十万以上。政府往往统购、派销；或征役去国营作坊服务。高级技师的工资比丞相级达官还多。

3. 坑冶户：即坑炉户、矿冶户；亦即坑户、矿户、冶户、炉户（雇佣坑丁、炉丁、冶夫生广）。信州铅山铜矿，共雇矿丁十余万人。宋代王应麟撰《玉海·食货·钱币》（卷一百八十）云：这一带"冶场之盛名在干官者：铅山、濛山、石堰、岑水、昭宝、富宝、宝成、宝瑞、双瑞、嘉瑞、大挺、大济、永兴、新兴、兴国、兴利、大富、广富、通利、通济……监务坑井，殆几万计"。从业户数十分可观。北宋全国约有三十万矿冶户，很能说明当时传统工业的发展已达到相当可观的规模，远超"工业革命"初期的英、法、意、西诸国。北宋华北地区的钢产量即为英国"工业革命"后的两倍以上。

4. 纸户：纸坊雇百十纸工生产之；贡纸（纳税）外可自销；但政府得优先"和买"；写字作画印书外，可用纸作靴帽衣衾被帐甲。纸甲叠三寸薄绵纸锤成纸板，方寸四钉，极坚固，浸水后五十步外射箭不入；但滞重而不便于奔跑。《宋史·兵志》康定元年四月，诏江南、淮南州军造纸甲三万，发给陕西防城弓手。仁宗在四川赈灾时，一次发放纸衣十万件。可以想见生产规模。

5. 匠户：有专门技术从事手工生产的作坊，多指金银加工、制玉器、漆器、造纸墨笔砚、印刷、建筑（泥瓦木）等工匠户；编入民户，但官府可凭《匠籍》随时征差派役；官府也会予以配料制造，预购产品，"和雇"匠夫。

6. 铺户：通指城镇开设商铺的人户。宋代商铺众多，分工细，系列化。有酒楼、茶坊、客店、包子铺、瓜果铺之类，有鱼行、肉行、牛马行、猪羊行、粮食行、米行之类，有金银铺、彩帛铺、香药铺、书画铺、香烛铺、头巾铺、胭脂铺之类。

铺户有时则专指书铺、书坊。宋版书世界有名，福建、两浙、江西、四川是当时印刷出版业最发达的地区，写书、编书、印书与销售一条龙经营。

另外，书铺（户）中又有一种由地方政府特别指定的、专门承办公证事务的书坊。政府发给这类书坊特别营业执照，给予专用印鉴。与官长有亲戚关系者、有犯罪前科者、体弱多病无产业者，不得承办。它负责公私委托的法律文书的制作（如诉状的书写、田产婚书等契约的查验；应试人身份家产的担保、为应征召人的事历作中证等），诉状需严格按照法定程式制作，确保所涉内容真实无误，加盖铺户印鉴，承担法律责任，收取相应报酬。有过错或犯法被勒令停业后，交出执照与印鉴，不得再营业。这减轻了国家的司法成本。

由上，可以看出宋代经济文化产业的高度发达与管理任务的极端繁重。西方到 19 世纪中叶也未能达到如此体量、如此水平！

第十二节　宋代的涉外管理

一、市舶法：专项进出口贸易法规

宋建国之初，朝廷就设置了提举市舶，宋太宗太平兴国初年（公元 976 年），又在京师设有榷易院（署），专管对外贸易，后又相继在广州、杭州、明州（宁波）、泉州设立市舶司，史称"三路市舶"。元丰年间（公元 1076—1085 年），宋政府又颁发了我国古代史上第一个专项"进出口贸易法规"即《市舶法》。其榷易的基本办法是外商船舶进入口岸后，停在海上，宋政府派市舶官员登舶查验货品，按一定比例（大致细货为十分之一，粗货为十分之二）抽取实物（进口税）。抽取之后，视商品种类，凡属国家统购包销的"禁榷物资"，由市舶司出钱购买，约占全数的百分之三十；其余商品，称"博易物资"，可以由中外商人按市价自行买卖，也可运销内地。来华的外商头领除拜见市舶司或地方政府大员外，一般还安排朝见皇上。皇上（中国政府）要"广被恩泽"，给来客大量"恩赐"，其价值往往超过所"进贡"的东西，为的是让外商觉得有利可图，经常来华贸易。这成了此后元明清对外贸易管理的一个特色。

二、侨民管理

有贸易自然就有贸易管理，有侨居就有侨民管理。涉外管理是宋代法治工作中的一个组成部分。宋代涉外管理，是在开放心态主导下进行的。早在汉唐时代，京城长安就专门开辟了外国侨民的居住区，有相应的管理办法。顾炎武在《天下郡国利病书》中写到广州时，曾说"自唐设结好使于广州，自是商人立户，迄宋不绝……多流寓海滨湾泊之地，筑石联城，以长子孙"。唐宋时称外国人聚居地为"蕃坊"。广州、泉州、杭州、明州、扬州、青州等地，这样的蕃坊各地均有。住在蕃坊的人，保持着本国的习俗与信仰，但由中国政府任命的蕃长，则必须按中国服饰打扮，"巾袍履笏如华人"。在这里中国人与外国人发生纠纷，以中国法律审理；外国人之间的诉讼，触犯刑律者按中国法律惩处。蕃坊内的一般民事纠纷，依本国习俗处理。

三、维护外商合法利益

中国政府尊重外国的宗教文化。泉州的清真寺建成于北宋大中祥符（公元1006—1010年）年间。北宋末年，还在广州、泉州的蕃坊内建置"蕃学"，是专门的外籍学校。岳飞之孙岳珂在广州时，广交中外友好，常在蕃坊作客，发现外商多富豪，车马舆服与宅舍极为奢华，但宋政府并不以"逾制"加以干涉，尊重他们的生活方式。为保护外商权益，整饬贪墨，是中国政府的传统政策。首先是立法保护外商权益，北宋元符二年（公元 1099 年）制定了关于海上贸易防守、盗纵、诈冒断罪法；规定外商船舶遇险时必须救助和救助办法，如商船为风浪所损，甚而船主失踪，官府也应进行抢救，并登录全部物品，允许其亲属取回。其合法利润，由其自由支配，子孙继承。熙宁年间，广州蕃坊坊长、大食商人辛坤陀富甲岭南，自愿捐出银钱助修广州城，宋政府也没接受这笔钱。当然，有商品交易，就会伴生出贪墨、行贿、走私（当时称漏舶）、漏税等情。宋代贪墨之风相沿不止，政府加强了打击贪墨的措施。

四、市舶之利，颇助国用

宋代上下，都懂得"双赢"的道理，之所以优遇外商外侨，是因为保证正常交往，才可以长期获大利。

宋代开放海外贸易，对于国家的安定、政权的巩固有很大作用，不可低估。历史有这样一些记载，值得我们记取：北宋熙宁九年、十年及元丰元年，在广州明州杭州三处口岸仅仅自由贸易乳香三十五万四千四百四十九斤，这一项进益高达八十九万四千七百一十九贯，数额之巨，相当于王安石变法时一百八十万户贫苦农民的青苗贷款。南宋绍兴十年（公元 1140 年）仅广州一港的市舶收入就达一百一十万贯，广泉明三州外贸平均收入达二百万缗，占国家全部财政收入的百分之二十以上。宋高宗赵构是个庸人，他也懂得"市舶之利最厚，若措置合宜，所得动以百万计，岂不胜取于民"，"市舶之利，颇助国用"。这种"胜取于民"的认识，比起明清那些主张禁海的君臣来，还是颇为明智的。宋元时期中外交往是值得大书特书的。

第十三节 宋代法治弊害的呈现

据真德秀《名公书判清明集·咨目呈两通判及职曹官》一文讲，当年民有"十害"：即"断狱不公，呼讼不审，淹延囚系，惨酷用刑，泛滥追呼，招引告讦，重叠催税，科罚取财，纵吏下乡，低价买物"等十大祸害，都同官吏权势、狱讼诉讼相关，可视为揭示宋代法治弊害的一份总纲。下面就以该书为对象作些剖析。

一、宋民有"十害"，皆从吏役来

书中从宗室、官僚、隶役说起，到市民、农民、船户，到佣工、奴仆、帮闲、门客，以至赌场老板、卖卦人，说书人、人贩子，军兵僧道，庙祝娼妓、讼棍伢侩、哗徒游手等等，一一写来，将其纽结成一股股黑恶势力的罪行表露出来：他们中有的人蔑视三尺，擅用官称衔名，标揭通衢，勒令民户出钱；有的聚集凶徒，旗锣梆鼓，吹风呵殿，轮门叱喝，索钱索酒，所至鸡犬一空，无异抢劫；甚至神佛前的铜钵盂，幼儿佩的小铜铃，也遭胁诈。他们开置柜坊（赌场）、妓院、水功德局（中介公司），骗诈店户，打荡食肆，扰害市井；他们奸妻夺女，红帏紫幔，以银为枕，霸妓蓄娼；他们虚印钱钞，移易仓库，鼎造大厦，开辟园林；他们欺孤卖幼，占田夺产，宰杀耕牛，强割田稻，砍伐墓木……无所不用其极，呈现出全部宗法等级制下、以商品经济为舞台、融权钱为一体、编织天罗地网以统治万民的恶性生活秩序。

全书十四卷，居于前列的两卷是"官吏门"，反映的正是一代吏治的腐败，吏役的贪横，可当作南宋一部《官场现形记》去读。其揭示出的重重黑幕，因为都是经过南宋官府确认的案例，具有法律效力，最为信实，任何人粉饰不了，掩盖不住。如写官吏利用执法权力，敲诈勒索，手段极为卑劣。他们"徇人情，坏法度，书信络绎，嘱托公事，遂使金厅为市易关节之地"。有的县官，公然"轻置人囹圄，而付推鞫于吏手"，让受害者依他们预先写成的"草子"供写"罪名"，"及勒令立批，出外索钱。稍不听从，辄加捶楚，哀号惨毒，呼天莫闻。或囚粮减削，衣被单少，饥冻至于交迫。"

书中众多案例，录下了吏人对狱审的负面作用。这些人买卖狱事，可谓肆无忌惮，明目张胆。例如在查处、抓捕人犯时，则必定会抄没其全家，乃至亲邻财产；吏人与豪富勾结，陷害小民，追捕入狱，百般折磨，必致其家产荡尽为止；吏人甘为豪门走狗，为其探听诉讼消息，盗窃诉讼文件；把持诉讼，不问是非，只问钱财；欺瞒要挟上司，乃至怀恨诬告；获罪之后，改名换姓，继续为吏，甚而"以吏充官"，私设监狱、自办法庭，自行征收捐税。有个叫孙回的小吏，累经"编管"，却愈管愈横，竟然伪冒"置充吏"，占据县权，自号"立地知县"，收拾配吏、破落乡司，分布爪牙，竟为苛虐；其弟"孙八王"捉人殴打，辄用纸裹木棒，名曰"纸馄饨"。私押人入狱，其"讯腿荆"至有一二百根。福建有个"官七八嫂"，竟然"私置牢狱，造惨酷狱具，如蒺藜、槌棒、狱杖、铜锤索、手足锁之类，色色有之。最惨酷者，取细砂炒令红赤，灌入平民耳内，使之立见聋聩"。她"家造两盐库，专一停塌私盐，搬贩货卖，坐夺国课"。还"私置税场，拦截纸、铁、石灰等货，收钱各有定例"。她"占人田产，责立虚契，无钱付度。借人钱物，已偿复取。伐人墓林，弃人尸柩"。"夺人之货，殴人致死者有之，胁人自缢者有之。私行文引，捕人拷掠，囚之牢房，动经旬日"。并"掠人女与妻，勒充为婢；夺人之妻，擅改嫁与恶少爪牙而取其财"。"三十年间，民知有官氏之强而不知有官府；乡民有争，不敢闻公，必听命其家"。官氏次子还用掠夺来的财富，"纳粟得官，今任鄱阳西尉"。某穷县小吏，靠"卖弄死刑公事"，居然计赃达一千六百八十余贯。"抄估其家，悉为寄附，然银犹且一千二百余两，罗绮杂物，估价不下十万，而旧楮、田宅不预焉"。这样高昂的"案值"，汉唐时倒台的皇亲国戚们也会自叹不如；而此等案件竟然发生于南宋的一个贫困小县！

同样是对宋代社会黑暗污浊的鞭笞，其后的《人品门》之《宗室类》，《惩恶门》之《豪横类》，写宗室豪绅的横行不法，更为触目惊心。他们"把持一州公事"，无所不为，"居巡、尉之职者，以差头为买卖，藉此辈为爪牙，幸有一人当追，则恨不得率众以往，席卷其家，以为己有，理之是非，一切不顾"。那些"狞干、黠吏之子，狼贪虎噬，种习相传，而又冒名郡庠，冒站乡举，此虎而翼者也"。他们口称："州县无如我何，棒不到我吃。"敢于出入州县，敢于欺压善良，敢于干预刑名，敢于教唆胁取，敢于行赇计嘱，气焰极为嚣张。有些地方豪绅，"俨如官司"，他们"接受白状，私置牢房，杖具枷锁，色色俱有，坐厅书判，提人吊打"。对于这种人，"官司施行，不能伤其毫毛"，甚至"州县猾吏，匍匐归之"。本书列入"惩恶"一类的当代丑行，有奸秽、诱掠、奸恶（杀人放火投毒之类）、假伪（卖假药之类）、斗殴、赌博、贩生口（妇幼）、左道、淫祠、诳惑、巫蛊、妖教，以及干预刑名、执持讼柄和讼师讼棍的告讦、妄诉、诬赖，等等。

二、经济犯罪手段的阴险奸巧

最具"时代特色"的案例，是经济犯罪手段的阴险奸巧，出人意表。当纸价降低、伪币泛滥、钱会贬值之时，政府官员的第一职责应是维护市场秩序。然而事实上，第一线的财经干吏们，却把国民生存之"危"转变成了他们迅速致富之"机"，使国家、人民大受损失。江西铅山县一名退职小吏，创设"月敷局"以监纳无名钱："白纳三千石，重科半万筹，却不给朱钞，白状交纳，尤为百姓之苦。"又有一位财经小吏，"当楮价减落之时，不留心秤提，乃只管告恳求助，教为脱去逃避之计，可谓巧矣。"在这种形势下，钱钞、会子、关子、秤提……这些原本是宋代商品经济高度发达、走在世界前列的标志，却全都蜕变成吮吸民脂民膏的吸管，蜕变成极少数强人超额集聚财富的手段了！有李县丞，一日之内能印制200石假"会子"。他监临主守而自为盗，把私制的伪钞先以工程投资名义"拨充"于国库，再以"工程起造"的名义逐笔支拨出六百贯入私宅库，用今天的话说，这就是"洗钱"。江西东路的一位大员痛心地说：这分明是"割九州赤子之脂膏，刳四十三县百姓之肝脑，而以肥一身一家"，令人愤慨。

三、人伦败坏，触目惊心

本书《户婚门》所占比重最大，连同《人伦门》、《人品门》在内，其篇幅最多，案例最丰富，反映面最宽广，将南宋社会父子、夫妇、兄弟、叔侄、宗党、姻亲之间围绕着财产瓜分、财产继承等问题展开的惊心动魄的血腥争夺展示出来。土地仍然是宋人最重要的财产，随之而来的典卖土地，豪门兼并的诉讼就大量产生，其判决占到了本书的大部分篇幅。在那一个个命案面前，我们更清楚地看到了温情脉脉的伦理说教是如何的苍白无力、虚伪空洞了。私有财产的增殖与耗减、分配与再分配，扩及对"女色"的占有与反占有，历来是社会病痛之所在，是犯罪量最大而犯罪表现形式又最繁复、最隐蔽的方面。政府、社会、家庭、个人为之作出的投入也最大，最能伤筋动骨。

四、司法腐败，使百姓不敢打官司

宋代吏人对整个政府的运行是至关重要、是落实国家制度所不可缺少的环节，尤其是一代审判质量的关键性要素。唯其如此，他们也就有可能成为败坏司法制度的重要力量。依法对其查察处治，是一些清醒的地方大僚所面对的最严肃的使命。他们深知：司法腐败，正是国家病入膏肓的表征，非国手莫治。

当宋政权走向终点的时候，其司法腐败之触目惊心与有良知、有责任感的地方大吏们呕心沥血的艰难竭蹶，肯定能给读者以铭心刻骨的记忆，进而唤起对某些社会病痛的深思。其中有一个问题，是古代地方官反复提到的：他们一直在苦口规劝百姓不要打官司。这是怎么回事？当时社会的司法成本有多大？百姓为诉讼活动得付出多大的代价？他们生活在怎样一种法制环境中？他们若不打官司，社会正义能得到维护吗？黑恶势力能得到惩处吗？社会生态会是良性而有序的吗？他们若是去打官司，社会正义能得到维护吗？黑恶势力能得到惩处吗？社会生态会是良性而有序的吗？这都是我们今天读这本书所应予以思考的问题。

第十四节　对宋代法治的文化评议

宋代国家法治活动是富有首创性的，它们已经具有近代城市行政管理与法治管理的若干色彩，比如以街道为单位的人户管理，以城区地域范围为主的警巡部署，就是其突出表现。两宋首创的巡检制、街道户牌制、分厢分铺制、街道（交通）安全管理制，以及防隅巡警和专责潜火队（消防队）的组建，均可视为宋代法治的时代发展。没有宋代法治打下的根基，很难设想华夏人能吸纳改造先是辽金、后是蒙元对中原的渗透与统治，很难设想华夏人能历经磨难而能实现中华民族的再次大凝聚。宋代经济文化的积淀，使中华文明获得了不可逆转的势头，即使碰上元蒙游牧部族的百年干扰，它也顽强地存在并发展着：中华文明永远不会中断，也不会倒退如罗马经不住北蛮的一次入侵那般！这里有中国管理文明的历史功勋，历代异族内迁后的民族同化与融合，都是从制度文明开始的，并以它作保障。

宋代巡检机构的组织与职能的制度化程度在世界范围内也是绝无仅有的，至少可与五六个世纪以后欧洲工业革命成功之初的警察队伍相比拟，而就规模体量来说，他们则远远瞠乎其后。由于中国警史研究的极度贫乏，人们对这种存在了几个世纪的古代"警察制度"知之甚少，相关史料应予以深入发掘。

"巡检"是宋代政治舞台上十分活跃的一支高度制度化、体制化的权威力量，承担着禁卫、治安、狱政等多方面的警务职责，其专业化、专责化程度很高，且是警民一体保治安的，比如有专业消防队、有军巡铺；基层有厢官、寨官，还有保甲。"巡检"人员的行政级别、职责范围与薪俸待遇，都有明确的制度性规定，且可与地方行政官员的品级、待遇等等相比照。执行任务的厢兵，若是战时上战场的话，固然是"战士"；但平时他们和铺兵、乡兵、寨兵们一样，主要社会角色却是"警士"，他们履行的是"警察职能"，执行的是"警察任务"，接受的是警察待遇，非"警"而何？可以说，宋代，已经从队伍管理、组织机构、吏员级别、职员薪酬、职责内容、勤务方式等各方面保证了"建警"任务的全面实现。这是"中国法治史"上社会秩序管理事业中的一个历史性坐标。

宋代判词、案例、笔记文所提供的资料，将各方面的极端冲突都展现出来，使人们对宋代、尤其是南宋中后期的社会法治生活有了一个多层次、多侧面的鲜活了解。比起小说的编造戏说、艺术虚构来又自不同，它对社会黑暗有更强的穿透力、揭发力。一批名吏能拿起笔来，对他们生活于其中的那个社会的阴暗面，作出多层次多方位的暴露、对社会的病痛作出深切入骨的剖视，并尽其所能、用尽心力去加以纠正、加以救治，实在是难能可贵的。我们还能对他们提出更为苛刻的要求吗？

第十章
辽金元：中华法治更新的民族推手

　　与两宋先后并存的辽金夏及后起的元政权，在政法体制上，吸收宋人"巡检制"的经验，首创了警巡院制、兵马司制，发挥了我国社会管理模式变革的枢纽机制；元代的村社制度，驿站与旅舍管理制度，南宋与元代的涉外管理制度、海上安全管理制度的运作，都发生在上一个"千年之交"，远远超前于西方国家。

　　与两宋先后并存的辽金西夏及后起的元政权，在政法体制上，吸收宋人"巡检制"的经验，首创了警巡院制、兵马司制，发挥了我国社会管理模式变革的枢纽机制；元代的村社制度，驿站与旅舍管理制度，南宋与元代的涉外管理制度、海上安全管理制度的运作，都发生在上一个"千年之交"，远远超前于西方国家。

　　公元 13 世纪的前半叶，蒙古族中相继出现了颇有作为的前四汗：成吉思汗、窝阔台、贵由、蒙哥。他们统领蒙古各部崛起于阴山以北、大漠之间，以蒙古地区为大本营，东冲西荡，其军事势力的极盛时期，曾直达东欧多瑙河畔，建起蒙古四大汗国：在乌拉尔山东西，有地域辽阔的钦察汗国；在伊朗与阿拉伯半岛一带，建起了伊利汗国；西伯利亚与蒙古本部，由窝阔台治理；葱岭东西，帕米尔高原与新疆地区，建立了察合台汗国。然后又南下攻灭了金政权与南宋政权，成为第一个统一大中华的民族政权。元朝建立后，统治者与汉族士人结合，借鉴中国传统的统治方法和意识形态，以巩固自己的统治。像耶律楚材、元好问、郝经、郝枢、杨惟中等。蒙古人通过他们接触了儒学，从而有助于蒙古族的汉化。忽必烈本人对儒学大师尊礼有加，真诚地接受"三纲五常"、"正心诚意"等治国平天下的道理；并添设蒙古国子监，以儒家文化教育蒙古贵族弟子。

元帝国成立之后，将其直接统治的蒙古本部及原金政权、南宋政权与大理等地方政权统治的地区，划分为十三个地方行政单位：一是中书省直辖的腹地，管领今山东、河北、山西与津京一带；一是宣政院辖地，管领着青康藏地区。其余为十一个行中书省，简称行省：东北有辽阳行省、内外蒙有岭北行省；黄河流域有甘肃行省、陕西行省、河南江北行省；长江流域有云南行省、四川行省、湖广行省、江西行省与江浙行省等，台湾属江浙行省，海南岛与南海诸岛属湖广行省。行省下有府、县两级政权。

元帝国对多民族的领土国家实施多种文化并存的政治管理，是中国历史上最开放的时代。由于欧亚大陆交通的畅达，海上交往的频繁，中国与西亚、北非、欧洲的距离被大大缩短了，中国的印刷术、火药等重大发明传到了阿拉伯地区，又传到了北非，转向欧洲，也把中国印制纸币、纸牌的方法，使用算盘的方法等传入了欧洲。这一切，对世界的文明的提升起了巨大的推动作用。同时，阿拉伯的数学、医学和天文、建筑知识，也相继传入了东土，丰富了中华知识宝库。在这种大开放大交流的文化生态下，中华法治又有了新的发展，而统治集团中的有为之士，便成了这一发展的有力推手。

第一节 辽金元：异质法文化因子的融入

一、辽夏金元的建制立国

辽（公元 907—1125 年）开国于阿保机，始称契丹，公元 947 年（一说公元 938 年）后改称大辽，统治疆域全盛时北抵今俄境贝加尔湖以北（当时俄人还远远未东出乌拉尔山），东到库页岛，西到阿尔泰山，南到河北、山西的北部。辽代以临潢府（在今内蒙古巴林左旗内）为国都，号上京，以大定府（今内蒙古宁城县境）为中京，辽阳府（今辽宁辽阳）为东京，以析津府即幽州府（今北京境内）为南京，以大同府（今山西大同）为西京。五京是辽国的政治和军事重镇，也是最重要的工商业都会，是各地区的政治中心。

辽在政府建制上实行"南面官""北面官"的双轨制，以"北面官"行政系统统治大北方的契丹等族的原住民，以"南面官"行政系统管制境内南方汉人居住区，因而有两套法律系统在发生效率，而随着时间的推移，更文明有序的汉区法制渐居上风，辽人普遍接受了以伦理等级秩序为特色的"中原法文化"而实现了国家法理—法制—法典的归一。

夏（公元 1038—1227 年，史称西夏）开国于李元昊（拓跋元昊），以河套 - 河西走廊为基地谋求发展。它以党项族为主体，包括汉族、回鹘族与吐蕃族等民族在内。西夏属于番汉联合政治，制度由番汉两元政治逐渐变成一元化的汉法制度。西夏是一个佛教王国，却又崇尚儒学汉法，自夏毅宗--夏仁宗之后，西夏已经由番汉同行转为普遍汉化。西夏与宋、辽（后来是与宋、金）长期形成三国鼎立的局面，但当漠北的蒙古崛起后，即于公元 1227 年灭亡了。

金（公元 1115—1234 年）开国于阿骨打，兴起于黑龙江流域，全盛时占有今东北、内蒙古、华北、西北等地，南抵淮河北岸，北

423

达外兴安岭以北，东北到库页岛，西南到青海湖，疆域非常辽阔，远超宋廷。金以会宁府（今黑龙江阿城南）为上京，于公元1125年灭亡辽政权，1127年灭亡北宋政权后，又以辽阳府为东京（今辽宁辽阳），以大定府（今内蒙古宁城）为北京，以大同府（今山西大同）为西京，以开封府（今河南开封）为南京，以大兴府（今北京）为中都，金代长期以此为国都。这六座城市，是金的政治军事重镇，是当时的经济文化交通要地，它们又分别是所在地区的政治中心。各京的法治状况，直接牵动全国。金人在这里谋划建制立政，发展经济文化，推动了中国广袤的大北方的振兴。它也经历了由用两套法律治国到国法归一的历史进程，并修订了以《唐律》为样本、吸纳民族习惯法因素的金代刑律，比辽有进步。

元（公元1271—1368年）开国之君铁木真，即成吉思汗，于公元1206年统一了蒙古各部，建立国家政权。初期占有今蒙古、内蒙古及大东北地区，后来建立了横跨亚欧大陆的蒙古汗国，都城号上都，初在和林，后迁开平。成吉思汗的孙子忽必烈，于1271年改国号为大元，定都今北京（当时名为大都，蒙语"汗八里"，即大汗之城）。1279年灭亡南宋，重新统一了中国。国土面积超过了汉唐全盛时期，是中国历史上一个重要的、第一个由少数民族建立的统一政权。辽金元政权的相继建立，先后长期统治白山黑水之间、长城内外、戈壁表里、大河上下；对这些区域的经济开发与社会发展，起了巨大的历史作用。元代北到大兴安岭，南到南沙群岛，西到昆仑山下，东到乌苏里江流域，尽管各地发展很不平衡，但从总体上看，都处于同一政权的有效行政管理之下，实施同一部法律，这又决定了元代政法体制与中国历代政法体制的融通性、一致性。它为中国北半部江山的大开发、为中华民族的空前壮大，做出了特有的贡献。

二、辽夏金元的立法修法

长期以来，人们对过往时代的政治制度、法律制度，习惯于作宏观的政治批判，而轻视对具体史料的实证分析；忙于引进西方的法理法规，而无心对中国本土的法制生态作历时性过细研究。就夏、辽、金、元的法制运作而言，就很少有人关顾。而研究金元法制，恰恰有利于认识在这个多民族的广袤国度里，中华法系在众多异质文化元素的参与下，是如何在创新中发展，从而发挥对全民的黏合趋同作用的。

夏、辽、金、元的法律制度，既保存了统治民族原有习惯法的某些内容，又在很大程度上吸收了隋、唐、宋等汉族政权的立法思想与法典内容，具有鲜明的民族特点和广泛的兼容性。

（一）辽的立法

辽太祖阿保机建国之初，"庶事草创，犯罪者量轻重决之"，也是权宜立法。神册六年（公元921年）才开始较全面地制定法律，"治契丹及诸夷之法，汉人则断以律令"，实行两种不同的法律。以后诸君主曾多次"更定法令"，不断增补，主要有兴宗重熙五年（公元1036年）的《重熙条制》，共五百四十七条，在全国颁行，成为辽的基本法典。道宗咸雍六年（公元1070年）以后，又对《重熙条制》加以删补，增为八百九十二条，称为《咸雍条制》。道宗大安五年（公元1089年）因《咸雍条制》过繁，又改行《重熙条制》。

（二）西夏建制

夏（史称西夏）正式建国后，元昊为加强专制皇权，实行了立官制、定服饰、制礼乐等一系列政治措施，同时也颁定了一些法律。如公布"秃发令"，强迫国人在三日以内一律秃发，如违令，即行处死，在制度汉化的同时，又加强了民族意识。现存西夏法典有《贞观玉镜统》（公元1101—1114年）、《天盛年改新定律令》（公元1149—1169年）、《新法》和《猪年新法》等，均为西夏文。

（三）金的立法、修法

金代初期，"法制简易，无轻重贵贱之别，刑、赎并行"，主要沿用女真族的习惯法。太宗吴乞买（公元1123—1135年在位）时，才"稍用辽、宋法"。此后，熙宗皇统五年（公元1145年）颁行的《皇统新制》，是根据女真旧制，兼采隋、唐之制，参照辽、宋之法编成的法典，有一千条之多。海陵王正隆年间（公元 1156—1161 年）又编成《正隆续降制书》，与《皇统新制》并行。世宗大定年间（公元 1161—1189 年），又制定《军前权宜条理》、《续行条理》与《正隆续降制书》，合计共有十二卷，一千一百九十条，合编为《大定重修制条》。章宗明昌五年（公元 1194 年），谕派大臣详定现行制条，参酌前代律令，采用疏义加以注释，完成后，定名为《明昌律义》，但未施行。以后又叠加编撰，泰和元年（公元 1201 年）修成《泰和律义》十二篇五百六十三条，一遵《唐律》并加以注疏；《泰和令》二十卷二十九篇，以官品、职员、祠、户、学、选举等为篇目；《新定敕条》二百一十九条，分制敕、榷货、蕃部三类为三卷；《泰和格式》三十卷，以六部职掌分类。上述诸律令称为《泰和律令敕条格式》，于翌年颁行。

大定八年，还制定了惩罚品级官员赌博法。因赌博获取赃款不满五十贯的，依法用杖责打一顿，但第一次犯禁允许出钱赎罪。第二次犯的，就必须杖责。世宗皇上说：用棍杖本来是责罚小人的。既然是官员，应该懂廉耻，所以要用责打小人的办法来处罚。于是就照此执行了。

（四）元代的法典

蒙古族原来没有文字，因此也没有成文法。成吉思汗用畏吾儿字拼成蒙古语，把自己的训令编为"大扎撒"，意即"大法令"，要求后世严格遵守。但这种"大扎撒"还不是系统的法典，仅仅是蒙古部落的习惯法。蒙古进入中原以后，曾一度采用金代的《泰和律》，直到建立元朝后才着手制定法律，颁布了《至元新格》。但它"大致取一时所行事例，编为条格而已，不比附旧律也"。仁宗（公元 1311—1320 年）时，又取格例中有关纲纪、吏治的条目分类编成《风宪宏纲》。仁宗延祐三年（公元 1316 年），开始对忽必烈以来的条格、诏令和断例加以厘定，英宗至治三年（公元 1323 年）完成，定名为《大元通制》，分为名例、卫禁、职制、祭令、学规、军律、户婚、食货、大恶、奸非、盗贼、诈伪、诉讼、斗殴、杀伤、禁令、杂犯、捕亡、恤刑、平反等二十篇，以诏制、条格、断例和令类合编而成，共计二千五百二十九条。英宗时还编修了《大元圣政国朝典章》，简称《元典章》。顺帝至正六年（公元1346年）又颁布《至正条格》，有二千九百零九条之多，故后人评论："元时条格繁冗，所以其害不胜。"

《元典章》现在尚存于世，是研究有元一代政制法制的最基本的文献。该书分前、新两集。前集六十卷，分诏令、圣政、朝纲、台纲、吏部、户部、礼部、兵部、刑部、工部等十门三百七十三目，每目还有若干条格子目。新集不分卷，分国典、朝纲、吏、户、礼、兵、刑、工八门，门下分目，目下也有条格子目。《元典章》对于研究元代政治、经济、法律、风俗等具有非常重要的价值，但其中讹误脱漏之处颇多；兼杂方言土语，故不易通读和准确利用。已故著名史学家陈垣（公元1880—1971年）曾校正脱漏一万二千余条，名为《元典章校补》，为研究使用《元典章》的必备之书。

辽、夏、金、元的法规大部分已经失传，仅据现存的一些法律文书和史书记载来看，当时的法律主要是以它们本族的习惯法为基础而兼容隋唐法律，具有明显的融合特点。正因为如此，在刑罚方面，仍保留着早期国家法律的残酷性，如辽代的死刑名目中有活埋（生瘗）、乱箭攒射（射鬼箭）、凌迟等，刑讯时可以使用诸如鞭烙、铁骨朵（铁头棒）等审讯手段。金代有凌迟、割鼻截耳等酷刑。元代还把凌迟之刑写入律文，醢刑、族诛等酷刑也经常使用。夏、辽、金、元在司法上的共同点都是对不同民族采用不同的刑罚和量刑标准，这种对不同民族适用不同刑法刑级的做法，一方面是为了照顾到原有的传统，另一方面，也反映了明显的民族歧视。

第二节 辽金元的警巡院制

周秦汉唐文献中的巡警、警巡原是动词性的，指禁卫人员的业务活动。进入辽代以后，"警巡"一词具有了名词性，专指国家实行军事化管理的执法护法力量。"警巡"往往是"一身而二任"的：战时，他们是"战士"；平时，他们是"警士"；虽同样有"兵"的名头，但毕竟是两种不同的社会角色，各有任务，各有职责，不应混为一谈。生活中的所谓"军警一体"，即指此而言；但学术研究上还是应当分开去说，这才讲得清楚。

一、耶律重元：警巡院的创议人

辽代五京为辽国政治经济重镇，辽人特设警巡院专司五京治安，其名称分别为上京警巡院、中京警巡院、东京警巡院、西京警巡院和南京警巡院。每京警巡院都设一名警巡使与一名警巡副使。辽代地方上又有军巡使，有巡逻之责，主管各地治安。警巡院的创制，是我国契丹族在古代治安史上的一大贡献。因为五城分布在全国各地区，五城警巡院的建立，实际上相当于各地警巡院的建立，也就是全国城市治安专职机构的建立，这是史无前例的。

警巡院是辽人（契丹人）的首创，并为后来的金元两代所继承。《辽史》（卷一百十一）与《续通志》（卷六百三十二）之《逆臣传·辽·耶律重元》中记载："先是契丹人犯法，例须汉人禁勘，受枉者多。重元奏请五京各置契丹警巡使，诏从之。"这是"警巡院"建议之始发。《辽史》（卷十八）之《本纪·兴宗》条：十三年（公元 1044 年）三月丁亥，以宣正殿学士杨佶参知政事。是月置契丹警巡院。这是"警巡院"的最初创立。正与上条记事相呼应。

《御定渊鉴类函》（卷一百八）"设官部"增引《续文献通考》曰："辽无司隶校尉之名，五京各置警巡院官，曰'警巡使'。东京别置'军巡院'，官曰'东京军巡使'；中京别置'巡逻司'，官曰'中京巡逻使'。所掌皆司隶校尉事也。"这一条史例中先说：唐无司隶而有京畿采访使，"亦其职也"。然后又说及本条。它表明：辽金"警巡使"、"军巡使"、"巡逻使"与汉唐的"司隶校尉"在历史上有承袭关系。同时，辽的"五京"，与后来金的"六京"一样，实际上是其境内各行政区划的中心城市，因此，"五京警巡院"的建制，也就是全国"城市警治网络"的正式布建，因而具有特别重大的意义。辽兴宗公元1031—1055年间在位。所谓"受枉者多"，不过是契丹统治族对"汉法"的不满与不适应的情绪反映，但它却意外地促成了我国"警制史"上的一次重大变革。耶律重元，辽圣宗的次子。他材勇绝人，眉目秀朗，寡于言笑，人望而畏之。兴宗登位后，封他为"皇太弟"，意味着他有"继位"的可能。历任北院枢密使、南京留守、知元帅府事等要职。重元身处戎职，未尝离开辇下，上书建议设"警巡院"，说明此人很有心机，会有作为，虽受重用，但最后还是遭忌，终于成为"逆臣"；假如在西方，他会被尊为"警察之父"甚或"警察之祖"的。

《辽史·百官志·五京警巡院职名总目》（卷四十八）：辽设上京警巡院、东京警巡院、中京警巡院、南京警巡院、西京警巡院。其主官为某京警巡使、某京警巡副使。这条资料充分证明："警巡"作为一个名词性概念，是从辽代开始的，其所指对象的职能及其组织程度比公元15—18世纪间的欧洲人要高明得多；而同期的欧洲，正浸沉在最黑暗的年代里。除严酷的宗教"神治"与"神权"之外，几无"人治"与"人权"可言。

二、金代的六京警巡院

金国代辽而兴，继承了辽的政治体制。金政权在它的六京——六大中央直辖都会，都建立了警巡院。六个警巡院，同样设有警巡院使、警巡院副使和警巡院判官之职。他们"掌平狱讼，警察别部"，并"掌平物价，度量权衡"，还要"警巡稽失"。《金史·百官志·诸京警巡院使》载："诸京警巡院使一员，正六品，掌平理狱讼，警察别部，总判院事。"这条资料一直被中国警史学者作为经典性表述来引用的。人们恰恰忽略了这条史料中最应该注意的关键词是"警巡"，反而敏感于"警察"一词的应用，显然是后人把对"警察"二字的习惯性认知带入了古文阅读，于是发生了史料价值之把握上的偏差。正是本条史料明确地昭示出"警巡"、"警巡院"、"警巡院使"、"诸京警巡院使"才是一组名词性概念，它直接指向中国历史上实有的那支执法护法的警巡力量；应引起我们的足够重视（下文还要说到）。金政权还向各地派出巡察御史，并在险要去处设"散巡检"，在基层实行伍保制，这样构成全国治安网。可以看出，金的治安体制，基本上承袭了辽的治安体制，但也吸收了北宋的一些做法，是辽与北宋治安体制的综合。这是很有时代特色与民族特色的。

三、元代的警巡院与兵马司

讲元代的政法体制，必须从元代的整个政治体制讲起。元代的中央统治机构为中书省、枢密院与御史台。中书省为最高行政部门，下辖吏户礼兵刑工六部。枢密院掌兵权，御史台掌司法。元代地方最高行政机构为"行中书省"（简称行省，行是代理、代办的意思），作为中央机构中书省的派出机构，设官分职一如中书省。省下有路、府、州、县。设总管、府尹、县尹主持事务，同时委派一名蒙古人或色目人任"达鲁花赤"（掌印官），执掌大权。元代的行省建制，对后世地方行政体制影响深远。元代宫廷禁卫由左卫、右卫、中卫、前卫、后卫等五卫亲军承担，负责宿卫、扈从、看守、警巡、弹压地方等。这支宿卫亲军不吸收汉人、南人参加，只能由蒙古人、色目人组成。

元代京师警卫治安任务，继承辽金体制，由警巡院等机构负责。元代在旧都上都（今内蒙古多伦南，即开平府）设有警巡院，直属上都留守司兼上都路都总管领导，是专司治安的机构。元都大都（汗八里，即北京）治安任务繁重，特设左、右两个警巡院，归大都路总管府管辖，各由一名达鲁花赤、一名警巡使、三名警巡副使、三名判官，三名典史及二十五名司吏组成；后来又添设了专管城南治安的大都警巡院，建制与前二者相仿。

与此同时，元政府又设有"大都路兵马都指挥使司"，相当于明清时期的五城兵马司，掌管京城盗贼奸伪的缉捕之事，南兵马司在城南，北兵马司在城北。两兵马司中又各有一个司狱司，掌管囚系狱具之事。至于京师城门的禁卫启闭管钥之事，则由"大都城门卫"专司其职，每门设尉一员，副尉二员。京师共十一个城门，各有官守。大都所属的京县宛平县与大兴县分治京师地面，各县县令县丞之外，有县尉一员，分管治安；另外，又有三个巡检司，分管京师城关的巡捕盗贼奸宄之事，分别名为南关厢巡检司、东关厢巡检司、西北关厢巡检司。这分厢巡检与组建警巡院等措施，显然是对宋辽金治安体制的继承与综合。元代各县均设巡检一员，以巡察治安。各县由县尉主捕盗，州府由判官主治安，这些与宋代也有相承关系。

唯广大乡村既不同于宋的保甲制也不同于金的乡里制，元代在乡村普遍推行"村社"的建制，大致以自然村为基础，五十家为一社，选年高有德富于农桑经验者一人为社长，社内建义仓与学校。这一编组严密的地方基层组织，以"劝课农桑"为基本任务，同时主管社会救济、文化教育及风纪与生产互助等；并且在每户田头立牌，写上户主姓名，以便督促和评比生产优劣。这样，比起宋代的"保甲制"来，更具综合治理形态，也更能控制人群。

第三节 金元巡警的组织建设

"警巡"一词可说是我国古代警史上的一个居于核心地位的词汇（概念）。它能组成"警巡—警巡院—警巡院使"的概念链条；在由动词向名词转化过程中，它又承担了比"警察"一词更多的警学信息；在于它可以将"巡警、巡徼、巡狩、巡逻、巡检、巡捕"等词形粘联串接起来，贯通于整个三千年古代警史中，勾勒出古代警察力量的生动轨迹；还在于它本身作为一个名词性概念，与"巡检"一起，出现在辽金元的政治舞台上，成为公元9—14世纪间全球唯一的一支高度体制化的专责治安禁卫队伍，其意义更为重大。

一、金代警察组织的规范化

金代警制是从辽代警制直接继承而来的。《金史·职官》载："金诸京置警巡院使一员，掌平理狱讼，警察别部，总判院事。副一员，掌警巡之事。"《金史·仪卫·卤簿》（卷四十二）述及政法官员品级之时说："兵马副都指挥、警巡使，正六品。诸县令、警巡副使，知城堡寨镇，从七品。赤、剧县丞、副都巡检使，正八品。京县、次剧县丞、河桥关渡讥察官，从八品。诸县丞、县尉、警巡判官、副都巡检、巡检、巡河官，正九品。赤县令，从六品。掌养百姓，按察所部，倡导风化，劝课农桑，平理狱讼，捕除盗贼，禁止游惰，兼管常平仓及通检推排簿籍，总判县事。赤县县尉四员，正八品，专巡捕盗贼。中县而下，置丞，以主簿与尉通领巡捕事。下县则不置尉，以主簿兼之。"这里论述的内容很多，（一）是说明综合于地方行政机构中的"警力"，主要有两类：一是行政首长如县长及其佐官县丞、主簿，是地方治安的第一责任人，他们要负责"平理狱讼，捕除盗贼，禁止游惰"等；二是专职"警官"如警巡使序列、巡检序列、河桥关渡稽察官、巡河官等。元代警官制度整合了辽金的警巡制，也吸纳了两宋的巡检制，两取所长，更为完善了。（二）严格的"官品"，标明了警巡制度与警巡内部行政管理的规范化取得显著成效。不能设想一支政伍内部没有层级划分的混乱管理。（三）另需注意一下：上述关于"县"的提法中，有赤县、京县、剧县、次剧县的区别，它们是按人口多寡、赋税负担、是否冲要来区分的。也是警力配置的依据。

《金史》之"志（第三十六）·百官"：（金熙宗）皇统五年（公元1145年）定：京府尹、牧、知州、县令等为"长官"；通判、丞等为"佐贰官"；判官、推官、主簿、县尉等为"幕职官"；兵马司及他司军者为"军职官"；警巡、市令（市场主管）、录事、勘事、勘判为"厘务官"。按：这里把"警巡"系列的官员明确纳入国家官员的编制。同时，它也把"警巡、市令、录事、勘事、勘判”等与“军职官”明确区分开来了。把执法护法部队与战斗部队的职能作了区分，应是警务职能在认识上的一个历史性进步。

《金史》（卷四十二）“仪卫志（下）”与《金史》（卷五十八）“百官俸给”条，载有下述内容：（1）按察使、大兴府知事、诸副都巡检使：钱粟一十三贯石；米麦各一称石，衣绢各六匹，绵二十两，职田二顷；（2）诸警巡、判官：钱粟一十三贯石，米麦各一称石，衣绢六匹，绵一十两，职田三顷。（3）“诸知镇城堡寨：钱粟一十五贯石，曲米麦各一称石。衣绢各六匹，绵二十两，职田四顷。”这里讲到警治人员的品级待遇，可与行政官僚的待遇作横向对比。讲待遇、品级，这才是文明社会管理的正常实施。舍此，任何专责队伍都是不可持续的。辽金警巡都有薪酬，是职业化、专责化的标志，也是管理规范化、队伍成型化的标志。

《金史》（卷五十七）“百官”条：贞元元年（公元1153年），更为北京置留守司都转运司、警巡院警巡使：正六品。诸县令、警巡副使、知城堡寨镇：从七品。大兴府管勾河桥关渡讥察官，从八品。盐判官、漕运司勾当官、警巡判官，诸县丞、判官、县尉、副都巡检，诸巡检、巡河官：正九品。辽金确立官阶，对“警巡”系列实行正规化、规范化、军事化管理。

二、以品级与薪俸作杠杆的元警内部机制

元代的警制，是宋辽金相关制度的整合，以警巡院制为核心，而辅以巡检制。《元史·地理志》：至元初（公元1275年前后）设警巡院三。至元四年，省其一，止设左右二院，分领坊市民事。二十一年置大都路总管府，户一十四万七千五百九十，口四十万一千三百五十。领院二：右警巡院、左警巡院。元初大都的在籍人口为四十万余人。其时南宋度宗在位，元政权尚未有效控制全国，元刚刚定都于此，其时北京还有大量“流动人口”，其规模已是当时世界罕见的大都会了。

例：《日下旧闻考》（卷一百五十五）引《元一统志》：元初设

大都警巡院及左右二院，右院领旧城之西南、西北二隅，四十二坊。左院领旧城之东南、东北二隅，二十坊。大都警巡院领京师坊事。建置于至元十二年，至二十四年省并，止设左右二院，分领京师城市民事。大都警巡院、左右警巡二院，皆秩正六品（这一条资料讲得分明些，对上条所说的时间也有所订正）。

《续通典·职官》：（元代设置有）"大都路兵马都指挥使司，凡二，秩正四品，掌京城盗贼、奸伪、鞠捕之事。都指挥使二员，副指挥使五员，知事一员，提控案牍一员，吏十四人。"同时，在大都路又设有东关厢巡检司，秩从九品。巡检三员，司吏一人。掌巡捕盗贼奸宄之事。至元二十一年又置西北、南关厢两巡检司，设置并同上。由此可见，元代是综合了辽金的"警巡院制"，同时又部分地吸纳了宋代的"巡检制"。

第四节　元代法治运作中的几项重要举措

13、14世纪之交，以蒙古军事贵族为主体，创建了横跨亚欧的巨大军政联合体——蒙元帝国，对多民族的领土国家实施有效的政治管理。期间，其法治运作经历了三大发展阶段：

1. 蒙古汗国时期。从成吉思汗（铁木真）到忽必烈，统治集团以军事征战、开疆拓土为主要任务，国家政治生活以"军事裁决"为主，社会管理以"蒙古大札撒"为依准，同时认可被统一的各地区（漠北、中亚、西夏、金）之原有的习惯法或成文法，呈现出法治多元化的局面。

2. 元代前期与中期。从忽必烈建立元政权、定都大都（今北京）起，历成、武、仁、英各朝（公元1271—1324年），是元代法治趋于统一并成熟的阶段，也是元代法治建设最活跃、最富首创精神的时期。其中以世祖时编纂成《至元新格》、英宗时颁布的《大元通制》为代表，实现了法理基础上的儒学伦理化、法律文本结构与文字表达上的中华法系化，同时实现了政府法治运作上的规范化、程序化；推出了许多富有时代特征的法治举措。

3. 元代末期（顺帝末期），以红巾军造反（公元1351年）为标志，元代法治从完备走向败坏。

这里，无力对整个元代法治作理论透析，只是就元代富有时代特征的若干法治举措作点说明；围绕元代的狱案审理中的专职审议制、政府决策机制中的"圆署"制、民族案件中的"约会"制、社会治安中的"警迹人"制、向命案施害人征收"烧埋银"制、狱案侦审中的问责制、死刑判决上的君主裁决制等，钩稽相关史料，以期引起学界对元代法治建设的关注。

一、元代狱案审理中的专职审议机制

元代地方行政分级管理：1. 县司级（县、巡尉司）；2. 路府州级；3. 省级（行省、宣尉司）。相应地，在刑事审判上也实行分级管理制。其大体情况是：

（1）县司负责受理狱案，组织侦查、勘验、缉捕，查清案情，取得原被告初步"口词"，将事实上报路、州、府；并将涉案人员（原、被告及干证）一并押送待审。正如《元典章》所说："司县略问是实，即合解赴各路州府，推问追勘结案。"

（2）路州府接案后，由专职的"推官"勘问、复审，核实案情，补充侦查后，依成例拟出初判；交路州府长官会议审议确认，并圆署之后，上报行省；

（3）行省接报后，由"理问所"对案情及初拟作复核、拟决，对没有旧例或法规可依循的新案提出拟判；交行省的长官会议进行审核，"圆署"之后再连同案情文档上报其所拟的审断意见给刑部；并对笞杖刑案件直接作出审决。但事关"十恶"的案件则必须上报待批复；

（4）由刑部的"法司"查对国家历年法条与案例，对徒、流、死案件拟出判决意见，交刑部首长会议审核并圆署后，上报中书省；

（5）一般刑案，由中书省审定决断；斩绞死刑案件则奏报皇帝，由皇帝交中枢会议后，亲自批复，以诏令形式下达执行。

由上可知，元代地方行政机构都配置了专职专业人员或机构，为同级行政首长提供专业审理意见，这就是：县有仵作、行人；路州府设"推官"，行省设"理问所"，朝廷御史台设"肃政廉访司"，刑部也设有专职"法司"。因为下级上报的案情，必须确凿无误，拟判必须有法例依据，否则上报后被驳回，或引起百姓上诉，相关官员就要被追究责任，受到处罚；设置了专职专业人员或机构后，可以减少失误，保证审理质量。

再说，社会在发展，狱情复杂多变，非专业人士很难应付："推鞫刑狱，大与其他庶务不同。诸囚事发之源，起自巡尉司县官吏。公明廉政者固亦有之，然推问之术少得其要，况杂进之人十常有八九，不能洞察事情，专尚捶楚，期于狱成而已；甚至受赂枉法，变乱是非，颠倒轻重。欲使狱无枉滥，其可得乎？兼囚徒所犯小则决刺徒流，大则人命所系，不加详审，害政实深。"所以元政府在要求行政首长集体负责的前提下，同时为县司、路州府、行省配置了上述专职专业的审理机构和执业人员。

路府一级所设的专门负责审判的司法官员是"推官"。"推官"的专职工作很关键："既使专理刑狱，凡所属去处，察狱有不平，系狱不当，即听推问明白，咨申本路，依理改正；若推问已成，他司审理或有不尽、不实，却取推官招伏议罪。"

元代省级机关中设有专门机构来负责狱审的核议，那就是"理问所"，其人员是行省的省掾之一。"理问所，理问二员，正四品；副理问二员，从五品；知事一员，提控案牍一员。"

同时，朝廷御史台还分派"肃政廉访司"到各省巡察，对路府拟判的案件进行审查，若有事实不清，拟判不当的，有权亲自提审和改判，对轻刑可以自行断决。其司法职责为："所在重刑，每上下半年，亲行参照文案，察之以情，当面审视，若无异同，行移本路总管府结案，申部待报。仍具审过起数、复审文状申台。其有审异及有疑拟者，即听推鞫。若事关人众，卒难归结者，移委邻近不干碍官司，再行磨问。实情有可疑，亦听复行推问，无致冤枉。其余罪囚，亦亲录问，若有冤滞，随即改正疏放。统军司、转运司并其衙门罪囚，亦仰一体施行。"大德七年（公元1303年）在《重刑结案申部》中又指出："今后重刑，各路追勘一切完备，牒呈廉访司仔细参详始末文案，尽情疏驳。如无不尽不实者，再三复审无冤，开写备细审状。回牒，牒本路抄连元牒，依式结案。行省专委文咨省官并首领官吏用心参照。须要驳问一切完备、别无可疑情节，拟罪咨省。其余轻罪，依例处决。果无例者，本省先须详议定罪名，咨省可否。首领官吏各于咨文后标写姓名，不许脱。"

二、元代政府决策与司法行政中的"圆署制"

元代各级政府在行政和司法上，推行一种集体负责制——"圆署制"（圆坐署名制，署名诸人不分名次）。元人王恽《秋涧集·中堂事纪》中说，中统二年五月十九日，中书省议定省规："定议公府署押事，右丞相史公与丞相呼噜布一哈，五日轮番一秉笔；长官从上押，右者处外边，一左一右，以次而下。圆坐亦然。"书中又有《纠详良乡尉司·非理考勘刘德林事状》一文，文中提及一条圣旨："巡尉捕盗官捉获盗贼，随时发与本县圆坐，推问是实，解赴本州，再行鞫勘施行，不得转委吏人及弓手人等拷问。"可见元初即有"圆坐制"，而且从县政府到中书省，都实行这种集体负责制。

其事由是："至元七年（公元1270年）九月，大都路良乡县馆驿失盗，当月二十五日有弓手高伯山，涉疑捉到涿州人户张德林，不曾申官，私下拷勘，勒令虚招，乃妄指姐夫刘德林寄藏赃物。将刘德林拿到，亦不申官，一面拷打，因为无证佐，随后撒放；于二十七日止将张德林申发到县。县尉杨仲玉又将刘德林勾追到官，重复拷问，非理加刑，尚为无指证明白事迹，于当月三十日保放还家。刘德林于闰十一月十三日因拷疮身死。今问得尉司、司吏刘君祥，并苦主刘德林妻阿张，并当原被擄人刘得用，词因俱与所察相同。今来参详：高伯山止是本县弓兵，别无拷勘问人体例；县尉杨仲玉，止凭张德林妄指，便加拷勘，以致本人因疮身死；又于刘德林、刘得用等处，掠取交钞衣物。有此违错。据此，合行纠弹。"——这就有了"捉获盗贼，随时发与本县圆坐"的规定。

至元十四年（公元1277年）正式规定："京、府、州、县官员，每日早聚圆坐，参议词讼，理会公事。……诸官府凡有保明官吏，推问刑狱，科征差税，应支钱谷，必须圆签文字，有故者非。"

在案件审理上元代是分级管理的。在州县提供案情的基础上，由路级政府负责拟判。拟判先由州府的"推官"进行案情分析，查对法令与成案，从而拟出审判意见，向本路首领官作报告，交由路级长官集体审议，一致同意后，集体进行"圆署"，即集体依次签名，这才能上报刑部。故《元史·刑法志》说："凡有罪囚，推官先行穷问实情；须待狱成，通审圆署。"《刑法志·职制》又说："诸有司凡荐举、刑名、出纳等文字，非有故，并须圆署行之。"

在政刑不分、行政首长负责的体制下，"圆署"制的推行，有利于避免"一言堂"的弊端，有利于提高审断的准确率。加上元代各级政府长官由蒙古人、汉人、南人混合组成的特定情况，"圆署"制的推行，也是从实际出发的一个可行的举措。

三、跨民族案件审理中的"约会"制

元代狱案审理，存在着"属人管辖"现象，尤其是前期，不同民族和特定行业的人，有不一样的诉讼管辖。蒙古人、色目人、宗教徒、军人、盐丁等等，甚至原来金统治下的"汉人"与南宋统治区的"南人"，法律地位不同，适用律条不一；于是在他们之间发生案件时，就要通过有"管辖权"的各方之"约会"机制来平衡、议决。

《元史·刑法志》说：诸有司，事关蒙古军者，与管军官约会问。诸管军官、奥鲁官及盐运司、打捕鹰坊军匠、各投下管领、诸色人等，但犯强窃盗贼、伪造宝钞、略卖人口、发塚放火、犯奸及诸死罪，并从有司归问。其斗讼、婚田、良贱、钱债、财产、宗从

继绝及科差不公自相告言者，从本管理问；若事关民户者，从有司约会归问，并从有司追逮，三约不至者，有司就便归断。诸州县邻境军民相关词讼，原告就被论官司归断，不在约会之例。断不当理，许赴上司陈诉，罪及原断官吏。诸僧、道、儒人有争，有司勿问，止令三家所掌会问。诸哈的大师，止令掌教念经，回回人应有刑名、户婚、钱粮、词讼并从有司问之。但犯奸盗诈伪，致伤人命及诸重罪，有司归问。其自相争告，从各寺院住持本管头目归问。若僧俗相争田土，与有司约会；约会不至，有司就便归问。

元代的狱审"约会"制，是在广土众民、多民族国家草创时期，在尊重各地区各民族原行习惯法或成文法的基础上，逐步趋同的过程中，所采取的一项必要的磨合措施。执行中，扯皮是不可避免的，却又是不可或缺的。

四、死刑判决上的中枢会议和君主裁决制

死刑，即生命刑，历代有不同的处死方法，如赐死（如赐其自缢、饮鸩之类）、绞刑、斩（杀头、腰斩、枭首）、分尸（蛊毒、剜心、车裂、凌迟、挫骨扬灰）；元代的法定刑是绞斩与凌迟。在死刑执行上，又有"立决"、"缓决"、"优减"、"赦免"之类，这一切的最后裁定权之归属，尽管历朝历代有所不同，但涉及"五伦"、"八议"、"十恶"的大案要案，通常是由皇帝作最后裁决的；而元代则很早就把死刑的最终核准权收到皇帝一人手中了。中统元年（公元 1260 年）五月即下诏规定："今后凡有死刑，仰所在官司推问得实，具情始末及断定招款，申宣抚司再行审复无疑，呈省闻奏，待报，处决。钦此。"元代死刑的核准权在皇帝手中，其他刑种则由刑部拟定，中书省核准。

需要说明的是：在死刑裁决权问题上，往古时代的"君主独裁"，不是绝对的，它并不是君主随心所欲的司法行为；在常态下，它也有诸多条件的限制：1. 皇帝也要遵守"国之大法"，"先王之法"，做到依法判决；2. 命案判决是在"所在官司推问得实，具情始末及断定招款，申宣抚司再行审复无疑，呈省闻奏"的基础上作

出的，这意味着皇帝的"乾纲独断"，其实是建立在一系列法治运作基础之上的；3. 疑难重案，往往要经过多次反复集议，在刑部审议、台省合议、中枢会议之后，形成集体意见，列出争议性问题，书面奏明可供选择参酌的多种处决方案，最终由皇上决断；钦定之后，只许完全执行，不得再行纷争。这是国家法治运作的一个必要的权威环节。从这个意义上，它只是死刑审决的最后一道程序、一个结案手续而已；"独裁"的象征意义远大于实际意义；不能把某些皇帝的"淫威"与"国家法治"的常态运作混为一谈。

在了解了上述重要举措之后，对元代的法治运作的常态就会有个轮廓性的认知了。不过，还得申明：对史料的文本分析，并不能完全说明其实践形态；尤其是历代正史，往往是在新朝权要的主持下，对已被推翻的前朝作"历史审查"，那些史料是经过筛选过滤后的东西。我们在肯定这些举措实施的时候，仍然要思考当时法治生态的实际面貌。这里，我们也不妨看看元顺帝时名臣苏天爵所言元代后期法治的败坏，可知事实上与上述层层审核、层层把关情况下应有的"清明狱政"距离很大：

苏天爵曾任江浙巡按。他写了《禁治死损罪囚》奏本（见《滋溪文稿》卷二十五），文中说：自近岁伊始，有司或不得人，以致刑狱滋章，重使生灵凋零，无辜者牵连受刑，有罪者侥幸获免；舞文弄法，悉快于贪奸；肆虐逞威，尤便于皂隶。始则因事以织罗，次则受财以脱放，及闻审囚官将至，却称被罪人在逃；纵欲陈告其取受，却缘本宗事未绝，设计害民，无所不至。其有结案之囚，当使明正其罪。今县未尝申解于州，州未尝申解于路，或畏刑名之错，或因结案之难，不问罪之轻重，尽皆死于囹圄。笔遣者既未尝有，平反者盖所绝无！夫庙堂宰辅，唯恐一人失所；而州县官吏，辄敢恣意杀人！感伤天地之和，盖亦莫重于此。近因钦奉诏书，巡行畿甸，询民疾苦，疏瀹冤滞，念国家治安既久，本欲生全其民。今中外一岁之中，死者不知其几！其在江南犹稍知惧，结案幸达于中书，判送悉归于刑部；议拟方在吏手，囚徒已死狱中！且重罪飞申，先使知事之元发；有司月报，又欲考事之施行。今皆视为虚文，一切置之不问。

苏天爵又写了《乞差官录囚》一文（见《滋溪文稿》卷二十五）中说："窃惟本省控制四道，总辖三十余路，至正八年十二月份，共计见禁轻重罪囚一千三百一十五起，三千九百三十六名，每岁约支囚粮七八千石。冬夏衣钞若干百匹。夫以江浙四道，固曰地大民繁，犯法者众，若使官吏得人，治化清简，则狱讼亦不至如此之多也。考其罪囚在禁月日，有十五年者，有二十年者，又至正八年之内，四道共计死损罪囚五百余人，夫既不能明正典刑，皆徒死于囹圄，何以为奸恶之劝乎？"

第五节 元代对弓手、警迹人、刑案误判的律法规范

一、律法对弓手设置的规定

元世祖中统五年决定：沿着州府驿路设置巡马及马步弓手，验民户多寡定立额数。除本管头目外，本处长官兼充提控官。其夜禁之法：一更三点钟声绝，禁人行；五更三点钟声动，听人行；有公事急速及丧病产育之类，则不在此限，违者笞二十七下。

元制：郡邑设弓手以防盗。弓手是基层治安防范的基本力量，内而京师，有南北两城兵马司；外而诸路府所辖州县，设县尉司、巡检司、捕盗所，皆置巡军弓手，而其数则有多寡不同。职巡逻，专捕获；官有纲运，及流徒者至，则执兵仗导送，以转相授受。外此则不敢役，示专其职焉。国家重视防范力量的建设，连《马可·波罗游记》也称其对保障安全有好处。

州县城池相离远处，其间五七十里，所有村店及二十户以上者，设立巡防弓手，合用器仗，必须完备。令本县长官提调，不及二十户者，依数差补；若无村店去处，或五七十里，创立聚落店舍，亦须及二十户数。其巡军别设，不在户数之内。关津渡口必当

设立店舍弓手去处，不在五七十里之限。于本路不以是何投下，当差户计，及军站人匹打捕鹰房，鄂拓克窑冶诸色人户内，每一百户内取中户一名充役，与免本户合着差发，其当户推到合该差发数目，却于九十九户内均摊，若有失盗，勒令当该弓手定立二限盘捉。

二、社会治安中的"警迹人"制

警迹人：被警惕督察其行迹的人。所谓"警迹"，是对一般轻罪犯人（滋扰治安、窃盗之类）以及刑满释放后仍需监管的对象的一种管束措施，通常以五年为限期，"令村坊常切检察。遇出处经宿，或移他所，报邻右知"。（见《元史·刑法志（二）》）。警迹人有服从监管的义务，违犯者加重处理；也有不受诬害的权利，还有立功受奖的机会。

（一）凡有下述情况之一者为"警迹人"

1. 诸应配役人，随有金银铜铁洞冶、屯田、堤岸、桥道一切等处就作。令人监视，日计工程，满日放还，充警迹人。

2. 诸诈称搜税，拦头剽夺行李财物者，以盗论；刺断，充警迹人。

3. 诸年饥，迫其子若婿同持杖行劫，子若婿减罪一等，坐免刺，充警迹人。

4. 色目人犯盗，免刺，科断，发本管官司设法拘检；限内改过者，除其籍；无本管官司发付者，从有司收充警迹人。

5. 诸僧道为盗，同常盗刺断，征倍赃，还俗，充警迹人。

6. 诸年未出幼，再犯窃盗者，仍免刺，赎罪，发充警迹人。

7. 诸妇人为盗，断罪免刺，配及警迹人，免征倍赃，犯者坐其夫。

8. 凡强盗免死、窃盗再犯，皆刺字，籍充警迹人。

9. 诸窃盗初犯，刺左臂（谓已得财者），再犯刺右臂，三犯刺项。强盗初犯刺项。并充警迹人，官司以法拘检关防之。

10. 诸盗贼应征正赃，及烧埋银，贫无以备，令其折佣（凡折佣视各处佣价而会之），佣满发原籍充警迹人。

（二）"警迹人"的社会管制及其权利与义务（见《元史·刑法志（二）》）

1. 诸有司承告被盗，辄将警迹人非理枉勘身死，却获正贼者，正问官笞五十七，解职（这意味着警迹人的生命权受到法律保护）。

2. 凡警迹人，缉捕之外，有司毋差遣出入，妨其理生（这意味着警迹人有正常的生产权、生活权）。

3. 诸警迹人，令村坊常切检察；遇出处经宿，或移他所，报邻右知。

4. 诸警迹人，有不告知邻佑，辄离家经宿，及游惰不事生产作业者，有司究之，邻佑有失觉察者，亦罪之（上两则意味着警迹人的行为出处，受到相应的管制，必须服从）。

5. 诸强窃盗充警迹人者，五年不犯，除其籍（即从"警迹人"的登记簿上注销其姓名，恢复良民身份）。

6. 诸强窃盗充警迹人者，其能告发及捕获强盗一名，减二年，（能告发及捕获）二名比五年；（能告发及捕获）窃盗一名，减一年；应除籍之外，所获多者，依常人获盗理赏；不及数者，给凭，通理（这意味着警迹人有将功补过、立功受奖的权利）。

7. 籍既除，再犯，终身拘籍之。

8. 诸警迹人受命捕盗，既获其盗，却挟恨杀其盗而取其财，不以平人杀有罪贼人论（上两则意味着警迹人再有过失时，不会轻饶）。

另外，《明会典·吏部（九）》中关于"授职到任须知"条要求：新官到任，须登录并逐一开报"境内民人犯法被诛者几户"、"境内充警迹人若干"等，可见此制明代依旧在执行。

三、向命案施害人"征烧埋银"制

元代对无辜被害而亡、死于非命者的法律责任人，除依法判罪量刑外，附加了"征烧埋银给苦主"的一项。这是对死者亲属的一种补偿。通常征烧埋银五十两；情节恶劣者加倍；过失杀人情节较轻者，折半征收甚至免收；同居共财的亲属免收。银两有时也折为官钞，或用实物顶替；穷无财力者，以"佣工"抵债；蒙古法中则将女儿赔出作奴婢。以下据《元史·刑法志》等的记载，作简单说明。

（一）征烧埋银的对象，首先是官府的误人害人者

1. 诸军人在路夺人财物，又迫逐人致死非命者，为首杖一百七，为从七十七，征烧埋银给苦主；

2. 诸军官驱役军人致死非命者，量事断罪，并罢职，征烧埋银给苦主；

3. 诸捕盗官搜捕逆贼，辄将平人审问踪迹，乘怒殴之，邂逅致死者，杖六十七，解职别叙，记过；征烧埋银给苦主；

4. 诸弓兵、祗候、狱卒，辄殴死罪囚者，为首杖一百七，为从减一等，均征烧埋银给苦主；

5. 诸有司承告被盗，辄将警迹人非理枉勘身死，却获正贼者，正问官笞五十七，解职，期年后降先职一等叙；首领官及承吏各五十七，罢役不叙；均征烧埋银给苦主；通记过名；

6. 诸有司受财故纵正贼，诬执非罪，非法拷讯，连逮妻子；衔冤赴狱，事未晓白，身已就死。正官杖一百七除名；佐官八十七；降二等杂职叙，仍均征烧埋银；

7. 诸军官因公乘怒，辄令麾下殴人杀死者，杖八十七解职，期年后降先品一等叙，征烧埋银给苦主；若会赦，仍殿降，征银；

8. 诸阃帅侵盗系官钱粮，怒吏发其奸辄令人殴死者，以故杀论；虽会大赦，仍追夺不叙，倍征烧埋银。

（二）征收烧埋银的对象，其次是指命案中的施害凶徒

1. 诸支解人，煮以为食者，以不道论；虽瘐死，仍征烧埋银给苦主；

2. 诸奸夫奸妇，同谋杀其夫者，皆处死；仍于奸夫家属征烧埋银；

3. 诸图财谋故杀人多者凌迟处死，仍验各贼所杀人数，于家属均征烧埋银；

4. 诸发冢，已开冢者同窃盗，开棺椁者同强盗，毁尸骸者同伤人，仍于犯人家属征烧埋银；

5. 诸人杀死其父，子殴之死者，不坐；仍于杀父者之家征烧埋银五十两（给子）；

6. 诸盗贼应征正临及烧埋银；贫无以备，令其折庸；

7. 诸杀人者死，仍于家属征烧埋银五十两给苦主；无银者征中统钞一十锭，会赦免罪者倍之。

（三）征收烧埋银的对象，还有一般刑事案件中酿祸的一方

1. 诸两家之子昏暮奔还，中路相迎，撞仆于地，因伤致死者不坐，仍征钞五十两给苦主；

2. 诸因争以头触人，与人俱仆，肘抵其心邂逅致死者，杖一百七，全征烧埋银；

3. 诸因哄争，一人误蹂死小儿一人，蹂者杖一百七，并征烧埋银；

4. 诸有人戏调其妻，夫遇而殴之，因伤而死者，减死一等论罪，仍征烧埋银。

（四）征收烧埋银的对象，再次是因伦理身份而减罪的一方

1. 诸蒙古人因争及乘醉殴死汉人者，断罚出征，并全征烧埋银；

2. 诸地主殴死佃客者，杖一百七，征烧埋银五十两；

3. 诸良人以斗殴杀人奴，杖一百七，征烧埋银五十两；

4. 诸尊长谋殴卑幼致死者，杖七十七，异居者仍征烧埋银；

5. 诸兄殴弟妻因伤而死者，杖一百七，征烧埋银；

6. 诸因争误殴死异居弟者，杖七十七，征烧埋银之半；

7. 诸良人戏杀他人奴者，杖七十七，征烧埋银五十两。

（五）征收烧埋银的对象，还有过失杀人而减罪的一方

1. 诸军士习射招箭者不谨，致被伤而死射者，不坐，仍征烧埋银；

2. 诸小儿因争殴伤人致死者，听赎，征烧埋银给苦主；

3. 诸瞽者殴人因伤致死，杖一百七，征烧埋银给苦主；

4. 诸病疯狂殴伤人致死，免罪，征烧埋银；

5. 诸庸医以针药杀人者，杖一百七，征烧埋银；

6. 诸扬砖石剥击邻人之果，误伤人致死者，杖八十七，征烧埋银；

7. 诸驱车走马致伤人命者，杖七十七，征烧埋银；

8. 诸昏夜驰马，误触人死杖七十七，征烧埋银；

9. 诸昏夜行车，不知有人在地，误致轹死者笞二十七，征烧埋银之半给苦主；

10. 诸以物戏惊小儿成病而死者，杖六十七追征烧埋银五十两；诸以戏与人相逐致人跌伤而死者，其罪徒，仍征烧埋银给苦主；

11. 诸骆驼在牧，啮人而死者，牧人笞一十七，以骆驼给苦主；

12. 诸殴死应捕杀、恶逆之人者免罪；不征烧埋银。

四、元代狱案侦审判决中的追责制

《元史·刑法（二）职制下》载明了元代对司法执法人员在侦审判决程序上的"责任追究"法规，现摘抄若干条例如下：

（一）对受理、勘验、侦缉、拘捕、立案程序上的失责者的追究

1. 诸有司，辄凭妄言帷薄私事逮系人者，笞四十七，解职，期年后叙；

2. 诸职官，告吏民毁骂，非亲闻者勿问；违者罪之；

3. 诸职官听讼者，事关有服之亲、并婚姻之家，及曾受业之师，与所仇嫌之人，应回避而不回避者，各以其所犯坐之，有辄以官法临决尊长者，虽会赦，仍解职降叙；

4. 诸民犯弑逆，有司称故不听理者，杖六十七，解见任，殿三年杂职叙；

5. 诸检尸有司，故迁延及检覆牒到不受，以致尸变者，正官笞三十七，首领官吏各四十七；

6. 诸检尸有司，其不亲临或使人代之，以致增减不实，移易轻重，初覆检官相符同者：正官随事轻重，论罪黜降；首领官吏各笞五十七，罢之；仵作行人，杖七十七；受财者以枉法论；

7. 初覆检官相符同者，首领官吏各笞五十七，罢之；仵作行

人，杖七十七；受财者以枉法论；

8. 诸职官，覆检尸伤，尸已焚瘗，止傅会初检申报者，解职别叙；若已改除，仍记其过；

9. 诸捕盗官搜捕逆贼，辄将平人审问踪迹，乘怒殴之，邂逅致死者，杖六十七，解职别叙，记过，征烧埋银给苦主。

（二）对审讯程序上非法失责者的追究

1. 诸职官辄以微故，乘怒不取招词断决人，邂逅致死人，诱苦主焚瘗其尸者，笞五十七，解职别叙，记过；

2. 诸鞫狱辄以私怨暴怒，去衣鞭背者禁之。诸鞫向囚徒重事，须加拷扭者，长贰僚佐会议立案，然后行之。违者重加其罪；

3. 诸有司承告被盗，辄将警迹人非理枉勘身死，却获正贼者，正问官笞五十七，解职；期年后，降先职一等叙。首领官及承吏各五十七，罢役不叙。均征烧埋银给苦主，通记过名；

4. 诸有司受财故纵正贼，诬执非罪，非法拷讯，连逮妻子；含冤赴狱，事未晓白，身已就死。正官杖一百七，除名；佐官八十七，降二等；杂职叙。仍均征烧埋银；

5. 诸鞫狱不能正其心、和其气，感之以诚，动之以情，推之以理，辄施以大披挂、及王侍郎绳索，并法外惨酷之刑者，悉禁止之；

6. 诸鞫问罪囚，除朝省委问大狱外，不得寅夜问事；廉访司察之；

7. 诸职官辄以微故，乘怒不取招词、断决人，邂逅致死人，诱苦主焚瘗其尸者，笞五十七，解职别叙，记过；

8. 诸鞫狱，辄以私怨暴怒，去衣鞭背者，禁之；

9. 诸鞫问囚徒重事，须加拷沉者，长贰僚佐会议立案，然后行之；违者重加其罪；

10. 诸有司断诸小罪，辄以杖头非法杖人致死，罪坐判署官吏。

（三）对拟判、上详、审劾、审决中有误而失责者的追究

1. 诸有司故入人罪，若未决者，及囚自死者，以所入罪减一等论；入人全罪，以全罪论；若未决放，仍以减等论；

2. 诸故出人之罪，应全科而未决放者，从减等论，仍记过；

3. 诸监临挟仇违法，枉断所监临职官者，抵罪，不叙；

4. 诸罪在大恶，官吏受临，纵令私和者罢之；

5. 诸风宪官吏，但犯临，加等断罪，虽不枉法，亦除名。

（四）对监守、执行、行刑程序上失责者的追究

1. 诸有司辄收禁无罪之人者，正官并笞一十七，记过；无招枉禁、致自缢而死者，笞三十七，期年后叙；

2. 诸有司辄将无辜枉禁瘐死者，解职，降先品一等叙；

3. 诸弓兵祇候狱卒，辄殴死罪囚者，为首杖一百七；为从减一等。均征烧埋银给苦主。其枉死、应征倍赃者免征；

4. 诸禁囚，因械梏不严，致反狱者，直日押狱杖九十七，狱卒各七十七，司狱及提牢官皆坐罪，百日内全获者不坐；

5. 诸司狱受财，纵犯奸囚人在禁疏枷饮酒者，以枉法科罪，除名；

6. 诸主守失囚者，减囚罪三等；长押流囚官，中路失囚者，视提牢官减主守罪四等；既断还职；

7. 诸有司在监囚人，因病而死，虚立检尸文案，及并覆检官者，正官笞四十七解职别叙，已代会赦者，仍记其过；

8. 诸有司，各处递至流囚，辄主意故纵者，杖六十七，解职；降先品一等叙，刑部记过。

第六节　元人的旅舍业管理

旅店管理由来已久，中国从春秋初年起，就已有私营旅舍业的出现。《国语·晋语》上说：晋国宁邑有夫妇二人在大道旁开设了一家"逆旅"——"逆"是迎的意思，逆旅就是专门迎接客商的馆舍。秦代商鞅变法，决定对旅馆业严格控制并加强管理，要求投宿者交验身份证明——符传，没有符传而投宿，旅客与旅店主人同样要受到严惩。后来，汉唐时期私人旅馆业也非常发达，中间晋朝

曾一度酝酿废除私人旅舍，潘岳上《客舍议》谏止了。而旅馆之为"藏纳亡命之所"这一点，也确实使治安当局十分头痛，于是旅馆作为一种特殊行业，需要强化管理，也就提上了议事日程。宋代，旅客除交验通行凭证之外，旅店还按《宋刑统》之规定，详细登录过往旅客。著名文人曾巩任齐州知府时，"嘱民为保伍，行旅出入，经宿皆有记籍。"老百姓家中留客，尚有记籍，客舍登记就更不用说了。但元朝的旅舍管理，更具特殊意义，有一些特定措施。

一、保证客舍安全，保障旅客权益

元代恢复并拓展了汉唐以来多民族统一国家的辽阔疆域，奠定了明清直至现代中国的版图基础；蒙元地跨亚欧大陆，大力发展东西交通，提倡互市、发展贸易，允许中国人四出经商，招徕西亚人、欧非人来华贸易定居，这就极大地带动了旅馆业的发展，也给旅馆管理带来了繁重的法治管理任务。当时最突出的情况是两大宗：一是旅客鱼龙混杂，许多逃军、逃囚、无业流民夹杂其中，威胁元政府与基层社会的安宁；二是客店主人借开店为名，牟取暴利，甚至谋财害命，刑事案件重见迭出。这两方面问题的叠加，决定了元政府的管治难度与管理对策。

元中统五年（公元 1264 年），"验郡邑民众寡，置马步弓手"。这些弓手来自本州本里的民户，选家中富实丁多身强力壮者充当，归县尉、判官、巡检等指挥，负责当地缉盗事宜，"夜巡逻，禁出入，违者有罪，皆以防盗也"。按规定：州县城池相距五七十里以上，偏远村邑有居民二十户以上者，若设有邸舍可供居停，即需置马步弓手或店舍弓手，工作报酬由本店负责，保安业务由县尉主管。其关津渡口把隘要害去处，不受五七十里之限，随宜设置。客舍弓手可视为元代客店的专业保安人员。这个制度的实行，标志着元代旅馆业安全管理的专职化，是进步的措施。①

---

① 《元典章·刑部·设置弓手防盗》等条。

二、旅客必须合法投宿

元代旅客在途，必须随身携带身份证明"文引"。文引由本人所在的县司发给，申请人须如实呈告并填写清楚本人事历、外出情由、随身货物、在外期限、所去目的地等内容。县司接得申请后，要查问邻保，由当事人具状召保之后证明确实"别无违碍"之处，这才发放文引。其他机关无权发放文引。蒙古军人在军中如因军事行动，可发给特殊证明，但非军事行动的一般公差，也得由县司开具文引。可见元代文引的发放是控制得很严的。文引期满时必须注销，因故必须延长时，持原文引到当下所在县的县司去倒换一张新文引。凡无文引者，"并不得安下"①。无法投宿的旅客，势必要露宿、野宿。这时，又有宵禁与巡检，一旦发现，就要被笞打责罚；没有文引或文引内容可疑者，如被接待投宿，主人也要牵连受罚。

（一）旅客住宿，旅店有责任进行登录　元代各旅店备有"店历"，客商到店，在验明通行文引之后，逐一进行登记，写明旅客姓名、干何生理、来去方向。"天全黑时，管理官员及其书记来舍，将留舍客人逐一点名、记簿、盖印后，闭门，使客安睡"。②国家每月查验两次，遇有登录不实情况，"见发之家笞二十七下"，旅店主人要受鞭刑。这一规定，从客店方面入手，防禁了逃军逃囚、无业流民的窜逃活动，对维护秩序自然是有利的。

（二）旅店有责任为旅客保管财物　客商进店住下时，钱财交店主人保管，客商住店期间购买物件，由店方代为支付，临走一并结账。北非人拔图他在中国旅行时，就了解到这一制度，他说：凡回教商人投宿于回教客店时，"则该店取客人钱财货物慎为保藏，客人用钱，主人代为之付，诚实可恃，毫厘不欺。客人离开时，全数交出，若有减少或遗失，主人担任赔偿"，在这个措施下，一般客店，信实可恃，可以更多地招揽生意；某些"黑店"也会因此而

---

① 《大元圣政·国朝典章·刑部·路人验引放行》。
② ［北非人］拔图他：《游历中国记》。

有所隔碍，难于对客人下手；钱财已当面交付明白，店家自然有所顾忌了。

（三）店家不下单客，客商必须结伴而行，结伴而住 这又是一条既针对可能的逃亡者又针对欺负单客的旅店主人的措施。由于客店不接受单身商旅，个别逃亡者就无处投宿；由于客商都结伴而行，主人倘若有侮辱、谋害旅客之图谋，自然难于实现。这类措施看来似乎不便于商贾行客，但却是元政府对客店严密管理的表现。这比撒手不管客商安全要好得多。

三、官员出行，禁止宿娼

元政府规定，"禁使臣人家安下"，即禁止官员出差时投宿私门——这里特指私娼、暗娼。当时，娼妓不许在城内开业，而开旅店又往往在城外，商旅往还，络绎不绝，官兵来去，往往而是。于是，一切出使人臣等，每到外路，挟持威势，使酒命妓，招娼陪宿，以为故常。地方偶尔供应不上，还要受其毒打。对此，《通制条格·杂令》说，元廷下令："不畏公法官吏人等，每因差使去处，公明轮差娼妓寝宿。今后监察御史、按察司严行纠察。如有违犯之人，取问明白，申台呈省；其应付娼妓官吏，与宿娼人一体治罪，仍送刑部标籍过名。"这一条的执行，在那个时代，自然是不会认真的。但有这一条，总能说明其时旅馆业管理中，已经注意到娼妓问题，已经提到法律高度来处理了，这不能不承认是一项历史的进步。

当然，元廷对于旅馆业的种种管理措施，有其历史进步的一面，适应了大陆长途交通的需要；同时也有其反人民的一面。它所真正限制、取缔、惩罚的流亡者、逃军、逃犯、盗贼之类，往往是小民百姓；而实实在在的社会黑势力并不敢碰，实实在在的统治集团中的腐朽成分并不去惩治，倒是那些走投无路、求告无门的小民、流民，要被制裁、被惩办、被镇压。

第七节　元代的外贸与宗教管理

元政府责成降元的汉人留楚炎、李晞贤等仿宋《市舶法》制定了《大元市舶司刑法》，健全了外贸管理体制，完善了外贸管理法规。这样，中外海上交往，就不仅未因宋元易代而有所中断，或有所挫折，相反，却更加蓬勃地发展起来了。

一、蒲寿庚与元代外贸

元代仍设市舶司、市舶务或舶场，像一串明珠，洒落在沿海一带，北起山东半岛的密州、青州，中经古长江口的扬州、江阴、上海、华亭、青浦到杭州湾的澉浦（海盐）、杭州、宁波及温州，南到闽广一带的泉州、福州、漳州、潮州、广州与交州（今越南境内）等，它们奠定了今沿海沿江城镇的规模，带动了南方经济的发展。这时，与中国有海上交往的国度或地区，东有日本、朝鲜、琉球、菲律宾（吕宋）等各国，南洋群岛各国，南亚次大陆各国，阿拉伯半岛各国，东非海岸各国及环地中海各国，交往的地域范围如此辽阔，在世界史上也是值得称道的。

南宋后期，任命蒲寿庚为泉州市舶司提举，主持海外贸易三十余年。蒲寿庚是阿拉伯商人（或说是欧洲人的后代），幼年随祖父从占城（今越南中部）移居中国。他精通海上贸易，本人成为东南第一巨富。其婿办理之进口货物先后也达八十艘海舶之多，积资巨亿。元军攻下临安（杭州）后，南宋君臣曾想依凭泉州市舶司的雄厚经济实力进行抵抗，然而，蒲寿庚向元兵投降了。元政府十分重视蒲寿庚的作用。继续任命他主管东南海外贸易。同时，又责成降元的汉人留楚炎、李晞贤等仿宋《市舶法》制定《大元市舶司刑法》，健全了外贸管理体制，完善了外贸管理法规。

元朝对西方和阿拉伯世界的社会各界形成了巨大的吸引力。上都、大都、杭州、泉州、广州已具有国际化都市的色彩，泉州港成为国际最大的贸易口岸。旅行家、商人、传教士、政府使节和工匠，由陆路、海路来到中国，他们当中的部分人长期旅居中国，有些人还担任政府官员。据统计，这些人分别来自波斯、伊拉克、阿速、康里、叙利亚、摩洛哥、高丽、不丹、尼泊尔、印度、波兰、匈牙利、俄罗斯、英国、法国、意大利、亚美尼亚、阿塞拜疆、阿富汗等国。归国后一些人记录了他们在中国的见闻。正是这些游记，使西方人第一次较全面地掌握了中国和东方的信息，一个文明和富庶的中国真实地展示在世界面前。这些信息改变了欧洲人对世界的理解和认识。学术界普遍认为，马可·波罗等人的著作对大航海时代的到来产生了至关重要的影响。在大量阿拉伯人、欧洲人涌向东方的同时，中国人的视野也更加开阔，对周边国家、中亚、南亚和印度洋地区的了解更加清晰，足迹甚至延伸到西亚和西欧。

元代统一中国之后，首先在泉州设市舶司，然后在广州、杭州、庆元（明州即宁波）、温州、澉浦（海盐）、上海等口岸建立市舶司。元政府放宽了外贸政策，废除禁榷制度，外商来到，只抽解其货物的十分之一到十五分之一，其余商品一概自由经营。主要对外贸易的港口泉州，地处广州与杭州之间，位置适中，发展很快，到元初，泉州已成为当时世界最大商港，可与亚历山大港媲美。元政府明文申禁市舶官员"勒令商计捎带钱下蕃"，禁止私托外商购买进口物资；也不允许市舶官员故意压价自行折卖，或借查验之机接受"呈样"（其实是贿赂）；规定中外商舶一律凭"公据"、"公凭"进出港口，从事商贸。无证贸易，"告捕治罪，货物没官"。为了防止海盗，商舶出洋时，可带自卫性武器刀剑弓箭与铜锣，但一抵口岸，则需交给市舶司代管。

《元典章》中说过：元世祖也认为"有市舶司的勾当，是国家大得济的勾当"，与南宋高宗的认识一致。这种"大得计"、"胜取于民"的观点，比起明清那些主张"禁海"的君臣来，还是颇为明智的。宋元时期中外交往是值得大书特书的。

二、元代宗教管理

元代是中国历史上唯一明确提出宗教信仰自由的王朝，当时世界上所有的主要宗教在中国都有活动场所和信徒，这在整个欧亚大陆是绝无仅有的文化现象。它又是中国历史上思想文化禁锢最少的王朝之一，目前尚未发现元代人士因言论遭受不幸的实例。元代佛、道盛行，蒙古王廷尤崇藏传佛教。元世祖忽必烈尊西藏佛教大师八思巴为国师、帝师，授以玉印。至元初年，立总制院，由国师统领。至元十七年（公元 1280 年），立都功德使司，"掌帝师所统僧人并吐蕃军民事"（《元史·世祖纪（八）》）。至元二十五年，总制院更名宣政院，不仅统领全国的佛教寺院，并管辖西藏一切政教事宜。在地方还设"行宣政院"，分管地方政务。天历元年（公元 1328 年）废行宣政院，改在全国设立十六处广教总管府，以摄僧道。

元代佛教寺庙本身还设官，并置产收税，营建修缮。中央设太禧宗禋院，"掌神御殿朔望岁时讳忌日辰祀享礼典"，并对全国寺庙"凡钱粮之出纳，营缮之作辍，悉统之"（《元史·百官志（三）》）。全国道教事务由集贤院掌管，"掌提调学校、征求隐逸、召集贤良、凡国子监、玄门道教、阴阳祭祀、占卜祭遁之事"（《元史·百官志（三）》）。伊斯兰教也随着大批中亚各族居民来华而盛行。中央曾先后设立过回回哈的司、回回掌教哈的所。这个机构除掌教念经及为国祈福外，还一度全面掌管回回人的刑名、户婚、钱粮、词讼。

元朝与欧洲各国通使密切，不少基督教徒（当时称"也里可温"）东来。中央为管理基督教，先后设置过崇福司、崇福院，"掌领马儿哈昔列班、也里可温、十字寺祭享等事"。当基督教兴盛时，曾在全国设也里可温掌教司七十二所，延祐二年（公元 1315 年）省并。

事情总有它的另外一面。元人是佞信宗教的，有时不惜代价，本欲巩固政权反而动摇了国本。元朝武宗（公元 1308—1311 年）

以后，历仁宗（公元1312—1320年）、英宗（公元1321—1323年）以至泰定帝（公元1324—1328年），政治日趋腐朽。从武宗至大元年（公元1308年）至顺帝元统元年（公元1333年）二十五年间，换了八个皇帝。在最高统治集团中，奢侈腐化成为风气。蒙古皇室和元朝政府把每年搜括来的民脂民膏，大部分用于无节制的岁赐和"作佛事"上。武宗时，政府年入钞二百八十万锭，但他即位不到一年就用掉八百二十余万锭。他用在敬神、修寺庙等宗教活动上的开支，一度高达政府全部收入的三分之二。仁宗即位后支出更达二千万锭。据仁宗延祐四年（公元1317年）宣政院统计，仅供佛饮食一项，该年共用面四十三万九千五百斤，油七万九千斤，蜜二万七千三百斤，每日宰羊至万头。英宗以后诸帝更是无法餍足，以致"朝廷未尝有一日之储"，加剧了统治危机。

第八节 对辽金元法治的文化评议

本期的法治成绩首先表现为辽金元时期警巡院制的确立，表明组织体制化与管理规范化已提上了日程。"警巡"是辽金元政治舞台上十分活跃的一支高度制度化、体制化的权威力量，承担着禁卫、治安、狱政等多方面的警务职责，其专业化、专责化程度很高。辽金元时期的"警巡院"、"巡城察院"、"巡城御使"、"兵马都指挥使"、"勾当左右厢公事"（又称都厢）等机构的组织、职责、功能之间存在着专业关联性、一贯性。元代又有旅舍弓手（保安、保镖）之类。而且，警巡人员的行政级别、职责范围与薪俸待遇，都有明确的制度性规定，可与军队或地方行政官员的品级、待遇等相比照。可以说，辽金元时代，已经从组织机构、吏员级别、职员薪酬、职责内容、勤务方式等各方面保证了"建警"任务的实现，这是中国法治史上一套根本性的历史坐标。

辽金元法治力量及其职能的制度化程度，在世界范围内也是绝无仅有的，至少可与四个世纪以后欧洲工业革命成功之初的警察队伍相比拟，而就规模体量来说，他们则远远瞠乎其后。由于中国法治史研究的极度贫乏，人们对这种"警察制度"知之甚少，相关史料尚待深入发掘，这里只能点到而已。

元人主观上很开放，在入主中原之后，尤其重视引进色目人参与国家管理，又重用汉人知识分子参与建制立法，逐步实现了政府法治运作上的规范化、程序化；推出了许多富有时代特征的法治举措。比如围绕元代的狱案审理中的专职审议制、政府决策机制中的"圆署"制、民族案件中的"约会"制、社会治安中的"警迹人"制、向命案施害人征收"烧埋银"制、狱案侦审中的问责制、死刑判决上的君主裁决制等，都带有这个时代的民族特征。元政权和它以前的辽金政权一样，是整个中华法治体制发展进程中的重要民族推手。

第十一章

明代：中华法治中暴力因素的凸显

南宋以来，我国经济机体内部的商品经济获得了有力的发展，东南沿海一带的近代经济开始萌动，新的意识形态、新的政治要求也在孕育躁动之中。商品经济的空前发展，让市民阶层有望登上政治舞台，这既向国家法治提出了历史新课题，也带来了法治变革的历史新契机。前述宋辽金时期，城市体制变化了，统治集团因应形势，对汉唐法治体制作巨大变革，社会管理取得了积极成果。然而，明代统治集团没有这个气魄，面对新的社会变动，只有镇压与摧残的一手，而没有顺应它、引导它、管理它的能耐。

第一节　一个孕育新变的时代

一、新兴产业促进市民阶层的崛起

明代（公元1368—1644年）中后期，是一个孕育新变和畸变

457

的时代。张居正新政带来了万历时代的鼎盛，财政充裕，武备振兴，取得了"三大征"的胜利（平定宁夏勃拜之战、贵州杨应龙之战、御倭援朝之战）；又开放海禁，与葡萄牙、西班牙达成贸易，构筑了跨太平洋、印度洋、大西洋的海上丝绸之路。中国产的生丝、丝织品、棉布、瓷器遍及全球，中国年年出超，入华白银占全球白银产量的三分之一至二分之一；《白银资本》的作者美国人Frank认为"整个世界经济秩序当时名副其实地是以中国为中心的。世界上没有任何国家有实力能与中国相抗衡"。当时，我国传统农业、工业、商贸业有了更为长足的发展，满足了国内庞大人口的基本需要，也满足了亚欧非市场对农副产品的巨量需求。明代东南沿海城市经济迅速发展，南京、扬州、苏州、松江、杭州、广州，佛山镇、武昌镇、景德镇，都以生产发达、市场繁荣著称于世。松江府投放市场的棉布"日以万计"，苏州"郡城以东，皆习机业"。景德镇"广袤数十里，业陶数千户……万杵之声殷地，火光烛天，夜令人不能寝"（参见明·归有光：《归震川先生文集》等）。这个时期，造船业、丝织业、棉纺业、制茶业、制瓷业、矿冶业、制盐业等行业高度发达，并在相应地区形成相对密集的特色产业区，以中心都会为核心，带动广大农村腹地，汇成一种前所未有的生产力。生产者、经营者们在比产量、比质量、比营销、比运输、比技能的大规模竞争活动中，形成了相互依赖、相互联结的利益共同体，出现了以私营作坊、手工工场为基地的劳动力密集组合和以行会为纽带的利益集团。其中任何一个环节的异动，都会直接牵动广泛的产供销系统而作用于整个社会。大量失业农民进城谋生，在"出卖劳动力"的新型雇佣体制下向"产业工人"蜕变。这些一无所有的人被高度组织起来，机器设备成了他们的生存依靠，对社会经济变动保持着极度的敏感；他们最善于作有组织有目标有计划的群体斗争。密集的劳动力群体，自然会产生新的生活要求，并上升为新的政治要求。在这种情况下，新的意识形态，也在孕育躁动之中。到明代中叶，便已形成一股强大的时代冲击波，震撼着旧有的统治秩序。这是社会公益、社会正义、社会舆论形成的社会基础，因而构成历代以单门独户为管理对象的旧式法治体制所难以对付的新生社会力量。

明代统治集团对新经济大潮并不取抵拒态度，连皇家也直接介入商品经济，很热闹地"经营"起钱庄、典当与农庄来了。但在既定政治体制与宦官政治下，其"介入"实际上起着败坏经济的作用。在新的社会生产力所提供的源源不绝的无尽财富面前，其急剧膨胀的物欲随着少数人财富的高额聚敛而呈几何级数的攀升。明统治集团从皇帝开始，一直在肆无忌惮地吮吸民财，到处圈良田办皇庄，设银铺吸民脂，从精神生活到物质生活，都空前地糜烂而无耻。嘉靖时，全国在籍耕地的二十分之一竟被皇家占为私人"庄田"，交给宦官们去"经营"。皇帝还派宦官特务为"矿监""税使""采办"，到全国各地以"征商""开矿""收税""采买"的名义恣意敲诈掠夺。所到之处，必竭泽而渔，闹得不仅民生凋敝，而且国库空虚。各地官僚地主趁势吞噬社会财富，他们比任何时候都贪婪、都腐败、都无所顾忌。仅严嵩一人，在倒台时抄没其家产，就得黄金三十万两、白银二百万两，而当时国库的存银还不足十万两！这种高强度、高烈度的政治腐败形势，激起了广泛的农民起义和少数民族起义，也激起了广大市民风起云涌的"反特斗争"。上帝要谁灭亡，就先让它发狂。统治秩序从根子上被"上层"腐化着、消解着；而"下层"已为它掘好了墓穴。

二、新的城市生态孕育新的斗争手段

市民是在城市中从事各种行业的经济文化活动的居民的总称。市民阶层是城市商品经济发展的产物，是两宋以来城市经济职能不断强化的结果。它既是城市消费经济的直接生产者，又是消费文化的直接参与者，是一个新型的利益共同体。城市经济发展后，市民生活方式也发生了深刻变化。城内除工商产业外，社会服务性行业更见兴隆，赌场、妓院、酒楼、茶社、戏馆、饭庄、旅店、当铺、银号、柜坊……应有尽有，不应有的也都滋生出来了，它深刻地改变了城市生态与市民心态，人们的生命追求、审美意识发生了根本性的改观。物欲的膨胀随着少数人财富的高额积累而呈几何级数地上升，也加剧了社会的不平衡而带来社会成员间的激烈冲突；而活跃于消费经济、消费文化中的幕僚政客、文人士子、师爷家丁、奸商牙侩、江湖艺人、闲散军卒、社会流民、帮闲伙计、僧尼丐帮，又构成了城市生活的另一股势力，他们成分最复杂、思想最易变、行为最敏捷，而破坏力也最明显，成为孕育新型治安事故的温床。

市民阶层的生活方式与思想意识与传统的官绅地主、文人士子、农夫商贾都不一样。市民阶层有自己的政治经济文化要求，形成了一股新的社会力量。它已经意识到自己的特殊利益，能够广泛采用罢工罢市、结社集会、游行示威等和平手段与统治者作合法斗争，维护社会正义与自身的权益。这是传统静态警治模式所绝对适应不了的。明代市民阶层的崛起，是明代城市治安管理遇到的巨大新课题。

市民的生活方式与斗争形态直接关系到明代的社会治理，影响着明王朝的政局。明政府面对历史新课题，其对策是大搞宦官政治下的特务统治，希冀靠体制外的恐怖侦缉与暴力惩治手段，来应对这一新的社会潮流，结果却葬送了它自己。

第二节　走向严酷的明代立法

明代统治阶级对社会失去了往日的控制力，除了暴力钳制与镇压之外，已经拿不出有活力的措施了。尤其是知识分子的斗争与市民风潮结合起来的时候，旧有的社会管理系统一筹莫展，苍白无力，于是统治集团就只剩下一手：镇压！

统治集团把传统的文武两手都推向极端，以此来维持其统治秩序：一是强化意识形态钳制，扼杀一切民主性的精华，发挥专制文化对社会的毒害力；二是综合唐宋元立法的各种形式和相关内容，确立起律、令、诰、例、典并用的体制，使立法普遍严酷化，强调刑法对社会生活的全面威胁；三是强化各级政府对民众的弹压功能，一面大搞宦官政治，依靠特务实施恐怖统治；一面普遍组建"民团"，协同驻军对地方实施弹压；同时又组建保甲，使基层民众都生活在高压政治之下。

明统治集团很懂得运用法律手段来管制社会，其立法活动可以说是集汉唐宋元之大成而更加严酷。明代律诰条例是传统律学和立法形式发展的结果，更是明代统治阶级加强刑事镇压、严密法网的需要。

一、制定《大明律》

《大明律》是明朝的根本大法，它是在明太祖朱元璋亲自参与下，历时三十余年编纂而成的。早在明朝建国之前的吴元年（公元1367年），朱元璋总结了"唐宋以来皆有成律"的经验，强调立法的重要性，特于是年十月令右丞相李善长等议律。此次修律以《唐律》为基础，承袭《元典章》的体例，依六部为序，共成二百八十五条。其中吏律十八条，户律六十三条，礼律十四条，兵律三十二条，刑律一百五十条，工律八条，改变了唐宋律例体制。在制律的同时，还编定了一百五十四条"令"，取名《大明令》。洪武六年（公元1373年）冬，朱元璋又令刑部尚书刘惟谦等人详定《大明律》，并"亲加裁酌"，洪武七年（公元1374年）二月，颁行天下。颁行二年后，朱元璋觉得此律"犹有未当者"，自洪武九年（公元1376年）始，又令再度修订，历时二十余年。洪武三十年（公元1397年）颁布，成为一代定制。《明史·刑法志》说：修改后的《大明律》共三十卷四百六十条，较《唐律》精减。它将《名例律》冠于全律之首，内容大致袭自《唐律》。以下则按六部为序：《吏律》分《职制》和《公式》二卷；《户律》七卷；《礼律》分《祭祀》和《仪制》二卷；《兵律》五卷，含军政、关津、宫卫、邮驿等；《刑律》十一卷；《工律》分《营造》和《河防》二卷。据考，朝鲜李桂成时代的《刑典》和《刑法大全》，日本明治时期的《改定律例》，越南阮世祖时的《嘉隆皇越律例》和宪祖时的《钦定大越会典事例》等，都直接援用或抄自《大明律》。①

二、编辑《明大诰》

在朱元璋看来，《大明律》的编纂还不能满足其"重典治世"的需要，因此自洪武十八年（公元1385年）至二十年，他又先后亲自制定了带有特别立法性质的《明大诰》四编，用以惩办臣民的严重犯罪。它是朱元璋以"民狃元习，徇私灭公"为由，"采辑军民过犯"的典型案例而亲自编定的，共计二百三十六条。《明大诰》与前代法典相比，有明显的几个异常之处：

第一，它以惩治官吏为重点。凡是官吏沉匿卷宗案牍、伪造御玺文书、交结近侍、假公科敛、贪赃枉法、逃吏更名等都被列入死罪，分别处以凌迟、枭首和腰斩等酷刑。这当然有严惩贪腐的意图，也确实杀了一批贪官墨吏；然而这并不能冲销其法治指导思想和肉刑惩罚措施上的倒退。

第二，巧立罪名和滥施酷刑。如诡寄田粮、倚法为奸、鱼课扰民、黥刺在逃、士大夫不为召用等行为都被列为重要犯罪；同时还规定了凌迟、枭首、族诛、剥皮、弃市、墨面文身、挑筋去指、挑筋去膝、抽肠刷洗、斩趾枷令和枷项游行等繁多酷刑，其中许多本来早已废不常用者，也都被他统统恢复了。《明史》在论及《明大诰》时写道，"所列凌迟被诛者，无虑千百，弃市以下万数"，甚至创有"戴罪还职"工作的惩罚，以致出现公堂上下皆为朝廷囚犯的怪现象。

第三，定罪量刑不区别犯罪情节。如所载贵溪县儒士夏伯启叔侄二人自截左手大指，即被判定"不为君用"的罪名，枭令抄家。在《大明律》中"违限不纳夏粮"仅判杖一百，而在《大诰》中却要判凌迟处死。这种轻重不分，首从不分，过失与故意同罚的案例充斥于整个《明大诰》中。

---

① 杨鸿烈：《中国法律在东南亚诸国之影响》，载《新民月刊》1935年第一卷七、八号。

《明大诰》的颁布，集中体现了明朝君主专制集权的高度强化，反映了明太祖朱元璋"重典治世"的个人意志，因而对明代的恶劣政风起了极坏的影响。

三、删修条例

用例之风始于唐代，盛行于北宋末年，明统治者进一步发挥"例"的作用，使其成为律诰之外更加灵便的法律武器。明代的"例"亦称条例，包括判例和事例两种，其中的事例指朝廷官员就全国性大事或一时一地之事，从法律的角度向皇帝奏请核准而颁行的单行条令。它与律的区别主要在于：律是万事常法，例是一时权宜。由于例逐年累月不断增加，为了消除条例之间前后重复和矛盾之处，编例活动便应运而生了。洪武时期便有了《真犯死罪决不待时秋后处决条例》和《赎罪条例》等条例汇编。成化十八年（公元1482年），宪宗首肯《挟诈得财罪例》，弘治十三年（公元1500年）孝宗正式诏命刑部尚书修《问刑条例》。至神宗万历十三年（公元1585年），刑部尚书舒化等受命以历代《问刑条例》为基础，采取嘉靖以来的诏令，以及《宗藩军政条例》、《捕盗条格》和《漕运议单》中与刑名相关的部分，编成《问刑条例》382条，附于《大明律》之后，作为律条正文的附注，合称《大明律附例》，从而形成了律例合编并行的律典新体例。

四、编纂《大明会典》

"典"作为一种正式的法律形式，始于唐代开元年间编成的《唐六典》。《大明会典》就是一部仿照《唐六典》体例编纂而成的行政法规总汇。洪武十三年（公元1380年）朱元璋废除中书省后，中央政权体制发生了重大变更，行政法律关系亦随之趋于复杂。为此，英宗正统年间开始编纂《明会典》，于武宗正德四年（公元1509年）编成颁布，世宗嘉靖二十八年（公元1549年）校勘增补；神宗万历十五年（公元1587年），又一次校勘增补，这就是常见的《大明会典》。《大明会典》的内容以文武职官衙门为纲，分述各行政机构的职掌和事例，职掌源于历代律令典籍，事例则是采集历代条例而成。由于它汇集了明代官修的《诸司职掌》《皇明祖训》《明大诰》《大明令》《大明集礼》《教民榜文》《大明律》《军法定律》和《宪纲》等几乎所有的律令典章的内容，因而具有法规大全的性质。

由此，明代律令日趋严酷，加剧了社会不安。以此作为执法活动的法律依据、权力源泉，不可能真正为社会提供安宁。想想看，当凌迟、枭首、族诛、剥皮、弃市、墨面文身、挑筋去指、挑筋去膝、抽肠刷洗、斩趾枷令和枷项游行等繁多酷刑明载于律令之时，哪里还会有良性社会秩序可言？当"千刀万剐"一次又一次地被付诸实施时，投射到社会心态上的阴影又该何等沉重！刘瑾和袁崇焕都被"凌迟"了，又何尝给明王朝带来一丝好处？

第三节　苛虐的特务统治

在法治形势剧变面前，明政府实行的是另一种"双轨制"：一是传统的国家行政系统，包括各级政府主管警治禁卫安全的职能部门，遍布全国的监狱、军队直至地方民团，用以管制社会治安，防范与惩治各种刑事犯罪，弹压与消灭任何反政府的政治力量及其武装造反活动；一是推行宦官政治下的特务统治，组建国家权力体制以外的特务机构，公开运用恐怖侦缉手段，对付市民阶层崛起后新的治安形势，借以维持其专制独裁统治。其打击的对象便是群体干政的知识分子和群体游行示威的市民大众，因而也就遇到了最强烈的抵抗。

一、创设五城兵马司

明太祖朱元璋于洪武元年（公元 1368 年）正月在南京称帝，以汴梁（今开封）为北京，元大都改称北平府。永乐元年（公元

1403 年）正月，明成祖朱棣升北平为北京；永乐十九年正月（公元 1421 年 3 月）正式迁都北京，设"五城兵马司"等司法机构，确立了卫所制度，又搞起了特务统治，历届当政陆续组建锦衣卫、东厂、西厂等，还大搞文字狱与禁海，借以不断强化其统治。

《渊鉴类函》（卷一百七）"设官部·明巡警"条称："（明初）改置中东西南北城兵马指挥司，初设都指挥、副都指挥、知事，寻改兵马指挥司指挥使、副指挥、知事。洪武十年改为指挥、副指挥，革知事。""本司各设指挥一人，副指挥五人。指挥掌巡捕盗贼、街道、沟渠、囚犯、火禁之事；副指挥为之贰。"本条资料显示出：明代的"兵马指挥司"与前代"巡警制度"的"职掌"是相关联的，其职能职责上具一贯性，这就纠正了中国古代警制不连贯的印象。

清·秦蕙田所撰《五礼通考》引《明会典·嘉靖十八年南巡仪注》说：兵部奏请"皇城四门、京城九门、大明门外，两边守门文武大臣各一员，坐边官侯伯二员，增设守门官、军用科道官，点闸京城内外巡捕官军。行营再选有马官军三千员，各分为两班，酌与五城地方、与同旧有官军巡边"。按：这条资料又对明代京城的巡捕活动与巡捕组织一并作了交代。所说"皇城四门"、"京城九门"的"守门官"之类的设置，很容易让人想到此前宋代的"城厢制"与此后清代的"九门提督"等制度，恰好标示出历代禁卫活动相沿袭的历史轨迹。

所谓"五城"，是将京师划分为中城（在正阳门里，皇城两边）、东城（在崇文门以里）、西城（在宣武门以里）、南城（在正阳、崇文、宣武南三门以外）、北城（在北安门至安定门、德胜门里及北关外）五个区域。"五城兵马司"的巡查地区是：北到居庸关，南到南苑，西过卢沟桥，东到通州。同时，在京城的各个角落设置"巡捕厅"，有内东巡捕厅、东北巡捕厅、内西巡捕厅、东南巡捕厅、西南巡捕厅等。东西南北中五城兵马指挥司，每司设指挥一人，副指挥四人，吏目一人，弓兵八十人，火甲若干。他们要在全城缉捕盗贼、维持秩序，查察户籍，疏理街道沟渠，看押人犯，查禁私盐，追赃，夜巡，防火，救火。"凡军民人等在街市斗殴，及奸淫赌博，撒泼抢夺，一应不务生理之徒、俱许擒拿"。其任务十分繁重而威权显赫。

正因为兵马司任务过于繁杂，后来又添设"巡捕营"，有官军一万多名，马匹五千六百多头，专门负责夜间"缉捕盗贼"。

二、明太祖开特务统治之风，创设锦衣卫

明太祖搞个人独裁，直接控制司法权，迭兴大狱，亲自审囚，一案持续十数年，牵连几万人，枉死者不计其数。他在洪武初年，就设"检校"一职，搞特务活动；洪武十三年（公元1380年），以宰相胡惟庸谋反为借口，废除宰辅制，析中书省之职权归六部，而将全国政务都集中到皇帝一人手中，搞起了中国历史上最彻底的独裁制。

他一人当然无法监理天下臣民，又不信任任何一个朝廷官员，于是便让身边的心腹亲信去办理政事，开宦官政治之风；同时又立下不许宦官识字、干政的"禁约"，既用来遮掩天下人耳目，又让这批"恶狗"不生"大智慧"，只知依令行事，便于操纵。他怕因此而惹得臣民不满，于洪武十五年组建亲军锦衣卫，建锦衣狱，搞起了侦察审判。锦衣卫全称是"锦衣卫亲军指挥使司"。随后又组建了旗手卫、府军前卫等禁卫组织，共组成了十二个"亲军卫"，总称为十二卫。锦衣卫长官"指挥使"由皇帝的亲信心腹担任，其下领有十七个所和南北镇抚司，设官有千户、百户、总旗、小旗等名目。其最重要的职能就是侦缉和纠察皇城内外的"非法事端"。明廷本有刑部、都察院、大理寺狱等政法机构，锦衣卫却超越于这些国家机构之外，锦衣卫的缉察和刑狱职能，不受朝廷司法机构"三法司"（即刑部、都察院、大理寺）的约束，秉承皇帝个人意旨，秘密办案，有很强的独立性，成了权势熏天的单位。

锦衣卫是明代皇帝发明的禁卫军与秘密警察合一的御用机构。锦衣卫除了奉旨拿人以外，就是出宫侦刺、接受告密、缉捕所谓奸恶之人。其侦刺的地点和对象不受限制，因而很容易变成黑暗和腐败的魔窟。明代皇帝特别设立了廷杖制度，以对付那些触怒他的大臣，就由锦衣卫执行。不仅大施五毒酷刑，诸般刑法也都是一道道鬼门关，诸如琵琶刑、挺棍、脑箍、烙铁、一封书、鼠弹筝、拦马棍、燕儿飞、灌鼻、钉指、鞭背、伤两踝等，触刑者必死，或者求死不得。

当时，缇骑无所不至，消息直达宫中，夜间如有紧急密报需要直达皇帝时，缇骑们便从长安门、东华门塞进密奏文书，守门者就会立即接过，递入宫门，宫门的值班宦官很快就传递给皇帝。当夜的"事"，凌晨上朝，必受查问惩处。

三、明成祖朱棣创设东厂，其后西厂、内行厂相继而设

东厂的发明人是明成祖朱棣本人。朱棣原是靠宦官特务夺得皇位的，登基后精神一直处于紧张状态。他一接手政权，就把一度停业的锦衣卫狱恢复起来，又命自己的秉笔太监创建东厂特务机关，来严防他人效法自己。由于该机构设在东安门北侧今王府井大街北部的东厂胡同里，因之定名为"东厂"。东厂的职权是"缉访谋逆妖言大奸恶等，与锦衣卫均权势"（《明史·刑法志》）。他从锦衣卫亲军中挑选轻黠猾巧奸诈毒辣之徒入东厂；同时又组建成宦官"二十四衙门"，即四司八局十二监。这些司局监，按理是只负责皇帝、皇族的日常起居的，如惜薪司管薪炭，混堂司管洗澡，针工局管裁缝，司苑掌瓜果，尚膳监掌饮食，尚宝监掌印信……然而不然，在朱棣手下，它却成了凌驾于外廷六部之上，把持国家政务与皇家事务的最高实权机构。其司礼监权势最大，"总揽一切"，凡批答奏章，决定人选，传宣圣旨，指挥内外，司礼监无不管之，成了事实上的宰相。要干这些事，就不能不识字，宣德年间便建起了内书堂——中国最早的官办"特务学校"。东厂捕拿的罪犯，交与锦衣卫镇抚司狱审问。东厂首领为掌印太监一人，称为厂主或厂督，其下掌班、领班、司房无定员，掌刑千户一员，理刑百户一员。负责具体侦查缉防的是役长和番役，役长一百多人，番役一千多人。东厂除了掌印人是太监外，其余都是从锦衣卫千户、百户、校尉中选调而来的，其中役长和番役都是原锦衣卫中轻黠猾巧之人。

魏忠贤自天启三年（公元1623年）开始，一直兼管东厂事务。东厂是明代最大的一支隶属于内廷的执法机构。厂卫并举，对全国实行严酷的特务控制，名义上是共同对付"盗贼奸宄"，实际运行则是滥捕朝野无辜，成为对朝官进行政治迫害、对民众进行索贿、诈骗的工具，而这些又都是在皇帝本人的指挥或默许下进行的。到宪宗成化年间，又另建西厂，以分东厂之权，起特务之间的牵制作用。

明武宗在位初年，宦官势力炽盛，西厂开业，由太监谷大用统领。这时的西厂与东厂并驾齐驱，两厂的提督太监都是掌权太监刘瑾的党羽，但是并不团结，互相揭短，矛盾渐深。与马永成、谷大用同样受皇帝宠信的"八虎"之一刘瑾，为了加强对宦官系统的监视，于正德三年（公元1508年）八月，又在荣府旧仓创设了一个"内行厂"，由他本人亲自统领，权势居东、西厂之上。内行厂以监督东西厂为专职，这是侦缉特务的特务。这就使特务机构更完备了。于是啰卒四出，天下骚然，开明代特务统治最狂滥、最酷烈之风。到世宗时，便出现了"嘉靖嘉靖，家家皆净"的严重社会后果。正德五年（公元1510年）八月，刘瑾的种种猖獗不法事端被揭露，明武宗将刘瑾处死，罢除了内行厂，西厂也同时消亡。到天启崇祯年间，作为明帝依靠力量的宦官特务，终于一手葬送了这个王朝。

明代的东厂、西厂、锦衣卫、镇抚司狱（诏狱）在侦缉、捕囚、系囚、审囚等方面"不衷古制"，全无法纪定制可言。其罪行罄竹难书，也就招致民众激烈的反抗。

明代在正常司法体制外，除了厂、卫，还有地方民团的组建。对广大官民来说，厂卫是天外飞来的横祸，而民团则是脚下突起的蛇蝎。防不胜防，防无可防。此处且不说它。

第四节　罄竹难书的厂卫罪行

明代特务是"体制外的特殊司执法力量"，从其"任务"的性质上可分为三种：（1）驻在宫中和京城的锦衣卫和东厂、西厂、锦衣卫狱等力量，负责侍卫、传宣、侦缉、搜捕、刑狱；其活动诡秘阴毒凶残，政治性强；（2）分驻各地的镇守太监，有守备、织造、监督等名义，侦伺社情民情军情政情，秘密上报。它是皇帝控制全国军民的得力鹰犬；（3）临时差遣的矿监、税使、采办、军监等"内使"，其行为的疯狂性和社会破坏性最大，是晚明社会经济倒退、法纪破败、军事无能的罪魁祸根，也最易激起民愤。

一、破坏经济，摧残社会生产力

明政府对新的生产力的摧残是无所不用其极的。明政府在全国各地疯狂地建皇庄，办皇店，向全国各地派"采办"，派"矿监"，派"税使"，凶残地榨取民脂民膏，破坏新兴产业，破坏国计民生。如辽东矿监高淮公然宣称："矿不必穴，而税不必商。民间丘陇阡陌皆矿也，官吏农工皆入税之人也。"在他的搜刮下，"先辽阳城有四十一家，其家皆有数千之产，为淮搜索殆尽，非死而徙，非徙而贫，无一人如故矣！"① 经济最发达的苏松一带，也由此而变得"萧疏糜烂"了。明廷停止"下西洋"（航海）之后，东南沿海的造船业、丝织业、瓷器业、制茶业……便相继萎缩了。特别是为了对付倭寇，居然祭起了"禁海"这个"法宝"，摧残了宋元以来沿海处于发展中的新兴产业，使国家生产力水平大为后退。在思想政治战线，明政府用的也是摧残镇压手段，迭兴大狱，大搞文字狱，扼杀知识分子的反抗意识，毒害已经觉醒的民族意识与正在萌动的民主思潮；他们依恃军事镇压与特务活动来对付斗争中的人民大众。然而，这一切，并没有能挽救其危亡。

二、滥施酷刑，摧残社会良知

朱元璋依靠锦衣卫，侦缉办案，大兴诏狱，滥用酷刑，说来触目惊心。有刷洗刑，将人裸卧在铁床上，浇上沸水，然后用铁刺刷

---

① 见《明文存·李化龙疏》。

刷尽皮肉。还有剥皮法，用灰蠡水（即石灰水）浸泡人犯，然后剥下人皮，再塞进禾草，悬以骇众；或做成马鞍、椅褥之类。朱元璋还曾下令将军中唱曲吹箫下棋打双陆踢球的人"割了舌头，断了手，卸了脚"。有个通政使，被他罢了官，贫困不能归乡，忍痛卖去四岁的亲生女儿。朱元璋听知后，居然惩以腐刑。他用特务，有时自己就当特务。他常微服私访，一次听市民对话，有人称张士诚为张王，称他为老头子，他便指挥亲兵抄没当街所有居民户。另一次，他见市民们围着一幅漫画哗笑，走近一看，画的是一个赤脚妇人怀抱着大西瓜。他估摸这是讽刺他的马皇后为"淮西大脚妇人"，便命军士杀尽当地居民。

特务的活动方式诡秘而嚣张，残忍而毒辣。厂卫之人，每月初一抽签分派任务，派去刑部大堂等处监理审案者为"听记"，去官府、城门、宫门缉记者叫"坐记"，有情报时密封后随时上报，叫"打事件"，支使市井无赖勒诈无辜叫"打桩"。锦衣卫行刑时，看主持太监的靴尖行事。太监靴尖摆成八字形，就不打死人犯；若靴尖并拢，则非打死不可。审理时，太监发一声令："带上犯人来！"千百卫卒堂上堂下堂里堂外齐声应喝，声震数十里外；又喝令跪下，行杖，于是用棍子猛击，每击五棍换一次打手；每击一下，上下齐喝，杖毕，喝："扯下去！"便有四名军卫用布袱装着拖走。

其侦缉活动尤为诡秘，任意指证，罗陷良民。魏忠贤时，有旅客五人夜间在客店闲话，一人语及忠贤罪恶，旁人连忙止住他，此人说："魏忠贤再厉害，也不会把我弄去剥皮吧？怕什么！"到夜半睡熟，便有人举灯照面将此客擒之去，顷刻又来人带出另外四人，上了大堂，只见此人已被钉在大木板上。这四人便听座上人说："他说我魏忠贤剥不了他的皮，现在来试试看！"便命人浇以沥青，用木槌槌下皮来，吓得四人几乎死去，却赏给他们金钱，说是"压惊"。在特务统治造成的恐怖气氛下，人人自危，甚至连边远地区的小百姓，一听有操京师口音的人骑马而来，便惊惶逃避，如遇瘟神。

祝允明《志怪录》记有一则实例：宦官王敬、王臣骚扰江西苏杭一带，"信意出一纸，录市人姓名，括取金玉，人无得免。或挈室而窜，白日闭户。途路行人，妄传其徒将来，则市人空肆而匿；东南骚然，有类大变。郡县无如之何，亦或闭门不敢治事"。特务头目的嚣张威势，达到了史无前例的地步。如宦官汪直出巡山西，地方都御使急忙穿上官服，带领本地大小官员，跪迎于三百里外。等这位钦差宦官车马过后，他才敢起来，又连忙脱去官服，换上便装，赶到汪直前方下榻的馆驿去，前后奔走，端汤倒水，煞似当差的小厮。都御使本是朝廷命官，是风纪大臣，他都带头膜拜于尘埃了，朱家朝廷还有什么风纪可言呢！

三、狱政酷虐，摧残社会脊梁

明代特务横行之下的监狱，更是十分黑暗而惨毒。朱元璋亲自制定的《明大诰》中，明文规定的刑法就有族诛、凌迟、枭首、挑筋、去膝、剥指、阉割等三十余种酷刑，甚至还有铲头会，将人犯成批地活埋，头顶露出地面，然后铲平掩埋。如果这还算"有法可依"；那么，东厂、西厂、锦衣卫、镇抚司狱（诏狱）在侦缉、捕囚、系囚、审囚等方面的"不衷古制"，就是无法无天了。《明史·魏忠贤传》："民间偶语，或触中贤，辄被擒戮，甚至剥皮、割舌。所杀不可胜数，道路以目。"连《大明律》载的《慎刑说》中也承认，当时"有司疏于治狱，有狱卒要索不遂凌虐致死者，有仇家买求狱卒设计致死者，有伙盗通同狱卒致死首犯以灭口者，有狱霸放债逞凶，满监尽其驱使、专利坑贫因而致死者，有无钱通贿，断其供给，有病不报，待其垂死而递病呈或死后补病呈者……使抱冤待辩之人，株连未结之罪，一概死于狱中"。

宦官威势如此之高，发财自是极易的事，于是滋生出一批假宦官来，为非作恶，祸害良民。《万历野获编》记述说：当时有一等人，把自己阉了，或把儿子阉了，送进宫中，想挤进宦官队伍。此风一起，皇帝一再下令也禁止不了。实际上明廷宦官虽有十万之数，毕竟有限，于是成批成批的自阉之徒便只有流落街头，窜身荒郊，无以为生，于是结伙作恶。在通往京师的大道上，往往有这种人出没。他们包围旅客，索要钱财，朝廷达官也不放过，若是三两个零散旅客，则活该倒霉。他们一拥而上，扯阴茎，卡脖子，撕衣裤，搜索珠宝。地方官习以为常，不加过问也不敢过问。社会法治败坏尽净，广大人民无以为生。

对此，人们不得不起而抗争。

第五节　明人启动了和平合法斗争的新方式

明代人民的反特斗争，发生在宦官肆虐最为猖獗的明代中后期，即正德、嘉靖、万历、天启年间，以矿工斗争、市民斗争最为典型。当时，湖北市民的反陈奉斗争，福建市民的反高采斗争，山东市民的反陈增斗争，云南市民的反杨崇斗争，都产生了震动朝野的效果。而以苏州市民反权奸魏忠贤的斗争最为有声有色，更显政治斗争锋芒，取得的成果也最大。

一、民众反特斗争方式的历史首创：游行、罢市

神宗万历年间（公元1573—1620年），搜刮天下财富，派矿使到各地监督"开矿"。矿使到处，任意指点，说哪里有矿，就在哪里设厂发掘，拆民房，毁坟墓，掘田垅，无所不作。一无所获时，则责令当地官民破产"抵偿"。他们到处肆虐，闹得"天下之势，如沸鼎同煎，无一片安乐之地。贫富尽倾，农商交困，流离转徙，卖子抛妻，哭泣道途，萧条巷陌"①。这就不能不激起"民变"。

万历廿八九年间，湖广税监使陈奉由武昌入荆州，沿途苛扰，劫掠商旅。一到荆州，便有商民数千，向他"飞砖击石，势莫可御"；到襄阳，商民数千聚众鼓噪，其势汹汹。襄阳知府办了两个参随小宦官，平息下来。又到沙市、黄州、光化、湘潭等处，处处

---

① 沈鲤：《请罢矿税疏》，见《明臣奏议》。

激起民变。在武昌，陈奉又恣意作恶，于是激怒诸生（读书人），群起控诉，市民万余，蜂拥进陈奉府，"甘与奉同死"。情绪激昂，陈奉却想用大屠杀来向当地官民示威，于是数万人围困奉府，陈奉逃匿，终日不敢出。其党羽十六人被愤怒的群众投入大江。朝廷派使臣刺探动静，两个月不敢入境。最后逼得万历帝召回陈奉，削去地方大僚的官，事情才算平息。

同年，苏州织工的斗争更有气势。当时，苏杭织造太监兼税监孙隆驻在苏州，剥削机户，勒索商税，大水过后，征敛尤苛。时吴民机房出机，机工出力，相依为命。孙隆在苏州设五关，关关抽商税，商贾穷于应付。又每机税银三钱，按机按户抽税，于是机数锐减，机户罢织，从而使大批织工失业。于是人情汹汹，自分饿死，不如起而斗争。一呼百应，乱石烈火，击宦官，毙税棍，烧奸党，"民咸罢市"。有昆山人葛成，带领二千余织工，分成六队，他本人摇芭蕉扇领队，众人随之，"不挟寸刃，不掠一物，预告乡里，防其延烧。殴死窃取之人，抛弃买免之财"。其纪律性组织性之强，为"中国工运史"也为"世界工运史"写下了第一篇章。连万历皇帝也承认他们是"赤身空手，不怀一丝，只破起衅之家，不及无辜一人"，不敢过于追究，"以靖地方"。待到事平之后，葛成自己挺身而出，"愿即常刑，不以累众"。吴人为之立碑，称为"葛将军"。这样组织严密、纪律严明、万众一心、大义大勇的斗争，使明廷朝野为之震惊。

这样的斗争，在万历年间，遍及江苏、浙江、福建、江西、广东、云贵、荆湘、关陕以至津门、辽东各地，一波未平，一波又起，有的持续数月，卷入几万几十万市民、矿工、织工、商贾及穷学生。对于这种全新的群众斗争方式，腐败凶残的明统治集团是无能为力的。

人民的反特斗争，到了天启年间，更趋激烈。周顺昌被捕事最为典型。周顺昌曾在吏部供职，退居苏州后，关心地方疾苦，很得人心。时奸相魏忠贤当道，派特务逮捕周顺昌。消息传出，"穷村僻落，蝇附而至，欲一识周吏部，日不下万人"。这样持续三天，第四天特务们要宣读诏旨，当众逮捕周顺昌，居民"倾城而出，执香者烟涨蔽天，呼号声闻数十里"。全城"震骇罢市"。有挺身请愿者竟遭辱骂，于是群情愤激，涌入大堂，打得宦官死的死，伤的伤，有的鼠窜，有的求饶。特务们魂飞胆落。事后，巡抚毛一鹭飞章告变，准备屠杀百姓。有颜佩韦等五人主动投案，说："杀校尉的是我们，与别人无关！"自取镣铐戴上，自己走入狱中，表现了一种大无畏的斗争精神。经过这次斗争，统治集团的气焰被打掉不少，"缇骑不敢出国门"，特务们再也不敢离京城一步，到处去张牙舞爪了。人民用自己的合法斗争，维护了起码的生活秩序，捍卫了自身的生存权利。

二、明代文人开启集体干政的新途径

让明代统治集团感到惊惶的，一是广大市民与手工业工人的罢工、罢市、游行示威、和平请愿等斗争风潮此起彼伏，从辽宁到闽广、从江浙到陕鄂，参与者的广泛性、组织性、战斗力都是空前的；他们"不挟寸刃"，却把斗争锋芒直指统治集团最疯狂的部分——矿监税使、宦官特务，而且不达目的不罢休，不论付出怎样的代价；明代的市民斗争的集中表现就是群体性反特斗争，其广度深度及其社会政治效果都是前所未见的；二是广大知识分子的民主意识、参政意识越来越强烈越主动，他们用大办书院、四处讲学等形式，广泛宣传自己的政治主张，制造新的思想舆论，集结新的斗争力量；他们用集会结社的方式，组织起来群体干政，从罢相倒阁到驱逐州官县官都能办得到。这可是我国传统法治所从来没有遇到过的历史挑战！

（一）文人干政的集体化　举办书院和开展结社活动，是明代文人干政的最主要的组织形式。书院是知识分子集聚的地方，但它并不是明代才有的新事物。宋代便有书院三百九十七座（元代只有二十二座），明代激增至一千二百三十九座，以嘉靖—万历年间最为兴盛。书院从来都以自由讲学、传播新学术、新思维的基地；是志趣相投者"党同伐异"的集结场所。中国知识分子历来爱以"帝王师"自期，以"政坛代言人"自诩，以有风骨自傲，以敢直言自命。这样，弄不好就会形成当局眼中的异己分子，而书院正是其"议执政之是非"的最佳活动场所；志同道合者在这里"结社"，也是事态发展的必然。

（二）突破不许生员干政的禁约 早在明王朝初建之际，朱元璋就下令："天下利病，诸人皆许直言，唯生员不许。今后生员本身切己之事许家人抱告。其事不干己，辄便出入衙门，以行止有亏革退。若纠人扛帮，骂詈官长，为首者遣退，余者尽革为民。"想以此来吓退儒生，使之不敢问政。然而万历—崇祯年间，政治腐朽、社会黑暗，阶级矛盾日趋尖锐，人民反抗斗争连绵不断。文人们便冲破"生员不得干政"的禁令，① 集结起来，讽议时政，臧否

---

① 此禁令共有十八条，载于明·俞汝楫编《礼部志稿》（卷二十四）《仪制司职掌·学校》：万历三年《换给提学官教谕》，其中规定：（一）圣贤以经术垂训，国家以经术作人，若能体认经书，便是讲明学问，何必又别标门户，聚堂空谈？今后各提学官，督率教官、生儒，务将平昔所习经书义理，着实讲求，躬行实迹，以需他日之用。不许别创书院，群聚徒党，及号召地方游食无行之徒，空谈废业，因而起奔竞之门，开请托之路。违者提学官听巡按御史劾奏。游食人拿问解发。（二）孝弟廉让，乃士子立身大节。生员中有敦本尚实、行谊著闻者，虽文艺稍劣，亦必量加奖进以励颓俗；若有平日不务学业，嘱托公事，或捏造谣歌，兴灭词讼，及败伦伤化、过恶彰著者，体访得实，不必品其文艺，即行革退；不许徇情姑息，亦不许轻信有司教官开送，致被挟私中伤，误及善类。（三）我圣祖设立《卧碑》："天下利病，诸人皆许直言，惟生员不许。今后生员务遵明禁，除本身切己事情，许家人抱告。有司从公审问，倘有冤抑，即为昭雪。其事不干己，辄便出入衙门，陈说民情，议论官员贤否者，许该管有司，申呈提学官，以'行止有亏'革退。若纠众扛帮，聚至十人以上，骂詈官长，肆行无礼，为首者照例问遣；其余不分人数多少，尽行黜退为民。"（四）国家明经取士，说书者以宋儒传注为宗，行文者以典实纯正为尚。今后将颁降四书五经、性理大全、资治通鉴纲目、大学衍义、历代名臣奏议、文章正宗，及当代诰律典制等书课，令生员诵习讲解，俾其通晓古今，适于世用。其有剽窃异端邪说，炫奇立异者，文虽工弗录。所出试题亦要明白正大，不得割裂文义，以伤雅道。（下略）

人物，且规模愈演愈大，声势越来越强。生员们动辄批判郡守，责骂有司，编制歌谣来制造公众舆论，所谓"迩来习竟浇漓，人多薄恶，以童生而辱骂郡守，以生员而攻讦有司。非毁官长，连珠编于街衢；报复仇嫌，歌谣遂锓于梓木"。（《隆庆实录》卷二十四）一唱百和，造成强大的声势。他们以自己的是非标准来判别朝廷官员的得失。他们和朝廷对立到"内阁之所是，外论必以为非；内阁之所非，外论必以为是"（同上）的地步，这种舆论起到了强有力的干政作用。知识分子的群体力量得到了表现的机遇。

（三）结社：书院活动的组织化　中国知识分子历来有洁身自好的品性，宁可单打独斗，难以组织起来共同斗争；而宋元以来的文人结社活动，则改变了这种局面。最初的结社，是学术流派性的集聚，是艺术流派性的组合（如各种"诗社"、"画社"），后来逐步出现了社会性的临时聚会，以至政治性的稳定团体。到了明代，文人结社就很普遍了，复社是其中最有组织力、号召力的一个群体。它是在学人领袖张溥等人的主持下组建起来的，团结了大批知识分子。这样，在野儒士们结成的书社，运用深得人心的强大舆论，变相地掌握了部分官僚的任免权，干成了好几个回合的轰轰烈烈的政治斗争。《复社纪略》便记述了张溥、张采驱逐魏忠贤余党顾秉谦的檄文，至今脍炙人口。二张还于崇祯七年（公元1634年）令门人制檄文，驱逐知府周之夔，结果驱周成功。另外，杜登春在《社事始末》中还记载了两件事：一是张溥授意吴伟业参奏温体仁结党营私，但吴因在朝未久，不敢轻举妄动，改参蔡弈琛，成功；二是张溥领导复社，全力投入政治活动，推翻了薛国观的内阁，将亲近复社的周延儒推上了台，使复社的势力大增。后来，他们又在南京张贴《留都防乱公揭》檄文（大字报），驱逐了权奸阮大铖，成为一时大快人心的伸张正义之举。一句话，明中后期朝政都与院社文人活动有极大关联。这种"和平斗争"手段符合当时文人一种向上的时代风气，一种开放的社会心态；其成功应用，对动员群众显然有鼓舞示范作用。

（四）书院引导并制造公共舆论　东林书院是万历十四年，由江南人士顾宪诚、高攀龙等人组建的。东林书院一建成，便担负起了引导并制造公共舆论的重要任务。它主张民主，要求统治阶级决策应参照公共舆论，反对独夫政治。缪昌期说："夫国之有是、出于群心之同然。而天下匹夫匹妇之所是，主与臣不得矫之以为非；匹夫匹妇之所非，主与臣不得矫以为是。"（《丛野堂存稿·国体国法国是有无轻重解》）这种要求国家政治要有民主作风的言论，一扫昔日知识分子敢怒而不敢言、屈服于权势的懦弱；而把舆论权威提高到皇权之上，更是中国土地上关于"民主""民权"的大声呐喊。东林人要求民主的政治主张和行为，反映了在野儒生要求通过社会舆论来参与国家政治和社会管理，以伸张自己的民主权利的时代要求。

第六节　晚明社会运动的新动向

东林人公开宣传与独裁政治相对立的思想观点，自然被统治者视为洪水猛兽，设法要将他们铲除掉。天启六年，明统治集团用两次诏狱，使东林的骨干几乎全毙于狱中。明末又发生了四起捣毁书院的暴行，使讽议朝政持续二十年的运动终被扑灭。其后东林党后学复起，组建成"小东林"，展开又一度轰轰烈烈的干政运动。驱逐阮大铖出南京成功。不过，后来阮大铖复职，又将其一举扑灭。清兵入关后，大兴文字狱，严厉禁止社党活动，明末文人干政之风也就结束了。

一、要求民主，张扬人性

明代晚期，儒士们已经不再将天子的"金口玉言"奉为至高无上的圣旨了，而是认为"理"存在于天下人之中。东林领袖顾宪成就公开宣传："天下之是非，自当听之于天下。"这就有力地打击了专制统治，喊出了民主口号。东林人不仅在口头上要求民主，而且在行动上付诸实施：在团体内部容许意见的多元化，容许人们对同一事物的不同理解。《明儒学案·东林学案》载顾宪成说："一是皆是，一非皆非，谓之同；不谓之公。众论未必皆是，但公论存于众论之中。"东林人不搞独裁，允许各抒己见，不拘泥于各种约束，"既无官守，也无言责。故其传之亦虚。率然窃于意，薄于喉而冲于口，率然以定天下之是非。"（《丛野堂存稿·公论国是之先》）他们的内部民主作风已经初步做到了近代民主。由于东林人广泛地"讽议时政，裁量人物"，产生巨大的社会政治影响，其言论行动一改当时的社会风气，使在野人士意识到了自身的和社会的要求，认识到了自身的价值，于是纷纷起来干政。同时东林人也取得了舆论领袖的地位。"当是时，士大夫抱道忤时者，率退处野林，闻风响附。罢官废吏、富商大贾之类如病如狂"，追随者不知其数。东林党人的言论动摇了朱明统治基础，使匹夫匹妇对自己的价值有了一些认识；对传统的忠君观提出了质疑。

二、试探社会改革新方案

晚明知识阶层觉醒的突出表现就是试探社会改革的新方案。思想家何心隐"谓《大学》先齐家"，乃构"萃和堂"以合宗族，"身理一族之政，冠婚丧祭赋役，一切通其有无，行之有成。"这种"空想大同社会"式的做法，颇为当方群众所拥护，且声势浩大，"招来四方之士，方技杂流，无不从之"。这种明显地宣传并实践自己主张的言行，统治者自然恨之入骨，先后两次将其逮捕下狱，最终死于张居正之手。最著名的思想家李贽也因其思想不合统治者意志而被逼自杀。李贽对儒学的虚伪给予了严厉的批判与抨击。在《藏书》中，他直接抨击孔子，揭穿地主阶级拿孔子的教条来欺骗人民的伎俩，一时极为轰动，受到进步知识分子的欢迎。《万历野获篇》卷二十七载：李贽"议论间过奇，然快意雄辩，益人意志不少"。甚至被人们推尊为"圣人"。有人攻击李贽"近又刻《藏书》《焚书》，流行海内，惑乱人心。以孔子之是非为不足据，狂诞悖戾，未易枚举"。他这样一介敢于公开地抨击统治阶级、而且拥有很多群众的思想家，自是统治阶级眼中钉、肉中刺。万历三十年礼科给事中张问达具书上奏，极尽诬蔑之能事，诬李"肆行不检，与无良辈游庵院，挟妓女白昼同浴。"将他逮捕入狱，致其自尽，下令销毁其所刻之书。但李贽的书，依然流行于民间，且流传于日本。

三、民间对黑恶势力的严厉制裁

这方面可用书画家董其昌家族横行乡里而遭民众严厉制裁的事例说明之。

董其昌，生于嘉靖三十四年（公元 1555 年），卒于明毅宗崇祯九年（公元 1636 年），出身于贫寒之家，但仕途得意，青云直上。万历十七年（公元 1589 年）三十四岁的董其昌举进士，开始了他此后几十年的仕途生涯。当过南京礼部尚书，太子太保等职，但因朝中复杂的人事关系，不久便告病回到松江。京官和书画家的双重身份，使他的社会地位迥异往昔，家乡的大财主、士大夫和地方官吏，便联袂登门拜访，巴结讨好。社会地位的提高和财富的空前增加，使董其昌完全蜕变了，从一个初不起眼的角色，迅速演变成名动江南的艺术家兼官僚大地主，成为拥有良田万顷、游船百艘、华屋数百间的松江地区势压一方的首富。

也许是年轻时家境不很富裕，董其昌一旦拥有了社会知名度，内心的渴求就变得急切，贪婪程度让人吃惊，在贪鄙、横暴、无耻方面，董其昌比自己的前辈有过之而无不及。他本人骄奢淫逸，老而渔色，有多房妻妾，且招致方士，专访房中术，到了变态的地步。万历四十三年（公元 1615 年）秋天，实足年龄已六十高龄的董其昌竟然看中了诸生陆绍芳佃户的女儿、年轻美貌的绿英姑娘。更可恶的是，他的几个儿子都相当专横，尤以第二个儿子董祖常最为狠毒，带了人强抢绿英给老子做小妾。陆绍芳对此非常愤慨，在四乡八舍逢人便讲，张口批评。松江民众早已对董家的恶行有意见，事情发生后，当即有人编出故事来表达愤怒之情，说书艺人到处说唱这个故事。董其昌知道后大为羞恼，以为这是一位叫范昶的人捣的鬼，便派人每天对范昶凌辱逼问。范昶不承认，还到城隍庙里向神灵起誓，为自己辩白，董家却依然不放过他，最后竟逼得他暴病而死。范母认为这是董家所逼，于是带着儿媳龚氏、孙媳董氏等女仆穿着孝服到董家门上哭闹，谁知董其昌父子指使家丁对她们大打出手，又将她们推到隔壁坐化庵中，关起门将几个妇女摁倒，剥掉裤子，用棍子捣戳阴户。范家儿子用一纸"剥裤捣阴"的讼状将董家告到官府。但是，官府受理了诉状，又碍于董其昌之名难于处理，一时拖延不决。

董其昌及其家人"封钉民房，捉锁男妇，无日无之"的令人发指的罪行，早已激起了民众特别是士林的愤怒："敛怨军民，已非一日，欲食肉寝皮，亦非一人，至剥裤毒淫一事，上干天怒，恶极于无可加矣。"海刚峰曾经预言过的"民今后得反之也"，果然变成了轰动江南的事实。朝野为之震动。这是万历四十四年（公元1616年）春的事情，一场群众自发的抄家运动。有人把这个过程记录了下来，是为《民抄董宦事实》。事件爆发前，有人贴出了词锋犀利、无比愤怒的檄文，张榜公告，鼓动人心，读来令人血脉贲张：

……人心谁无公愤。凡我同类，勿作旁观，当念悲狐，毋嫌投鼠，奉行天讨，以快人心。当问其字非颠米，画非痴黄，文章非司马宗门，词翰非欧阳班辈，何得侥小人之幸，以滥门名。并数其险如卢杞，富如元载，淫奢如董卓，举动豪横如盗跖流风，又乌得窃君子之声以文巨恶。呜呼！无罪而杀士，已应摒诸四夷，戎首而伏诛，尚须枭其三孽。……若再容留，决非世界。公移一到，众鼓齐鸣，期于十日之中，定举四凶之讨。谨檄。

从初十、十一到十二日，各处飞章投揭布满街衢，儿童妇女竟传："若要柴米强，先杀董其昌。"人们到处张贴声讨董其昌的大字报和漫画，说他是"兽宦"、"枭孽"，以致徽州、湖广、川陕、山西等处客商，凡受过他家欺凌的人都参加到揭发批判的行列中来。甚至连娼妓嫖客的游船上也有这类报纸（揭贴）辗转相传，简直到了"真正怨声载道，穷天罄地"的地步。

人们愤怒的情绪积聚着，到了十五日行香之期，百姓拥挤街道两旁，不下百万，骂声如沸，把爪牙陈明的数十间精华厅堂尽行拆毁。第二天，从上海青浦、金山等处闻讯赶来的人早早就到了，上房揭瓦，用两卷油芦席点火，将董家数百间画栋雕梁、朱栏曲槛的园亭台榭和密室幽房，尽付之一焰。大火彻夜不止。他们还把董其昌儿子强拆民房后盖了未及半年的美轮美奂的新居，也一同烧了个干净。

十七日，适逢有个穿月白绸衣的人，手持绘有董其昌墨迹的扇子，人们也怒不可遏地冲上去将其撕扯掉，还把不服气的持扇人痛打了一顿。

十九日，仍不罢休的民众将董其昌建在白龙潭的书园楼居焚毁，还把董其昌手书"抱珠阁"三字的匾额沉在河里，名曰："董其昌直沉水底矣。"

董其昌被吓得要死，惶惶然避于苏州、镇江、丹阳、吴兴等地，一时如丧家之犬，直到半年后事件完全平息才敢回家。

事后，官府捉拿了若干参与此事的当地地痞流氓定罪，草草结案。

这次事件中，人民的力量得到了又一次生动的展示。

四、东西方互相感应的社会新思潮、新生态

明代文人的叛逆思潮表现得十分突出，"文学畸人"的离经叛道便是典型。他们中的激进分子，便以"异端"形态出现，凝聚社会意识，组合社会力量，直至参与民众的"和平合法斗争"，反映新的社会生态与社会心态、社会正义。这其间便涌现出一批又一批敢于充分展现自己个性的人，他们能够全力发掘人性的潜能，从而塑造新的社会舆论。他们的密集出现，组成了历史长廊的新景观：他们在张扬个性，宣泄人情，强烈反对并以具体行动来破坏反人性、灭人欲的理学、心学。其中，唐寅、杨慎、徐渭、李贽等人的怪异行径、怪异思想；王世贞、冯梦龙、汤显祖、袁宏道等的新奇创作；徐光启、李之藻、徐霞客、宋应星、李时珍、朱耷等的全新知识结构，复社、几社、"东林党"的文学活动与政治运作的交织

推进，都宣告着旧世界的行将溃灭，呼唤着新时代的到来，显示出一种新思维的形成。15—16 世纪涌现的这批特异人物所代表的社会理想，所遵循的思维模式，所采取的行为方式，所表现的个性特征，他们的学术路线、他们的科学精神直至他们的政治指向，都是前无古人的。

与这批人的出现相先后，在明中叶（公元 1473—1546 年间），欧洲文化界也出了一批新人：麦哲伦实现环球航行，马基雅维利发表《君主论》，哥白尼发表《天体运行论》，马丁·路德发动"宗教革命"……其文化指向与明代文人是一致的，思想脉搏上是相互感应的——东来的传教士已开始向欧洲介绍中国文化，中国政府已常年组织丝绸瓷器与茶叶远销英伦、北欧与中欧、南欧，这就掀起了席卷欧陆持续两百五十年之久的"中国潮"。中西文化的相互激荡，在产业界、知识界、政治界均已开启。明代知识阶层的活力，就来自这个激荡着时代剧变的社会底层。按中国社会自身的发展轨迹，明代中后期出现的立新因素的正常生长，东西文化正态对接的势头如能保持下去，中国原本是可以跨进又一个属于自己的新时代的，而清兵入关，却阻断了这个势头。

第七节　经济发展，并不天然地带来社会安宁

一、亚文化横流，流毒江南

江海横流，泥沙俱下。明后期，农商地主中的既得利益集团，在新的社会生产力所提供的源源不绝的无尽财富面前，其急剧膨胀的物欲随着少数人财富的高额聚敛而呈几何级数地攀升，加剧了社会的不平衡，带来社会成员间的激烈冲突。明统治集团从皇帝开始，一直在肆无忌惮地吮吸民财，从精神生活到物质生活，都空前地糜烂而无耻。在其带动下，幕僚政客、师爷家丁、奸商牙侩、江

湖艺人、闲散军卒、社会流民、僧尼丐帮，又构成了社会生活的另一股势力。他们成分最复杂、思想最易变、行为最敏捷，很容易酿成群体闹事，因而破坏力侵蚀力也最明显。由他们构建的亚文化、污浊文化，冲击着、破坏着固有的传统文化，起一种侵蚀、干扰、败坏的作用，成为一种时症。这种政治文化生态不能不反映到当时社会的法治生活中来。

明末李清的《决狱新语》所收案例，即反映了这一社会病态。比如：婚姻，本是人类生活中最美好的一环；而在现实生活中，却是什么凶残黑恶诡诈阴谲皆有，书中的案题就是什么劫妻、拆妻、活拆、谋劫、硬奸、硬配、斩占、占拐、妇变之类；又有欺寡、冤命、黑冤、飞攫、环烹之类，还有谲拆、枉法、法斩、砍门、诳诈、抄虏、灭亲、忤杀、首盗之类……种种黑幕，一一拉开，阴毒凶残，一一排演。《婚姻》一卷，把明朝人婚姻生活中的丑恶揭示得如此触目惊心，人们会问：闹成这样，还成什么世道！

其《承袭》、《争产》等卷，更以愈出愈险愈恶的大量案例说明：当年那种为国法所全力保护的"财产继承制"、"官员恩荫制"，竟无限制地开启了达官贵绅们的亲属后裔之不劳而获、坐享其成的奢望，埋下了无穷无尽的亲族争产、父子厮杀的祸根！以致家产越多，祸变越大，不仅危害家庭，而且污染社会，动摇统治根基。原来，真正破坏社会安宁与政治稳定的力量，恰恰就是这个社会所拼命保护的权贵私有制自身，是其既得利益集团，且获利越多者，祸变越大。财富的高额集聚不仅危害社会，更直接危害集聚者自身，这是令人深思的历史教训。

二、明末刑案发生机制的扭曲与社会护法力量的耗减

明末有位能吏祁彪佳，曾于崇祯六年夏至七年冬任"苏松道巡按使"，专职本地区狱案复审事宜。苏松道辖苏州府、松江府等，含今日上海市与江苏省之苏州市一带，扼守着长江出海口，是当年经济文化最发达的地区之一，也是倭寇骚扰最烈、危害深重的地区

之一；又是社会黑白势力铰接在一起，诡谲百端地为非作恶又善于漂白伪装的地区之一。他写的《按吴亲审檄稿》一书，所收即其任职期间对州、府、县、厅之案件作复查复审后，给属地执法机关下达的"执行通知书"。这样的公牍，因为是直接发给州、府、县、厅的长官或原案主要承审官的，绝无夸饰与虚构，故可把它作为明末江南社会法治原生态的一种忠实记录来看。它让人们有可能借助其一线光亮去看看活动于沉沉暗夜中的牛鬼蛇神们的狰狞与诡诈而提高其应有的警觉。

（一）明末刑案发生机制的扭曲和变异

从《按吴亲审檄稿》中，我们能够了解到：明末江南案件的"发生机制"出现了古怪的变异，案子往往从天外飞来，当事人之间竟然原本毫无社会关系，并无任何利害冲突，也无出事前兆，施害方往往凭空架桥，平地风波，无端生事。他们借毫无干连的伤亡事故兴黑风，造恶浪，见机而上，乘危施诈，无恶不作；他们卖身投靠权势，连环结伙作案，四方插足，八面钻缝，凿空造穴，挑动是非。某人在家中病死了，便有人前来冒认尸亲，打人命官司，分其"遗产"；或拿出"契据"，指称死者生前放债若干给某户，逼某户加息偿还；或指称死者生前欠债若干，要丧家限期补偿；甚至有自称"叔侄"，带一帮混混儿上门闹丧，毁棺伤人，纵火劫财……他们又多以"告状"为手段，大肆进行捏控、虚控、枉控、反控、扳控、诈控、越控。有一个叫曹泉的人，此人"即曹寅，一名曹哄，一名曹先，极恶奇凶，惯告春状，随状变名，其事无影无踪。凡乡里平日有些小之隙，即嵌入状中，肆其毒诈。如一告操院，一告都院，一告本府，投词又添出多人，波累无穷"。公然借用司法执法者之手，于变乱中实现其非法的经济诉求，表达其向社会挑衅的变态心理。那些替死者"申冤"而"悲愤欲绝"者，竟是借"命"图财的外地浪人；很得社会"好评"的名绅恰恰是一系列大案的策划者，而下狱顶缸的倒是被攀扯的普通人氏……犯案者越来越狡猾、越猖獗，智能因素越高，对社会结构的松解力腐蚀力越强，成为一种时症。问题在于：当这种时症袭来时，国家体制机制内的抵抗因素、护法清污能力反而在退缩，在弃守，在异化，而《按吴亲审檄稿》正好反映了这一可悲的社会走向。

（二）明末社会护法力量的全面耗减

黑恶势力，何代无之？而明末恶性案件的频发，其发生机制出现严重畸变，而明末社会的"护法"意识、护法能力却在全面耗减，不同层面上的众多社会正面因素却在松解化、消极化，甚而黑恶化。到头来，明政权不能不吞下其酿造的恶果。

1. 司法机关的多头管理与不作为，扩大了犯罪空间

各级司执法力量的交叉争权，反向操作，违纪操作，甚至毁法操作，借案谋利，肥了自己，也为黑恶势力提供了相当的活动舞台与众多机遇。讼棍几张状纸，多方投递，自己无须应诉，通过政府权力，总能把对方拖烂、累坏、击垮，而轻松地获取暴利。

2. 基层行政力量在蜕变，对消极因素的遏制力崩解

他们与黑恶势力相勾连、相交集，社会遏制力崩解，更为刑事作案者的"目标无序化"提供了可能；他们可以随心所欲地随机选定攻击目标，无人能受到有效保护。因为防不胜防，你根本不知道何时何地因何故而受到伤害，于是社会陷入惊恐之中，又百倍放大了黑恶势力攻击的"边际效应"。

3. 社会中坚力量负罪化，基层自治力无能

历来作为基层社会之中坚的"有组织力量"——宗族势力、血缘纽带——在"市民化"条件下松解了，"守望相助"、"贫富相恤"的意识淡化了；相反，士绅们往往因产权问题、性生活问题上的沦落、败坏，在伦理上"负罪化"，失去了主持社会正义的组织力与号召力，无力制约宗族内部反社会势力的滋生与作恶；于是历代社会基层自治的根基发生动摇，全社会的稳定也就无望了。

4. 社会正面因素灰色化，价值取向模糊

历来作为社会良知、社会正义、社会和善之承载者的知识分子与宗教徒灰色化，他们混迹于经济大潮之中，晕头转向，却以社会精英自居，用文化博大利，其人格形象的矮化，价值取向的分化，舆论指向的模糊，是非判断的混乱，道德底线的弃守，都在自决防

波堤。有的人更着意模糊是与非、善与恶、罪与非罪的界限，为新生犯罪手段辩护，给违法行为提供舆论宽容，甚至智力支持。

5. 黑恶势力争相闹世，社会免疫力消退

不务正业的家族赌棍，各种会社中无事生非的游棍，江湖上兴风作浪的异棍，宗教界道貌岸然的淫棍，皂隶中恣意用刑的恶棍，市井间播弄是非的刁棍，公堂上吃了原告吃被告的讼棍，司法界玩法卖狱破律徇私的奸棍，银庄里操持市价的贪棍……便争相出世，他们之间的游走、串接、争锋、联手、呼应、交集以至撕咬、斗殴、火拼、吞灭，无不给社会、给平民带来无边的灾难。艰困中度日的老百姓失去承受力、防范力，正义力量得不到凝聚，为黑恶势力的狼奔豕突准备了广阔空间；社会临事惊惶，更百倍地放大了破坏性效应；加上黑势力的煽惑，灰色势力的策应，亚文化的助势张风，很容易激成恶性事变，社会免疫力消退。

（三）明末法治生态的根本性败坏

在这种情况下，犯罪手段在诡异化，而避罪方式也更加谲怪化了：比如对于到手的赃款赃物，除历来的独吞黑吃与分赃之外，还发明了"扳赃"、"摊赃"、"洒赃"等手法："扳赃"是扳扯与案子根本无关之权势人物，利用其污点，迫使其分担风险，承担案责，进而当上保护伞；"摊赃"是把赃款摊给团伙内外成员，使之分担"案值"，让主犯的定罪量刑之依据得以降低甚而"归零"；"洒赃"是把赃款赃物洒向社会，甚至以"公益"面目出现，借以"洗净"其赃，漂白自己……又比如：当时出现了一种"揽户"，各行各业，都可包揽。民户交租交税甚至买粮卖粮，路途遥远，手续烦琐，于是权势户将其包揽下来，政府可免追呼征集之劳，揽户可取中介截留之利，实现"双赢"；其余婚姻、田产、典当、储蓄、牲畜买卖，商货转运，甚至举子应试、土豪买官、赢家讨债，商家护院、绅士雇凶，公子觅色，无不可以依样炮制，"包揽下来，合法榨取"。还有，他们一旦打探到何处要架桥，何处要筑路，何处要开渠，何处要筑坝……便去政府申请"承揽工程"，一面从国库大笔提款，一面以公益名义拿出一笔赃款"入股"，以分取"合法红利"和"专享特权"及"专管权益"，同时还能赢得"大善人"的桂冠。如：某绅"以八百金助修圩岸，该区以三百七十亩绝户田偿之"，这样的官私交易，便宜大了去了！蹊跷的是：此时的社会，却在"吸纳"、"消化"甚而"欢迎"这种"摊"与"洒"与"揽"，社会自己在为"反社会"势力的结聚和肆虐铺设着温床，提供着资本，还以为人家在办"公益"！

此时，各级政府又在干啥呢？因为国家"成文法"永远落后于生活的变迁，对于刑案发生机制的"新变"，惩处起来"法无明文"，"不好办"；遇到国家、地方与个人合法利益分明受到侵害时，却因其手法出新、途径怪异而束手无策，于是出现各种不同的应对模式：当权者中的明白人（卖法渎职者且不论），先是交付同僚争议，然后层层"上详"、层层"咨询"，层层"驳难"，层层"题奏"，然后等待刑部、三法司直至皇帝作出"决断"，再按"批复"办事；而事件早已水过三秋，社会损失、司法成本早已无法挽回了；"依法审理"的明白人也该离任它去了；至若审理中的责任人（滥审刑求者且不论），又往往以"法无明文"为挡箭牌，推脱了事，只求任期内维持局面就行，不去"招惹"祸端；那些司法中的糊涂人（且不论装聋作哑、悖法违理的乱判），则不辨是非，随波逐流，依"惯例"办事：父子之争，宁枉子不批父；贵贱之争，宁屈小民不挫势家；群体斗殴，宁找替罪不办元凶；执行者呢，总是"手握霜刃，眼盯银钱"，凡侦缉、收捕、拘禁、堂审、入狱、行刑以至收尸，任一程序，无不可以变他人之"危"成自家揽财之"机"，不顾其余。

权力机器的"不作为"或反向操作，是法治生态的根本性败坏。州县当权者、司法者、执法者们不是不懂法条，不是不会执法，也不是无力执法，而是在玩法、背法、违法、毁法；却又总能得到政坛同僚的忌惮、忽视、掩蔽、遮盖、宽容、放纵，总能得到社会黑势力的策应，其行径的法律后果、政治后果、社会后果要比"一线犯罪分子"的作恶更严重百倍。

大厦将倾，个别梁柱式人物的存在，毕竟挽回不了大局，明王朝终于垮台。历史无法借当时出了李清、祁彪佳等杰出的"名吏""能吏"来自慰、来装点。一两位廉正官僚的力量实在有限，捍卫不了那台锈蚀了的国家机器。此等正派官员的存在，除了充当那个黑暗时代的见证者之外，大概也难有更多的积极意义了。

一句话，社会经济文化的发展、发达，并不能自然地带来社会法治的进步与平安，其间并无正态关联性；恰恰相反，倒是随着社会的价值取向的模糊化，耗损了社会对消极因素的遏制锋芒；而社会财富的加速增值，可供猎获物的百倍提升，倒为黑恶势力的泛化与攀升准备了温床。

第八节　万花筒：从海瑞办案看明代狱审

一、明代的狱审程序：法治成本的巨量投入

明代为了防止受害人、受冤人"控告无门"，允许多头控告、越级申诉，也允许多头受理。案件受理之后，责成案发地之县政府负责初检、上报，并将初步审理的档案与原被告、嫌疑人、干证一并递送给上级受理机关；经上司（州、府、道、司）审理后，如有疑问，则批复给邻县去主持复检、复审（这时，案发县初审责任人要回避），然后将案情与复审意见逐级上详，即上报给州府、分巡道以至巡按，并押送涉案人员，以待上司审决。上司根据案情，查对国法与成案，提出审议意见；有疑，即批复邻州、邻县组织会勘、会审，再将会审档案材料与上详意见由巡按具名上报刑部、都察院等，同时将命案的涉案人员押送刑部。刑部堂审后，如有疑，即批回重审、补充侦查。凡命案判决，皆需经刑部审理，凡大案要案还需经"三法司"会审，拟订出惩处意见，死刑案上奏皇帝后，最后由皇帝批决执行。这就是审案上的所谓"皇帝独裁"。从理论上说，这种"独裁"是建立在各级司法执法机构的反复认真的审理

基础上的，它只是命案的最后一道审决程序，表现了"人命至重，不得轻率杀人"的判决原则；更用来体现"恩威皆出自皇上一人"的政治要求；这样的独裁，是不应被理解为皇帝个人的"为所欲为"、"恣意妄为"的。

这样，每办理一个大案、要案、命案，需经过"初—复—检—详—拟—断"的复杂过程，国家投入的法治成本将很大，而且旷日持久。办案程序上虽说是严密规范了，实际上万千百姓却常常难以得到及时而有效的法律保护。

二、海瑞参与办理和复查的疑难案件

海瑞《备忘集》中，存录了他在兴国县任上办理的一件命案和在淳安县任上办理的七个刑案的审理"参语"（即"初审意见"，或复审、复查的"情况汇报"）。从中，我们既可以看到海瑞本人的办案思想、办案实践（它不同于民间的戏说、传闻），也能看到明代命案审理中的基本程序和重要环节。

现试以下列海瑞本人奉命办理的三则案件的"初—复—检—详—拟—断"过程为例，对明代狱案审理的具体程序略作说明：

（一）陈舜兴的人命案

1. 陈舜兴状告宁都县恶霸田主曾克明。曾克明取谷时，打死了雇工人李福兴。诉称：曾克明广行财贿，隐匿尸伤，使命案不得公正审理，故上告到江南西道；

2. 江南西道交由案发地宁都县受理。宁都县向本州（上级机关兴国州）报告了初审案情，认为是"病死"，与"殴斗"无关，并押送人犯与文档给兴国州；兴国州据以上报；

3. 经受理此案的江南西道的复议，认为到底是"病死"还是"殴伤死"，案情不明，予以驳回；委派邻县兴国县再检验、重新招解；

4. 兴国县知县海瑞亲出现场，广泛调查，亲自验尸，综合分析，得出查验结果，将死者定性为"病死"，而原告陈舜兴则是"借尸枉控"，捏造"殴伤"情节，显系讼棍，借越级上告以求一逞。海瑞提出严肃处置的建议，上报，待批。

（二）徐继的人命案

1. 浙江严州桐庐县民戴五孙遇害，亲属具状告到省按察司，批回严州府，通知案发地桐庐县审拟罪名；

2. 桐庐县将问拟申报严州府，认为是戴妻徐氏与"奸夫"潘天麒合谋害死了戴五孙，妻兄徐继从而加工。严州府即定为"奸杀案"，判徐氏凌迟处死，"奸夫"斩死，妻兄绞死，解送按察司，被驳回。批给邻州之杭州府推官审问；

3. 杭州推官经实地调查，改拟了罪名，出脱了"奸杀"罪，坐实了徐继的因殴致死情节；

4. 杭州府将改拟申报按察司，又转报浙江巡按；

5. 浙江巡按批允，具名上详朝廷都察院；

6. 都察院接报后，转送大理寺。

7. 大理寺驳回了杭州府的改拟，要求重核；

8. 浙江巡按责成严州府组织"会审"，批交桐庐县、建德县、遂安县三名知县会审，重拟判决意见；

9. 三县会审后，上报结果，维持桐庐县最初关于"奸杀"的原判；

10. 巡按崔某亲临严州府参与会审，听取徐氏申诉，驳回了三县会审结论，再批复于分守道，命严州府转发邻县淳安县核查，以彻底究明案情；

11. 淳安知县海瑞下乡，反复认真地复查复核案情，克服种种常人难以应对的困难，掌握了实情，汇报复核经过，排除了"奸杀"的任何可能，提出案件定性意见，作出拟判建议；并严肃指出：前述诸家的误断都是出于"血肤刑求"，是严刑逼供。上报府、按，转详浙江巡按，待批。

（三）吴吉祥的人命案

1. 雇工吴吉祥抽柴打死了吴镧。吴镧一方将吴吉祥的主人吴湘告府；

2. 经严州府金推官审拟，认为吴湘与此案无关，不必负"主

490

使奴仆殴人致死"之责；

3. 吴镧之子吴沄又告到分巡道，批府，委托邻县建德县问拟；

4. 建德县发给白推官覆究，改拟为"吴湘主使，应判绞刑"；

5. 巡按杨某批允建德县所拟，但巡按裴某又行改拟，然后题奏朝廷；

6. 刑部会审后，复改拟为"吴湘应绞"。

7. 被告不服，具本辩冤，上告到都察院，转发给另一邻县寿昌县审勘，再申州府。

8. 严州府通知淳安县，会同遂安县另加详究；

9. 海瑞具名上报复查会审的结论：吴吉祥抽柴打死吴镧，应自负全责，与其主人吴湘无关；而使案件复杂化、反复上控的，则另有黑手（里长吴拱翠）播弄于其间，建议严肃查处。

从上述案件的审办经过可知：明代办案的通常步骤是：

（1）原告向任何一级司法机关报案、投诉；相应机关受理；

（2）交由案发县（县级）进行侦缉、勘验、初审，押送原、被、干证与初审文档上报州、府（地市级）；

（3）州、府审讯、初拟、上报于巡按（省级）；必要时责成属县补充调查；

（4）巡按作出批复；或驳回重审、交邻县或邻州另验，必要时组织会审；

（5）命案由巡按上详刑部，并转都察院、大理寺（中央级）；

（6）三法司定拟，或驳回，或题奏；

（7）最后由皇上审定，以诏令形式下达执行。

这么看来，程序清晰，环环相扣，逻辑上说，它是保证审理质量的制度性法规。

但从实践层面上看，本书所列八案，实际上都是因海瑞参审亲验后才得以澄清案情并准确定性的；反过来说，若排除海瑞个人因素，那么这类大案、命案、疑难案件，将很难得到正确处理。这又是多么令人心寒心痛的冷酷事实！可以说，一案成功侦破的"亮点"，其实是由无数"积案、冤案"的黑暗衬托出来的！

就海瑞本人而言，他不过是一个小小知县，权力有限，他要顶着上级、上上级及平级的方方面面的不同审断意见的巨大压力（如果谁的审断意见被推翻了，那是要承担误判的法律责任的。这样，还有谁会甘心支持复查复审呢？待官场绞肉机一开动，想复查的正直官员必然倒霉），去开展艰辛而繁难的调研复核工作；难度之大，难以想象！他付出巨大辛劳，冒险克难，却只能提出案情分析与审断建议，无法也无力左右案件的最后结局。倘若没有明达上司的信任、准允、支持，他的一切努力仍将白费。加之县官的任期短促，县务繁剧，他又能参与查验多少件本县或邻县的命案之初验或复检呢？站在旧时代普通民众的角度看，碰上这样的一位"清官"实在是太难太难了。这也让人更能理解中国民间"清官情结"的根深蒂固之深层缘由了，更能理解中国民间为什么"怕打官司"了。

再说，明代司法机关允许多头控告、越级申诉，也允许多头受理，其本意是为了防止受害人、受冤人"控告无门"，而从上述案例看，实行的结果恰恰相反：多头控告给讼师讼棍们提供了枉告、诬告的机会；越级申诉架空了基层执法部门，也迟滞了案件的及时侦缉审理；多头受理则制造了权力机关之间、特别是受理人、执行人之间的矛盾冲突，加大了审理难度。最后，即使是案件得到了正确审理，国家与当事人付出的代价也不成比例，而且加大了刑案误审的追责的难度……

由此可见，好的法规也会历久弊生，考虑不周的措施更会遗患无穷。政府必须有纠偏防错机制才行，而明政权显然不具备这个能耐。

第九节　名吏的办案对策

在既定的"国法"框架内，在既存的劣质社会生态环境下，有什么办法让黑手遮天的恶势力受到应有的打击，让社会弱势群体尽可能得到正当的保护呢？明后期的著名能吏李清、祁彪佳等，为人们做出了榜样。其实践证明：无论周围多么阴沉险恶，正直之士总是可以有所作为的，这可以用下列实例来作证。

一、大案速办

李清到浙东上任后，遇上了一个"四凶叛逆"案，牵涉二百余人，该如何办理呢？若严格照章办事，一一抓捕、一一清理，一一论罪，一一惩办，则势必兴师动众，旷日持久，瓜蔓牵连，甚而变生不测，此案哪有清结之期？若是草草了结，又何以保一方安宁？李清的对策是什么？请看他的报告：

经审问得知：本府听差的民壮李凤、张瑞、周升、施宾，一向有"四凶"的称号；而赵元、王成、崔科等，也属四凶之党。他们以豺虎相济的淫威，造成一县鸡犬不宁的祸患，已经有很长时间了。除李凤已经死去、张瑞已被访拿外，至若周升、施宾，则因其他案发被判了徒刑，却仍安然在家、坐拥金穴之富；赵元、王成、崔科等，则因结伙党恶、互相包庇而漏网，至今还在倚仗其攫取的贿赂而自肥。

我今取各相关文案来细察，发现开列的罪行有廿四款，引证不下二百人。全数抓捕拷问，也不冤枉。但恐怕纷纷拘质的话，反而成为隶役们敲诈勒索的由头，将弄得村村鸡飞寨寨狗跳，是奸恶未锄而良民先受其累也。于是决定悬牌公告，以示于众："凡一切干证，准自行投到。"不去抓捕了。结果，一百六十人自动投案；没来的只有四十余人，姑且置之高阁，不去理睬他们；而专提周升等一帮犯证人等，当堂拘禁审对。

可叹的是：这帮恶徒，罪行累累，罄竹难书，仅判一个"徒刑"绝不足以抵消其罪。再说，把他们全部关押起来，官家又能怎样？一有变故，何以对付？于是我决定网开一面，向他们谕以大义，说：而今海盗横行，凶焰方炽，富民不安，穷民遭殃。政府又苦于缺乏舟楫，无力于海上抗倭。还不如由人犯们自行捐资，作为赎过之举，而免其羁囚关押之苦。于是诸犯闻言都叩头服罪，愿依家产之高下，为捐银之多寡。于是周升愿捐二百五十两；施宾愿捐一百二十两，赵元愿捐八十两；王成愿捐九十两；崔科愿捐八十两，为府县造舟下海灭倭之资。因此一举而有三利：海上获金钱之利；小民省牵连之苦；也向其余党示罗网之宽。至于这帮歹人，用之则为虎，不用则为鼠，并不是说一网就可以尽收的，也未见得关押一阵子就能向善。所以，我且区别处理：周升、施宾，且免再审再判，释放回去，限期如数交款；其余赵元、王成、崔科等，一并开除公差，以示惩罚。倒不是说"非其种者，锄而去之"，恰恰是因为他们"是其种"，故锄而去之。而今而后，凶党就不成其"党"了。

按：从这个案子的办结看出：李清确实胆略非凡，敢于决断。明末，倭寇骚扰，海疆不宁，浙东首当其冲；而地方黑势力又往往内外串通，为患甚烈，良民被胁者又何止百千？如何处治乡里恶党，成为考验地方政府施政能力的一项重要指标。

李清面前的"四凶"案，"（罪）列廿四款，引证二百人"，真要全面搜捕看押，势必造成全境恐慌之势，又给下乡捕人的吏役以扰民敲诈之机！他的第一措施便是贴出告示，叫涉案人员自行投案，结果投案者达一百六十人之多，形成必破之势，不肯前来投案的四十人也就无关大局了。

于是提审要犯。他想：这帮人的恶行明摆着，审到头也不过是充军、流放而已，并"不足蔽其辜"！况且流放的结果，往往是让他们"易地犯罪"！再说，眼下，这么多人犯被聚在一起，一有个风吹草动怎么办？于是他又采取第二措施：让人犯捐款赎罪，款项用于造船抗倭。于是大获成功："此一举也，有三善焉：海上获金钱之利；小民省瓜蔓之苦；余党示罗网之宽。"迅速安定了形势，解决了大案，稳定了人心，顺便还缓解了财政问题。

最后一着：区别对待，不是宽大无边。对个别首恶，还得重办；不办不足以拔除祸根。而此时的"重办"，大局已稳，已无须再担心引发社会波动了。

仅此一举，足以使李清以"名吏"身份进入史册。他办案程序

上的某种缺点，也都可以不计了。（参见《决狱新语》之第一百二十二则：《一件剿叛事》）

第二例：是祁彪佳复审后下令昆山县办理的一个案子，从中可看出丑类的关系网是怎么织成的。

案例：最近，昆山县押解犯人的汤承洲等到院。经审问原告被告双方得知：李儒与顾禄一起放鸟捕鱼，因争鱼而起衅。这时，有个叫龚成的人死了，顾禄就认其为"母舅"，唆使孝子龚文出面控告"人命"，而由他自己作证，并且投到葛姓官宦门下，以求仗势吓诈对手。有金凤、王泉，皆为奴棍，见势而上，乘机设局，去吓诈李儒；奸谋毒计，无所不用。就拿他们勒令李儒自书"借契"十一纸来说，就全是索诈的确证，还用得着另行"取证待质"吗？顾禄、金凤、王泉辈小人，用这种假命图财、借宦刁讼的伎俩，让县政府也陷于被动，已是罪不容诛矣！而今，顾禄已受天祸而亡，其子顾秀又愚蠢之至，听人唆使，告人命大案于县府，可恨之极！我今判决：顾秀该受重责，金凤、王泉应严拘，照借契上的数目追赃一百两，该款应断还于李儒，但原告不愿领取，罚出此款去修理县学。再不许拘累李儒们了。

按：《决狱新语》所记许多匪夷所思的古怪案子都出在昆山县，这不，又出了一桩"假命图财，借宦刁讼"的案子：龚家死了人，顾禄跑去认为母舅，鼓动孝子去告"命案"，由自己作证；为了壮势，不惜投身绅宦之家，求其庇护，借其淫威，以求一逞；而奴棍们当即随同敲诈。如此一个案子，仅仅因为打鱼时双方的口角而已！一个由绅宦、奴棍、奸徒编织的大网，就这样罩住了懦弱无力的小民！县里竟久久不给结案，其无能可知，其纵恶可罪！

二、毒案立办

这是祁彪佳交办处治的又一桩怪案（见《决狱新语》第三十一则"一件会寇穷凶作耗等事"），从中可见政府昏庸，会给社会酿成多大的危害！

开办了一个作坊的蒋元，有个义子叫唐承，因病死了。在此作坊中的伙计何观，便借机串通唐爵出来认"尸亲"。又串通一个有一百个干儿子的凶徒赵物，统领着凶手五十余人，结伙到蒋氏作坊哄闹，硬行威压蒋元及其弟蒋奎，百般诈害，手段无所不至。

昆山县流行一种恶劣风气：往往一人死了，便有一番假冒尸亲、统众打抢的事件发生，闹得无天无日，这已经很久了。非加痛惩，则良民无地安生矣！本案中各犯甚多，今姑摘其甚者数名（下文开列陈贵、唐爵、唐虎、许冬、朱吉甫等犯，以及吴三、杨三、沈邦宪、陈二、吴忠等从犯和干证，并详列各家住址），望昆山县尽速严拘，限于三日内并赵物、何观等究赃招解，万万不许贿营求脱。原呈报人放归务农，不得牵连起解。速速办理，不得有误。

按：此案行文太简略，其实情节很复杂，是一桩惊天大案：蒋元的义子唐承死了，与此无关之何观、赵物等人，竟挟假"尸亲"的名义，带上五十余名打手上门闹丧，百计加害，当时场面之凶险可以想见。这五十余名打手，是入了"会"的一帮，处治起来也比较棘手，而"非痛惩则良民无地安生"。祁巡检的方针是"摘其甚"：把代表性恶人摘出来严惩，这是有胆略又讲策略的做法。祁彪佳叮嘱昆山县："究赃招解，万万不许贿营求脱。"此句正好说明：昆山县之所以恶水横流，盖因政府受贿纵容所致！"以积棍而为县皂"，真的从干部人事上实现了"警匪一家"，其行动之所指，必然"无不饱诈"。政府机关成毒瘤，是社会危害中最突出的。

又，《决狱新语》第四十八则"一件天斩事"中，祁彪佳说道：

有个夏全，以积棍而为县皂，充役既久，对"造案害人"颇有一套，捏造起罪名来张口就是，轻而易举；想害谁就害谁，"料事如神"，总能成功。先后被他"察访"者如张问达、朱岳泰、顾学等人，虽说当日或有某种根因，而本役（夏全）一经承牌差办，则无不乘机饱诈一通。如诈顾学之银九两，诈朱岳泰之钱十六贯，诈叶逢春之银十六两，这已是被告所确证了的事。至于陈良一名，而调换两人，以衔蠹之陈良去反诈开铺之陈良，得十四两，尤为可恨。至于郭文贵，则并其子皆占役之，这就更令人诧异了。至于王仲、刘元、顾良为其羽翼，又为汪圣等人之所最恨，而质对已知是有诈赃之犯。望松江刑厅能逐件究明，作速招报。按：这是警匪在窜通作案，故纠缠不清，判决为难。

三、奇案巧办

李清办过"一件环烹事"，连环铰接，互相煎熬，案情大致如下：

王君实以前有个小妾叫夏姐，原本是陈英台家的养女，被陈卖与全立仁为婢，而又被转嫁于王君实为妾，日子过得很平常。一天，因在池边洗衣，夏姐不慎失足落水而亡。这事跟陈英台毫不相干。陈英台忽然以人命大案来告，指称夏姐是他陈姓嫁出的女儿。真怪，这夏姐活着时是陈家的小小女佣，死后倒变成陈家毛里相连的亲人了！于是陈英台的同族陈怡，与全立仁的同族全大经，也都跟着起哄，捏词妄诉，而此歇彼告，相牵如蔓，不获大利不肯罢手。

要说这个夏姐，本是流萍飘蓬，不知来历，初寄生于陈家，又寓足于全姓，久为青衣侍女，后到王家为妾，也并未遭到大妇的嫉妒。她是由养女而变奴婢，又由奴婢而变小妾的，原不是金屋所藏之金凤凰。虽说在王君实一边，并未得到特别的宠爱；在王君实之妻江氏那里，也没有"我见犹怜"的猜忌。江氏既从无"河东狮吼"的发作，夏姐也从无奔避逃跑的表现，何以一旦池边淹死，就忽然生出"悍妻杀妾"的罪名呢？问陈、全两家何以知道夏姐是被"悍妻"杀死的，则回答说：是"王生员"来信报知的。而这个"王生员"又是谁？他与陈、全二姓又有何干涉？与夏姐又有何亲情？难不成真是厕所里的冤魂有形，走出来开口诉其沉冤？何以这个王生员代人鸣冤，而下笔如泣，说得如此沉痛，恐怕是他"自哭亡妾"的急泪，转用于哭夏姐吧？否则，恐怕王生这一纸代笔，也是"求吾所大欲"之举吧！他该与借题恐吓、各诈四钱的陈英台一并杖惩。至于状纸中"全立仁劈死夏姐"之说，不过嫁辞构祸之计，姑念其唆讼而无实证，且薄罚以儆之。

按：陈英台把养女夏姐卖与全立仁为婢，全立仁又把她转嫁给王君实为妾。本来相安无事。一天，夏姐在洗衣池边失足落水而亡，于是议论风起。有陈姓、全姓宗族中几家与此事毫无关系的人，口称有位"王生员"向他们揭露了真相，于是纷纷上告：有说陈英台当初是把亲女出嫁的，有说是被王妻凶狠虐待至死的，更有人说是用刀砍死而不是淹死的……缠讼不休，轮番登台，挟制司法，却没有一个人拿得出真凭实据，连所谓"王生员"也始终未曾露面。显然，这是一群趁火打劫者。本推官快刀斩乱麻，把枉控者揪出严惩，维护了社会正义。

四、智结蹊跷案

李清《决狱新语》第四十七则写道：宁波人王元忠是个穷光蛋，两间破草房正挨着高门大户李文纹的院落。他想李文纹迟早会来兼并他，不如先发制人，便想出个"蛙叫烦人"的怪招，登门说以前两位邻居陈文龙、陈文寿等卖给李家的房地产，原本是他家的，"有地契为证"，指控是非法买卖，硬缠着李文纹与他打官司，持久难断。宁波府推官李清接手了这个案子。他看透了王元忠的用心，"时微察其情，姑置二契之伪于弗问，而以房屋八间与行路二条，为元忠鳞次而居者，俾文纹以重价买。"他搁置地契真假的争论，也不升堂审理，却另辟"购房"议题与双方相商，"两家皆欣然从命"。经中人杨怀等从中说合，定价一百两。李推官又提出：王家卖出祖传房产，从此蓬飘萍流；而你李家是拿来"为歌宾娱孥之永据"，因此，不可以按常价买卖，他商请李家"照宁波俗例，外加三十两"，高价购回。这还不够，"外有隔河园地一片，则定价十二两；又有族人公分之地，而为元忠所有之三尺者，则定价十两"，都折算一下，让王家有个安身之处，"使其远去"。此时的李文纹，只想花钱买个安静，和谐至上；况且是府官出面相商，很有"面子"；对方呢？超出了他的底价二十倍！喜出望外。于是双方满意，很快达成协议。此案以"双赢"告结，李推官本人也因办事有方，成了第三个"赢家"。然而，李推官却给本文冠了个"一件惨伤事"的标题，他心底明白他"惨伤"了谁，但谁又能说他办得不对呢？他这么不讲"契约"真假、不升堂审理案件，而以"中人"身份参与筹划、分明为弱势一方谋实利的办案思路，为中外法治生活所罕见，而正与此时的李贽、徐渭、冯梦龙、汤显祖等人的价值取向、思维方式、行为模式保持了高度一致。李清办案思路，只属于他所在的那个时代。

不拘条文，清简办案，是这两位名吏办案的最大特色。而这种清简，又是在那种极端污浊混沌的法治生态条件下显现出来的，故而弥足珍视。他们执法持平，公正，不为已甚，不走极端。遇上大案凶案，总是保持冷静，删繁就简，抓主干，弃枝叶，尽量简化行政手续，尽量减少狱审牵连，中心突破，快办快结快发落；尽力消除滞狱，防止冤狱，杜绝差役扰民。对公职公务人员犯法，尤其是侵损民利的案件，办起来绝不手软。这便是他们的可贵之处。

第十节　明代对户籍、流民与宗教的管理

由赤贫起家的朱元璋，深知人户与土地分离的后果，曾努力解决这一社会问题。他从登录人户、编制土地图册入手，试图把人口牢牢地固定在既定的土地上；但终明之世，现实情况却愈趋严重，大批农民不断地离乡背井，成为"流民"，几度形成流民潮，弄得明政府很头痛；又有大批劳动力为规避赋役而脱离农户，入寺入观去为僧为道，或投身于势家，使国家财政陷入危机。为此，明政府曾制定了若干对策，但收效甚微，直至垮台。

一、黄册与鱼鳞图册

元末战乱，造成人口锐减，土地荒芜。为了确保赋税和徭役，必须对人口、土地的情况进行彻底清核统计。《明太祖实录》载：洪武三年（公元1370年）十一月，朱元璋下令核实天下户口。户

部制定了户籍、户贴式，要求分别填写各户的乡贯、丁口、姓名、年岁、财产、职业、田产等项。户籍、户贴统一编号，用半印勘合。户籍收藏于户部，户贴由户主自行保存。地方官每年要将户口增减情形分类上报。籍、贴各项如实填写，如不实，将治罪。洪武十四年（公元1381年），朱元璋又下令全国编制赋役册，俗称黄册。黄册以一百一十户为一里（乡村称里，城市称坊，近城称厢），推选其中丁多、承担税粮多的十户为里长，其余百户分为十甲，每甲十户，各甲都有甲首。每年以里长一人、甲首一人轮流应役，办理本里本甲的赋税、徭役等公务。每里编为一册，以各户丁口、税粮多少为序。依据册籍登录，丁服徭役，田纳赋税。鳏寡孤独不服役者，附于十甲之后，称为"畸零"户。僧、道有田者与民同样编册。每十年，府州县要将黄册清理一次，依丁、粮增减重新排列各户次序。

每里黄册一式两份，一本留里，一送州县。州县汇总各里之册，制成本州县总册，一式两份，一本留州县，一上报府。这样逐级编册上报，由布政司而上户部。报户部者，以黄纸为封面，故称黄册。因为黄册是国家实际控制的人口、土地的数字，是征收赋税徭役的依据，所以黄册的编制甚受重视。但黄册制度久行之后，渐渐破坏，以致实际人口、土地与册中所载相去甚大，虽有每十年编订一次之制，地方官员不过虚应故事，黄册徒具形式而已。地方官征收赋税也不依照黄册，他们另编一套实用的册籍，称为"白册"。

鱼鳞图册是一种土地登记册，与黄册相辅而行。朱元璋曾多次派人核实天下田土。洪武二十年（公元1387年），他派国子生武淳等分行州县，核实土地。于是把税粮一万石的土地定为一区。每区土地分户丈量，依其方圆绘图登记于册，以字号编定顺序，书写田主姓名及土地面积，因其图状如鱼鳞，故称"鱼鳞图册"。鱼鳞册还要登记土地的品质，如平原、高地、下洼或新开、熟沃、贫瘠或沙荒、碱卤等。它不仅是官府收税的凭据，也是田主土地所有权争讼的凭据。

此外，各卫所军户的人口土地也须登记造册，是为军黄册。由于册籍繁多，为了便于查找，当事官员还编有以姓名分类排列的册籍，称为类姓册。

二、流民管理

明代对维护人口的相对稳定可谓费尽心机，不仅在行政立法上给予种种限制，而且制定了安定流民的相应政策。然而事与愿违，有明一代的人口流移无论是规模还是速度，在中国古代历史上都是空前的。人口逃亡的范围波及南北的直隶和十三个布政司，几为明廷所辖之全境，其中尤以山西、河南、山东、浙江、福建和南北直隶为严重。宣德年间，由于北方连年灾害，人口大量南徙，结果是"南方州县多增其里图，北方州县大减其人户"。流民的这种无序迁移必然带来一系列社会问题。为了重新安置流民，明政府曾采取多种措施：

第一，增设流民官和劝农官，专理流民事务。从正统年间始至弘治年间，先后在山西、河南、陕西、湖广、四川等地，增设了布政使司之参政或参议、按察副使，在顺天府所属州县设佐贰官，协助地方官办理流民事务。

第二、改变明初勒令回籍的做法，允许流民就地附籍，或由新开府县进行管理。如川陕鄂豫四省接界的荆襄地区为流民的重要聚居地，成化初年，由于明政府的逼迫，曾爆发刘通领导的起义。成化七年，"荆襄贼平"，流民复业者一百四十余万。但"械归故里"的过程无了终期，明政府被迫妥协。成化十二年，原杰受命抚治荆襄流民，置设了郧阳、淅川、新野等府县，令流民附籍；对愿回故里的流民，政府给予安排，帮助他们重建家园，恢复生产，流民问题始得暂时缓和。

第三，招募流民垦殖北直隶等处荒地。这主要是在万历年间（公元1573—1620年）为解决南粮北运问题而采取的措施。但因财政拮据及豪强的抵制而收效甚微。

明政权灭亡于农民大起义，起义军主力正是由流民组成的。

三、僧道管理

明代中央除设掌祭祀礼乐之事的太常寺外，还于洪武十五年（公元 1382 年）设僧禄司、道禄司，掌天下僧道。在地方的府、州、县也设有专门机构，分别掌管当地僧、道事宜：掌管地方佛教事宜的有府僧纲司、州僧正司、县僧会司；掌管地方道教事宜的有府道纪司、州道正司、县道会司。这些地方机构都设官而不给禄，明文规定要选"精通经典、戒行端洁"者主其事。按明制，"僧凡三等：曰禅、曰讲、曰教。道凡二等：曰全真，曰正一"。洪武二十四年（公元 1391 年）清理佛、道二教，僧限三年一度给牒。"凡各府州县寺观，但存宽大者一所，并居之。凡僧道，府不得过四十人，州三十人，县二十人。民年非四十以上，女年非五十以上者，不得出家。"洪武二十八年（公元 1395 年），还"令天下僧道赴京考试给牒，不通经典者黜之。"（《明史·职官三》）

第十一节　对明代法治的文化评议

明代中后期文人的社会批判，是针对当时黑暗的社会现象和理念的批判，开始摒弃和否定传统的道德观念与专制统治，形成了中国历史上规模最大、最全面、最深刻的历史反思运动。他们的主张表明了这一时期价值观念的变化和社会思潮的变动，比西方启蒙运动发起得更早。但终因中国传统机器过于沉重，旧意识形态过于强大，加上满清入关后的严厉的制裁，使初上阵的民主思潮遭遇了致命的打击，我国社会发展的应有进程也就被打断而延缓了数百年。明代法治未能像商鞅时期那样为新制度、新秩序开路护航，也未能像宋代那样为经济社会开辟新的生机，未能为民众的新的生活方式服务，而是从体制外施力，强化其作为镇压工具的职能，成了阻碍社会前进的惰性力量。

社会经济文化的发展、发达，并不能自然地带来社会法制的进步与平安，其间并无正态关联性；恰恰相反，倒是随着社会的价值取向的模糊化，耗损了社会对消极因素的遏制锋芒；而社会财富的加速增值，可供猎获物的百倍提升，倒为黑恶势力的泛化与攀升准备了温床。社会文化水准高了，犯罪手段也在诡异化，犯罪方式也更为谲怪化。在这种情况下，国家必须正面事实，积极应对，回避不行，封堵不行，听任泛滥更不行，至于像明政权那样地倒行逆施，同流合污，其结果便只能是在农民暴动的烈焰中同归于"烬"了。

第十二章　清代：中华传统法治的 集大成及其终结

　　清帝国前中期的法治，是中华传统法治的集大成，同时也是传统法治走向终结的关键时刻。清帝把"唯以一人治天下"干得很彻底，皇帝视大臣如家奴，虽一品大臣也要跪着奏事，满族大臣还得自称"奴才"。皇权在清代达到无以复加的程度。整个康雍乾嘉道时期，从法治思想、法治体制到法治方略、法治措施，无不体现着"集大成"的特色，也就空前强化了传统法治对社会的钳制作用，阻碍了社会的进步发展，到鸦片战争爆发时，它也就终结了。

第一节　重新认识清王朝：经济社会的发展有赖于法治

　　公元 15—19 世纪，世界的东方有个先进而巨大的经济实体。明清以农业文明为主体，帝国工业与海外贸易业也呈现出兴发势头，以强大的物质产品与技术力量支撑了明清之际二百五十年的"中国潮"在欧洲超大规模地展开。

明中叶至清康雍乾嘉道时期，中国的外贸规模，全球第一，连完成了"资产阶级民主革命"的英国也挡不住"中国茶"所引起的"白银外流"。只是在两次鸦片战争中，集全球自由资本的殖民势力，通过炮舰轰击加毒品贸易才勉强遏止了这个局面。再到1894年（甲午）至1900年（庚子）间，他们才以掠夺式"赔款"的吮血办法，榨干了中国，养活了也养肥了在屡屡爆发的经济危机中煎熬的西方资本，从而结束了中国商品的市场优势。

直到19世纪末叶，中国一直拥有高度成熟的社会生产力，其劳动组合、资源配置、产业规模、资金运转、分工作业、商品销售直至拥有世界市场等各方面、各环节，都有一套成熟机制，既基本保证了成亿增长的世界最大民族群体的衣食之需和东方社会的大体稳定，又适应了东亚、南亚直至北非、北欧国际市场对巨量生活必需品的日益增长的渴求；体量庞大的中国农业、手工业经受得住"世界市场"的任何风浪的颠簸而保持其"超稳定"状态，这表明中国社会具有无比巨大的消化、吸纳、融汇的潜能。在西欧人看来，"西式资本运作方式"在中国从一开始就显得"很不正常"、"不可理解"；倒是它们那里屡屡爆发的愈演愈烈的"经济危机"是"资本的正常运转"；倒是它们那里打不完的侵略战争是"先进征服落后"！在这种状况下，有些中国人还非要从自家土地上寻找欧式资本主义的"萌芽"，叹息它的"没有茁壮成长"，"没有与国际接轨"，岂止是枉费心思，实在是荒唐！

据官方统计，清代耕地数字增加了几乎一倍，而人口从不到一亿增加到四亿之众，起到支撑作用的便是粮食产量的大幅度增加，特别是境外作物如玉米、甘薯、土豆、花生、棉花、烟草的引进与推广，对于单位面积增产和利用丘陵山区等边际土地有着重要贡献（参见何炳棣：《中国人口研究，1368—1953》，第八章），对于改善衣食结构和提升经济能力起了巨大作用。

又一个重要因素是清人追求经济收益的商品性生产和省际经济

交流的展开，这丝毫不比欧洲的"国际贸易"逊色。这里，起带动作用的是棉业的兴起。棉业是清代新起的行业。棉作不需要占用像粮食那样多样而大量的地亩。明代后期已初步形成华东、华北、华中三大优势棉区的雏形，到清代粮食和棉花便构成了一对可以相互替换的产业项目，这加快了棉作向优势产区转移、集中的过程。于是，棉花棉布的集中产区（如江苏等地），就能以所产棉制品与粮食的优势产区（长江中上游省份如川鄂）进行跨省区的互相交换。到18世纪，这种跨区域的比较优势互相交换的经济格局终于形成。这是以前历朝都未曾出现过的。它在不增加耕地、肥料甚至任何投入的情况下，仅仅依靠布局的调整，即可扩大生产地域，提高社会的总体收入。这是对土地的深度利用。清代的珠江三角洲、东南沿海、四川盆地，以及华中、华北棉区的中心地带等处，人口在高速度地增长、生产上却不再依赖土地的扩大垦辟，而仰赖于土地深度利用的水平之提高。这类地区显示出清代农业的一个主要成就，代表着近现代中国农业的发展方向。应该指出，中国现代的经济发展与这种经济格局有着直接的承续关系，它到今天也没有过时。必须指出：西方世界史上，连西欧境内数国之间16—19世纪间有限的商品流通也被作为"资本主义国际市场"来夸饰，其实无论其流通的幅员、频率、质量、规模，从哪个角度也赶不上南宋，何论明清！要知道：西欧列强的疆土总共不过二百万平方公里，也不过就相当于清代的新疆地区而已；况且还土邦林立，不存在大范围的物资调度与调控，狭小与匮缺还限制了它们抵御灾害的能力。它们的本土根本不具备满足世界市场需要的任何商品的生产力，它们连香料也要从南洋进口。

经济发展的可行途径不仅可以到粮食生产以外的经济作物中去寻找（如烟草、桐油、漆、蜡、胶、香料、草药、苎麻、染料），也可以到农业以外的工业发展中去寻求。当然，这是指"传统工业"而言，明清的矿冶业（采煤，连同铁器、五金）、制造业（连同造船）、制盐业（连同茶、糖、烟、酒、酱、榨油、乳酪）、丝织业（连同棉纺、麻织、编织、制革）、印刷业（连同造纸、出版）、铸币业（连同金币、纸币、流通证券）都已是世界一流的产业。传入欧洲的《天工开物》被法国人视为"帝国工业的百科全书"，绝非偶然。

清代，传统工业依靠一种广泛而分散的发展方式，适应了当时世界三分之一左右人口对工副业产品的需要。特别是清代江南出现了一个相对集中的、以工业所得为主要收入方式的"传统工业区"。这里农民的最后收入表现为工业产值（如出售纺织品所得）；其工业收入远远大于农业部分（请比较纺织品所得与出卖棉花的收入）。因此工业在这里已不是所谓"副业"，而是主业；其经济重心也不在农业，而在传统工业。其收入之高，使得在这类地区出现了全国最高密度的人口。它展示了经济发展的又一个现实可行的途径：即发展"乡村工业"，揭示出土地对于人口承载量作几何级数增加的现实可能性。

经济社会的发展成就，本应依赖法治秩序的保障。相比之下，清代法治的滞后是十分明显的，它不能为新经济、新生产力提供有效保护，只能在传统法制轨道上艰难运行。

然而，历史还有它的另外一面。

前面说过：按中国社会自身的发展轨迹，明代中后期出现的革新因素的正常生长，原本是可以让中国跨进又一个属于自己的新时代的。但是，这个历史的"可能"在清兵入关后被历史葬送了。满清对明代中后期出现的革新因素的扼杀，是在为中华传统文化"集大成"的壮观旗帜下进行的。

公允地说，满清统治集团，从皇帝算起，是中国史上历朝历代帝王中，平均"文化修养"最高、施政能力最强、施政风格最正派、施政效果最显著的一群；这个从大兴安岭森林中走出的一群，入关之后，竟然有效地承担起历代疆土最辽阔（大于欧洲的一千零一十六万平方公里）、人口最庞大（由五千万跃升到四亿，汉唐盛世也不过五千万人上下）的国家的治理任务，且没有闹过汉唐那种"宦官专权"、"外戚当政"、"藩镇割据"之类的祸患；不说康、雍、乾对总结传统文化的可观贡献，连顽固的慈禧太后在其最后十年也让洋务派、立宪派推出了一定程度的变革举措（中国最早的铁路、邮政、港口、机轮船、开矿山均出现于此时，城市"市民自治"也开启于此时），没有让中华彻底沉沦如埃及、巴比伦、印度那般，这是很不容易的。然而，透过一层看，从中华文明发展的总体进程上看，清代"守成有余而创新滞后"，终于导致守成守不住、未创新而已腐朽，酿成近代史上的百年大悲剧。

这里不妨举几个典型的事例看看：（一）清初剃发令与文字狱的铺开，斫伤了民族元气，甚至从肉体上消灭民族精英，高压之下，思想文化界活力耗散，不能不后退。（二）清初搞了五十年"海禁"，摧残了沿海新的生产力：宋明时期高度发展的经济实力，集中于东南沿海，清初在沿海建"五十里无人区"，"片板不得下海，粒米不得入洋"；凡已下海、已出洋者统统视为"背弃祖宗庐墓"的不肖子孙，"入于夷则夷之"，不仅对其在海外的生死存亡不管不顾，而且回国一个就逮其一家，押送到新疆伊犁去"屯边"；这不仅直接摧残了民气，摧残了滨海向称发达的造船业、外贸业，又迫使内地商业、工场手工业、家庭副业陷入全面萧条，在可耕地无法大量扩展的情况下，人口却成亿地增长。尽管中华产业体量庞大，而严峻的国民经济形势，却再也无力支撑一个世界性的"大变局"了。（三）编纂《四库全书》，强化"经史子集"的传统知识结构、知识体系，从意识上筑起了抵拒"西学"的屏障；抽毁了"违拗书籍"，泯灭民族意识、民主思潮；厉行"学禁"，将一切集会结社罢学罢教罢市游行示威请愿等和平斗争方式，一律宣布为"非法"而予以厉禁，这就使宋明时期孕育的民主意识、民权运动无法再现，更谈不上形成理念、形成思潮、形成政治运动了。从此，知识分子主持社会正义、群体干政的情形不再出现。（四）倡导"古文"、倡导"朴学"，让知识精英们埋头于"国故"，写古文，考古字，说古话，想古事，玩古董，使文化学术疏离现实政治与社会生活，无视环球的巨大变化；更谈不上引入新知、整合旧有文化体系了。

中国的"保守落后"远非"一日之寒"，也非"从来如此"，个中缘故值得深挖深思。

第二节　清代的法治力量

一、朝廷建制

清代实行彻底的皇帝独裁，设有"南书房"，由翰林院、国子监的大臣"入值"，做皇帝的私人顾问，提供咨询性意见，无任何决策权力；又设"办理军机事务处"，军机大臣是皇帝办理军国大事的主要侍臣，虽处于中央政府核心地位，但也仅是"奉旨议政"、"奉旨传宣"而已。清代行政管理的中枢机构是"内阁"。但内阁作为行政管理之总汇，却不能直接行使它的管理职能。全国行政管理责在六部，六部直接向皇帝负责，内阁只是负责协调六部事务。吏、户、礼、兵、刑、工六部是封建王朝处理国家行政事务的主管机关。各部的尚书（从一品）、左右侍郎（从二品），都实行"满汉复职制"，保证满族贵族的特权，又可联合汉族地主实行统治。六部尚书、侍郎直接对皇帝负责，都可以单独奏事，统称为堂官。这里介绍一下最有清代特色的刑部、都察院、大理寺、宗人府四个中央司法机构的法治职责：

（一）刑部的司法职责

清朝的刑部设于天聪五年（公元 1631 年），入关之后，设满汉尚书、左右侍郎，负责全国刑罚政令。凡是死刑案件，会同都察院、大理寺审结。每年于八月间审理各省上报的要案，名为"秋审"；夏季审理谓之"热审"；于霜降后审理发生在京师的要案，则名曰"朝审"。刑部除负责全国重大案件的终审之外，还负责厘定各种法律。全国的刑名案件送呈到刑部之后，便按省区分发给十七个"清吏司"处理。十七个清吏司除对口掌管所负责之省区的刑名案件外，还兼掌一些其他事务。如江苏清吏司兼掌全国赦免案件、河南清吏司兼掌"热审"案件等。刑部还专设"督捕清吏司"，负责缉拿逃亡的驻防旗人。各省缉捕的逃犯，每年于四月造册报部，由该督捕司负责核办。刑部还设立"秋审处"，负责"秋审"、"朝审"重要案件的处理。又设减刑处等，负责汇集各省现审案件，遇有国家庆典，奉诏核议应不应该减免刑罚。其"律例馆"以王大臣、刑部尚书等为总裁，负责编修法令和督促律例的实行。"提牢厅"掌管狱卒、狱禁。"赃罚厅"掌管刑部现审案件的罚款。此外，还设有饭银处、清档房、汉档房、司务厅、督催所等，各有具体分工。

盛京刑部设立于康熙元年（公元 1662 年），有满族侍郎一人负责。下设肃纪前、后、左、右司。其中，肃纪前司、左司分别掌管盛京等十五城旗人狱讼、民事案件；肃纪右司掌管蒙古人诉讼案件；肃纪后司负责处理在大东北（含乌苏里江以东）私挖私贩人参案件。

（二）都察院的司法职责　都察院是清代国家机关的最高监察机构，设于崇德三年（公元 1638 年），最初设承政一人，左、右参政二人负责事务。入关之后改承政为左都御史，参政为左副都御史。都察院除监察国家政事得失之外，还要会同刑部、大理寺裁审要案。一般来说，凡是要案，先经刑部审断，后送都察院复核，再送交大理寺平允，然后三个机关会稿具奏，由皇帝作最后判决。都察院所属有六科、十五道、五城察院、宗室御史处及稽察内务府御史处等机构。六科给事中负责对吏、户、礼、兵、刑、工六部，宗人府，理藩院的题本封驳。十五道按省区划分，分别稽核各省刑名案件。五城察院，又称五城御史衙门，负责纠察京城的案件，因为京师分为东、西、南、北、中五部分，故设五位巡城御史。五城御史各辖二坊：中城辖中西坊和中东坊；东城辖朝阳坊和崇南坊；西城辖关外坊和宣南坊；南城辖东南坊和东坊；北城辖灵中坊和日南坊。五城各设兵马司指挥、副指挥以及吏目若干人，负责地方治安案件。"凡人命案件，均由五城指挥勘验，盗窃案件则由副指挥与吏目踏勘现场和审办。其余诉讼案件由指挥报巡城御史审断。杖罪以下，可以自行完结；徒罪以上，须送交刑部审察。五城还各设公所，于每月初一、十五两日，由御史、司坊各官督率地方绅士宣讲皇帝训谕。

（三）大理寺的司法职责 大理寺，官署名。相当于现代的最高法院，主要职责是会同刑部与都察院审理大案要案。秦汉为廷尉，主刑狱，审核各地疑狱重案。北齐改为大理寺，历代因之；清末又称大理院。大理之意，古谓掌刑曰士，又曰理。汉景帝加大字，取"天官贵人之牢曰大理"之义。时大理寺所断之案，须报刑部审批；唐制由大理寺卿与刑部尚书、侍郎会同御史中丞会审，称三司使；明、清则由大理寺（最高法院）、刑部、都察院（监察部）会审，称三法司。决狱之权在刑部，但大理寺不同意时，可以上奏圣裁。

（四）宗人府的司法职责 宗人府主要负责管理满清皇家宗室的事务。设宗令及左、右宗正主持其事。它首先是管理皇族属籍，办理皇族婚嫁、封爵、祭奠、扈从等事。与法治较为密切的事务是，管教皇族人员，遴选族长、教长。若宗室人员犯罪，除本人治罪之外，还要追究管理人员的责任。乾隆二十年（公元1755年）规定："宗室内有非分妄为之人，将总族长、族长一并议处。"宗人府还负责编查宗室保甲。倘若发现有不安本分之人，或任意容留闲杂人等，即报巡城御史，再密呈都察院，派人追究。宗人府审理案件的常例是：户婚田宅之案，会同户部审理；有关刑名案件，则会同刑部审理。审讯之时，贝勒以下传至宗人府讯问，郡王以上，则由宗人府官员前往该王府询问。特殊情况下可以请旨传讯。如遇宗室人员抗旨不到案，宗人府可派官兵，会同族长、学长到家中带人。到宗人府后先重责三十板，再讯供。重大案件审理之后，一般由户部、刑部主稿，会同宗人府具奏，按旨意定案。除政治性案件外，一般刑名案件都会从宽发落。

二、军事驻防

清朝建都北京后，继续保持着"以旗统民，以旗统兵"的八旗
兵制。八旗作为行政、军事、生产相结合的组织，军事作用日益加
强，并逐渐演变为纯军事组织。八旗军是在满族统治集团统一女真
各部与统一中国的过程中逐渐建立与扩大的，其制也日趋完备。八
旗兵系以骑兵为主的陆军部队，即满洲、蒙古、汉军八旗的马甲
兵。驻京师警卫皇城的有前锋营、亲军营、护军营、火器营等四
营，由满洲、蒙古八旗兵选派组成。另有汉军炮甲兵、藤牌兵，利
用其攻战之力。加上绿营步兵万人，隶于步军统领（皇帝亲信大臣
充之）。"通计京师之兵，满洲、蒙古、汉军、绿营四项，十万有
奇"。占全国八旗兵力之一半以上。使京师犹如一个大兵营，以维
护其皇权专制统治。

八旗军直隶于皇帝。雍正元年（公元1723年）设立八旗满洲、
蒙古、汉军都统衙门。管理日常军事行政事务，"以掌满蒙汉二十
四旗之政令，稽其户口，经其教养，序其官爵，简其军赋，以赞上
理旗务"①。八旗都统衙门管理军事旗务、民政旗务两方面事务。
清兵入关前后，已形成满、蒙、汉各"八旗"，总数约二十二万人
的规模，定都北京后，成为常备兵。八旗兵按照驻防地点，分为禁
旅八旗、驻防八旗两个部分。禁旅八旗又称禁军八旗，主要负责保
卫皇宫和京师的安全，是维护满清王朝的主要统治支柱。驻防八旗
则分驻全国军事要塞，弹压地方，控制全国。驻防八旗是逐渐形成
的，与当时清军进兵各地的形势相联系。顺治二年（公元1645年）
驻防江宁、陕西，四年于浙江驻防。进占南京后，便驻防于该地。
清廷将八旗兵集中驻于长江沿线的江宁、荆州、成都，运河沿线的
杭州、青州、德州，海防沿线的福州、广州，长城沿线的绥远、热
河、察哈尔，黄河沿线的开封、太原、西安、宁夏，以及新疆、黑

① 《光绪会典》卷八四。

龙江、吉林、盛京等处沿边的要冲之地，保持机动强大兵力。满族统治者鉴于八旗军兵力少，分驻全国，就更显得少了，便采取相对集中之策：

（1）将满洲、蒙古、汉军三种八旗合营驻扎。"若夫驻防之兵，则无论骑、步，皆合满洲、蒙古、汉军以为营"。不同于京师中三种八旗分别为营，便于皇帝驾驭，以防聚而生骄之弊。

（2）中国之大，十万八旗兵卒如分驻其中，当被消融。只能集中驻防，"畿辅驻防二十有五（营），兵八千七百五十有八。东三省各城驻防四十有四（营），兵三万五千三百六十。新疆驻防八（营），兵一万五千一百四十。各省驻防二十（营），兵四万五千五百四十。加上守陵、守围场、盛京与吉林边防兵，共驻防兵十万七千七百有六十"。

八旗驻防部队由将军（从一品）、都统（从一品）、专城副都统（正二品）掌管，"镇守险要，绥和军民，均齐政刑，修举武备"。其军随时可至有事之地，增加满族贵族统治的威慑力量。将军、都统在驻地不理民政。但称其"绥和军民"，实则对当地行政有监督之责。他们都有专折奉报地方政情民事之责。皇帝也常通过他们了解地方大吏的动态。"八旗兵"之外有"绿营兵"，同样驻防京师与全国各地。它是清廷直接掌握的"嫡系部队"之一。

清代"绿营"源于明朝军制。明代的镇戍制度为清代统治者采取。仅仅依靠二十万的八旗兵力统治中原大地，显然是不够的，必须利用降清原有明军，既弥补八旗兵少之不足，又能发挥以汉兵制汉人之效。为区别于黄、白、红、蓝四色的八旗军，收编的汉兵使用绿旗，称为"绿营"。绿营总兵数五十九万四千四百一十四名。绿营不像八旗军那样集中驻防。京师巡捕营五营多时也不过一万余名，仅为八旗军禁旅的十分之一。京师内城由八旗兵禁卫，皇宫由上三旗守卫，京畿有八旗驻防。绿营仅守卫京师外城。全国绿营分驻于各省，在省内相对集中于省会城市，"凡天下要害地方皆设官兵镇戍，其统驭官军者，曰提督总兵官。其总镇一方者，曰镇守总兵官。其协守地方者，曰副将，次曰参将，又次曰游击，曰都司，曰守备。或同守一城、或分守专城，下及千总、把总，亦有分汛备御之责，皆量地形之险易，酌兵数之多寡"[1]。提督为绿营的最高军事指挥员。在省或总督辖区内分设二镇至十三镇。镇有总兵官。镇之下有协，协守本镇要害地区。协之下有营，分守本镇城邑关隘。营之下有汛，分汛本镇偏僻县邑，或繁盛的市镇。这样，通过绿营的镇、协、营、汛等军事组织，把全国各县、市镇都控制在自己手中，极为缜密。省的绿营提督，多为专职，要受总督、巡抚的节制，间有巡抚兼任者，发挥以文职大臣监督武将之效。

绿营高级将领的任免、考核操于朝廷，例由皇帝钦定。军队的征调取决于皇帝。军队的最高指挥权属于皇帝。绿营军队分隶于提督、总兵，但平时只有管辖权，无权擅自调遣军队。遇事得先呈报上司，转达朝廷，给降圣旨，方得调遣军队征讨。若无警急，不先呈报上司擅调军马，则杖一百，罢职，发至边远地区充军。实行这种严格制度与处罚，以防武臣擅调军队生事。为了防止突发警急时，军队不能立即前往镇压，清廷又规定：如有反叛，贼有内应，事有警急，及路程遥远者，得听便从速调拨军马，乘机剿捕。若贼寇滋蔓，应会合捕系者，邻近部队虽非所属，亦得行文调发策应，并申报本营上司，转达朝廷。若不调遣会合，或不申报朝廷，或邻近官兵不即策应，均与擅调同罪处置。总督、巡抚享有皇帝分寄地方的军令权：在所辖地方，有权在紧急情况下，一面调动军队奔赴出事之地，另即飞章奏事。其目的只有一个：镇压任何反抗或侵害。

第三节　皇室禁卫与京师治安

一、皇室安全禁卫

清廷对维护宫廷与皇帝安全最为关注，专门建立了一支以满蒙

---

[1]　《康熙会典》卷八六。

贵族子弟为主的庞大警卫力量，分工极为烦琐，在古代社会颇有代表性。清廷侍卫由侍卫处负责。侍卫处设领侍卫内大臣六员统领，从皇室嫡系部队"上三旗"（正黄旗、正白旗、镶黄旗）满蒙子弟中挑选精明强悍、材武出众者充当。内外大员的子弟、世胄子弟、勋戚后裔，可以特批入选。特等侍卫负责翊卫近御，在御前行走。平日在内廷稽察官员，导引官员上谒，皇帝出巡时随驾扈从。一等侍卫六十人，二等侍卫一百五十人，三等侍卫二百七十人，加蓝翎侍卫九十人，共五百七十人，分层次在紫禁城内轮值。另外，还有汉军侍卫、宗室侍卫，作为上三旗四等侍卫的外围轮值者，员额不限。这些侍卫的人选，一般来自八旗亲兵营。八旗亲兵每月考核骑射与步射，成绩优异者给予升级。这样，侍卫就成了一种特殊的荣誉，公侯子弟都想跻身于侍卫队，这是他们进入上层集团的门径。

除侍卫外，有八旗满蒙兵士一万五千多人组成的护军营，负责环卫宫廷，警跸出入及护驾巡幸。紫禁城内由"上三旗"护军守卫；紫禁城外由"下五旗"护军守卫。还有满蒙士兵一千七百七十三人组成的前锋营，专作皇帝大阅时的首队和皇帝出巡的宿卫。有"三旗包衣营"，又称亲军营，宿卫守护宫墙内的各殿、各所、各库、各门，均有稽察禁卫之责。另外还有"火器营"驻扎，以备远攻之需。此外，圆明园护军营有护军三千六百三十二人、马甲三百人、养育兵一千八百二十六人；内务府有护军一百一十三人、马甲三十人、养育兵一百三十人。香山静宜园警卫由"健锐营"负责；皇帝打猎由"虎枪营"随从，皇帝钓鱼有"尚虞备用处"六班侍卫警卫；车驾出行由銮仪卫负责；皇帝出巡的各项事务由"总理行营"总管。分工琐细，互相牵制。清廷对警卫禁卫有极为严格的管理法规，这里从略。

二、京师治安管理

清代京师法治比起明代来，特务活动有所收敛，而行政管理、法律管制则大力加强。第一是驻扎重兵，第二是添设专职法治机构，第三是京师地方政府的法治职权进一步加强。清廷京师驻军中的步军营（八旗步兵）与巡捕五营（绿营马步兵），统由"提督九门步军巡捕五营统领"指挥。步军营在都城内按八旗分汛驻守，各分地段守卫，在其责任地段内设堆拨（岗哨）分番轮值。皇城内有堆拨九十个，内城有堆拨六百二十六个。巡捕五营则在外城与远郊地带二十三处分汛驻守，也设有数百个堆拨。地段之间，设有多道栅栏，以便盘查往来。

其具体职责是：①夜晚击柝节节递送。②稽查夜行，获准夜行者要派人守护。③救火。皇城内由步军营救火；京城内由骁骑营救火；全城分四大区域，遇有火警，由驻守本区的两旗步军营官兵前往扑灭。④捕盗。各旗步军营都有专司捕盗的捕盗步军。⑤掌司门禁，内城门由满蒙军士守卫，外城门由汉军巡逻，自酉至卯（19时至次日5时），不得间断。⑥掌守马道栅栏，依时开闭。⑦掌习白塔信号。当时规定，白塔山上设信炮五台，何方有警，即定向击报全城。巡捕五营之人，则专职巡捕盗贼。

同时，清沿明制，保存了"五城兵马司"的建制，朝廷都察院下，设五城御史、五城兵马司等文职机构。五城御史全面负责京师法治，审理徒刑以下案件；五城兵马司负责人命案中的验尸，盗窃案中的踏勘等。东西南北中五城之下，又划作十坊，每城二坊，专门负责坊内的缉贼捕逃，禁约赌博，对于奸拐妇女，指官吓诈，邪教惑人，妄造谣言，聚众烧香等一律进行查禁，寺院庙堂坊店等处，皆令具甘结，不许留住异乡人。在街上巡逻时，遇有形迹可疑之人，随时可以逮捕，交五城御史审问。当然，五城司坊官和捕役有自己的责任地段，一般不许越界捉人。另外，大兴、宛平二京县与顺天府，作为地方政府，自然要负责京城内外及远近郊区的社会法治，查禁邪教，禁捏造俚歌、刊刻传诵沿街唱和，禁赌博，禁鸦片，禁拐诱人口等等，同时要负责编查户口。这些都是强化警治的措施。

第四节 伦理秩序：《大清刑律》的灵魂

《大清刑律》同时使用伦理干预和刑杀手段，以求绝对地维护其纲常伦理秩序。在清律中，把历代以人伦关系的亲疏决定罪名的确定与量刑的轻重的传统做法推向极端，突出地表现为"同命不同值"、"同罪不同罚"。同是致伤致命之案，判刑不以加害情节与伤害程度定，而以"服制亲疏"定：施暴者身份不同，则罪刑不一。例如："杀一家三命，在平人罪应凌迟处死；在族中奴仆，罪止斩候（死缓）"。由于被害者法律地位不等，其追偿、赈恤情况即有天壤之别：如被害者为"有服尊长"、为主子、为节妇，一定要凶犯抵命；若是为细民、为卑幼、为奴仆、为"失节妇女"、为有前科的窃贼等不同身份者，罪犯往往被判"斩候"，最终予以开脱。

一、严厉惩治"触犯"刑律的卑幼

《大清律例·威逼人致死律》规定，"触忤干犯判斩决"，"违犯教令判绞监候"。若单从字面上看，这类罪名罪状是很堂皇的。可是，其实践形态则很邪恶。

一例：儿子对酗酒归来大发酒疯的父亲说了句"有钱吃酒，不如买馍充饥，何必在家混骂？"此酗酒凶徒听不进去，便追打儿子，却自行失足跌毙。官家竟以"乡愚无知、顶撞父亲致死"而判其子顶命。

又例：儿子向邻居赠送了几把茅草，父亲当场并未表态；事后厉责其子，儿子略加辩白，父亲自护其短，拔刀相向，儿子连忙避开。父亲追赶失足，被自己抽的刀误戳身亡。官员们即以"违反教令"判这位意外失去父亲的儿子"斩决"（后改为"绞监候"）。这么判，分明是"依法"给这个家庭制造了更为血腥的灾难！其亡父地下有知，也该怨恨这"违犯教令判绞监候"的法例太无情吧？

三例：儿子因父亲拿木料烤火，因见"材料尚好"加以阻拦。父不听，复令其子去运木块，儿子不理睬；父赶殴其子，不小心失跌身死。官家即比照"子不孝，父抱忿轻生"例，判子以"绞候"。官家如此执行律条，岂非"以法杀人"！父子之间有案，尚且如此去判，那么，夫妻之间、主奴之间、官役之间、官民之间有案，又当如何去判，就可以类推而知了。清人判决"伦理"案的实践形态，竟是这样地令人触目惊心！

在"亲属连坐"法下，出现了这样一个血淋淋的案例：凶残无人性的赵成伤天害理，连连作恶，天人共愤，其子其媳是他的灭绝人伦的第一受害者、直接受害者；但赵友谅质朴纯良，孝顺得只知道退让回避，官员们甚至为"其子之孝"而感伤。但当凶犯赵成狂杀多人被捕正法时，法庭"按律杀死一家五人者，亦须一家五人抵偿"，判赵友谅陪葬！当皇上得知其孝顺时，"上谕"说是可以饶他不死，但"赵成凶恶已极，此等人岂可使之有后"？竟下令给友谅处以宫刑；百日满后，再充发黑龙江！这就把"亲属连坐"法的荒谬惨毒暴露得淋漓尽致。

上述案例，并非个别死守律文之官僚的偶然失误，而是层层上报，经刑部批复执行的、向全国公布了的"成例"，被收在大清《乾嘉道刑案汇览》中供类推办案的！

二、"发遣"制度下对子孙的绝情惩治

清代有所谓"发遣"制度。按"伦理法"原理，清律赋予祖父母、父母有权请求政府"发遣不服教令之子孙"，无须经任何审理。一旦祖父母、父母出面要求"发遣"其不肖子孙，子孙便会被流放到辽远的边荒烟瘴地区去；若祖父母、父母始终不肯收回成命，被发遣者即须终生服苦役，无论其后的实际表现如何。

例如：江西有子媳二人，因"不服管教"、"出言顶撞"，父母便向县官请求"发遣"，双双被"实发烟瘴充军"，与杀人放火罪

犯同等惩处。事实上，这类子孙尽管行为不端，但并未触犯刑律；加之"清官难断家务事"，"可怜天下父母心"等复杂情况，在应否发遣、如何发遣、一旦发遣又追悔该如何处置等问题上，都会出现一系列的翻覆与纠缠，而清律是不管的。

如果说，别的笞杖徒流军犯，都还有一个审理过程，有明晰的量化惩罚的量刑指标，唯独对这类"发遣"者无审决，无服刑期限，无明确的笞杖数；而且对其发遣后的现实表现也无评价办法，对其婚姻、家庭、子女的安排处置更无法定的后续政策可供遵行，这就比无期徒刑更"无期"了。"发遣"本来就是亲情破裂的结果，其执行更固化了这种破裂。一旦"发遣"了，"伦理亲情"与"伦理秩序"之间，就很难再找到贴切的平衡点了。让只是触犯了（有的还是偶发）父权尊严而并未触犯刑律者，遭受比一般流放犯更严厉的惩罚，这本身就是不公的。

三、在法律名义下露骨地制造人间灾难

伦理法直接钳制了当时的社会生态，尤其是卑幼、妇女、奴仆、乞丐、流放者的求生之艰难，生命之卑贱，呼告之无门，它所制造的只是"社会病态"、"社会死态"，根本不是"治安秩序"，无法启动社会生态之活力。此类律条，最足见"伦理法"的本质是"在法律名义下露骨地制造人间灾难"。

清代妇女地位极其低下，人格与权利较唐宋时严重压缩，突出地表现在：清律规定夫妻双方的"有服之亲"皆有责任令女子"守贞"，出事后首先要追究"有服之亲"的法律责任；而他们也就被赋予有权到现场捉奸，甚至可以纠集他人协同捉奸——而这是唐宋法律所不允许的——清代法律还规定：寡妇在为夫守丧期间，不得改嫁；即使是由双方尊亲主持的改嫁，也被视为"失节"；要追究其父兄的责任，男女当事人本人将被判离，哪怕已婚多年、生有子女，也得"归宗、另嫁"，这意味着由政府强迫二婚妇女"再改嫁"，使其抛夫别子"再失节"；而有过这般"失节"前科的女

子，如果遭入室抢劫、或被奸淫，其人身财产权利再也不受法律保障，而对施暴的奸盗凶犯的判罪量刑，却是以降等、降级、减刑、缓刑处治。如此执行，无异于开除寡妇的"人籍"。

四、以舆情杀女，凭法制屠男

《乾嘉道刑案汇览》书中有一篇五千余字的长文，记录了一桩案情十分单纯、又十分清晰的"狎侮案"。刑部与地方之间，却为此而文牍往返，反复驳难，耗费大量了司法资源，为的竟只是一对男女间发生的"性骚扰"案子，到底是"调戏案"还是"戏谑案"，双方为之争论不休。其间，某总督颇为气壮地责问刑部："国家何必于'但经调戏'的正例之外，另设'戏言相狎'比照之文？究竟村野愚民，'出语亵狎'，与并无他故，'辄以戏言觌面相狎'两例，一则拟流，一则拟绞，应作何分析？"刑部则百般回护，说两者有原则区别……今天看来，几近无聊，而当初却是一本正经地"讨论"并严厉推行的！

本书以大量篇幅，提供了那个时代"舆情杀女，法制屠男"的一个个滴血的案例。

如：一位六十岁的老妇王氏因与邻妇口角，人家讥嘲她青年时曾受人"戏谑"过，她便气闷自缢了。又，赵氏因丈夫之老友于酒后误入其房躺卧，醒后向主家赔礼了事；女主人其时并不在家，事后得知，怕被人借此"闲话"，就上吊自杀了。政府随即决定"旌表"这类自行走上绝路的"贞烈妇女"，并追究多年前的"戏言"者，还有那个"酒后误入女房"者的"致死人命"之罪，而他们当时早已当场认错赔礼了结了，双方连纠纷都没有发生，却受到法律的严厉"制裁"。

其实，如果法律不对男女"戏谑"作苛细而刻薄的规范，不把"随口戏谑"定罪，不把女人的"追悔自缢"作为严惩男人的借口，不把女子激烈的情绪反应作为"旌表"的对象，则女性何必为担心"戏谑"而"自动"地走上自绝之路，同时又让等量的男性被法律送上法庭呢？可见这是"舆情杀女，法制屠男"！而这"舆情"又恰恰是由法律导向并严厉规范的。国家竟将此等案例纂入法典，希图以此来"矫正"社会行为与社会舆论，殊不知正是官吏们对这类男女问题的深琢细磨、反复折腾，正在酿造着一个个命案！他们的"护法"、"执法"，到头来只不过是公开地"依法杀人"而已！

如果说先秦人讲"礼"是为了奉神、从政，不在社交；汉唐人讲"礼"是为了政治，不在家庭生活；宋元人讲"礼"，是专重意识形态的引导，不在生活方式的规范；那么，明清人讲"礼"，则重在男女关系，不在家国；其或倡或禁，都着意于性事。其舆情格调，就只能越发趋于猥琐而荒诞。待到国家专注于表扬妇女的"节烈"而惩办男人的"戏谑"之时，民族的、社会的真正的阳刚节烈之气便消磨殆尽了。这一后果，统治者何尝想到！

其实，在实例面前，乾隆爷们也早已认识到了："伦理治罪"法并不切合生活实际，尤其是那些谋死亲弟、图奸卑幼、谋财害命的"尊长"罪犯，其"凶残殊甚，既不念手足之谊，何得复援尊长之条？""此等凶徒，身已蔑伦伤化，更复有何伦理?"乾隆本人分明知道，所有伦理刑事案件中，凶犯没有不是丧心病狂、蔑伦伤化者，当其下手之时，无不"恩义已绝"，又"何得复援尊长之条"去要求从宽处治呢？准此而论，就应该废除这种"尊长之条"，实行"同恶同刑，同罪同罚"原则，实现法律面前的普遍平等。可惜，乾隆爷们还不可能有这样的法理自觉，倒是在拼命维持所谓"伦理大局"。

清律对社会生活覆盖面之宽，权威性之高，是确定无疑的；因而它的"以法杀人"的一面，也就确切无疑了。它不是某个皇帝心血来潮的产物，只能证明该法本质上属于"恶法"之列。

第五节　强化地方政府的法治职能

地方行政制度是关系专制王朝统治能否得以巩固、国家统一能否保持的重要问题。历来统治者都很重视制定一套地方行政制度，以保证其统治的长治久安。满族统治者在这方面可以说费尽心机。

一、推行省区建制

清代疆域广阔，东至库页岛，西至葱岭，北至外兴安岭，南至南中国海。清王朝承袭元、明的行省制度，初将全国划分直隶、山东、山西、江苏、安徽、江西、福建、浙江、湖南、湖北、陕西、甘肃、四川、广东、广西、云南、贵州、河南十八行省。光绪时，将台湾、新疆改建行省，又将东北改建为奉天、吉林、黑龙江三省，共二十三行省。在少数民族聚居地方则有内外蒙古、察哈尔、青海、西藏等特别行政区。

省以下设有府（州）、县两级行政实体。县之下有保甲，作为清王朝的基层组织。京畿地区八旗庄户与汉族民人分别而居，实际上存在着八旗与保甲的双重组织。清代地方第一大员为总督、次为巡抚，均有领兵之权。总督为正二品官，加尚书衔者为从一品。总督有兵部尚书或兵部侍郎衔，节制所辖省的绿营提督、总兵，并有直属的"督标"绿营队伍，多为左中右三营，也有左中右前后五营，一千人至四千人不等。总督还带有右都御史或右副都御史衔，对辖区文武官吏有监察之权，《清史稿·职官志》称，总督"掌厘治军民，综制文武，察举官吏，修饬封疆"，有疆臣之称。仅次于总督的为巡抚。凡不设总督的山东、山西和非总督驻地的安徽、江西、湖南、广西等省区，巡抚当然为当地最高行政长官，也是独当一面的。巡抚为从二品，例兼都察院右副都御使，多兼兵部侍郎衔，或兼提督，有直属的"抚标"绿营。史称：巡抚"掌宣布德意，抚安齐民，修明政刑，兴革利弊，考核群吏，会总督以诏废置"。

清廷视总督、巡抚犹如分封疆土的王侯，称为封疆大吏。总督、巡抚之外，主持一省行政事宜的是"承宣布政司"的布政使（从二品）。布政司机关下设经历司、照磨所、理问所、库大使等办事机构。省级机关还有提刑按察使司，按察使正三品，仅次于布政使。职掌"振扬风纪，澄清吏治"，也就是主管一省的刑名案件的审判，兼管本省的驿传。重大案件要与布政使会商办理。按察使例充省乡试的监试官，每五年"大计"、国家考核地方官时充任考察官，秋审充主审官。其职掌一省监察司法，权势非浅，与布政使司并称二司，同为地方大吏，但要受布政使的制约。

清代提督学政，主管一省的教育行政。同时有密察地方政情民情的任务。《清史稿·职官志三》：学政掌本省学校之政令，"岁科两试，巡历所至。察师儒优劣，生员勤惰，升其贤者能否，斥其不帅教者"，实际管理省、府、县的基础教育。府学教授（正七品）、训导（从八品）、州学士（正八品）、县学教谕（正八品），皆受学政管理与考核。学政的一个特别任务就是控制学运学潮。

清代行省下设"道"、"府"和"县"。道，为省与府的中介机构。清初沿袭明制，布、按二司设左右参议称为守道；按察使副使、佥事称为巡道。道员有自己的衙署，称道台衙门。其职责在加强对府、县官员的监察。府是省与县之间的一级行政实体。知府（从四品）为一府行政长官，承总督、巡抚与布、按二司之命，对所属州县实行行政管理。稽核州县赋役、诉讼，宣布条教，兴利除害。每三年考察属吏，刺举上达。地方要政，禀报总督、巡抚施行。府的辅佐官为同知（正五品）、通判（正六品），分掌粮盐督捕、江海防务、河工水利、清军理事、抚绥民夷等要职。可见，府的机构是布、按二司的缩小，政事较繁。清廷很重视知府的任用。因其直接管理地方庶民，所以多用汉人知识分子，借以缓解民族矛盾。

二、县府的法治职能

府之下设县。县是王朝的下层衙署，直接受理庶民的诉讼、田土纠纷，管理基层教育（县学），主管劝农赈贫，"讨猾除奸"等政事。县凡贡士、读法、养老、祀神，无所不综。国家诸多政务都要由县贯彻执行。朝廷设有吏、户、礼、兵、刑、工六部，一般县则设有吏、户、礼、兵、刑、工"六房"与之相对应，做到上下通达。县的行政长官为知县（正七品），其佐官为县丞（正八品），主簿（正九品）。县丞、主簿在知县的统领下，分掌粮马、征税、户籍、缉捕诸事。典史为未入流的小吏，实为六房之长，为一县承办庶务的主管。如有的县无县丞、主簿，典史的职权重要，对一县的法治良否，负有管理之责。

清代州县官的法治职能，一是力行保甲，组建民团，以靖地方；一是依靠警治执法系统，缉盗匪，禁邪教，禁娼妓，禁赌博，查火险，查奸侩，查健讼，查户役，以确保一方安宁。为此，他们采取了若干措施："缉拿盗贼，有着落邻佐保结之例"，某保某甲出了"盗贼"，全体具结邻佐皆负有罪责；清政府想依恃这种手段禁绝"盗匪"，结果网密而贼兴，清政府终于没能逃脱全国规模的农民反抗运动；"查禁赌博，有责成佐贰转责乡甲、逐户具结之例"，清政府要求层层具结、人人担保绝不参与赌博，否则甘受重罚。雍正帝说过："赌博最坏人之品……荒弃本业，荡费家资，品行日即于卑鄙，心术日趋于贪诈，父习之则无以训其子，主习之则无以制其奴。斗殴由此而生，争讼由此而起，盗贼由此而多，匪类由此而聚，其为人心风俗之害，诚不可悉数也。"清政府在禁赌方面是下了力气的，但禁而不止，究也无可奈何。"调处词讼，原有户婚田土细事、先批乡邻公讲息结"。清政府为堵塞讼师讼棍捏弄词讼，操控审判，欺诈善良，敲剥货贿，曾一再下令查禁包揽词讼；遇有民间田土婚姻纠纷，则提倡由乡邻公议调解，息事宁人。如此之类，其社会法治的控制措施，不可谓不周密，但仍无救于清制的走向终结。

第六节 清廷对宗教与文化的强控制

一、迭兴文字狱，钳制思想

满清南下以来，对中原汉族不但在军事上予以残酷杀戮，经济上大肆掠夺破坏，而且在思想文化领域更是推行文化专制主义，大量炮制文字狱，大搞文化压迫。早在清军入关不久，清廷就开始了对汉族文化的压迫摧残。公元1649年，清廷规定："自今闱中墨牍必经词臣造订，礼臣校阅，方许刊行，其余房社杂稿概行禁止"，这就是最早的言论审查专制。文字狱多发生在康熙、雍正、乾隆年间，总数不下百十余起。康熙在位（公元1661—1722年）时期，先后发生二十多起文字狱。这其中震动比较大的是庄廷珑《明史》案，1711年戴名世《南山集》案。总的看来，康熙当政时期对知识分子采取怀柔和宽容政策，统治者还没有把文字狱当作镇压反清知识分子或者汉族士大夫思想的一种有意识的政策。当时刊行的顾炎武诗文集、王夫之的《读通鉴论》等都有明显的强烈的民族情绪，都未被追究。雍正皇帝在位（公元1723—1735年）时间虽短，有案可查的近二十起。雍正即位初期，几起文字狱都是统治集团内部权力斗争的副产品而出现的；雍正后期，几起文字狱转向镇压汉族知识分子反清思想和民族气节。此后的文字狱出现了两个新的动向：一是文字狱被有意识地用作压制汉族知识分子民族意识和民族气节的重要手段；二是告讦蜂起，多数文字狱都是自下而上的举发。一些地方官吏以查出犯忌文字为邀功之路。乾隆皇帝在位（公元1735—1795年）时先后发生文字狱一百多起，尤其集中于乾隆中期，是三朝中文网最密、文祸最多的时期。乾隆大兴文字狱的目的是借此彻底消除汉人的反清民族意识。实际上，大多数因文字狱受害人并没有传播反清思想。一部分人只是一时兴起抒发对剃发易服的一丝不满，对明朝的一些眷恋，对自身境遇的悲叹。更多的受害者纯粹是统治者望文生义、牵强附会、捕风捉影的结果。乾隆时期的文字狱达到疯狂、残酷与荒唐的地步。文字狱的危害：一给思想文化、士人风气带来恶劣影响。读书作文动辄得祸，文人学士只好泯灭思想，丢掉气节，或者死抱八股程式，背诵孔孟程朱的教诲以求科举入仕；或者远离敏感的学术领域，远离现实，把全部精力用于训诂、考据的故纸堆中，史称乾嘉之学。二是文字狱败坏了官场风气。满清官员大多数是科举入仕。作为文人，他们有可能成为文字狱的牺牲品；作为官僚，他们又是文字狱的制造者或帮凶。他们一方面不愿意自触文网，身死家破；另一方面不愿因为贯彻皇上谕旨不力，不能严究文字之责而获罪。于是他们只有向着谨小慎微、没有思想、没有节操的方向发展。

二、厉行学规，压制学潮

《钦定热河志·学校（二）》（卷七十四）载：顺治九年二月礼部题：奉钦依，刊立明洪武十五年所颁之"学规"① 于国子监；又颁《禁例十二条》于天下，晓示生员。镌立《卧碑》，置于明伦堂

---

① 附：明洪武十五年所颁之《禁例十二条》学规内容摘录：（1）今后府州县生员若有大事干于己家者，许父兄弟侄具状入官辩诉，若非大事，含情忍性，毋轻至于公门；（2）军民一切利病，并不许生员建言。果有一切军民利病之事，许当该有司、在野贤人、有志壮士、质朴农夫、商贾技艺，皆可言之；诸人毋得阻挡。惟生员不许！（3）民间凡有冤抑，干于自己；及官吏卖富差贫，重科厚敛，巧取民财等事，许受害之人将实情自下而上陈告，毋得越诉；非干己事者，不许。及假以建言为由，坐家实封者，前件如已依法陈告，当该府州县布政司按察司不为受理，听断不公，仍前冤枉者，然后许赴京申诉。（4）江西、两浙、江东人民，多有不干己事，代人陈告者，今后如有此等之人，治以重罪。若果近邻亲戚，全家被人残害，无人申诉者，方许；（5）各处断发充军及安置人数，不许进言，其所管卫所官员，毋得容许。（6）若十恶之事，有干朝政，实迹可验者，许诸人密切赴京回奏。前件事理，仰一一讲解遵守。如有不遵，并以违制论。

之左。其不遵者，以违制论。

《卧碑》主要内容：1. 军民一切利病，不许生员上书陈言。如有一言建白，以违制论，黜革治罪；2. 生员不许纠党多人立盟结社，把持官府，武断乡曲。所作文字，不许妄行刊刻。违者听提调官治罪。①

这样的"学规"，在康雍乾嘉时代，执行得很坚决，很彻底，完全抑制了晚明时代的民主风潮，使文坛、书院回到比宋明时代以前更为沉闷的正统空气中去了。

为从根子上取缔士子的结党干政、闹学潮，乾隆爷索性连考院都废除了，就此，他还发了一通高论——

---

① 《钦定热河志》卷七十四《学校》（二）所载的卧碑内容是：

顺治九年二月礼部题：奉钦依刊立《卧碑》晓示生员：朝廷建立学校，选取生员，免其丁粮，厚以廪膳，设学院学道。学官以教之，各衙门以礼相待，全要养成贤才，以供朝廷之用。诸生皆当上报国恩，下立人品，所有教条，开列于后：

——生员之家，父母贤智者，子当受教；父母愚鲁，或有非为者，子既读书明理，当再三恳告，使父母不陷于危亡；

——生员立志，当学为忠臣清官。书史所载忠清事迹，务须互相讲究，凡利国爱民之事，更宜留心。

——生员居心忠厚，正直读书，方有实用。出仕必作良吏。若心术邪刻，读书必无成就，为官必取祸患。行害人之事者，往往自杀其身，常宜思省；

——生员不可干求官长，交结势要，希图进身，若果心善德上，天知之必加以福。

——生员当爱身忍性，凡有司官衙门，不可轻入，即有切己之事，止许家人代告，不许干预他人词讼；他人亦不许牵生员作证。

——为学当尊敬先生，若讲说皆须诚心听受，如有未明，从容再问，毋妄行辩难。为师者亦当尽心教训，勿致怠惰。

——军民一切利病，不许生员上书陈言。如有一言建白，以违制论，黜革治罪。

——生员不许纠党多人，立盟结社，把持官府，武断乡曲。所作文字不许妄行刊刻，违者听提调官治罪。

东林讲学，始以正而终以乱，驯致与明偕亡。且历代名臣莫如皋、夔、稷、契（尧舜时）、伊、望、萧、曹（周、汉时）、房、杜、王、魏（唐时）、韩、范、富、欧（宋时），是皆非讲学者也。而其致君泽民实迹，古今争诵之。汉室党人，已开标榜之渐，激而致祸；即宋之周程张朱，其阐洙泗心传，固不为无功，然论其致君泽民之实迹，如向之所举若而人者，安能并肩齐趋乎？而蜀洛之门户、朱陆之冰炭，已启相攻之渐。盖一有讲学，必有标榜，有标榜必有门户，尾大不掉，必致国破家亡。汉、宋、明，其殷监也。（摘自乾隆戊戌孟夏月御制《题东林列传》）

因此一刀，宋元明兴旺一时的学院讲学之风戛然而止，而通过社会舆论凝聚社会正义调动社会力量以争取权益的民众斗争也就被扼杀了。相应地罢教、罢学、罢市、罢工、罢业的群众运动方式在中国本土也沉寂下去了，而欧美民众倒把它用于民主运动、民族运动，闹得轰轰烈烈，让人几乎忘了它的"原产地"在中国！人们还以为它是西方工业革命的伴生品呢！

三、清廷的宗教管理（对西方传教士的使用与限制）

1. 民族管理与宗教管理，往往是二而一、一而二的事，关系十分密切。清廷除设太常寺外，仍设僧录司和道录司。僧录司管理佛教各寺庙，道录司管理道教各宫观。中央的理藩院所属柔远清吏司，掌喇嘛番僧朝贡禄赐之事。此外，理藩院还设有喇嘛印务处，掌理驻京喇嘛事宜。按清制，各城还分设僧、道协理；在全国各地也承明制，对佛教的管理，府设府僧纲司都纲、副都纲，州设州僧正司僧正，县设县僧会司僧会；对道教的管理，府设府道纪司都纪、副都纪，州设州道正司道正，县设县道会司道会。上述官员皆系"遴通晓经义，恪守清规者，给予度牒。"清朝十分重视对喇嘛教（藏传佛教）的管理。全国藏族、蒙古族等信奉喇嘛教的地区，分别由四大宗教首领主持教务：达赖喇嘛主持前藏教务；班禅喇嘛主持后藏教务；哲布尊丹巴呼图克图主持漠北教务；章嘉活佛主持漠南教务。在西藏，"僧官有国师、禅师、扎萨克大喇嘛、扎萨克喇嘛、大喇嘛、副喇嘛，并堪布监督之。"（《清史稿·职官四》）。自国师至喇嘛，专司教事。清朝《理藩院则例》中的《喇嘛事例》五卷，对喇嘛事务的管理作了全面、系统的规定。它是清代管理喇嘛事务的专门法律。其宗教管理的特点是：

（1）诸教并存，各教独立管理，各地方府、州、县层级分明，最后统归中央，与行政体制配套，成为行政管理体制中的有机组成部分。

（2）形成了一套管理条例，使宗教活动规范化。以前，北魏孝文帝诏立《僧制》四十七条，唐代规定天下寺庙有定数，寺立"三纲"，编制僧簿籍，三年一造；明代规定府、州、县的僧道数额、限制出家年龄，僧道官员的选拔要经过统一考试，遴选通晓经义、恪守清规者，由中央认定资格，发给度牒；清代则制定了《喇嘛事例》（五卷），起到了规范宗教活动的作用。

2. 清初，汤若望以他的天文历法科学知识受到清廷的信任。顺治元年（公元1644年）十一月被任命钦天监掌印官，由原来聘请的专家转变为朝廷命官，开创西洋传教士直接掌握钦天监的先例。后又授以通政司通政使，光禄大夫，进秩正一品，间或参与朝政机务。

汤若望的显赫地位，使天主教得以顺利传播，来华传教士渐多。中国信奉天主教者，从顺治八年（公元1651年）至康熙三年（公元1664年）达到十万有余。康熙皇帝亲政后，比利时传教士南怀仁掌钦天监。利用西方传教士的自然科学为清王朝服务。清朝还利用传教士测量国土，绘制了全国地图。那是全球第一幅利用近代技术绘制而成的详细地图。

在利用传教士的同时，清王朝对他们也作了若干限制。如允许南怀仁在京传教，但不许在各省设堂传教。不久，罗马天主教廷派遣使者来华，力图改变中国教徒的祭祖拜孔等习俗，引起康熙皇帝的警惕与不满。康熙五十九年（公元1720年），清廷经与教廷十三次交涉未果，于是下令禁止传播天主教，给罗马教皇使者明白表示："尔天主教在中国行不得，务必禁止。教既不行，在中国传教之西洋人亦属无用。除会技艺之人留用，再年老有病不能回去之人仍准存留，其余在中国传教之人，尔俱带回西洋去。"① 可见，在禁止传教、让传教士回国之时，仍表示留用有技艺之洋人，并非一概排外。对于留在中国之西洋人，则仍允许其信奉洋教，并不干涉。雍正时，厉行禁教，将西洋人一律送到广东或澳门安置，各地天主教堂改为公所。《清朝文献通考》卷二九八：乾隆五十年（公元1785年），发现西方传教士多人在直隶、山东、山西等地传教，一度议处永远监禁，经皇帝核准，全部释放，"如有愿留京城者，即准其赴堂，安分居住；如情愿回洋者，着该部派司员押送回粤。"应该说，这种做法，还是通达得体的。乾隆时，意大利画家郎世宁等人，在宫中充任画家，也颇受器重。这种较为合适的对外政策，在道光以后，随着鸦片的疯狂倾销，就难以推行了。

第七节　理藩院与民族事务管理

对民族地区，清廷实施特殊的行政管理体制，推行民族政策。

一、设立理藩院

满族贵族集团在入关之前，采取了争取蒙古、孤立明朝的战略。早在崇德元年（公元1636年）就设立了蒙古衙门，专管蒙古事务。崇德三年，改蒙古衙门为理藩院，以适应众多民族事务之需要。以尚书、侍郎主持理藩院事务。《清史稿·职官志（二）》说，顺治十八年（公元1661年），清廷以理藩院专管外藩事务，责任重大，便"依六部例，令入议政，班居工部后"。这样，确立了理藩院如同六部的建制，下设旗籍、典属、王会、柔远、徕远、理刑六

① 《康熙与罗马使节关系文书影印本》第十三，《嘉乐来朝日记》。

个清吏司，以及文书事务机构。

旗籍清吏司。主管内蒙古科尔沁等部所编各旗的边界、封爵、会盟、军旅、邮递诸事。

典属清吏司。主管外蒙古、青海蒙古及新疆的金山、天山之间各部属外扎萨克（旗）的边界、封爵、会盟、军旅、驿递等事务。

王会清吏司。主管内蒙古科尔沁等部旗的俸禄、朝贡、赏赐等事。

柔远清吏司。主管外蒙古、青海蒙古、新疆等地外扎萨克（旗）与喇嘛的俸禄、朝贡诸事。

徕远清吏司。乾隆二十六年（公元 1761 年）设立，掌回部扎萨克（旗）及四川土司之政令，专管回部事务。

理刑清吏司。掌管外藩各部的刑罚事宜。参与起草有关少数民族的单行法律、法令与条例。参与审判有关民族事务案件。

理藩院附设接待机构有内馆、外馆；民族语文教学机构有蒙古馆学、唐古特学、托忒学、俄罗斯馆学以及喇嘛印务处、木兰围场等。内馆主要招待来京的内蒙古科尔沁诸部。外馆主要接待外蒙古来京人员。蒙古馆学主要教习蒙古文。唐古特学，教授唐古特文（藏文），并负责翻译藏文章奏文稿。托忒学，教学托忒文。这是当时科尔沁、杜尔伯特、土尔扈特用的一种蝌蚪文。

喇嘛印务处，为京师喇嘛的高级代表机构。俄罗斯馆，初为俄罗斯来京贸易商人居住馆所。后为俄国传教士及留学生居住地。

从努尔哈赤时起，满族贵族集团就与蒙古贵族联姻，以巩固满蒙联盟。这不是历史上个别公主下嫁的"和亲"，而是满蒙两族贵族集团间较大规模的婚姻关系。清朝这一政策获得很大的成功。蒙古科尔沁部，以女为清皇后，有外戚之殊荣，积极配合清朝的重大军事行动。平定噶尔丹、策妄阿喇布坦、达瓦齐诸重大战役，颇得其力助。同时，满蒙贵族集团间的联姻，也促进了下层人民间的通婚，也有利于民族的融合。

清朝统治集团为了联合蒙古等兄弟民族，还定期在左通辽沈，右引回回，北控蒙古，南制天下的承德举行木兰秋狝（狩猎）。每年秋季皇帝率领八旗禁旅，骑射练武，组织蒙古等各兄弟民族上层分子来到木兰围场打猎。蒙古科尔沁、喀喇沁、巴林、翁牛特、敖汉诸部派出大量骑兵枪手协同行围。青海蒙古、喀尔喀蒙古等蒙古诸部以及其民族代表也前来聚会、联谊，这就为各族共处做出了努力。"兴黄教，即所以安众蒙古"，是清朝利用宗教来争取蒙古和藏族群众的又一策略，为巩固民族大家庭做出了一定的贡献。喇嘛僧人、活佛在蒙古、西藏权势显赫，并从思想上支配着当地群众。清廷授活佛、高级僧人以封号，并为他们建立了宏大的庙宇。

康熙在多伦建汇宗寺，雍正时在北京修建雍和宫，康熙与乾隆在承德先后修建溥仁寺、溥善寺、普宁寺、安远庙、普乐寺、殊像寺、普陀宗乘之庙（布达拉宫）、须弥福寿之庙（班禅行宫）等八庙。它是蒙藏贵族和宗教领袖的重要宗教活动场所。

清朝为管理民族事务，除在朝廷设有理藩院外，还在边疆兄弟民族聚居地方设置将军、都统、副都统、办事大臣，率精兵驻屯戍边。这些军事将领对当地行政实施负有监督之责，以保证清王朝法律的实施与国家的统一。

二、民族地区的行政机构

清朝对民族聚居地区的行政管理，采用了因地制宜，照顾传统的方针，分别推行盟旗制、伯克制、土司制等特殊政策。

（一）内蒙地方　康熙十四年（公元 1675 年），设口外游牧察哈尔八旗，置总管、副总管等统带，由京师的蒙古八旗都统衙门兼管。乾隆二十六年（公元 1761 年），设察哈尔都统，驻张家口，掌察哈尔八旗的游牧之事。在热河，设驻防都统。道光八年（公元 1828 年），明令兼管承德刑名、钱粮，为当地军政长官。在绥远城（今属呼和浩特）设绥远将军，兼管土默特蒙古事务。对蒙古人的行政管理，清政府采取了如同满族八旗形式的"盟旗制"。这既表示满蒙一家之意，又符合蒙古的习俗。如内蒙古科尔沁等二十四部，分为四十九旗。清廷对他们上层人物授以爵号：亲王、郡王、贝勒、贝子、公、台吉等。各旗行政事务，由一旗之长即扎萨克管理之。扎萨克（旗长）由王公、台吉等选派。旗各一人，掌一旗之政令。各旗之上，又有盟的组织。内蒙古为六盟即哲里木、卓索图、昭乌达、锡林郭勒、乌兰察布、伊克昭盟。六盟各有盟长、副盟长管理一般事务。各盟会盟得由理藩院核准并派官员主持之。

（二）外蒙地方 清王朝于雍正九年（公元 1731 年）设定边左副将军，驻乌里雅苏台，以后简称乌里雅苏台将军。职掌喀尔喀蒙古四部（土谢图汗、赛音诺颜、车臣汗、扎萨克图汗四部）及唐努乌梁海的军政。在科布多，设参赞大臣、办事大臣各一人，管理杜尔伯特、辉特等部及阿尔泰乌梁海八部的军政事务。在库伦（乌兰巴托）设办事大臣、帮办大臣各一人，掌管外蒙对外贸易事务。恰克图司员一人，具体管理对俄贸易事务。

（三）青海蒙古 乾隆元年（公元 1736 年）在西宁设办事大臣，管理青海蒙古三十六旗事务。

（四）新疆地区 清廷设有伊犁将军，统掌新疆地区的军政，天山南北路都由其节制，为八旗驻防将军之一。为有效地管辖，后又在新疆广阔之地，分别设乌鲁木齐都统及副都统，哈密办事大臣及帮办大臣、塔尔巴哈台（今塔城）参赞大臣、喀什噶尔参赞大臣及帮办大臣，和阗办事大臣、阿克苏办事大臣、乌什办事大臣、库车办事大臣等，在新疆地区分设诸参赞大臣、办事大臣，实际上为近代新疆改为行省做了组织上的准备。边疆地区设立将军、都统、参赞或办事大臣，都相应配有八旗或绿营劲旅。屯垦边疆保证军需，节省军费，增强兵卒的战斗力，又有利于民族和睦。"西北边陲，守以重臣，绥靖蒙番，方轨都护，斯皆因俗而治，得其宜矣。"[1] 因兄弟民族之习俗，采取多种形式，实现行政管理，达到了维护国家统一的目的。

（五）新疆回部 采用原有的伯克制。哈密、吐鲁番两部回众，受清廷封其长为郡王，各编一旗。郡王，管理本部旗务，听命于朝

----

① 《清史稿》职官志一。

廷的驻防大臣和将军。最高者为综理回务的阿奇木伯克。视其城大小不一，有三品至六品之分。赞理者为伊什罕伯克，四品至六品；专掌地亩粮赋的是噶杂拉齐伯克、专掌征输粮赋的是商伯克，平决争讼的是哈资伯克，等等。大伯克回避本城，小伯克回避本庄。实际上削弱伯克的血缘、亲属的宗法关系，而便于清廷的行政管理。

（六）西藏地区　明亡后，清廷承继对西藏的管辖。达赖、班禅先后来到京师。清世祖册封五世达赖，授以金册金印。封五世班禅，也授以册印。康熙四十八年（公元1709年），清廷以户部侍郎赫寿主理西藏事务，是为清廷在西藏设官办事之始。《清史稿·藩部（八）》载：雍正五年（公元1727年），清廷以驻扎大臣正副二人，"留川、陕兵二千，分驻前后藏镇抚。是为大臣驻藏之始"。乾隆十五年（公元1750年），清廷平定西藏内部叛乱，于次年颁布《西藏善后章程》，规定在西藏不再封以汗、王、贝子等爵号，而以噶伦（三俗一僧）组成"噶厦"（地方政府），主管西藏行政事务。地方一般事务由噶厦成员，秉公会商，妥善办理。重大事项，须请示驻藏大臣与达赖喇嘛共同办理。清廷并明确长期驻军藏地的制度。乾隆五十六年（公元1791年），清廷在击退廓尔喀的侵犯西藏后，于乾隆五十八年（公元1793年）颁布《钦定西藏章程》，进一步加强了西藏的行政管理。章程明确规定，朝廷驻藏大臣督办藏内事务。噶厦对所处事务，"事无大小，均应禀明驻藏大臣"办理。达赖、班禅的转世神童，均由驻藏大臣掣签于金瓶，并由驻藏大臣亲往监同抽掣。达赖、班禅的亲族人等不得干预公务。外番人入藏，藏民往外番朝山，均得经驻藏大臣核准，方得出入。与外番通商、书信等事，须禀明驻藏大臣。噶厦成员不得与外番私行发信。前后藏地方行政官员的任命、统归驻藏大臣会同达赖喇嘛拣选，分别奏明朝廷补放。这些规定，保证了驻藏大臣为西藏地方的最高行政长官的地位，便于维护国家的统一与皇朝法律的实施。

（七）苗瑶诸部　清朝统治集团对西南、中南地区的苗、瑶、僮诸少数民族继续实行土司制度。所谓"土司"，有由兵部管辖的宣慰司、宣抚司、招讨司、安抚司与长官司等"土司"，品阶有正三品至七品不等，属官有副使、同知、佥事等。他们都服从朝廷政令，子孙可以世袭，但要将支派宗图报部，经兵部武选司查验核准，方可继承。在各地受总督、巡抚的管辖。土司分布在甘肃、西藏、青海、云南等地。另有一种土司，设在云贵川及湘桂等地，为州县级的土通判、土县丞、土巡检等等，受当地州县长官节制。《清史稿·土司》说：土司制度的核心是世袭制。"各君其君，各子其子，根柢深固，族姻互结。假我爵禄，宠之名号，乃易为统摄，故奔走惟命。"雍正时，推行"改土归流"（将土司制纳入朝廷命官的序列），对开发地方，收到一定成效。

第八节　社会基层管理的强化

一、推行保甲法

在社会基层的法治管理上，清政府沿袭了明代的保甲制。康熙四十七年（公元 1708 年），清廷大规模整顿保甲，明白地说："弭盗良法，无如保甲。"每户给印信纸牌一张，书写姓名、丁男口数于其上。出则注所往，入则稽所来。客店主簿稽查，寺观也一律颁给。面生可疑之人，非盘诘的确，不许容留。月底令保长出具无事甘结，报官备查，违者处罪。[①] 雍正四年，在一则上谕里也说得明白："弭盗之法，莫良于保甲。"严申保甲之制。随之将棚民，"熟苗"、"熟僮"即与汉族地区接壤的经济发展水平较高的少数民族也编入保甲。与"改土归流"相适应，反映汉族与苗、僮等族融合的加速。

乾隆时，曾经"更定保甲"，要求顺天府（约当今北京市及其

---

① 《清朝文献通考》卷二二。

周围辖区）五城所属村庄及直隶省各州县乡村，每户每年给置门牌，十户设一牌长，十牌立一甲长，三年换一次。十甲（一千户）为一保，设一名保长，任期一年。由百姓公推"诚实识字及有身家之人报官点充，地方官不得派办别差"。换句话说，地方基层的权力必须牢牢地掌握在地主豪绅手中。这些牌长、甲长、保长的职责是：凡甲内有盗窃、邪教、赌博、赌具、窝逃、奸拐、私铸、私盐、私酿及贩卖硝磺、私立名目摊派敛财、聚会等，都要及时查报。另外，凡有形迹可疑，形迹诡秘之徒，要随时查报。户口有迁移登耗等情况，随时在户牌内改换填给，并向上司报明。凡遇有外来乞讨流民，由保正与乞丐头儿一起稽查，少壮者遣送回原籍安插，其余送入"栖流所"管束。乾隆还特别要求缙绅之家与齐民一体编列。旗人与汉民杂处的村庄，一体编列。对客民、灶户、矿户、棚民、渔民、寺观僧道、流丐等类民户均统统编入保甲，有明确的具体要求。如《清史稿·食货志》所说，"自是立法益密"。

嘉庆时，京畿发生天理教林清起义，清廷更严京师保甲之制。除三品以上大臣、王公贵族外，其余旗民都得编入保甲。这正反映专制统治之下，阶级矛盾日益尖锐，清廷强化与扩大了保甲编制。清政府还颁发过《保甲章程》，规定了"十禁五劝"。十禁是：禁赌博、禁嫖娼、禁鸦片、禁宰杀耕牛、禁赛会演戏、禁争产图继、禁斗殴、禁争讼、禁抢寡妇、禁勒索。五劝是：劝设蒙养学堂，从事教育；劝善藏米谷，以备荒歉；劝守望盗贼，及时汇报；劝全节操；劝敦睦孝友。清代保甲，不属地方行政系统，与乡里有别，它是专管法治的。

必须指出：明清时期，强化法治的矛头始终是指向广大市民与农民群众的。它所打击的"奸民"、"顽民"、"不治生理之民"、"盗匪"等等，恰恰是普通百姓。其中当然有些是走投无路起来反抗者，他们要求的是新的生活秩序，而打击他们，正是传统法治反人民本质的集中暴露。保甲管理的对象是在城乡定居的居民，包括各省府州县所属城厢、市镇、乡村的所有定居者，"自缙绅以至商贾、农工、吏役、兵丁"，这些人户的职业和阶级成分虽然不同，但作为定居的居民有共同之处。一般说来，他们居住固定，有田园、庐墓、房舍。由于财产、地缘和血缘等多种关系，使他们安土重迁，户口变动不大。

二、户籍编查与劳动力控制

为便于户籍的编查，通常以自然形成的状况划分单位，或以村落为保甲，或以城镇街巷为厢坊。定居人户均设门牌与保甲册。门牌书写的项目主要有：户主姓名、户内主要成员、同居亲友姓名、年岁、职业、功名、伙计、雇工、婢仆人数。其中女性可以简略去姓名年岁，但须写明与户主的关系。同时写明该户所属保甲牌，或厢坊的名称以及执事姓名。有的地方的门牌还附录朝廷的禁令。保甲册以户为单位，按甲汇编，书写本甲各户人员与经济状况。在人员项下，通常比门牌写得更为详细，如行业、年龄、性别、户口变动情况等，还要书写左右邻舍的户主姓名、职业。在经济项下，一般简写田产、房屋、店铺等不动产。由于保甲册的重点在于稽查人口，个别地方对经济项目从略。

《大清会典事例》卷一百五十八《户部·保甲》：保甲长将牌册造成以后，将门牌发给各户，悬挂各家门首，以备随时查核。"保甲册"一式两份：一份呈交官府，以备官员查核，汇总上报；一份保存在甲长之手，随时记录本甲各户人口变化情况。各户如有迁移、生死、婚嫁、增减，牌长应立即报告甲长，改注门牌和保甲册。保甲册一式两份，交替使用，所以又名"循环册"。保甲长定期（或按季度，或者半年）于每年三、六、九、十二月到官署倒换一次保甲册。保甲长领回循环册后，应将前一阶段本甲人口变动情况修正，然后再继续查核本甲户名，随时改注。

清王朝继承了我国古代王朝的户籍管理制度，重视户籍管理与人口统计，借以保证国家的赋役、兵卒的来源。实行户籍管理与人丁统计的机构，有户部、理藩院、八旗都统衙门，而以户部总其成。理藩院、八旗都统衙门分别管理少数民族即"外藩"与八旗兵丁的人口统计。主管户籍与人口统计是户部的重要政务。户口，被史家列为食货之首。清之民数，唯外藩（扎萨克）所属编审之兵丁档案属于理藩院。其各省诸色人口，均由其地长官以十月造册，限次年八月咨送户部，由刑部之浙江清吏司主管之。而满洲、蒙古、汉军的丁档则由户部八旗俸饷处主管。年终，将民数汇缮黄册报送朝廷。

清王朝将户分为军、民、匠、灶四种。此四种户，皆称为良民，而奴婢及娼优为贱民。衙署内的皂隶、马快、步快、小马、禁卒、门子、弓兵、仵作、粮差，及巡捕营番役，包括跟班、长随，皆为贱役，如同奴婢。其法律地位低下，却往往掌握贫民的安危之机。清廷使用他们，又压制他们。民皆着籍，男曰丁，女曰口。男年十六为成丁，未成年的幼年人，也叫口。丁口系于户。内地民计以丁口，边境地区只计户。与汉民接壤的经济发达地区回族、苗、瑶、黎族等户，皆由所在州县管理。或按丁口数编入民数。有的土司所辖少数民族，只报以寨数、族数，不计户数。

国家重视户口管理的一个原因，还由于科举考试，进入仕途，都要查看籍贯、三代出身。做官的也有回避原籍的问题。清初人丁编审，继承明代黄册制度，确保丁地税粮得符实数。顺治四年（公元 1647 年），清军进入浙东、福建后，开始下令编审人丁。次年，户部为此做了进一步具体规定，责成各州县，将该所辖人丁，查照旧例，六十以上者，即以年老除名；十六岁以上，即以丁入册，逐一细加编审。注明某里某甲原额人丁若干，死绝逃亡若干。人丁清册以县为单位，按管（旧存）、收（新增）、除名、在（现在）四项内容记载。一般要在编审之次年八月报送户部。违限要受处分。这种以人丁（成年男子）为准的人口统计，当然不可能确切反映我国人口的全貌。况且，由于成年男子对于封建国家有负担丁银的义务，逃避人丁编审是当时人们消极反抗人头税的形式。康熙十六年统计全国十六岁以上之人丁为一千六百二十一万余。

三、摊丁入亩与人口增长

康熙五十一年（公元 1712 年），清廷采取"新生人丁永不加赋"的政策，从而免除新生人丁即增加丁银之虑，使人丁统计接近实际。雍正元年（公元1723年），又逐渐推广将丁银摊入地亩，从根本上废除了几千年的人头税，使人口统计有可能真实地反映实际。在这期间，清朝仍继续五年一次的人丁编审制。雍正末，全国人口为二千五百三十八万人。乾隆五年（公元1740年），随着保甲制的发展，清廷决定用保甲组织统计全国人口，改变过去只统计丁，而不计口的严重缺陷。乾隆六年（公元1741年）统计的全国人口数比雍正十二年（公元1734年）增加五倍多，达到一亿四千万。到道光年间，已达四亿人口。

清代特别重视对八旗人丁的编审，是为了维护八旗贵族特权，保证八旗军的兵源，以及为皇帝备选秀女之需。定例三年编审一次。直接承担八旗人丁编审为佐领。各佐领稽查已成丁者，增入丁册。雍正四年（公元1726年）规定，八旗都统及各地驻防都统、将军等，责成佐领、骁骑校、领催，将新旧壮丁逐户开明，并编审各官姓名，保结送部。其未成丁及非正身良家子弟，以及应除人丁，一体验实开除。五年（公元1727年），又对编审八旗丁册做了具体详细规定：要书写户名，另行开户姓名，某人某官，无官则写闲散。上注明父兄官职名氏，旁写子弟及兄弟之子，及户下若干人。或在籍，或他往，都要写明。

清代户籍登录管理办法，可谓集历代之大成。

四、乡兵与团练

乡兵原是地方士绅自办的武装组织，始于雍正和乾隆年间。乡兵"以本村之人，守护本村之地。"原不失为地方自治自卫的一种安全力量。当时，各村各乡自办"乡兵"，十五岁以上，五十岁以下，无论有无田产，不论大户小户，均得参加乡兵集训，平日务农，闲时习武，乡、县还定期不定期地会操比武。乡兵负责把守本村寨栅、沟渠、墙院，防火防盗，巡更值勤。一旦有事，村与村之间有义务互为应援。各村设望楼，楼上设有鼓角号螺钟梆火炮之类，有警即报；闻报即应。若不报不应，须承担严重责任。但乡兵往往掌握在地主豪绅手中，就必然是农民出钱、农民出力、农民出人而让地主获利了。

嘉庆时乡兵多以州县为单位，被组织成"团练"，向常驻兵方向演变。川鄂白莲教教民动乱时，清兵不堪接战，清政府靠了乡兵之力才得以延续。乡兵团练发挥了让统治集团满意的重要作用。咸丰年间为抵御太平天国起义部队，由乡兵团练集结起来的湖南的湘军、安徽的淮军等，先后都发挥了关键作用。这使清政府愈加重视这种半官半民的武装组织。刘衡在《庸史庸言》一书中说："保甲可以靖本地之匪徒，团练可以捍外来之宵小。"于是保甲与团练成了清政府用以钳制造反力量的得力措施。清代乡兵团练的主要矛头，始终是指向造反民众的，其作用甚至超过了腐败的八旗兵、绿营兵。

第九节　边防、海禁与开海

一、边防管理

早在顺治四年（公元 1647 年）就有军台制度，边境设有墩台营房，有警则守兵举烟。如来犯者有百人，挂一席，鸣一炮；至三百人，挂二席，鸣二炮；至万人者，挂七席，连炮传递。清廷对边境有定期巡查制度。

（一）东北鄂博　《清史稿·兵志（八）》载：清代从康熙时起，与邻国签订有关划定国界的条约，慎重对待边防事务，边界设有墩台、卡伦。"因山河以表鄂博，无山河则表以卡伦。鄂博者，华言石堆也。其制有二：以石为鄂博，以山河为鄂博。"

中俄接界，以尼布楚、恰克图为重地。例于每年夏季五六月，由齐齐哈尔、墨尔根（今嫩江）、黑龙江（今瑷珲）三处疆吏，各遣协领、佐领等官，率兵分三路，至格尔毕齐、墨里勒克、楚尔海图等处巡视，岁末具疏朝廷。康熙二十三年（公元 1684 年）后，清廷增派官兵镇守。

边境往来商人，得凭执照出入。零星边境贸易，例不征税，但无照不得进入市场。商民得按指定线路行走，否则货物没官。中俄尼布楚条约规定，两国都不得收留对方逃人，如有人逃入，则械系遣还。

另外，在蒙古，乾隆间筑城于乌里雅苏台及科布多以镇守之。同治年间，曾调大同、宣化练军两千人驻防库伦，修复推河以北至乌城十五台站，尔后改建乌里雅苏台石城，整顿沿边台务，以固边防。

（二）西南巡哨　云南接壤越南、缅甸。旧设八关九隘，以土兵、练兵驻防。乾隆时，总督、提督、总兵，每年酌赴腾越边境巡阅一周，以期严密。嘉庆时，因该处"瘴疠"之气，内地官兵不适，增加土兵、练兵防守，以省官兵征调之劳。

广西镇南关与越南相接，原有隘所百有九处，分卡六十六处，多以戍兵与沿边土司协力防守。

（三）新疆卡伦　在新疆，乾隆二十四年（公元 1759 年）后，清廷加强对该地区边防建设。山川隘口，悉置卡伦台站。各卡伦设索伦、锡伯、厄鲁特兵丁十至三十余名。各台站设满洲、绿营、察哈尔兵丁各十五名。道光时，凡通霍罕、巴达克山、克什米尔外夷之路，增筑土堡，以都司等官率兵驻守，兵数自数十人至二百人不等。

（四）西藏番兵　《清史稿》兵志八说：在西藏，乾隆五十八年（公元 1793 年），清廷派大臣和琳会勘后藏边界及鄂博情形，于险要处增设番兵，修塞落以备栖止，立鄂博以守界画。

（五）水师会哨　《清史稿》兵志六：沿海，有水师出巡会哨之制。乾隆十五年（公元 1750 年），以旧例二月出巡，九月撤巡为时太久，乃令水师总兵官每阅两月会哨一次。其会哨之月，上汛则先巡北洋，后巡南洋。下汛则先巡南洋，后巡北洋。定海、崇明、黄岩、温州、海坛、金门、南澳各水师总兵官，南北会巡，指定地方，蝉递相连。后先上下，由督抚派员稽查。

（六）戍兵奖惩　边界戍兵，有奖励之制。如喀尔喀驻中俄边界卡伦官吏，经历三年，巡防妥善，并无事故，各赏纪录二次，五年期满再加赏一次。对兵丁也有物质奖励，如奖给砖茶与布的等价银。

二、禁海与开放海禁

（一）东南禁海　据光绪《大清会典事例》卷六二九、七七六记载：清初郑成功据台湾进行抗清活动，清廷于顺治十二年（公元1655年）颁布"海船除给有执照，许令出洋外"，官民人等不得擅自出海。

顺治十三年（公元1656年），以海氛失靖，下令禁海。"今后凡有商民船只私自下海，将粮食货物等项与逆贼贸易者，不论官民，俱奉闻处斩，货物入官，本犯家产，尽给告发之人。其该管地方文武各官不行盘缉，皆革职从重治罪。地方保甲不行举首，皆处死。凡沿海口子，处处严防，不许片帆入口，一贼登岸。"

顺治十七年（公元1660年），又颁布《迁海令》，在沿海地区将百姓内迁五十里，制造沿海无人区。"片帆不得下海，粒米不许出疆。"在如此严厉的海禁之下，沿海对外贸易受到致命打击。不过，以澳门为口岸的与西方国家的海上贸易并未禁止，来华的西方船只还有所增加。

《钦定平定台湾纪略》（卷三十七）："着福康安、常青等务须严饬弁兵，于沿海各口岸要隘处所，梭织往来，巡逻稽察，毋使贼人抢占船只，得以逃往洋面，致搜捕有稽时日。"按：这是康熙征台湾、统一海峡两岸过程中的事。

人们往往误认为清代"海禁"很严厉，影响恶劣。实际上，迄至鸦片战争，在清代前中期的一百九十六年中，只有顺治十二年（公元1655年）至康熙二十二年（公元1683年）实行了比较严格的海禁，康熙五十六年（公元1717年）至雍正五年（公元1727年）实行了部分地区海禁，总计不过三十九年，而且"事出有因"，其余一百五十七年的海外贸易基本上是开放的。

（二）开放海禁 康熙二十二年（公元 1683 年），清廷统一了台湾。次年决定，直隶、山东、江南、浙江、福建、广东各省，"先定海禁处分之例，应尽行停止"，宣告海禁的解除。以下根据《黄启臣文集·清代前期海外贸易的发展》一文提供的宝贵资料，作一番简要介绍。

自康熙二十三年（公元 1684 年）开海贸易后，"粤东之海，东起潮州，西尽廉，南尽琼崖，凡分三路，在在均有出海门户"；福建、浙江、江苏沿海也是"江海风清，梯航云集，从未有如斯之盛者也"；山东、河北、辽宁的港口"轻舟"贩运也十分活跃。根据史料记载，当时开放给中外商人进行贸易的大大小小的港口计有一百多处，它们是：广东的东炮台口、西炮台口、佛山口、黄埔口、虎门口、紫泥口、市桥口、镇口口、澳门总口、乌坎总口、神泉口、甲子口、碣石口、汕尾口、长沙口、骺门口、平海口、稔山口、湖东口、墩头口、庵埠口、双溪口、溪东口、汕头口、潮阳口、后溪口、江门口、海门口、达濠口、澄海口、卡路口、南洋口、府馆口、东陇口、障林口、黄岗口、乌塘口、北炮台口、梅菉总口、对楼小口、水东口、硇州口、芷芎口、暗辅口、两家滩口、阳江口、海安总口、东西乡口、白沙小口、徐博小口、南樵小口、田头小口、锦囊小口、雷洲口、赤坎口、沙老口、乐民口、山口小口、钦州、海口总口、铺前口、廉州口、青润口、束会口、禹州口、儋州口、北黎口、陆水口、崖州口，共五大总口及六十四处小口。

福建的厦门、伺安、海澄、福州口、安镇口、漳州口、泉州口、南台口、青城口、汀州口、台湾口等二十余处。

浙江的大关口、古窑口、镇海口、湖头渡、小港口、象山口、乍浦口、头围口（澉浦口）、沥海口、白峤口、海门口、江下埠、温州口、瑞安口、平阳口十五处。

江苏的常州口、扬州口、镇江口、刘河口、松江口、施翘河口、黄田澜港口、任家港口、吴淞口、七丫口、白茅口、孟河口、黄家港口、小海口、石庄口、吕四口、徐六泾口、福山口、新开河口、当沙头口二十处。

北方以天津口为盛，其次是山东的登州、辽东的牛庄等港口。由此可知，当时虽然政府规定是广州、泉州、宁波、松江的"国家级"四口通商，但实际上中国整个沿海的大小港口都是开放贸易的。

乾隆二十二年（公元1757年），清政府撤销了泉州、宁波和松江三海关，开放港口有所减少，但广东沿海各大小港口以及宁波、厦门等港口也仍然准许往南洋贸易，而且就其贸易量而言，还超过了以前。

如此之多的港口进行海外贸易，世界各个国家和地区的商人纷至沓来。东洋有日本、朝鲜、琉球；南洋有吕宋（菲律宾）群岛、苏禄群岛、西里伯群岛、马六甲群岛、新加坡、婆罗洲、爪哇、苏门答腊、马来亚、暹罗、越南、柬埔寨、缅甸等国；欧洲有葡萄牙、西班牙、荷兰、英国、法国、丹麦、瑞典、普鲁士、意大利、俄国等国；美洲有美国、秘鲁、墨西哥等国；印度洋有印度等国，几乎所有亚洲、欧洲、美洲的主要国家都来广东与中国发生了直接贸易的关系。特别是美国与中国发生直接贸易关系是从乾隆四十九年（公元1784年）"中国皇后"号首航广州开始的。而我国宋代以降与欧、美各国的贸易主要是间接贸易，明代海外贸易则以南洋各国为多。

第十节　清早中期的对外贸易管理

一、出超：清早期的海外贸易形势

（一）以郑芝龙为例，看明末海上贸易的发达　中国自公元1572年"隆庆开关"到1644年明朝灭亡这七十多年的时间里，全世界生产的白银总量的三分之一涌入中国，保守估计约三亿五千三百万两，实达五亿两之多。并且全球三分之二的贸易与中国有关。由此可以想见明代后期中外贸易的大势。这里还有私人外贸空前发达的因素存在。

明·崇祯八年（公元 1635 年）5 月 23 日，称雄闽海并已接受明朝招安的郑芝龙（郑成功之父），在广东田尾洋击溃了多年的对手刘香老的海上武装集团，长期往返于闽台粤海的刘香老引火自尽，台湾海峡恢复安宁。原来害怕海贼伏击的闽广商船开始源源驶向台湾。如 1636 年 11、12 两月，自大陆到台湾的船只就有三十三艘，次年 8 月达二十九艘，1638 年 6 月更达到三十一艘。史称："从此海氛颇息，通贩洋货，内客外商，皆用郑氏旗号，无徼无虞，商贾有二十倍之利。芝龙尽以海利交通朝贵，浸以大显。"从此，东南海疆各股武装集团李魁奇、杨六、杨七、钟斌等均唯郑芝龙之命是从。（参见《明史记事本末》）

郑芝龙剪除群雄后，把海上力量纳入地方官府体制，取得了制海权，合法掌控东西洋贸易的制度性运作。时盘踞台湾的荷兰殖民者不得已与郑氏达成海上航行与贸易协议，规定荷兰的对日本贸易，需经郑芝龙将中国特产运至台湾，转手之后，方由荷兰方面运往日本出售。郑芝龙遂成为东方海洋世界的唯一强权。明廷则于崇祯十三年（公元 1640 年）擢升郑芝龙为福建总兵官，署都督同知。

郑芝龙利用泉州安平镇的航海和经商基地，航行于中国东南沿海、台湾、澳门和日本、菲律宾及东南亚各地之间，垄断了中国与海外诸国的贸易，"凡海舶不得郑氏令旗者，不能往来。每舶例入三千金，岁入千万计，芝龙以此富可敌国……八闽以郑氏为长城。"

他以强大的武装力量和雄厚的资本在国际市场上同荷兰、日本、南洋各国商贸公司竞争角逐，主要是同日本通商。明·崇祯十四年（公元 1641 年）夏，郑芝龙商船二十二艘由晋江县安平港直抵日本长崎，占当年开往日本的中国商船总数的百分之二十二点六八，主要货物有生丝、纺织品、瓷器等。郑芝龙与葡萄牙人、西班牙人建立贸易关系。他运往日本的丝织物，有一部分是从澳门购进的，日本的货物也由他运到吕宋，转售西班牙。郑芝龙极力发展海上贸易，经常满载丝绸、瓷器、铁器等货物，驶往柬埔寨、暹罗、占城、交趾、三佛齐、菲律宾、咬留巴（今雅加达）、马六甲等地贸易，换回苏木、胡椒、象牙、犀角等。在短短几年内，成为荷兰东印度公司在亚洲商业贸易的最强竞争对手。据《长崎荷兰商船日志》记录，从公元1641—1643年（崇祯十四至十六年）间，郑芝龙运载大量生丝、各类纺织品、黑白砂糖及麝香、土茯等药物，运往日本，颇受欢迎。

明末，郑芝龙、郑成功父子相继在南安石井建立造船坊，营造军、商两用船，年造三五艘，修数十艘。实力强大，是支撑南明政权的台柱子。郑成功抗清实力由此积蓄而成。

（二）清初海禁期间，中外贸易依然兴盛　随着海外贸易的发展，穿梭往来的中外商船数量逐渐增多。康熙五年（公元1666年），中国驶往日本的商船有三十五艘，康熙九年（公元1670年）增至三十六艘。特别是开海贸易后，中国与日本的通商进入了正式缔约贸易时期，到日本贸易的商船大增。康熙二十四年（公元1685年）有八十五艘；康熙二十五年（公元1686年）一百零二艘；康熙二十六年（公元1687年）一百一十五艘；康熙二十七年（公元1688年）更增至一百九十三艘，随船到日本贸易的中国商人达九千一百二十八人次。据统计，从康熙二十三年（公元1684年）到乾隆二十二年（公元1757年）的六十七年间，中国开往日本贸易的商船总数达到三千零一十七艘，平均每年四十一点四艘。商船的吨位也很可观，一般的小船能载重一百吨，中船可载重一百五十吨，大船可载重二百五十吨到三百吨，最大的可载重六百到一千吨，而宋代船的载重量为一百一十吨左右。中国的商船还从事东南亚各国与日本的转口贸易，如康熙五十四年（公元1715年）至雍正十一年（公元1733年），从广东、南京、宁波、厦门、台湾开往长崎的商船就有六艘是转运巴达维亚（印尼雅加达）等地商品的。乾隆二十二年（公元1757年）以后，由于日本江户幕府政权进一步实行锁国政策，对中国贸易有所限制，商船数量有所下降，但由于船的吨位增加，贸易吨位总额却是增加了。

　　中国与南洋诸国商船来往贸易，在海禁期间，清政府准其在一定时期内来中国进行朝贡贸易。开海贸易后，来往商船更多。就是在南洋海禁的年代，来往互市的商船也没有绝迹。康熙二十四年（公元 1685 年），从福州、厦门等地开往雅加达的商船有十余艘。康熙四十二年（公元 1703 年）有五十多艘。康熙五十六年（公元 1717 年）"多至千余"。乾隆以后，到南洋去贸易的商船更多。嘉庆二十五年（公元 1820 年）前后，驶往东南亚的帆船共二百九十五艘，总吨位达八万五千二百吨。道光十一年（公元 1831 年），中国到南洋各国贸易的商船达到二百七十五艘，吨位一般在一百二十吨至九百吨之间，平均为三百吨。

　　欧、美各国来中国贸易的商船数量也不断增加。根据有关资料统计，从康熙二十四年（公元 1685 年）到乾隆二十二年（公元 1757 年）的七十二年中，到中国贸易的欧、美各国商船有三百一十二艘，而且船的吨位也不小。例如康熙三十八年（公元 1699 年）至康熙六十一年（公元 1722 年）到广州的英国货船，最小者为一百四十吨，最大者达到四百八十吨，一般者也达到三百吨，多数为四百一十吨。清政府撤销了闽、浙、江三关后，欧美各国来中国贸易的商船仍然不断增加。据统计，乾隆二十三年（公元 1758 年）至道光十八年（公元 1838 年）到粤海关贸易的商船共五千一百零七艘，平均每年为六十三点八艘。其中，以英国的商船最多，乾隆五十四年（公元 1789 年）为五十八艘，占外商船总数的百分之六十七；道光六年（公元 1826 年）为八十五艘，占外商船总数的百分之八十二；道光十三年（公元 1833 年）为一百零七艘，占外商船数的百分之八十。

　　中外贸易的兴盛，可以西班牙的商团为例。嘉庆十二年（公元 1807 年）、嘉庆十四年（公元 1809 年），西班牙的商人万利落、郎吗叮、郎安敦、郎万雷、郎棉一等，就从吕宋（菲律宾）运载大批燕窝、苏木、番银、槟榔、乌木、米、海参、鹿脯、牛皮、玳瑁、火艾棉等到厦门贸易，然后从厦门运回大量的中国棉布、瓷器、桂皮、石条、白纸、花砖、方砖、雨伞、纸、墨、石磨、麻线、土茶、冰糖、药材等到吕宋，使厦门对外贸易进入极盛时期。

二、体现国家主权的外贸管理

为了管理好中外海陆贸易，清政府采取了一系列主权范围内的必要措施。大体有如下内容：

（一）设立海关　康熙二十四年（公元1685年），清政府决定以广州、漳州、宁波、云台山（今江苏连云港）为国家的对外贸易港口，设立海关，管理对外贸易及征收关税事务。沿海对外贸易呈现日渐繁荣景象。《尼布楚条约》后，中俄陆上地方贸易正常发展。雍正时，恰克图中俄定期官方贸易有所发展。

海关是管理对外贸易的重要机关。粤海关监督素为皇帝亲信满族官吏所把持，也是皇帝在南方的重要耳目。陆上边境关有云南的永昌、腾越、顺宁征出口税关；杉木笼、暮福、南河口征入口税关。新疆喀什喀尔、叶尔羌，蒙古多伦多尔，以及恰克图、尼布楚都有边关。由于清廷内地货物交易有征税之制，对外贸易在当时并不占重要地位，对外贸易的海关与内地的税关，在体制上大体一致。《清史稿·食货志六》说：边境口岸的关税，例有明文确定。如外洋船只到达广州。"其税法每船按梁头征银二十两左右，货税照例征收。"乾隆二十九年（公元1764年）规定：外番商货回部贸易者，三十抽一，皮货二十抽一，回商往外番贸易，二十抽一，皮货十抽一。牲畜货物不及抽分之数，按所值折算。

但是，由于吏治腐败，正税之外，各种陋规与附加杂税繁多。外国船只到达广州，除纳正额税银外，办理每一项手续，如丈船、验货、验证都得付给"规费"（小费）以及杂税，多达三十项。它不仅增加外国商人的负担，而且败坏了国家声誉，加剧腐败现象。

（二）发给票照，凭照贸易　出海贸易的沿海船民、商人，或经陆地边境的商民，都发给"票照"，以便凭照出入港口、边境进行贸易。出入海港的船只，也发给凭证。如规定商船、渔船前后分别各刻"商"、"渔"字样，两旁刻上省府县的编号，船户姓名；

船户、舵工、水手都发给腰牌。腰牌上要刻明姓名年貌籍贯。雍正时还规定，船头起至鹿耳梁头，大桅上截一半，各照省别油漆，江南用青漆、白色勾字，浙江用白漆、青色勾字，以资识别。这些规定，目的在于使官府掌握商民、船工的身份，以防盗贼及其他被视为不良分子混入。

（三）对出入货物的管理 清代征收关税，袭用明朝旧制，有"货税"和"船钞"。货税，即商税，根据货物量征收，基本上是一种"从量税"。法律规定的进出口货税的税率是很低的，如康熙末至雍正年间，生丝、丝织品、甘草、大黄、铜、糖、茶叶、生锌等货物每担的货税率，最高的是生锌为百分之七点七，最低的是茶叶为百分之零点四，平均为百分之四，一般是百分之六。这种税率"与当时欧洲各通行的关税率比较，它仍然是很低的。茶叶的税率特别低。每一百三十三担重只缴纳十六便士，其时英伦人口税每担征收达五先令"，相当于中国出口税的几十倍。公元1785年（乾隆四十九年），英国茶叶进口税高到相当茶叶本身价值的百分之一百二十八，最低也达到百分之六十以上。1785年8月英国国会为了堵塞茶叶走私，曾大幅度降低茶叶进口税，改为百分之十二点五。即使如此，也比中国的茶叶出口税高出很多倍。

"船钞"，亦称船税、吨税，是按照货船体积分等征收的。征收方法是由海关派员登船进行丈量计算，按等征收，税率也是很低的。康熙二十三年（公元1684年）开海贸易后，各种船只的船钞，一等船为一千四百至三千五百两，二等船为一千一百至三千两，三等船为六百至二千五百两。按当时一般船所载货物值平均为三万至五万英镑计，每英镑折合当时银为一两，则每船载货值平均为十五万两以上。如果按上述推算，一等船的船钞不及货值的千分之二点三；二等船不及千分之二；三等船为千分之一点七，平均为千分之二，简直是微乎其微。

（四）优遇洋人 对洋商，清政府还实行减税和免税制度，优待外国商人。粤海关于康熙二十三年（公元1684年）规定，洋船原额税减去"十之二"，康熙二十四年（公元1685年）"于原减之外，再减二分"。康熙三十七年（公元1698年）"著减广东海关额税银三万二百八五两"。康熙三十八年（公元1699年），减免英商船"原定税收之四分三，以招揽贸易"。康熙四十七年（公元1708年），清政府对"暹罗贡使所带货物，请听其随便贸易，并免征税"。雍正二年（公元1724年）、三年、五年、六年对暹罗船运米来广州贸易，"概免征税"。乾隆八年（公元1743年）。规定：外洋船来"粤等省贸易，带米一万石以上者，免其船货银十分之五，五千石以上者，免十分之三"。乾隆四十九年（公元1784年），"又准免珍珠、宝石之税"。道光二年（公元1822年），回广州夷商货物被火烧，清政府又免收其税。道光十年（公元1830年），两广总督李鸿宾又密奏减夷船进口规银，决定"东西洋船饷银俱照额减二征收"。

禁止武器与作武器的原材料铁、硝磺出口。重要生活必需品粮食也不得出口，以防接济"叛逆匪类"。但对友好邻国确要粮食接济，仍准出口。清廷还鼓励粮食进口，以满足人民生活之需。

丝与丝织品是我国出口的大宗货物，也是外国商人经营的主要货物。由于出口量大，使内销量也有减少，价格上涨。清廷采取了限制出口之策。曾规定出东洋船只每船糙丝一千二百斤；江苏赴闽、粤、安南等处，每船糙丝三百斤；闽浙二省商船，每船上丝一千斤，粗丝一千斤。但在沿海官吏日趋腐败情况下，对货物管理，特别货物出口量的限制，也就徒具形式。

值得提到的是，雍正七年（公元1729年），清廷就曾下令禁止鸦片进口，但未能阻止西方侵略者利用鸦片作为其抵消入超的重要"商品"。

（五）口岸管理　清廷指定恰克图、尼布楚、广州等处为对外贸易口岸。广州从乾隆时起，成为清朝对西方、南洋贸易的唯一合法口岸。乾隆二十四年（公元1759年），两广总督奏准旨在防范外国商人的章程。道光十一年（公元1831年）、十五年，续颁有关通商章程。清廷颁布的章程中规定外国兵船不得进入内河、商船如有炮位必须先行卸下方可进入黄浦港，返航时归还再装；外国船进入中国内河港口，由中国引水员带进等等，具有反西方殖民主义侵略的民族自卫作用。

（六）广州港的十三行　在管理对外贸易中，清廷以地方官审查核准的殷实商户作为与外国商人作"中介"的行商。因他们为西方洋人购买货物与生活用品，出售外商货物，俗称为洋商。明代这儿旧有十三家行商，于是有"十三行"之称。实际上当然不限于十三家，或增或减，不过仍保持十三行的称呼。行商制度是清政府实行"以官制商，以商制夷"的管理海外贸易的制度。道光十七年（公元1837年）广州刚好有十三家，即伍绍荣的怡和行、卢继光的广利行、潘绍光的同孚行、谢有仁的东兴行、梁承禧的天宝行、潘文涛的中和行、马佐良的顺泰行、潘文海的仁和行、吴天垣的同顺行、易允昌的孚泰行、罗福泰的东昌行、容有光的安昌行、严启昌的兴泰行。其他口岸也有这类的"行商"。

这些洋行商人组织"同业公会"性的"公行"，垄断与外国商人贸易事宜，并兼有某些政府公务职能，传达政府有关命令、告示、规定，行商便成为早期买办阶级。承充行商者必须是"身家殷实之人"，并由官府批准发给行帖，才能设行开业。行商又因"捐输得官"，称为"某官"、"某秀"。可见，行商承袭了历史上官商的传统，具有一定的独占权。是以封建政权在对外贸易方面的代理人的身份出现的。具有官商性质。他们的主要职能是：

1. 代纳关税。"凡外洋夷船到粤海关，进口货物应纳税银。督令受货洋行商人于夷船回帆时输纳。至外洋夷船出口货物应纳税银，洋行保为夷商代置货物时，随货扣清，先行完纳。"

2. 代购销货物。"外番各国夷人载货来广，各投各商贸易。……惟带来货物，亦令各行商公同照时价销售；所置回国货物，亦令各行商公同照时价代买。"不过嘉庆二十二年（公元1817年）后"已有多少变通，仅余少数货物如出口丝茶、入口生棉纺织品尚为公行行商一手操纵而已。其他商品各由外商船长与内地行栈私相交易之"。

3. 代办一切交涉。"凡夷人具禀事件，应一概由洋商代为据情转禀，不必自具禀词。"而清政府的官员也不能同外商直接会见，所有清政府的一切命令、文书均由行商向外商转达及监督执行。如"外国人想去澳门或者从澳门回到广州，必须通过行商请求当局发给护照"。

4. 监督外商。行商要防止商馆的洋人在居住及外出时不遵守《管理夷商办法》，监视洋人游览时遵守八项规章中所列有关事项。

总之，举凡中外商品之交易，关税船课之征收，贡使事务之料理（包括招接、翻译、贡使护送及贡物接纳等项），外商事务之取缔（包括招接、翻译、约束、防范，以及传达政府的命令，调停中外纠纷等项）及商务、航线之划定，无不操之行商之手。行商不仅是垄断海外贸易，而且其他中外交涉事件，也由其居间经办，是外商与中国政府联系的媒介，实际上具有经营海外贸易和经办外交事务的双重职能。因此，外商与行商休戚相关，来往频繁。"他们一到广州，第一件事就是选择和安排（或重新安排）他们的保商，保商必是十三行中的一家"。外商投行后，就住在该行商设立的商馆之内，贸易亦在商馆内进行。进出口贸易的经营权，亦由行商操纵。这个制度虽然有它垄断性的消极一面，但另一方面，它对当时的海外贸易也有促进的作用。首先，在当时外商对中国情况不熟悉，又不通中国语言的情况下，行商在外商与清政府之间提供联系，在外商与中国商人之间提供贸易方便，起了沟通的作用。其次，由于行商代洋商交纳关税，外国商人免了报关交税的麻烦，得以集中精力进行贸易活动。所以，清代前中期，在独立主权国家的条件下，建立行商制度，是便利于海外贸易发展的。

道光十年（公元1830年），英国下议院对在广州进行贸易的商人进行调查后得出结论："几乎所有出席的证人都承认，在广州做生意比在世界上任何其他地方都更加方便和容易"。这除了其他原因之外，同广东"十三行商"不无关系。以前曾有不少学者只看到行商垄断贸易消极的一面，把它看作是清政府实行"闭关锁国"政策的主要内容和标志，是值得商榷的。

三、清廷葬送了华人的南洋事业

全球性大航海、大商贸的时代来到之初，葡萄牙、西班牙、荷兰、英吉利，渐次把持了马六甲海峡，强行介入早已成形的"南洋（南中国海）"与"西洋（印度洋）"的贸易体制中来。

（一）葡西英荷商团强行介入南洋商贸

公元1511年（明·正德六年）葡人侵占了马六甲海峡，又占据了印尼的香料群岛。1514年来到闽广沿海，据广州屯门岛，与倭寇勾结起来，武装劫夺商旅，掠卖人口。1553年骗占了澳门，用海盗船骚扰我东南沿海，为祸二十余年之久，至1549年才被浙江巡抚朱纨赶走。

西班牙人继1567年占领菲律宾之宿务岛后，1571年又占吕宋岛，即以"大吕宋"名义与明朝往来。1574年西班牙人剿灭了败退吕宋的海盗林凤集团，明政府于是厚礼相待。1626年，它以武力占据了台湾岛北部，并以此为基地与大陆开展贸易。声言可用一万两千兵拿下中国。

荷兰人从西班牙手下独立出来后，也来到了南洋，1601年（万历二十九年）来到广州。1604年两次强占澎湖，侵扰厦门，抢夺渔船，俘虏华人，逼迫劳工为其筑堡固守，抓壮丁去爪哇当奴隶。1624年（明·天启四年）荷兰登陆南台湾。西方殖民势力武力犯华占地，荷人首开恶例（葡占澳门尚是以"租借"为名的）。它又进入菲律宾，血腥屠戮华人，清剿华商势力；但无力与海上郑芝龙势力抗衡。1628年（明·崇祯元年），荷驻台头领与郑芝龙（郑成功之父）签订为期三年的商约。1641年荷兰人赶走了西班牙人，拿下了全台湾。到1662年（清·康熙元年）郑成功收复台湾，使西方海盗气焰大受挫折。可是，清政府为消灭台湾郑氏势力，不惜几度邀荷兰人出兵相助，因而答应其"贸易"要求。

（二）清廷与洋人联手夹击南洋华商

清政府不顾南洋商民侨民的利益，反而与葡（时称之为佛郎机）、西（大吕宋）、荷（时称之为红毛夷）、英（英吉利）各国

"商队"发展更密切的海上交往，并借其力对付南洋"海盗"，这也就给了他们染指南洋贸易的"合法性"，并进而取代华商、操纵东方贸易。

清廷在台湾问题解决后，下令解除"禁海令"；但康熙为了在南洋"反海盗"，仍然维持着对南洋的禁令与措施，历康雍乾嘉至道光各朝，百十年间愈演愈烈。清廷往往与在南洋活动的"夷商"联手"剿匪"。

原来，康熙部分地开放海禁后，苏州船厂很快恢复造船生产，一年有上千只船下海，远航南洋与欧非，开展丝瓷贸易。然而当康熙得知出洋船舶如此之多而又多被出售，出洋人员如此之众而又多半留外不返，立即下令：如此"有伤国本"之事"不可再行"。明令严禁商民私自出海贸易，严禁商民侨居国外，严禁与南洋贸易，断绝和吕宋（菲律宾）、噶喇吧（马来亚）、南洋诸岛（印度尼西亚、婆罗洲等地）的经济往来，严禁向南洋出卖海船、硝磺、军器、铁器、书籍、米粮，甚至铁锅；严禁在南洋安居的侨民"非法"归国。同时，他也再次颁布《防夷章程》，禁断夷人登岸上街行走；不许外人带华人出境（因洋人在沿海掳掠贩卖人口的事时时发生）。

雍正五年（公元1727年）九月，清廷又下令："嗣后凡出洋船只，俱令各州县严查船主、伙长、头楫、水手并客商人等若干名，开明姓名，籍贯，邻保甲，出具切实保结……如有报少载多，及年貌箕斗（指纹）不符者，即行拿究；保甲之人一并治罪。回棹时，照前查点，如有去多回少，先将船户人等严行治罪，再将留住外洋之人之家属严加追比。不仅如此，甚至还通告南洋各国，限期遣返或就地严惩前往经商定居的汉民。推行了一套自我摧残的严厉措施。

又，康熙晚年就下过侨民的归国禁令，雍正进而诬称"此等贸易外洋者多不安分之人"，凡出洋逾期者均"应不令其复回内地"。乾隆把贸易时限定为三年，逾期者不许回国；在外有家室者"永远不许入口"。理由是他们"在外日久，忽复内返，踪迹莫可端倪；倘有与外夷勾结，奸诡阴谋，不可不思患预防"。即使应命而归者，也不许返故乡，而要远远地安置于新疆伊犁等地，以防其"再谋出国"或"造捏无形，煽惑人心"，对出洋人员的敌视心理暴露无遗。

基于这种对侨民的严重不信任感，清政府对"情甘异域"的侨民们，一律斥为"背弃祖宗庐墓"的"莠民"，"自外王化"的"叛民"而加以排斥，绝不许其与国内联系。为此，还禁绝国内人民与南洋侨民聚居最早最多的菲律宾、印度尼西亚、马来西亚等地作经济往来，当然也就谈不上关心侨民在海外的正当权益了。乾隆五年（公元1740年）"红毛夷"荷兰殖民者在菲律宾巴城肆虐，下令杀尽城内华人。挨门排户，搜执唐人，不论男女老幼，擒住便杀。一下子屠戮华人近万名，尸积如山，血流成河。清廷漠然视之，竟说："此等汉种……实与彼地番种无异"，听任屠戮不算，还明令"仍准照旧通商"。其冷酷与颠顶，表现得如此露骨！从此，我国从南朝齐梁以来，特别是明代以来，积极开发南洋的中国公民，竟成了"海外孤儿"，而乾隆竟以尧舜再世自炫！

（三）官府藏污，海盗为患

值得注意的是，清政府对正当的南洋贸易禁这禁那，颇为卖力，而对于横行海上的中外海霸、海盗、海匪，却是无能为力，只好听之任之。

南洋海面早就有海盗势力：荷兰、葡萄牙势力染指台湾与东南沿海之后，其海盗行径更加肆无忌惮。他们以中外商船为目标，肆行劫掠，危害深重。在近海海域，也是见船必夺，有货就抢，能运的运走，运不走的沉之海底，不屑"光顾"就击碎算事，还要杀人毁尸，无恶不作。那些以闽广滨海山坳荒岛为盘踞点的海盗，对沿海居民的陆上生活也恣行骚扰，构成严重祸患。清政府建有"镇海水师"，配有巡哨兵船，却总是"茫茫海面，不见海贼踪影"。其实兵匪早已是一家了。闽广的达官们，初上任时或许还有人试图办一两件好事，率队下洋缉盗，但"官怠于宦成"，他们沉湎于灯红酒绿，安享陆上繁华平稳的生活，哪里还愿去蹈涉海上风波！有的守港官员与巡防哨船，通同为非，坐收渔利，民间有"坐港之利，甚于通蕃"之说，道破了其中奥妙。民间又有"民船犯禁，官兵可缉；官船作弊，谁敢撄锋"之叹，揭出了海盗难办的症结。兵匪相通，往往以武器粮食财宝相接济，番夷连手，专以守法商旅为目标。而清政府对于守法商船，却是严禁携带自卫火器，在茫茫洋面，只好一任劫夺了。有时，官弁们迫于上司的功令考核，勉强巡海一次，事先必大肆张扬，到期则鼓乐旗幡，迤逦前行，鸣炮示警，喧嚣出海，吓唬百姓；名为巡海，实是通知对方：稍弱者及早暂避，以免我"公事公办"；强梁者请让出一条通道，以后"你我还有商量"。海盗海霸们自然明白如此用心，也就配合默契。几个海盗对付不了，又怎能指望清廷抗御外侮呢？在这种情况下，当外强带着洋枪洋炮临门逞凶的时候，清廷有人想到了变"海禁"为"闭关"，然而清政府连关门的一手也做不到，"关"又何尝"闭"住？

所幸我中华凭着本身的地域优势、人口优势、体量庞大的农业、手工业的产业优势和传统的民族凝聚力，顶住了西人将我瓜分豆剖、亡国灭种的灾祸，保留了百年之后重新振发的潜能。

第十一节　中华法系的优势：诸法合体与律例并行

一、清代狱审依循律、例、成案办理

清沿明制，狱审依循律、例、成案去办理。"律"指国家大法，轻易不得修改；"例"指司法解释，应时调节，有关于罪名审定者，有关于量刑原则者，有关于办案程式者；"成案"指经刑部认可、通报全国、有法律效率的典型案例。时普遍遵循"依例科断"的原则：以律文为灵魂，以例文为依据，以成案为样板。按常规，"有例不得用律，应依例科断"。律与例与成案的综合应用，既保证了国家法制的统一性、原则性、权威性，又保证了司法活动的针对性、实用性、可操作性，也体现出相应的地区差别、民族差别。这是"中华法系"的一个突出优势：它兼具西方"大陆法系"与"海洋法系"的优点。

因此，在同一"律条"之下，不同时期编纂的"例文"会有所增删改易，不同地区还会有当地的"成案"可供类推。在"律条"、"例文"、"成案"的综合规范下，不同时期会有不一样的判罪（罪名），不同地区也可以有互不相同的量刑，更不必说满蒙区与汉区、中原腹地与海疆闽粤桂的明显区别了。清廷允许满人、蒙人与汉民、回民及"土人（西南各族）"施刑各别，允许川北山区、豫皖鲁苏接界区的办案从重从快，严打帮会犯罪，允许闽粤桂在"赦免"问题上实行特殊政策等等，都是区别对待的表现；但各地又必须逐案"上详"。这一切，既体现着"区别对待"的政策精神，又都在朝廷的有效掌控之中，由中央随时调节，贯穿着大权集中、小权分散的行政原则。

二、不设律师制度时的驳议机制与辩护功能

我国古代是没有律师制度的，但并不缺乏驳议机制，不缺乏辩护功能，很重视命案的纠偏、驳正，以求公正持平的依法审理。在《乾嘉道刑案汇览》一书中录入了二千八百余份"说帖"，均可见这一机能在发挥作用。比如，该书卷十三收录有"乾隆五十二年说帖"一份。案情是：贵州巡抚上报"贼犯郑老六拒杀事主"一案。案中，郑老六窃取了勾文魁家米谷，先交给同伙运回，他又返身入房再偷窃；事主勾文魁闻响，携镖出捕。该犯畏惧，跑出屋外，在院内被勾文魁赶上，用镖去戳，该犯即用刀背殴击勾文魁的右胳膊、右太阳穴，倒地丧命。贵州巡抚根据此等案情，又引用《大清刑律》所载"窃盗临时拒捕杀人者，拟斩立决"，"窃盗弃财逃走、事主追逐、拒捕杀人者，拟斩监候"两条，决定将郑老六以"临时拒捕"罪名拟斩。

通常看来，窃贼郑老六在事主勾文魁院内拒捕、行凶，偷了东西，伤了人命，让他偿命，天经地义；可刑部批复认为此判是错误的："查该犯既离盗所，又无赃物可护，因被追情急，始用刀背拒

殴，适毙。是该犯实止情急图脱，与护赃、护伙、在盗所、临时逞
凶拒捕不同。"这就全面否定了贵州巡抚据以定罪的各个要件。

该辩护词的要点在于：1. 此人闻声逃出行窃的房间之时，已终
止了盗窃，不在"盗所"了（不在犯事现场，虽然仍在失主家院
子里）；2. 此人拒捕时伙盗已携赃远走，他无须"护伙"；手中也
无赃物，也不必"护赃"；3. 他用"刀背"实施的是"拒殴"，并
无故意杀人的主观意图，只是"情急图脱"（即嫌疑犯的自我防卫
的本能反应），碰巧"适毙"了事主。总之，他不具有"在盗所"、
"护赃"、"护伙"、"临时逞凶"的诸种主客观犯罪要件，故判郑老
六斩首抵命是不对的："与例不符，应驳令改拟"。

请看，这番话，分明是在为一个伙盗偷粮已得手、首犯希图再窃
而受阻、却又失手杀人者争取"生命权"，是典型的"律师辩护"之
词。其辩护思路、辩护法理、辩护话语、辩护效果，正是律师制度下
所追求、所运用的一套，只是"主张者"的身份不同而已。

应该说："乾隆五十二年（公元1713年）"制作的这份"呈堂
说帖"，与经过"文艺复兴"后的西欧18、19世纪"律师"们的
公堂辩辞，是"异曲同工"的。这些"说帖"，无一不是对实际案
情的辨析，不少是对地方政府之审判意见的直接批驳。此制始自乾
隆四十九年（公元1784年），是国家审判制度规范化、严谨化的重
要标志，虽然不具有"律师"的组织形态，倒也是确保国家法权集
中、司法统一、避免出现冤假错案的一项制度性举措。

第十二节　狱案审理与惩处：投入惊人的法治成本

清人著有《江苏成案》一书，书中尽管绝大多数案件不涉
"命案"，而为常见军流徒笞案件，但无一例外的都是由乾隆时曾任
两江总督的书麟与先后任江苏巡抚的杨×、吴×、闵×、福×、
奇×等具衔定期不定期地上报、咨请、题奏过的案件，又都是经过

刑部江苏司之审议、又由刑部作了批复了的案子，因而具有权威性、真实性。我们可以用此书为例，来透视清代前中期狱案审理的基本情况。

一、乾隆时期的审案制度及其效率

《江苏成案》载：乾隆四十年冬，朝廷明令各省：各地案件，由县、州（府）地方政府完成受理、侦讯、取证任务，形成案牍，上详（报告）于道台、臬司；有关人命者，应将原被告连同干证一起，解送按察使（臬司）组织审理；报经总督、巡抚批结后，详叙供招情节，分三种类型由督抚具衔，向朝廷咨报题奏：

1. 凡寻常徒罪案件，如一般斗殴、窃盗、军民相奸等罪犯，需按季汇咨，并作年度总汇，报刑部备核；

2. 有关军、徒、流的刑案，如盗匪发遣、赌博拟流、贩私拟徒、官员隶役非法行权等项，需专案咨部核复；刑部接到这类"题奏"、"咨文"之后，交由职能部门（刑部各司或律例馆）去作相关法律、条例、成案的查阅、采摘、引证；拟出定罪量刑意见，提交刑部首脑会议审议、批复；地方接到批复后方可遵命发落；

3. 凡涉及生命刑之判决，或死刑的加重、减轻、缓决、赦免、留养等，均须逐案专题奏报皇上；皇上视案情需要，多交刑部"堂会"公议，或交"三法司"直至"九卿"合议，提出处治方案，最终由皇上裁定，颁旨遵行。这样做，使得案件审理更加严谨化、有序化、规范化、程式化了。它极其有力地强化了刑案管理上的中央集权制。为此，一个刑案的审理完结，往往要牵动中央到地方整个司法执法网络，国家要付出高昂的法制成本。

《江苏成案》一书中，载有一些乱拘误捕、酷审错判之案件，清廷实行了"刑案问责"制：该补偿该退赔者，即使已调任、已升迁、已退休者也要追赔；还有一批议处失察官员吏役的案例：凡地方上出现暗娼、赌博、吏役侵损良民等案件时，督抚要开列"失察文武"官员的名单，上交到吏部进行议处，严重者予以革职。

其工作量的浩繁可以想见。那么，这些案件真的是如期处治的么？我们以该书所收的前三十个案例（乾隆三十九年至五十八年间朝廷所判之案）为准，从本省受理时间与刑部批复时间的表列中可以见个大概：

清廷早期刑案办理的效率（示例）

篇次：发案时间—批复时间	篇次：发案时间—批复时间	篇次：发案时间—批复时间
01：44 年 11.29 —45 年 10.09	04：55 年 08.26 —56 年 06.25	07：47 年 12.08 —49 年 07.13
10：58 年 01.21 —58 年 12.17	13：54 年 10.26 —55 年 06.07	16：50 年 12.29 —51 年 12.08
19：53 年 10.14 —53 年 00.00	22：53 年 08.08 —54 年 00.00	25：50 年 09.03 —50 年 00.00
28：53 年 06.18 —53 年 00.00	02：54 年 10.04 —55 年 07.21	05：57 年 04.25 —58 年 01.09
08：53 年 05.28 —54 年 00.00	11：43 年 10.00 —44 年 09.06	14：55 年 05.28 —56 年 06.07
17：39 年 00.00 —41 年 00.00	20：43 年 12.12 —44 年 09.27	23：57 年 12.16 —58 年 12.07
26：50 年 05.22 —51 年 03.20	29：56 年 02.10 —56 年 09.15	03：51 年 10.04 —51 年 00.00
06：56 年 01.03 —56 年 10.01	09：53 年 00.00 —56 年 06.07	12：50 年 06.12 —50 年 00.00
15：57 年 08.24 —58 年 11.24	18：46 年 05.29 —47 年 04.01	21：50 年 03.16 —51 年 02.20
24：42 年 11.29 —43 年 11.03	27：52 年 04.03 —53 年 09.19	30：49 年 08.25 —50 年 01.13

据上表可知，当时从发案、报案、侦审，到详报、题奏、批复，通常需要半年到一年半的时间。全书各案，大体如此。就当时的交通、通信方面的物质条件而言，就当时关于侦审、押解、详报、批复的烦琐手续和严格程序而言，就刑部必须受理批复全国如此巨量的案件而言，这样的办案效率应该说是很高的了，看来乾隆时代政府的司法执政能力是很强的，甚至到了惊人的地步。

二、刑案的分类管理

清《皇朝通志》（卷七十七）之《刑法略·刑制》篇说："其直省徒罪案件，如有关系人命者，均照军流人犯解按察使审转督抚，专案咨部核复，仍令年终汇题；其寻常徒罪，各督抚批结后，即详叙供招，按季报部查核。"各地的刑案，首先由州县地方政府完成受理、取证、侦讯任务，形成预审文案（含侦审记录与审断建议），连同人犯、干证一起押至省府，交由按察使（臬司）组织审理，拟出初判意见（拟判），转由总督、巡抚具衔，形成"奏"、"题"、"咨"公文上报朝廷，交刑部查核批复，审决定案。要求所有在审案件，如窃盗改遣、家奴发遣、赌博拟流、贩私拟徒、军民相奸、枷责等项寻常罪犯，于审结之日即行发落，并于汇题疏内予以"声明"；而大案、重案、要案、新案之疑难问题、"律无明文"之案件的定罪量刑问题，必须题、奏、咨，向皇帝、向朝廷、向刑部请示汇报或咨询，接到批复后方可执行。

其中，"奏"是直接上奏皇帝的命案，凡涉及生死判决之加重或减轻、缓决、赦免等，必须逐案请示；"题"是关于命案的专题报告或一般刑案的季节汇题与年度汇题，用于上报刑部；"咨"是法律咨询，是地方官就特定刑案审理所适用的律文、条例、成案等向刑部及其责任"司"咨询；有时是对律例条文的修订意见。

乾隆四十年冬，部议令直隶各省寻常犯徒年度"汇咨"备案；军流既要"专咨"，又要按季度"汇题"备案；有关人命者需逐案作"专题咨问"或"奏请"。皇帝接阅各地的"奏"、"题"之后，通常要作出原则性指示，有时也直接作分析性答复，再交刑部议决；遇上律无明文的"新案"或疑难要案，则批给朝廷"九卿"、"三法司"合议后，提出方案，由皇上最后确认，再交刑部去办理。

刑部收到地方"题""咨"文件、或接到皇帝批下的地方奏本之后，交由刑部机关下设的职能部门各"司"或"律例馆"去作相关法律、条例、成案的查证，采摘，报部工作。所报文件应扼要提示审断的法例依据与关键性案情，提出定罪量刑的导向性意见；必要时提出反驳意见，并开列驳复的法例依据，形成"说帖"，提交刑部首脑会议审议。有的还须向平级机构（如大理寺、礼部、户部、兵部）征询意见，协同或移交办理。凡涉及满蒙贵族的案子，则需商请宗人府审断。刑部首脑采纳"说帖"意见后，即形成"批复"，对"奏"、"题"及"咨"文明确表态：或曰"应予照复"、"似可照复"（表肯定、可照此执行），或曰"应毋庸议"（表否决，驳回），或曰"请另委贤员研讯确凿"、"应依律妥拟"（责成地方当局依提示重审，补充侦讯材料，改正引律引例，修正审拟结论）之类，以至要求地方当局提交对命案作了错判、误判之责任人的名单以便劾办等。最后再由皇帝圈阅确认，以诏令形式下达执行。凡具代表性的案例，结案后即以纂例形式编入法典，列入成案，赋予法律效能，下令全国通行。

这样，一个命案的审理完结，要牵动中央和地方的整个司法执法网络，国家要付出高昂的司法成本。看来，中央集权并不等于"皇帝独裁"，皇帝的最后签办，只是国家意志的一种集中表现形式。尽管实践上皇帝常有"独裁"之实，但并不是狱审制度上的明文规定。

三、刑案审理权的高度集中

《乾嘉道刑案汇览》充分展现了清代对全境实施政刑管理的有效性、强制性。本书的法治内容非常丰实，特别是嘉、道时期的无数斩绞军流案例，大到对京官廷臣的惩处，小到案犯遗属、满洲寡妇改嫁后的口粮补贴，广东被害儿童的年龄核计问题，贵州山村寡妇偷取果摘豆角，吉林山民入山偷挖人参、闽粤洋盗走私鸦片之类，几乎无所不包。甚至远在西域的伊犁将军想任用一位革职县令去管理一家官办铜厂，亲自打报告向刑部请求批准，经刑部上奏，驳回了该边疆大吏的这点小小请求，还斥责他竟然想使用罪犯。这一切，无不反映出中央的"集权"达到了何等惊人的程度，也标示出中央对全境的行政管理是无处不届、无微不至的。

第十三节　刑案审理权的变通与流放式惩处的变革

一、斩绞军流徒案件的分级审理与集中审决

嘉庆－道光年间，实现了狱审与刑惩制度上的一次重大变革：由层层审理、刑部统一审核判决，变为按狱情分级审理，将一般民刑案件下放到省、州、府去管理，一般民事纠纷则归县级处置。同时，又变千里流放为就地监管。这是当时在狱审制度、刑惩制度上的一次大幅度的变革举措。

原来，清前期各地的斩绞军流徒案件，一律"于州县审明定拟之后，均应由府解司，审转详报督抚，咨部完结。"这么做，"地方官每办一案，自购线、缉捕，以至解府、解省、发配，须赔五六十两至百余两（白银）不等"。（参见《乾嘉道刑案汇览》卷十六《东省窃盗仍归旧例酌带石墩》）；而涉案人员更是家家破产，成批瘐死。如此沉重的公私负担，如何能长久支撑下去？

二、对罪犯的千里流放与就近监管

再说，顺康雍乾时期，除立即执行的斩绞死刑犯就地处治，缓决待质犯临时关押之外，大量的是判以流放、徒刑、充军、发遣为奴的惩治方式。判决后，要将这些罪犯押送到数百里、上千里、直至数千里之外的边远蛮荒烟瘴地区去服兵役、服劳役、当苦差、做奴隶。这就要求负责长途押解、短途递送者有能力冲风冒雪、防匪防劫地安全送达；要求目的地必须有驻屯军、有良民，具备监管资

格、监管能力和必要的监管设施（而这又与"流放极边蛮荒烟瘴地区"的总体要求直接冲突）；还要求监管方定期不定期地上报监管动态，及时上奏外逃、伤亡之类的事态，这又谈何容易！稍有差池，必遭严厉追责，这又何等烦难！这么实行下去，"原籍办一贼犯，配所多一窃匪"，从国家全局上看，未必能收到法治效益。

到嘉庆十七年（公元1812年）十二月，"刑部议准黑龙江将军所奏：黑龙江等处遣犯聚积众多，分别改发、减发。"其后新疆、云贵、闽广也都相继提出了同样的吁求而获准。于是"充军"、"流放"的政策就再也不能照样沿袭下去了，便以"改派"形式来减轻特定流放地区的负担；但问题并未真正解决，只是转移了某些边远地区的部分负担。

到了嘉庆—道光之际，山东、四川先后提出："请将该省审办窃盗案件，计赃、计次、计人数治罪，各犯概免解省。"因为州县有能力审理一般刑案："由州县审明定拟之后，复经申解该管各府州核转、具详，自可无虞枉纵。"其后，朝廷即决定："各厅州县概将人犯解该管府、厅、州，审转具详，由司复核，专案请咨，毋庸转解司道勘转。"（参见《刑案汇览》卷十六《积匪猾贼免其解审》一文）这就把审判权逐级下放了，省却了一笔用于审理的巨额押解经费。

此前，山东巡抚便提议："将情重法轻者，锁带铁枪石礅，使之身负重物，不能行窃脱逃。如此办理，在该犯得与亲戚乡邻相见，固有以动其羞愧之良；即乡里匪徒，亦可借以触目警心，有所愧惮而不敢为恶；而地方官既不须赔解费，又无脱逃处分，自必认真缉捕，严办示惩，较之问拟军徒，旋即脱逃，徒烦案牍者更为有益。"此主意一出，广东、四川、陕西、湖广、江苏纷纷起而仿效。道光二年（公元1822年），先已明确规定：女犯可"免流改囚"。于是"千里流放"便渐渐为"就地囚禁"所取代了，也毋庸"解司审转，详报督抚，咨部完结"了，这就大大地节省了执法惩处的成本。它是清代狱审狱政史上的一项革新标志，实现于道光十三年（公元1833年）。

至此，一直用于关押原告、被告、干证、待质犯、待决犯的牢狱，这才真正成为对"已决犯"执行惩治的主要设施。这是我国狱政史上的一次大幅变革。历来讲"狱政史"者注意及此的人并不多，以至把汉唐以来"录囚"制度下对被长期关押之原告、被告、干证、待质犯、待决犯的清理、甄别、遣释措施，泛化为对已决受惩之"罪犯"的宽释仁政，这是一种严重误解。

第十四节　清代的刑案追责制

一、清代刑案追责制的贯彻

我国西周《吕刑》就已提出：错判误判、出入人罪，都要追责，"其罪惟返"，即以其罪罪之。到了宋代，就切实实施刑案追责制了，那是对错判错决的命案进行严格的追责。至若清代各级司法、执法机关对所管辖、所承办、所接办的刑事命案，均须负责到底。如果发案后未能及时受理或逾期未能破案，或在审理中出了岔子，上详时引律差错、判刑不当而被驳回者，凡误判误杀者，都要履行"开参"程序，追究责任。相关责任人即使转任、离职或退休多年，若被揭发曾经办错了案子，也一样要追偿，这就叫"刑事命案开参"。开参：检举参劾，使其受到法纪处分，停薪罚俸直至革职顶命。

清初，吏部定例："官员承问，引律不当，将应拟军流以下及无罪之人，错拟斩绞者，承审官降三级调用，审转官降二级调用，臬司降一级调用，督抚降一级留任。"（参见《乾嘉道刑案汇览》卷五十八）"官员承问，引律不当，将应拟军流以下之人错拟斩绞者，府、州、县官降三级调用。加级纪录，不准抵消。""将改拟徒罪人犯错拟绞罪，遵驳改正之承问官，照例减为降三级留任。"嘉庆十年，又提及定例："督、抚具题事件，内有律例不符之处，部驳再审、复审各官，遵驳改正。除审转之督抚司道免其议处；承审之府、州、县官，原审律例不符者，照失出失入例减等议处。例应降级调用，减为照所降之级留任。"可见清代审案的"问责制"是配套执行的。（同上书，见《金刃伤深透、不得照破骨论》）。

清代有一本书叫作《刑事命案开参》，记录了乾隆四五十年代湖南宝庆府（约当今湖南中部的邵阳地区）等地司法官员被"开参"的一系列实事，提供了当时实际制作的"开参"程式①。这证

---

① （附：该书案例一则）乾隆五十五年正月二十七日，湖南省盐法长宝道·宝庆府·新化县县令周宁远详称（汇报案情说）：丹桂村保正刘碧廷投称：本月二十六日，有村民游月朋投称：锐铍坳有不知姓名人受伤身死。该处距城三十里，不通驿站，并未安设地兵（土兵、寨兵、驻屯兵）、墩铺（屯、堡。它说明是一个小小边远荒村里出的一桩平民之命案。周宁远）随带吏（县丞、判官、典史、文员）、件（尸检），前诣尸所（前往出现场），如法相验（依法作尸检，要求：①登录"四至"：硬四至、软四至；②登录尸伤：致伤部位、伤情、伤因；③伤情结论；④件作提交检验无误的甘结；⑤县官亲视复查）。仵作陈凤岐唱报（为节省篇幅，原文情节从略）。报毕，亲验致命不致命，俱系木器伤、小刀戳伤，余无别故。实系受伤身死（勘验的最终结论。清代法吏出现场勘验是很认真也很辛苦的，尤其是验腐尸）。就即查讯。乡民反映：清晨瞥见该尸，尚能声言"被人打伤、夺去衣物"之语，即有疏失情形（救治无力，防范不得力，县官自认有"疏防"之责）。

1. 移会驻防把总刘廷凤，前诣会同勘明；示召尸亲；开具失单附卷；选差干役分途严缉；关移邻邑、营汛，一体严缉凶贼。合先通报等情，详奉批饬缉审；两院批司饬缉、详参（这就是当时县政府对一个普通命案的法制成本的投入：通知武职把总会勘；召尸亲确认伤情、死因；开具失物清单、入档；选派得力公差分路严缉罪犯；行文邻县与驻防军协查；同时向抚院臬司上报案情，承担侦破责任——此等工作，不能不说是认真负责的）。

2. 宝庆府知府王汝恂开列疏防职名，移送统辖职名请参（县有"详参"、府有"请参"，省里还有"题参"，这就是一代司法官"责任心"的来源：有层层管束）。

3. 湖南按察使王×、查得新化县详报，此案应以乾隆五十五年正月二十六日"游月朋见尸之日"起算（报案之日即相关官员的"开参"起始之日），扣至五月二十六日，四个月疏防限满（一参期满）。所有疏防文职，相应开列，详请本部院堂、会核题参（专题奏报下列官员）：（1）专管

明，清代刑案追责的制度性规范，是得到过切实执行的。看来，清政权两三百年的持续执政，并非偶然，它实在也来之不易，对各级当政官员的法制管理，应该是其极为重要的一条规定。

所谓"刑事命案开参"，是说：凡发生刑事命案时，县、府、州须及时逐级上报案情梗概，明确破案的起算期（案件受理日期），州县主官由此即承担起限期破获之责来。他要组织侦缉刑审，逾期未能破案者，州县官须适时向上汇报，自行"详参"；上级机关须及时受理、作出批复，并向省级机关报告：开列所有文武责任人员的名单，逐级上报，叫作"请参"；凡县令以上的朝廷命官，须由巡抚、总督具衔，以专题报至吏部、刑部，予以参劾，直至上奏皇上裁决，叫作"题参"。

其"开参"要领是：

1. 文官　县级掌印官（县令、县丞）、司法专管官（县尉、判官、典史）、兼辖之"府（州）"的知府、典史；统辖之"道"的

捕官：系新化县典史郭维均；（2）印官职名：系署新化县知县周宁远；（3）兼辖不同城百里以外之府、所：系前署宝庆府通判、试用直隶州邓廷法；（4）该管知府：系宝庆府知府王汝恂；（5）统辖不同城以外之道员：系前任盐法长宝道姚学瑛。（以上名单）相应开列，详请本部院堂、会核题参（可见命案责任人是整个地方司法行政网络，而不仅是一两名基层小吏）。

再，前署通判邓廷法于五十五年三月三十日卸事，计督缉两个月零四日。前任盐法道姚（学瑛）、于五月初十日升任陕西臬司，卸事，计督辑三个月零十四日。现任通判普秀、现任盐法道潘成栋，均系接督缉之员，例无处分，应免开报。此处未安设兵丁墩铺。此案系宪台抚宪衙门主政。

至于武职官员，一并交代如次：查此案，应以乾隆五十五年正月二十六日"游月朋见尸之日"起，扣至七月二十六日六个月，武职"疏防"限满。所有疏防武职：（1）专汛官：系新化县汛。宝庆协右哨头司。把总刘廷凤；（2）兼辖职名：系宝庆协副将金殿安。相应开列，详请本部堂院。会核题参。又，查失事地方离县城三十里，并未安设兵丁墩铺，亦无贴防外委。此案系宪台督宪衙门主政，合并声明。为此照详，呈两院。

道员）：案发后，查有"疏防"，疏于防范之责的各官，限四个月内破案；无"疏防"之责者，直接进入"一参"（初次参劾期），逾限受罚。由抚宪衙门主政，负责受理、查核与处治。

2. 武官（汛官、把总、副将、千户、百户）：有"疏防"之责者，是否安设有地兵（驻屯军）、墩铺（屯、堡、寨）者，六个月为"疏防期"，必须捕获贼犯，逾限受罚。由督宪衙门主政，负责受理、查核与处治（责任人是多层次的，文武兼有）。

3. 文职依"疏防"、"初参"的顺次办理；武职依"疏防"、"缉凶"的程序办理；起限期可从案发日、见案日、或报官日起算；此后依案情进展逐节延展期限："一参"通常为六个月或一年，"二参"（第二次参核）一年，"三参"（第三次参核）一年；此后随案另拟。

4. 印官、专管官的履职有不同情况，有在任、纪功（纪录）、调任（升、移、降）、离任（进京述职、守孝之类）、退职（辞官、退休）等区别，其参劾是否超期，应按照定式核计：（1）依起限的年、月、日向后推算，必须满期足月；（2）有功者可以按规定方案折抵；（3）有正当理由者可申请顺延；（4）限内若因故暂离、发生中断，前后可以合并"接算"……

5. 印官、专管官的处罚，依承缉、接缉、代任续缉、复任续缉等不同身份、不同责任查处。罚种有：住俸、罚俸、追偿、黜退、顶命等。

6. 处罚实例：（1）乾隆三十二年，吏部报明：嘉禾县邓老三商同在逃之罗老三，挟嫌谋殴王国中身死。将缉凶不力之嘉禾县知县高大成"咨参"，照例住俸，勒限一年缉拿。又"二参"仍承缉不力，照例又罚俸一年，再限一年缉拿。又因详报迟延，逾限一月以上，照例另罚俸一年；而承审迟延，逾限在一月以上，并罚俸一年；该员有"纪录"一次（即有立功表现），应行销去。"纪录"一次抵罚俸六个月，总计仍应罚俸二年零六个月。（2）湖南巡抚陆×奏：沅陵县县民刘忠位被其父赶殴走避、不意误碰其母刘向氏，使之失跌磕伤身死。刘忠位随即脱逃。署理沅陵县试用知县陈玉垣勒缉数月，迄未弋获。陆巡抚认为此案"非寻常承缉不力可比"。奏上一折，将陈玉垣参革。吏部会议：除承缉不力之署理沅陵县知县陈玉垣参核革职外，对"二参"限内接缉不力之"署沅陵县事"的胡连级，虽已调任"陕西乾州府同知"，应照例于现任内罚俸一年；凶犯刘忠位交与新命接任官立限缉拿。（3）湘乡县民文清河，于乾隆五十一年十一月初十日被贼殴伤身死，并失去银钱衣物。"一参"已过，"二参"仍承缉不力，首要责任人湘乡县知县××、湘乡县典史傅含章等，均照例降一级留用，再限一年缉拿。此案，至乾隆五十三年九月二十九日题奏，十月初二日乾隆下旨："王懿德着于现任内罚俸六个月，再罚俸一年。伊辙布着于现任内罚俸一年六个月。李侍尧着每案销去军功纪录一次，免其罚俸。图萨布着销去纪录二次，再于现任内罚俸一年。万钟杰着每案于现任内罚俸六个月，余依议。钦此。"

上述这些处罚，当然都是执行了的，它绝不是"表面文章"，而李侍尧等都是一时名流，受到乾隆的器重。李侍尧：汉军正蓝旗人，乾隆十七年任热河副都统，先后任过广东雷琼镇总兵、云贵总督、陕甘总督、两广总督、闽浙总督等职。对稳定西北与闽台均有卓著贡献。王懿德：汉军正白旗人，曾任职卢凤道，湖南布政使、湖南护理巡抚等职。万钟杰：曾任福兴泉永道道台，又补放台湾道、加按察使衔，奏事件得以自行陈奏，后任台湾布政使。

由上可知，清代的各级司法官员、执法机关，对所管辖、所承办、所接办的刑事命案是要全方位、立体地负责的，绝不像人们普遍想象的那样，也绝不像舞台上、小说里"戏说"的那样，更不像"否定一切"论者宣传的那样："封建政府"只知道严刑逼供、敲诈勒索、草菅人命、无情镇压！一个政权，能维持几百年的持续执政地位，可不是闹着玩儿的；满族人以人口的绝对劣势，实现了对经济文化高度发达的绝大多数人的有效管理与统帅，又哪里是"压迫"两个字所能达成的？

二、清代刑案追责制的蜕变与扭曲

清人对刑案误判的"追责制"是认真的、多层面的。清律系统地规定了受理、侦缉、审讯、押送、监管的每个环节上的发生差错的惩处条例，是强制执行的。

清代严格执行刑案责任制，凡误判误杀了人的，相关各方必追责到底，以命抵命，以财偿财。对失职人员如此这般地严厉追责，本应产生积极的警戒效应；然而不然，它在中国官场的既有生态条件下，执行一段时间后，竟然被彻底扭曲，演化成了权势间作撕咬角斗的有效法术，从而抖出了中国官场游戏规则的阴暗卑劣，让人们看到了官场绞肉机的加速运转。

张培仁的《妙香室丛话·徐青天》一文说：山东有一县官徐某，人称徐青天，揭出了一个冤案，惊动了皇帝，需要平反。朝廷"特差大司寇胡季堂、侍郎姜晟赴山东鞫治"。结果，两位部级钦差大员抵山东省府后，山东的"中丞、臬司实告：'案成于徐。第平反，则通省承审官皆须反坐'。星使（钦差大臣）不得已，婉言于徐，许案结后令诸君集资，捐复原官。仍许照原拟定谳"。用"捐复原官"的许诺来赎买揭案官员"反水"，换取其噤声，使命案不得平反。官场黑幕重重，于此露出冰山一角。

李岳瑞的《春冰室野乘》载：河南南阳出了一个蹊跷案子，叫"镇平王树汶之狱"。大盗胡体安劫案败露，省里下令点名缉捕胡体安。胡竟与本县县吏们密商，让一个不到十五岁的瘦弱少年王树汶去顶缸下狱，胡体安本人则换个名字去邻近某县当隶役总头目去了。待到本案经上报批复、"人犯"王树汶被押赴刑场砍头时，他高声呼冤，在场军民谁也不信这个瘦弱少年会是江洋大盗！这就在全城百姓面前暴露出政府卖狱的黑幕。于是皇帝、刑部大臣、总督、巡抚、司道官员都卷了进来，借王树汶这个题目做大文章。一个小小王树汶的生死，原本不会激起什么浪花，只因牵涉到督、抚、臬、司、州、府、县各级承审官的"追责"，于是拉动了官场各式关系网，越扯越大，人人在其中耍手腕，坑别人，求脱身，也有人在其间弥缝遮掩，竟使这台官场绞肉机加速运转起来。追责的结果不是警戒，反而是腐败的加深，是政坛派系绞杀的更加隐蔽与更加凶险。中国"官场文化"的狡狯与诡谲，使原本不坏的法制举措，在其处境下竟被扭曲到如此地步，真让人莫名惊诧。这一切，是一百本历史教科书也难以传述的信息。

第十五节　晚清的传统法治力量走向衰败

一、军队丧失战斗力

晚清，作为维护清朝国家安全根本力量的军队，丧失了战斗力，除了改编，别无出路。清政府原有八旗亲军驻于京畿、满汉绿营兵驻扎外地；由步军统领衙门与五城兵马司主管着京师刑狱与治安，负责弹压地方。到了晚清时期，这套旧体制、旧人物及其旧理念、旧作风已丧失了效力；它只能等待裁撤与改编。而在"内战"中能够上阵打仗的只有汉族地主武装"湘军"与"淮军"，可是在夺得"天京"、镇压了太平天国之后，湘军就被"自行解散"了；淮军则在中法战争、中日战争中一败再败，也已溃灭无存了。至此，清政府手中已无有战斗力的军力可以担当维护国家安全的任务了，遑论社会治安的维护呢！

二、执法吏役不能胜任

原有的治安力量，素质低下，业务理念陈旧，装备落后，对转型期的社会治安问题无能为力，旧式宵禁与巡逻、缉捕手段也已不再奏效。他们不仅在面对太平天国、义和团等运动与武装起义时束手无策，甚至无法应对青洪帮、白莲教之类的群体性活动，就连抢米风潮也弹压不住，已到了不得不废除的地步。

三、保甲制走向朽败

当年，顺治康熙时期推行的"保甲制"是直属于兵部的。它绕开自然村落的天然组合，人为地规定以"十进制"编组：十户立一牌头，十牌立一甲头，十甲立一保长。这其实是一个军事化的强控制组织，生存于社会之中却又与社会脱节。到乾嘉时期，政府"更定保甲制"，使之归于户部。这种"保甲制"与乡里行政有别，是专管治安的强制机构。鸦片战争以后，清政府的统治在内外夹击中摇摇欲坠，清政府将原有的"保甲"又重新划归步军统领衙门与兵马都指挥使，突出其暴力品性，严厉实行"什伍连坐"，使其承担"编查户口，稽奸弭盗，化民成俗，守卫乡村"和"劝善惩恶，平治道路，催征钱粮"之责，试图以此来延缓朝廷行将崩溃的政治命运。到光绪中期更在各地组建"保甲局"，强调其半军事性质，更赋予它民事调解之职和一般案件的初审之权，这时的保甲局就绝非一般行政机构可比了。这种"强控制"遭到人民大众的普遍抗拒，保甲长一职也因事务繁巨而无人敢于承担，终于在"清末新政"中被撤废。不过，"保甲局"的建局意旨倒是提供了与强调警权的德日警察体制相串接的一个"卡口"，这大概是保甲局主办者所始料未及的；难怪当时各省市的"保甲局"都在匆匆"变脸"为"巡警局"。

面对发生巨变的社会安全形势，清政府要采取何种措施，来维持自己摇摇欲坠的统治地位，是晚清当局迫切需要解决的问题。

第十六节　清代的"社会病态史"

一、清代的社会病态现形记

现代有人编成了《清代笔记小说类编·狱案卷》一书，把清人笔记中形形色色的典型案例"一网打尽"了,也使不同官员的办案风格、破案思路须眉毕现于读者面前。本书所收作品,大致以作家在世的先后或作品问世的先后为序,它们与清代的兴衰是同步的,故而本书不仅可以作为有清一代的"狱案史"来读,更可以作为有清一代的"社会病态史"来读。

说它是"有清一代的社会病态史",是因为从中可以看到那时的官员、幕僚、隶役、师爷、市侩、士子、乡绅、市民、盐丁、山民是怎样一种生存状态,怎样一种生活方式。那时,有"上下讳盗,故即被盗贼劫杀,亦隐忍而不敢言"的古怪状态,有把原告、被告、牵连人员、邻里干证一律称为"犯人"而入狱囚禁的变态制度,有司法执法机构无力伸张正义而乞灵于神鬼附体、显灵托梦、怪异谲诈的"破案"模式,有一县豢养数千捕盗胥吏而大盗即"窟穴其中",有因国家给的俸禄太少而"取给于民"的官佐幕僚,有玩弄国法吃了原告吃被告的讼师狱棍;那时,可因斗酒只鸡而兴大狱,可因片瓦寸土而群殴杀人,可借"活佛升天"来公开敛财而同时害命,可把纵欲群奸包装成"菩萨送子"来敛钱霸色;可在"未获主犯"的名义下让无数条人命瘐死狱中,可因一场天灾酿成尸骸枕藉;从书中,人们还可以看看那时的家族之间会有怎样的吞资发迹,父兄争产,叔伯斗殴,翁奸媳嫠、母淫女荡的罪恶;可以知道清代的百姓之死,其死多方:有死于昏庸断案者,有死于血肤取供者,有死于讼师诡诈者,有死于地痞生事者,有死于亲邻劫杀者,有死于僧奸尼拐者,有死于豪赌破家者,有死于父兄争产者,有死于贞节意念者,有死于乡党械斗者,有死于医巫串骗者,有死于流行疾疫者,有死于兵燹刀枪者,有死于妓院赌场烟馆钱庄的撕咬拼搏者,有死于讼师横行、地痞生事、僧尼滋事、争产斗殴,和以女色为媒介的谋色、劫色、霸色种种犯罪活动者,其惨烈、其普遍性、残忍性、诡诈性竟是如此地触目惊心而出人意表!这些黑恶,均一度绝迹了;如此种种积垢,原本已淡出了人们的记忆,为人们所未见未识;而近年来又沉渣泛起,纷纷"复活",且有变本加厉之势。看看本书,你会意识到:当今发生在身边的众多怪异的黑色新闻，正是千年积恶之阴魂在排演新的版本。

说它是"有清一代的社会病态史"，还因为本书作者们与清代名吏判牍有明显区别。清代名吏判牍的作者，是案件的承审人、批办者，他们直接介入现实法律生活、狱审生活，在绝大多数情况下，他们只能严格地"依法办案"，难做个性化的发挥；他们的记录成案，出版判牍文集，为的是给此后的办案提供参照、提供范例、提供智力支持；而本书的作者们不一样，他们是以社会观察者、记录者、思考者的身份去关注狱案、聚焦狱案的，因而他们笔下的案例，视野更为开阔，思考更为深沉，对社会的人文关怀更为贴切，而对制度性的深层问题的揭示也就更为集中，暴露得更为彻底，一句话：它更本质地贴近那段历史的"真实"。那些典型案例，已不仅仅是官吏断案的参照或依据，而转化为揭示一代法纪、一朝制度之阴暗面的铁证了。

以袁枚为例：当他作为"观察者"写作狱案时，比如《书麻城狱》一文，越出具体案件，放开笔墨，把笔尖探入官场深层、上层、核心层，揭示出案件之所以会形成的原因：在于政坛各派势力绞杀下被扭曲的司法体制。它所表达的对社会的深切沉痛的人文关怀，远远超过了作者本人亲自审理并记录的那些案例、那些亲手制作的判词。他把整个狱审法律制度、国家司法机器都放到解剖台上来审视了，他碰触到了那些最惨毒血案及冤假错案的生成原因，于是社会震撼力也就更强，而这是本人的审断记录所难以表达的。人们从蒲松龄、徐承烈、袁枚、长白浩歌子、纪昀、梁恭辰、潘纶恩、许奉恩、吴炽昌、薛福成、俞樾、吴沃尧等一长串作家的笔下可以看到：大量骇人听闻的惨案，未必就单纯地成之于社会底层的黑恶势力之手；大量沉积着的冤假错案，也未必成之于昏愦平庸者之手，恰恰根植于一代司法制度、执法体制的结构之中。本书对株连制度、讼师制度、命案追责制度下形成的许多惨案就写得尤为触目惊心。

在当时的司法体制下，国家同时给督抚臬按与各专职之"司"以案件受理权，于是在审案难、破案难之外，又出现了定案更难、翻案无望的怪局。因为这关系到部门与上司的声名、政绩以至实利，活跃在政坛上、司法界的各种势力便相互绞杀，使整套暴力机器格外凶险。聪明正直的承审官可以直面贼党，威服凶徒，甚而可以使之洗心革面，承认罪责，甘心领死；却难以顶撞上司的意旨使之收回成见！"凡事粘着上司，便拖泥带水，不得了局"。官府的掣肘、颟顸，令正直官员也无从下手去破解，故其为祸更烈，为害更大。

二、乾隆后期江南社会的一柄解剖刀

《江苏成案》，顾名思义，它记录的是发生在江苏境内的一批典型判例，计一百三十二篇，空间上覆盖着当时江苏所有县级行政区划，每县均有案例，而以发生在苏松太常一带的案件为重点；时间上为清乾隆后期，从乾隆三十九年（公元1774年）至五十九年，约计二十年。内容上以"寻常笞杖军流徒刑"为主，也涉及少量命案；从中，我们可以看到清代江苏省的社会法治生态与政府办案动态。乾隆时代是清代兴盛期，苏南是经济发达区，对这里解剖一下，倒很能说明问题。

打开本书，我们看到：从幼孩抢食萝卜，到鸟枪误伤行人，桥上抛掷死狗中伤船户，由临河窗户倾泼热汤，误烫停舟之人；从盗宰耕牛，兴贩私盐，出洋贩私，包揽漏税；到强娶孀妇、强嫁孀嫂、纵容妻妾卖奸、卖良为娼、收留迷失幼女图卖、因奸堕胎致死、妒奸捉奸、挟嫌捉奸；从船户于中流吓诈顾客钱财，到豪强捏造契约，凭空押人为奴；以至棍徒生事扰害，用石灰揉瞎人眼睛；还有掘坟盗墓，开棺见尸，盗尸毁尸等，政府无不受理。

至于官场污秽，书中也有相应的记载。比如官吏受财，衙役诈赃，绅商违例捐官；假冒官职，假冒官员长随之类；比如指称打点衙门、套取资财；贿买官府文卷、借势图诈；衙役串通牙行，勒索客商钱文之类；比如已革捕役窝藏窃匪惯盗，诬拿良民；捕役豢养贼匪之类；以及私雕木戳，伪造印信，伪造关防，伪造顶戴、旗幡，招摇撞骗之类……

三、清人刀笔：翻云覆雨，用笔如刀

在当时的讼师制度下，无良讼师们出卖些本来无奇的"妙计"，吃了原告吃被告，攫取超额红利；讼师们常创诡名，架虚词，赴道府控告素不相善之家，或指海洋大盗，或称强寇劫掠，让上司提解羁縻牢狱，触网者无不磨累破家，不堪复问矣。末代讼师的出现，只是让社会多了一批吸人血、食人肉的大虫而已。有个叫谢芳津的，活生生是一位"辩护律师"："凡有冤抑难伸，倒悬莫解者，投而求之，一词入庭，即能脱兹罗网；其或心起讹诈，即事生情，出人意表。甚至蜃楼海市，平地风波，能使假者认而为真，曲者变而为直。"试看今日之天下，又何往而不见此等人物！

《清代刀笔精选》为江苏常熟平襟霞的晚年（1923 年秋）之作。书中案子发生地集中在三吴地区。透过"刀笔"，揭示出晚清东南的社会风情之诡谲，尤其是"讼师—讼棍"得志于一时，翻手为云，覆手为雨，既吃被告，又吃原告；玩弄官府，颠倒法律，加重了社会病痛。事实证明：讼师的存在，不仅不能为民众提供"司法救济"，实足以制造沉冤。一旦成为讼师的"标的物"，你不倾家荡产，也必身败名裂，永世无从补偿。可以说，在讼师行业中，是没有什么社会正义、社会良心、道德底线、职业行规可言的，有的只是个人私利的最大化，所用手法，不离倒置是非，捏造情节，伪造现场，恶人先告状，攻人不备，出手狠毒，等等。他们构成一股污浊恶势力，降低了整个社会的文明品位，而所争也无非是田产、婚姻、奸杀、讹诈、赌债之类。当然，其中也不乏个别"好人"在一定条件下做些有利于民的事，但那毕竟不足以蔽其过，讼棍们必然要讨个永世骂名。

讼师们所帮助的对象，无非是杀人不眨眼的恶棍无赖，欺孤灭寡的地方豪绅，偷情图奸的无耻文人，无知痞赖的社会青年。没有一个不无理攻击而祸人一方，他们都给予"智力救助"，帮同玩弄法律，玩弄政府，玩弄社会良知。这种人的得逞，是社会的毒瘤与沉疴的发作，除之不易而又非除不可！至若下列各案，则被弄得是

非淆乱，让人哭笑不得：

（1）有告盗劫者，状中有云"从大门而入"。后盗者贿通撰状人，求其笔下超生。撰状人钱既到手，即将"从大门而入"的"大"字上加了一点，成为"从犬门而入"。状子递进去，县令以"宵小行窃"论罪，仅仅薄责了几板子结案。

（2）有地方向政府反映情况，报告述及"阳澄湖口，发现浮尸"一事，是口岸人家所亲见。但恐因此而涉及谋毙等情，将惹上官司，惹来麻烦。于是有讼师某即于呈文内"口"字之中加上一竖，全句成为"阳澄湖中，发现浮尸"。湖中有浮尸，不干口岸人家，于是省却了多少无故牵连。

（3）有公子与女子挑逗成奸，被女之父告发，其自辩词中承认有司马相如挑逗卓文君之过，然后便赫然写道："淫人妻女，妻女淫人。妻女淫人，其咎谁归？"用反诘语，暗指女之父有不轨行为于前，自己不过是替上天去"报应"他而已。县官觉得"不宜深纠"，便把他无罪释放了。这话来得特别阴毒损人而又出人意表。

（4）有寡妇受辱，雨夜吊死在豪门后园中；豪绅惊惶了，求计于讼师，讼师教以"给她换双干净鞋子，再移尸悬于你自家大门上，然后闭门不出，静观其变。"豪绅依计而行。次晨门前喧闹，他置若罔闻。有人报告了县官：有寡妇吊死在豪门！县官查看了现场，见鞋子干净，并未沾泥；再检验尸伤，确系移尸，便下判说该案"显系移尸讹诈，与豪门无关"。讼师只在"脚未沾泥"上做文章，既将事主开脱得干干净净，包装成受害者；又倒打一耙，使蒙冤不忿而死者凭空又加了一条"诬陷"之罪，永无清白之日。刀笔害人，竟至于此！

（5）某女子与别人有染，便告丈夫先天阳痿，坚称婚后从未行房，要求离婚。丈夫听从讼师的策划，反诉妻子为"石女"，故不能行房。县官当堂检验，发现男子正常，而女子并非"石女"，亦非"处女"。此女子很惨地败诉了。

（6）有男女对门而居，通奸，被发现。女之父想敲诈一笔，唆女儿去告"强奸"。男子坚称未"强"，女父不依不饶，久久不得结案。问计于讼师，讼师让男子承认下来，但称"只此一次"。女子情急，脱口骂他："你这没良心的！来往两个月，有时一天也不止一次！"堂上听了大笑："如此，还是强奸么？"其父懊丧而归。

（7）村头发现无名腐尸一具，县令到现场看后，准备以无主案了结。讼师便唆使一老寡妇前去"认夫"，迫县府应对。乡邻说其夫十年前早已报失，此尸也不像其人。县令便责孀妇"冒认丈夫"。村妇埋怨讼师，讼师又唆其越级上告，状词诘问云："此尸非夫，则尸为何人？夫非此尸，则吾夫安在？"弄得县官无论作何回答，都免不了要接受一番追责。

其刀笔之作，无疑是讼师劣迹的大曝光，是他们的自供状。它告诉善良的人们：你们可要当心，要有更清醒的头脑对待这纷繁冷漠阴酷凶残的社会，它在消费人们的良知与正义；你想正常地活下去，你就得正面这人生，准备接受任何魔鬼的考验。

第十七节　中华法治遭遇妖魔化

中华文明与中华法治，当明清之际中西文化作正态接触时（从利玛窦到京算起），在"中国潮"席卷欧陆的二百五十年间，是受到刚从中世纪黑暗中走出的西欧人的热情肯定的。但自从罗马天主教廷在欧洲宗教改革风潮面前一筹莫展、节节败退时，它便把怨怼转移到"不听话"的中国人头上了。它一手制造了一场"礼仪纠纷"（法国教徒诬称它是"中国人事件"），蓄意扩大为中西传教冲突。于是一股中伤、诅咒、妖魔化中国、中国人、中国传统文化、中国法治的黑浪便翻卷起来。它起自法兰西天主教会，扩及西班牙天主教会——它们是制造猎巫运动、镇压异教徒运动的主要基地，是"宗教审判所"的故乡，历来惯于从思想文化上甚至肉体上屠杀异己，对华当然就更疯狂了。后来此浪扩散到整个欧美日，一些年轻的清末留洋学生被裹挟进去，"言必称希腊"，使这股黑浪也侵袭到中国本土来了。

一、欧陆席卷"中国潮"：对中国法治的正面评价

机缘凑合，正当西欧文艺复兴、宗教改革、人文主义大潮兴发之前，正当欧人迫切需要迥异于本土的全新的思想文化来支撑其走出"中世纪"的历史关头，不仅中东和阿拉伯人送去了由他们保存并充实了的"希腊化"文明成果与伊斯兰文明成果，远在亚洲东部的中国也传去了"东学"。众所周知的是：正是中国的"四大发明"刺激了欧洲中世纪末期的经济文化军事面貌的质的跃升：其中，宋人发明的活字排版术，似乎是专门为只需用数十个字母来拼写文字的排版作业所准备的专用技术，故加上纸和印刷术的传入，立刻迎来欧洲知识的大普及、大爆炸。加上宋人将罗盘针用于远洋航行的技术通过阿拉伯传入欧洲，促进了威尼斯商人的航海船舰的建造与远航；唐宋元的骑兵术与火药热兵器的传入欧洲，使欧洲军事装备进入全新时代。这都是马克思曾热情赞扬过的胜景。

（一）引入中华礼法，国家制度设计有了新参照

中国明朝政府，于永乐—宣德年间（公元1403—1435年）七次派郑和率庞大船队下西洋，打开了远东、东南亚、南亚、波斯湾直至东非海岸的远洋航线；打通了这一广阔地带文化交流的血脉，使"东半球"打成一片。此后，僻处大西洋边的葡萄牙、西班牙、荷兰等受到《马可·波罗游记》的激发，先后开展了越洋远航。在这一大背景下，西方传教士与商人们一起东来，很快发现了先进的东亚文化，开始了"东学西传"的活动。尽管这种"西传"不能不带有选择性、被动性、片面性和世俗实用性，但中华文化自身固有的丰厚内蕴，却助推了西方15—18世纪间兴起的宗教改革运动、文艺复兴运动、启蒙运动，适应了欧洲发展的时代需求。

公元1582年（明·万历十年），意大利人利玛窦来到中国。他努力沟通儒学与天主教义，和徐光启、李之藻等一起，致力于东西学术的正态融汇。他在1593年将"四书"翻译为拉丁文寄回本国。1626年其继承人金尼阁又译出了"五经"。1655年葡人鲁德熙又有

《中华帝国史》的著述，这使东学西传有了实质性的开端。这正是欧洲"文艺复兴"将要启动之时。在这之前，中国文化界已出了一批文化新人，著名者就有唐寅（1470—1523）、杨升庵（1488—1559）、徐渭（1521—1593）、李贽（1527—1602）、汤显祖（1550—1616，他是与莎士比亚是同年同月去世的，两人的剧作中都有"四个梦"）、袁宗道（1560—1600）兄弟、徐光启（1562—1633）、李之藻（1565—1630）、徐霞客（1586—1641）等一大批人物，都是极富个性特色、敢于在思想文化领域冲决牢笼大力开拓的猛士。在政坛上，知识分子群体干政，有纲领，有组织，进行集会、结社（如复社），开展群众性罢学、罢工、罢市、游行示威、联名请愿以至"倒阁"（罢免朝廷执政大员）运动。这样的时代景观，注入文艺复兴和启蒙运动躁动中的欧洲，该有多么强大的思想冲激作用和活动示范作用，不难设想。从此，西欧没完没了的宗教战争这才渐渐淹没于一浪高过一浪的群众运动之中。

1584（万历十二年）西班牙教士冈萨雷斯·德·门多萨出版了西班牙文《中华大帝国风物史》，其中提到中华礼法不仅用于惩治犯罪，而且用于奖赏善举。法国散文大师蒙田（1533—1592）便据之修改他的《论经验》一文，认为欧洲法律包括"十诫"在内，只讲惩罚犯罪，这是片面的、不正确的，而中国的法律则不仅"惩非"，而且"赏善"，他对中国刑赏兼顾的礼法制度表示钦佩。蒙氏是近代欧洲史上赞颂中国礼法体制的第一人。

1590 年葡人在澳门出《绝妙论著》一书，向西方介绍中国历史地理人口物产，赞誉中国的瓷器、印刷、绘图、航海、天文、火药等科技成就，称颂中国的礼法制度。英人将其辑入百科文集《哈克路特》时，还特意增加了对中国政府谏议制度与行政效能的肯定。1621 年英人伯顿（Robert Burton）出了一本奇书《忧郁症的解剖》，赞誉中国有完善的文官制度，其科举考试贯彻着公开、公平、竞争、择优的原则等等，以此对照英国当时黑暗的贵族政治进行辛辣的讽刺。他说：中国人"从哲学家和博士中挑选官员，他们政治上的显贵是从德行上的显贵中提拔上来的。显贵来自事业上的成就，而不由于出身的高上。""他们官吏的职务，不论在战时或平时，就是保卫和治理他们的国家；而不像许多人那样，只知道放鹰打猎，吃喝玩耍。"这样，他便开启了"华为洋用"的风气。

顺便指出：中国人自身对谏议制度、科举制度暴露出来的弊端十分清楚，因而模糊了对这些制度得以形成的基本精神的认识，近代以来，很少有人提及其正面价值。倒是西方人从中国文献资料中探索到了它的基本精神，使之实实在在地在思想层面、制度层面上对欧洲几代人发生重大影响，完善了他们自己的文官制度；而在这以前，欧洲政权是把持在世袭的军事贵族手中的，政府官员根本没有正当的考选任命制度，而由教会和封建主把持着。

（二）"五经四书"助推西欧反击宗教神权的思想解放与文化更新

到了18世纪，进入欧洲资产阶级革命的年代，他们在呼唤新生活、新秩序。但在西欧社会刚从宗教黑暗中走出来时，对人类应该有一个什么样的生活、什么样的未来，仅凭西欧人自身过往的经验是设想不出的，必须有所参照。文化精英们要为社会设计出可行的未来图景，向社会提供事实样板，只能向东方寻求——就像后世的东方在向西方寻求一样。

"东学西传"史，为期近三百年（从1582年利玛窦东来，到八国联军侵华前夕）的"中国潮"！无可否认的事实是：欧洲人之所以能冲决中世纪宗教统治的严酷罗网，从漫漫长夜的黑暗中以"人"的姿态走出来，"中国潮"配合着他们的人文主义、启蒙运动、宗教改革运动，起了巨大的诱导作用，尤其是以"自然神论"的理论形态给了经院神学以致命的一击。可以说，到鸦片战争爆发之时，东方文明在欧洲大陆原本是享有崇高声誉的。

公元1624年（明·天启四年），英人赫伯特（Lord Herbet）就发表了《真理论》，奠定了"自然神"论基础。他倡导从自然出发、从理性出发的新思维，反对教会宣扬的所谓"神的启示"。其后，笛卡儿、斯宾诺莎、洛克、休谟等"自由思想者"都由这种"新思维"出发，对中世纪以来的宗教神学与专制制度发起冲击。

他们认为东方的孔子便是"自然神"论者，便从孔子身上吸取思想资料，反对有什么超自然的力量，反对有"神的启示"的存在。可以说，"五经四书"促成了西欧的思想解放与文化更新。

1650 前后，意大利人卫匡国的《中国历史》、法国人冯秉正的《中国通史》相继问世。1687 年比利时人柏应理出版《中国哲学家孔子》一书，风行欧陆。这是系统介绍东方思想、介绍中国学术的开端。其时，牛津大学东方学家托马斯·海德也编订了有关中国的拉丁文与法文书目，收在本人的《书信集》中，为西方学者通过文献资料对中国文化要旨作系统研究奠定了基础。1661—1662 年法国出版了拉丁文的《大学》《中庸》《论语》，1672 年《大学》在巴黎重版。1687 年来华耶稣会传教士比利时人柏应理，偕南京人沈福宗回到巴黎，将上述三本译著汇总题为《中国哲学家孔子》一书，出版后风行欧陆。1688、1689、1691 年即出过此书的法文、英文节本，题为《孔子的道德》或《孔子与中国的道德》等。这是系统介绍东方思想、中国学术的开端。以"四书""五经"为切入点了解中国文化，算是抓住了核心，有了一个高起点。

英国政治家、散文家威廉·坦普尔（1628—1699）系统研究并热情介绍中国，他不带宗教目的，却有明显的改造社会的政治目的。他读过拉丁文的《大学》《论语》《中庸》，对孔子的"治身、治家、治国之道"和"为政在人"的思想十分赞赏，用来批判罗马教廷的神治。

其间，法王路易十四派往中国的学有专长的教士李明，在来华十余年之后写了两本书：《中国现状新志》（1696 年，巴黎）、《论中国礼仪书》（1700 年，巴黎），立刻被译为德、荷、英、意文重版。李明得出结论：中国知识分子信奉的是简单朴素的"自然宗教"。"如果孔子信徒进了天主堂，见到香火、蜡烛、圣水、誓约、祈祷，见到人们匍匐在各种雕像前，是要大吃一惊的。"——这些话出自一名天主教信徒之口，真是石破天惊！被看作是对西方宗教的严重挑战！因而受到教会的群起攻击，巴黎当局下令禁毁其书。可思想是长了翅膀的，它一时间便飞遍了全欧。

17 世纪，以来华的基督徒为主，向欧洲人介绍了中华文明，首先是对中国历代奖赏制、监察制、科举制（文官制度）的积极介绍；这对《罗马法》的有惩无奖、英荷皇室的有独裁无监察、德法政府官员的有贵族世袭无人才选拔等政治弊端，无疑是一种拨正与救治。在思想文化上，对孔、老、墨的理性主义与贤人政治思想作了重点介绍，大量翻译相关典籍文献；《论语》与《易经》等著作在欧陆的一版再版，变换了欧洲人观察思考问题的方向、角度，这就对一向以基督文化自尊自傲的西欧教会提出了挑战，帮助西方人认识教会宣传背后的阴暗与惨毒；还有对中国社会文化生态、风俗民情的生动介绍，证明"基督世界"之外，一样有高度文明。只要对比一下当时欧洲出版业尚处于"摇篮本时代"的事实，就不难想象仅中华文籍的引入这一项该引发多么深刻的社会震动和宗教危机。

1703 年起，法国耶稣会开始编印耶稣会士通讯录《有益而有趣的书信》，前后达七十多年，大量介绍东方资料。英国的《学术概要》也连载关于"中国人事件"的争论材料，这就在欧洲引发了中国思想大传播的热潮。法国大文豪伏尔泰于 1714—1728 年间两次到英国，他发表的《风俗论》对中国文明作了多方面的阐述与颂扬，特别指出中国史上"没有连绵不断的宗教战争"，对西欧教会的伪善宣传与其战争屠戮罪行作了尖锐的揭露。

众所周知，在科技文化上，继"四大发明"之后，在传送"五经""四书"的同时，欧洲还有用多语种译介和多版次出版世界级名著《洗冤集录》，这是世界最早的法医学专著，证明公元 10 世纪中国人已经把人体解剖知识用于平反冤狱了；译介《天工开物》，法国人称它为"帝国工业的百科全书"；美国人还倾力出版《古今图书集成》，那是中国的大百科，迄今仍是难得一见的体系宏大且严密的科学论著。这在"工业革命"刚刚起步（1762 年）的欧洲所发生的巨大作用，是不难获得崇高的评价的。

而今，有人说，中国的谏官制度、监察制度、科举制度并不真的那么好，是欧洲先哲们"误读了中国"。殊不知，"先进"与否，本来是相对而言的，两千年的中华文明，确实远超西欧中世纪的黑暗，这是中外公认的常识。至于中外之间的互相"误读"，本来是很正常的事。中国人心目中的"西天"、"西方"不也是"误读"的产物吗？可贵的是：欧人的这种"误读"，对其社会起了震撼作用、催醒作用，这就够了；何况它还有丝、瓷、茶叶的物质支撑与造纸、火药、罗盘、印刷术的高科技及"四书""五经"的学理引入与《天工开物》《本草纲目》《洗冤集录》《古今图书集成》的流布呢！而且，对中国人来说，只要不陷入近代崇洋学人的惯性思维的陈旧结论，就中华传统文明多一个思考方向，多一分衡定其价值的方法论参照，也是一件难得的好事。

二、"中国人事件"：罗马教廷一手制造了妖魔化中华文化的风波

公元 1693—1715 年（清·康熙三十二至五十四年）之间，发生了法国天主教徒所谓的"中国人事件"，东西方思想文化"冲突"初次交锋——其实是西方反华势力的登台亮相。

当时，罗马教廷派往中国教区的一些传教士们，强烈反对耶稣会的利玛窦借科技传教义的灵活做法，以"护教"的名义向教廷汇报。面对西欧本土的宗教改革风潮，焦头烂额的罗马教廷便转而向东方施其淫威，一再饬令中国天主教徒不许祭孔、不许敬祖、不许崇拜"天"与"上帝"，只许崇拜他们的唯一"天主"，否则就视为"异教徒"开除教籍。中国信徒当然不服气，它便强制推行，这就激化了矛盾，诱发了中国人的"反洋教"风潮。1693 年在福建教区引发了一场殴打代主教的事件。罗马教廷便派特使来华与康熙帝交涉，竟要求清政府下令信徒严守教皇"禁约"，禁止祭孔敬祖等。康熙很耐心地作了十三次往返交涉，教皇却顽固地坚持其蛮横要求，终于理所当然地遭到拒绝。但即使到最后，康熙的回答仍然是很客观、很委婉的，并不想伤害对方。康熙说：中国人祭祖，是为了怀念先人，表示不忘本，这与宗教信仰无碍。可是教会势力却顽固僵持其"教规""禁约"，以"绝罚"相威胁，终于导致康熙

于 1717 年下令禁止天主教在华传教。康熙五十九年（公元 1720年），清廷下令禁止传播天主教，给罗马教皇使者明白表示："尔天主教在中国行不得，务必禁止。教既不行，在中国传教之西洋人亦属无用。除会技艺之人留用，再年老有病不能回去之人仍准存留，其余在中国传教之人，尔俱带回西洋。"可见，在禁止传教、让传教士回国之时，仍表示留用有技艺之洋人，绝非单纯的"排外"；且对于留华之洋人，仍允许其信奉洋教，并不干涉。《清朝文献通考》卷二九八载：乾隆五十年（公元 1785 年），发现西方传教士多人在直隶、山东、山西等地传教，制造麻烦；一度议处永远监禁，后经皇帝核准，全部释放，"如有愿留京城者，即准其赴堂，安分居住；如情愿回洋者，着该部派司员押送回粤。"应该说，这种做法，还是通达得体的，比起西方，比起天主教本身对待"异己"的凶残阴毒来，不知要仁慈文明多少万倍；连主张"宗教宽容"的加尔文教派，也没有如此宽厚地对待过它眼中的"异教徒"。

乾隆时传教士大部被逐，少数则转入地下或退居南洋。它典型地说明中国人的"宗教意识"是很独特的，不可能接受外来的精神奴役。政教分离是中国的传统，这使得西方教会无法在华称雄。"西方意识"遇到了在"新大陆"、在"黑非洲"、在中亚、南亚所从未遇到的上下一致的有效抵制，这在欧洲引起很大震动。人们由此知道神通广大、无所不能的"教会"居然也会碰钉子！研究中国的人就更多了；而教廷与各国统治集团则怎么也不甘心"天主的光辉"怎么就没法"照亮"东亚？从此，他们就更加痛恨东方"异教徒"了。对中国人的宽容，他们不但不领情，反而变本加厉地攻击中华。在镇压异教徒方面劣迹斑斑的法国、西班牙天主教会，便开足马力大肆妖魔化中国的文化象征孔子、妖魔化跪拜祖先的民俗民风、妖魔化中国"敬天"的"东方神秘文化"，甚至咒骂不便于翻译《圣经》的中文与汉语，无限拔高罗马教廷监控全人类思想文化生活的"权力"，无限夸张刚刚从半野蛮状态下争脱出来的西欧文化之"优越"。早年对东方文明的倾慕从此转向、变质、霉烂。

西方传教士的失败，从根子上说，还是源于天主教之耶稣会和多明我会及方济各会等修会之间的内部争执；此后"旧教"自身也面临危机，1773 年（乾隆三十九年）罗马教廷宣布解散了耶稣会，一时间，在华的欧洲人便少了许多。这是后话了。把清前期西方传教的失败归因于清廷的"保守"其实是种嫁祸于人的手法；而热衷于搞"异端审判"的法国教会诬称此事为"中国人事件"，由此大肆诋毁中国人与中华文化，开妖魔化中华文明之端，则更是无耻之尤了。

18、19 世纪，西方列强完成了"工业革命"，确立了现代民族国家的体制，进入自由竞争阶段。为着争夺中国市场，吞下他们唯一尚未到手的东方肥肉，由英帝策动，列强联手，以"自由贸易，自由传教"为借口，发动起"超国家级"的毒品贸易与炮舰强攻，蛮横地以其"殖民贸易"替代了历时已久的中外正常贸易，实现了它们所需要的"突破"；却反咬一口，指责中方是"闭关锁国"，为其殖民势力的强行"进入"做辩护。它们无力与中国开展正态商贸交往，[①] 只能以"国家级"海盗手法来欺凌人。对此，中国当局采取了必要的策应措施，维护了国家主权，也暂时纾解了正当贸易

---

① 1793 年英王派特使马戛尔尼率六百人的使团来华为乾隆祝八十大寿，实指望借机直接与清廷最高当局对等商谈贸易问题，结果仅得到皇上"咨尔国王，远在重洋，倾心向化……深为嘉许"的"表扬"和"天朝抚有四海……并无需尔国置办物件"的婉拒，一场"聋子的对话"当然无果而终。这与"闭关"说本无牵连。中国人口上亿，超过当时世界总人口的三分之一，市场极大，西方各国的商品生产力联合起来也不足以占领中国市场。此时的英国，刚开始搞"工业革命"，美国则忙于独立、建国，其商品生产力实在太微弱。当年，中国人生产的大量手工业产品丝、茶、瓷器等等源源不断地输入欧洲，满足了欧人的生活需求：中国何尝"闭关"？英国人就因为无力开展对华正当贸易而产生巨大入超，深陷一轮又一轮的经济危机中的英政府承受不了沉重的财政压力，又不愿也不能拒绝中国商品如丝茶瓷器等生活必需品的巨量输入，便想出了一个恶招：用对华倾销在印度生产的鸦片来"平衡贸易"，这才有了鸦片贸易和鸦片战争，理所当然地遭到中国人民的断然拒绝，伴随鸦片而来的"洋教"又怎能逃脱"文化侵略"、"精神鸦片"的指控呢！

中的伤痛。这难道应受指责么？可惜，某些自命为"民族精英"的分子，至今还在重复法国、西班牙的天主教徒中多明我派等保守狭隘宗派的对华诬害！而它本身却在宗教改革中败退得一塌糊涂！

这里，不妨再听听西方学者是怎么说的：

美国外交家福斯特（1836—1917）在他的《美国在东方的外交》一书中说："（在16世纪）中国统治者没有忽视已经以武力占领了菲律宾、爪哇和其他海岛，并在印度和马来半岛取得了立足点的葡萄牙人、荷兰人和西班牙人的侵略气焰，在中国自己的港口，与这些民族以及英国人的早期接触中充满了暴行与杀戮，这就使中国当局在17世纪采取了除广州以外一切港口进行封闭的严重步骤。而且，即使在广州，对外交往也是在极其苛刻的条件下进行的。"（转引自胡绳《从鸦片战争到五四运动》）

美国作家何天爵（1844—1912，他曾是美国驻华使馆代办）也说过："（16—17世纪）这些所谓和平商业的开拓者不断骚扰中国南部海岸，抢劫，破坏城镇，个、十、几百地杀死率然无辜的男女和儿童，然后'和平地'扬长而去。或者，他们登上大陆，强迫中国人给他们自然风光和堡垒，以最粗野的兽性掳走妇女，强夺当地人所有财富，残蚀了人道与文明的一切准则。"（同上书）

够了，读了这样的材料，你不觉得清政府过于宽容仁厚了吗？你还忍心责备其"不肯开放"而"错过了现代化的机遇"么？你还会认为在一轮又一轮的经济危机困扰中的西方资本会给稳定庞大的中国带来"现代文明"么？他们如果真有那分善心，何以不让早已"全盘西化"的阿根廷、巴西、菲律宾、印尼、马来亚、印度以及伊朗、埃及、桑海、南非……早早地跨入"现代"呢？①

人们注意到：从"中国人事件"起，传教士们便全面丑化、妖魔化中国传统文化，尤其致力于攻击丑化中国的制度文化、心灵文化，用其对"封建专制制度"、"东方神秘文化"、"人治社会"、"法盲遍地"的诅咒来截断中华五千年文脉，又把欧洲史上严重存在城乡差别、工农差别、体脑差别不分青红皂白地胡套滥用于中国社会，人为地撕裂中国社群，这在他们固属"理所当然"，而某些中国人也拾其余唾，加入唱衰中华文化的主体性的大合唱，则必须

---

① 14—19世纪的日子里，亚欧非大陆上有几个国度，各国都跟全欧洲差不多大（约一千万平方公里以上）。从东方说起，一是中华帝国（明清时代，全境比欧洲大），这里是丝、瓷、茶、盐的"祖国"，是造纸、印刷术、火药、罗盘针的"故乡"，也是南洋香料的传统商贸经手人。二是莫卧儿帝国，极盛时占有整个南亚次大陆，从阿富汗到斯里兰卡。这儿的棉麻产量举世无双，棉的制成品精美绝伦。三是伊儿汗国及其后继者萨菲王朝，占着中亚辽阔地带，扼守着里海南北的东西方交通要道。四是奥斯曼土耳其，全境一千一百万平方公里，全盛时北包匈牙利、保加利亚，南包埃及、伊拉克以远，东到里海、波斯湾，西到直布罗陀海峡。它和萨菲王朝一起，控扼着东西交流的海陆主干道，是当时"全球贸易"的中转站，坐享世界最大最持久的商贸红利。地中海、红海、阿拉伯海、波斯湾、黑海、里海全在其掌控之中。海上贸易，无人能胜出。五是桑海帝国，占着西部非洲尼日尔河的全流域，地面比欧洲大，也是个伊斯兰教统治下的文明古国（西非地区也称为"西苏丹地区"，就缘于伊斯兰），那儿盛产黄金宝石。在矿区，天然金块裸露着，无须提炼，就是纯金，谁不垂青？在拉丁美洲发现之前，支持世界商贸的黄金主要就源于非洲，来自桑海。而欧洲人说是他们"发现了"黄金海岸！

上述这几个大国连成一片，占尽了文明世界，把西欧严严实实地堵在亚欧大陆板块的最西北一小角，动弹不得；那儿地盘不大，也就跟中国当时的新疆差不多大，却挨挤着一批小国：英、法、德、意、西、葡、荷、比等。他们自认为是"上帝的选民"，"天主的羔羊"，却难以享受上述各地的文明成果，反而一直在"中世纪黑暗"的深渊里浸泡着煎熬着。17、18世纪工业革命了，又进入了周期性经济危机，无日安宁，它无力给世界带来所需要的文明与进步。

予以严肃清理，还我中华文化（含中华法治文明）固有的尊严。

第十八节　对中华传统法治的文化评议

一、从清代法治看中华传统法治的基本要素

回溯古代法治史让我们明白，先秦的法治理论与实践模式，具备了中国古代法治的基本因子：法治权是国家行政权的一部分；有覆盖全国的法治网络；实行军事化的组织管理，具有军事化的行事风格；直接面对社会，是塑造社会形态、社会秩序，保障国民合法权益的必要力量。秦汉隋唐时期形成的古代法治体制及其法理、法典，制度文明各要素的综合运作，刑礼道迭相为用，情理法全面考虑，适应了当时社会经济文化发展的需要。第一流的法治保障了第一流的社会文明，第一流的社会文明催生了第一流的法律制度。任何无视这一成果，贬低中华法系、中华法治的观点，都应接受历史的审决。宋辽金元时期中华法治的体制性更新，有利于国家机体内部商品经济的发展，有利于组织新的社会生产力与社会生活，顺应了"国家－民族"一体化发展的需要，在世界法治史上独树一帜，应该得到高度评价。明清时代，统治者无力适应时代的变迁，无力实现法治理论、法治实践的更新，拿不出积极的法治举措来，只是被动地使用既往的经验与模式；且依赖体制外的手段对付民众，摧残了新的生产力，也败坏了传统法治本身；加上西方殖民者的炮舰与鸦片，我国社会自身正常发展的历史链条被打断了，相应地中华传统法治的体制更新也被截断了，而由西方近代法治制度所接替。不过，中国固有的制度文化遗产不是轻易可以消除的、不是可以淡忘的，它迄今仍在起作用，从而使我们的法治得以区别于西方形态。对于这个课题，需要我们做出新的探索、新的解答。

二、从清代法治看中华传统法治的两面性

从秦代商鞅变法的什伍制，到宋代的王安石变法的保甲制，直到清代康雍乾时期的完备的保甲制等，都是从强化法治入手的，否则不足以推进当时的法律、制度，也无从保证新政的贯彻实施。从本质上看，法治原是革命性的，是为新秩序开路的。同时，我们也看到：清统治集团从建国起就以保守性著称，尤其是它推行的"学政"，以至它的"文字狱"，它的"禁海"政策，都严重阻滞了中国社会的发展势头，终于使中华民族陷入被动挨打的局面，也导致了中国传统法治的终结。这说明：法治关系到国家的生死存亡与社会的生存与发展，法治只能"与时俱进"，而不能给社会发展设置障碍；不过，清代法治保证了辽阔版图内行政管理的有效推行，对巩固发展中华民族的统一，还是有其积极意义的。可见保守性即稳定性，它本身也不是一无是处。

对中华"封建法制"的定性批判，发端于法国天主教会在"中国人事件"后发起的攻讦，为着诋毁中国人与中华文化，他们把西欧人对"中世纪"的凄惨记忆无端地转嫁到三千年中国法治史身上，截断了中华法治文化的脉络，用"西法"来顶替它。而今，应该把颠倒了的中华法治史重新颠倒过来，给予应有的回顾与评价。

理所当然，我们在积极评价古代法治的历史作用时，不能忘了广大人民为之付出的惨痛代价；同时也不能因为代价的惨痛而回避科学的研究与评价。

后 记

一

书稿即将付梓了，借这个机会，说说我介入"法治史"研究的前前后后，也说说我当下的一些想法。

1981 年初夏，我将从北京师大的古典研究生班毕业，就到公安部办的"国际政治学院"（后更名为中国人民警官大学，又并入中国人民公安大学）去应聘，校长听说我对文史有兴趣，就找我谈话，问我对间谍史或公安史之类有没有研究，我只得坦言"没有接触过"。于是安排我到新闻系去当名古文教师。我想：我在公安部的部办院校教书，不懂公安业务不说，还不具备这方面的文史知识，岂非一耻？但又觉得这与我原定的古典研究方向（六朝文学）有矛盾，一时难以弃取。周日，返回母校，与导师们说及此事，讲了我的苦恼。郭预衡先生说："欧阳修说过：文学止于润身，政事可以及物。你教的学生将来大多数是要从政的，你可要重视这个，把书教好。再说。北大、北师大的前辈老先生们的研究课题，大多是在教学过程中形成的。手上干的，就是心里想的；需要什么，就去钻研什么。坚持下去，自会有成。你可以了解一下你的教学对象的专业需要，看能不能把自己的教学内容与科研方向与之统一起来，那会事半功倍的。行有余力，还可以兼顾你的原定课题嘛，这不是坏事。"他又说："你对'赋'有兴趣。宋人就写有《刑统赋》，元明还有人为它作了详注，可谓'入于法而出以文'。它应该合你的胃口，不妨找来读读。"启功先生说："你有古文的底子，但欠缺法学的功夫。在公安部办的院校教书，不懂点法学恐怕不行。我这里正好有沈家本的《历代刑法考》，你拿去看看，或许有用。文史哲法，历来不分家。沈家本古文好，史学熟，法学精，思想灵活，脑子够用，清末维新变法，他有实实在在的贡献，真的是中西兼通，融于一炉，又有主心骨。我很敬佩此人。"他随即从书架上抽出四本书来给了我——是中华书局的朋友不久前刚赠送给他的一套新书——于是我决定不负师嘱：在公安教育岗位上，向法学史领域探路，就从读沈家本起步。

1984 年夏，"国际政治学院"更名为"中国人民警官大学"，校方调我到中文系主管教学，并执教"古代文选"。时中文系通过全国成人高考招了一百三十名"干修班"和"师资班"学员，大体上是从公安科级干部中遴选的。一次，有几位学员找我"交换意见"，中心意思是：我们是搞公安的，到这里来进修，是想在公安业务上有个明显的提高，回去好向单位做个交代。学时有限，精力有限，不知道花时间学"古代文选"对当代公安业务又有什么帮助？建议停了这门课。我就问："你们说的'公安业务'是指什么呢？""是刑案侦破、治安管理、安全禁卫这类事。""治安管理又有哪些内容呢？""无非是人口管理、交通安全管理，公共秩序管理、消防管理、特种行业管理、边防管理、危险品违禁品管理之类……""我明白了。中国这么大，历代有几千万、几万万人口，数千年来生活在一起，若没有你们说的这许多'管理'，行吗？"
"看来不行。但毕竟离我们太远了。""有这些'管理'，就有相应
的理论，有相应的政策、措施、经验、教训，这就是文化遗产，能
开发我们的政治智慧，对我们一定会有很多启发。""能举点例子说
说么？""比如秦代，出了一件'穴盗'案子，官吏接报，连忙出
现场，约同地方负责人与失窃户一起到现场，查看墙根凿的洞的内
外形状、围径，窃贼进出留下的鞋印，鞋印的大小、方向、分布；
室内可移动和不可移动的物件现状，仔细查问所失何物、物态如何
等等……""秦代能做到这么仔细？""能。这在《封诊式》书中都
有记述。再如吊死，官家到场，把现场状况一一观察、记录之后，
才把尸身解下、放平。这时特别注意记下死者是否'叹气'，借以
判断是自杀还是他杀。""什么？死人还'叹气'？是迷信吧？""古
人确实相信自杀者必有冤情，会'叹气'的。其实，自杀者喉头必
有郁气，尸身放平时必然会逸出，这就形成'叹气'的样子了。你
不必计较他怎么说的，一定要弄清楚他所说的实指什么。别忙着批
评人。""哦，秦人还很讲究科学断案，以前只知道秦始皇很残
暴。""古文内容博大精深。你们想深造，想提高，学好古文，必有
大益。""老师，你是卖什么说什么值钱。你讲《汉乐府》，说有个
穷汉子很决绝地'出东门，不顾归'，讲到"舍中儿母牵衣啼"、
力阻他出门为非之时，讲得很生动，很动情，我都要流泪了。可是
转念一想：我是公安！我如果接报情况：有人不顾妻子劝阻，'拔
剑东门去'了，我得立刻行动，得把他带回派出所好好问问他想干
啥，进行政策教育。要是顾着流泪、同情，我会失职的！""哈哈，
你提的问题，对我来说很新鲜！你这是在用职业眼光看事物，故有
很特别的判断。看来，特定的教育对象，要有特定的教学内容、教
学方法。很好，我得注意这方面的改进了。不过，就这首诗而言，
除它的一般认识意义之外，除培养人的普遍同情心之外，作为民
警，是不是要多多地考虑考虑弱势群体存在的背景、救助的必要、
处置他们的政策、分寸、态度、措施呢？""让我想想……""让我
们一起想想，共同把'公安古文'学好，学出点名堂来。"我顺口

抛出了"公安古文"这个说法。

这次对话对我太重要了。我意识到不能只从单篇诗文的角度去讲课了，应该有自己的"公安视角"。这就推动我走出"古代文选"的课业局限，去寻求"古代治安"的教学与科研路经。我有意编一本这方面的"古文选读"作教材，先试试水，就去"法学所"拜访高潮老先生。一听我说明来意，他很兴奋，说："太好啦！功德无量！"立刻让人请来住在同院内的另二位法学史研究家，一起商量。结论：作为高校基础课教材，既要有专业色彩，又不宜过窄，要紧的是增益学生的政治智慧，倒不是专业技术知识。历代法学名家的法学名篇当然要入选，其他政论名篇也要选，而以刑案、治安为题材的诗文短篇也要有，名吏传记也不能缺。"不要搞得太偏枯了，要有人有事，既文且史，让青年学生爱读才好。"高先生这么叮嘱。这就催生了我的第一本自编教材《历代法学名篇选读》，开篇是从《礼记·檀弓》篇里节选的"大同与小康"。其后节录了贾谊的《治安策》，班固的《刑法志》（节选），徐干的《中论·民数》篇、任昉的《奏弹刘整书》、白居易的《刑礼道迭相为用论》、柳宗元的《封建论》（节选）、黄宗羲的《原君》、方苞的《狱中杂记》之类，还有《汉书》中的"名史传记汇录"、与《后汉书》的《朱云传》《董宣传》等等，约三十篇白文（注解留待以后再补），是自刻油印的。报学校教务处审定时，课程仍为"古代文选"，而允许以《历代法学名篇选读》作辅助教材。其中的《汉书名吏传汇录》是讲名吏们如何运用记籍、钩稽、类推、耳目、盯梢、灰线等手段搞侦破的，我据以写成我的第一篇以讲"古代治安"为主旨的论文登在学报上。由此，我为自己打开了一片学术天地，走上了教学与科研相结合的路子。

我力求拿出一本"古代治安史"的教材来，为了给自己短缺的"公安素质"充电，我就到公安部机关去做各司局的业务范围的调研，又乘带学生到京内外去实习的机会，到一些重点派出所去"见习"，获取感性知识。于1986年写出了《中国古代治安简史》第一稿，仅十一万字，学校给打印了教材，在中文系高年级（从83级开始）开选修课。1990 年拿到中国人民公安大学治安系去试讲了一期，获得认可，成为公安院校正式开设的一门基础课。讲稿经多次修改，整理，群众出版社于 1998 年出版了它。这样，我就成了中国治安史研究队伍中的一名正式成员了。结合教研中的新发现、新思考，我又陆续写出一系列古代治安论文，对诸子百家一一作"治安学解读"，在南京警察学院的学报上连载。后来中国人民公安大学治安系又组织力量编写《中国治安史》，我完成了其中的古代部分，中国人民公安大学出版社予以出版。

2001 年我办了退休手续，虽说学校还有教学任务和一些社会工作要做，但毕竟供自己支配的时间多了，有朋友让我关注一下国际宗教问题的来龙去脉，我应允了，是想借机逼自己充实点世界文化史方面的知识。由于有了中国文史的知识打底子，在读外国史书时，总是自觉不自觉地将中外文明以及中外法治作对应思考，也就对中华文明与中华政法体制的优长与短处有了更为深切的认识，也使我自己的知识结构有了较大幅度的改善。我随时写下自己的收获与感想，经分类梳理、提纯，陆续完成了《基督文化镜像》与《点击帝国兴亡》、《中国警务史话》等多种著作的撰写（有的已正式出版）。这些写作，促使我生发出了一个"以中外古史为视野，以警学为归趋，打通中华文史哲法"的新目标。

2006 年，学校出版社约我与同事们一起，梳理中国历代的刑案，汇编历代公案文献，包括公案判牍、公案小说与公案戏剧在内。我既担心举鼎绝膑，不能胜任，又甘心冒一次风险，作为又一次梳理、温习文史的过程，再充一次电。花四年时间，我们集体完成了《中华公案通典》（暂拟名）的编撰。本人负责的历代案例与判词部分，就有五百三十万字。我把历代案例与判词称作"第三文物"：文物是反映一个时代的文明程度、生产力水平、社会生活面貌的原生态实物载体。其中，物质产品是"第一文物"，如各种古迹、古董；精神产品是"第二文物"，各种非物质遗产，如古本文献、碑帖、古版书画之类；而历代的刑事案例与公堂判词，通过一个个血案的生成、侦破、审结与记录，也都以其"原生态"呈现于后人面前了。如果说，任何其他体裁的文艺作品，都可以夸饰、戏说、演义，扭曲史实，唯独历代刑案与公堂实判，是别人无从加工作伪的"实录"，透过它们，既可以看到不同时代的狱案的发生机制及其办理的法规、体制、程序，还能看到历代办案的主体构成、指导思想、行为模式、执法风格等。它是后人解读社会、解读历史、解读中华法治文明发展轨迹的最佳文本信息源，是历代制度文明的第一手产品，其实证作用足可与古迹、古遗等鼎立而三。

正是有了三十年教研与写作做基石与阶梯，我才能如期应约拿出这本《中华法治史话》。在交稿之际，我更加思念我的老师们。我们这一代人是幸福的，因为我们有幸见到过真正的大师，受其亲炙。

二

本书所涉史实，力排"演义"或"戏说"的成分，是客观的；而其视角与评析，则出自个人的心裁，是主观的。当然，这个"主观"，吸纳了当代学人的许多心血结晶，而不是个人的心血来潮。唯其如此，我才敢拿出来晒晒。

然而，古语说"书到用时方恨少"，我倒更感"文到作时恨无知"，故我的"主观"产物并未敢在书中充分展现。每当运思撰文时，总要碰到一些已被视为定论、成见、共识、公理之类的东西，我觉得不妥，应予商榷，但又痛感文化功底过于欠缺，不能一一去拨正、去澄清。比如说，法学史界有"儒表法里"之说，几乎已成"共识"，我倒觉得是"儒里法表"。综观中华法治史，历代立法的指导思想是儒学伦理，判罪量刑的终结依据是儒家纲常；法典的话语表述是以儒学经典为模版的，凡礼法政刑典谟训诰律令格式，一皆出于儒者之手；历代法学大家首先是著名儒士、儒生……儒学，绝不是"刽子手的白手套"，而是司法执法人员的灵魂与话语，只是表现为司法执法的职业行为而已，何来"儒表法里"之说？可是在论述有关问题时，我依然承袭了此类旧说，因为底气不足，还来不及一一澄清。

再比如，近代以来，不少法学家连篇累牍地写了一大箩筐的否定礼治、德治、人治的文章，独尊"法治"；而所尊之"法"又归结为西式之"法"，归结为西式的"国家制定法"。他们推崇那种以民法为主干的西式法典制作，连人家高唱的"法无明文不为罪"也被奉为金科玉律！他们嘲弄"民间法"、"习惯法"；他们贬斥"诸法合体"；他们抨击"人治"，反对"引经"，攻讦所谓"皇帝独掌立法司法大权"，却对西方同期占绝对统治地位的"神治""神断"保持奇怪的沉默……眼下，拿着"法无明文"来为钻营活动做辩护者声高力足且势壮，而我自己的法学修养又不足，仅凭这一本书，实在无力说清楚多少东西，只能留待他日，寄希望于同仁了。

又比如，依"经济基础决定上层建筑"论，有研究者称中华法治、中华法系是建立在"封建小农经济、自然经济"基础上的，反映的是封建地主私有制的利益；而小农又一直被谥为"分散、落后、愚昧、自私、无组织、无觉悟"的一群；地主呢？那是只晓得剥削压迫奢靡堕落的一小撮。这么一来，"以农立国"数千年的中国，还有什么光彩可言？中华法治还有什么研究的必要？故我总觉得这是用洋人的眼光、搬用西学话语来描述神州实体的结果，它并不贴切。其实，历史上，中国"庄园经济"的功能要远远超出所谓的"小农经济"。个体小农再多，也不能代表中国历代农业经济的发展水平。试想：《水浒传》中李逵闯江州法场，"抡起两把板斧，砍瓜切菜般杀出一条血路来"，那被砍被切的便是成百上千的个体小农小贩小市民，毫无抵拒之力；而一个"祝家庄"就得梁山群英一齐出动去"三打"，也仅仅是击败而非消灭。那么，谁才能"代表"中国农业经济的实力之强大呢？又，《三国演义》里写当时是烽火连天、白骨遍地、千里无鸡唱，社会濒临破灭，而供诸葛亮高卧的"卧龙山庄"却宁静富足得比桃花源还桃花源，而它就建在兵家必争的南北交通中枢的一侧，连刘皇叔的光顾也被庄民视有若无，淡然置之。它预示着：是规模经营、综合经营的"庄园"在大分裂大动荡的六朝，有效地保存着民族生命、民族文化与民族生产力！又，《红楼梦》证明：能支撑宁荣二府之经济文化生活的是邬庄头，个体的刘姥姥加上焦大谁能胜任？那么，支撑庞大中国历代王朝之庞大国家机器的，难道真是自生自灭、自产自销却汪洋大海般存在的"小农"？再，中国最重要的农学经典《四民月令》《氾胜之书》《齐民要术》《王祯农书》《农政全书》《搜时通考》等，便都是以"庄园之综合经营、规模经营"为对象的，何尝以小块农田，三五口之家为对象？如此这般的思索，在本书中却难以展开，只能说一句：诸法合体的中华法系，综合为治的中华法治，适应了大一统多元向心之庞大中国的治理需要，保证了世界最强大经济实体的数千年持续发展；第一流的中华文明包含着第一流的法治文明，第一流的法治文明捍卫了第一流的中华文明。对中华法治的历史贡献不容低估，更不容蔑视。

话说到这儿，也就可以搁笔了。消费了读者的时间，耗费了纸墨与电能，罪过，罪过。